Berlit

Wettbewerbsrecht

Wettbewerbsrecht

von

Rechtsanwalt

Prof. Dr. Wolfgang Berlit

Fachanwalt für Gewerblichen Rechtsschutz

Honorarprofessor an der
Universität Hamburg

9., neubearbeitete Auflage 2014

C.H.BECK

www.beck.de

ISBN 978 3 406 671647

Wilhelmstraße 9, 80801 München
Druck: Nomos Verlagsgesellschaft,
In den Lissen 12, 76547 Sinzheim

Satz: Druckerei C. H. Beck, Nördlingen

Gedruckt auf säurefreiem, alterungsbeständigem Papier
(hergestellt aus chlorfrei gebleichtem Zellstoff)

Vorwort zur 9. Auflage

Das Gesetz gegen unseriöse Geschäftspraktiken hat insbesondere die Bestimmung der unzumutbaren Belästigungen (§ 7 UWG) verschärft und das Bußgeld im Falle einer Verletzung deutlich erhöht (§ 20 UWG). Die Neuregelung der Streitwertminderung verbessert die Situation der wirtschaftlich schwächeren Partei. Durch die Einführung eines Gegenanspruchs auf Aufwendungsersatz soll Rechtsanwälten das Handwerk gelegt werden, die sich auf Massenabmahnungen aus mehr oder weniger nichtigem Anlass spezialisiert haben. Das Gesetz gegen unseriöse Geschäftspraktiken will nicht nur unseriöse Geschäftspraktiken eindämmen, sondern darüber hinaus mehr Transparenz schaffen und den finanziellen Anreiz für das allgemeine Abmahn*(un)*wesen verringern.

Die Neuauflage berücksichtigt nicht nur die Folgen des Gesetzes gegen unseriöse Geschäftspraktiken für das UWG, sondern schafft einen aktuellen Überblick über die Probleme des Wettbewerbsrechts. Die 9. Auflage berücksichtigt mehr als 125 aktuelle Entscheidungen des BGH sowie des EuGH und gibt den aktuellen Stand der höchstrichterlichen Rechtsprechung wieder. Schließlich wurden *„Praxishinweise"* in die Neuauflage eingearbeitet, die es insbesondere dem Praktiker ermöglichen sollen, Besonderheiten in wettbewerbsrechtlichen Konflikten schnell zu erkennen und zur Konfliktlösung heranzuziehen.

Das vorliegende Buch will nicht nur in den aktuellen Stand der höchstrichterlichen Rechtsprechung zum UWG einführen, sondern typische Wettbewerbsverstöße anhand exemplarischer Beispiele aufzeigen, und so eine schnelle Orientierung in den Fragen des UWG ermöglichen. Darüber hinaus gibt das Buch einen Überblick über die vielfältigen Fragen dieser komplexen Materie.

Für ihre bewährte Unterstützung danke ich an dieser Stelle Frau Susanna Kröger. Anregungen und Kritik greife ich gern auf. Zuschriften erreichen mich unter berlit@krohnlegal.de.

Hamburg, im Juli 2014 *Wolfgang Berlit*

Aus dem Vorwort zur 8. Auflage

Nachdem das Änderungsgesetz zum UWG, das die Richtlinie über unlautere Geschäftspraktiken in nationales Recht umgesetzt hat, seit nahezu 3 Jahren in Kraft ist, zeichnet sich auch im UWG der europarechtliche Einfluss immer stärker ab. ...

Dennoch gibt es nur wenige Entscheidungen zu der 2008 neu in das UWG eingefügten sogenannten „Schwarzen Liste" (Anhang zu § 3 III UWG). Diese Verbote ohne Wertungsvorbehalt spielen in der Rechtspraxis derzeit noch keine wesentliche Rolle. Auf der anderen Seite sind in die Neuauflage dieses Buchs mehr als 100 neue BGH-Entscheidungen eingeflossen, die sowohl die Unlauterkeitstatbestände aus §§ 4, 7 UWG weiter präzisieren, als auch zeigen, dass die neu gefassten Irreführungstatbestände in §§ 5, 5a UWG nicht zu einer Liberalisierung des Wettbewerbsrechts geführt haben. Die Frage der Transparenz von Marketingmaßnahmen und jeder Art von Wertreklame ist an die Stelle der früheren unlauteren Anlockwirkung getreten.

Entsprechend umfangreich ist inzwischen das als Anhang I angefügte Fundstellenverzeichnis, das nicht nur in alphabetischer Reihenfolge die wesentlichen Entscheidungen des BGH, EuGH und BVerfG zum UWG der vergangenen 20 Jahre auflistet, sondern durch die Angabe des Aktenzeichens es jedem interessierten Leser ermöglicht, den vollständigen Entscheidungstext über die entsprechenden Internetauftritte der Gerichte abzurufen. Ich habe weiter daran festgehalten, auch in dieser Auflage die wesentlichen Kerngedanken der Entscheidungen im wörtlichen Zitat wiederzugeben. Soweit die frühere Rechtsprechung des BGH für die aktuelle Entwicklung von Bedeutung ist, wurden die bisherigen Zitate beibehalten und um Hinweise auf die aktuelle Rechtsprechung ergänzt. Die Erörterung vieler Verbotstatbestände erfolgt jedoch nur noch unter Bezugnahme auf aktuelle BGH-Entscheidungen.

... Gern habe ich auch die Anregung aufgegriffen, zusätzlich zu der Richtlinie über unlautere Geschäftspraktiken die Richtlinie über irreführende und vergleichende Werbung (kodifizierte Fassung) in Anhang II aufzunehmen. Schließlich findet sich im Buchanhang der UWG-Gesetzestext in der Fassung der Bekanntmachung vom 3. März 2010.

...

Hamburg, im April 2011 *Wolfgang Berlit*

Inhaltsverzeichnis

Abkürzungsverzeichnis

a. a. O.	am angegebenen Ort
Abs.	Absatz
AEUV	Vertrag über die Arbeitsweise der Europäischen Union
a. F.	alte Fassung
AGBG	Gesetz zur Regelung des Rechts der Allgemeinen Geschäftsbedingungen
allg. M.	allgemeine Meinung
a. M.	anderer Meinung
Anh.	Anhang
Anl.	Anlage
Anm.	Anmerkung
Art.	Artikel
BB	Betriebs-Berater (Jahr und Seite)
btr.	Betreffend
Begründung Änderungsgesetz	Erstes Gesetz zur Änderung des Gesetzes gegen den unlauteren Wettbewerb, BT-Dr. 16/10145 v. 20.8.2008
Begründung/Referentenentwurf UWG	GRUR 2003, 298
Begründung UWG-Entwurf	BT-Dr. 15/1487 v. 22.8.2003
BR-Stellungnahme	BT-Dr. 15/1487 v. 22.8.2003 (Anlage 2)
BGB	Bürgerliches Gesetzbuch
BGBl.	Bundesgesetzblatt
BGH	Bundesgerichtshof
BT	Bundestag
bzw.	beziehungsweise
Datenschutz-Richtlinie 2002/58/EG	Amtsblatt Nr. L 201 v. 31.7.2002, S. 37 ff.
DB	Der Betrieb (Jahr und Seite)
ders.	derselbe
DesignG	Designgesetz
dgl.	dergleichen
d. h.	das heißt
EG	Europäische Gemeinschaft
EGV	Vertrag zur Gründung der Europäischen Gemeinschaft vom 25. März 1957, Konsolidierte Fassung mit den Änderungen durch den Vertrag von Amsterdam vom 2. Oktober 1997
Einf.	Einführung
Einl.	Einleitung
entspr.	entsprechend
EuG	Gericht der Europäischen Union
EuGH	Gerichtshof der Europäischen Union
f., ff.	folgende
gem.	gemäß
GG	Grundgesetz

ggf.	gegebenenfalls
GGV	Gemeinschaftsgeschmacksmusterverordnung
GRUR	Gewerblicher Rechtsschutz und Urheberrecht (Jahr und Seite)
GRUR Int	Gewerblicher Rechtsschutz und Urheberrecht – Auslands- und Internationaler Teil (Jahr und Seite)
GRUR-Prax	Gewerblicher Rechtsschutz und Urheberrecht – Praxis im Immaterialgüter- und Wettbewerbsrecht (Jahr und Seite)
GRUR-RR	Gewerblicher Rechtsschutz und Urheberrecht Rechtsprechungs-Report (Jahr und Seite)
GWB	Gesetz gegen Wettbewerbsbeschränkungen
HGB	Handelsgesetzbuch
h. M.	herrschende Meinung
i. d. R.	in der Regel
i. V. m.	in Verbindung mit
KG	Kammergericht Berlin
Komm.	Kommentar
KosmetikVO	Kosmetikverordnung
lfd.	laufend
LFGB	Lebensmittel-, Bedarfsgegenstände- und Futtermittelgesetzbuch
LG	Landgericht
Lit.	Literatur
lt.	laut
MarkenG	Markengesetz
NJW	Neue Juristische Wochenschrift (Jahr und Seite)
NJW-RR	NJW-Rechtsprechungs-Report Zivilrecht (Jahr und Seite)
OLG	Oberlandesgericht
OWiG	Gesetz über Ordnungswidrigkeiten
PAngV	Preisangabenverordnung
RabattG/RabG	Gesetz über Preisnachlässe (Rabattgesetz)
Rdn.	Randnote, Randnummer
Rspr.	Rechtsprechung
Rz.	Randziffer, Randnummer
sog.	sogenannt
StGB	Strafgesetzbuch
str.	streitig
st. Rspr.	ständige Rechtsprechung
TMG	Telemediengesetz
u.	und
u. a.	unter anderem
UGP-RiLi	Richtlinie 2005/29/EG über unlautere Geschäftspraktiken
UKlaG	Unterlassungsklagengesetz
UrhG	Gesetz über Urheberrecht und verwandte Schutzrechte
usw.	und so weiter
UWG	Gesetz gegen den unlauteren Wettbewerb

v.	von
vgl.	vergleiche
WRP	Wettbewerb in Recht und Praxis (Jahr und Seite)
WZG	Warenzeichengesetz
ZAW	Zentralausschuss der Werbewirtschaft
z. B.	zum Beispiel
ZPO	Zivilprozessordnung
z. T.	zum Teil
ZugabeVO	Zugabeverordnung
z. Z.	zurzeit

Literaturverzeichnis

1. Kommentare

Büscher/Dittmer/Schiwy (Hrsg.): Gewerblicher Rechtsschutz Urheberrecht Medienrecht, 2. Auflage, Köln 2011
Köhler/Bornkamm: Gesetz gegen den unlauteren Wettbewerb, 32. Auflage, München 2014
Fezer: Lauterkeitsrecht, 2. Auflage, München 2014
Gloy/Loschelder/Erdmann: Handbuch des Wettbewerbsrechts, 4. Auflage, München 2010
Heermann/Hirsch: Münchener Kommentar zum Lauterkeitsrecht, 2. Auflage, München 2014
Harte-Bavendamm/Henning-Bodewig: Gesetz gegen den unlauteren Wettbewerb (UWG), 3. Auflage, München 2013
Piper/Ohly/Sosnitza: Gesetz gegen den unlauteren Wettbewerb, 6. Auflage, München 2014
Ullmann: juris Praxiskommentar UWG, 3. Auflage, Saarbrücken 2013

2. Weiterführende Literatur

Hans-Jürgen Ahrens: Der Wettbewerbsprozeß, 7. Auflage, Carl Heymanns Verlag, Köln 2013
Christian Alexander: Privatrechtliche Durchsetzung des Verbots von Verkäufen unter Einstandspreis, WRP 2010, 727
ders., Bedarf § 5a UWG einer Korrektur?, WRP 2013, 716
ders., Die Umsetzung der Verbraucherrechte-Richtlinie und die Auswirkungen auf das Lauterkeitsrecht, WRP 2014, 501
Wolfgang Berlit: Markenrecht, 9. Auflage, Verlag C. H. Beck, München 2012
ders., Aufbrauchsfrist, Verlag C. H. Beck, München 1997
ders., Vergleichende Werbung, Verlag C. H. Beck, München 2002
ders., Das neue Gesetz gegen den unlauteren Wettbewerb: Von den guten Sitten zum unlauteren Verfälschen, WRP 2003, 563
Katharina Vera Boesche, Wettbewerbsrecht, 4. Auflage 2011
Joachim Bornkamm, Irrungen, Wirrungen. Der Tatbestand der Irreführung durch Unterlassen, WRP 2012, 1
Wolfgang Büscher, Aus der Rechtsprechung des EuGH und des BGH zum Wettbewerbsrecht in den Jahren 2011 bis 2013, GRUR 2013, 969
Ulf Doepner: Heilmittelwerbe-Gesetz, Kommentar, 2. Auflage, Verlag Franz Vahlen, München 2000
Karl-Heinz Fezer, Modernisierung des deutschen Rechts gegen den unlauteren Wettbewerb auf der Grundlage einer Europäisierung des Wettbewerbsrechts, WRP 2001, 989
ders., Telefonmarketing im b2c- und b2b-Geschäftsverkehr, WRP 2010, 1075
Nino Goldbeck: Der „umgekehrte" Wettbewerbsprozess, Nomos Verlagsgesellschaft, Baden-Baden 2008
Peter W. Heermann, Lauterkeitsrechtliche Informationspflichten bei Verkaufsförderungsmaßnahmen, WRP 2005, 141
ders., Werbebeschränkungen für öffentliches Glücksspiel nach dem Glücksspielstaatsvertrag, WRP 2008, 479
ders., Ambush Marketing durch Gewinnspiele, WRP 2012, 1035
Frauke Henning-Bodewig, Das neue Gesetz gegen den unlauteren Wettbewerb, GRUR 2004, 713
Helmut Köhler, Der Rechtsbruchtatbestand im neuen UWG, GRUR 2004, 381
ders., Die „Bagatellklausel" in § 3 UWG, GRUR 2005, 1
ders., Was ist „vergleichende Werbung"?, GRUR 2005, 273

ders., Die Rechtsprechung des Europäischen Gerichtshofs zur vergleichenden Werbung: Analyse und Kritik, WRP 2008, 414
ders., Dogmatik des Beispielskatalogs des § 4 UWG, WRP 2012, 638
ders., Irreführende vergleichende Werbung, GRUR 2013, 761
ders., „Täter“ und „Störer“ im Wettbewerbs- und Markenrecht, GRUR 2008, 1
ders., Grenzstreitigkeiten im UWG, WRP 2010, 1293
ders., Kopplungsangebote neu bewertet, GRUR 2010, 177
Köhler/Alexander, Fälle zum Wettbewerbsrecht, 2. Auflage 2012
Helmut Köhler/Joachim Bornkamm/Frauke Henning-Bodewig: Vorschlag für eine Richtlinie zum Lauterkeitsrecht und eine UWG-Reform, WRP 2003, 1317
Tobias Lettl: Der Schutz der Verbraucher nach der UWG-Reform, GRUR 2004, 449
ders., Die neue Vertikal-GVO (EU Nr. 330/2010), WRP 2010, 807
ders., Wettbewerbsrecht, 2. Auflage 2013
Stefan Leible: Auswirkungen der UWG-Reform 2008 auf die Durchsetzung wettbewerbsrechtlicher Ansprüche im Gesundheitsbereich, GRUR 2010, 183
Peter Mankowski: Was ist eine „direkte Aufforderung zum Kauf“ an Kinder?, WRP 2008, 421
ders., Scheibenwischerwerbung und andere belästigende Werbung an Auto und Fahrrad, GRUR 2010, 578
ders., Postwurfsendungen nein danke!, WRP 2012, 269
Klaus-J. Melullis: Handbuch des Wettbewerbsprozesses, 3. Auflage, Verlag Dr. Otto Schmidt KG, Köln 2000
Rudolf Nirk/Helmut Kurtze: Wettbewerbsstreitigkeiten, 2. Auflage, Verlag C. H. Beck, München 1992
Ansgar Ohly: Das neue UWG – Mehr Freiheit für den Wettbewerb?, GRUR 2004, 889
ders., Keyword Advertising auf dem Weg zurück von Luxemburg nach Paris, Wien, Karlsruhe und Den Haag, GRUR 2010, 776
ders., Hartplatzhelden.de oder: Wohin mit dem unmittelbaren Leistungsschutz?, GRUR 2010, 487
Rolf Sack: Der Gewinnabschöpfungsanspruch von Verbänden in der geplanten UWG-Novelle, WRP 2003, 549
Inge Scherer: Verletzung der Menschenwürde durch Werbung, WRP 2007, 594
Gerhard Schricker/Frauke Henning-Bodewig: Elemente der Harmonisierung des Rechts des unlauteren Wettbewerbs in der Europäischen Union, WRP 2001, 1367
Dirk Seichter: Das Regenwaldprojekt – Zum Abschied von der Fallgruppe der gefühlsbetonten Werbung, WRP 2007, 230
Olaf Sosnitza: Fake-Werbung, GRUR 2010, 106
Otto Teplitzky: Wettbewerbsrechtliche Ansprüche und Verfahren, 9. Auflage, Carl Heymanns Verlag KG, Köln, Berlin, Bonn, München 2007
ders., Die prozessualen Folgen der Entscheidung des Großen Senats für Zivilsachen zur unberechtigten Schutzrechtsverwarnung, WRP 2005, 1433
ders., Zum Streitgegenstand der wettbewerbsrechtlichen Unterlassungsklage WRP 2010, 181
Dietrich Wilke: Abmahnung und Schutzschrift im gewerblichen Rechtsschutz, Verlag C. H. Beck, München 1991

Einleitung

Das UWG von 2004 ersetzte das Gesetz gegen den unlauteren Wettbewerb, wie es seit nahezu 100 Jahren Bestand hatte. Im Zuge einer grundsätzlichen Neuausrichtung hat der Gesetzgeber Abschied von dem Gesetz gegen den unlauteren Wettbewerb von 1909 genommen und das neue UWG geschaffen. **E1**

Bereits im Januar 2003 legte das Bundesministerium der Justiz einen Referentenentwurf vor. Dieser Referentenentwurf floss in den Gesetzesentwurf der Bundesregierung vom 7. Mai 2003 ein, der Grundlage des neuen UWG ist. Der von der Bundesregierung beschlossene Entwurf eines Gesetzes gegen den unlauteren Wettbewerb wurde dem Deutschen Bundestag am 21. August 2003 mit der Stellungnahme des Bundesrats vom 20. Juni 2003 zugeleitet. **E2**

Der Neufassung des UWG gingen **Gutachten von *Fezer*** zur „Modernisierung des deutschen Rechts gegen den unlauteren Wettbewerb auf der Grundlage einer Europäisierung des Wettbewerbsrechts" sowie von **Schricker/Henning-Bodewig** zu dem Thema „Elemente einer Harmonisierung des Rechts des unlauteren Wettbewerbs in der Europäischen Union" voraus. Schließlich legten **Köhler/Bornkamm/Henning-Bodewig** den Vorschlag für eine Richtlinie zum Lauterkeitsrecht und eine UWG-Reform vor. Die Ergebnisse der vorgelegten Gutachten und des Richtlinienvorschlags flossen in das UWG von 2004 ein. **E3**

Das UWG setzt die inhaltlichen Schwerpunkte **E4**

- Aufhebung der Reglementierung der Sonderveranstaltungen,
- die gesetzliche Festschreibung des Verbrauchers als Schutzobjekt des Gesetzes gegen den unlauteren Wettbewerb und
- die Möglichkeit von Verbänden, den durch unlautere Werbemaßnahmen erwirtschafteten Gewinn bei dem Verletzer abzuschöpfen.

Anstelle der das frühere UWG prägenden Bestimmungen der §§ 1, 3 UWG a.F. enthält das UWG zusätzlich jeweils einen **Katalog von Beispielsfällen,** an denen die Tatbestandsvoraussetzungen einer unlauteren Handlung exemplarisch dargestellt werden. Der Gesetzgeber verfolgt damit das erklärte Ziel, das **UWG transparenter zu gestalten.** Zugleich wurde ein Definitionenkatalog in das UWG eingeführt. **E5**

Während § 1 UWG den Mitbewerber, den Verbraucher und den sonstigen Marktteilnehmer sowie das Interesse der Allgemeinheit ausdrücklich in den Schutzbereich des UWG aufnimmt, enthält § 2 UWG Definitionen zur Wettbewerbshandlung, zum Marktteilnehmer, zum Mitbewerber und zu dem Begriff der Nachrichten. Wesentlicher Kerntatbestand des UWG ist § 3 UWG. § 3 UWG tritt an die Stelle von § 1 UWG a.F. und bestimmt, dass unlautere Wettbewerbshandlungen, die geeignet sind, den Wettbewerb zum Nachteil der Mitbewerber, der Verbraucher oder der sonstigen Marktteilnehmer nicht nur unerheblich zu beeinträchtigen, unzulässig sind. Mit dieser Generalklausel nimmt der Gesetzgeber Abschied von dem Begriff der „guten Sitten", der das frühere UWG dominiert hat. **Wettbewerbswidriges Handeln liegt danach dann vor, wenn die entsprechende Wettbewerbshandlung unlauter ist und die Gefahr birgt, dass der Wettbewerb nicht nur unerheblich beeinträchtigt wird.** *Fezer* sprach in seinem Gutachten davon, dass in der Generalklausel nicht gegen einen Verstoß gegen die guten Sitten abgestellt werden sollte, sondern auf eine Beein- **E6** trächtigung des lauteren und unverfälschten Leistungswettbewerbs sowie die Belange der Verbraucher. Demgegenüber wollten *Schricker/Henning-Bodewig* aus grundsätzlichen Erwägungen an dem Begriff der „guten Sitten" festhalten. In dem Richtlinienvorschlag von *Köhler/Bornkamm/Henning-Bodewig* ist von dem Verfälschen des Wettbewerbs die Rede. Im Vordergrund vor § 3 UWG steht die **Beeinträchtigung des Wettbewerbs.**

E7 Darüber hinaus muss es sich um eine unlautere Wettbewerbshandlung handeln, die den Wettbewerb beeinträchtigt. Bereits der Entwurf von *Köhler/Bornkamm/Henning-Bodewig* bezieht sich im Rahmen der Definition der Lauterkeit auf die Rechtsprechung des EuGH. Denn der EuGH hat in seiner Entscheidung **„De Agostini"** darauf hingewiesen, dass nach ständiger Rechtsprechung die Lauterkeit des Handelsverkehrs und der Verbraucherschutz grundsätzlich zwingende Erfordernisse des Allgemeininteresses darstellen, die Einschränkungen des freien Warenverkehrs rechtfertigen können. **Unlauter sind also alle Handlungen, die den anständigen Gepflogenheiten in Handel, Gewerbe, Handwerk oder selbständiger beruflicher Tätigkeit zuwiderlaufen** (so bereits der Referentenentwurf).

E8 Voraussetzung für das Verbot unlauteren Wettbewerbs ist das Vorliegen einer nicht nur unerheblichen Beeinträchtigung. Es muss vielmehr eine gewisse Erheblichkeit des wettbewerbswidrigen Verhaltens vorliegen, die Handlung darf also keine Bagatelle sein. Die **Spürbarkeitsgrenze** stammt bereits aus dem Gutachten von *Fezer* und *Köhler/Bornkamm/Henning-Bodewig,* die darauf hinwiesen, dass die Verfolgung von Bagatellfällen auszuschließen ist. Nach der Begründung des Gesetzgebers soll mit diesem Begriff zum Ausdruck kommen, dass die Werbemaßnahme von einem gewissen Gewicht für das Wettbewerbsgeschehen und die Interessen der geschützten Personenkreise sein muss. Das Erheblichkeitskriterium tritt, zumindest teilweise, an die Stelle des Wesentlichkeitskriteriums aus § 13 Abs. 2 UWG a. F.

E9 **Die Beispiele unlauteren Wettbewerbs in § 4 UWG sind nicht abschließend.** Der Gesetzgeber nennt als Ziel der nicht abschließenden Aufzählung von Beispielstatbeständen unlauteren Handelns, dass im Verhältnis zu § 1 UWG a. F. eine größere Transparenz geschaffen werden soll. § 4 UWG zählt sodann die abstrakt formulierten Tatbestände auf, die aus den bisherigen höchstrichterlichen Entscheidungen bekannt sind, wie etwa Wertreklame, belästigende Werbung, Schleichwerbung, unlautere Gewinnspielwerbung, Rufausbeutung, Mitbewerberbehinderung oder Vorsprung durch Rechtsbruch. Eingang in § 4 UWG haben jedoch auch die Fallgruppen der Herkunftstäuschung, der Modeneuheit, der sklavischen Nachahmung oder des identischen Nachmachens gefunden.

E10 Die Fallgruppe des Vorsprungs durch Rechtsbruch, die sich in Nr. 11 von § 4 UWG befindet, umfasst nicht jede Wettbewerbshandlung, die auf dem Verstoß gegen eine gesetzliche Vorschrift beruht, sondern der Rechtsbruch ist nur dann als wettbewerbswidrig zu ahnden, wenn der verletzten Norm zumindest eine sekundäre Schutzfunktion zugunsten des Wettbewerbs zukommt.

E11 Der **Katalog der irreführenden Werbung in § 5 UWG** stellt zunächst auf den **durchschnittlich informierten und verständigen Verbraucher ab, der das Werbeverhalten mit einer der Situation angemessenen Aufmerksamkeit verfolgt** (so bereits die Begründung des Referentenentwurfs). § 5 UWG entspricht insoweit im Wesentlichen der Regelung in Art. 3 Abs. 1 der Richtlinie 84/450/EWG des Rates über irreführende und vergleichende Werbung.[1] Besonders hinzuweisen ist auf

[1] Siehe kodifizierte Fassung (2006/114/EG) vom 12. Dezember 2006, Anhang II. Nr. 3.

§ 5 Abs. 4 UWG, der eine Vermutungsregelung dahingehend enthält, dass jede Werbung mit einer Preissenkung irreführend ist, sofern der ursprüngliche Preis nur für eine unangemessen kurze Zeit gefordert wurde. Aus Sicht des Gesetzgebers hat die Preissenkungswerbung ein hohes Irreführungspotential, sodass nach Aufhebung der Sonderveranstaltungs- und Räumungsverkaufsbestimmungen (§§ 7, 8 UWG a. F.) eine Bestimmung erforderlich wurde, um die missbräuchliche Werbung insbesondere mit hohen Preisen zu unterbinden. Diesem Zweck dient auch die in § 5 Abs. 4 UWG enthaltene Beweislastumkehr.

E12 Erklärtes Ziel des UWG ist die **Liberalisierung des deutschen Lauterkeitsrechts.** Festgehalten wird jedoch an den Grundprinzipien wie der Verpflichtung zu lauterem Wettbewerb und dem Irreführungsverbot.

E13 Ersatzlos gestrichen wurden die Vorschriften über **Sonderveranstaltungen und Räumungsverkäufe (§§ 7, 8 UWG a. F.).** Der Gesetzgeber weist in seiner Gesetzesbegründung darauf hin, dass gerade nach der Aufhebung von Rabattgesetz und Zugabeverordnung das Sonderveranstaltungsrecht überholt ist. Die vollständige Aufhebung der Bestimmungen in §§ 7, 8 UWG a. F. hat zur Folge, dass **Werbeaktionen, die nach diesen Vorschriften unzulässig waren, ohne Beschränkungen zulässig sind.** Es ist daher ohne weiteres möglich, das gesamte Warenangebot im Preis zu senken und diese Preissenkung umfassend zu bewerben. Einer neuen Preisauszeichnung bedarf es dann nicht, wenn der Händler generelle Preisnachlässe gewährt (§ 9 Abs. 2 PAngV). Allein weiter unzulässig bleibt die irreführende Bewerbung von Preissenkungen. Wer einen Sonderverkauf bewirbt, muss einen derartigen Sonderverkauf auch veranstalten. Anderenfalls liegt eine Irreführung im Sinne von § 5 Abs. 2 Nr. 2 UWG vor. Das gilt insbesondere auch für die Bewerbung von **Jubiläumsverkäufen,** die nicht mehr speziell geregelt sind. Während gemäß § 7 Abs. 3 Nr. 2 UWG a. F. Jubiläumsverkäufe nur zur Feier des Bestehens eines Unternehmens im selben Geschäftszweig nach Ablauf von jeweils 25 Jahren durchgeführt werden durften, kann der Händler nach Aufhebung von § 7 UWG a. F. jedes Jahr seinen Geburtstag feiern. Auch in diesem Zusammenhang muss allerdings der Unternehmer das Irreführungsverbot beachten. Wer in demselben Jahr dreimal seinen Geburtstag feiert, verhält sich auch gemäß § 5 Abs. 2 Nr. 2 UWG wettbewerbswidrig, weil er den Begriff „Jubiläumsverkauf" irreführend verwendet.

E14 Die durch den Wegfall der Bestimmungen über Sonderveranstaltungen und Räumungsverkäufe entstandene Lücke schließt der Gesetzgeber nicht nur durch Schaffung von § 5 Abs. 2 Nr. 2 UWG, sondern insbesondere auch durch Schaffung des **gesetzlichen Verbots irreführender Preisherabsetzungswerbung** gemäß § 5 Abs. 4 UWG. Danach wird vermutet, dass es irreführend ist, mit der Herabsetzung eines Preises zu werben, sofern der Preis nur für eine unangemessen kurze Zeit gefordert wurde. Die Beweislast für den Nachweis des Zeitraums, in dem der höhere Preis verlangt wurde, trägt der Werbende. Schließlich schafft der Gesetzgeber mit § 5 Abs. 5 UWG eine gesetzliche Vermutung, dass es irreführend ist, für eine Ware zu werben, die unter Berücksichtigung der Art der Ware sowie der Gestaltung und Verbreitung der Werbung **nicht mindestens zwei Tage bevorratet wird.** Die Widerlegung dieser Vermutung obliegt dem werbenden Unternehmer.

E15 Die Anspruchsgrundlagen aus dem UWG sind in Kapitel 2. geregelt. So enthalten **§§ 8 und 9 UWG die Anspruchsgrundlagen für Beseitigungs-, Unterlassungs- und Schadensersatzansprüche.** Die Klagebefugnis aus § 13 UWG a. F. ist nunmehr in § 8 Abs. 3 UWG geregelt mit der wesentlichen Änderung, dass Mitbewerber, die nur abstrakt betroffen sind, nicht mehr klagebefugt sind. Derartige Mitbewerber können sich also nur noch über Wirtschaftsverbände, Industrie- und Handelskammern oder Handwerkskammern gegen eine wettbewerbswidrige Werbung wehren.

E16 Einer ausdrücklichen gesetzlichen Regelung wurde auch die in ständiger Rechtsprechung anerkannte Übung bei Wettbewerbsverstößen zugeführt, den Zuwiderhandelnden vor Einleitung gerichtlicher Schritte zunächst abzumahnen. Der § 12 Abs. 1 UWG sieht nunmehr vor, dass der Unterlassungsgläubiger **zunächst den Unterlassungsgegner abmahnen soll,** bevor er gerichtliche Schritte einleitet. Zugleich bestimmt § 12 Abs. 1 S. 2 UWG, dass die für die Abmahnung erforderlichen Aufwendungen bei berechtigter Abmahnung vom Unterlassungsschuldner zu tragen sind.

E17 Schließlich wurde in das UWG ein **Gewinnabschöpfungsanspruch** eingeführt. Danach kann derjenige, der vorsätzlich unlauter handelt und hierdurch auf Kosten einer Vielzahl von Abnehmern einen Gewinn erzielt, von Wirtschaftsverbänden, Verbraucherverbänden, Industrie- und Handelskammern bzw. Handwerkskammern auf Herausgabe des Gewinns in Anspruch genommen werden. Allerdings ist der erlangte Gewinn gemäß § 10 Abs. 1 UWG an den Bundeshaushalt herauszugeben. Hier muss die Praxis zeigen, inwieweit der Gewinnabschöpfungsanspruch sachgerecht und zweckdienlich ist.

E18 Am 24.2.2005 stimmte das Europäische Parlament den im Juni 2003 von der Kommission vorgeschlagenen Rechtsvorschriften zum Verbot aggressiver Geschäftspraktiken und irreführender Werbung zu. Gegenstand der parlamentarischen Beratung war der Vorschlag für eine Richtlinie des Europäischen Parlaments und des Rates über unlautere Geschäftspraktiken im Binnenmarkt, internen Geschäftsverkehr zwischen Unternehmen und Verbrauchern und zur Änderung der Richtlinien 84/450/EWG, 97/7/EG und 98/27/EG **(Richtlinie über unlautere Geschäftspraktiken).**[1] Die Richtlinie über unlautere Geschäftspraktiken gilt seit dem 12. Dezember 2007 gemeinschaftsweit. Spätestens seit dem 12.12.2007 ist das innerstaatliche Recht richtlinienkonform auszulegen (BGH **„Millionen-Chance“**). Nach den Erwägungen der Richtlinie über unlautere Geschäftspraktiken sollen **irreführende Praktiken,** die den Verbraucher durch Täuschung davon abhalten, eine informierte und deshalb effektive Wahl zu treffen, genauso unzulässig sein wie **aggressive Handelspraktiken,** die eine Belästigung, Nötigung oder eine sonstige unzulässige Beeinflussung der Verbraucher zum Gegenstand haben. Der Richtlinie über unlautere Geschäftspraktiken liegt der vom Europäischen Gerichtshof entwickelte Begriff des **Durchschnittsverbrauchers** zugrunde, also der durchschnittlich informierte, aufmerksame und verständige Verbraucher. In den Erwägungen weist die Kommission ausdrücklich darauf hin, dass in diesem Zusammenhang auch soziale, kulturelle oder sprachliche Faktoren zu berücksichtigen sind, sodass etwa Werbung, die sich an Kinder richtet, anders zu beurteilen ist als Werbung, die an den erwachsenen Verbraucher adressiert ist. Kern der Richtlinie sind die Bestimmungen über irreführende Handlungen, irreführendes Unterlassen und aggressive Geschäftspraktiken. Aggressive Geschäftspraktiken, z.B. wenn der Gewerbetreibende den Eindruck erweckt, der Verbraucher könne die Räumlichkeiten ohne Vertragsunterzeichnung oder Zahlung nicht verlassen, oder wenn sich ein Vertreter weigert, die Räumlichkeit des Verbrauchers auf dessen Aufforderung zu verlassen, sind jedenfalls auch wettbewerbswidrig gemäß § 3 UWG. Die sonstigen in der Anlage zur Richtlinie aufgelisteten Fälle von aggressiven Geschäftspraktiken fallen unter die belästigende Werbung i.S. von § 4 Nr. 1 oder § 7 UWG. Doch auch die in der Richt-

---

[1] Siehe Anhang II. Nr. 2.

linie aufgelisteten Fälle der irreführenden Werbung übersteigen nicht den **hohen Irreführungsmaßstab** des deutschen UWG. Wenn die Richtlinie als irreführende Geschäftspraktiken insbesondere Lockvogelangebote, irreführende Preiswerbung, Irreführung über die Bevorratung oder Schleichwerbung anprangert, entsprechen diese Fälle den Vorschriften des UWG. Auch die in der Richtlinie angesprochenen Fälle der Angstwerbung, der Unlauterkeit eines Schneeballsystems oder der Irreführung über sonstige Merkmale der Waren und Dienstleistungen sind nach den Vorschriften des UWG bereits unzulässig. Die Besonderheit der Richtlinie besteht darin, dass sie für den Verbraucher selbst die Möglichkeit vorsieht, gerichtlich gegen unlautere Geschäftspraktiken vorzugehen. Dieses eigene Klagrecht des Verbrauchers gegen irreführende oder aggressive Geschäftspraktiken kennt das UWG nicht.

E19 Mit dem **Ersten Gesetz zur Änderung des Gesetzes gegen den unlauteren Wettbewerb** vom 22. Dezember 2008 hat der Gesetzgeber die Richtlinie 2005/29/EG des Europäischen Parlaments und des Rates vom 11.5.2005 **über unlautere Geschäftspraktiken** im binnenmarktinternen Geschäftsverkehr zwischen Unternehmen und Verbrauchern und zur Änderung der Richtlinie 84/450/EWG des Rates, der Richtlinien 97/7/EG, 98/27/EG und 2002/65/EG des Europäischen Parlaments und des Rates sowie der Verordnung (EG) Nr. 2006/2004 des Europäischen Parlaments und des Rates (Richtlinie über unlautere Geschäftspraktiken) in deutsches Recht umgesetzt. Da die Richtlinie eine **Vollharmonisierung** anstrebt, dürfen die Mitgliedstaaten den von der Richtlinie vorgegebenen Schutzstandard im harmonisierten Bereich weder unter- noch überschreiten. So heißt es in Art. 1 der Richtlinie, dass diese Richtlinie es bezweckt, durch Angleichung der Rechts- und Verwaltungsvorschriften der Mitgliedstaaten über unlautere Geschäftspraktiken, die die wirtschaftlichen Interessen der Verbraucher beeinträchtigen, zu einem reibungslosen Funktionieren des Binnenmarkts und zum Erreichen eines hohen Verbraucherschutzniveaus beizutragen.[1] Auch wenn in Art. 3 der Richtlinie ausdrücklich bestimmt wird, dass die Richtlinie für unlautere Geschäftspraktiken im Sinne des Art. 5 zwischen Unternehmen und Verbrauchern gilt, so heißt es in Erwägungsgrund 8 ergänzend, dass die Richtlinie auch mittelbar rechtmäßig handelnde Unternehmen vor Mitbewerbern schützen soll, die sich nicht an die Regeln dieser Richtlinie halten. Die Richtlinie soll damit einen lauteren Wettbewerb in dem durch sie koordinierten Bereich gewährleisten.

E20 Auch wenn das UWG aus dem Jahr 2004 im Vorgriff auf den Erlass der Richtlinie bereits einen großen Teil der Richtlinienvorschriften umgesetzt hatte, wich das geltende Recht z. T. von der Richtlinie ab. Durch das mit der Richtlinie bezweckte Ziel einer Vollharmonisierung bedurfte das UWG der Anpassung an die Richtlinie, soweit das Schutzniveau des UWG über das der Richtlinie hinausging oder dahinter zurückblieb. Im Zuge der Umsetzung der Richtlinie wurde nicht nur der generalisierende Begriff des „unlauteren Wettbewerbs“ durch die allgemeine Formulierung der „unlauteren geschäftlichen Handlung“ ersetzt, sondern es wurden als neue Definitionen die Begriffe „Verhaltenskodex“, „Unternehmer“ und „fachliche Sorgfalt“ in das UWG eingeführt (BT-Drucks. 16/10145). Die Generalklausel in § 3 UWG wurde vollständig neu gefasst. Ebenso wurde die sogenannte **„Black List“** (Anhang I zur Richtlinie: Geschäftspraktiken, die unter allen Umständen als unlauter gelten) als Anlage zu § 3 Abs. 3 UWG in das deutsche Recht eingeführt. In diesem Zusammenhang ist klarstellend darauf hinzuweisen, dass diese **Verbote ohne Wertungsvorbehalt** ausschließlich

[1] S. Richtlinie 2005/29/EG über unlautere Geschäftspraktiken vom 11.5.2005, Anhang II. Nr. 2.

bei geschäftlichen Handlungen zur Anwendung kommen, die sich **unmittelbar an Verbraucher** richten. Auf geschäftliche Handlungen, die den Wettbewerb nicht zumindest auch zum Nachteil von Verbrauchern beeinträchtigen, treffen die dem Anhang zugrunde liegenden Wertungen nicht in gleicher Weise zu (s. Begründung Änderungsgesetz B, zu Nr. 12). Während die Beispiele unlauteren Wettbewerbs in § 4 UWG nur geringfügig angepasst werden mussten, wurde § 5 UWG, also „irreführende geschäftliche Handlungen", vollständig neu gefasst. Neu in das UWG eingefügt wurde § 5a UWG, die „Irreführung durch Unterlassen". Schließlich erfolgte auch eine richtlinienkonforme Anpassung des § 7 UWG „Unzumutbare Belästigungen".

E21 Mit dem Gesetz zur Bekämpfung unerlaubter Telefonwerbung und zur Verbesserung des Verbraucherschutzes bei besonderen Vertriebsformen vom 29.7.2009 (BGBl. I, 2413) hat § 7 Abs. 2 Nr. 2 UWG eine Änderung erfahren. Während der frühere Gesetzestext ungenau war, hat der Gesetzgeber mit der Neufassung klargestellt, dass bei Werbung mit einem Telefonanruf gegenüber einem Verbraucher dann eine unzumutbare Belästigung vorliegt, wenn dessen **vorherige ausdrückliche Einwilligung** fehlt. Daraus folgt, dass Werbeanrufe gegenüber Verbrauchern nur zulässig sind, wenn der Verbraucher oder die Verbraucherin ausdrücklich vorher eingewilligt hat und nicht schon, wenn sich eine Einwilligung schlüssig aus seinem oder ihrem Verhalten ergibt (so die Gesetzesbegründung). Der Gesetzgeber weist darauf hin, dass zur besseren Bekämpfung unerlaubter Telefonwerbung ein Wettbewerbsverstoß bereits dann vorliegt, wenn ein Werbeanruf gegenüber einem Verbraucher oder einer Verbraucherin getätigt wird, ohne dass vorher eine ausdrückliche Einwilligung zu diesem Anruf erklärt wurde. Das Erfordernis einer ausdrücklichen Einwilligung sorgt aus Sicht des Gesetzgebers dafür, dass sowohl der einwilligende Verbraucher als auch das Unternehmen, das aufgrund dieser Einwilligung anrufen will, von vornherein im Klaren darüber sind, dass ein Anruf zu Werbezwecken nur im konkreten Fall erlaubt ist. Umgekehrt ist sowohl dem Verbraucher oder der Verbraucherin, als auch dem Unternehmen bewusst, dass ein Anruf zu Werbezwecken ohne eine ausdrückliche Einwilligungserklärung nicht gestattet ist (s. Gesetzentwurf der Bundesregierung, Drucksache 16/10734 vom 31.10.2008, B. Besonderer Teil). Die in § 7 Abs. 2 Nr. 2 UWG verwendete **Singularform** macht zugleich deutlich, dass bereits Werbung mit nur einem Telefonanruf eine unzumutbare Belästigung darstellen kann.

E22 Schließlich sind die primärrechtlichen Grundlagen des europäischen Rechts zum 1.12.2009 durch den Vertrag von Lissabon geändert worden. Der **Vertrag über die Arbeitsweise der Europäischen Union** (AEUV) ersetzt die konsolidierte Fassung des Vertrags zur Gründung der europäischen Gemeinschaft vom 2.10.1997. Die für das UWG bedeutsamen Art. 28 und Art. 30 EGV werden durch die gleichlautenden Art. 34 und Art. 36 AEUV ersetzt.

E23 Am 9.10.2013 trat das Gesetz gegen unseriöse Geschäftspraktiken (BGBl. Teil I 2013, 3714) in Kraft. Das Gesetz gegen unseriöse Geschäftspraktiken vom 1.10.2013 sieht in Art. 6 Änderungen des Gesetzes gegen den unlauteren Wettbewerb vor. Danach wird in § 7 Abs. 2 Nr. 4 UWG der Begriff einer Werbung mit einer Nachricht neu gefasst. Nunmehr liegt eine unzumutbare Belästigung auch dann vor, wenn im Rahmen der Werbung mit einer Nachricht gegen die in § 6 Abs. 1 des Telemediengesetzes (TMG) genannten, besonderen Informationspflichten verstoßen oder der Empfänger aufgefordert wird, Websites aufzurufen, die gegen § 6 Abs. 1 TMG verstoßen. In § 8 Abs. 4 UWG wird ein Gegenanspruch des Abgemahnten auf Ersatz der Aufwendungen zur Rechtsverteidigung eingeführt, wenn die Abmahnung missbräuchlich erfolgt ist. Spiegelbildlich zu dem Aufwendungsersatzanspruch des Abmahnenden gemäß § 12 Abs. 1 S. 2 UWG hat nunmehr der Abgemahnte einen Ersatzanspruch und ist daher nicht mehr auf einen Schadensersatzanspruch nach allgemeinem Deliktsrecht angewiesen. Neu gefasst werden auch die Bestimmungen zur Streitwertminderung in § 12 UWG. Nach der Neuregelung wird der Streitwert nicht gemindert, sondern das Gericht kann anordnen, dass die Verfahrenskosten in einem Rechtsstreit von der einen Partei nur aus einem geringeren Streitwert zu erheben sind, wenn die wirtschaftliche Lage dieser Partei bei Berechnung der Prozesskosten nach dem vollen Streitwert erheblich gefährdet würde. Schließlich wird der Bußgeldtatbestand in § 20 Abs. 1 UWG erweitert. Einerseits findet er auch dann Anwendung, wenn der Werbende automatische Anrufmaschinen verwendet (§ 7 Abs. 2 Nr. 2 UWG). Andererseits wird das Höchstmaß der Geldbuße nach § 20 Abs. 2 UWG versechsfacht. Zukünftig gilt also eine Bußgeldobergrenze von 300 000,– EUR. Ziel der Erhöhung der Bußgeldobergrenze ist es, Verstöße gegen das Verbot unerlaubter Telefonwerbung durch die Drohung mit dieser Geldbuße zu unterbinden.

E24 Das Gesetz zur Umsetzung der Verbraucherrechterichtlinie und zur Änderung des Gesetzes zur Regelung der Wohnungsvermittlung vom 20.9.2013 (BGBl. I, 3642) führte zu Änderungen im BGB, im UWG und in der PAngV. So wurde § 13 BGB neu gefasst. Danach ist Verbraucher jede natürliche Person, die ein Rechtsgeschäft zu Zwecken abschließt, die überwiegend weder ihrer gewerblichen, noch ihrer selbständigen beruflichen Tätigkeit zugerechnet werden können. Weitere Änderungen des BGB betrafen die Verbraucherverträge, insbesondere das Widerrufsrecht im Fernabsatz. In der PAngV wurde das Wort „Endpreise“ durch das Wort „Gesamtpreise“ ersetzt und § 1 Abs. 2 PAngV wurde um die Verpflichtung ergänzt, zusätzliche Fracht-, Liefer- und Versandkosten oder sonstige Kosten ausdrücklich anzugeben. Diese Kosten sind in den Gesamtpreis einzurechnen. Schließlich wurde in § 5a Abs. 3 Nr. 3 UWG das Wort „Endpreis“ durch das Wort „Gesamtpreis“ ersetzt und in Nr. 29 des Anhangs zu § 3 Abs. 3 UWG wurden die Wörter „sofern es sich nicht um eine nach den Vorschriften über Vertragsabschlüsse im Fernabsatz zulässige Ersatzlieferung handelt“ gestrichen. Das Gesetz zur Umsetzung der Verbraucherrechterichtlinie und zur Änderung des Gesetzes zur Regelung der Wohnungsvermittlung trat am 13.6.2014 in Kraft.

I. Verbot von unlauteren geschäftlichen Handlungen, §§ 1, 2, 3 UWG

1 Das UWG dient dem Zweck, Mitbewerber, Verbraucherinnen und Verbraucher (nachfolgend: Verbraucher) sowie sonstige Marktteilnehmer vor unlauteren geschäftlichen Handlungen zu schützen (§ 1 Satz 1 UWG). Außerdem dient das UWG dem **Schutz des Allgemeininteresses** an einem unverfälschten Wettbewerb (§ 1 Satz 2 UWG). Nach Art. 1 der Richtlinie über unlautere Geschäftspraktiken sollen insbesondere Verbraucher vor unlauteren Geschäftspraktiken geschützt werden. Der im UWG 2004 enthaltene Begriff der **„Wettbewerbshandlung"** („unlauterer Wettbewerb") wird durch den umfassenderen Begriff der **„geschäftlichen Handlung"** ersetzt. Denn nach der Richtlinie soll der Verbraucher nicht nur vor unlauteren Geschäftshandlungen bei Vertragsabschluss geschützt werden, sondern die Richtlinie will den Verbraucher auch vor solchen unlauteren Geschäftspraktiken schützen, die **vor, während** und **nach Vertragsschluss** den Verbraucher beeinträchtigen können (BGH **„Auftragsbestätigung"**). Eine geschäftliche Handlung ist bereits gegeben, wenn der Verbraucher das **Geschäft** des Händlers **betritt** (EuGH **„Trento Sviluppo/ AGCM"**).

1. Geschäftliche Handlung (§ 1, § 2 Abs. 1 Nr. 1 UWG)

2 In Umsetzung der Vorgaben aus der Richtlinie über unlautere Geschäftspraktiken definiert § 2 Abs. 1 Nr. 1 UWG eine geschäftliche Handlung dahingehend, dass jedes **Verhalten einer Person** zugunsten des eigenen oder eines fremden Unternehmens **vor, bei oder nach einem Geschäftsabschluss,** das mit der Förderung des Absatzes oder des Bezugs von Waren oder Dienstleistungen oder mit Abschluss oder der Durchführung eines Vertrages über Waren oder Dienstleistungen **objektiv** zusammenhängt, ein geschäftliches Handeln ist. Auch die Veröffentlichung eines Newsletters stellt eine geschäftliche Handlung dar. Unter Bezugnahme auf die Gesetzesbegründung führt der BGH wörtlich aus:

> Nach § 2 I Nr. I UWG bedeutet „geschäftliche Handlung" im Sinne dieses Gesetzes jedes Verhalten einer Person zugunsten des eigenen oder eines fremden Unternehmens, das mit der Förderung des Absatzes oder des Bezugs von Waren oder Dienstleistungen oder mit dem Abschluss oder der Durchführung eines Vertrages über Waren oder Dienstleistungen objektiv zusammenhängt. Bei einem redaktionellen Beitrag ist ein objektiver Zusammenhang mit der Förderung des Absatzes eines fremden Unternehmens zu verneinen, wenn er allein der Information und Meinungsbildung seiner Adressaten dient (BGH in GRUR 2012, S. 74ff. [S. 75, Rdnr. 15] – **„Coaching-Newsletter"**).

Der Gesetzgeber hat bewusst den Begriff des „Verhaltens" einer Person gewählt, da zum geschäftlichen Handeln gleichermaßen ein **positives Tun** wie auch ein **Unterlassen** in Betracht kommt. Ausdrücklich bestimmt § 2 Abs. 1 Nr. 1, 2. Halbsatz UWG, dass als Waren auch Grundstücke gelten und unter Dienstleistungen auch Rechte und Verpflichtungen zu verstehen sind.

3 Eine geschäftliche Handlung erfordert kein Handeln zum Nachteil eines Dritten. Es genügt vielmehr, dass die Stellung des Gewerbetreibenden irgendwie gefördert wird.

Zur Annahme einer geschäftlichen Handlung oder **„Geschäftspraxis"** genügt objektiv, dass die handelnde Person den Absatz, den Bezug von Waren oder Dienstleistungen oder den Abschluss oder die Durchführung eines Vertrages hierüber fördert (EuGH **„Georg Köck/Schutzverband gegen unlauteren Wettbewerb"**). Auf eine konkrete Wettbewerbsförderungsabsicht kommt es hingegen nicht an. Durch den **Begriff des objektiven Zusammenhangs** wird sichergestellt, dass alle am Verhältnis von Unternehmen zu Verbrauchern anknüpfenden lauterkeitsrechtlichen Fallgruppen unter Beachtung der europarechtliche Vorgaben vom UWG erfasst werden (s. Begründung Änderungsgesetz, zu Nr. 2). Was unter dem Merkmal des **„objektiven Zusammenhangs"** im Sinne von § 2 Abs. 1 Nr. 1 UWG zu verstehen ist, muss anhand objektiver Kriterien ermittelt werden. Wörtlich heißt es:

> Der Begriff der geschäftlichen Handlung dient dazu, den Anwendungsbereich des Lauterkeitsrechts gegenüber dem allgemeinen Deliktsrecht abzugrenzen. ... Deshalb ist das Merkmal des „objektiven Zusammenhangs" funktional zu verstehen und setzt voraus, dass die Handlung bei objektiver Betrachtung darauf gerichtet ist, durch Beeinflussung der geschäftlichen Entscheidung der Verbraucher oder sonstiger Marktteilnehmer den Absatz oder Bezug von Waren oder Dienstleistungen des eigenen oder eines fremden Unternehmens zu fördern. ... Im Hinblick auf Handlungen gegenüber Verbrauchern ergibt sich das Erfordernis des funktionalen Bezugs auf die Beeinflussung der geschäftlichen Entscheidung daraus, dass § 2 Abs. 1 Nr. 1 UWG der Umsetzung des Art. 2 Buchst. d der Richtlinie 2005/29/EG über unlautere Geschäftspraktiken dient und daher im Lichte des Wortlauts und der Ziele dieser Richtlinie auszulegen ist. Nach dieser Vorschrift sind „Geschäftspraktiken von Unternehmen gegenüber Verbrauchern" Verhaltensweisen, die unmittelbar mit der Absatzförderung, dem Verkauf oder der Lieferung eines Produkts an Verbraucher zusammenhängen (BGH in WRP 2013, S. 1183ff. [S. 1185, Rdnr. 17, 18], **„Standardisierte Mandatsbearbeitung"**).

Sofern ein Rechtsanwalt bei der massenhaften Bearbeitung von Urheberrechtsverletzungen in Internetaustauschbörsen mit standardisierten Anwaltsschreiben arbeitet, liegt kein Handeln im geschäftlichen Verkehr im Sinne von § 2 Abs. 1 Nr. 1 UWG vor. Denn dieses vorformulierte Antwortschreiben eines Rechtsanwalts dient vorrangig einem anderen Ziel, nämlich die gegen die eigenen Mandanten gerichteten Ansprüche abzuwehren. Eine geschäftliche Handlung im Hinblick auf die Gewinnung oder den Erhalt von Mandanten ist darin deshalb nicht zu sehen. Die geschäftliche Handlung erfasst sowohl das Verhältnis **von Unternehmen zu Verbraucher** wie auch das **Verhältnis von Unternehmen zu Unternehmen** (namentlich Fälle horizontaler Behinderung gem. § 4 Nr. 10 UWG, BGH **„Änderung der Voreinstellung II")**. Das UWG erfasst also alle geschäftlichen Beziehungen, welche die Interessen von Mitbewerbern und sonstigen Marktteilnehmern beeinträchtigen, wie auch sämtliche Verbraucherinteressen.

4 Auch wenn Absatz- und Werbebehinderungen, Betriebsspionage oder unberechtigte Abmahnungen gegenüber einem Mitbewerber in der Regel keine unmittelbaren Auswirkungen auf den Absatz oder den Bezug von Waren und Dienstleistungen haben, besteht zwischen diesen **unlauteren Praktiken** und dem Absatz oder dem Bezug von Waren und Dienstleistungen ein objektiver Zusammenhang mit der Folge, dass eine geschäftliche Handlung im Sinne von § 2 Abs. 1 Nr. 1 UWG gegeben ist. Denn jede dieser Maßnahmen kann sich objektiv zugunsten des unlauter handelnden Unternehmens auswirken. Dieser objektive Zusammenhang zwischen dem unlauteren Verhalten des Wettbewerbers und dem Produktabsatz begründet ein geschäftliches Verhalten, das bei vorliegender Unlauterkeit nach den Vorschriften des UWG unterbunden werden kann.

5 **Weltanschauliche, wissenschaftliche, redaktionelle** oder **verbraucherpolitische** Äußerungen von Unternehmen oder Personen **unterfallen nicht dem UWG,** soweit sie in keinem objektiven Zusammenhang mit dem Absatz von Waren und anderen Unternehmensaktivitäten stehen (Begründung Änderungsgesetz B, zu Artikel 1 Nr. 2). Während redaktionelle Äußerungen oder eine Reichweitenforschung im Medienbereich nur der Information der Leserschaft oder von Werbeagenturen dienen, genießt jede wissenschaftliche Äußerung grundgesetzlichen Schutz und ist nicht als geschäftliche Handlung im Sinne von § 2 Abs. 1 Nr. 1 UWG zu qualifizieren. Auf der anderen Seite können Sponsoring und Image-Werbung in den Anwendungsbereich des UWG fallen, wie etwa § 5 Abs. 1 Nr. 4 UWG zeigt. Denn auch **Imagewerbung** und **Sponsoringmaßnahmen** können in unmittelbarem Zusammenhang mit der Beeinflussung der geschäftlichen Entscheidung des Verbrauchers in Bezug auf Produkte stehen, wie es in Erwägungsgrund 7 der Richtlinie über unlautere Geschäftspraktiken heißt. Die Richtlinie über unlautere Geschäftspraktiken nimmt aber ausdrücklich Geschäftspraktiken aus, die vorrangig anderen Zielen dienen, wie etwa kommerzielle, für Investoren gedachte Mitteilungen, z.B. Jahresberichte und Unternehmensprospekte.

6 Mit Anknüpfung des UWG an eine geschäftliche Handlung im Sinne von § 2 Abs. 1 Nr. 1 UWG ist die bisherige Rechtsprechung insbesondere des BGH überholt, nach der eine Wettbewerbshandlung im Regelfall mit dem Vertragsabschluss beendet ist. Der Begriff der geschäftlichen Handlung in § 2 Abs. 1 Nr. 1 UWG umfasst vielmehr **jegliche Art der geschäftlichen Handlung,** also auch eine Handlung vor, während oder nach Geschäftsabschluss. Erforderlich ist allerdings, dass die wettbewerbsrechtlichen Interessen der Mitbewerber **im Inland** aufeinandertreffen (BGH **„Ausschreibung in Bulgarien"**). Es gilt das **Marktortprinzip.** Marktort ist der Ort an dem die wettbewerbsrechtlichen Interessen der Mitbewerber aufeinandertreffen.

7 Die Regelung in § 2 Abs. 1 Nr. 1 UWG bestimmt ausdrücklich, dass auch jedes Verhalten **zugunsten eines fremden Unternehmens** als geschäftliche Handlung gilt. Bei einer Berichterstattung über die **„500 besten Anwälte"** liegt nicht nur eine redaktionelle Äußerung vor, sondern zugleich ein geschäftliches Handeln im Sinne von § 2 Abs 1 Nr. 1 UWG. Denn wenn die Artikelserie nicht nur die Namen der Rechtsanwälte vollständig benennt, sondern sogar deren Kanzleisitz und die Telefonnummern angibt, wirkt sich diese redaktionelle Äußerung zugunsten der empfohlenen Rechtsanwälte unmittelbar zu Lasten derjenigen Rechtsanwälte aus, die in der Artikelserie keine Erwähnung fanden. Damit wird jedoch die Dienstleistung der Rechtsberatung derjenigen Rechtsanwälte gefördert, die in der Liste der „500 besten Anwälte" enthalten waren (BGH **„Die Besten II"**). Geschäftlich handelt natürlich auch derjenige, der als sogenannter „Power Seller" über das Internet Waren verkauft oder versteigert. Wer monatlich mehr als 40 Verkäufe oder Versteigerungen über das Internet betätigt handelt geschäftlich und **nicht privat** (BGH **„Handeln im geschäftlichen Verkehr beim Anbieten von Waren auf Internet-Plattform"**). Rein privates Handeln liegt nur dann vor, wenn der Handelnde mit seiner Tätigkeit keinerlei geschäftliche Interessen verbindet (z.B. der Tausch von CDs unter Freunden).

2. Mitbewerber, Verbraucherinnen und Verbraucher, Unternehmer sowie sonstige Marktteilnehmer (§ 1 i.V.m. § 2 Abs. 1 Nr. 2, 3, 6, Abs. 2 UWG)

8 Nach Art. 2a) der Richtlinie über unlautere Geschäftspraktiken ist ein **„Verbraucher"** jede natürliche Person, die im Geschäftsverkehr im Sinne dieser Richtlinie zu Zwecken handelt, die nicht ihrer gewerblichen, handwerklichen oder beruflichen Tä-

tigkeit zugerechnet werden kann. Das UWG nimmt auf § 13 BGB Bezug. Danach ist ein Verbraucher jede natürliche Person, die ein Rechtsgeschäft zu Zwecken abschließt, die überwiegend weder ihrer gewerblichen noch ihrer selbständigen beruflichen Tätigkeit zugerechnet werden können. Diese Legaldefinition des BGB stimmt nicht wörtlich mit der Vorgabe aus der Richtlinie über unlautere Geschäftspraktiken überein. Dabei ist zu berücksichtigen, dass die Formulierung in § 13 BGB umfassender ist. Denn § 13 BGB nimmt nicht jede berufliche Tätigkeit vom Verbraucherbegriff aus, sondern nur **Rechtsgeschäfte,** die **überwiegend** weder gewerblichen noch selbständigen beruflichen Zwecken dienen. Nach geltendem Recht kommt deshalb auch derjenige in den Genuss verbraucherschützender Vorschriften, der zur Ausübung seines Berufs beispielsweise einen Beförderungsvertrag abschließt oder ein Arbeitsgerät erwirbt – so etwa der Arzt, der zur Ausübung seiner Berufs einen Computer anschafft. Denn der Arzt wird i. d. R. den Computer nicht überwiegend für seine selbständige Tätigkeit verwenden. Diese Personengruppe wird gegenüber den nur gewerblich Handelnden privilegiert.

9 Gemäß Art. 2b) der Richtlinie über unlautere Geschäftspraktiken ist **„Unternehmer“** jede natürliche oder juristische Person, die im Geschäftsverkehr im Sinne der Richtlinie im Rahmen ihrer gewerblichen, handwerklichen oder beruflichen Tätigkeit handelt, und jede Person, die im Namen oder Auftrag des Gewerbetreibenden handelt. Damit ist der Begriff des Gewerbetreibenden im Sinne der Richtlinie über unlautere Geschäftspraktiken weiter als die Legaldefinition des § 14 BGB. In § 2 Abs. 1 Nr. 6 UWG heißt es daher, dass als Unternehmer **jede natürliche oder juristische Person** bezeichnet wird, die geschäftliche Handlungen im Rahmen ihrer gewerblichen, handwerklichen oder beruflichen Tätigkeit vornimmt sowie jede Person, die im Namen oder Auftrag einer solchen Person handelt. Ungeklärt war noch die Frage, ob Art. 3 Abs. 1 i. V. m. Art. 2 Buchst. b und d der Richtlinie 2005/29/EG eine Auslegung von § 2 Abs. 1 Nr. 1 und 6 UWG erlaubt, nach der eine beanstandete Handlung als Geschäftspraktik im Geschäftsverkehr zwischen Unternehmen und Verbrauchern anzusehen ist, wenn es sich bei der werbenden Betriebskrankenkasse um eine Körperschaft des öffentlichen Rechts handelt, die Aufgaben der gesetzlichen Krankenversicherung erfüllt. Auf ein entsprechendes Vorabentscheidungsersuchen des BGH (BGH **„Betriebskrankenkasse“**) stellte der EuGH fest, dass auch eine Körperschaft des öffentlichen Rechts, die mit einer im Allgemeininteresse liegenden Aufgabe wie der Verwaltung eines gesetzlichen Krankenversicherungssystems betraut ist, in den persönlichen Anwendungsbereich der Richtlinie über unlautere Geschäftspraktiken fällt (EuGH **„BKK/Wettbewerbszentrale“**). Der EuGH stuft die BKK als „Gewerbetreibender“ im Sinne der Richtlinie ein, u. a. mit der Begründung, dass die Richtlinie durch einen besonders weiten sachlichen Anwendungsbereich gekennzeichnet ist (so auch BGH „Nordjob-Messe“).

10 **Marktteilnehmer** im Sinne von § 2 Abs. 1 Nr. 2 UWG sind neben Mitbewerbern, Verbrauchern auch diejenigen Personen, die als Anbieter oder Nachfrager von Waren oder Dienstleistungen tätig sind. Der Begriff des Marktteilnehmers umfasst daher als Oberbegriff sowohl die Gruppe der **Mitbewerber,** der **Verbraucher,** wie auch der **gewerblichen Verbraucher,** gleich ob es sich um natürliche oder um juristische Personen handelt. Selbst ein Standesamt kann im Rahmen **erwerbswirtschaftlicher Randnutzung** als Marktteilnehmer wettbewerblich handeln (BGH **„Buchgeschenk vom Standesamt“**).

11 Bei **Mitbewerbern** handelt es sich gemäß § 2 Abs. 1 Nr. 3 UWG um jeden Unternehmer, der mit einem oder mehreren Unternehmen als **Anbieter oder Nachfrager** von Waren oder Dienstleistungen in einem konkreten Wettbewerbsverhältnis

steht. Das konkrete Wettbewerbsverhältnis muss also zwischen dem Zuwiderhandelnden oder einem Dritten und dem benachteiligten Unternehmen gegeben sein. Zum Vorliegen des konkreten Wettbewerbsverhältnisses heißt es in der Gesetzesbegründung:

> Dieses liegt dann vor, wenn zwischen den Vorteilen, die jemand durch eine Maßnahme für sein Unternehmen oder das eines Dritten zu erreichen sucht und den Nachteilen, die ein anderer dadurch erleidet, eine Wechselbeziehung in dem Sinne besteht, dass der eigene Wettbewerb gefördert und der fremde Wettbewerb beeinträchtigt werden kann (Gesetzesbegründung zu § 2 Abs. 1 Nr. 3).

Danach liegt ein konkretes Wettbewerbsverhältnis nicht nur zwischen Unternehmen vor, die den gleichen Abnehmerkreis bzw. Lieferantenkreis haben, sondern auch dann, wenn die Unternehmen auf unterschiedlichen Wirtschaftsstufen tätig sind, aber der Großhändler die Ware etwa auch an Letztverbraucher verkauft. Selbst bei Vorliegen unterschiedlicher Branchen kann im Einzelfall ein konkretes Wettbewerbsverhältnis begründet sein, das ggf. durch die konkrete Handlung entsteht. Die höchstrichterliche Rechtsprechung unterscheidet zwischen einem unmittelbaren und einem mittelbaren Wettbewerbsverhältnis. Ein **unmittelbares Wettbewerbsverhältnis** im Sinne von § 2 Abs. 1 Nr. 3 UWG ist immer dann gegeben, wenn beide Parteien gleichartige Waren oder Dienstleistungen innerhalb desselben Endverbraucherkreises abzusetzen versuchen und damit eine Partei das Wettbewerbsverhalten der anderen beeinträchtigen, d. h. im Absatz behindern oder stören, kann (BGH **„Werbung für Fremdprodukte“**). Während also ein unmittelbares Wettbewerbsverhältnis voraussetzt, dass sich die beteiligten Unternehmen auf demselben sachlich, räumlich und zeitlich relevanten Markt betätigen, ohne dass sich der Kundenkreis und das Angebot der Waren oder Dienstleistungen vollständig decken müssen, liegt ein **mittelbares Wettbewerbsverhältnis** bei Vorliegen der nachfolgenden Voraussetzungen vor:

> Das Berufungsgericht ist zutreffend davon ausgegangen, dass an das Vorliegen eines konkreten Wettbewerbsverhältnisses im Interesse eines wirksamen lauterkeitsrechtlichen Individualschutzes grundsätzlich keine hohen Anforderungen zu stellen sind; es wird daher insbesondere keine Branchengleichheit vorausgesetzt. … Da es für die wettbewerbsrechtliche Beurteilung einer Tätigkeit regelmäßig nur um die konkret beanstandete Wettbewerbshandlung geht, genügt es, dass die Parteien durch eine Handlung miteinander in Wettbewerb getreten sind, auch wenn ihre Unternehmen unterschiedlichen Branchen oder Wirtschaftsstufen angehören (BGH in DB 2014, S. 713ff. [S. 714, 715, Rdnr. 17], **„Werbung für Fremdprodukte“**).

Das klagende Internet-Reisebüro in dem vom BGH entschiedenen Verfahren bewarb zwar auf ihrer Internetpräsenz Bücher von *amazon* und erhielt für jeden vermittelten Verkauf eine Werbekostenerstattung; die Tätigkeit des Internet-Reisebüro erschöpfte sich jedoch in der Rolle eines reinen Werbepartners von *amazon*. Deshalb bestand zwischen dem klagenden Internet-Reisebüro und der beklagten Verbraucherzentrale, die eine entgeltliche Broschüre über das Internet vertrieb, weder ein mittelbares noch ein unmittelbares Wettbewerbsverhältnis. Der BGH verneinte auch unter dem Gesichtspunkt der Förderung fremden Wettbewerbs ein Wettbewerbsverhältnis zwischen dem Internet-Reisebüro und der beklagten Verbraucherzentrale, weil es mit dem Sinn und Zweck von § 8 Abs. 1, 3 Nr. 1 UWG nicht zu vereinbaren ist, einem bloßen Werbepartner die Möglichkeit zu eröffnen, nach § 8 Abs. 3 Nr. 1 UWG gegen Mitbewerber des durch ihre Werbetätigkeit geförderten Unternehmens vorzugehen (BGH **„Werbung für Fremdprodukte“**).

12 Das UWG schützt gleichermaßen **Mitbewerber, Verbraucher und sonstige Marktteilnehmer.** Auch wenn die Richtlinie über unlautere Geschäftspraktiken unmittelbar nur die wirtschaftlichen Interessen von Verbrauchern schützt, wird mittelbar auch der rechtmäßig handelnde Unternehmer vor unlauter handelnden Mitbewerbern geschützt. Diese allgemeine **Schutzzwecktrias** des UWG liegt den nachfolgenden Bestimmungen zugrunde.

3. Nachricht, Verhaltenskodex und fachliche Sorgfalt (§ 2 Abs. 1 Nr. 4, 5 und 7 UWG)

13 Eine **Nachricht** ist gemäß § 2 Abs. 1 Nr. 4 UWG jede Information, die zwischen einer endlichen Zahl von Beteiligten über einen **öffentlich zugänglichen elektronischen Kommunikationsdienst** ausgetauscht oder weitergeleitet wird. Vom Begriff der Nachricht sind solche Informationen ausgeschlossen, die als Teil eines Rundfunkdienstes über ein elektronisches Kommunikationsnetz an die Öffentlichkeit weitergeleitet werden, soweit die Informationen nicht mit dem identifizierbaren Teilnehmer oder Nutzer, der sie erhält, in Verbindung gebracht werden können. Diese Definition der Nachricht entspricht der Vorgabe in Artikel 2d) der **Datenschutzrichtlinie** (Richtlinie 2002/58/EG).

14 Der Begriff des **Verhaltenskodex** geht zurück auf Art. 2f) der Richtlinie über unlautere Geschäftspraktiken. Danach ist ein Verhaltenskodex eine Vereinbarung oder ein Vorschriftenkatalog, die bzw. der nicht durch die Rechts- und Verwaltungsvorschriften eines Mitgliedstaates vorgeschrieben ist und das Verhalten der Gewerbetreibenden definiert, die sich im Bezug auf eine oder mehrere spezielle Geschäftspraktiken oder Wirtschaftszweige auf diesen Kodex verpflichten. Diesen Begriff des „Verhaltenskodex“ übernimmt das UWG in § 2 Abs. 1 Nr. 5. Die Auslegung des Verhaltenskodex hat also **richtlinienkonform** zu erfolgen. Um einen anerkannten Verhaltenskodex handelt es sich etwa bei den „ZAW-Richtlinien redaktionell gestaltete Anzeigen“ sowie bei den „Wettbewerbsrichtlinien der Versicherungswirtschaft“, also bei Regeln, die sich ein Verband oder ein Zusammenschluss von Verkehrsbeteiligten selbst gegeben hat (BGH **„FSA-Kodex“**).

15 Schließlich übernimmt das UWG in § 2 Abs. 1 Nr. 7 auch die Definition der **fachlichen Sorgfalt** aus Art. 2h) der Richtlinie über unlautere Geschäftspraktiken. Während es in der Richtlinie heißt, dass die berufliche Sorgfalt der Standard an Fachkenntnissen ist und die Sorgfalt, bei der billigerweise davon ausgegangen werden kann, dass der Gewerbetreibende sie gegenüber dem Verbraucher gemäß den anständigen Marktgepflogenheiten und/oder dem allgemeinen Grundsatz von Treu und Glauben in seinem Tätigkeitsbereich anwendet, heißt es im UWG, dass die fachliche Sorgfalt den **Standard an Fachkenntnissen und Sorgfalt** umfasst, von dem billigerweise angenommen werden kann, dass ein Unternehmer ihn in seinem Tätigkeitsbereich gegenüber Verbrauchern nach **Treu und Glauben** unter Berücksichtigung der **Marktgepflogenheiten** einhält. Zu der Frage, was ein ordentlicher Kaufmann im Rahmen der fachlichen Sorgfalt zu berücksichtigen hat, führt der BGH im Zusammenhang mit dem vorzeitigen Abbruch einer Rabattaktion aus:

> Wird die Rabattaktion dagegen aufgrund von Umständen verkürzt oder verlängert, die nach dem Erscheinen der Werbung eingetreten sind, ist danach zu unterscheiden, ob diese Umstände für den Unternehmer unter Berücksichtigung fachlicher Sorgfalt voraussehbar waren und deshalb bei der Planung der befristeten Aktion und der Gestaltung der ankündigenden Werbung hätten berücksichtigt werden können. Denn der Verkehr wird nach der Lebenserfahrung nur in Rechnung stellen, dass eine befristete Vergünstigung allein aus Gründen verkürzt oder verlängert wird, die zum Zeitpunkt der Schaltung der

Werbung ersichtlich nicht zu Grunde gelegt wurden und auch nicht berücksichtigt werden konnten. Mit einer Verkürzung oder Verlängerung aus Gründen, die bei Schaltung der Anzeige bereits absehbar waren, rechnet der Verkehr dagegen nicht. Dabei ist es Sache des Werbenden, die Umstände darzulegen, die für die Unvorhersehbarkeit der Verkürzungs- oder Verlängerungsgründe und für die Einhaltung der fachlichen Sorgfalt sprechen. ... Von erheblicher indizieller Bedeutung dafür, ob der Werbende die gebotene fachliche Sorgfalt angewandt hat, sind dabei die Erfahrungen, die er aus früheren vergleichbaren Verkaufsförderungsmaßnahmen gewonnen hat (BGH in GRUR 2014, S. 91 ff. [S. 93, Rdnr. 23], **„Treuepunkte-Aktion“**).

Nach der Rechtsprechung des EuGH muss bei Vorliegen einer irreführenden Werbung allerdings nicht geprüft werden, ob diese irreführende Praxis auch den Erfordernissen der beruflichen Sorgfalt im Sinne von Art. 5 Abs. 2 lit. a) der Richtlinie widerspricht, um sie als unlauter und mithin nach Art. 5 Abs. 1 der Richtlinie als verboten ansehen zu können (EuGH **„CHS/Team4 Travel“**). Unlauter ist eine Geschäftspraxis, wenn sie den Erfordernissen der beruflichen Sorgfaltspflicht widerspricht (Art. 5 Abs. 2 lit. a) der Richtlinie) und sie den Durchschnittsverbraucher in seinem Verhalten wesentlich beeinflussen kann. Die Wahl des Begriffs „fachliche Sorgfalt“ anstelle der „beruflichen Sorgfalt“ erfolgte, weil ein Beruf nach den Begriffsbestimmungen des deutschen Rechts nur von einer natürlichen Person ausgeübt werden kann, wohingegen die Sorgfaltspflichten im Sinne der Richtlinie auch juristische Personen treffen können (Begründung Änderungsgesetz B, zu Nr. 2a) cc).

4. Spürbarkeitsgrenze (§ 3 Abs. 1 UWG)

16 Gemäß § 3 Abs. 1 UWG sind solche geschäftlichen Handlungen unzulässig, die geeignet sind, **die betroffenen Interessen spürbar** zu beeinträchtigen. Diese Formulierung geht zurück auf die Richtlinie über unlautere Geschäftspraktiken, in der es heißt, dass eine **wesentliche Beeinflussung des wirtschaftlichen Verhaltens** des Verbrauchers vorliegen muss, um das Verhalten als unzulässige unlautere geschäftliche Handlung zu qualifizieren. Die Richtlinie stellt darauf ab, ob durch die angewandte geschäftliche Handlung die Fähigkeit des Verbrauchers, sich aufgrund der Informationen zu entscheiden, spürbar beeinträchtigt wird mit der Folge, dass er eine Entscheidung trifft, die er anderenfalls nicht getroffen hätte (Art. 2e) Richtlinie über unlautere Geschäftspraktiken). Diese Schwelle weicht vom Wortlaut der Erheblichkeitsschwelle in § 3 UWG 2004 ab.

17 Schon die Gutachter hatten in ihren Stellungnahmen zu § 3 UWG 2004 darauf aufmerksam gemacht, dass nicht jede unlautere, den Wettbewerb beeinträchtigende Handlung, wettbewerbswidrig ist, sondern wettbewerbswidriges Verhalten nur dann vorliegt, wenn das Verhalten von gewisser Erheblichkeit ist. Bereits das Gutachten *Fezer* plädierte für die Einführung einer Spürbarkeitsgrenze. Eine entsprechende Empfehlung enthielt auch der Vorschlag von *Köhler/Bornkamm/Henning-Bodewig,* nach deren Ausführungen mit der Formulierung „nicht nur unerheblich“ **Bagatellfälle aus dem Verbot unlauteren Wettbewerbs herauszunehmen** sind. Nach der Begründung des Gesetzgebers sollte mit diesem Begriff zum Ausdruck kommen, dass die Wettbewerbsmaßnahme von einem gewissen Gewicht für das Wettbewerbsgeschehen und die Interessen der geschützten Personenkreise sein muss. In der Gesetzesbegründung heißt es zu der Formulierung „nicht nur unerheblich“ wörtlich:

Damit soll zum Ausdruck kommen, dass die Wettbewerbsmaßnahme von einem gewissen Gewicht für das Wettbewerbsgeschehen und die Interessen der geschützten Personenkreise sein muss. Dies bedeutet indes nicht, dass dadurch unlautere Wettbewerbshandlungen zu einem beachtlichen Teil legalisiert werden. Vielmehr soll die Verfolgung von lediglich Bagatellfällen ausgeschlossen werden. Dementsprechend ist die Schwelle auch nicht zu hoch anzusetzen (Gesetzesbegründung zu § 3).

Mit dieser Begründung stellte der Gesetzgeber klar, dass das in § 3 UWG 2004 enthaltene Erheblichkeitskriterium nur dazu diente, Bagatellfälle aus den Verbotstatbeständen des UWG herauszunehmen. Keineswegs wollte der Gesetzgeber mit der Einführung der Erheblichkeitsgrenze einen Teilbereich unlauterer Wettbewerbshandlungen legalisieren. Diese Formulierung in § 3 UWG 2004 machte jedenfalls die Wesentlichkeitsgrenze im Rahmen der Ausübung der Klagebefugnis nach § 13 Abs. 2 UWG a.F. entbehrlich. Schließlich wies der Gesetzgeber klarstellend darauf hin, dass eine nicht nur unerhebliche Beeinträchtigung des Wettbewerbs auch dann gegeben ist, wenn der einzelne Verstoß nur eine geringe Auswirkung für den Marktteilnehmer im Einzelfall beinhaltet, aber durch das Verhalten eine **Vielzahl von Marktteilnehmern betroffen** ist, oder wenn eine **nicht unerhebliche Nachahmungsgefahr** besteht.

18 Bereits nach dem Referentenentwurf des Bundesministeriums der Justiz setzte die Feststellung, ob ein Wettbewerbsverstoß geeignet ist, den Wettbewerb nicht nur unerheblich zu beeinträchtigen, eine nach objektiven und subjektiven Momenten unter Berücksichtigung aller Umstände des Einzelfalls zu treffende Wertung voraus. In diese Wertung flossen neben der Art und Schwere des Verstoßes die zu erwartenden Auswirkungen auf den Wettbewerb sowie der Schutzzweck des Wettbewerbs ein. Damit entsprach die Interpretation von § 3 UWG 2004 den Grundsätzen, die das Bundesverfassungsgericht in seinem Verfahren **„Veröffentlichung von Anwalts-Ranglisten"** aufgestellt hatte.

19 Anhaltspunkte zur Erheblichkeitsgrenze fanden sich jedoch auch in der höchstrichterlichen Rechtsprechung zu § 13 Abs. 2 Nrn. 1, 2 UWG a.F. Bei Einführung der Wesentlichkeitsgrenze in § 13 UWG a.F. wies der Gesetzgeber darauf hin, dass eine wesentliche Beeinträchtigung des Wettbewerbs nur dann vorliegt, wenn die Interessen der Allgemeinheit ernsthaft betroffen sind. Ebensowenig wie die Interessen der Allgemeinheit ernsthaft durch geringfügige Geschwindigkeitsüberschreitungen oder sonstige geringfügige Gesetzesverstöße beeinträchtigt werden, können die Interessen der Allgemeinheit an der Aufrechterhaltung eines Systems des lauteren Wettbewerbs ernsthaft durch geringfügige oder marginale Wettbewerbsverstöße beeinträchtigt werden, wie z.B. Verstöße gegen die Preisangabenverordnung im Rahmen gewerblicher Kleinanzeigen in Zeitungen (BGH **„Immobilienpreisangaben"**).

20 In der Entscheidung **„Laienwerbung für Augenoptiker"** des Bundesgerichtshofs wies der erkennende Senat im Hinblick auf die Wesentlichkeit des Wettbewerbsverstoßes im Sinne von § 13 UWG a.F. darauf hin, dass in jedem Einzelfall eine Prüfung der Art und Schwere des Verstoßes vorzunehmen ist. Es ist im Einzelfall zu prüfen, ob ein besonderes Interesse der Allgemeinheit vorliegt, ob von der Werbung eine besondere Anreizwirkung ausgeht, welcher Wettbewerbsvorsprung durch die wettbewerbswidrige Maßnahme erlangt wurde, bei Verletzung von wettbewerbsrechtlichen Nebengesetzen, welches Rechtsgut geschützt ist, und schließlich, welche Nachahmungsgefahr für Mitbewerber von der wettbewerbswidrigen Werbemaßnahme ausgeht (BGH **„Flaschenpfand II"**).

21 Die **Spürbarkeitsgrenze** in § 3 Abs. 1 UWG 2008 ist der Erheblichkeitsschwelle in § 3 UWG 2004 nicht gleichzusetzen. Der Begriff der Spürbarkeit ist **richtlinienkonform** auszulegen. Danach ist nur ein solches unlauteres Verhalten geeignet, den Verkehr spürbar zu beeinträchtigen, wenn insbesondere der Verbraucher durch das unlautere Verhalten erst veranlasst wird, eine Entscheidung zu treffen, die er andernfalls nicht getroffen hätte. Ein unlauteres Verhalten ist mit anderen Worten dann nicht spürbar, wenn die Unlauterkeit das Entscheidungsverhalten des Verbrauchers nicht beeinflusst (BGH **„Überregionaler Krankentransport"**). So ist etwa eine fehlerhafte Preisauszeichnung im Ladenlokal, die offensichtlich von dem Verkaufspreis abweicht, der in einer Beilage zu Tageszeitungen ausgewiesen war, zwar eine unlautere geschäftliche Handlung, beeinträchtigt den Verbraucher jedoch nicht spürbar. In einem vom BGH entschiedenen Verfahren, das noch § 3 UWG 2004 zum Gegenstand hatte, heißt es wörtlich:

> Die Verbraucher werden auf die Angabe unterschiedlicher Preise in der Werbung und bei der Preisauszeichnung am Regal nicht einheitlich reagieren. Nach der Lebenserfahrung zu urteilen, werden sich manche Verbraucher vom Kauf nicht abhalten lassen, weil sie davon ausgehen, dass die Preisauszeichnung am Regal unzutreffend ist und ihnen an der Kasse lediglich der niedrigere (beworbene) Preis in Rechnung gestellt wird. Denn einem Teil der Verbraucher ist klar, dass gerade in breit sortierten Einzelhandelsmärkten bisweilen die Preisauszeichnung einzelner Waren noch nicht an eine am selben Tag erschienene Werbung angepasst ist. … Ein anderer Teil der Verbraucher mag damit rechnen, dass der höhere Preis in Rechnung gestellt wird, und sich dennoch zum Erwerb entschließen; diese Verbraucher werden dann an der Kasse positiv überrascht, wenn sie doch nur den niedrigeren Preis entrichten müssen. … All diese Verbraucher werden durch die unrichtige Preisauszeichnung am Regal nicht in relevanter Weise irregeführt (BGH in GRUR 2008, S. 442ff. [Seite 443, Rdnr. 11], **„fehlerhafte Preisauszeichnung"**).

Der BGH stellt in seiner Entscheidung bewusst auf den mündigen Verbraucher ab, der sich ggf. um Aufklärung bemüht. Weitere Voraussetzung der Entscheidung war allerdings der aus Sicht des BGH maßgebliche Umstand, dass das elektronische Kassensystem des Händlers von vornherein auf die beworbenen Preise eingestellt war, so dass eine Berechnung des am Regal ausgezeichneten, höheren Preises auf jeden Fall ausgeschlossen war.

22 Nicht von der Bagatellgrenze erfasst waren zwei Fallgestaltungen, über die der BGH noch zu § 3 UWG 2004 zu entscheiden hatte. Im Zusammenhang mit der **Telefonaktion eines Lohnsteuerhilfevereins,** der unter Verstoß gegen das Steuerberatungsgesetz eine Telefonaktion zur Einkommensteuererklärung durchgeführt hatte, lag ein klarer Verstoß gegen § 5 UWG 2004 vor, so dass für die Anwendung der „Bagatellklausel" kein Raum war (BGH **„Telefonaktion"**). Die Bagatellgrenze war auch überschritten bei einer irreführenden Werbung eines Unternehmens, das in der Firmenbezeichnung unzulässigerweise den Bestandteil „Bundes-" führte (BGH **„Bundesdruckerei"**). Da es für den Kunden von erheblicher Bedeutung ist, ob er ein Unternehmen mit verlässlicher Bonität beauftragt, ist eine Täuschung über den Umstand, dass sich das Unternehmen möglicherweise im Besitz der Bundesrepublik Deutschland befindet, **spürbar.** Im Zusammenhang mit der Bewerbung eines Lieferservices von Pizza und Getränken für das Angebot einer Kombination aus Pizza und einem Getränk ohne Angabe eines Grundpreises stellt der BGH fest:

> Das nach § 4 Nr. 11 UWG i.V.m. § 2 Abs. 1 PAngV unlautere Verhalten der Beklagten ist auch unzulässig im Sinne von § 3 UWG. Denn es ist geeignet, die Interessen der Mitbewerber und insbesondere der Verbraucher spürbar zu beeinträchtigen, weil es deren Möglichkeiten, Preisvergleiche vorzunehmen, nicht unerheblich erschwert. … Der Annahme eines wettbewerbsrechtlich irrelevanten Bagatellverstoßes steht zudem entgegen, dass die dem Verbraucher bei einer Werbung nach § 2 Abs. 1 S. 2 PAngV zu gebenden Informationen gem. § 5a Abs. 4 UWG als wesentlich im Sinne von § 5a Abs. 2 UWG gelten (BGH in WRP 2013, S. 182ff. [S. 184, Rdnr. 17], **„Traum-Kombi"**).

22a Der BGH hat klargestellt, dass ein Verstoß gegen § 5 UWG keiner gesonderten Prüfung der Spürbarkeitsgrenze gemäß § 3 Abs. 1 UWG bedarf. Denn eine Werbung kann nur dann irreführend sein, wenn bei einem nicht **unerheblichen Teil** des angesprochenen Verkehrs irrige Vorstellungen über das Angebot hervorgerufen werden (BGH **„Matratzen Factory Outlet"**). Wörtlich führt der BGH aus:

> Die wettbewerbliche Erheblichkeit ist ein dem Irreführungstatbestand immanentes, spezifisches Relevanzerfordernis, das als eigenständige Bagatellschwelle eine zusätzliche Erheblichkeitsprüfung nach § 3 UWG ausschließt. ... Eine Werbung ist nur dann irreführend, wenn sie geeignet ist, bei einem erheblichen Teil der umworbenen Verkehrskreise irrige Vorstellungen über das Angebot hervorzurufen und die zu treffende Marktentschließung in wettbewerblich relevanter Weise zu beeinflussen (BGH in WRP 2009, Seite 1080ff. [S. 1081, Rdnr. 18], **„Thermoroll"**).

Im Gegensatz zu den Fallgruppen etwa von § 4 UWG kommt eine wettbewerbswidrige Irreführung nur dann in Betracht, wenn ein erheblicher Teil des angesprochenen Verkehrs getäuscht wird (BGH **„Falsche Suchrubrik"**). Da im Rahmen der Irreführung auf den durchschnittlich informierten, aufmerksamen und verständigen **Durchschnittsverbraucher** abzustellen ist, kann selbst die Täuschung einzelner Verbraucher den Irreführungstatbestand nicht erfüllen.

5. Unlauterkeit (§ 3 UWG)

23 Das Verbot aus § 3 UWG 2004 setzte voraus, dass eine **unlautere Wettbewerbshandlung** gegeben war. Der EuGH vertritt die Auffassung, dass die **Lauterkeit des Handelsverkehrs und der Verbraucherschutz** grundsätzlich zwingende Erfordernisse des **Allgemeininteresses** darstellen, die Einschränkungen des freien Warenverkehrs rechtfertigen können (EuGH **„De Agostini"**).

Unlauter sind alle Handlungen, die den anständigen Gepflogenheiten in Handel, Gewerbe, Handwerk oder selbständiger beruflicher Tätigkeit zuwider laufen **(Art. 10bis Pariser Verbandsübereinkunft).** An dieser Definition der Unlauterkeit ist bei Anwendung von § 3 UWG 2008 festzuhalten. Eine wesentliche Änderung gegenüber der früheren Rechtslage ist mit der geltenden Fassung des § 3 UWG nicht verbunden.

24 Der geltende § 3 UWG verwendet nicht mehr den engen Tatbestand des **„unlauteren Wettbewerbs"**, sondern verbietet jede **unlautere geschäftliche Handlung.** Daher kann selbst die Nichterfüllung vertraglicher Pflichten ggf. unlauter sein, wenn die Voraussetzungen des § 3 UWG vorliegen. Gemäß § 3 Abs. 2 Satz 1 UWG sind geschäftliche Handlungen gegenüber Verbrauchern jedenfalls dann unzulässig, wenn sie **nicht der für den Unternehmer geltenden fachlichen Sorgfalt entsprechen** und dazu geeignet sind, die Fähigkeit des Verbrauchers, sich aufgrund von Informationen zu entscheiden, **spürbar beeinträchtigen** und ihn damit zu einer geschäftlichen Entscheidung veranlassen, die er andernfalls nicht getroffen hätte (EuGH **„CHS Tour Services GmbH/Team4 Travel GmbH"**). Aus dieser Formulierung wird klar, dass es nicht mehr, wie in der Fassung des § 3 UWG 2004, auf eine Beeinträchtigung des Wettbewerbs zum Nachteil von Marktteilnehmern ankommt, sondern insbesondere auf die Beeinträchtigung der Interessen des Verbrauchers. § 3 Abs. 1, Abs. 2 Satz 1 UWG definiert jedoch nicht den Begriff der Unlauterkeit. Aus dieser Bestimmung ergeben sich vielmehr nur die Voraussetzungen, bei deren Vorliegen eine unlautere Handlung unzulässig ist. Ein Verstoß gegen Marktverhaltensregelungen ist in der Regel geeignet, die Interessen von Mitbewerbern und Verbrauchern spürbar zu beein-

trächtigen. Eine Werbung hat wettbewerbsrechtliche Relevanz, wenn sie geeignet ist, das Marktverhalten der angesprochenen Verkehrskreise zu beeinflussen (BGH **„Preisrätselgewinnauslobung V"**).

Zur Frage der Anwendbarkeit von § 3 Abs. 1 UWG im Sinne einer **Generalklausel** führt der BGH aus:

> Die Ableitung von Ansprüchen aus der wettbewerbsrechtlichen Generalklausel setzt voraus, dass die betreffende Verhaltensweise von ihrem Unlauterkeitsgehalt her den in den §§ 4 bis 7 UWG angeführten Beispielsfällen unlauteren Verhaltens entspricht. Ein Rückgriff auf die Generalklausel ist insbesondere in Fällen geboten, in denen die Tatbestände der §§ 4 bis 7 UWG zwar bestimmte Gesichtspunkte der lauterkeitsrechtlichen Beurteilung erfassen, aber keine umfassende Bewertung der Interessen der durch das Wettbewerbsverhältnis betroffenen Marktteilnehmer ermöglichen (BGH in WRP 2013, S. 491 ff. [S. 493, Rdnr. 26], **„Solarinitiative"**).

Die Unlauterkeitstatbestände ergeben sich i. d. R. aus dem Beispielskatalog in den nachfolgenden §§ 4 bis 7 UWG sowie aus dem Anhang zu § 3 Abs. 3 UWG.

6. Beeinträchtigung der Verbraucher (§ 3 Abs. 2 UWG)

25 Die Beeinträchtigung, die von der unlauteren geschäftlichen Handlung ausgeht, ist jedenfalls dann unzulässig, wenn der Verbraucher zu einer geschäftlichen Entscheidung veranlasst wird, die er andernfalls nicht getroffen hätte. In diesem Zusammenhang enthält § 3 Abs. 2 Satz 2 UWG eine nähere Umschreibung der Verbraucherkreise, die sich an das **europäische Verbraucherleitbild** anlehnt. So ist gemäß § 3 Abs. 2 Satz 2 UWG auf den durchschnittlichen Verbraucher abzustellen oder, wenn sich die geschäftliche Handlung an eine bestimmte Gruppe von Verbrauchern wendet, auf ein **durchschnittliches Mitglied dieser Gruppe.** Maßstab ist also der informierte, verständige und angemessen aufmerksame Durchschnittsverbraucher bzw. der Durchschnittsverbraucher einer bestimmten Verbrauchergruppe, wenn sich die geschäftliche Handlung nur an diese bestimmte Verbrauchergruppe wendet. Diese Diktion entspricht dem zunächst vom EuGH geprägten und sodann vom BGH übernommenen Leitbild des durchschnittlich informierten Verbrauchers. Ist auch bei der Bewertung unlauterer geschäftlicher Handlungen regelmäßig vom Leitbild des erwachsenen Durchschnittsverbrauchers auszugehen (BGH **„Orient-Teppichmuster"**; BGH **„Preis ohne Monitor"**), kann sich das Leitbild des Durchschnittsverbrauchers dann verschieben, wenn nur eine **bestimmte Verbrauchergruppe** von einer Werbemaßnahme angesprochen wird. Zur Frage der angesprochenen Verkehrskreise führt der BGH aus:

> Wie eine Angabe verstanden wird, hängt von der Auffassung des Personenkreises ab, an den sie sich richtet. Gehören die Adressaten der Werbeaussage verschiedenen Kreisen an, so reicht die Irreführung in einem dieser Kreise aus. … Das Berufungsgericht hat mit Recht auf den Verkehrskreis der nicht spezialisierten Personen abgestellt, die möglicherweise ohne Kenntnis über die tatsächlichen Verhältnisse mit den Beklagten in geschäftlichem Kontakt stehen oder treten können (BGH in WRP 2010, S. 759 [S. 760, Rdnr. 11], **„Firmenbestandteil „Bundes-" "**).

Erst aus den Umständen des Einzelfalls ergibt sich, welche Verbraucherkreise betroffen sind. Nach der höchstrichterlichen Rechtsprechung ist jeweils der Durchschnitt des von einer Werbemaßnahme angesprochenen Verkehrskreises maßgeblich (BGH **„Werbung für Klingeltöne"**). Wendet sich der Werbende etwa gezielt an eine bestimmte Bevölkerungsgruppe, z. B. **Kinder und Jugendliche,** so muss er sich an einem durchschnittlich informierten, aufmerksamen und verständigen Angehörigen dieser Gruppe orientieren und Handlungen, die gegenüber einer nicht besonders schutzwürdigen Zielgruppe noch zulässig sein können, sind ggf. gegenüber den geschäftlich Unerfahrenen bereits unzulässig (s. hierzu BGH **„Werbung für Klingeltöne“**, BGH **„Kopplungsangebot I“** und BGH **„Marktführerschaft“**).

26 Entsprechend dieser höchstrichterlichen Rechtsprechung bestimmt § 3 Abs. 2 Satz 3 UWG, dass auf die Sicht eines durchschnittlichen Mitglieds einer aufgrund von **geistigen oder körperlichen Gebrechen, Alter oder Leichtgläubigkeit** besonders schutzbedürftigen und eindeutig identifizierbaren Gruppe von Verbrauchern abzustellen ist, wenn für den Unternehmer vorhersehbar ist, dass seine geschäftliche Handlung nur diese Gruppe betrifft. Mit dieser Formulierung hat die Vorgabe aus Art. 5 Abs. 3 der Richtlinie über unlautere Geschäftpraktiken Eingang in das UWG gefunden. Nach der Richtlinie werden Geschäftspraktiken, die voraussichtlich in einer für den Gewerbetreibenden vernünftigerweise vorhersehbaren Art und Weise das wirtschaftliche Verhalten nur eine **eindeutig identifizierbare Gruppe von Verbrauchern** wesentlich beeinflussen, die aufgrund von geistigen oder körperlichen Gebrechen, Alter oder Leichtgläubigkeit im Hinblick auf diese Praktiken oder die ihnen zugrunde liegenden Produkte besonders schutzbedürftig sind, aus der **Perspektive eines durchschnittlichen Mitglieds dieser Gruppe** beurteilt. Bei Prüfung einer geschäftlichen Handlung im Hinblick auf ihre mögliche Unlauterkeit ist daher zunächst die Vorfrage zu beantworten, an wen sich die fragliche geschäftlich Handlung richtet. Ist der angesprochene Kreis konkret abgrenzbar, ist die geschäftliche Handlung am Verständnis des durchschnittlichen Mitglieds dieser angesprochenen Gruppe von Verbrauchern zu messen.

27 Die aus § 3 Abs. 2 Satz 1 UWG folgende **spürbare Beeinträchtigung** des Durchschnittsverbrauchers liegt nach den ausdrücklichen Vorgaben der Richtlinie über unlautere Geschäftspraktiken nur dann vor, wenn notwendigerweise **zwei Voraussetzungen** erfüllt sind. Die geschäftliche Handlung ist dann unlauter, wenn sie einerseits den Erfordernissen der fachlichen Sorgfalt widerspricht und andererseits geeignet ist, den Verbraucher zu einer geschäftlichen Entscheidung zu veranlassen, die er ansonsten nicht getroffen hätte (EuGH **„Trento Sviluppo/AGCM“**). Wenn sich die geschäftliche Handlung an eine bestimmte Gruppe von Verbrauchern wendet, kommt es darauf an, ob das wirtschaftliche Verhalten eines Verbrauchers dieser Gruppe beeinträchtigt wird.

II. Verbote von geschäftlichen Handlungen gegenüber Verbrauchern ohne Wertungsvorbehalt (§ 3 Abs. 3 i. V. m. Anhang UWG) – „Schwarze Liste“

1 § 3 UWG setzt die **Generalklausel** der Richtlinie über unlautere Geschäftspraktiken (Art. 5) um. Während Art. 5 Abs. 1 der Richtlinie über unlautere Geschäftspraktiken generalisierend unlautere Geschäftspraktiken für verboten erklärt, enthält Art. 5 Abs. 2 der Richtlinie 2005/29/EG Voraussetzungen, bei deren Vorliegen die Geschäftspraxis unlauter ist, nämlich das **Nichteinhalten beruflicher Sorgfaltspflichten** und die **wesentliche Beeinflussung des Verbrauchers** durch diese Geschäftspraxis. Diese Bestimmungen des Artikel 5 der Richtlinie über unlautere Geschäftspraktiken fanden Eingang in § 3 Abs. 1 und Abs. 2 UWG. Zusätzlich zu den Beispielen irreführender und aggressiver unlauterer Geschäftspraktiken in Art. 6–Art. 9 der Richtlinie über unlautere Geschäftspraktiken enthält Art. 5 Abs. 5 der Richtlinie einen Verweis auf die Anlage I. In Art. 5 Abs. 5 der Richtlinie heißt es insoweit, dass Anhang I eine Liste derjenigen Geschäftspraktiken enthält, die **unter allen Umständen** als unlauter anzusehen sind und einheitlich in allen Mitgliedstaaten gelten.

2 Als Ausfluss von Art. 5 Abs. 5 der Richtlinie über unlautere Geschäftspraktiken bestimmt § 3 Abs. 3 UWG, dass sämtliche im Anhang des UWG aufgeführten geschäftlichen Handlungen gegenüber Verbrauchern **stets** unzulässig sind. Damit ist gemeint, dass diese geschäftlichen Handlungen auch dann unlauter und damit unzulässig sind, wenn die **Erheblichkeitsschwelle** im Sinne einer spürbaren Beeinträchtigung von Verbraucherinteressen **nicht überschritten** wird (Begründung Änderungsgesetz A, zu Art. 5 Abs. 5). Es handelt sich bei den im Anhang des UWG aufgeführten geschäftlichen Handlungen um **Verbote ohne Wertungsvorbehalt,** also um Verbote, die ohne Vorliegen der Voraussetzungen in § 3 Abs. 1 und Abs. 2 UWG immer die angesprochenen Verbraucher beeinträchtigen. Allerdings gilt dieser **Katalog unzulässiger geschäftlicher Handlungen** im Anhang zu § 3 Abs. 3 UWG nur für solche, die sich **an Verbraucher richten.** Aus Gründen eines umfassenden Verbraucherschutzes enthält die Liste der unlauteren Handlungen in dem Anhang zu § 3 Abs. 3 UWG keine Erheblichkeitsgrenze. Aus Sicht des Gesetzgebers ist es allerdings nicht gerechtfertigt, auch den kaufmännischen Verkehr mit derart strengen Regeln zu belasten (s. Begründung Änderungsgesetz B, zu Nr. 3). Die Verbote der „Schwarzen Liste“ sind eng auszulegen (BGH **„FSA-Kodex“**). Außerdem handelt es sich um die einzigen Geschäftspraktiken, die ohne eine Beurteilung des Einzelfalls als unlauter gelten können (EuGH **„„Total“ und „Sanoma“ “**).

3 Der nachfolgende Katalog von Verboten ohne Wertungsvorbehalt enthält in den Nummern 1–24 **irreführende unlautere geschäftliche Handlungen** und in den Nummern 25–30 **aggressive unlautere geschäftliche Handlungen.** Da die im Anhang aufgelisteten Einzeltatbestände nur für geschäftliche Handlungen gelten, die sich unmittelbar an Verbraucher richten, werden geschäftliche Handlungen im B to B-Geschäft von dem Verbotskatalog nicht erfasst. Es handelt sich um **per se Verbote ohne Relevanzprüfung,** so dass es nicht mehr auf eine Beurteilung des Einzelfalls ankommt (Begründung Änderungsgesetz B, zu Nr. 12). Auch wenn es in den im An-

hang zu § 3 Abs. 3 UWG aufgelisteten Verboten ohne Wertungsvorbehalt auf die Spürbarkeitsgrenze von § 3 Abs. 1 und Abs. 2 UWG nicht ankommt, gilt der allgemeine **Grundsatz der Verhältnismäßigkeit** weiterhin. Die Anwendung des Grundsatzes der Verhältnismäßigkeit kann im Einzelfall dazu führen, dass trotz Vorliegens eines Verbotstatbestandes im Sinne des Anhangs zu § 3 Abs. 3 UWG wettbewerbsrechtliche Sanktionen nicht verhängt werden. Naheliegenderweise kann ein derartiger Ausnahmetatbestand nur bei Vorliegen außergewöhnlicher Umstände in Betracht kommen. Denn Sinn und Zweck der **„Black List“** der Richtlinie gegen unlautere Geschäftspraktiken ist es, im Sinne eines umfassenden Verbraucherschutzes die hier aufgelisteten unlauteren geschäftlichen Handlungen jedenfalls untersagen zu lassen.

4 Der Gesetzgeber weist jedoch ausdrücklich darauf hin, dass die dem Anhang zu § 3 Abs 3 UWG zugrunde liegenden Wertungen nicht in gleicher Weise auf geschäftliche Handlungen anwendbar sind, die den Wettbewerb nicht **zumindest auch** zum Nachteil von Verbrauchern beeinträchtigen (Begründung Änderungsgesetz B, zu Nr. 12). Bei geschäftlichen Handlungen nur zwischen Unternehmen (B to B-Geschäft) ist also der Anhang zu § 3 Abs. 3 nicht anwendbar, und die Spürbarkeitsgrenze aus § 3 Abs. 1 und Abs. 2 UWG findet uneingeschränkt Anwendung.

Praxishinweis:

Bei Prüfung von Werbemaßnahmen ist zunächst der Verbotskatalog im Anhang zu § 3 Abs. 3 UWG heranzuziehen. Liegt bereits eine Verletzung eines Verbotstatbestandes der „black list“ vor, bedarf es keiner Überprüfung mehr, ob die weiteren Voraussetzungen aus § 3 Abs. 1, Abs. 2 UWG gegeben sind.

1. Unwahre Angabe über Verhaltenskodex

5 Nach Nr. 1 des Anhangs zu § 3 Abs. 3 UWG ist die unwahre Angabe eines Unternehmers, zu den Unterzeichnern eines Verhaltenskodex zu gehören, obgleich dies nicht der Fall ist, jedenfalls eine unzulässige geschäftliche Handlung. Voraussetzung dieses Verbotstatbestandes ist demnach, dass der Unternehmer die **Einhaltung eines Verhaltenskodex** behauptet, obgleich er selbst nicht Unterzeichner des Verhaltenskodex ist. Allein die unzutreffende Bezugnahme auf einen Verhaltenskodex erfüllt die Voraussetzungen von Nr. 1 der Anlage (BGH **„FSA-Kodex“**). Der Unternehmer muss nicht ausdrücklich behaupten, dass er die im Verhaltenskodex verankerten Standards einhält.

2. Verwendung von Gütezeichen etc. ohne Genehmigung

6 Unzulässig ist eine geschäftliche Handlung gegenüber Verbrauchern gemäß Nr. 2 des Anhangs immer dann, wenn der Unternehmer **Gütezeichen, Qualitätskennzeichen** oder ähnliche Auszeichnungen **ohne die erforderliche Genehmigung verwendet.** Darunter fallen nur solche Auszeichnungen, die von einer neutralen Stelle vergeben wurden, z.B. das Prüfsiegel der Deutschen Hochdruck-Liga. Der in Nr. 2 des Anhangs enthaltene Verbotstatbestand knüpft allein an die Behauptung an, dass der Unternehmer zu den autorisierten Zeichennehmern gehört. Selbst ein Unternehmer, der Waren oder Dienstleistungen anbietet, die die Voraussetzungen der durch das Zeichen verbürgten Qualität aufweisen, unterliegt diesem Verbotstatbestand, wenn er unberechtigterweise das Gütekennzeichen verwendet.

3. Unwahre Angabe über Selbstverpflichtung

7 Nr. 3 des Anhangs zu § 3 Abs 3 UWG verbietet eine unwahre Angabe darüber, dass ein Verhaltenskodex von einer öffentlichen oder anderen Stelle gebilligt wurde. Der Verbotstatbestand knüpft damit an die **Autorität** an, die der Verbraucher mit einem Verhaltenskodex verbindet. Denn der Verbraucher wird einer von der Wirtschaft eingegangenen Selbstverpflichtung um so eher Glauben schenken und diese um so höher einschätzen, je größer das Ansehen der Behörde ist, deren Billigung behauptet wird. Es handelt sich um die **Irreführung** über die wesentliche Eigenschaft eines Verhaltenskodex. Der Verbotstatbestand in Nr. 3 des Anhangs zu § 3 Abs. 3 UWG ist entsprechend **eng auszulegen.** Nicht erfasst werden die Fälle, in denen ein Unternehmen gegen einen Verhaltenskodex verstößt (BGH **„FSA-Kodex"**).

4. Unwahre Angabe über Güte

8 Nr. 4 des Anhangs verbietet die Verbreitung einer unwahren Angabe, dass eine öffentliche oder private Stelle eine **Bestätigung, Billigung oder Genehmigung** in Bezug auf den Unternehmer, seine Ware oder Dienstleistung oder seine geschäftliche Handlung erteilt hat. Auch in diesem Tatbestand wird, wie bei Nr. 3, in irreführender Weise über die **Autorität** einer privaten oder öffentlich-rechtlichen Stelle getäuscht. Der gleiche Verbotstatbestand gilt auch in den Fällen, in denen der Unternehmer behauptet, er genüge den Bedingungen für die Bestätigung, Billigung oder Genehmigung. Die Unlauterkeit dieses Verhaltens ergibt sich auch daraus, dass der Verbraucher mit der Bezugnahme auf eine private oder öffentliche Bestätigung, Billigung oder Genehmigung eine **besondere Güte** des Unternehmens oder seiner Waren und Dienstleistungen erwartet.

5. Lockangebot

9 In Nr. 5 der Anlage werden Lockangebote generell verboten. Danach sind Waren- und Dienstleistungsangebote im Sinne von § 5a Abs. 3 UWG verboten, wenn der Unternehmer diese Angebote nicht mindestens für **zwei Tage bevorraten** kann. Die Bezugnahme in Nr. 5 auf gleichartige Waren betrifft ausschließlich den Fall, dass es sich tatsächlich um austauschbare, also **gleichwertige Waren** handelt, die, sofern es um Markenprodukte geht, zugleich von demselben Markenhersteller stammen. Sind die Waren demgegenüber nur weitestgehend ähnlich, liegt der Verbotstatbestand von Nr. 6 des Anhangs vor. Verboten wird die **unzureichende Aufklärung** über eine unzulängliche Bevorratung. Nach den Ausführungen des BGH ist dieser Verbotstatbestand wie folgt auszulegen:

> Nach der Bestimmung der Nr. 5 des Anhangs zu § 3 Abs. 3 UWG 2008, durch die Nr. 5 des Anhangs I der Richtlinie 2005/29/EG über unlautere Geschäftspraktiken umgesetzt worden ist, stellt es eine stets irreführende geschäftliche Handlung dar, wenn ein Unternehmer zum Kauf von Waren auffordert (§ 5a Abs. 3 UWG), ohne darüber aufzuklären, dass er hinreichende Gründe hat anzunehmen, er werde nicht in der Lage sein, diese oder gleichwertige Waren oder Dienstleistungen für einen angemessenen Zeitraum in angemessener Menge zu dem genannten Preis bereit zu stellen oder bereit stellen zu lassen. ... Entgegen der Ansicht des Berufungsgerichts entspricht dies jedoch der Sache nach altem Recht. ... Auch nach altem Recht konnte der Werbende eine Irreführung ohne Weiteres dadurch ausschließen, dass er in der Werbung die konkrete Warenmenge angab oder durch andere ausklärende Hinweise einer Fehlvorstellung der Werbeadressa-

ten entgegenwirkte (BGH in WRP 2011, Seite 459ff. [S. 461, 462, Rdnr. 18], **„Irische Butter"**).

Die geforderte **Gleichartigkeit** liegt nach den Ausführungen des BGH nur dann vor, wenn das andere Produkt tatsächlich gleichwertig und zudem aus der Sicht des Verbrauchers, bei der auch subjektive Gesichtspunkte wie der Wunsch nach Erwerb eines bestimmten Markenprodukts eine Rolle spielen können, austauschbar ist (BGH **„Irische Butter"**).

Im Internet erwartet der Verkehr eine **tagesaktuelle Lieferfähigkeit.** 9a

Nr. 5 Satz 2 enthält eine klare **Beweislastregelung** zu Lasten des Unternehmers. Ist der Bevorratungszeitraum kürzer als 2 Tage, obliegt dem Unternehmer der Beweis, dass die Bevorratung angemessen war, oder dass er jedenfalls über die fehlende sofortige Verfügbarkeit der beworbenen Ware **aufgeklärt** hat (BGH **„Matratzen"**). Diese Bestimmung entspricht also der Regelung in § 5 Abs. 5 UWG 2004 zum **Bevorratungszeitraum** von mindestens 2 Tagen. Es kommt zur Erfüllung des Verbotstatbestandes maßgeblich darauf an, ob der Unternehmer das beworbene Produkt oder die beworbene Dienstleistung jedenfalls für 2 Tage bevorratet oder das Dienstleistungsangebot aufrecht erhalten hat.

6. Täuschung über Angebot

10 Unter allen Umständen unzulässig sind auch Lockangebote, die darauf abzielen, **andere als die beworbenen Waren oder Dienstleistungen abzusetzen.** So heißt es in Nr. 6 des Anhangs, dass Waren- oder Dienstleistungsangebote im Sinne des § 5a Abs. 3 UWG zu einem bestimmten Preis unzulässig sind, wenn der Unternehmer sodann in der Absicht, stattdessen eine andere Ware oder Dienstleistung abzusetzen, etwas Fehlerhaftes vorführt oder sich weigert zu zeigen, was er beworben hat, bzw. er sich weigert, Bestellungen für die beworbene Ware anzunehmen oder die beworbene Leistung innerhalb einer vertretbaren Zeit zu erbringen. Die **absolute Unlauterkeit** dieses Verhaltens des Unternehmers gründet auf dem Vorwurf, dieser habe es von vornherein darauf abgesehen, andere als die beworbenen Leistungen zu erbringen oder andere als die beworbenen Waren abzusetzen. Es muss sich bei den beworbenen Waren oder Dienstleistungen nicht um Sonderangebote handeln.

7. Psychologischer Kaufzwang

11 Der Anhang Nr. 7 behandelt die Fälle der Ausübung psychologischen Kaufzwangs durch übertriebenes Anlocken. Danach ist eine **unwahre Angabe,** dass bestimmte Waren oder Dienstleistungen allgemein oder zu bestimmten Bedingungen **nur für einen sehr begrenzten Zeitraum** verfügbar sind, absolut unlauter, wenn der Verbraucher durch die Angabe veranlasst wird, sofort eine geschäftliche Entscheidung zutreffen, ohne dass er Zeit und Gelegenheit hat, sich aufgrund von Informationen zu entscheiden. Unerheblich ist in diesem Zusammenhang, ob der Ausverkauf amtlich bewilligt war oder nicht (EuGH **„Köck"**). Sofern der Ausverkauf tatsächlich durchgeführt wird, liegt jedenfalls kein Verstoß gegen Anhang Nr. 7 vor. Näheres zum übertriebenen Anlocken siehe nachfolgend zu § 4 Nr. 1 UWG.

8. Täuschung über Kundendienstleistung

12 Der Anhang Nr. 8 verbietet das Angebot von Kundendienstleistungen **in einer anderen Sprache** als derjenigen, in der die Verhandlungen vor dem Abschluss des Ge-

schäfts geführt worden sind, wenn die ursprünglich verwendete Sprache nicht die Amtssprache des Mitgliedstaates ist, in dem der Unternehmer niedergelassen ist. Hier besteht die Irreführung in der **enttäuschten Erwartung des Verbrauchers,** auch die Dienstleistungen würden in der von der Landessprache des Unternehmers abweichenden, vor dem Abschluss des Geschäfts verwendeten Sprache erbracht (s. Begründung Änderungsgesetz B, zu Anhang Nr. 8). Dieses absolute Verbot gilt nicht, wenn der Verbraucher vor dem Abschluss des Geschäfts darüber aufgeklärt wurde, dass die Kundendienstleistungen in einer anderen als der ursprünglich verwendeten Sprache erbracht werden. Gegenstand des absoluten Verbots ohne Wertungsvorbehalt sind allerdings ausschließlich Kundendienstleistungen, also **nachvertragliche Serviceleistungen.**

9. Unwahre Angabe über die Verkehrsfähigkeit

13 Absolut verboten ist auch die unwahre Angabe oder das Erwecken des unzutreffenden Eindrucks, dass eine Ware oder Dienstleistung verkehrsfähig ist (Nr. 9 des Anhangs). Dieses Verbot ohne Wertungsvorbehalt ist insbesondere in den Fällen von Bedeutung, in denen Waren angeboten oder Dienstleistungen vermittelt werden, die **gegen ein gesetzliches Verbot verstoßen.** Dies kann etwa bei dem Fehlen der Betriebserlaubnis für ein technisches Gerät der Fall sein (s. Begründung Änderungsgesetz B, zu Anhang Nr. 9).

10. Werbung mit Selbstverständlichkeit

14 Absolut unzulässig ist auch die unwahre Angabe oder das Erwecken eines unzutreffenden Eindrucks, die gesetzlich bestehenden Rechte seien Besonderheiten dieses Angebots. Hier geht es also um die **Bewerbung von Selbstverständlichkeiten,** z. B. die Bewerbung gesetzlich bestehender Gewährleistungsansprüche als Besonderheit des konkreten Angebots des werbenden Unternehmers. Sofern der Unternehmer nur auf die dem Verbraucher von Gesetzes wegen zustehenden Rechte hinweist, ohne sie als Besonderheit herauszustellen, liegt noch kein Verstoß gegen Nr. 10 des Anhangs zu § 3 Abs. 3 UWG vor.

11. Redaktionelle Werbung

15 Ein Verbot ohne Wertungsvorbehalt ist gemäß Nr. 11 der Anlage jegliche redaktionelle Werbung, also **Werbung, die in einem redaktionellen Gewand erscheint.** Über den Umfang dieses Verbots stellt der BGH in der Entscheidung **„Flappe“** wörtlich fest:

> Nach Nr. 11 des Anhangs zu § 3 Abs. 3 UWG ist die als Information getarnte Werbung unzulässig. Von einer in diesem Sinne unzulässigen Werbung ist bei einem vom Unternehmer finanzierten Einsatz redaktioneller Inhalte zu Zwecken der Verkaufsförderung auszugehen, wenn sich dieser Zusammenhang nicht aus dem Inhalt oder aus der Art der optischen oder akustischen Darstellung eindeutig ergibt. Die Vorschrift des § 3 Abs. 3 UWG und Nr. 11 des Anhangs zu dieser Bestimmung setzen Art. 5 Abs. 5 und Nr. 11 des Anhangs I der Richtlinie 2005/24/EG über unlautere Geschäftspraktiken um. Die Bestimmungen dienen der Trennung von Werbung und redaktionellem Teil der Medien, weil der Verbraucher häufig den als redaktionelle Inhalte getarnten Werbemaßnahmen unkritischer gegenübersteht als der Wirtschaftswerbung (BGH in WRP 2011, Seite 210 ff. [S. 212, Rdnr. 13]).

Wirbt die Deutsche Bahn AG auf einem halbseitigen Vorschaltblatt auf einer Wirtschaftszeitschrift mit der Aussage „Deutschlands Manager: „Wir verplempern zu viel Zeit im Auto und an Flughäfen!“, ohne darauf hinzuweisen, dass es sich bei dieser sog. „Flappe“ um eine bezahlte Anzeige handelt, liegt kein Verstoß gegen Nr. 11 des Anhangs zu § 3 Abs. 3 UWG vor, wenn auf der Rückseite der Zeitschrift ebenfalls eine Werbung der Deutsche Bahn AG veröffentlicht wird, die als solche für den durchschnittlichen Leser klar erkennbar ist. Dieses absolute Verbot redaktioneller Werbung gilt sowohl für **Printmedien als auch für elektronische Medien,** also Hörfunk, Fernsehen und Telemedien sowie auch für redaktionelle Werbung im Internet (s. Begründung Änderungsentwurf B, zu Anhang Nr. 11). Selbst das „product placement“ wird von diesem absoluten Verbot ohne Wertungsvorbehalt erfasst, sofern für das **„product placement“** ein Entgelt gefordert wird und die beworbene Ware oder Dienstleistung nicht als solche gekennzeichnet wird. Es handelt sich bei diesem Verbot ohne Wertungsvorbehalt um das anerkannte presserechtliche Gebot der Trennung von Werbung und redaktionellem Teil. Sofern der werbliche Charakter der Veröffentlichung eines Preisausschreibens für den durchschnittlich informierten und situationsadäquat aufmerksamen Leser nicht bereits auf den ersten Blick, sondern erst nach einer **analysierenden Lektüre** des Beitrags erkennbar wird, kann ein Verstoß gegen Nr. 11 des Anhangs zu § 3 Abs. 3 UWG gegeben sein (BGH **„Preisrätselgewinnauslobung V“**). Näheres zur getarnten Werbung s. nachfolgend zu § 4 Nr. 3 UWG.

12. Angstwerbung

16 Absolut unzulässig ist auch jede unwahre Angabe über Art und Ausmaß einer Gefahr für die persönliche Sicherheit des Verbrauchers oder seiner Familie für den Fall, dass er die angebotene Ware nicht erwirbt oder die angebotene Dienstleistung nicht in Anspruch nimmt (Nr. 12 des Anhangs). Dieses absolute Verbot entspricht der bereits aus dem deutschen Wettbewerbsrecht bekannten, unlauteren Angstwerbung, nach der ein Unternehmer das **Gefühl der Angst bei dem Verbraucher ausnutzt,** um einen geschäftlichen Vorteil zu erlangen. Rationale Erwägungen des Verbrauchers werden durch das Erzeugen des Angstgefühls verdrängt.

13. Täuschung über die Ware oder Dienstleistung

17 Nach Nr. 13 des Anhangs ist eine Werbung für Waren oder Dienstleistungen, die den Produkten oder Dienstleistungen eines Mitbewerbers ähnlich sind, absolut unzulässig, wenn dies in der Absicht geschieht, **über die betriebliche Herkunft der beworbenen Ware oder Dienstleistung** zu täuschen. Dieses absolute Verbot entspricht der Herkunftstäuschung gemäß § 4 Nr. 9a UWG (s. a.a.O.) und dem Irreführungstatbestand des § 5 Abs. 1 Satz 2 Nr. 1 und Abs. 2 UWG. Das absolute Verbot der Nr. 13 ist jedoch insoweit enger gefasst als die genannten Tatbestände, weil die Herkunftstäuschung vom werbenden Unternehmer in Bezug auf ein Produkt eines **bestimmten** Wettbewerbers **beabsichtigt** sein muss (BGH **„AMARULA/Marulablu“**). Es reicht aus, wenn das werbende Unternehmen mit **bedingtem Vorsatz** handelt, also eine Täuschung von Verbrauchern lediglich für möglich hält und billigend in Kauf nimmt (BGH **„Hard Rock Cafe“**). Der Tatbestand der Nr. 13 erfasst nicht den Fall der Herkunftstäuschung wegen Verwendung verwechslungsfähiger Kennzeichen (s. hierzu nachfolgend zu § 5 Abs. 1 Nr. 1 UWG).

14. Schneeball- oder Pyramidensystem

18 Die Einführung, der Betrieb oder die Förderung eines Systems zur Verkaufsförderung, das den Eindruck vermittelt, allein oder hauptsächlich durch die **Einführung weiterer Teilnehmer** in das System kann eine Vergütung erlangt werden, ist gemäß Nr. 14 des Anhangs absolut unzulässig. Der absolute Verbotstatbestand der Nr. 14 erfasst danach Schneeballsysteme, also solche **Verkaufsförderungsmaßnahmen,** bei denen der Veranstalter zunächst mit einem von ihm unmittelbar beworbenen Erstkunden und dann mit den durch dessen Vermittlung geworbenen weiteren Kunden Verträge abschließt, sowie Pyramidensysteme, also Verkaufsförderungsmaßnahmen, bei denen der unmittelbar vom Veranstalter geworbene Erstkunde selbst gleichlautende Verträge mit anderen Verbrauchern schließt (Begründung Änderungsgesetz B, zu Anhang Nr. 14). Die Unzulässigkeit derartiger Systeme ergibt sich zugleich aus § 4 Nr. 2 UWG. Schließlich sind derartige **Schneeball- und Pyramidensysteme strafbar** gemäß § 16 Abs. 2 UWG.

15. Täuschung über Geschäftsaufgabe

19 Absolut unzulässig ist jede Angabe, dass der Unternehmer demnächst sein Geschäft **aufgibt** oder seine Geschäftsräume **verlegt,** sofern diese Angaben nicht tatsächlich zutreffend sind. Die **fehlende Aufgabeabsicht** ist dabei Tatbestandsmerkmal. Das gilt auch für die fehlende Absicht, das Geschäftslokal verlegen zu wollen. Findet ein Ausverkauf statt, der jedoch behördlicherseits **nicht genehmigt wurde,** ist Nr. 15 des Anhangs nicht anwendbar (EuGH **„Köck“**). Geschützt wird durch Nr. 15 des Anhangs das **Vertrauen des Verbrauchers** in die entsprechende Bewerbung eines Unternehmers mit der Folge, dass der Verbraucher besonders günstige Konditionen erwartet. Die Herbeiführung dieser irrigen Vorstellungen im Verbraucherkreis macht die entsprechende Angabe des Unternehmers unlauter.

16. Täuschung über Gewinnchancen bei Glücksspiel

20 Nr. 16 des Anhangs verbietet die Angabe, dass sich durch den Erwerb einer bestimmten Ware oder Abnahme einer bestimmten Dienstleistung die **Gewinnchancen bei einem Glücksspiel erhöht werden.** In diesem Zusammenhang heißt es in der Begründung, dass der Begriff des Glücksspiels gemeinschaftsrechtlich auszulegen ist (Begründung Änderungsgesetz B, zu Anhang Nr. 16). **Glücksspiel** in Nr. 16 ist etwa die staatliche **Lotterie oder Sportwette** i. S. d. Glücksspielstaatsvertrages (BGH **„Lotterien und Kasinospiele“**). Dieser Verbotstatbestand weicht insofern von der Vorgabe in der Richtlinie über unlautere Geschäftspraktiken ab, als in der Richtlinie nur von „Produkten“ die Rede ist.

17. Täuschung über Gewinngarantie

21 Als Verbot ohne Wertungsvorbehalt ist eine geschäftliche Handlung auch unlauter, wenn bei der Veranstaltung von **Preisausschreiben** oder **Gewinnspielen** der unzutreffende Eindruck erweckt wird, der Verbraucher hat bereits einen Preis gewonnen oder wird ihn sicher gewinnen, **wenn diese Gewinnzusicherung tatsächlich nicht zutrifft** oder die Erlangung des Gewinns von der Zahlung eines Geldbetrages oder der Übernahme von Kosten abhängig gemacht wird (EuGH **„Purely Creative u. a. ./.**

OFT"). Neben diesem absoluten Verbot ohne Wertungsvorbehalt enthalten § 4 Nr. 5 und Nr. 6 UWG Bestimmungen zur Transparenz von Gewinnspielen und zur Kopplung einer Gewinnspielteilnahme mit dem Warenerwerb oder der Inanspruchnahme einer Dienstleistung (siehe aber BGH **„Millionen-Chance II"**). Absolut verboten sind daher alle Gewinnspiele, in denen es heißt, der Empfänger der Gewinnspielunterlagen sei bereits als Gewinner ausgewählt worden, oder eine Werbung, in der dem Verbraucher z.B. ein „Vorläufiger Kfz-Schein" übersandt wird, obgleich der Adressat nicht Gewinner des Kfz ist.

18. Täuschung über Zwecktauglichkeit

22 Auch die unwahre Angabe, dass eine Ware oder Dienstleistung **Krankheiten, Funktionsstörungen oder Missbildungen heilen kann,** ist gemäß Nr. 18 des Anhangs absolut unzulässig. Ein entsprechende Regelung befindet sich außerdem in § 5 Abs. 1 Satz 2 Nr. 1 UWG (s. unten). Außerdem dürfte eine derartige Angabe regelmäßig gegen das HWG verstoßen, so dass zusätzlich auch ein Unterlassungsanspruch aus § 4 Nr. 11 UWG bestehen wird.

19. Täuschung über Marktbedingungen oder Bezugsmöglichkeiten

23 Wenn der Verbraucher dazu bewegt werden soll, eine Ware oder Dienstleistung zu **weniger günstigen Bedingungen als den allgemeinen Marktbedingungen** abzunehmen oder in Anspruch zu nehmen, ist diese unwahre Angabe über die Marktbedingungen, etwa den Preis, oder über Bezugsquellen absolut unzulässig gemäß Nr. 19 des Anhangs. Jede Täuschung über Marktbedingungen und Bezugsmöglichkeiten unterfallen dem absoluten Verbot ohne Wertungsvorbehalt.

20. Transparenzmangel bei Gewinnspielen

24 Im Gegensatz zu Nr. 17 des Anhangs, bei dem Verbrauchern eine Gewinngarantie suggeriert wird, bestimmt Anhang Nr. 20, dass die **Durchführung eines Wettbewerbs oder Preisausschreibens** absolut unlauter ist, wenn weder die in Aussicht gestellten Preise noch ein angemessenes Äquivalent vergeben werden. In diesem absoluten Verbotstatbestand geht es nicht wie in § 4 Nr. 5 UWG um die mangelnde Transparenz von Teilnahmebedingungen eines Gewinnspiels oder Preisausschreibens (Näheres s. unten zu § 4 Nr. 5 UWG), sondern um die **Nichtvergabe von Preisen** bei Veranstaltung eines Gewinnspiels. Dabei reicht es aus, daß die ausgelobten Preise **nicht in ausreichender Anzahl zur Verfügung stehen.** Diese Täuschung will Nr. 20 des Anhangs untersagen.

21. Täuschung über Umsonstleistung

25 Jede unwahre Angabe darüber, dass eine Ware oder Dienstleistung **„gratis", „umsonst" oder „kostenfrei"** ist, wird nach Nr. 21 des Anhangs untersagt. Von dieser Bestimmung werden solche Kosten nicht erfasst, die unvermeidbar mit dem Eingehen auf das Angebot oder der Inanspruchnahme der angebotenen Leistung verbunden sind (also z.B. die üblichen Telefongebühren bei Bestellung des kostenlosen Produkts oder die Kosten für die Briefmarke bei einer Anforderungspostkarte). Weiterhin zulässig ist die Bewerbung von **Zugaben** als „gratis" oder „umsonst", selbst wenn der Verbrau-

cher erst nach Abschluß eines Vertrages (Hauptleistung) in den Genuß der kostenlosen Beigabe kommt (OLG Hamburg **„Gratis SMS"** und BGH **„2 Flaschen GRATIS"**).

22. Rechnungsähnlich aufgemachte Angebotsschreiben

26 Mit dem Verbotstatbestand in Nr. 22 des Anhangs verbietet der Gesetzgeber jede Werbung mit einer rechnungsähnlich aufgemachten Zahlungsaufforderung, bei dem der Verbraucher den Eindruck gewinnt, **dass er das beworbene Produkt bestellt bzw. die beworbene Leistung bereits in Auftrag gegeben hat,** obgleich ein entsprechender Auftrag nie erteilt wurde. Die entsprechende Unlauterkeit ergibt sich außerdem aus § 4 Nr. 3 UWG (BGH **„Branchenbuch Berg"**). Der Gesetzgeber weist jedoch ausdrücklich darauf hin, dass es bei Nr. 22 des Anhangs nicht darauf ankommt, ob es sich bei der Übersendung der Rechnung oder des rechnungsähnlich aufgemachten Angebots um ein von Anfang an auf Täuschung angelegtes Gesamtkonzept handelt, um von Folgeverträgen zu profitieren. **Jedes** rechnungsähnlich aufgemachte Angebotsschreiben ist danach unzulässig. Unter diese Bestimmung fallen also insbesondere die rechungsähnlich aufgemachten Angebotsschreiben **vermeintlicher Markenregister,** die für die private Listung eines Kennzeichens Zahlungsaufforderungen versenden.

23. Verschleierung unternehmerischen Handelns

27 Erweckt der Unternehmer den **unzutreffenden Eindruck,** er handelt als Verbraucher bzw. die geschäftliche Handlung erfolgt **außerhalb** seines Geschäfts, Handels, Gewerbes oder Berufs, so ist diese unwahre Angabe nach Nr. 23 des Anhangs absolut unlauter. Wer wahrheitswidrig behauptet, der Vertrieb seiner Ware oder Dienstleistung dient sozialen oder humanitären Zwecken und damit sein unternehmerisches Handeln verschleiert, handelt unlauter gemäß Nr. 23 des Anhangs. Eine Verletzung von Nr. 23 des Anhangs liegt auch vor, wenn ein **Makler** in Immobilienanzeigen seine gewerbliche Tätigkeit nicht offenbart.

24. Irreführung im grenzüberschreitenden Rechtsverkehr

28 Unlauter ist auch jede unwahre Angabe bzw. das Erwecken des unzutreffenden Eindrucks, dass im Zusammenhang mit den angebotenen Waren oder Dienstleistungen in einem anderen Mitgliedstaat der EU **ein Kundendienst verfügbar ist.** Dieses absolute Verbot gemäß Nr. 24 des Anhangs soll jede Irreführung im **grenzüberschreitenden Rechtsverkehr** unterbinden.

25. Nötigung

29 In Nr. 25 des Anhangs ist nunmehr auch ausdrücklich bestimmt, dass jedes Erwecken eines Eindrucks, dass der Verbraucher bestimmte Räumlichkeiten nicht ohne vorherigen Vertragsabschluss verlassen kann, **absolut unzulässig ist.** Hierunter sind insbesondere diejenigen Fälle zu subsumieren, in denen der Unternehmer etwa durch entsprechende Maßnahmen den Verbraucher unter **psychologischen Kaufzwang** setzt. Unerheblich ist in diesem Zusammenhang, ob zugleich der strafrechtliche Tatbestand einer Nötigung gemäß § 240 StGB vorliegt.

26. Hausfriedensbruch

30 Absolut unzulässig ist jedes Haustürgeschäft, bei dem der Vertreter die Aufforderung des Verbrauchers missachtet, **seine Wohnung zu verlassen oder nicht zu ihr zurückzukehren,** es sei denn, der Besuch ist zur rechtmäßigen Durchsetzung einer vertraglichen Verpflichtung gerechtfertigt (Nr. 26 des Anhangs). Der letztgenannte Ausnahmetatbestand liegt vor, wenn den Verbraucher **Mitwirkungspflichten** treffen und die Leistung in der Wohnung des Verbrauchers erbracht wird. Diese Ausnahme kann allenfalls vorliegen, wenn die Voraussetzungen der **Selbsthilfe,** etwa im Mietrecht (§ 562b BGB), gegeben sind. Das gemäß Nr. 26 verbotene Verhalten erfüllt zugleich die Tatbestände in § 4 Nr. 1 und Nr. 11 UWG (s. nachfolgend). Unerheblich für den Verbotstatbestand ist jedoch die Frage, ob zugleich die Schwelle zur Strafbarkeit gemäß §§ 123, 240 StGB (Hausfriedensbruch, Nötigung) überschritten wird.

27. Leistungsverweigerung im Versicherungsverhältnis

31 Der Verbotstatbestand der Nr. 27 betrifft Ansprüche des Verbrauchers aus einem **Versicherungsverhältnis,** sofern der Versicherer vom Verbraucher die Vorlage von Unterlagen verlangt, die zum Nachweis seines Anspruchs tatsächlich nicht erforderlich sind, oder wenn der Versicherer Schreiben des Verbrauchers zur Durchsetzung seines Anspruchs systematisch nicht beantwortet. Diese nachvertraglichen Leistungsverweigerungen des Unternehmers wurden durch die Bestimmungen des UWG a. F. nicht erfasst. Mit der vorliegenden absoluten Verbotsbestimmung wird auch das **nachvertragliche** Verhalten des Unternehmers erfasst, mit dem der Versicherer in unlauterer Weise versucht, Ansprüche aus dem Versicherungsvertrag abzuwehren.

28. Werbung gegenüber Kindern

32 Sofern sich der Unternehmer **unmittelbar an Kinder wendet** und sie auffordert, selbst die beworbene Ware zu erwerben oder die beworbene Dienstleistung in Anspruch zu nehmen, bzw. wenn das Unternehmen durch seine Werbung die Eltern der Kinder oder andere Erwachsene dazu veranlasst, Kindern die Ware zu kaufen, liegt ein absoluter Verbotstatbestand gemäß Nr. 28 des Anhangs vor. Welche Personen unter den Begriff „Kind" fallen, ist offen. Vielfach werden Personen **unter 14 Jahre** als „Kinder" eingestuft. Auch dieser Begriff ist **gemeinschaftsrechtlich auszulegen.** Im Zusammenhang mit der Bewerbung einer für eine Teilnahme an einem Onlinespiel erforderlichen Software im Internet führt der BGH wörtlich aus:

> Nach Nr. 28 des Anhangs zu § 3 Abs. 3 UWG, der die Regelung in Nr. 28 des Anhangs I der Richtlinie 2005/29/EG über unlautere Geschäftspraktiken umsetzt und der demgemäß richtlinienkonform auszulegen ist …, ist die in eine Werbung einbezogene, unmittelbare Aufforderung an Kinder, selbst die beworbene Ware zu erwerben oder die beworbene Dienstleistung in Anspruch zu nehmen oder ihre Eltern oder andere Erwachsene dazu zu veranlassen, stets unzulässig im Sinne von § 3 Abs. 3 UWG.
>
> …
>
> Die in Rede stehende Aufforderung richtet sich aus der maßgeblichen Sicht der angesprochenen Personen von vornherein nicht nur an einen begrenzten Adressatenkreis von Minderjährigen über 14 Jahre (nach deutschem Rechtsverständnis also an „Jugendliche" im Sinne des § 1 Abs. 1 Nr. 2 JuSchG), sondern nach der Art des beworbenen Produkts allgemein an nicht volljährige Spieler. Ob das von der Beklagten beworbene Rollenspiel auch von Erwachsenen gespielt wird und diese von der angegriffenen Werbung ebenfalls

> angesprochen werden, ist nicht entscheidend. Nach dem beworbenen Produkt und der gesamten Art und Weise der Ansprache ist davon auszugehen, dass in erster Linie Minderjährige und darunter gerade auch Minderjährige, die das 14. Lebensjahr noch nicht vollendet haben, gezielt angesprochen werden. ... Es handelt sich also nicht nur um eine – nicht tatbestandsmäßige – an jedermann gerichtete Werbung, von der sich auch Minderjährige angesprochen fühlen ..., und auch nicht um eine im Schwerpunkt eindeutig an Jugendliche gerichtete Werbung, von der auch das eine oder andere Kind unter 14 Jahren angesprochen wird.
>
> ...
>
> Die konkrete Art und Weise der beanstandeten Aussage „Schnapp Dir ...." enthält zugleich eine „Aufforderung zum Erwerb" im Sinne von Nr. 28 des Anhangs zu § 3 Abs. 3 UWG. Entscheidend ist, ob ein Kaufappell vorliegt. Dafür ist eine Ansprache in der grammatikalischen Form eines Imperativs zwar nicht unerlässlich, aber ausreichend.
>
> ...
>
> Eine gezielte persönliche Ansprache von Kindern im Rahmen einer Verkaufsveranstaltung ist nicht erforderlich, da der Anwendungsbereich der Vorschrift andernfalls weitgehend leerliefe und der Schutzzweck damit nicht erreicht würde (BGH in WRP 2014, S. 164ff. [S. 165, Rdnr. 16, 18, 19, 20] **„Runes of Magic"**).

Das beworbene Spiel konnte zwar von den angesprochenen Verkehrskreisen kostenlos heruntergeladen werden. Die zur Ausstattung der Spielcharaktere notwendigen virtuellen Gegenstände konnten jedoch nur entgeltlich zusätzlich erworben werden. Da der Spielveranstalter in der Werbung ausdrücklich die Ansprache „Schnapp Dir die günstige Gelegenheit ..." verwendete, lag aus Sicht eines **durchschnittlichen Mitglieds der angesprochenen Konsumentengruppe,** also eines durchschnittlich informierten, aufmerksamen und verständigen Kindes, eine Aufforderung zum Erwerb der Ausstattungsgegenstände vor. Die Kinder wurden auch **unmittelbar** angesprochen, da der verwendete Imperativ „Schnapp Dir ..." die Kinder und Jugendlichen unmittelbar zum Kauf aufforderte. Der Umstand, dass die Ausrüstungsgegenstände der Spielcharaktere erst über einen weiteren Link erworben werden konnten, führt aus dem Verbotstatbestand von Nr. 28 nicht heraus. Der BGH betont, dass ein am Ende des Werbetextes platzierter Verweis nicht nur dazu einlädt, sondern gerade dazu auffordert, diesen Link anzuklicken, um nähere Informationen zu erhalten. Sobald der angesprochene Verbraucher die fragliche Seite aufgerufen hat, wird er über Preise und Beschaffenheit der angebotenen Ausstattungsgegenstände hinreichend informiert, ohne dass es dazu weiterer Zwischenschritte oder eines Suchens bedarf. Das **Unmittelbarkeitserfordernis** wird mit dieser Werbung erfüllt. Der BGH betont in diesem Zusammenhang, dass andernfalls Nr. 28 des Anhangs zu § 3 Abs. 3 UWG leicht dadurch umgangen werden kann, das die Informationen über das beworbene Produkt auf zwei durch einen Link verbundene Seiten verteilt werden. Da eine zum Kauf auffordernde Werbung im Internet in ihrer suggestiven Wirkung für den kindlichen Verbraucher der entsprechenden Werbung in einem Printmedium deutlich überlegen ist, kommt der BGH zu dem Ergebnis, dass hier jedenfalls ein Verstoß gegen Nr. 28 des Anhangs zu § 3 Abs. 3 UWG vorliegt. Auch wenn die Werbung gegenüber Kindern bereits von § 4 Nr. 2 UWG (s. nachfolgend) erfasst wird, geht der Verbotstatbestand in Nr. 28 des Anhangs noch über diese Bestimmung hinaus. Denn es kommt bei dem absoluten Verbot ohne Wertungsvorbehalt nicht darauf an, ob der Unternehmer die geschäftliche Unerfahrenheit der Kinder ausnutzt. Die Werbung mit einer **unmittelbaren Kaufaufforderung** gegenüber Kindern selbst ist Verbotsgegenstand (BGH **„Goldbärenbarren"** und BGH **„Werbung für Klingeltöne"**).

29. Zusendung unbestellter Ware

Schließlich verbietet Nr. 29 des Anhangs jede **Aufforderung zur Bezahlung nicht bestellter Ware** oder Dienstleistung sowie eine Aufforderung zur Rücksendung oder Aufbewahrung nicht bestellter Sachen. Nr. 29 des Anh. zu § 3 III UWG erfasst auch die Ankündigung einer fortlaufenden Lieferung von Waren, bei der eine unbestellte, aber als bestellt dargestellte Ware zugesandt und, falls der Verbraucher nicht binnen einer Frist widerspricht, deren Zusendung gegen Entgelt fortgesetzt wird (BGH **„Auftragsbestätigung"**). Auch wenn diese Kundenwerbung durch das **Vortäuschen einer vertraglichen Beziehung** bereits als Verschleierung des Werbercharakters der geschäftlichen Handlungen von § 4 Nr. 3 UWG (s. nachfolgend) erfasst wird, geht diese aggressive geschäftliche Handlung als Verbot ohne Wertungsvorbehalt noch weiter. Als absoluter Verbotstatbestand wird jede Werbung verboten, die den Umstand ausnutzt, dass es einem Verbraucher unangenehm oder lästig sein kann, einmal erhaltene Sachen zurückzugeben. Die Zusendung unbestellter Ware fällt dann nicht unter Nr. 29 des Anh. zu § 3 III UWG oder unter § 7 I 1 UWG, wenn der Unternehmer irrtümlich von einer Bestellung ausgeht und der Irrtum seine Ursache nicht im Verantwortungsbereich des Unternehmens hat (BGH **„Auftragsbestätigung"**). 33

30. Ausübung moralischen Drucks

Auch die ausdrückliche Angabe, dass der **Arbeitsplatz oder Lebensunterhalt des Unternehmers gefährdet ist,** wenn der Verbraucher die Ware oder Dienstleistung nicht abnimmt, ist als **unlautere gefühlsbetonte Werbung** absolut verboten gemäß Nr. 30 des Anhangs. Es liegt eine unzulässige Ausübung moralischen Drucks vor, die bereits gemäß § 4 Nr. 1 UWG (s. nachfolgend) unlauter sein kann. Auch in Nr. 30 des Anhangs genügt ein entsprechendes Werbeverhalten des Unternehmens, ohne dass es darauf ankommt, ob tatsächlich mangelnde Hilfsbereitschaft oder fehlende Solidarität des Verbrauchers die Existenz des Unternehmens gefährdet. Die Werbung des Unternehmers selbst wird von dem Verbot der Nr. 30 des Anhangs erfasst. 34

III. Beispiele unlauterer geschäftlicher Handlungen (§ 4 UWG)

1 Während in § 1 UWG die **Schutzzweck-Trias** festgeschrieben wird, wonach das UWG die Mitbewerber, die Verbraucher und Belange der Allgemeinheit schützt, § 3 UWG die Voraussetzungen beschreibt, bei deren Vorliegen eine unlautere Handlung unzulässig ist, enthalten §§ 4–7 UWG Beispiele unlauteren Wettbewerbs. In der Gesetzesbegründung heißt es hierzu:

> Hierdurch wird das Ziel verfolgt, die Generalklausel zu präzisieren und dadurch eine größere Transparenz zu schaffen. Nachdem nicht alle denkbaren Fälle unlauteren Handelns geregelt werden können, sind die Beispielsfälle nicht abschließend. Bei der Bewertung, ob eine Unlauterkeit vorliegt, kommt es jeweils darauf an, ob die Wettbewerbshandlung geeignet ist, die im Einzelnen genannten Merkmale zu erfüllen. Nicht entscheidend ist, ob es tatsächlich zu einer Beeinträchtigung gekommen ist (Gesetzesbegründung zu § 4, vor Nr. 1).

Der Gesetzgeber weist also ausdrücklich darauf hin, dass die **Aufzählung in § 4 UWG nicht abschließend** ist. Einzelne Fallgruppen, die nicht ausdrücklich ist § 4 UWG aufgeführt sind, können dennoch unlauter sein, sofern sie geeignet sind, die Interessen der Mitbewerber, der Verbraucher oder der sonstigen Marktteilnehmer spürbar zu beeinträchtigen (Rückgriff auf die Generalklausel des § 3 Abs. 1 UWG, BGH **„Auskunft der IHK"**).

2 Über die Fallgruppen von § 4 UWG hinaus enthält **§ 7 UWG als Spezialtatbestand** die unterschiedlichen Fälle der Belästigung. Es handelt sich insbesondere um die Fallgruppen der wettbewerbswidrigen Telefon-, Telefax-, Handy-, e-mail- und Briefkastenwerbung.

3 Nachfolgend werden die in § 4 UWG gesetzlich normierten Beispiele unlauteren Verhaltens näher dargestellt. Bei Prüfung einer möglicherweise wettbewerbswidrigen geschäftlichen Handlung ist zu berücksichtigen, dass eine Handlung **mehrere Verbotstatbestände** verwirklichen kann. Es ist also durchaus möglich, dass der Unternehmer mit seiner Werbemaßnahme nicht nur einen Unlauterkeitstatbestand aus § 4 UWG verwirklicht, sondern darüber hinaus zugleich irreführend im Sinne von § 5 UWG wirbt. Jede geschäftliche Handlung ist daher zunächst daraufhin zu überprüfen, ob und in welchem Umfang sie möglicherweise als unlauteres Verhalten angreifbar ist und ob die Unlauterkeit der Handlung so gewichtig ist, dass die Interessen von Mitbewerbern, Verbrauchern oder sonstigen Marktteilnehmern spürbar beeinträchtigt werden. Schließlich sind die Verbote ohne Wertungsmöglichkeit aus dem Anhang zu § 3 Abs. 3 UWG zu beachten, wenn sich die geschäftliche Handlung zumindest **auch an Verbraucher** richtet. Liegt bereits eine **Verletzung eines per-se-Verbots** aus dem Anhang zu § 3 Abs. 3 UWG vor, braucht der Verbotskatalog aus § 4 UWG nicht mehr geprüft zu werden.

1. Unsachlicher Einfluss (§ 4 Nr. 1 UWG)

a) Werbung, die Gefühle anspricht

4 Gemäß § 4 Nr. 1 UWG liegt eine unlautere geschäftliche Handlung insbesondere dann vor, wenn sie geeignet ist, die Entscheidungsfreiheit der Verbraucher oder sonsti-

ger Marktteilnehmer durch Ausübung von Druck, in menschenverachtender Weise oder durch sonstigen anderen **unsachlichen Einfluss** zu beeinträchtigen. Zu der Frage, wann ein sonstiger unangemessener unsachlicher Einfluss gegeben ist, führt der Gesetzgeber in der Gesetzesbegründung wörtlich aus:

> Durch das Kriterium der Unangemessenheit wird der Tatsache Rechnung getragen, dass der Versuch einer gewissen unsachlichen Beeinflussung der Werbung nicht fremd und auch nicht per se unlauter ist (Gesetzesbegründung zu § 4 Nr. 1).

Zugleich stellt der Gesetzgeber klar, dass § 4 Nr. 1 UWG auch unlautere Wettbewerbshandlungen im Verhältnis zweier Unternehmer auf verschiedenen Wirtschaftsstufen erfasst. Eine unlautere geschäftliche Handlung gemäß § 4 Nr. 1 UWG muss daher einerseits geeignet sein, die Entscheidungsfreiheit der Mitbewerber, der Verbraucher oder der sonstigen Marktteilnehmer zu beeinträchtigen, andererseits muss ein **spürbarer** unsachlicher Einfluss gegeben sein. In diesem Zusammenhang geht der Gesetzgeber davon aus, dass es auch Ausdruck des Leistungswettbewerbs ist, wenn die am Wettbewerb beteiligten Unternehmen in gewissem Umfang unsachlich werben, und zwar sowohl im Verhältnis zwischen Mitbewerbern und Verbrauchern, als auch zwischen mehreren Unternehmen untereinander. Das Spürbarkeitskriterium in § 3 Abs. 1 UWG verstärkt diesen Gesichtspunkt und hat zur Folge, dass etwa **werbliche Übertreibung,** selbst wenn sie auf den Verbraucher einen gewissen Druck ausübt, zulässig ist, soweit und solange sie nur zu einer unerheblichen Beeinträchtigung des Verbrauchers führt.

5 Da § 4 Nr. 1 UWG im Lichte von Art. 8 UGP-RiLi auszulegen ist, ist nicht jede Werbung, die sich an die Gefühle des Umworbenen richtet, unlauter. Gegenstand dieser Werbung ist eine Werbemaßnahme, die an die Hilfsbereitschaft, das soziale Verantwortungsgefühl oder an Gefühle der Mildtätigkeit des Umworbenen appelliert. Unter Geltung von § 1 UWG a. F. war eine derartige Werbung immer dann unzulässig, wenn sie darauf angelegt war, den Umworbenen unsachlich zu beeinflussen (siehe etwa BGH **„McHappy-Tag"**).

6 Eine unsachliche Beeinflussung sah der Bundesgerichtshof immer dann als gegeben an, wenn das Argument der Unterstützung einer hilfsbedürftigen Gemeinschaft allein dazu dient, den eigenen Umsatz zu steigern und das werbende Unternehmen insoweit nur eigennützige Zwecke verfolgt. An dieser Rechtsprechung ist unter Geltung von §§ 4 Nr. 1, 3 Abs. 1 UWG **nicht festzuhalten.** Denn nicht jede Werbung mit der Hilfsbereitschaft des Umworbenen führt automatisch zur Unlauterkeit der Werbemaßnahme. Verboten sind gem. Art. 8 UGP-RiLi nur solche Werbemaßnahmen, durch die der Verkehr **erheblich beeinträchtigt** werden kann. Die Werbung mit sozialem Engagement allein macht die Maßnahme noch nicht unlauter.

7 Der Bundesgerichtshof hatte bereits unter Geltung von § 1 UWG a. F. die Werbung eines Lebensmitteleinzelhandelsunternehmens für zulässig angesehen, das für Lebensmittelprodukte ostdeutscher Herkunft mit dem Fußnoten-Hinweis „Dieses Produkt schafft Arbeitsplätze bei UNS!" warb. Hier stand aus Sicht des erkennenden Senats die **sachliche Aussage** im Vordergrund, dass durch den Kauf der beworbenen Lebensmittel Arbeitsplätze in den neuen Bundesländern erhalten und gesichert werden, günstigstenfalls sogar neue Arbeitsplätze geschaffen werden könnten. Es handelt sich also um einen **Appell an das Solidaritätsgefühl** der umworbenen Kunden in den neuen Bundesländern, der sachlich gerechtfertigt ist (BGH **„Arbeitsplätze bei UNS"**).

8 In mehreren Entscheidungen zu § 1 UWG a. F. musste sich der Bundesgerichtshof ferner mit der Werbung eines Textil-Händlers befassen, der mit einer Reihe von Fotos, die sich auf das Elend der Welt bezogen, auf das Unternehmen aufmerksam gemacht hatte (BGH **„Ölverschmutzte Ente“** und **„Kinderarbeit“**).

9 Im Rahmen einer Verfassungsbeschwerde hatte das Bundesverfassungsgericht bereits die Argumente des Bundesgerichtshofs verworfen. Gegenstand der Entscheidung des Bundesverfassungsgerichts war das Urteil **„H. I. V. Positive“** des Bundesgerichtshofs, in der einem Zeitschriftenverleger untersagt wurde, die Anzeige eines weltweit tätigen Textilanbieters zu veröffentlichen, die ein doppelseitiges Farbfoto enthielt, das ein nacktes menschliches Körperteil mit dem Stempelaufdruck „H. I. V. Positive“ zeigte. Das Bundesverfassungsgericht kam zu dem Ergebnis, dass ein vom Elend der Welt unbeschwertes Gemüt des Bürgers kein Belang ist, zu dessen Schutz der Staat Grundrechtspositionen einschränken darf, solange nicht **ekelerregende, Furcht einflößende oder jugendgefährdende Bilder** gezeigt werden. Daher hob das Bundesverfassungsgericht die Entscheidung des Bundesgerichtshofs auf. In der Folgeentscheidung **„Benetton-Werbung II“** wies das Bundesverfassungsgericht (noch zu § 1 UWG a. F.) wörtlich darauf hin:

> Bei der Auslegung des § 1 UWG *(a. F.)* gilt das insbesondere auch deshalb, weil bei Annahme eines Verstoßes gegen die Menschenwürde die sonst notwendige Rechtfertigung des Eingriffs in die Meinungsfreiheit durch einen hinreichend wichtigen Belang, insbesondere durch eine Gefährdung des an der Leistung orientierten Wettbewerbs …, entfällt. Bei Anwendung dieses Maßstabs trägt der Aufmerksamkeitswerbezweck der Anzeige nicht die Bewertung, die Anzeige sei menschenwürdeverletzend. Die Anzeige benennt das Elend der Aidskranken und überlässt dem Betrachter die Interpretation. In eine Botschaft, die den gebotenen Respekt vermissen ließe, indem sie etwa die Betroffenen verspottet, verhöhnt oder erniedrigt oder das dargestellte Leid verharmlost, befürwortet oder in einen lächerlichen oder makabren Kontext stellt, wird sie durch den Werbezweck nicht verwandelt. Allein der Umstand, dass das werbende Unternehmen von der durch die Darstellung erregten öffentlichen Aufmerksamkeit auch selbst zu profitieren versucht, rechtfertigt den Vorwurf einer Menschenwürdeverletzung nicht (BVerfGE in WRP 2003, Seite 633 ff. [Seite 636]).

Die Ausführungen des Bundesverfassungsgerichts zu § 1 UWG a. F. gelten erst recht für die Überprüfung von Werbemaßnahmen gemäß § 4 Nr. 1 UWG. Werbemaßnahmen, die an das Gefühl des umworbenen Verbrauchers appellieren, sind im Lichte von § 4 Nr. 1 UWG und den Ausführungen des Bundesverfassungsgerichts nur höchst ausnahmsweise unlauter.

10 Die Grenze zur Unlauterkeit ist noch nicht überschritten, wenn das werbende Unternehmen in seiner Werbung seine eigene Leistung **positiv herausstellt,** sofern ein unmittelbarer oder mittelbarer sachlicher Zusammenhag zwischen dem beworbenen Produkt und der eigenen Leistung des werbenden Unternehmens tatsächlich besteht.

Die Werbung eines Generika-Herstellers mit dem Hinweis „Jedes verordnete B.-Generikum unterstützt langfristig die innovative Arzneimittel-Forschung, weil zukünftig ein Teil des Gewinns in diesen Bereich zurückfließt“ hat daher der Bundesgerichtshof als zulässig angesehen (noch zu § 1 UWG a. F.: BGH **„Generika-Werbung“**).

11 Eine Werbemaßnahme enthält eine unangemessene unsachliche Einflussnahme auf Marktteilnehmer im Sinne des § 4 Nr. 1 UWG, wenn sie mit der Lauterkeit des Wettbewerbs unvereinbar ist. Der BGH weist darauf hin, dass die Beurteilung, ob dies der Fall ist, eine **Abwägung der Umstände des Einzelfalls** im Hinblick auf die Schutzzwecke des Gesetzes gegen den unlauteren Wettbewerb, bei der die Grundrechte der Beteiligten zu berücksichtigen sind, erfordert. Nicht jede **Imagewerbung** ist selbst schon geeignet, die Entscheidungsfreiheit der Verbraucher oder sonstiger Marktteilnehmer unangemessen unsachlich zu beeinträchtigen. Vielmehr folgt aus § 4 Nr. 1 UWG,

> dass eine Werbeaussage nicht schon dann als unlauter angesehen werden kann, wenn das Kaufinteresse durch Ansprechen des sozialen Verantwortungsgefühls, der Hilfsbereitschaft, des Mitleids oder des Umweltbewusstseins geweckt werden soll, ohne dass ein sachlicher Zusammenhang zwischen dem in der Werbung angesprochenen Engagement und der beworbenen Ware besteht, und nur zielbewusst und planmäßig an Gefühle appelliert wird, um diese im eigenen wirtschaftlichen Interesse als entscheidende Kaufmotivation auszunutzen (BGH in WRP 2006, Seite 67 ff. [S. 68/69, Rdnr. 18], **„Artenschutz"**).

Ein Unternehmen, das damit wirbt, dass es die Aktionsgemeinschaft Artenschutz e. V. unterstützt, handelt daher nicht unlauter im Sinne von § 4 Nr. 1 UWG. Allein die Motivation des werbenden Unternehmens, der Verbraucher soll die Aktionsgemeinschaft Artenschutz e. V. dadurch mittelbar unterstützen, dass er bei dem werbenden Unternehmen einkauft, führt nicht zur Wettbewerbswidrigkeit der Werbemaßnahme. Im Falle der Kopplung eines Absatzgeschäfts mit einem **sozialen, kulturellen, sportlichen oder ökologischen Engagement** besteht weder aufgrund des Verbots einer unangemessenen unsachlichen Einflussnahme auf Marktteilnehmer (§ 4 Nr. 1 UWG), noch unter dem Gesichtspunkt der irreführenden Werbung (§ 5 UWG) eine allgemeine Verpflichtung des Unternehmens, über die Art und Weise der Unterstützung oder die Höhe bzw. den Wert der Zuwendung aufzuklären (BGH **„Regenwaldprojekt I"**). Aus Sicht des BGH ist die Grenze zum unangemessen unsachlichen Einfluss erst dann überschritten, wenn die **Unterstützungsleistung des werbenden Unternehmens so gering** ist, dass die werbliche Darstellung nicht gerechtfertigt ist. Im übrigen ist jedoch jede nicht spezifizierte Sponsoringleistung allein nicht geeignet, aufgrund mangelnder Transparenz die angesprochenen Verkehrskreise unangemessen unsachlich im Sinne von § 4 Nr. 1 UWG zu beeinflussen. Enthält die Werbung allerdings konkrete Angaben zum Sponsoring, kann sich eine Verpflichtung des werbenden Unternehmens zu aufklärenden Hinweisen ergeben, wenn es ansonsten zu einer wettbewerbsrechtlich relevanten **Fehlvorstellung des Verkehrs** kommt (BGH **„Regenwaldprojekt II"**).

> **Praxishinweis**
>
> Sofern keine irreführende Werbung vorliegt, ist eine Werbung, die Gefühle anspricht, grundsätzlich wettbewerbskonform. An der Entscheidungspraxis des BGH zur Fallgruppe der „gefühlsbetonten Werbung" ist nicht festzuhalten.

b) Unangemessene unsachliche Einflussnahme

12 Grundsätzlich ist es nicht unlauter, wenn ein Gewerbetreibender mit den ihm zur Verfügung stehenden Mitteln versucht, Kunden von der Qualität und Preiswürdigkeit seines Angebots zu überzeugen, um sie auf diese Weise zum Kauf anzuregen. Denn jede Werbemaßnahme zielt darauf ab, auf den angesprochenen Verkehr Einfluss zu nehmen und ihn zu einem Umsatzgeschäft zu motivieren. § 4 Nr. 1 UWG sieht vor, dass nur solche Wettbewerbshandlungen unlauter sind, die geeignet sind, die Entscheidungsfreiheit der Verbraucher oder sonstiger Marktteilnehmer durch **unangemessenen** unsachlichen Einfluss zu beeinträchtigen. Nicht jeder unsachliche Einfluss ist also per se geeignet, die Unlauterkeit einer Werbemaßnahme zu begründen. Vielmehr muss der unsachliche Einfluss unangemessen sein und darüber hinaus muss die Wettbewerbshandlung gemäß § 3 Abs. 1 UWG geeignet sein, den Verkehr spürbar zu beeinträchtigen. Während das Anlocken Sinn und Zweck jeder Werbemaßnahme im geschäftlichen Verkehr ist, kann nur bei Vorliegen besonderer Umstände ein unangemessener unsachlicher Einfluss zur Unlauterheit der Werbung gemäß §§ 4 Nr. 1, 3 Abs. 1 UWG führen.

13 Nach Aufhebung von Rabattgesetz und Zugabeverordnung wurden die Voraussetzungen des wettbewerbswidrigen Anlockens neu definiert. Während unter Geltung von Zugabeverordnung und Rabattgesetz schon geringfügige Geschenke zu einem wettbewerbswidrigen Anlocken führen konnten (z.B. das Verschenken eines Frühstücks mit Kaffee und einem gekochten Ei im Wert von € 2,50), enthält das UWG kein Verbot von **Zugaben und Rabatten.** Allerdings ist es **Apotheken** weiterhin untersagt, Zugaben oder Rabatte anzukündigen oder zu gewähren, die den Wert einer geringwertigen Kleinigkeit (ca. € 1,–) überschreiten (BGH **„Rezeptbonus"**). Die **Anlockwirkung,** die von einem attraktiven Angebot ausgeht, ist niemals wettbewerbswidrig, sondern gewollte Folge des Leistungswettbewerbs (BGH **„Handy ‚fast geschenkt' für 0,49 DM"**). Dieser Gedanke ist in § 4 Nr. 1 UWG eingeflossen. Danach macht nicht die Attraktivität eines Angebots die geschäftliche Handlung unlauter, sondern besondere Unlauterheitsumstände begründen die Wettbewerbswidrigkeit, sofern sie die Interessen von Mitbewerbern, Verbrauchern oder sonstigen Marktteilnehmern spürbar beeinträchtigen.

14 Die Anlockwirkung, die von einem attraktiven Angebot ausgeht, ist nach der Begründung des Bundesgerichtshofs eine **gewollte Folge des Leistungswettbewerbs** (noch zu § 1 UWG a.F.: BGH **„500 DM-Gutschein für Autokauf"**). Nur wenn die unlautere Maßnahme außerhalb des eigentlichen Angebots liegt, kann überhaupt ein wettbewerbswidriges Anlocken in Betracht kommen. Ein derartiger Anlockeffekt ist allerdings nur dann anzunehmen, wenn der Werbende durch den Einsatz zusätzlicher, unsachlicher Mittel eine besonders starke Einflussnahme bewirkt. Unter Zugrundelegung des Verbraucherleitbildes in § 3 Abs. 2 Satz 2 UWG, nach dem generell auf den **durchschnittlich informierten und verständigen Verbraucher** abzustellen ist, wird es regelmäßig an einem wettbewerbswidrigen Anlockeffekt fehlen. Denn dieser verständige Durchschnittsverbraucher kann zwischen einer attraktiven, kostenfreien Leistung eines Werbenden und seinem im Übrigen teuren oder sogar überteuerten Angebot unterscheiden. Ein unlauteres übertriebenes Beeinflussen i.S.v. Art. 8 UGP-RiLi kann erst dann eintreten, wenn die Lockmittel in einem Umfang das übliche Maß übersteigen, dass der angesprochene Verkehr jede Vorsicht vergisst und ausnahmsweise die **Rationalität der Nachfrageentscheidung** vollständig in den Hintergrund tritt (noch zu § 1 UWG a.F.: BGH **„Treue-Punkte"**). Ein Indiz für ein unsachliches Anlocken kann darin zu sehen sein, dass ein besonders preisaggressives Angebot des werbenden Unternehmens nur **befristet** genutzt werden kann (z.B. nur eine Stunde). Ein zeitlich nicht befristeter Barzahlungsrabatt in Höhe von 10% ist daher durchaus zulässig.

15 Ob ein Fall der unzulässigen Beeinflussung bereits gegeben ist, wenn der Werbende seine Leistung von bis zu unter 50% des Normalpreises anbietet, ist fraglich. Die noch vom Bundesgerichtshof in seiner Entscheidung **„Super-Spar-Fahrkarten"** angenommene unlautere Wettbewerbsverzerrung i.S.v. § 1 UWG a.F. war bereits nach Aufhebung von Rabattgesetz und Zugabeverordnung nicht mehr gegeben. Es ist durchaus mit den Grundsätzen des Leistungswettbewerbs zu vereinbaren, dass die **Treue von Stammkunden** mit Preisvorteilen belohnt wird, deren Umfang im Einzelfall 50% betragen kann. Zu der Frage, wann eine unangemessene, unsachliche Beeinflussung der Verbraucher durch Gewährung eines Rabatts gegeben ist, führt der BGH wörtlich aus:

> Der Beispielstatbestand des § 4 Nr. 1 UWG erfasst im Bereich der Verbraucherwerbung nur Wettbewerbshandlungen, durch die ein unangemessener unsachlicher Einfluss auf die Entscheidungsfreiheit der Verbraucher ausgeübt wird. Eine Werbeaussage ist nicht schon dann unlauter, wenn das Kaufinteresse lediglich durch einen Rabatt in Höhe von 19% vom Kaufpreis geweckt wird. Die damit verbundene Anlockwirkung ist nicht wettbewerbswidrig, sondern liegt als gewollte Folge in der Natur des Leistungswettbewerbs. ... Die Schwelle zur wettbewerbsrechtlichen Unlauterkeit ist nur überschritten, wenn die geschäftliche Handlung geeignet ist, in der Weise unangemessenen unsachlichen Einfluss auszuüben, dass die freie Entscheidung der Verbraucher beeinträchtigt zu werden droht. ... Diese Voraussetzung ist in der Regel erfüllt, wenn ein Fall einer aggressiven Geschäftspraktik i. S. der Art. 8 und Art. 9 der Richtlinie 2005/29/EG gegeben ist. ... Die Vorschrift des Art. 8 der Richtlinie 2005/29/EG verlangt für die Annahme einer aggressiven Geschäftspraktik, dass der Verbraucher durch die unzulässige Beeinflussung tatsächlich oder voraussichtlich erheblich beeinträchtigt wird und dadurch tatsächlich oder voraussichtlich dazu veranlasst wird, eine geschäftliche Entscheidung zu treffen, die er andernfalls nicht getroffen hätte. Eine unzulässige Beeinflussung erfordert nach Art. 2 lit. j der genannten Richtlinie die Ausnutzung einer Machtposition gegenüber dem Verbraucher zur Ausübung von Druck, auch ohne die Anwendung oder Androhung von körperlicher Gewalt, in einer Weise, die die Fähigkeit des Verbrauchers zu einer informationsgeleiteten Entscheidung wesentlich einschränkt. Bei der Feststellung, ob im Rahmen einer Geschäftspraktik das Mittel einer unzulässigen Beeinflussung eingesetzt wird, sind die in Art. 9 der Richtlinie 2005/29/EG beschriebenen Umstände heranzuziehen (BGH in WRP 2010, Seite 1388 ff. [S. 1389, 1390, Rdnr. 15, 16], **„Ohne 19% Mehrwertsteuer“**).

Es ist daher nicht wettbewerbswidrig, wenn eine Elektromarktkette mit der Werbeaussage wirbt „Ohne 19% Mehrwertsteuer“, solange nicht besondere Unlauterkeitsumstände hinzutreten. Selbst wenn die Werbemaßnahme auf einen Tag beschränkt ist, liegt keine unangemessen kurze Überlegungszeit vor. Nur **übersteigert zeitgebundene Angebote,** die den potenziellen Kunden stark unter Zeitdruck setzen können, können im Einzelfall wettbewerbswidrig sein.

16 Wettbewerbsrechtlich anstößig wird jedoch eine Werbemaßnahme dann, wenn die Gefahr besteht, dass die angesprochenen Verkehrskreise über den tatsächlichen Wert des verschenkten Artikels oder der unentgeltlichen Leistung **irregeführt** wird. Eine unpräzise Umschreibung der Leistung (z. B. „1 einwöchige Reise nach Wien“ ohne Angabe darüber, ob es sich um eine Flug-, Bahn- oder Busreise handelt und welche Hotelleistungen von dem Geschenk umfasst werden), kann gemäß § 4 Nr. 4 Nr. 1 UWG allein wegen der **Unbestimmtheit** unzulässig sein. Gerade der Umstand, dass eine unentgeltliche Nebenleistung als wertvoll erscheint, ihr Wert aber mangels Kenntnis des genauen Inhalts der Leistung nicht bestimmt werden kann, kann zu der Unlauterkeit der Werbemaßnahme führen. **Eine zeitliche Befristung** des Angebotzeitraums kann im Einzelfall die Unlauterkeit begründen. In diesem Fall muss allerdings die zeitliche Befristung derart kurz sein, dass der angesprochene Verkehr gezwungen wird, über den eigenen Bedarf hinaus die entgeltliche Leistung oder Ware zu beziehen, um dann in den Genuss der Prämie zu gelangen. Eine **angemessene** Befristung allein macht die Werbemaßnahme noch nicht wettbewerbswidrig.

17 Auch sogenannte **„Power-Shopping“-Angebote im Internet** können den Verbraucher nur bei Vorliegen besonderer Unlauterkeitsumstände unsachlich beeinflussen. Zulässig sind ebenfalls umgekehrte Versteigerungen im Internet, sofern die Erwerber die Möglichkeit haben, nach dem Erwerb die Entscheidung zu überdenken und ggf.

ohne finanzielles Risiko rückgängig zu machen (noch zu § 1 UWG a. F.: BGH **„Umgekehrte Versteigerung im Internet“**). Allenfalls bei Vorliegen **irreführender Umstände** könne derartige Versteigerungen oder Auktionen im Internet unlauter sein.

18 **Warengutscheine** im Wert von € 5,– stellen selbst dann kein unsachliches Anlocken dar, wenn sie an einen Mindestumsatz von € 40,– gekoppelt werden. Die Abgabe von Gutscheinen im Wert von € 5,– bis € 10,– ist wegen des geringen Werts nicht als unzulässige Beeinflussung zu werten. Die Entscheidungsfreiheit der angesprochenen Verkehrskreise wird bei Gewährung besonderer Preisvorteile nur ausnahmsweise unangemessen unsachlich beeinflusst. Zu den Voraussetzungen, wann eine derartige unangemessen unsachliche Beeinflussung vorliegt, stellt der BGH wörtlich fest:

> Das Werben mit Preisnachlässen ist nach der Aufhebung des Rabattgesetzes allerdings wettbewerbsrechtlich grundsätzlich zulässig. Entsprechende Angebote unterliegen seither nur einer Missbrauchskontrolle. Ein Preisnachlass ist danach u. a. dann wettbewerbswidrig, wenn von der Vergünstigung eine derart starke Anziehungskraft ausgeht, dass die Rationalität der Nachfrageentscheidung auch bei einem verständigen Verbraucher vollständig in den Hintergrund tritt. … Da die Anlockwirkung, die von einer besonders günstigen Preisgestaltung ausgeht, gewollte Folge des Wettbewerbs ist …, kann der Umstand allein, dass mit einem Rabatt geworben wird, die Unlauterkeit nicht begründen (BGH in WRP 2008, Seite 780 ff. [S. 781, Rdnr. 15], **„Hagelschaden“**).

Verspricht eine Kfz-Reparaturwerkstatt bei einer Hagelschaden-Reparatur die Zahlung von 150 Euro in bar, wenn der Kunde bei dieser Werkstatt die Kasko-Abwicklung ab 1000 Euro Schaden vornehmen lässt, so ist dieses Versprechen wettbewerbswidrig. Denn das Versprechen der Kfz-Werkstatt verschafft nicht nur dem Durchschnittsverbraucher einen Vorteil (nämlich in Höhe von 150 Euro in bar), sondern zugleich seinem Versicherer einen Nachteil in entsprechender Höhe, wenn der Durchschnittsverbraucher den Bar-Rabatt nicht an den Versicherer weiterleitet. Wie der BGH zurecht betont, wird in diesem Fall die nach dem Versicherungsvertrag gebotene objektive Entscheidung des Versicherungsnehmers durch den beworbenen **Rabatt zu Lasten des Versicherers** beeinträchtigt. Denn es ist nach der Lebenserfahrung nicht auszuschließen, dass ein Großteil der Versicherungsnehmer den Bar-Rabatt der Kfz-Reparaturwerkstatt nicht an den Versicherer weitergibt. Eine andere wettbewerbsrechtliche Beurteilung ist nur dann geboten, wenn die werbende Kfz-Reparaturwerkstatt diese Art der Rabattgewährung zuvor mit dem Versicherer ausdrücklich abgestimmt hat und dieser damit einverstanden ist (BGH **„Nachlass bei der Selbstbeteiligung“**).

19 Die durch ihre Preisgünstigkeit ausgelöste **Anlockwirkung** eines Angebots allein kann daher niemals unlauter im Sinne von § 4 Nr. 1 UWG sein (noch zu § 1 UWG a. F.: BGH **„500 DM-Gutschein für Autokauf“**; zu § 4 Nr. 1 UWG: BGH **„Treppenlift“**). Wettbewerbswidrig kann ein derartiges Angebot nur dann werden, wenn der angesprochene Verbraucher über den tatsächlichen **Wert des Angebots getäuscht** oder über die besonderen Bedingungen des Angebots **unzureichend informiert** wird (noch zu § 1 UWG a. F.: BGH **„Buchclub-Kopplungsangebot“**). Denn dann verstößt die Werbemaßnahme gegen § 4 Nr. 4, Nr. 1 UWG.

20 Auch Kopplungsangebote sind grds. nicht geeignet, den Verbraucher unangemessen unsachlich zu beeinflussen, sofern sie nicht ein gewisses **Irreführungs- und Preisverschleierungspotential** bergen (BGH **„Kopplungsangebot I“**). Diesem Preisverschleierungspotential kann der Werbungtreibende aber durch die Gewährleistung umfassender **Preistransparenz** begegnen. Fehlt die notwendige Transparenz, kann die Werbemaßnahme ggf. wegen Verstoß gegen das Transparenzgebot aus § 4 Nr. 4 UWG erfolgreich angegriffen werden. Schließlich kann in diesem Verhalten ein Verstoß gegen die Grundsätze von Preisklarheit und Preiswahrheit und damit eine Verletzung von § 4 Nr. 11 UWG i.V.m. der Preisangabenverordnung liegen, sofern bereits ein **Angebot** gegeben ist und die Preisangaben nicht die Voraussetzungen der Preisangabenverordnung erfüllen (noch zu § 1 UWG a.F.: BGH **„500 DM-Gutschein für Autokauf"**).

21 Als unlautere aggressive Geschäftspraktik i.S.v. Art. 8 UGP-RiLi kann auch ein Werbeverhalten bewertet werden, das sich gezielt an **Kinder und Jugendliche** richtet und sich durch die besondere Preisattraktivität des Angebots die Anfälligkeit von Kindern und Jugendlichen für die Wahrnehmung attraktiver Zugabeprodukte zunutze macht. Denn der Erfahrungshorizont eines durchschnittlich informierten, aufgeklärten und verständigen Kindes oder Jugendlichen ist ein grundsätzlich anderer, als der eines erwachsenen Verbrauchers. Dennoch ist der BGH der Auffassung, dass eine Zugabe, die sich gezielt an Kinder und Jugendliche richtet, dann zulässig ist, wenn sich ihr **Wert noch im Rahmen des üblichen Taschengeldes** bewegt. Denn selbst Jugendliche und junge Erwachsene, die im Schnitt geschäftlich unerfahrener sind als der Durchschnitt aller sonstigen Verbraucher, werden nicht unüberlegt mehr als € 2,– für eine Zeitschrift mit Sonnenbrille ausgeben (BGH **„Zeitschrift mit Sonnenbrille"**). Liegt allerdings eine **unmittelbare Aufforderung an Kinder** vor, selbst die Zeitschrift zu erwerben, ist die Werbemaßnahme gem. Anhang Nr. 28 zu § 3 Abs. 3 UWG immer wettbewerbswidrig.

22 Schließlich kann das Verschenken von Ware dann unlauter sein, wenn nicht jeder Verbraucher in den Genuss des Geschenks kommt, sondern die Geschenke erst im Rahmen eines **Gewinnspiels** verlost werden. Die Unlauterkeit dieser Werbemaßnahme kann insbesondere darin liegen, dass der angesprochene Verkehr nicht hinreichend über die Abhängigkeit der Gewährung des Geschenks von einer Verlosung aufgeklärt wird. Es fehlt an der notwendigen Transparenz (§ 4 Nr. 4 UWG) der Werbemaßnahme.

23 Die unter Geltung von § 1 UWG a.F. wettbewerbswidrige **Laienwerbung** ist im Rahmen von § 4 Nr. 1 UWG grds. zulässig. Laienwerbung wird insbesondere zu dem Zweck eingesetzt, Verbraucher anzusprechen, die in ihrem Verwandten-, Bekannten- und Freundeskreis neue Kunden (etwa für Versicherungen, Zeitschriftenabonnements oder Telefondienstleistungen) akquirieren sollen. Nach Aufhebung der Zugabeverordnung und nach Wegfall des Rabattgesetzes trat auch im Bereich der Laienwerbung eine weitgehende Liberalisierung ein. Unlauter ist die Ausschüttung von Werbeprämien an Laienwerber nur dann, wenn etwa die eingesetzte **Werbemethode selbst anstößig ist** (z.B. Laienwerbung in Verbindung mit der Veranstaltung eines Gewinnspiels), oder wenn der Prämienwert so attraktiv ist, dass allein wegen der **Wertigkeit der Prämie** die Fähigkeit des Verbrauchers zu einer informierten Entscheidung gem. Art. 2 lit.j) UGP-RiLi erheblich eingeschränkt wird. Der von der höchstrichterlichen Rechtsprechung im Zusammenhang mit der Laienwerbung erhobene Vorwurf der **Kommerzialisierung der Privatsphäre** des Laienwerbers kann im Rahmen von § 4 Nr. 2 UWG Unlauterkeit begründen, etwa wenn sich die Laienwerbung gezielt an geschäftlich unerfahrene Verbraucher richtet. Außerhalb von § 4 Nr. 2 UWG besteht hingegen nicht die Gefahr, dass sich der durchschnittlich informierte, aufmerksame und verständige Durchschnittsverbraucher gegen seinen Willen im Rahmen seiner Privatsphäre vereinnahmen lässt. Eine Werbeprämie, die einen höheren Wert vorspiegelt, als sie tatsächlich hat, ist allerdings gemäß § 4 Nr. 4 UWG zu untersagen. Legt jedoch beispielsweise das Versicherungsunternehmen offen, welchen Wert die für die

Vermittlung eines neuen Versicherungsvertrages ausgesetzte Werbeprämie hat, ist die Laienwerbung selbst dann nicht unlauter, wenn es sich bei der Werbeprämie um einen besonders attraktiven Artikel handelt.

24 Der BGH geht davon aus, dass der **Einsatz von Laien** zur Werbung von Kunden aufgrund des gewandelten Verbraucherleitbildes nicht schon wegen der Gewährung nicht unerheblicher Werbeprämien unlauter ist, sondern das Vorliegen weiterer, die Unlauterkeit begründender Umstände bedarf. Wörtlich heißt es in der Entscheidung **„Kunden werben Kunden":**

> Werbung durch Einsatz von Laien ist somit nur unzulässig, wenn andere Umstände als die ausgesetzte Prämie als solche die Unlauterkeit begründen. Dies kann der Fall sein, wenn die Gefahr einer Irreführung oder einer unzumutbaren Belästigung (vgl. § 7 Abs. 1 UWG) des umworbenen Kunden durch den Laienwerber besteht, die Werbung auf eine Verdeckung des Prämieninteresses und damit auf eine Täuschung über die Motive des Werbenden angelegt ist (sogenannte „verdeckte Laienwerbung") oder sie sich auf Waren oder Dienstleistungen bezieht, für die besondere Maßstäbe gelten. Die Gefahr, dass der Laienwerber unlautere Mittel einzusetzen versucht, mag im Einzelfall auch wegen der von einer besonders attraktiven Prämie ausgehenden Anreizwirkung bestehen ... Maßgeblich ist aber immer eine Gesamtwürdigung aller Umstände des Einzelfalls (BGH in WRP 2006, Seite 1370ff. [Seite 1373, Rdnr. 17]).

Nach diesen höchstrichterlichen Grundsätzen ist die von einem Augenoptiker ausgesetzte Werbeprämie im Wert von 30,00 € o.w. wettbewerbskonform. Selbst die mit dem Aussetzen der Prämie verbundene Belästigung etwa von Verwandten, Freunden oder Bekannten des Laienwerbers, führt nicht zur Unlauterkeit der Werbemaßnahme. Eine Unzulässigkeit der Werbemaßnahme kann sich erst daraus ergeben, dass der Laienwerber **Werbemethoden** anwendet, die auch einem professionellen Werber verboten sind. Die Unlauterkeit der vom BGH entschiedenen Laienwerbung eines Augenoptikers lag in dem Umstand begründet, dass es um den vermittelten Verkauf von Medizinprodukten ging. Daher war § 7 HWG anwendbar mit der Folge, dass die ausgelobte Werbeprämie als wettbewerbswidrige Werbegabe qualifiziert wurde (Verstoß gegen § 4 Nr. 11 UWG i.V.m. § 7 HWG, BGH **„Kunden werben Kunden"**).

24a Unzulässig kann jedoch die Laienwerbung auch dann sein, wenn die Werbemittler auch die **Interessen Dritter** zu wahren haben. Vermitteln Augenärzte an den werbenden Anbieter eines Brillensortiments Patienten und erhält der Augenarzt für jeden vermittelten Patienten von dem Brillenanbieter eine Vergütung von bis zu 160 Euro, liegt eine aggressive Geschäftspraktik im Sinne von Art. 8 UGP-RiLi vor und die Werbemaßnahme ist gemäß § 4 Nr. 1 UWG wettbewerbswidrig. Wörtlich führt der BGH aus:

> Die beanstandete Werbung der Beklagten für ihr Brillenabgabesystem verstößt gegen § 4 Nr. 1 UWG, weil die Beklagte nach den nicht erfahrungswidrigen Feststellungen des Berufungsgerichts durch das Inaussichtstellen einer zusätzlichen Verdienstmöglichkeit in Höhe von 80 € (bei Mehrstärkenbrillen von 160 €) je vermittelter Brille einen erheblichen Anreiz setzt, dass Augenärzte entgegen ihren Pflichten aus dem Behandlungsvertrag und dem Berufsrecht nicht allein anhand des Patienteninteresses entscheiden, ob sie einen Patienten an bestimmte Anbieter gesundheitlicher Leistungen verweisen (verkürzter Versorgungsweg). Darin liegt eine unsachliche unangemessene Einflussnahme auf die Behandlungstätigkeit des Arztes (BGH in WRP 2010, Seite 1139ff. [S. 1141, Rdnr. 16], **„Brillenversorgung II"**).

Sobald Marktteilnehmer bei ihren geschäftlichen Entscheidungen auch die Interessen Dritter zu wahren haben, liegen besondere Umstände für eine unangemessene unsachliche Einflussnahme im Sinne von § 4 Nr. 1 UWG vor, wenn sie durch die Gewährung oder das Inaussichtstellen eines finanziellen Vorteils dazu veranlasst werden, diese **Interessenwahrungspflicht** zu verletzen. Der BGH geht davon aus, dass die hier angesprochenen Augenärzte durch die Werbemaßnahme des Brillenanbieters veranlasst werden, ihren Patienten das Angebot des werbenden Brillengestellanbieters zumindest als Alternative zum herkömmlichen Bezug im örtlichen Optikerfachgeschäft anzubieten. Eine unangemessene unsachliche Einflussnahme auf die **Diagnose- und Therapiefreiheit von Zahnärzten** ist gegeben, wenn diese exklusiv mit nur einem Dentallabor zusammenarbeiten und als Gegenleistung von diesem Labor eine Gewinnbeteiligung erhalten (BGH **„Dentallaborleistungen"**). Als unzulässig hat es der BGH auch angesehen, wenn sich ein Unternehmen, das Gesellschaften auf Vorrat gründet, gezielt an Rechtsanwälte, Steuerberater und Wirtschaftsprüfer wendet, und jedem erfolgreichen Vermittler einer Vorratsgesellschaft die Teilnahme an einem Gewinnspiel in Aussicht stellt, bei dem es einen Smart-Cabriolet zu gewinnen gibt. Diese beworbene Teilnahme an dem Gewinnspiel ist als unlautere unangemessene unsachliche Einflussnahme zu beanstanden, weil sich die angesprochenen Berater bei ihrer Empfehlung für ein bestimmtes Angebot **ausschließlich von dem Interesse ihres Mandanten** und nicht (auch) von einer ihnen zufließenden möglichen persönlichen Vergünstigung leiten lassen sollen (BGH **„Winteraktion"**). Denn die angesprochenen Rechtsanwälte, Steuerberater und Wirtschaftsprüfer sind als unabhängige Berater und Vertreter ihrer Auftraggeber in Rechtssachen sowie in steuerlichen und wirtschaftlichen Angelegenheiten zu einer objektiven und neutralen Entscheidung verpflichtet.

25 Zulässig sind nach Auffassung des BGH auch Probeabonnements von Zeitschriften oder Werbegeschenke bei Werbeexemplaren und Probeabonnements, selbst wenn der Preis des Probeabonnements sehr niedrig und der Wert der Sachprämie erheblich ist. Weder der günstige Preis eines Probeabonnements noch eine **attraktive Zugabe** rechtfertigen den Vorwurf einer unsachlichen Beeinflussung der Verbraucher (BGH **„Probeabonnement"**). Die Grenze zur Unlauterkeit ist nach § 4 Nr. 1 UWG erst dann überschritten, wenn besondere Unlauterkeitsumstände vorliegen, die die Rationalität der Nachfrageentscheidung der angesprochenen Marktteilnehmer **vollständig** in den Hintergrund treten lassen. Der Absatz von Tageszeitungen über ungesicherte Verkaufshilfen („stumme Verkäufer") ist selbst bei erheblichem Schwund weder unter dem Gesichtspunkt einer unzulässigen Beeinträchtigung der Kaufinteressenten noch unter dem Gesichtspunkt einer allgemeinen Marktbehinderung wettbewerbswidrig (BGH **„Stumme Verkäufer II"**).

c) Vorspannangebot und Kopplungsgeschäft

26 Vorspannangebote sind ein Unterfall des Kopplungsgeschäfts. Im Regelfall wird eine branchen- und betriebsfremde Ware zu einem attraktiven Preis mit einer anderen, der Hauptware, zu einem einheitlichen Angebot verbunden, sodass der preisgünstige branchen- und betriebsfremde Artikel den Kunden anlockt und zum Kauf animiert.

27 Der Bundesgerichtshof hatte sich in seiner Entscheidung **„Vorspannangebot"** mit einem Sachverhalt zu befassen, in dem Einzelhandelsgeschäfte des Lebensmittelhandels Gläser zu einem sehr niedrigen Preis nur zusammen mit einem höherpreisigen Lebensmittelsortiment verkauften.

28 In der Entscheidung „Vorspannangebot" kam der Bundesgerichtshof noch zu dem Schluss, dass ein unzulässiges Vorspannangebot vorlag, da das Angebot von Rauchgläsern in den Lebensmittelgeschäften betriebs- oder branchenfremd war und durch den besonders günstigen Preis der Gläser das angesprochene Publikum unsachlich angelockt wurde.

29 An dieser höchstrichterlichen Rechtsprechung konnte nach **Aufhebung der Zugabeverordnung** nicht mehr festgehalten werden. Denn nach Aufhebung der Zugabeverordnung war ein derartiges Vorspannangebot **grundsätzlich zulässig.** Die Kopplung zwischen Hauptware und Nebenware, gleich ob die Nebenware als entgeltlicher Vorspann oder als Zugabe gewährt wird, ist grundsätzlich erlaubt (EuGH **„ ‚Total' und ‚Sanoma' "**).

30 Gemäß § 4 Nr. 1 UWG sind nur solche Wettbewerbshandlungen unlauter, die geeignet sind, die Entscheidungsfreiheit der Verbraucher oder sonstiger Marktteilnehmer durch unangemessenen unsachlichen Einfluss zu beeinträchtigen. Ein unlauteres Vorspannangebot kann daher in diesem Sinne nur dann vorliegen, **wenn das Vorspannangebot in unangemessenem Umfang unsachlich oder täuschend ist** und darüber hinaus die Gefahr besteht, dass die Interessen von Mitbewerbern, Verbrauchern oder sonstigen Marktteilnehmern spürbar beeinträchtigt werden. Der Gesetzgeber weist daher darauf hin, dass der Versuch einer gewissen unsachlichen Beeinflussung der Werbung nicht fremd und auch nicht per se unlauter ist, sodass die Beeinflussung schon einen Grad erreichen muss, der so erheblich ist, dass selbst der durchschnittlich informierte und verständige Verbraucher, der das Werbeverhalten mit einer der Situation angemessenen Aufmerksamkeit verfolgt, beeinträchtigt wird.

31 Unerheblich für die Frage der wettbewerbsrechtlichen Zulässigkeit ist, ob es sich bei dem Vorspannartikel um eine branchenfremde oder um eine Ware handelt, die in einem Funktionszusammenhang mit der Hauptware steht. Selbst wenn es an dem Sachzusammenhang fehlt, so ist zu berücksichtigen, dass der **durchschnittlich informierte und verständige Verbraucher,** der das fragliche Werbeverhalten mit einer der Situation angemessenen Aufmerksamkeit verfolgt, die beworbene Hauptware kaum nur aus dem Grund erwerben wird, weil er einen branchenfremden Artikel unentgeltlich zusätzlich erhält. Nur wenn der Werbende durch **unvollständige** oder **missverständliche Angaben** in **irreführender Weise** den Eindruck erweckt, die Vorspannware habe einen besonders hohen Wert, während es sich tatsächlich um eine geringwertige Kleinigkeit handelt, kann die Werbung wettbewerbswidrig im Sinne von § 5 Abs. 1 UWG sein. Auch **unpräzise Angaben** über die als Vorspann beworbene Ware oder Leistung, die im angesprochenen Verkehr zu einer unrichtigen Bewertung führt oder führen kann, gehen regelmäßig zu Lasten des Werbenden. Selbst die Kopplung eines Gewinnspiels an den Einkauf des Verbrauchers in einem „extra Verbrauchermarkt" macht die Werbemaßnahme des Händlers nicht unzulässig. Wörtlich heißt es in der BGH-Entscheidung **„Jeder 100. Einkauf gratis":**

> Nach der Senatsrechtsprechung reicht der Einsatz aleatorischer Reize für sich genommen nicht aus, um den Vorwurf der Unlauterkeit zu rechtfertigen … Wettbewerbswidrig ist eine Werbung vielmehr erst dann, wenn die freie Entscheidung der angesprochenen Verkehrskreise durch den Einsatz aleatorischer Reize so nachhaltig beeinflusst wird, dass ein Kaufentschluss nicht mehr von sachlichen Gesichtspunkten, sondern maßgeblich durch das Streben nach der in Aussicht gestellten Gewinnchance bestimmt wird. … Davon kann, wie das Berufungsgericht rechtsfehlerfrei angenommen hat, im Streitfall schon wegen der für den Verbraucher erkennbar geringen Chance, dass gerade er den 100. Einkauf tätigen werde, nicht ausgegangen werden. Selbst wenn sich der Durchschnittsverbraucher dadurch zu einem Einkauf bei der Beklagten verleiten lässt und im Hinblick auf die angekündigte Chance eines Gratiseinkaufs möglichst viel einkauft, wird dadurch die Rationalität der Kaufentscheidung nicht völlig in den Hintergrund gedrängt. Der Durchschnittsverbraucher ist vielmehr in der Lage, mit diesem Gewinnanreiz bei seiner Kaufentscheidung umzugehen (BGH in WRP 2009, S. 950f. [Seite 951, Rdnr. 12]).

Eine unsachliche wettbewerbswidrige Einflussnahme liegt also nicht vor, wenn ein Einzelhandelsunternehmen als Gewinn den Wert der eingekauften Ware auslobt, sofern der Verbraucher der einhundertste Kunde des Händlers ist. Mit dieser Entscheidung hat der BGH zugleich deutlich gemacht, dass diese Art der Werbung kein vom Umsatzgeschäft getrenntes Gewinnspiel beinhaltet, wie dies § 4 Nr. 6 UWG voraussetzt, sondern es sich insoweit nur um ein **besonderes Verfahren der Preisgestaltung** handelt (s. auch BGH **„150 % Zinsbonus“**).

d) Wertreklame

32 Neben der klassischen Werbung in Zeitungen, Zeitschriften, in Rundfunk, TV und Internet nutzt der Werbetreibende darüber hinaus die Möglichkeit durch **Zuwendungen jeglicher Art** auf sein Unternehmen bzw. seine Waren oder Dienstleistungen aufmerksam zu machen. Der **Begriff der Wertreklame** besagt, dass ein Kaufmann nicht mit Worten, sondern mit Werten Werbung treibt, und etwas verschenkt, um damit für den entgeltlichen Absatz seiner Ware oder die entgeltliche Erbringung seiner Dienstleistung zu werben (noch zu § 1 UWG a.F.: BGH **„20 Minuten Köln“**). Der Begriff der Wertreklame ist damit ein Sammelbegriff für sämtliche Verkaufsförderungsmaßnahmen, die in irgendeiner Form neben der Werbung als solcher dem angesprochenen Verkehr einen Zusatznutzen bringt, etwa die Teilnahmemöglichkeit an einem Gewinnspiel, das Verschenken von Ware oder das Angebot unentgeltlicher Dienstleistungen (z.B. kostenlose SMS-Guthaben oder Freiminuten im Telekommunikationsbereich). Diese Werbemaßnahmen der Wertreklame sind zulässig, solange sie nicht gemäß §§ 4 Nr. 1 oder Nr. 4 UWG unlauter sind. Eine unlautere geschäftliche Handlung liegt gemäß § 4 Nr. 1 UWG dann vor, wenn die Entscheidungsfreiheit der Verbraucher oder sonstiger Marktteilnehmer durch die Maßnahme der Wertreklame infolge der Ausübung von Druck oder durch sonstigen **unangemessenen unsachlichen Einfluss** beeinträchtigt wird. Schließlich können Werbemaßnahmen der Wertreklame wettbewerbswidrig sein, wenn gemäß § 4 Nr. 4 UWG die Bedingungen für ihre Inanspruchnahme nicht klar und eindeutig angegeben werden (noch zu § 1 UWG a.F.: BGH **„Zeitung zum Sonntag“**).

33 Bereits nach **Aufhebung der Zugabeverordnung und des Rabattgesetzes** war jede Art der Wertreklame grds. zulässig. Bei der Frage, ob ausnahmsweise die Entscheidungsfreiheit der Verbraucher beeinträchtigt wird, kommt es auf die **marktbezogenen Besonderheiten des Einzelfalls** an.

34 In den Grenzen von Art. 8, Art. 9 UGP-Richtlinie ist die Werbung mit „Geschenken“ stets zulässig. Als unzulässige Beeinflussung des verständigen Durchschnittsverbrauchers wird nur ein Werbeverhalten verstanden, das die Fähigkeit des Verbrauchers zu einer **informierten Entscheidung** wesentlich einschränkt (Art. 2 lit. j) UGP-RiLi). Da der Durchschnittsverbraucher inzwischen daran gewöhnt ist, auf vielfältige Weise mit Preisvorteilen umworben zu werden, sind Werbemaßnahmen der Wertreklame i.d.R. wettbewerbskonform.

35 Wettbewerbswidrig wird eine Wertreklame dann, wenn der Verbraucher unsachlich bedrängt wird. Ein derartiger wettbewerbswidriger Umstand kann etwa darin liegen, dass durch eine **besonders kurze zeitliche Befristung** der angesprochene Verkehr derart unter Druck gesetzt wird, dass er ohne weiteres Nachdenken und ohne Berücksichtigung von Vergleichsangeboten allein auf Grund der Gratiszugabe bei dem werbenden Unternehmen einkauft. Diese Einschränkung gilt freilich nicht, wenn die Gratisabgabe **unabhängig von einem entgeltlichen Hauptvertrag** erfolgt. In diesem Fall bedarf der Letztverbraucher keinen Schutz vor über-

eilten Entschlüssen, da ihm durch die Gratisabgabe selbst kein Nachteil entstehen kann.

36 Unlauter ist eine Verkaufsförderungsmaßnahme dann, wenn die **Bedingungen ihrer Inanspruchnahme unklar, unvollständig** oder sonst für die angesprochenen Verkehrskreise **missverständlich** sind. Denn das in § 4 Nr. 4 UWG niedergelegte Transparenzgebot verpflichtet den Werbenden, Werbemaßnahmen der Wertreklame so präzise zu umschreiben, dass dem besonderen Informationsbedarf der Abnehmer bei Verkaufsförderungsmaßnahmen Rechnung getragen wird. Der verständige Durchschnittsverbraucher weiß üblicherweise den Wert der Verkaufsförderungsmaßnahme richtig einzuschätzen, sofern der Werbende nicht durch sonstige Maßnahmen den **Umfang oder den Wert der Wertreklame verschleiert.** Auch die Ausübung psychologischen Drucks mit der Folge, dass die Entscheidungsfreiheit im Sinne von § 4 Nr. 1 UWG beeinträchtigt wird, liegt nur ausnahmsweise vor. Schließlich ist zu berücksichtigen, dass eine Wertreklame nur dann unzulässig ist, wenn sie geeignet ist, die Interessen der Mitbewerber bzw. der Verbraucher oder sonstiger Marktteilnehmer spürbar zu beeinträchtigen. Diese Spürbarkeitsschwelle wird häufig nicht erreicht.

Praxishinweis

Maßnahmen der Wertreklame sind ohne weiteres zulässig. Selbst wenn Zugaben von gewissem Wert verschenkt werden, kann nicht von einer unzulässigen Beeinträchtigung der Entscheidungsfreiheit der Verbraucher ausgegangen werden. Nur wenn der tatsächliche Wert des Geschenks verschleiert oder die Bedingungen für seine Inanspruchnahme nicht klar und eindeutig angegeben werden, kommt ein Verstoß gegen § 4 Nr. 1 oder Nr. 4 UWG in Betracht.

37 Die Wertreklame kann auch darin bestehen, dass der Unternehmer an das **Umweltbewusstsein** der angesprochenen Verkehrskreise appelliert und ihn ermuntert, ein Produkt allein wegen der mit dem Kauf verbundenen **Spende** zu erwerben. In diesem Zusammenhang führte der BGH zur generellen Zulässigkeit der Wertreklame Folgendes aus:

> Im Rahmen der Wertreklame ist es dem Unternehmer nach der Rechtsprechung des Senats grundsätzlich nicht verwehrt, die Abgabe von zwei keine Funktionseinheit bildenden Produkten in einer Weise miteinander zu verbinden, dass beim Erwerb des einen Produkts das andere ohne Berechnung abgegeben wird. ... Entsprechendes hat zu gelten, wenn der Unternehmer den Produktabsatz statt mit einer zusätzlichen Ware mit der Förderung sozialer, sportlicher, kultureller oder ökologischer Belange (sogenanntes Sponsoring) koppelt. Die freie Entscheidung des Verbrauchers wird regelmäßig nicht dadurch gefährdet, dass seine Kaufentscheidung nicht auf ausschließlich wirtschaftlichen Überlegungen, sondern auch auf der Möglichkeit beruht, sich durch die vom Unternehmer versprochene Förderung eines Dritten mittelbar für das damit verbundene Ziel zu engagieren. Die Schwelle zur Unlauterkeit nach § 4 Nr. 1 UWG wird erst überschritten, wenn der Einfluss ein solches Ausmaß erreicht, dass er die freie Entscheidung des Verbrauchers zu beeinträchtigen vermag (BGH in WRP 2007, Seite 308 ff. [Seite 311, Rdnr. 18], **„Regenwaldprojekt II“**).

Wenn also eine Brauerei wirbt mit *„Für jeden verkauften Kasten Krombacher fließt eine Spende in die Regenwald-Stiftung des WWF, um einen Quadratmeter Regenwald nachhaltig zu schützen!“*, so ist diese Art Wertreklame zulässig. Der BGH hat in diesem Zusammenhang ausdrücklich hervorgehoben, dass das werbende Unternehmen **keine allgemeine Verpflichtung** hat, über die Art und Weise der Unterstützung oder die Höhe bzw. den Wert der Zuwendung **aufzuklären.** Hat der Werbende keine nach Art und Umfang näher bestimmte Leistung versprochen, wird der Verbraucher nur erwarten, dass das werbende Unternehmen zeitnah überhaupt eine Unterstützungsleistung erbringt und diese nicht so geringfügig ist, dass sich die werbliche Herausstellung nicht rechtfertigt (BGH **„Regenwaldprojekt II"**). Es gibt also keine generelle Pflicht des Werbenden, über die Wertigkeit seiner Sponsoring-Maßnahme aufzuklären.

e) Psychologische Beeinflussung

38 Der sog. **psychologische Kaufzwang** war dadurch gekennzeichnet, dass der Werbende über das normale Maß der Beeinflussung von Kaufinteressenten hinaus unsachlichen Einfluss auf den Kunden ausübt, ohne dass tatsächlicher Kaufzwang besteht. Jeder Kaufmann wird eine Kundenbindung dadurch zu erreichen versuchen, dass er bei seinen Kunden ein dauerndes Interesse weckt mit dem Ziel, den einmal umworbenen Kunden als Stammkunde zu werben. Nach Art. 8, 9 UGP-RiLi sind nur noch **aggressive Geschäftspraktiken** wettbewerbswidrig. An der Entscheidungspraxis des BGH zum psychologischen Kaufzwang ist nicht mehr festzuhalten. Wie der BGH im Zusammenhang mit der unaufgeforderten Übersendung einer bereits auf den Namen des Empfängers ausgestellten Kreditkarte durch ein Bankunternehmen an seine Kunden festgestellt hat, liegt hierin keine Beeinträchtigung der Entscheidungsfreiheit des Verbrauchers im Sinne des § 4 Nr. 1 UWG. Wörtlich führt der BGH aus:

> Nach diesen Maßstäben kann hier nicht von einer unzulässigen Beeinträchtigung der Entscheidungsfreiheit der Kunden ausgegangen werden. Das Berufungsgericht hat rechtsfehlerfrei angenommen, dass der durchschnittlich informierte Verbraucher die Funktionsweise einer Kreditkarte kennt. Er werde erkennen, dass die übersandte Kreditkarte nicht ohne eine gesonderte Erklärung einsetzbar sei. Eine rationale Entscheidung über das Angebot der Beklagten zum Abschluss eines teilweise entgeltlichen Kreditvertrages werde weder durch den Inhalt des Schreibens und den angekündigten Erlass der ersten Jahresgebühr in Höhe von 49 € noch durch die gleichzeitige Übersendung der Kreditkarte unangemessen erschwert. Entgegen der Auffassung der Revision liegt es bei dieser Sachlage nach der Lebenserfahrung fern, dass ein angemessen gut unterrichteter und angemessen aufmerksamer und kritischer Durchschnittsverbraucher annimmt, er müsse die angebotenen Leistungen aus rechtlichen oder doch aus moralischen Gründen bezahlen, wenn er die Kreditkarte nicht zurückschicke (BGH in WRP 2011, Seite 1054 ff. [S. 1057, Rdnr. 27], **„Kreditkartenübersendung"**).

Der **verständige Durchschnittsverbraucher** wird in der übersandten Kreditkarte ein Werbeangebot der Bank sehen. Auch ohne ausdrücklichen Hinweis wird er daher erkennen, dass er die Kreditkarte ohne weiteres entsorgen kann, wenn er den beiliegenden Kreditkartenvertrag nicht abschließen will. Eine besondere **moralische Verpflichtung** zur Abnahme der Kreditkarte oder zur Rücksendung der an sich geringwertigen Karte an die Bank wird dieser kritische Durchschnittsverbraucher nicht annehmen.

39 Eine unlautere geschäftliche Handlung liegt gemäß § 4 Nr. 1 UWG dann vor, wenn sie geeignet ist, die Entscheidungsfreiheit der Verbraucher oder sonstiger Marktteilnehmer durch Ausübung von Druck, in menschenverachtender Weise oder durch sonstigen unangemessenen unsachlichen Einfluss zu beeinträchtigen. Voraussetzung eines wettbewerbswidrigen Werbeverhaltens ist also einerseits, dass die Wettbewerbshandlung zu einer spürbaren Beeinträchtigung der Interessen der Mitbewerber, der Verbraucher oder von sonstigen Marktteilnehmern führt, andererseits muss die Beeinträchtigung durch einen **unangemessenen unsachlichen Einfluss** hervorgerufen

worden sein. Aus diesen sehr strengen Voraussetzungen folgt zwingend, dass die Ausübung psychologischen Drucks nicht unlauter ist. Denn grundsätzlich ist der Umstand, dass ein günstiges Angebot anlockend wirkt, nicht wettbewerbswidrig, sondern eine erwünschte Folge des Wettbewerbs (noch zu § 1 UWG a.F.: BGH **„Gesamtpreisangebot"**).

40 Im Bereich der **Wertreklame,** deren Besonderheit darin besteht, dass dem Kunden zu Werbezwecken eine geldwerte Vergünstigung gewährt wird, indem ihm im Zusammenhang mit dem Abschluss eines Geschäfts eine Ware oder Leistung unentgeltlich oder jedenfalls verbilligt überlassen wird, fehlt es an einer Beeinflussung des Verbrauchers, die seine **Fähigkeit zu einer informierten Entscheidung** wesentlich einschränkt (Art. 2 lit.j) UGP-RiLi). Denn Werbegeschenke sind nicht wettbewerbswidrig, sondern sind nach Aufhebung von Zugabeverordnung und Rabattgesetz im Handel mehr oder weniger üblich.

41 Im Zusammenhang mit der Bewerbung von Solaranlagen stellt der BGH wörtlich fest:

> Gemäß § 4 Nr. 1 UWG handelt unlauter, wer geschäftliche Handlungen vornimmt, die geeignet sind, die Entscheidungsfreiheit der Verbraucher durch Ausübung von Druck oder sonstigen unangemessenen unsachlichen Einfluss zu beeinträchtigen. Die Grenze zur Unlauterkeit ist danach erst dann überschritten, wenn eine geschäftliche Handlung geeignet ist, die Rationalität der Nachfrageentscheidung der angesprochenen Marktteilnehmer vollständig in den Hintergrund treten zu lassen (BGH in WRP 2013, Seite 491ff. [S. 495, Rdnr. 40], **„Solarinitiative"**).

Die Aufforderung des Anbieters von Solaranlagen an den Verbraucher, auf dem Dach seines Privathauses eine Solaranlage zu installieren, um zusammen mit den anderen Hauseigentümern den privaten Stromverbrauch der gesamten Stadt zu decken, beeinflusst die Entscheidungsfreiheit der Verbraucher nicht in einem Maße, dass die **Rationalität des Entscheidungsprozesses** zurücktritt. Unter Berücksichtigung des Umstandes, dass es bei dem Erwerb einer Solaranlage um eine Investition in einer Größenordnung geht, bei der sich der Verbraucher nach der allgemeinen Lebenserfahrung erst nach reiflicher Überlegung entscheiden wird, kommt der BGH zu dem Ergebnis, dass nicht von einer unzulässigen Beeinträchtigung der Entscheidungsfreiheit der Verbraucher ausgegangen werden kann.

42 Die **Veranstaltung eines Gewinnspiels** in den üblichen Selbstbedienungswarenhäusern und den großen Fachmärkten für Unterhaltungselektronik beeinflusst den Verbraucher regelmäßig nicht unangemessen (noch zu § 1 UWG a.F.: BGH **„Space Fidelity Peep-Show"**). Die Selbstbedienungswarenhäuser, die großen Möbelhäuser und Baumärkte sind darauf angelegt, dass der angesprochene Verkehr ungezwungen seine Auswahl trifft und nur diejenigen Produkte erwirbt, bei denen tatsächlich Bedarf besteht. Der **verständige Durchschnittsverbraucher** wird kaum anstandshalber auf das Angebot des werbenden Unternehmens eingehen, um an dem in den Geschäftsräumen veranstalteten Gewinnspiel teilzunehmen. Der Durchschnittsverbraucher ist daran gewöhnt, seine eigenen Interessen gegenüber dem Händler durchzusetzen. Insbesondere die weit verbreiteten **Kundenbindungssysteme** (wie z.B. PAYBACK, miles & more etc.) führen auf einer ganz anderen psychologischen Ebene zu einer werblich effektiven Ansprache des Kunden, ohne dass in dieser Form der werblichen Ansprache eine aggressive Geschäftspraktik i.S.v. Art. 8, 9 UGP-RiLi liegt.

f) Sonstige Fälle der unangemessen unsachlichen Beeinflussung

43 Eine unlautere geschäftliche Handlung im Sinne von § 4 Nr. 1 UWG kann dann vorliegen, wenn im Rahmen des **Abwerbens** von Kunden der Abwerbende die Entscheidungsfreiheit **des Kunden beeinträchtigt.** In diesem Zusammenhang weist der BGH allerdings darauf hin, dass die Benutzung eines vorformulierten Kündigungsschreibens, das der abwerbende Unternehmer dem Kunden zur Kündigung seines Vertrages mit dem Mitbewerber zur Verfügung stellt, selbst noch keine unangemessen unsachliche Einflussnahme darstellt. Erst wenn der abzuwerbende Kunde irregeführt wird, überrumpelt oder sonst unangemessen unsachlich in seiner Entscheidungsfreiheit beeinträchtigt wird, ist der Tatbestand des § 4 Nr. 1 UWG verwirklicht (BGH **„Kündigungshilfe“**). Es ist auch wettbewerbsrechtlich grundsätzlich nichts dagegen einzuwenden, wenn ein ehemaliger Mitarbeiter eines Unternehmens versucht, **Kunden seines früheren Arbeitgebers** für seinen jetzigen Arbeitgeber zu gewinnen. Denn das Abwerben von Kunden gehört zum Wesen des Wettbewerbs, auch wenn die Kunden noch an den Mitbewerber gebunden sind (BGH **„Telefonwerbung nach Unternehmenswechsel“**).

43a Ausnahmsweise kann eine Verhaltensweise als unzulässige Belästigung gemäß § 4 Nr. 1 UWG unzulässig sein, wenn die Werbemethode in wettbewerbswidriger Weise in die **Intimsphäre** des angesprochenen Verbraucherkreises eingreift. Einen derartigen Wettbewerbsverstoß verneinte der BGH bei einer Grabmalwerbung, bei der der Anbieter von Grabmalen nach einer Wartefrist von zwei Wochen nach Veröffentlichung der Traueranzeige die Hinterbliebenen werblich angesprochen hat. Wörtlich führt der BGH aus:

> Die Richtlinie 2005/29/EG hat allerdings in ihrem Anwendungsbereich (vgl. Art 3 der Richtlinie) zu einer vollständigen Harmonisierung des Lauterkeitsrechts geführt (vgl. Art. 4 der Richtlinie). Sie regelt daher die Frage der Unlauterkeit von Geschäftspraktiken im Geschäftsverkehr zwischen Unternehmern und Verbrauchern im Grundsatz abschließend. ... Nach ihrem Erwägungsgrund 7 Satz 3 bezieht sich die Richtlinie 2005/29/EG allerdings nicht auf die gesetzlichen Anforderungen in Fragen der guten Sitten und des Anstands, die in den Mitgliedstaaten sehr unterschiedlich sind. So können Geschäftspraktiken wie beispielsweise das Ansprechen von Personen auf der Straße zu Verkaufszwecken in manchen Mitgliedstaaten aus kulturellen Gründen unerwünscht sein (Erwägungsgrund 7 Satz 4). Die Mitgliedstaaten sind daher durch die Richtlinie grundsätzlich nicht gehindert, weiterhin Geschäftspraktiken aus Gründen der guten Sitten und des Anstands zu verbieten, auch wenn diese Praktiken die Wahlfreiheit des Verbrauchers nicht beeinträchtigen (BGH in WRP 2010, Seite 1502ff. [S. 1503, Rdnr. 14], **„Grabmalwerbung“**).

Danach sieht es der BGH zwar als absolut wettbewerbswidrig an, wenn die Angehörigen unmittelbar nach dem Todesfall auf eine von ihnen veröffentlichte Todesanzeige ein Werbeschreiben für eine von ihnen gegebenenfalls später benötigte Grabausstattung erhalten. Dies gilt jedoch nicht nach Einhaltung einer zweiwöchigen Wartefrist.

44 Die Schwelle zur Unlauterkeit im Sinne von § 4 Nr. 1 UWG ist immer dann überschritten, wenn der Einfluss ein solches Ausmaß erreicht, dass er die **freie Entscheidung** des Verbrauchers beeinträchtigen kann. Eine derartige Beeinträchtigung nimmt die höchstrichterliche Rechtsprechung auch dann an, wenn der Unternehmer Produkte in Verkehr bringt, deren Ge- oder Verbrauch mit **Risiken für die Sicherheit oder die Gesundheit** des Kunden verbunden sind, sofern der Unternehmer die bestehenden Sicherheits-, oder Gesundheitsrisiken verharmlost, bzw. wenn er den unzutreffenden Eindruck erweckt, dass das Produkt gesundheitlich unbedenklich ist (BGH

„Warnhinweis II“). Auch diese Verhaltensweise eines Unternehmers führt zu einer unangemessen unsachlichen Beeinflussung des Verkehrs.

2. Ausnutzen geschäftlicher Unerfahrenheit (§ 4 Nr. 2 UWG)

45 Als unlauter wird in § 4 Nr. 2 UWG insbesondere eine solche geschäftliche Handlung qualifiziert, die geeignet ist, geistige oder körperliche Gebrechen, das Alter, die geschäftliche Unerfahrenheit, die Leichtgläubigkeit, die Angst oder die Zwangslage von Verbrauchern auszunutzen. Während § 4 Nr. 2 UWG 2004 zunächst nur das Ausnutzen der geschäftlichen Unerfahrenheit von Kindern und Jugendlichen regelte, umfasst der § 4 Nr. 2 UWG 2008 **sämtliche besonders schutzbedürftige Gruppen,** also insbesondere auch Verbraucher mit geistigen und körperlichen Gebrechen sowie diejenigen Verbraucher, die aufgrund ihres hohen Alters besonders leicht zu beeinflussen sind. Wie sich aus § 3 Abs. 2 Satz 3 UWG ergibt, ist jeweils auf die Sicht eines **durchschnittlichen Mitglieds** einer aufgrund von geistigen oder körperlichen Gebrechen, Alter oder Leichtgläubigkeit besonders schutzbedürftigen und eindeutig identifizierbaren Gruppe von Verbrauchern abzustellen. Bereits Handlungen im Vorfeld konkreter Verkaufsförderungsmaßnahmen können gegenüber einer derart schutzbedürftigen Verbrauchergruppe wettbewerbswidrig sein (z. B. Datenerhebung bei Kindern zu Werbezwecken, BGH **„Nordjob-Messe“**).

46 Im Zusammenhang mit der Sammelaktion für Schoko-Riegel, bei der jeder Teilnehmer, der innerhalb von acht Monaten 25 Sammelpunkte erreichte, einen Warengutschein in Höhe von 5 Euro bei amazon.de erhielt, verneinte der BGH einen Wettbewerbsverstoß gemäß § 4 Nr. 2 UWG. Der BGH betont:

> Ebenso wenig wie die Werbung mit Zugaben gegenüber Minderjährigen generell unzulässig war, war es von vornherein wettbewerbswidrig, eine Zugabe Minderjährigen gegenüber vom Erwerb einer bestimmten Warenmenge abhängig zu machen, die auf mehrere oder viele Käufer verteilt werden konnte. Das Berufungsgericht hat zutreffend ausgeführt, dass es sich bei derartigen Sammelaktionen um im allgemeinen Geschäftsverkehr etablierte und gängige, im Grundsatz unbedenkliche Werbeformen handelt. Das war zum Zeitpunkt der Sammelaktion nicht anders. Keinen rechtlichen Bedenken begegnet auch die Auffassung des Berufungsgerichts, dass an Minderjährige gerichtete Sammel- und Treueaktionen schon wegen der Notwendigkeit, Kinder und Jugendliche auf das alltägliche Marktgeschehen in der Welt der Erwachsenen vorzubereiten, nicht generell als unzulässig angesehen werden konnten. … Die Sammelaktion entsprach in ihrer Anreizwirkung grundsätzlich einer über mehrere Kaufvorgänge gestreckten Zugabe und war daher im Ausgangspunkt nicht anders als diese zu beurteilen.
>
> Eine Sammelaktion konnte deshalb nach § 1 UWG a. F. – wie auch nach Inkrafttreten des § 4 Nr. 2 UWG – nur wettbewerbswidrig sein, wenn sie in ihrer konkreten Ausgestaltung geeignet war, die Unerfahrenheit von Kindern und Jugendlichen auszunutzen. Das hat das Berufungsgericht ohne Rechtsfehler verneint. Auch Minderjährige waren in der Lage, den Verkauf der Schoko-Riegel mit N-Screen-Sammelpunkten hinsichtlich wirtschaftlicher Bedeutung, Preiswürdigkeit und finanzieller Belastung hinreichend zu überblicken (BGH in WRP 2009, Seite 45 ff. [S. 47, Rdnr. 15, 16], **„Sammelaktion für Schoko-Riegel“**).

Nach den Ausführungen des BGH kommt es bei Werbemaßnahmen gegenüber Kindern und Jugendlichen insbesondere darauf an, ob dieser besondere Verkehrskreis über ausreichende **Kenntnis des Markts und der Werthaltigkeit der Angebote** verfügt. Bei einem durchschnittlichen Riegelpreis von 0,40 Euro musste der Minderjährige zehn Euro aufwenden, um in den Genuss der Sammelzugabe zu kommen. Da die Kinder und Jugendlichen acht Monate Zeit hatten, den gewünschten Sammelerfolg zu erzielen und sich der Kaufpreis der Riegel innerhalb des den Minderjährigen üblicherweise zur Verfügung stehenden Taschengeldes bewegte, war diese Sammelzugabe zulässig.

Zu einer anderen Einschätzung kam der BGH bei einer an Schüler gerichteten Werbeaktion, bei der die Schüler Wertpunkte sammeln konnten, die jedoch nur über ihre Schule bei dem werbenden Hersteller von Frühstückscerealien in Sportartikel eingelöst werden konnte. Diese Werbeaktion zielte darauf ab, die angesprochenen **Minderjährigen als Kaufmotivatoren** einzusetzen, die versuchen sollten, die Kaufentscheidung der Eltern oder Erziehungsberechtigten zu beeinflussen (noch zu § 4 Nr. 1 UWG (2004): BGH **„Tony Taler"**). Entscheidend stellte der BGH darauf ab, dass das werbende Unternehmen mit dieser Form der Sammelzugabe in unsachlicher Weise die innerhalb einer Schulklasse bestehende Gruppendynamik ausgenutzt hat, indem es den zwischen den Schülern bestehenden Solidaritätszwang für kommerzielle Zwecke missbrauchte. Auch unter Geltung von § 4 Nr. 2 UWG stellt diese Art der Sammelzugabe ein wettbewerbswidriges Ausnutzen einer besonderen psychologischen Zwangslage der angesprochenen Minderjährigen und ihrer Eltern dar. **47**

Da es auf den durchschnittlich informierten, aufmerksamen und verständigen **Angehörigen der angesprochenen Gruppe** ankommt, können Handlungen, die gegenüber dem allgemeinen Durchschnittsverbraucher noch zulässig wären, gegenüber Mitgliedern der besonders schutzbedürftigen Gruppe unlauter sein. Richtet sich eine Werbung gezielt an Kinder und Jugendliche, stellt der BGH (noch zu § 4 Nr. 2 UWG 2004) darauf ab, ob die Werbemaßnahme geeignet ist, die Unerfahrenheit der Kinder und Jugendlichen **gezielt auszunutzen:** **48**

> Maßgeblich ist, ob sich der Umstand, dass Minderjährige typischerweise noch nicht in ausreichendem Maße in der Lage sind, Waren oder Dienstleistungsangebote kritisch zu beurteilen ..., auf die Entscheidung für ein unterbreitetes Angebot auswirken kann. Hiervon ausgehend hat das Berufungsgericht zu Recht angenommen, dass die angegriffene Werbung geeignet ist, die geschäftliche Unerfahrenheit von Kindern und Jugendlichen auszunutzen. Es hat ohne Rechtsfehler festgestellt, dass Minderjährige aufgrund ihrer geringen Lebenserfahrung in der Regel weniger in der Lage sind, die durch die Werbung angepriesene Leistung in Bezug auf Bedarf, Preiswürdigkeit und finanzielle Folgen zu bewerten, und dass sie auch noch lernen müssen, mit dem Geld hauszuhalten. Im Hinblick darauf sind bei einer an Minderjährige gerichteten Werbung höhere Anforderungen an die Transparenz zu stellen. Den Kindern und Jugendlichen muss ausreichend deutlich gemacht werden, welche finanziellen Belastungen auf sie zukommen (BGH in WRP 2006, Seite 885 ff. [Seite 887, Rdnr. 22, 23, 24], **„Werbung für Klingeltöne"**).

Die Bewerbung von Klingeltönen, Logos und SMS-Bildern in einer Jugendzeitschrift richtete sich nach diesen Ausführungen des BGH gezielt an Kindern und Jugendliche. Da die **Gesamtkosten** derart beworbener Klingeltöne maßgeblich von der Dauer des Ladevorgangs abhing, in der Werbung jedoch nur der Minutenpreis angegeben war, war die Werbung grundsätzlich geeignet, die geschäftliche Unerfahrenheit Minderjähriger auszunutzen. Spricht der Unternehmer Kinder direkt an, ist diese Werbemaßnahme nach Nr. 28 des Anhangs zu § 3 Abs. 3 UWG **immer wettbewerbswidrig.** Denn wenn die Werbung für Klingeltöne **unmittelbar** an Kinder appelliert, die beworbene Dienstleistung in Anspruch zu nehmen, ist ein Fall von Nr. 28 des Anhangs zu § 3 Abs. 3 UWG gegeben und diese Art der Werbung ist stets unzulässig (BGH **„Goldbärenbarren"**). Es bedarf dann also der vom BGH herausgestellten besonderen wettbewerbswidrigen Umstände nicht mehr.

49 Bietet ein Zeitschriftenverlag eine Zeitschrift zusammen mit einer kostenlosen Sonnenbrille an, die sich insbesondere an Mädchen und junge Frauen richtet, ist die Grenze zur Wettbewerbswidrigkeit noch nicht überschritten. Denn die angesprochenen Jugendlichen und jungen Erwachsenen können das aus der Kombination einer Zeitschrift mit einer Sonnenbrille bestehende Angebot im Hinblick auf seine **wirtschaftliche Bedeutung,** seine **Preiswürdigkeit** und die mit dem Geschäft verbundenen **finanziellen Belastungen** hinreichend überblicken (BGH **„Zeitschrift mit Sonnenbrille"**). Es wird daher die Leichtgläubigkeit der Jugendlichen nicht gezielt ausgenutzt.

50 Im Zusammenhang mit der unaufgeforderten Übersendung einer bereits auf den Namen des Empfängers ausgestellten Kreditkarte stellt der BGH fest:

> Eine Unlauterkeit ergibt sich auch nicht aus §§ 3, 4 Nr. 2 UWG. Die Beklagte hat – anders als die Revision meint – nicht die geschäftliche Unerfahrenheit der angesprochenen Verkehrskreise im Sinne von § 4 Nr. 2 UWG ausgenutzt. Die Vorschrift stellt – abweichend vom Leitbild des erwachsenen Durchschnittsverbrauchers, das den Vorschriften des Gesetzes gegen den unlauteren Wettbewerb im Allgemeinen zugrunde liegt – auf besonders schutzbedürftige Verbraucherkreise ab. … Erforderlich ist, dass die angeschriebenen Verkehrskreise nicht über die Kenntnisse verfügen, die von einem durchschnittlich aufmerksamen, informierten und verständigen Verbraucher zu erwarten sind (BGH in WRP 2011, Seite 1054ff. [S. 1057, Rdnr. 30], **„Kreditkartenübersendung"**).

51 Im Zusammenhang mit der unaufgeforderten Übersendung einer Kreditkarte an erwachsene Verbraucher lagen die besonderen Voraussetzungen von § 4 Nr. 2 UWG nicht vor. Es war nämlich nicht ersichtlich, dass sich das Werbeschreiben der Bank **gezielt** an besonders schutzbedürftige Verbraucherkreise gerichtet hat. Vielmehr erfolgte der Versand des Werbeschreibens mit der Kreditkarte an die allgemeinen Verbraucherkreise.

52 Als Werbung mit einer Zwangslage von Verbrauchern können Werbeaussagen angesehen werden, die den angesprochenen Verkehrskreisen **lebensbedrohliche Folgen von Unfällen** ohne entsprechende technische Absicherung als wahrscheinlich darstellen. Zu denken ist auch an die Werbung von Versicherungsunternehmen, die unter Aufzählung verschiedener, ernsthafter Erkrankungen angesprochene Interessenten auffordern, rechtzeitig Lebensversicherungen abzuschließen.

53 Unberührt bleibt das im Anhang zu § 3 Abs. 3 UWG enthaltene **absolute Verbot ohne Wertungsvorbehalt,** wonach eine unmittelbare Aufforderung an **Kinder,** selbst eine Ware zu erwerben oder eine Dienstleistung in Anspruch zu nehmen, immer unlauter ist (Nr. 28 des Anhangs, s. o.). Im Gegensatz zu diesem absoluten Verbot ohne Wertungsvorbehalt, dass sich ausschließlich mit geschäftlichen Handlungen unmittelbar gegenüber „Kindern" (im gemeinschaftsrechtlichen Sinne) befasst, erfordert die Unlauterkeit gemäß § 4 Nr. 2 UWG ein gezieltes Ausnutzen des angesprochenen Verbraucherkreises, bei dem es sich um Jugendliche, aber auch um gebrechliche Erwachsene oder um eine sonstige Gruppe von Erwachsenen handeln kann, die besonders schutzbedürftig ist, z.B. Asylsuchende, der deutschen Sprache nicht mächtige Flüchtlinge oder sonstige Verbraucher ohne Kenntnisse der deutschen Sprache. Weitere Voraussetzung in § 4 Nr. 2 UWG ist, wie oben dargestellt, das gezielte Ausnutzen dieser Verbrauchergruppe. Es muss also zu der geschäftlichen Handlung, die sich an die genannte Verbrauchergruppe richtet, die Eignung hinzutreten, **die bestehende Schutzbedürftigkeit auszunutzen.** Schutz aus § 4 Nr. 2 UWG kommt jedoch auch denjenigen Verbraucherkreisen zu, die eine der aufgelisteten Eigenschaften aufweist, nämlich geschäftliche Unerfahrenheit, Leichtgläubigkeit, Angst oder Zwangslage. Selbst wenn sich also die geschäftliche Handlung nicht an eine durch Alter, Gebrechlichkeit oder Sprachunkundigkeit abgegrenzte Verbrauchergruppe richtet, reicht es zur Bejahung des Unlauterkeitsvorwurfs gemäß § 4 Nr. 2 UWG aus, wenn sich die geschäftliche Handlung an eine klar abgrenzbare Gruppe von schutzbedürftige Verbrauchern wendet, die eine der genannten Eigenschaften aufweist. Die geschäftliche Handlung kann so etwa die Angst der Verbraucher vor einer lebensbedrohenden Krankheit ausnutzen oder sich die durch einen Unfall bzw. einen Arbeitsverlust hervorgerufene Zwangslage von Verbrauchern zunutze machen.

3. Verschleierung des Werbecharakters (§ 4 Nr. 3 UWG)

54 Der Verbotstatbestand des § 4 Nr. 3 UWG entspricht dem Verbot der **Schleichwerbung** im Bereich des Rundfunks (§ 7 Abs. 7 Rundfunkstaatsvertrag) und im Bereich der Mediendienste (§ 6 TMG). So heißt es etwa in § 6 Abs. 1 Nr. 1 TMG, dass **kommerzielle Kommunikationen** als solche klar zu erkennen sein müssen. In § 7 Abs. 3 Rundfunkstaatsvertrag heißt es in Bezug auf **getarnte Werbung,** dass Werbung und Teleshopping als solche klar erkennbar sein müssen. Darüber hinaus regelt § 7 Abs. 7 Rundfunkstaatsvertrag, dass Schleichwerbung und entsprechende Praktiken unzulässig sind, und die Einfügung virtueller Werbung in Sendungen nur dann zulässig ist, wenn am Anfang und am Ende der betreffenden Sendung darauf hingewiesen wird und durch sie eine am Ort der Übertragung ohnehin bestehende Werbung ersetzt wird (§ 7 Abs. 6 Rundfunkstaatsvertrag). Diese speziell auf Rundfunk, Fernsehen und Mediendienste bzw. Teledienste gesetzlich normierten **Schleichwerbungsverbote** werden im Rahmen von § 4 Nr. 3 UWG auf alle Formen der getarnten Werbung, auch außerhalb von Rundfunk, Fernsehen und Mediendienste, erweitert. Über den Umfang der gemäß § 4 Nr. 3 UWG verbotenen getarnten Werbung heißt es in der Gesetzesbegründung wörtlich wie folgt:

> Durch die Regelung wird das medienrechtliche Schleichwerbungsverbot ausdrücklich auf alle Formen der Werbung ausgedehnt. Daneben wird auch die Tarnung sonstiger Wettbewerbshandlungen erfasst. Hierzu zählt beispielsweise die Gewinnung von Adressen unter Verschweigen einer kommerziellen Absicht (Gesetzesbegründung zu § 4 Nr. 3).

Die redaktionelle Werbung ist der Hauptanwendungsfall der sog. **getarnten Werbung,** also mit anderen Worten der **Schleichwerbung.** Werbung ist für die am Wirtschaftsleben Beteiligten das Hauptinstrument, gegenüber Letztverbrauchern oder dem gewerblichen Wiederverkäufer die eigenen Produkte anzupreisen. Solange die Werbemaßnahme als solche klar erkennbar ist, besteht auf Seiten der angesprochenen Verkehrskreise nicht die Gefahr, dass der Werbung eine weitergehende Bedeutung beigemessen wird als ihr tatsächlich – als Produkt- oder Firmenanpreisung – zukommt. Ist eine Werbung klar erkennbar und unmissverständlich mit der Angabe „Anzeige" bezeichnet, wird dem Durchschnittsverbraucher der Werbecharakter der Angaben nicht verborgen bleiben (BGH **„Peek & Cloppenburg IV"**). Erst wenn Wirtschaftswerbung im redaktionellen Teil einer Zeitung getarnt wird (zu § 1 UWG a.F.: BGH **„Die Besten I"** und **„Die Besten II"**) oder im Fernsehen vom übrigen Programm nicht deutlich unterschieden werden kann, besteht die Gefahr, dass das angesprochene Publikum der Werbung größere Beachtung schenkt als anderen Werbemaßnahmen. Die Entgeltlichkeit der Werbung ist dabei nicht Voraussetzung des Verletzungstatbestands (EuGH **„ALTER CHANNEL"**).

55 Daher hat schon in den 1950er Jahren die Dachorganisation der werbungtreibenden Wirtschaft – der **Zentralverband der deutschen Werbewirtschaft (ZAW)** – erstmals Richtlinien für redaktionell gestaltete Anzeigen erlassen. Bei den Richtlinien handelt es sich um eine standesrechtliche Selbstbindung der in der Dachorganisation organisierten Verbände der werbungtreibenden Firmen, der Medien, Werbeagenturen, Werbeberufe und Forschung. In den **ZAW-Richtlinien Redaktionell gestaltete Anzeigen** in der Fassung vom Januar 2003 heißt es in Bezug auf den nicht erkennbaren Anzeigencharakter von Werbung:

> „Eine Anzeige in einem Druckwerk, die durch ihre Anordnung, Gestaltung oder Formulierung wie ein Beitrag des redaktionellen Teils erscheint, ohne den Anzeigencharakter, d.h. den Charakter einer entgeltlichen Veröffentlichung, für den flüchtigen Durchschnittsleser erkennen zu lassen, ist irreführend gegenüber Lesern und unlauter gegenüber Mitbewerbern."

56 Die ZAW-Richtlinien schreiben daher vor, dass Anzeigen durch entsprechende Gestaltung und Anordnung als solche kenntlich zu machen sind, wobei die Kenntlichmachung in einer Form zu erfolgen hat, dass bereits der flüchtige Durchschnittsleser den Anzeigencharakter des Textes erkennen kann. In Entsprechung zu den ZAW-Richtlinien schreiben die **ARD-Richtlinien** für die Werbung, zur Durchführung der Trennung von Werbung und Programm, Gewinnspiele, Produktionshilfe und für das Sponsoring in der Fassung vom 12.3.2010 vor, dass Werbung im Hörfunk und Fernsehen als solche klar erkennbar sein muss und vom übrigen Programm eindeutig zu trennen ist (vgl. Ziffer 1.2. der ARD-Richtlinien). Diese Richtlinien können im Einzelfall neben § 4 Nr. 3 UWG herangezogen werden, um den Vorwurf der Schleichwerbung zu belegen oder zu entkräften.

57 Die Selbstbindung von Presse und Fernsehen fand ihre Bestätigung in der höchstrichterlichen Rechtsprechung zu § 1 UWG a.F. (BGH **„Getarnte Werbung"**). Für redaktionelle Schleichwerbung kann im Rahmen der Auslegung von § 4 Nr. 3 UWG auf die höchstrichterliche Rechtsprechung zu § 1 UWG a.F. zurückgegriffen werden (z.B. BGH **„Auto '94"**). Im Zusammenhang mit der **Verschleierung der werblichen Darstellung eines Gewinns** im Rahmen eines redaktionell erstellten Preisrätsels hebt der BGH Folgendes hervor:

> Nach § 4 Nr. 3 UWG handelt unlauter, wer den werblichen Charakter einer geschäftlichen Handlung verschleiert. Mit der genannten Vorschrift soll das medienrechtliche Verbot der Schleichwerbung auf alle Formen der Werbung ausgedehnt werden (Begr. z. Entwurf eines Gesetzes gegen den unlauteren Wettbewerb, BT-Dr 15/1487, S. 17). Die Bestimmung des § 4 Nr. 3 UWG bezweckt damit den Schutz der Verbraucher vor einer Täuschung über den kommerziellen Hintergrund geschäftlicher Maßnahmen. Insofern dient sie auch der Umsetzung des Art. 7 II Richtlinie 2005/29/EG über unlautere Geschäftspraktiken. … Eine Verschleierung liegt danach vor, wenn die Handlung so vorgenommen wird, dass der Werbecharakter nicht klar und eindeutig zu erkennen ist. …
> Grundlage des in § 4 Nr. 3 UWG – ebenso wie in Nr. 11 des Anh. zu § 3 III UWG – enthaltenen Verbots redaktioneller Werbung ist die damit regelmäßig einhergehende Irreführung des Lesers, der dem Beitrag aufgrund seines redaktionellen Charakters unkritischer gegenübertritt und ihm auch größere Bedeutung und Beachtung beimisst. … Wird in einer Zeitschrift der redaktionelle Teil mit Werbung vermischt, ist im Allgemeinen eine Irreführung anzunehmen. … Dies gilt unabhängig davon, ob der Beitrag gegen Entgelt oder im Zusammenhang mit einer Anzeigenwerbung geschaltet wurde. … Voraussetzung dafür ist jedoch, dass der redaktionelle Beitrag das Produkt über das durch eine sachliche Information bedingte Maß hinaus werbend darstellt. Dabei sind alle Umstände des Einzelfalls, insbesondere der Inhalt des Berichts, dessen Anlass und Aufmachung sowie die Gestaltung und Zielsetzung des Presseorgans zu berücksichtigen

(BGH in GRUR 2013, S. 644 ff. [S. 644, Rn. 15, 16], **„Preisrätselgewinnauslobung V“**).

Der BGH stellt klar, dass der werbliche Charakter einer Veröffentlichung für einen durchschnittlich informierten und situationsadäquat aufmerksamen Leser bereits **auf den ersten Blick** als solcher erkennbar sein muss. Erschließt sich der Werbecharakter dem durchschnittlichen Leser erst nach einer analysierenden Lektüre des Beitrags, liegt ein Verstoß gegen §§ 3, 4 Nr. 3 UWG vor. Hat das in einer Zeitschrift abgedruckte „Preisrätsel“ selbst einen werblichen Charakter, kann auch der aufklärende Hinweis, dass der Hersteller des Produkts die ausgelobten Gewinne kostenlos zur Verfügung gestellt hat, die wettbewerbswidrige Verschleierung nicht mehr verhindern.

58 Getarnte Werbung im Sinne von § 4 Nr. 3 UWG liegt also immer dann vor, wenn der angesprochene Verkehr über den Umfang der redaktionellen Tätigkeit (oder ihr vollständiges Fehlen) getäuscht wird. Ist der fragliche Text hingegen eher versteckt und unauffällig, kann ggf. die Auswirkung im Verkehr so geringfügig sein, dass der Verstoß als Bagatellfall von der Verfolgung gemäß § 3 UWG ausgenommen ist. Im Übrigen ist auch die Rechtsprechung des Bundesverfassungsgerichts zu berücksichtigen, nach der **im Einzelfall dargelegt werden muss, worin das Unlautere der Handlung besteht.** So heißt es noch zu der Fallgruppe der getarnten Werbung in § 1 UWG a. F.:

> Die Fallgruppe der getarnten Werbung ist nicht eindeutig eingegrenzt, sondern bei der Rechtsanwendung in hohem Maße auf wertende Einschätzungen und Prognosen der Folgen einer solchen Werbung angewiesen. Das gilt insbesondere für die Merkmale der sachlichen Unterrichtung, der Werbewirkung und deren Übermaß bzw. Einseitigkeit. Wird die Fallgruppe der getarnten Werbung auf die journalistische Tätigkeit durch ein Medienunternehmen angewandt, bieten die im Wettbewerbs- und Medienrecht entwickelten Grundsätze über die Trennung von redaktionellem Teil und Anzeigenteil Anhaltspunkte der Bewertung und damit der Feststellung einer Gefährdung des Schutzgutes im konkreten Fall (BVerfG in WRP 2003,Seite 69 ff. [Seite 71] – **„Veröffentlichung von Anwaltsranglisten“**).

Auch aus diesen Ausführungen des Bundesverfassungsgerichts folgt, dass im Einzelfall sehr sorgfältig abzuwägen ist, ob in dem redaktionellen Beitrag bereits die Schwelle zur getarnten Werbung überschritten wurde oder ob sie sich noch im Rahmen zulässiger redaktioneller Berichterstattung hält. Gerade der aufgeklärte, verständige Durchschnittsverbraucher wird vielfach in der Lage sein, redaktionelle Leistungen von werblichen Darstellungen abzugrenzen. Erst wenn der Verlag zielgerichtet Maßnahmen ergreift, um einen werblichen Text als redaktionellen Beitrag zu kaschieren und so den Verkehr zu täuschen, wird die Grenze eines Wettbewerbsverstoßes gemäß § 4 Nr. 3 UWG überschritten sein.

59 Der Unterlassungsanspruch kann gegen den **Verleger,** den **verantwortlichen Redakteur** sowie gegen **jeden anderen Mitverursacher,** der in irgendeiner Weise willentlich und zielgerichtet an der redaktionellen Werbung mitgewirkt hat (z. B. der Anzeigenakquisiteur), gerichtet werden. Ausnahmsweise kann der Unterlassungsanspruch auch gegen das **werbende Unternehmen** bestehen, sofern es die werbende Information **gezielt** dem Presseorgan zugeleitet und damit gerechnet hat oder damit rechnen musste, dass diese Produktinformation in unzulässiger Form veröffentlicht wird. Ein **Mitverschulden** liegt vor, wenn sich in einem derartigen Fall das werbende Unternehmen nicht die **Überprüfung des Artikels** vor Erscheinen vorbehalten hat (zu § 1 UWG a. F.: BGH **„Produktinformation III“**), oder wenn die Produktinformation **unrichtig** war.

60 Zulässig ist die Veranstaltung eines Gewinnspiels im Radio, soweit das Gewinnspiel zum Inhalt des Hörfunkprogramms gehört (BGH **„Gewinnspiel im Radio"**).

61 Getarnte Werbung in Sinne von § 4 Nr. 3 UWG kann jedoch auch außerhalb redaktioneller Veröffentlichungen vorliegen. So kann etwa ein **Werberundschreiben** in einer Weise aufgemacht sein, dass der Adressat vermeintlich persönlich angesprochen wird (etwa durch den Hinweis „persönlich/vertraulich"), obgleich es sich nur um eine Werbemaßnahme des Absenders handelt. Eine Werbemaßnahme verschleiert auch der Herausgeber eines Branchenverzeichnisses, der ein **formularmäßig aufgemachtes Angebotsschreiben** für einen Eintrag in dieses Verzeichnis verschickt, das nach seiner Gestaltung und seinem Inhalt darauf angelegt ist, bei einem **flüchtigen Leser** den Eindruck hervorzurufen, mit der Unterzeichnung und Rücksendung des Schreibens werde lediglich eine Aktualisierung von Eintragungsdaten im Rahmen eines bereits bestehenden Vertragsverhältnisses vorgenommen. Wörtlich weist der BGH auf Folgendes hin:

> Eine Verschleierung im Sinne von § 4 Nr. 3 UWG und damit auch eine Irreführung gemäß § 5 Abs. 1 UWG liegt vor, wenn das äußere Erscheinungsbild einer geschäftlichen Handlung so gestaltet wird, dass die Marktteilnehmer den geschäftlichen Charakter nicht klar und eindeutig erkennen. ... An einer hinreichend klaren und eindeutigen Erkennbarkeit fehlt es, wenn der Werbeadressat zur Annahme eines vom Unternehmer unterbreiteten Angebots verleitet werden soll, dessen werbender Charakter dadurch getarnt wird, dass der unzutreffende Eindruck vermittelt wird, die beworbene Ware oder Dienstleistung sei bereits bestellt.
>
> ...
>
> Für die Frage, wie die Werbung verstanden wird, ist die Sichtweise des durchschnittlich informierten, situationsadäquat aufmerksamen und verständigen Marktteilnehmers maßgebend. ... Hiervon ist auch bei der Beurteilung auszugehen, ob der Werbecharakter einer geschäftlichen Handlung verschleiert wird. ... Richtet sich die Handlung an Gewerbetreibende oder Freiberufler, so ist das durchschnittliche Verständnis der Mitglieder dieser Gruppe maßgebend (BGH in WRP 2012, S. 194ff. [S. 197, Rdnr. 18, 19], **„Branchenbuch Berg"**).

In dem vom BGH entschiedenen Verfahren hat der Herausgeber des Branchenverzeichnisses das Angebotsschreiben **wie einen Korrekturabzug** aufgemacht. Deshalb entstand bei dem Empfänger der Eindruck, es bestehe bereits ein Vertragsverhältnis zum Versender des Schreibens. Diese Verschleierung des Werbecharakters des beanstandeten Werbeanschreibens war von hoher wettbewerbsrechtlicher Relevanz, da sie darauf angelegt war, **planmäßig und systematisch** die Unaufmerksamkeit der Adressaten des Anschreibens auszunutzen. Hierin liegt ebenso ein unlauteres Erschleichen von Aufmerksamkeit für die zunächst verdeckt gehaltenen gewerblichen Zwecke wie bei der verdeckten Direktansprache von Passanten in der Öffentlichkeit (BGH **„Ansprechen in der Öffentlichkeit II"**). Ob in derartigen Werbemaßnahmen tatsächlich ein Verstoß gegen § 4 Nr. 3 UWG zu sehen ist, wird maßgeblich von den Umständen des Einzelfalls abhängen. Die Schwelle der Spürbarkeit kann etwa erreicht sein, wenn es sich um ein sehr auflagenstarkes Werberundschreiben handelt, oder wenn die Gefahr besteht, dass weitere Gewerbetreibende in großer Zahl die gleiche Art von Werbung verbreiten werden (BGH **„Ansprechen in der Öffentlichkeit I"**).

62 Außerdem ist gemäß § 3 Abs. 3 i.V.m. dem Anhang Nr. 11 UWG der vom Unternehmer **finanzierte Einsatz redaktioneller Inhalte** zu Zwecken der Verkaufsförderung, ohne dass sich dieser Zusammenhang aus dem Inhalt oder aus der Art der optischen oder akustischen Darstellung eindeutig ergibt, immer unzulässig ist (offen gelassen von BGH in: **„Preisrätselgewinnauslobung V“**). Bei dieser als Information getarnten Werbung liegt ein Verbot ohne Wertungsvorbehalt vor.

4. Transparenzgebot bei Verkaufsförderungsmaßnahmen (§ 4 Nr. 4 UWG)

63 Ein weiteres Beispiel unlauteren Wettbewerbs ist die Verletzung des Transparenzgebots in § 4 Nr. 4 UWG. Wer bei Verkaufsförderungsmaßnahmen, wie Preisnachlässen, Zugaben oder Geschenken, die Bedingungen für ihre Inanspruchnahme nicht **klar und eindeutig** angibt, handelt unlauter.

64 Bereits im Juli 2001 traten die Gesetze zur Aufhebung des Rabattgesetzes und der Zugabeverordnung in Kraft. Die Aufhebungsgesetze hatten die **vollständige Aufhebung des Rabattgesetzes und der Zugabeverordnung** zur Folge, die jahrzehntelang das Anbieten und Gewähren von Rabatten und Zugaben weitestgehend untersagten.

65 Das UWG enthält kein Verbot von Rabatten und Zugaben. Allerdings bestimmt § 4 Nr. 4 UWG, dass bei dem Angebot und der Gewährung von Preisnachlässen die Bedingungen für ihre Inanspruchnahme klar und eindeutig angegeben sein müssen. In der Gesetzesbegründung heißt es hierzu wörtlich:

> Durch den Tatbestand der Nr. 4 soll dem speziellen Informationsbedarf der Abnehmer bei Verkaufsförderungsmaßnahmen Rechnung getragen werden. Verkaufsförderungsmaßnahmen wie Preisnachlässe, Zugaben und Werbegeschenke haben eine hohe Attraktivität für den Kunden. Hieraus resultiert eine nicht unerhebliche Missbrauchsgefahr, und zwar dergestalt, dass durch eine Werbung mit solchen Maßnahmen die Kaufentscheidung beeinflusst wird, oft jedoch, zum Beispiel bei Kundenbindungssystemen, hohe Hürden für die Inanspruchnahme des Vorteils aufgestellt werden (Gesetzesbegründung zu § 4 Nr. 4).

Besonders im Rahmen der Wertreklame hat der Werbungtreibende dieses **Transparenzgebot** zu berücksichtigen. In der Werbung muss klar und eindeutig angegeben werden, welche Bedingungen der angesprochene Verkehrskreis zu erfüllen hat, um in den Genuss des ausgelobten Rabatts oder der Zugabe zu kommen. Darüber hinaus darf der angesprochene Verkehr über die **Rabatthöhe und den Zugabewert** nicht getäuscht werden. Unter den Bedingungen für die Inanspruchnahme der Verkaufsförderungsmaßnahmen sind sämtliche Voraussetzungen zu verstehen, die erfüllt sein müssen, damit der angesprochene Verkehr die Vergünstigung erlangen kann. Anzugeben sind sowohl Bedingungen hinsichtlich des zugelassenen Personenkreises (persönlicher Anwendungsbereich) als auch Modalitäten der Inanspruchnahme (sachlicher Anwendungsbereich) (BGH **„Preisnachlass für Vorratsware“**). Jede Unklarheit in der werblichen Aussage geht zu Lasten des Werbenden und kann gemäß §§ 4, Nr. 4, 8 Abs. 1 UWG untersagt werden.

66 Als Maßstab kann § 6 Abs. 1 Nr. 3 TMG herangezogen werden, der bestimmt, dass **Preisnachlässe, Zugaben und Geschenke als solche klar erkennbar und die Bedingungen für ihre Inanspruchnahme unzweideutig angegeben** werden müssen. Diese Verpflichtungen im Online-Bereich gelten erst recht Offline. Zu dem **Transparenzgebot** in § 4 Nr. 4 UWG führt der BGH aus:

> Das in § 4 Nr. 4 UWG geregelte Transparenzgebot verlangt von demjenigen, der eine Verkaufsförderungsmaßnahme – wie hier eine Preisnachlassaktion – bewirbt, unter anderem die Angabe des (kalendermäßig bestimmten) Zeitraums, während dessen die Vergünstigungen in Anspruch genommen werden können. Damit besteht aber lediglich die Verpflichtung, auf insoweit bestehende Bedingungen, das heißt auf tatsächlich bestehende

zeitliche Beschränkungen für die Inanspruchnahme der Preisvergünstigungen hinzuweisen. Dazu ist von keiner Partei etwas vorgetragen worden. Eine Verpflichtung, eine einschränkende Bedingung in Bezug auf die Dauer der Aktion zu schaffen, lässt sich aus der Regelung des § 4 Nr. 4 UWG dagegen nicht herleiten. Sie widerspräche auch der Absicht des Gesetzgebers, der mit dem am 8. Juli 2004 in Kraft getretenen neuen Gesetz gegen den unlauteren Wettbewerb gerade alle einschränkenden Bedingungen für die Durchführung von Sonderveranstaltungen beseitigen wollte. Der Kaufmann, der sein Lager – aus welchen Gründen auch immer – leeren will, muss sich daher weder im Blick auf das Transparenzgebot des § 4 Nr. 4 UWG noch im Blick auf das Irreführungsverbot gemäß § 5 UWG von vornherein auf einen zeitlichen Rahmen festlegen. … Unerheblich ist insbesondere, ob es sich bei den angebotenen Waren um Saisonware handelt, die typischerweise in der ablaufenden oder abgelaufenen Saison benötig wurde (BGH in WRP 2008, Seite 1508 ff. [S. 1509, 1510, Rdnr. 13], **„Räumungsfinale"**).

Das Transparenzgebot gilt also nicht nur für die ausdrücklich im Gesetz genannten drei Maßnahmen der Wertreklame, sondern gleichermaßen für Sonderveranstaltungen, wie zum Beispiel **Saisonschlussverkäufe** oder **Räumungsverkäufe.** Allerdings verpflichtet § 4 Nr. 4 UWG den werbenden Unternehmer nicht, in der Werbung bereits auf das Ende des Sonderverkaufs hinzuweisen (BGH **„Räumungsverkauf wegen Umbau"**). Ein Kaufmann, der sein Lager leeren will, muss sich weder im Hinblick auf das Transparenzgebot des § 4 Nr. 4 UWG noch im Hinblick auf das Irreführungsverbot gemäß § 5 UWG von Vornherein auf einen zeitlichen Rahmen festlegen (BGH **„Räumungsfinale"**). Allerdings ist eine Werbung mit **hervorgehobenen Einführungspreisen,** denen durchgestrichene (höhere) Normalpreise gegenübergestellt werden, dann wettbewerbswidrig, wenn die Werbung keinen Hinweis darauf enthält, ab wann die Normalpreise gefordert werden (BGH **„Original Kanchipur"**).

67 Zu der Frage der **richtlinienkonformen Auslegung** von § 4 Nr. 4 UWG führt der BGH wörtlich aus:

> Die Richtlinie 2000/31/EG regelt nur den elektronischen Geschäftsverkehr, ohne den übrigen Geschäftsverkehr von entsprechenden Informationspflichten freizustellen. Zum Zeitpunkt des Erlasses der Richtlinie lag noch ein Vorschlag einer Verordnung zur Verkaufsförderung im Binnenmarkt vor, der entsprechende Informationspflichten für den gesamten Geschäftsverkehr enthielt. … Später wurde dieser Vorschlag von der Kommission wieder zurückgezogen. … Damit fehlt für den nichtelektronischen Geschäftsverkehr eine spezielle gemeinschaftsrechtliche Regelung für Informationspflichten bei Verkaufsförderungsmaßnahmen. Die Bestimmung des § 4 Nr. 4 UWG ist daher, soweit sie den nichtelektronischen Geschäftsverkehr betrifft, auch keine mitgliedstaatliche Regelung, die über einen gemeinschaftsrechtlichen Mindeststandard hinausgeht. Aufgrund dessen ist der Rückgriff auf Art. 7 Abs. 1 der Richtlinie über unlautere Geschäftspraktiken eröffnet.
> Die Regelung des § 4 Nr. 4 UWG für den nichtelektronischen Geschäftsverkehr lässt sich unter Art. 7 Abs. 1, Art. 5 Abs. 2 der Richtlinie über unlautere Geschäftspraktiken fassen. Der nationale Gesetzgeber kann die in der Richtlinie enthaltenen Generalklauseln konkretisieren. … Die Gefahr, dass bei der Werbung mit Vergünstigungen, die eine erhebliche Anlockwirkung entfalten, hohe Hürden für die Inanspruchnahme aufgestellt werden, ohne sie transparent darzustellen, besteht im elektronischen wie im nichtelektronischen Geschäftsverkehr gleichermaßen. Ein unterschiedliches Schutzniveau ist daher nicht zu rechtfertigen (BGH in WRP 2009, Seite 1229 ff. [S. 1231, 1232, Rdnr. 18, 19], **„Geld-zurück-Garantie II"**).

Danach unterliegen alle zur Förderung des Absatzes gewährten geldwerten Vergünstigungen, insbesondere Preisnachlässe, Zugaben und Geschenke, dem Transparenzgebot aus § 4 Nr. 4 UWG. Im entschiedenen Fall warb das Unternehmen damit, dass der Kunde den Kaufpreis zurückerhalten sollte, wenn er mit dem erworbenen Joghurt-

Drink nicht zufrieden war. Der BGH untersagte diese Werbung, da die Bedingungen für die Inanspruchnahme der „Geld-zurück-Garantie" bei der Werbung nicht klar und eindeutig angegeben waren. Denn die **Bedingungen für die Inanspruchnahme** der „Geld-zurück-Garantie" befanden sich nicht außen auf der Produktverpackung, sondern auf ihrer Innenseite bzw. auf der entsprechenden Internetseite des werbenden Unternehmens, auf der für den Joghurt-Drink geworben wurde. Für die Erfüllung des Transparenzgebots des § 4 Nr. 4 UWG reicht es nicht aus, die Bedingungen für die Inanspruchnahme der Verkaufsförderungsmaßnahme erst auf der **Innenseite der Verpackung** anzugeben oder auf eine entsprechende Internetseite zu verweisen, auf der genauere Informationen zu finden sind (BGH **„Geld-zurück-Garantie II"**). Denn der Verbraucher trifft im Supermarkt unmittelbar seine Kaufentscheidung und hat nicht die Möglichkeit, im Ladenlokal selbst die Internetseite aufzurufen oder sich anderweitig kundig zu machen. In diesem Zusammenhang weist der BGH auch darauf hin, dass selbst ein **Fernsehwerbespot,** in dem das Produkt selbst vorgestellt wird, über die Bedingungen für die Inanspruchnahme einer Verkaufsförderungsmaßnahme informieren muss, sofern zugleich die „Geld-zurück-Garantie" beworben wird. Keiner ausführlichen Darstellung der Teilnahmebedingungen im Rahmen eines Fernsehwerbespots bedarf es allerdings bei der **reinen Aufmerksamkeitswerbung** oder bei einem Fernsehwerbespot, bei dem die Verkaufsförderungsmaßnahme **lediglich angekündigt** wird, ohne dass gleichzeitig die Möglichkeit der Inanspruchnahme besteht. Hier kommt es auf die Umstände des Einzelfalls an, ob gegebenenfalls ein Verweis auf die Teilnahmebedingungen auf der Internetseite des werbenden Unternehmens ausreicht.

68 Ein Verstoß gegen das Transparenzgebot aus § 4 Nr. 4 UWG kann auch vorliegen, wenn ein sogenannter „Einführungsrabatt" beworben wird, ohne die genaue Höhe des Rabatts entweder als Prozentangabe vom Normalpreis oder in absoluten Zahlen anzugeben. Zulässig ist es jedoch, wenn das werbende Unternehmen einen *„Einführungsrabatt von bis zu € ..."* ankündigt. Der Umstand, dass derartige *„bis zu"*-Angaben nur eine **Höchstgrenze des Rabatts** wiedergeben, führt nicht automatisch zur Intransparenz des Angebots. Wird der beworbene Rabatt allerdings nur auf vorrätige Artikel des Händlers gewährt, muss der Händler in seiner Werbung klar und unmissverständlich darauf hinweisen, dass sich der beworbene Rabatt nur auf **vorrätige Ware** bezieht. Ein in dieser Werbung enthaltener aufklärender Hinweis *„alle Preise sind Abholpreise"* genügt den Anforderungen aus § 4 Nr. 4 UWG nicht. Diesem Hinweis kann der angesprochene verständige Durchschnittsverbraucher nicht entnehmen, dass sich die Rabattwerbung nur auf die vorrätigen Artikel bezieht (BGH **„Preisnachlass für Vorratsware"**). Da sich Verkaufsförderungsmaßnahmen regelmäßig an den allgemeinen Verkehr richten, ist für dessen Verständnis auf den durchschnittlich informierten und verständigen Verbraucher abzustellen, der der Werbung die der **Situation angemessene Aufmerksamkeit** entgegenbringt.

69 Soweit es in § 4 Nr. 4 UWG heißt, dass die Bedingungen für die Inanspruchnahme der versprochenen Verkaufsförderungsmaßnahme **klar und eindeutig** anzugeben sind, ist dieser Begriff weit auszulegen. Der BGH hebt folgendes hervor:

> Die in § 4 Nr. 4 UWG verwendete Formulierung geht auf Art. 6 lit. c der Richtlinie 2000/31/EG über den elektronischen Geschäftsverkehr zurück. Im Interesse des mit dieser Bestimmung bezweckten Verbraucherschutzes ist der Begriff der Bedingung weit auszulegen. ... Entgegen der Auffassung des Landgerichts sind damit nicht nur Umstände gemeint, die in der Person des Verbrauchers liegen oder die der Verbraucher durch sein Verhalten beeinflussen kann. Der Begriff erfasst vielmehr alle aus der Sicht des Verbrau-

chers nicht ohne weiteres zu erwartenden Umstände, die die Möglichkeit einschränken, in den Genuss der Vergünstigung zu gelangen. Dies können auch mengenmäßige Beschränkungen einer in Aussicht gestellten Zugabe sein. Unbegründet ist demgegenüber die vom Landgericht geäußerte Befürchtung, dass bei einem objektiven Verständnis des Begriffs der Bedingung über eine Fülle von Umständen – wie etwa die Öffnungszeiten des fraglichen Geschäftslokals – informiert werden müsste, von denen die Gewährung der Vergünstigung ebenfalls abhängig sei. Dass eine in Aussicht gestellte Zugabe nur während der Öffnungszeiten des Geschäftslokals gewährt wird, stellt eine Einschränkung dar, die der Verbraucher ohne weiteres erwartet (BGH in WRP 2010, Seite 237 ff. [S. 238, Rdnr. 13], **„Solange der Vorrat reicht"**).

Kündigt ein Unternehmen ein Geschenk an, das zusammen mit dem Kauf von Parfümerieartikeln gewährt wird, erwartet der Verbraucher die **uneingeschränkte Verfügbarkeit** des Geschenks. Nur durch den Hinweis „Solange der Vorrat reicht" wird der Verbraucher darüber aufgeklärt, dass er mit der Vergünstigung nicht sicher rechnen darf. Das werbende Unternehmen ist nicht verpflichtet anzugeben, in welcher Anzahl die Zugabe vorhanden ist. Steht allerdings die **bereitgehaltene Menge** an Zugaben in keinem angemessenen Verhältnis zur erwarteten Nachfrage, sodass der Verbraucher auch innerhalb einer **zumutbaren kurzen Reaktionszeit** nach üblicher Kenntnisnahme von der Werbung von Vornherein keine realistische Chance hat, in den Genuss der Zugabe zu gelangen (BGH **„Solange der Vorrat reicht"**), kann auch der aufklärende Hinweis einen Verstoß gegen das Transparenzgebot nicht verhindern.

70 Wird die beworbene Zugabe **einschränkungslos** angeboten, darf der Verbraucher davon ausgehen, dass er jederzeit in den Genuss der Zugabe kommt. Entsprechendes gilt, wenn der Werbende zwei entgeltliche Artikel dergestalt miteinander verbindet, dass die Abgabe beider Artikel zum Paketpreis kostengünstiger ist als der Einzelverkauf. Hier muss das werbende Unternehmen die Abhängigkeit beider Angebote klar und eindeutig angeben und die gekoppelte Ware ausreichend bevorraten. Sofern der Verbraucher darüber aufgeklärt wird, dass zuvor andere Waren mit einem bestimmten Wert gekauft werden müssen (BGH **„Treue-Punkte"**), um in den Genuß des gekoppelten Produkts zu kommen, ist diese Art der Werbung grds. zulässig.

71 Im Zusammenhang mit der Bewerbung eines Treppenlifts mit einem Wertgutschein von 500 € stellt der BGH klar:

> Damit der Verbraucher seine Kaufentscheidung in Kenntnis der relevanten Umstände treffen kann, muss er sich über zeitliche Befristungen der Aktion …, eventuelle Beschränkungen des Teilnehmerkreises, Mindest- oder Maximalabnahmemengen … sowie mögliche weitere Voraussetzungen für die Inanspruchnahme der Verkaufsförderungsmaßnahme – wie etwa die vom Preisnachlass ausgeschlossenen Waren und Warengruppen – informieren können. … Die Angaben dürfen ihn nicht im Unklaren darüber lassen, welche Bedingungen im Einzelfall gelten. Das ist bei der angegriffenen Werbung der Beklagten auch nicht der Fall.
>
> …
>
> Entgegen der Ansicht der Revision umfasst die Informationspflicht grundsätzlich nicht die Notwendigkeit, den Preis der beworbenen Ware oder Dienstleistung anzugeben, um die Höhe des Rabatts nachvollziehbar zu machen. Bei einem Preisnachlass in Form eines „Wertgutscheins" muss der Werbende angeben, welchen Einlösewert der Gutschein hat, auf welche Waren- und Dienstleistungskäufe er sich bezieht und in welchem Zeitraum der Gutschein eingelöst werden muss (BGH in WRP 2012, Seite 450 ff. [S. 452, Rdnr. 21, 23], **„Treppenlift"**).

Da das werbende Unternehmen in dem vom BGH entschiedenen Verfahren ausdrücklich angegeben hat, dass der Gutschein einen Wert von 500 € hat, bei dem Kauf eines neuen Sitzliftmodells eingesetzt werden kann und bis zum 31. Dezember 2007 einzulösen ist, waren die **Bedingungen für die Inanspruchnahme** des in Aussicht gestellten Preisnachlasses für einen durchschnittlich informierten, situationsadäquat aufmerksamen und verständigen Verbraucher **klar und eindeutig** festgelegt. Der Zweck des § 4 Nr. 4 UWG besteht aus Sicht des BGH nicht darin, dem Verbraucher über die allgemeinen Preisinformationspflichten hinaus eine Preisvergleichsmöglichkeit zu bieten.

72 Verkaufsförderungsmaßnahmen sind gemäß § 4 Nr. 4 UWG wettbewerbsrechtlich nur dann zu beanstanden, wenn die Inanspruchnahme des ausgelobten Vorteils an Bedingungen geknüpft wird, die nicht klar und eindeutig dargestellt werden. In diesem Zusammenhang ist zu berücksichtigen, dass nicht nur eine **zeitliche Befristung** der besonderen Erwähnung bedarf, sondern auch Beschränkungen im Abnehmerkreis im Hinblick auf **Mindest- oder Maximalabnahmemengen** oder im Hinblick auf Waren, die von der Verkaufsförderungsmaßnahme ausgeschlossen sind. Da die von einer Verkaufsförderungsmaßnahme ausgehende Anlockwirkung i. d. R. erheblich ist, liegt regelmäßig ein im Sinne von § 3 Abs. 1 UWG **spürbarer** Wettbewerbsverstoß vor.

73 Unlauter ist eine Verkaufsförderungsmaßnahme, wenn die Gefahr einer unlauteren Beeinflussung der Verbraucher durch **Täuschung über den tatsächlichen Wert des Angebots,** insbesondere über den Wert einer angebotenen Zusatzleistung, gegeben ist. Daher ist auch die **Befristung** des Angebots nicht grundsätzlich unlauter, sofern sie nicht so kurz bemessen ist, dass der Verbraucher in wettbewerbswidriger Weise unter Zeitdruck gesetzt wird (BGH **„Treue-Punkte“**).

74 Zweck der Vorschrift des § 4 Nr. 4 UWG ist es, der **Missbrauchsgefahr** zu begegnen, die aus der hohen Attraktivität von Verkaufsförderungsmaßnahmen für den Kunden folgt, sofern durch eine derartige Werbung erst das Kaufinteresse des Verbrauchers geweckt, das dann jedoch wegen der hohen Hürden für die Inanspruchnahme des ausgelobten Vorteils enttäuscht wird (BGH **„Geld-zurück-Garantie II“**). Sofern das werbende Unternehmen die Verkaufsförderungsmaßnahmen, insbesondere Maßnahmen der Wertreklame, nicht von Vornherein bedingungslos anbietet, muss es dafür Sorge tragen, dass Bedingungen und Einschränkungen klar und eindeutig, also für jeden Verbraucher klar erkennbar, angegeben werden.

75 Allerdings stellt der BGH ausdrücklich klar, dass dem UWG **keine allgemeine Informationspflicht** zu entnehmen ist. Informationspflichten bestehen nur im Rahmen der Bewerbung von Verkaufsförderungsmaßnahmen (§ 4 Nr. 4 UWG) und bei Veranstaltung von Preisausschreiben (§ 4 Nr. 5 UWG). Die Verpflichtung zu aufklärenden Angaben besteht dann, wenn andernfalls die Gefahr einer unlauteren Beeinflussung der Verbraucher durch Täuschung über den tatsächlichen Wert des Angebots, insbesondere über den Wert einer kostenlosen Zusatzleistung, gegeben ist (BGH **„Zeitschrift mit Sonnenbrille“**).

76 Schließlich enthält § 3 Abs. 3 i. V. m. Anlage Nr. 21 UWG das absolute Verbot, ein Waren- oder Dienstleistungsangebot als *„gratis“, „umsonst“, „kostenfrei“* oder ähnlich zu bezeichnen, wenn hierfür gleichwohl Kosten zu tragen sind (BGH **„2 Flaschen GRATIS“**). Auch dieses **Verbot ohne Wertungsvorbehalt** folgt aus dem allgemeinen Transparenzgebot gem. § 4 Nr. 4 UWG.

5. Transparenzgebot bei Gewinnspielen (§ 4 Nr. 5 UWG)

77 § 4 Nr. 5 UWG verlangt, dass bei Preisausschreiben oder Gewinnspielen mit Werbecharakter die Teilnahmebedingungen **klar und eindeutig** angegeben werden. Wer ein Preisausschreiben oder Gewinnspiel veranstaltet, und die Teilnahmebedingungen nicht klar oder eindeutig angibt, handelt unlauter und kann gemäß § 8 Abs. 1, §§ 4 Nr. 5, 3 Abs. 1 UWG auf Unterlassung in Anspruch genommen werden.

78 Die Veranstaltung eines Gewinnspiels oder eines Preisausschreibens ist gemäß §§ 4 Nr. 5, 3 UWG dann unlauter, wenn die Teilnahmebedingungen nicht transparent sind. Dieses **Transparenzgebot** entspricht der Regelung in § 4 Nr. 4 UWG, der bei jeder Verkaufsförderungsmaßnahme die klare und eindeutige Angabe der Bedingungen für ihre Inanspruchnahme vorschreibt. Eine entsprechende Regelung enthält § 6 Abs. 1 Nr. 4 TMG für Telemedien. Die Regelung in § 4 Nr. 5 UWG gilt sowohl für die Teilnahmebedingungen als auch für die Bewerbung eines Gewinnspiels (BGH **„Urlaubsgewinnspiel"**). Der Begriff der **Teilnahmebedingungen** ist weit zu fassen; er bezieht sich auf die Teilnahmeberechtigung sowie auf alle im Zusammenhang mit der Beteiligung des Teilnehmers an dem Gewinnspiel stehenden Modalitäten (BGH **„Telefonische Gewinnauskunft"**). In der Gesetzesbegründung wird ausdrücklich darauf hingewiesen, dass von dem Transparenzgebot die tatsächlichen Gewinnchancen naturgemäß nicht umfasst werden. Denn die **Ungewissheit über die tatsächlichen Gewinnchancen** gehört zum Charakter eines Gewinnspiels oder Preisausschreibens. Das Verbot irreführender Gewinnspielauslobung entspricht der BGH-Rechtsprechung zu § 1 UWG a. F. So lag etwa eine irreführende und damit unlautere Gewinnspielwerbung vor, wenn der Veranstalter des Gewinnspiels in der Ausspielung den Eindruck erweckt, der Adressat habe bereits einen der Hauptpreise gewonnen, obwohl nicht mehr als die Möglichkeit eines Hauptgewinns gegeben war (BGH **„Gewinnzertifikat"**). In diesem Fall hat der angeschriebene Verbraucher gem. § 661a BGB sogar Anspruch auf Ausschüttung des Gewinns, sofern aus **objektivierter Empfängersicht** der Eindruck eines Preisgewinns erweckt wird (BGH **„Gewinn-Mitteilung"**). Im übrigen liegt ein Verstoß gegen das absolute Verbot gem. Nr. 17 Anhang zu § 3 Abs. 3 UWG vor. Zulässig ist es hingegen, wenn der Veranstalter eines Preisausschreibens oder Gewinnspiels als Gewinn Warengutscheine auslobt und diese nur dann eingelöst werden können, wenn der Verbraucher bei dem Veranstalter des Gewinnspiels einen höherpreisigen Artikel erwirbt. Sofern der Veranstalter im Rahmen der Teilnahmebedingungen offenlegt, dass es nur niedrigpreisige Warengutscheine zu gewinnen gibt, weiß der verständige Durchschnittsverbraucher in der Regel, dass die **Einlösung des Warengutscheins an den Erwerb eines höherpreisigen Artikels gekoppelt** ist. Nur wenn die Umstände des Einzelfalls ausnahmsweise den Eindruck erwecken, der Gewinnspielteilnehmer könnte für den Warengutschein Ware des Veranstalters ohne Zuzahlung erlangen, kann § 4 Nr. 5 UWG zur Anwendung kommen.

79 Unabhängig von der Frage, welche Bestimmungen in die Teilnahmebedingungen eines Gewinnspiels aufgenommen werden müssen, um nicht dem Vorwurf eines Wettbewerbsverstoßes aus § 4 Nr. 5 UWG ausgesetzt zu sein, fehlt eine Regelung, **wann** das werbende Unternehmen über die Teilnahmebedingungen eines Gewinnspiels aufklären muss. Sofern das Gewinnspiel in einer **Zeitschrift** beworben wird, werden die Teilnahmebedingungen üblicherweise im unmittelbaren Zusammenhang mit der Ankündigung des Gewinnspiels abgedruckt. Anders ist die Situation des Werbenden, der im Rahmen eines **Fernsehwerbespots** das Gewinnspiel bewirbt. Hier stellt sich die Frage, ob bereits im Fernsehwerbespot sämtliche Teilnahmebedingungen oder ein Teil der Teilnahmebedingungen herausgestellt werden müssen, oder ob das werbende Unternehmen auf die im Einzelhandel liegenden Teilnahmekarten oder die auf der Homepage des Unternehmens im Internet abrufbaren Teilnahmebedingungen verweisen darf. In diesem Zusammenhang stellt der BGH fest:

5. Transparenzgebot bei Gewinnspielen (§ 4 Nr. 5 UWG)

Die in § 4 Nr. 5 UWG vorgesehene Pflicht, über die Bedingungen der Teilnahme an einem Gewinnspiel zu informieren, steht mit der Richtlinie im Einklang. Insoweit gelten entsprechend die Erwägungen, mit denen der Senat die Vereinbarkeit des § 4 Nr. 4 UWG mit der Richtlinie begründet hat. ... Die Bestimmung des § 4 Nr. 5 UWG ist, auch soweit sie den nichtelektronischen Geschäftsverkehr betrifft, wie § 4 Nr. 4 UWG keine mitgliedstaatliche Regelung, die über einen gemeinschaftsrechtlichen Mindeststandard hinausgeht. Aufgrund dessen ist der Rückgriff auf Art. 7 Abs. 1 der Richtlinie über unlautere Geschäftspraktiken eröffnet. Das Tatbestandsmerkmal der „Teilnahmebedingungen des Gewinnspiels" ist im Einklang mit Art. 7 Abs. 1 der Richtlinie in der Weise auszulegen, dass es nur Bedingungen erfasst, die für die Entscheidung des Verbrauchers, ob er sich um die Teilnahme an dem Gewinnspiel bemühen will, wesentlich sind. Die Regelung des § 4 Nr. 5 UWG ist daher nicht als Per-se-Verbot ausgestaltet, das unabhängig von einer Gefährdung im Einzelfall ein bestimmtes Verhalten generell untersagt. Im übrigen gestatten die Tatbestandsmerkmale „klar und eindeutig" eine umfassende Würdigung der Umstände des Einzelfalls. Soweit Art. 7 Abs. 1 und 2 der Richtlinie die Aufklärungspflicht von der Relevanz der Information für die Verbraucherentscheidung abhängig macht, enthält das nationale Recht in § 3 Abs. 2 Satz 1 UWG eine entsprechende Schwelle. Die Bestimmung des § 4 Nr. 5 UWG steht deshalb auch nach den vom Gerichtshof der Europäischen Gemeinschaften entwickelten Grundsätzen mit der Richtlinie im Einklang (BGH in WRP 2010, Seite 238 ff. [S. 239, Rdnr. 10, 11], **„FIFA-WM-Gewinnspiel"**).

Das Transparenzgebot aus § 4 Nr. 5 UWG umfasst bereits die **Ankündigung eines Gewinnspiels** mit Werbecharakter. Dennoch kommt der BGH zu dem Ergebnis, dass das Fernsehen aus medienimmanenten Gründen nicht geeignet ist, ausführliche Informationen über Teilnahmebedingungen des beworbenen Gewinnspiels zu veröffentlichen. Im Gegensatz zu Printmedien ist es im Rahmen der Auslobung eines Gewinnspiels **im Fernsehen** nicht erforderlich, die Teilnahmebedingungen anzugeben. Vielmehr reicht ein Hinweis auf andere leicht zugängliche Informationsquellen aus, zum Beispiel auf eine Internetseite oder auf im Handel erhältliche Teilnahmekarten. Nach § 4 Nr. 5 UWG ist es erforderlich, die Information so **rechtzeitig** zu erteilen, dass ein durchschnittlich informierter, aufmerksamer und verständiger Verbraucher sie bei seiner Entscheidung über die Teilnahme an dem Gewinnspiel berücksichtigen kann, sodass nur **unerwartete Beschränkungen** bereits unmittelbar bei Bewerbung des Gewinnspiels herauszustellen sind. Nur so kann eine Irreführung des verständigen Durchschnittsverbrauchers ausgeschlossen werden. Entspricht jedoch das Gewinnspiel der Verbrauchererwartung, ist es grundsätzlich unerheblich, ob der Kunde die Teilnahme am Gewinnspiel mit einem ohnehin beabsichtigten Besuch eines Handelsunternehmens verbindet, einen solchen Besuch wegen des Gewinnspiels vorzieht oder sich allein wegen der Gewinnchance spontan dazu entschließt, sogleich das Geschäft aufzusuchen (BGH **„FIFA-WM-Gewinnspiel"**).

80 Auch ein wettbewerbswidriges Anlocken ist selbst bei hochwertigen Preisen nicht gegeben, sofern nicht über die Gewinnchancen irregeführt wird (BGH **„Space Fidelity Peep-Show"**).

81 Während jede **täuschende** Angabe in den Teilnahmebedingungen zu einem Verstoß gegen § 4 Nr. 5 UWG führt, ist die Auslobung **hochwertiger Preise** grundsätzlich wettbewerbskonform. Der Grad der Anlockwirkung als solcher ist für den Umfang der Informationspflicht über die Teilnahmebedingungen so lange irrelevant, wie die Anlockwirkung nicht eine Intensität erreicht, die **jede rationale Verbraucherentscheidung** ausschließt (BGH **„FIFA-WM-Gewinnspiel"**). Das Inaussichtstellen hochwertiger Gewinne macht das Gewinnspiel allein nicht unzulässig, trotz der damit verbundenen gegebenenfalls erheblichen Anlockwirkung.

82 Kann der Verbraucher aufgrund einer **Anzeigenwerbung** noch nicht ohne weiteres an dem Gewinnspiel teilnehmen, stellt sich auch hier die Frage, über welche Bedingungen in dieser Anzeige bereits Informationen enthalten sein müssen. Der BGH führt im Zusammenhang mit der Veranstaltung eines Urlaubsgewinnspiels durch ein Möbelhaus wörtlich aus:

> Die Verbraucher konnten noch nicht ohne weiteres aufgrund der Werbung an dem Gewinnspiel teilnehmen, sondern benötigten dafür noch eine Gewinnspielkarte, die vor dem Möbelhaus oder auf Anforderung unter einer angegebenen Telefonnummer erhältlich war.
> Weist die Teilnahme am Gewinnspiel aus der Sicht des mündigen Verbrauchers keine unerwarteten Beschränkungen auf, so reicht es bei einer solchen Ankündigung grundsätzlich aus, wenn dem Verbraucher mitgeteilt wird, bis wann er wie teilnehmen kann und wie die Gewinner ermittelt werden. Gegebenenfalls ist auf besondere Beschränkungen des Teilnehmerkreises hinzuweisen, etwa darauf, dass Minderjährige ausgeschlossen sind (BGH in WRP 2008, Seite 1069ff. [S. 1070, Rdnr. 12, 13], **„Urlaubsgewinnspiel"**).

Da an dem fraglichen Urlaubsgewinnspiel die Teilnehmer darüber informiert wurden, **wie** sie teilnehmen können, **bis wann** sie teilnehmen können und auf **welche Weise** die Gewinner bestimmt werden, war die Auslobung aus Sicht des BGH **ausreichend transparent** gestaltet.

83 Als zulässig hat der Bundesgerichtshof auch die Durchführung einer sogenannten umgekehrten Autoversteigerung angesehen. Bei der Veranstaltung einer **umgekehrten Versteigerung** wird der ausgelobte Verkaufspreis, z.B. täglich, wöchentlich oder monatlich um einen bestimmten Betrag reduziert. Die damit verbundene Anlockwirkung sah der Bundesgerichtshof als zulässig an. Wettbewerbswidrig wird eine derartige Werbung erst dann, wenn der Einsatz aleatorischer Reize dazu führt, die freie Entscheidung der angesprochenen Verkehrskreise so nachhaltig zu beeinflussen, dass ein Kaufentschluss nicht mehr von sachlichen Gesichtspunkten, sondern maßgeblich durch das Streben nach der in Aussicht gestellten Gewinnchance bestimmt wird (BGH **„Umgekehrte Versteigerung II"**). Das Vorliegen dieser besonderen Umstände verneinte der Bundesgerichtshof in der noch zu § 1 UWG a.F. ergangenen Entscheidung zu Recht.

84 Auch wenn der mit § 4 Nr. 5 UWG verfolgte Schutzzweck es gebietet, die **Werbung für ein Gewinnspiel** in seinen Anwendungsbereich einzubeziehen, folgt hieraus nicht, dass bereits in einer Anzeigenwerbung für ein Gewinnspiel sämtliche Teilnahmebedingungen aufgeführt sein müssen. Sofern der angesprochene Verkehr aufgrund der Anzeigenwerbung noch nicht an dem Gewinnspiel teilnehmen kann, ist es notwendig, aber auch ausreichend, wenn der Gewinnspielveranstalter diejenigen Informationen vermittelt, für die zum Zeitpunkt der Werbung ein **aktuelles Aufklärungsbedürfnis** besteht, also Teilnahmeschluss, Art der Gewinnvergabe und ggf. Beschränkung des Teilnehmerkreises (BGH **„Urlaubsgewinnspiel"**).

6. Kaufzwang bei Gewinnspiel (§ 4 Nr. 6 UWG)

85 Ein weiteres Beispiel unlauteren Wettbewerbs enthält § 4 Nr. 6 UWG. Danach handelt der Veranstalter eines Gewinnspiels unlauter, wenn sich das Gewinnspiel an **Verbraucher** richtet und deren Teilnahme von dem Erwerb einer Ware oder der Inanspruchnahme einer Dienstleistung abhängig ist.

86 Von § 4 Nr. 6, 2. Alt. UWG wird zunächst die Veranstaltung solcher Gewinnspiele **nicht** erfasst, die nur im Zusammenhang mit dem Kauf einer Ware oder der Inanspruchnahme einer Dienstleistung veranstaltet werden kann, z.B. **Preisausschreiben innerhalb einer Zeitschrift.** In der Gesetzesbegründung heißt es hierzu wörtlich:

> Nicht erfasst werden vom Tatbestand der Nr. 6 Fälle, in denen man ein Gewinnspiel oder ein Preisausschreiben gar nicht veranstalten kann, ohne dass der Kauf der Ware oder die Inanspruchnahme der Dienstleistung erforderlich ist. Dies gilt etwa im Falle eines in einer Zeitschrift abgedruckten Preisrätsels. Gerade bei Printmedien ist diese Form der Wertreklame seit längerem im Markt eingeführt und kann schon deshalb nicht generell als unlauter angesehen werden (Gesetzesbegründung zu § 4 Nr. 6).

Der Umstand, dass ein **Coupon** aus der Zeitschrift erst die Gewinnspielteilnahme ermöglicht, macht das Gewinnspiel nicht unzulässig. Nach **Sinn und Zweck** der Ausnahmebestimmung in § 4 Nr. 6, 2. Alt. UWG kommt es nicht darauf an, ob der Verbraucher zur Gewinnspielteilnahme einen Teilnahmecoupon aus der Zeitschrift heraustrennen muss, oder ob die Teilnahme per e-mail oder telefonisch erfolgt. Selbst wenn die Gewinnspielteilnahme für einen Teil der Verbraucher das ausschlaggebende Motiv für den Zeitschriftenkauf ist, führt dieser Umstand nicht zur Unlauterkeit des Preisausschreibens (siehe auch EuGH **„Mediaprint Zeitungs- und Zeitschriftenverlag“**).

87 Der Gesetzgeber stellt in der Gesetzesbegründung klar, dass die Bestimmung in § 4 Nr. 6 UWG den Sinn hat, die Veranstaltung von Gewinnspielen und Preisausschreiben zu verbieten, die darauf abzielt, die **Spiellust des Verbrauchers** auszunutzen und so sein Beurteilungsvermögen zu trüben. Zugleich heißt es jedoch ausdrücklich in der Gesetzesbegründung, dass eine Koppelung mit der Dienstleistung dann nicht vorliegt, wenn der Verbraucher für die Übersendung der Teilnahmeerklärung das normale Briefporto oder die üblichen Telefonkosten aufwenden muss.

88 Bei Anwendung von § 4 Nr. 6 UWG stellt sich die Frage, ob diese Bestimmung **als per-se-Verbot** noch den Vorgaben aus der UGP-RiLi entspricht. Der BGH hatte sich mit dem Gewinnspiel eines Discounters zu befassen, bei dem der Kunde für jeden Einkauf in Höhe von € 5,00 einen Bonuspunkt erhielt. Ab 20 Bonuspunkten hatte der Verbraucher die Möglichkeit, kostenlos an den Ziehungen des deutschen Lottoblocks (mit einem Millionengewinn) teilzunehmen. In diesem Zusammenhang legte der BGH **folgende Frage dem EuGH** zur Vorabentscheidung vor:

> Ist Art. 5 Abs. 2 der Richtlinie 2005/29/EG über unlautere Geschäftspraktiken dahin auszulegen, dass diese Vorschrift einer nationalen Regelung entgegensteht, nach der eine Geschäftspraktik, bei der die Teilnahme von Verbrauchern an einem Preisausschreiben oder Gewinnspiel vom Erwerb einer Ware oder von der Inanspruchnahme einer Dienstleistung abhängig gemacht wird, grundsätzlich unzulässig ist, ohne dass es darauf ankommt, ob die Werbemaßnahme im Einzelfall Verbraucherinteressen beeinträchtigt? (BGH in WRP 2008, S. 1175ff. [S. 1175], **„Millionen-Chance“**).

Der EuGH wies in seinem nachfolgenden Urteil darauf hin, dass mit der UGP-RiLi die Regeln über unlautere Geschäftspraktiken auf Gemeinschaftsebene **vollständig harmonisiert** wurden. Daher darf ein Mitgliedstaat keine strengeren Vorschriften erlassen, als in der Richtlinie vorgesehen. Nur die in dem Anhang I zur UGP-RiLi enthaltenen absoluten Verbote ohne Wertungsvorbehalt sind unter allen Umständen verboten. Erlässt also ein Mitgliedstaat eine Maßnahme, die ein weiteres Werbeverbot den Verbrauchern gegenüber umfasst, darf dieses Verbot nicht als per-se-Verbot ausgestaltet sein. Wörtlich führt der EuGH aus:

> Nach alledem ist auf die vorgelegte Frage zu antworten, dass die Richtlinie 2005/29 dahin auszulegen ist, dass sie einer nationalen Regelung wie der im Ausgangsverfahren

> fraglichen entgegensteht, nach der Geschäftspraktiken, bei denen die Teilnahme von Verbrauchern an einem Preisausschreiben oder Gewinnspiel vom Erwerb einer Ware oder von der Inanspruchnahme einer Dienstleistung abhängig gemacht wird, ohne Berücksichtigung der besonderen Umstände des Einzelfalls grundsätzlich unzulässig sind (EuGH in WRP 2010, S. 232 ff. [S. 236, Rdnr. 54], **„Plus Warenhandelsgesellschaft“**).

Bei **richtlinienkonformer Auslegung** von § 4 Nr. 6 UWG sind diese Erwägungen des EuGH zu berücksichtigen. § 4 Nr. 6 UWG darf also nicht als per-se-Verbot gelesen werden, sondern es handelt sich um ein Verbot, das im Einzelfall, etwa bei einer irreführenden Geschäftspraxis oder bei **Verstoß gegen die berufliche Sorgfalt,** zur Anwendung kommen kann (BGH **„Millionen-Chance II“**).

89 Im Zusammenhang mit der Bewerbung eines **„150% Zinsbonus“** durch ein Geldinstitut, dessen Zahlung vom Erfolg der deutschen Nationalmannschaft bei der Fußball-Europameisterschaft in Portugal abhängig war, stellte der BGH in Bezug auf die Entgeltlichkeit der Dienstleistung fest:

> Entgegen der Auffassung des Berufungsgerichts stellt die Überlassung von Kapital gegen Entgelt die Inanspruchnahme einer Dienstleistung i. S. von § 4 Nr. 6 UWG dar. Der Begriff der Dienstleistung ist weit zu verstehen und erfasst jede geldwerte unkörperliche Leistung; auf die rechtliche Qualifikation des zugrunde liegenden Vertrags kommt es nicht an. … Dieses weite Verständnis folgt bereits aus der Definition der Wettbewerbshandlung in § 2 Abs. 1 Nr. 1 UWG, wonach der Dienstleistungsbegriff Rechte und Verpflichtungen einschließt und somit auch Finanzierungen und Kapitalanlagen erfasst. … Dass der Gesetzgeber in § 4 Nr. 6 UWG ein engeres Verständnis des Dienstleistungsbegriffs zugrunde gelegt hat, ist nicht anzunehmen. Das Ziel der Bestimmung, die Ausnutzung der Spiellust durch Kopplung der Teilnahme an einem Gewinnspiel mit dem Erwerb eines Produkts zu unterbinden, wird nur erreicht, wenn sämtliche entgeltlichen Leistungen und somit auch Darlehnsverträge davon erfasst werden. Dass auch der Gesetzgeber hiervon ausgegangen ist, wird dadurch deutlich, dass nach der Begründung des Regierungsentwurfs die Nutzung von Mehrwertdienstrufnummern unter § 4 Nr. 6 UWG fallen soll (BGH in WRP 2007, Seite 1337 ff. [Seite 1340, Rdnr. 27]).

Der BGH macht in der Entscheidung **„150% Zinsbonus“** deutlich, dass der Einsatz alleatorischer Reize für sich genommen nicht ausreicht, um den Vorwurf der Unlauterkeit zu begründen. Ein Geldinstitut, das eine bestimmte Verzinsung der Geldeinlage von einem außerhalb des Vertrages stehenden Ereignis abhängig macht, vermag zwar möglicherweise eine besondere Aufmerksamkeit im geschäftlichen Verkehr zu erwecken, koppelt jedoch nicht eine besondere Finanzdienstleistung an ein Gewinnspiel. Hier wirkt sich der mögliche Gewinn unmittelbar auf die vertragliche Leistung aus, so dass ein **besonderes Verfahren der Preisgestaltung,** nicht aber ein an ein Absatzgeschäft gekoppeltes Gewinnspiel vorliegt.

90 Während der BGH bei Veranstaltung der sogenannten *„Glücksbon-Tage“* noch zu dem Ergebnis kam, dass ein Gewinnspiel unzulässig ist, wenn es die Stornierung des tausendsten Kassenbons zum Gegenstand hat (BGH **„Glücksbon-Tage“**), hat er diese Rechtsprechung in der Folgeentscheidung korrigiert.

91 In Bezug auf die Veranstaltung des Gewinnspiels eines Verbrauchermarkts unter der Überschrift „JEDER 100. EINKAUF GRATIS“ stellt der BGH wörtlich fest:

> Nach der Senatsrechtsprechung reicht der Einsatz aleatorischer Reize für sich genommen nicht aus, um den Vorwurf der Unlauterkeit zu rechtfertigen. … Wettbewerbswidrig ist eine Werbung vielmehr erst dann, wenn die freie Entscheidung der angesprochenen Verkehrskreise durch den Einsatz aleatorischer Reize so nachhaltig beeinflusst wird, dass ein Kaufentschluss nicht mehr von sachlichen Gesichtspunkten, sondern maßgeblich durch das Streben nach der in Aussicht gestellten Gewinnchance bestimmt wird. … Davon

> kann, wie das Berufungsgericht rechtsfehlerfrei angenommen hat, im Streitfall schon wegen der für den Verbraucher erkennbar geringen Chance, dass gerade er den 100. Einkauf tätigen werde, nicht ausgegangen werden. Selbst wenn sich der Durchschnittsverbraucher dadurch zu einem Einkauf bei der Beklagten verleiten lässt und im Hinblick auf die angekündigte Chance eines Gratiseinkaufs möglichst viel einkauft, wird dadurch die Rationalität der Kaufentscheidung nicht völlig in den Hintergrund gedrängt. Der Durchschnittsverbraucher ist vielmehr in der Lage, mit diesem Gewinnanreiz bei seiner Kaufentscheidung umzugehen (BGH in WRP 2009, Seite 950f. [S. 951, Rdnr. 12], **„Jeder 100. Einkauf gratis"**).

Der BGH kam zu dem Ergebnis, dass es an der im Gesetz vorausgesetzten Kopplung zwischen der Teilnahme an einem Gewinnspiel und dem Erwerb einer Ware fehlte. Aus Sicht des BGH wirkte sich der Eintritt des ungewissen Ereignisses (100. Einkauf) lediglich auf die **vertragliche Gegenleistung** für den Warenerwerb aus, indem in diesem Fall der Händler auf die Zahlung des Kaufpreises verzichtete. Da die Voraussetzungen des § 4 Nr. 6 UWG nicht vorlagen, war das Gewinnspiel „Jeder 100. Einkauf gratis" wettbewerbsrechtlich nicht zu beanstanden.

92 Nachdem der EuGH festgestellt hat, dass das **generelle Verbot** der Koppelung eines Gewinnspiels an ein Umsatzgeschäft der Richtlinie über unlautere Geschäftspraktiken **widerspricht,** muss auch bei gekoppelten Gewinnspielen geprüft werden, ob sich aus den sonstigen Umständen der Gewinnspielveranstaltung deren Unlauterkeit ergibt (BGH **„Goldbärenbarren"**). Wörtlich führt der BGH aus:

> Ist ein generelles Verbot der Kopplung von Gewinnspielen mit Umsatzgeschäften mit der Richtlinie über unlautere Geschäftspraktiken nicht vereinbar, ist die Bestimmung des § 4 Nr. 6 UWG richtlinienkonform in der Weise auszulegen, dass eine solche Kopplung nur dann unlauter ist, wenn sie im Einzelfall eine unlautere Geschäftspraxis im Sinne der Richtlinie darstellt. Da weder der Verstoß gegen ein Per-se-Verbot des Anhangs I der Richtlinie noch eine aggressive Geschäftspraxis nach Art. 8 und 9 der Richtlinie ... in Betracht kommt, bleibt insofern lediglich zu prüfen, ob das beanstandete Verhalten im Einzelfall als irreführende Geschäftspraxis oder als Verstoß gegen die berufliche Sorgfalt einzuordnen ist. Dies ist zu verneinen.
> Dass die Beklage die Verbraucher über die Gewinnchancen in die Irre geführt oder auch nur unzureichend über Teilnahmebedingungen oder Gewinnmöglichkeiten unterrichtet hätte, ist dem Vortrag der Klägerin nicht zu entnehmen (BGH in WRP 2011, Seite 557ff. [S. 559, Rdnr. 25, 26], **„Millionen-Chance II"**).

Der BGH konnte weder festzustellen, dass die von einem Händler veranstaltete Bonusaktion „Ihre Millionenchance" unvollständige oder unklare Teilnahmebedingungen enthielt, noch dass von ihr eine derart extreme Anlockwirkung ausging, die allein zur Unzulässigkeit des Gewinnspiels geführt hätte. Ein **Verstoß gegen die berufliche Sorgfalt** lag ebenfalls nicht vor (BGH **„GLÜCKS-WOCHEN"**).

Praxishinweis

Gewinnspiele und Preisausschreiben sind grundsätzlich wettbewerbsrechtlich zulässig. Allenfalls unrichtige, unvollständige oder missverständliche Teilnahmebedingungen oder eine unzutreffende Darstellung der Gewinnchancen können zur Unlauterkeit des Gewinnspiels führen. Die von einem hochpreisigen Gewinn ausgehende Anlockwirkung ist solange wettbewerbsrechtlich nicht zu beanstanden, als kein Verstoß gegen die berufliche Sorgfalt festgestellt werden kann.

7. Herabsetzung oder Verunglimpfung des Mitbewerbers (§ 4 Nr. 7 UWG)

93 Unlauter handelt auch derjenige, der die Kennzeichen, Waren, Dienstleistungen, Tätigkeiten oder persönlichen oder geschäftlichen Verhältnisse eines Mitbewerbers herabsetzt oder verunglimpft. Ob in einer Werbeaussage eine Herabsetzung von Mitbewerbern zu sehen ist, bestimmt sich aufgrund einer **Gesamtwürdigung,** bei der die Umstände des Einzelfalls, insbesondere Inhalt und Form der Äußerung, ihr Anlass und der gesamte Sachzusammenhang sowie die Verständnismöglichkeit der angesprochenen Verkehrskreise, also die Sicht des durchschnittlich informierten und verständigen Adressaten der Werbung, zu berücksichtigen sind (BGH **„Sparberaterin II"**).

94 Als unlautere Schmähkritik untersagt § 4 Nr. 7 i. V. m. § 3 UWG jede Handlung im Wettbewerb, die Kennzeichen, Waren, Dienstleistungen, Tätigkeiten oder persönliche oder geschäftliche Verhältnisse eines Mitbewerbers herabsetzt oder verunglimpft. Die **Herabsetzung oder Verunglimpfung** in § 4 Nr. 7 UWG umfasst alle Fälle der **Geschäftsehrverletzung.** In der Gesetzesbegründung heißt es hierzu wörtlich:

> Erfasst hiervon sind in Abgrenzung zu Nr. 8 Meinungsäußerungen, sodass bei der Beurteilung einer kritischen Äußerung das Grundrecht der Meinungsfreiheit (Art. 5 Abs. 1 GG) zu beachten ist (Gesetzesbegründung zu § 4 Nr. 7).

Der Wettbewerber, der seinen Mitbewerber pauschal und ohne erkennbaren sachlichen Bezug abwertet, handelt unlauter im Sinne von §§ 4 Nr. 7, 3 UWG. Denn auf das Grundrecht der Meinungsfreiheit kann sich derjenige nicht stützen, der bewusst und gezielt einen Wettbewerber herabsetzt oder verunglimpft (zu § 1 UWG a. F.: BGH **„Wassersuche"**). Die pauschale Abwertung der Leistungen eines Mitbewerbers ist jedenfalls dann nach § 4 Nr. 7 UWG unlauter, wenn die **konkreten Umstände,** auf die sich die abwertenden Äußerungen beziehen, nicht mitgeteilt werden (BGH **„englischsprachige Pressemitteilung"**).

95 Als Kennzeichen kommen sowohl eingetragene Marken gemäß § 4 Nr. 1 Markengesetz, als auch Benutzungsmarken gemäß § 4 Nr. 2 Markengesetz sowie geschäftliche Bezeichnungen gemäß § 5 Markengesetz in Betracht. Eine **Herabsetzung** setzt voraus, dass die Kennzeichen, Waren, Dienstleistungen, Tätigkeiten oder persönlichen oder geschäftlichen Verhältnisse des Mitbewerbers in unangemessener Weise abfällig, abwertend oder unsachlich dargestellt werden (zu § 1 UWG a. F.: BGH **„Die „Steinzeit" ist vorbei!"**). Sofern sich die beanstandete Werbeaussage hingegen in einem humorvollen Wortspiel erschöpft, bei dem der Sprachwitz im Vordergrund steht, wird der durchschnittlich informierte und verständige Verbraucher, auf dessen Sicht es maßgeblich ankommt, in der werblichen Aussage kaum eine Herabsetzung sehen. Für die Bewertung maßgeblich ist daher der **Sinngehalt der Äußerung,** wie sie vom angesprochenen Verkehr verstanden wird (BGH **„Coaching-Newsletter"**). Noch stärker als bei der Herabsetzung setzt die **Verunglimpfung** eines Wettbewerbers voraus, dass er oder seine Dienstleistung oder Ware in besonderem Maße herabgesetzt wird. Wer einzelne Präparate mit dem Blickfang **„Der Scheiß des Monats"** herabsetzt, überschreitet die Grenze zur Verunglimpfung. Letztlich besteht jedoch zwischen der Herabsetzung und Verunglimpfung eines Kennzeichens, einer Ware, einer Dienstleistung, einer Tätigkeit oder der persönlichen oder geschäftlichen Verhältnisse eines Mitbewerbers ein fließender Übergang. Jedenfalls ist Voraussetzung eines Wettbewerbsverstoßes gem. §§ 4 Nr. 7, 3 Abs. 1 UWG, dass es sich bei der angegriffenen Behauptung um eine **Meinungsäußerung** handelt, nicht um eine Tatsachenbehauptung. Liegt keine Meinungsäußerung vor, sondern wohnt der Werbeaussage ein **Tat-**

sachenkern inne, kann der Unterlassungsanspruch allenfalls aus § 4 Nr. 8 UWG hergeleitet werden (siehe nachfolgend Anschwärzung).

96 Die Meinungsäußerung kann von der Tatsachenbehauptung dahingehend abgegrenzt werden, dass eine Tatsachenbehauptung einer Überprüfung auf ihre Richtigkeit mit den Mitteln des Beweises zugänglich ist, wohingegen die **Meinungsäußerung durch das Element der Stellungnahme und des Dafürhaltens** gekennzeichnet ist und sich deshalb nicht als wahr oder unwahr beweisen lässt. Nur die Meinungsäußerung ist Gegenstand von § 4 Nr. 7 UWG.

97 Eine Werbeagentur, die bei der Telefonbuchwerbung berät und Kunden anspricht, die sich schlecht, einseitig oder gar nicht beraten fühlen, handelt nicht unlauter (BGH **„Sparberaterin II“**). An einer unlauteren Herabsetzung fehlt es auch bei dem Werbeschreiben einer Steuerberatungsgesellschaft, das der sachlichen Unterrichtung über die berufliche Tätigkeit dient (BGH **„EKW-Steuerberater“**). Die Grenze zur Herabsetzung der Mitbewerber ist überschritten, wenn die **Leistungen der Mitbewerber pauschal abgewertet** werden. Eine unzulässige Herabsetzung des Mitbewerbers liegt nach den Ausführungen des BGH vor, wenn folgende Voraussetzungen gegeben sind:

> Ist eine Schmähkritik zu verneinen, kann sich die lauterkeitsrechtliche Unzulässigkeit einer Äußerung über einen Mitbewerber aufgrund einer umfassenden Interessenabwägung ergeben. Erforderlich ist insofern eine Gesamtwürdigung, bei der alle Umstände des Einzelfalls zu berücksichtigen und die Interessen der Parteien und der Allgemeinheit im Licht der Bedeutung des Grundrechts unter Beachtung des Grundsatzes der Verhältnismäßigkeit gegeneinander abzuwägen sind. ... Ein beeinträchtigendes Werturteil kann daher umso eher zulässig sein, je nützlicher die Information für die Adressaten ist oder je mehr aus anderen Gründen ein berechtigtes Informationsinteresse oder hinreichender Anlass für die Kritik besteht und je sachlicher die Kritik präsentiert wird. ... Weiterhin von Bedeutung ist das Maß an Herabsetzung, das mit der Äußerung einhergeht. ... Bei der Gewichtung der Meinungsäußerungsfreiheit gegenüber anderen Grundrechtspositionen ist zudem zu berücksichtigen, ob vom Grundrecht der Meinungsäußerungsfreiheit im Rahmen einer privaten Auseinandersetzung zur Verfolgung von Eigeninteressen oder im Zusammenhang mit einer die Öffentlichkeit wesentlich berührenden Frage Gebrauch gemacht wird. Je mehr das Interesse des sich Äußernden auf politische, wirtschaftliche, soziale oder kulturelle Belange der Allgemeinheit gerichtet ist, desto eher ist eine Äußerung in Abwägung mit anderen Belangen gerechtfertigt. ... Aus diesem Grund sind Meinungsäußerungen, die zugleich wettbewerblichen Zwecken dienen, strenger zu bewerten, als Äußerungen, die nicht den lauterkeitsrechtlichen Verhaltensanforderungen, sondern lediglich dem allgemeinen Deliktsrecht unterliegen (BGH in GRUR 2012, Seite 74 ff. [S. 78, Rdnr. 33], **„Coaching-Newsletter“**).

Der Anbieter von Coaching-Dienstleistungen, der monatlich per E-Mail einen „Coaching-Newsletter“ versendet und in diesem Newsletter Wettbewerber mit dem Vorwurf der Scharlanterie belegt, setzt diese Mitbewerber pauschal herab und verstößt gegen § 4 Nr. 7 UWG. Keinesfalls ist diese pauschal abwertende Darstellung von der Meinungsfreiheit gedeckt.

8. Anschwärzung (§ 4 Nr. 8 UWG)

98 Eine unlautere Handlung liegt auch dann vor, wenn ein Wettbewerber über die Waren, Dienstleistungen oder das Unternehmen eines Mitbewerbers oder den Unternehmer oder ein Mitglied der Unternehmensleitung **Tatsachen** behauptet oder verbreitet, die geeignet sind, den Betrieb des Unternehmens oder den Kredit des Unternehmers **zu schädigen,** sofern die Tatsachen nicht erweislich wahr sind. Wettbewerbswidrig handelt also derjenige, der über einen Dritten geschäftsschädigende und belastende Äuße-

rungen verbreitet. Die **Beweislast,** ob die verbreitete Tatsachenbehauptung wahr ist, obliegt demjenigen, der die Behauptung aufstellt.

99 Unlauter ist gemäß § 4 Nr. 8 i.V.m. § 3 UWG jede Anschwärzung eines Mitbewerbers. Liegen vertrauliche Mitteilungen vor und hat der Mitteilende oder der Empfänger der Mitteilung an der vertraulichen Mitteilung ein berechtigtes Interesse, liegt nur dann eine unlautere Wettbewerbshandlung vor, wenn die Tatsachen der Wahrheit zuwider behauptet oder verbreitet wurden. Voraussetzung einer unlauteren Wettbewerbshandlung gemäß § 4 Nr. 8 UWG ist das Vorliegen einer **Tatsachenbehauptung.** Der Gewerbetreibende, der über das Erwerbsgeschäft eines anderen, über die Person des Wettbewerbers oder über seine Waren bzw. Dienstleistungen Tatsachen behauptet oder verbreitet, die geeignet sind, den Kredit des Geschäftsinhabers zu schädigen, handelt unlauter. Die Bestimmung in § 4 Nr. 8 UWG ergänzt die Regelung in § 4 Nr. 7 UWG (Schmähkritik, siehe oben). Während Gegenstand der **Schmähkritik eine Meinungsäußerung** ist, betrifft die Fallgruppe von § 4 Nr. 8 UWG nur Tatsachenbehauptungen. Häufig besteht die Schwierigkeit der **Abgrenzung einer Tatsachenbehauptung von einer Meinungsäußerung.** Zu den Abgrenzungskriterien führt der BGH wörtlich aus:

> Für die Beurteilung der Frage, ob eine Äußerung als Tatsachenbehauptung oder Meinungsäußerung bzw. Werturteil einzustufen ist, bedarf es nach ständiger Rechtsprechung der Ermittlung des vollständigen Aussagegehalts. Insbesondere ist jede beanstandete Äußerung in dem Gesamtzusammenhang zu beurteilen, in dem sie gefallen ist. Sie darf nicht aus dem sie betreffenden Kontext herausgelöst einer rein isolierten Betrachtung zugeführt werden. ... So dürfen aus einer komplexen Äußerung nicht Sätze oder Satzteile mit tatsächlichem Gehalt herausgegriffen und als unrichtige Tatsachenbehauptung untersagt werden, wenn die Äußerung nach ihrem – zu würdigenden – Gesamtzusammenhang in den Schutzbereich des Grundrechts auf freie Meinungsäußerung gemäß Art. 5 Abs. 1 GG fallen kann und in diesem Fall eine Abwägung zwischen den verletzten Grundrechtspositionen erforderlich wird. ... Dabei ist zu beachten, dass sich der Schutzbereich des Art. 5 Abs. 1 GG auch auf die Äußerung von Tatsachen erstreckt, soweit sie Dritten zur Meinungsbildung dienen können, sowie auf Äußerungen, in denen sich Tatsachen und Meinungen vermengen und die insgesamt durch die Elemente der Stellungnahme, des Dafürhaltens oder Meinens geprägt werden (BGH in WRP 2009, Seite 1540ff. [S. 1540, 1541, Rdnr. 11], **„Kritische Äußerungen über ein Unternehmen“**).

Wer sich über ein Unternehmen und dessen Vorstandsvorsitzenden kritisch äußert und ausdrücklich darauf hinweist, dass er insoweit „mutmaßen müsse“, äußert eine Meinung, die grundsätzlich dem **Schutz des Grundrechts aus Art. 5 GG** unterliegt. Anders ist der Sachverhalt hingegen zu würdigen, wenn bei einer **produktbezogenen** Äußerung der Äußerungskern einem Beweis zugänglich ist. Wer über den Obstbrand eines Wettbewerbers behauptet, dieser weise einen erhöhten Anteil Methylalkohol auf, stellt eine Tatsachenbehauptung auf, die entweder **wahr oder unwahr** ist (BGH **„Mecklenburger Obstbrände“**). Kann der Verletzer die Wahrheit seiner Tatsachenbehauptung nicht beweisen (die **Beweislast** liegt immer auf Seiten desjenigen, der die Tatsache behauptet), ist eine unlautere Schmähkritik im Sinne von §§ 3, 4 Nr. 8 Hs. 1 UWG gegeben. Kein Wettbewerbsverstoß liegt hingegen vor, wenn ein Hersteller von Fischdosenverpackungen im Rahmen der erteilten **Patentanmeldung** Tatsachen behauptet, die von seinem Wettbewerber als herabsetzend beanstandet werden. Denn mit der Anmeldung einer Erfindung zum Patent wird ein besonderes Verwaltungsverfahren in Gang gesetzt. Die im Rahmen der Patentschrift aufgestellten Behauptungen sind einer Klage auf Unterlassung oder Beseitigung von

Äußerungen entzogen. Einer derartigen Klage fehlt das Rechtsschutzbedürfnis (BGH **„Fischdosendeckel"**).

100 Wettbewerbswidrig handelt auch derjenige Mitbewerber, der eine Liste verbreitet, in der diejenigen Unternehmen aufgeführt sind, gegen deren Bonität Bedenken bestehen **(sog. Konkursliste).** Sofern an der Bonität des gelisteten Unternehmens zu keinem Zeitpunkt Zweifel bestanden, verbreitet der Mitbewerber eine unwahre Tatsache, die geeignet ist, die **Kreditwürdigkeit** des gelisteten Unternehmens in Frage zu stellen. Die Weitergabe der Liste an einen Mitbewerber reicht aus, um den Tatbestand des Verbreitens zu erfüllen. Für den Tatbestand des Verbreitens ist nicht erforderlich, dass sich das verbreitende Unternehmen die Tatsachenbehauptung zu eigen macht (BGH **„Schwarze Liste"**).

101 Auch die **unberechtigte Abnehmerverwarnung** kann den Tatbestand des § 4 Nr. 8 UWG erfüllen. Das gilt insbesondere dann, wenn der unberechtigt Abmahnende der Wahrheit zuwider das Bestehen eines gewerblichen Schutzrechts behauptet, obgleich er weiß, dass das Schutzrecht tatsächlich nie bestand oder zwischenzeitlich erloschen ist (siehe noch zu § 1 UWG a.F. etwa BGH **„Abnehmerverwarnung"**). Der I. Senat des BGH hat dem großen Senat für Zivilsachen die Frage vorgelegt, ob eine unbegründete Verwarnung aus einem Kennzeichenrecht bei schuldhaftem Handeln als rechtswidriger Eingriff in den eingerichteten und ausgeübten Gewerbebetrieb gemäß § 823 Abs. 1 BGB zum Schadensersatz verpflichten kann oder sich eine Schadensersatzpflicht, falls nicht § 826 BGB eingreift, nur aus dem Recht des unlauteren Wettbewerbs gemäß §§ 9, 4 Nr. 1, 8 und 10 UWG ergeben kann (BGH **„Verwarnung aus Kennzeichenrecht"**). Der I. Senat des BGH vertritt in seinem Vorlagebeschluss die Auffassung, dass eine unberechtigte Verwarnung aus einem Immaterialgüterrecht bei Verschulden eine Schadensersatzpflicht aus dem Gesichtspunkt eines Eingriffs in den eingerichteten und ausgeübten Gewerbebetrieb nicht rechtfertigen kann. Aus seiner Sicht kann der Verwarnte die Schutzrechtslage in der Regel jedenfalls in Kennzeichensachen ebenso beurteilen wie der Verwarnende, sodass es in seiner Verantwortung liegt, welche Konsequenzen er aus seiner Beurteilung zieht. Er will daher die Schadensersatzpflicht des unbegründet Verwarnenden auf Ansprüche aus §§ 9, 4 Nr. 1, 8 und 10 UWG beschränken.

102 Der Große Senat für Zivilsachen des BGH kommt zu dem Ergebnis, dass die unbegründete Verwarnung aus einem Kennzeichenrecht ebenso wie eine sonstige unberechtigte Schutzrechtsverwarnung **unter dem Gesichtspunkt eines rechtswidrigen und schuldhaften Eingriffs in das Recht am eingerichteten und ausgeübten Gewerbebetrieb** zum Schadensersatz verpflichtet. So wie der Wettbewerber das Risiko tragen muss, dass er fahrlässig den Schutzbereich eines gewerblichen Schutzrechts oder Urheberrechts zu eng bemisst, so ist es umgekehrt angemessen, den aus einem Schutzrecht Verwarnenden dafür einstehen zu lassen, dass er fahrlässig, insbesondere ohne die von ihm nach Lage des jeweiligen Falles zu erwartenden Prüfung der Sach- und Rechtslage Schutz beansprucht hat, der ihm in dieser Form nicht zustand (BGH **„Unbegründete Verwarnung aus einem Kennzeichenrecht"**). Allerdings wird die Rechtswidrigkeit eines Eingriffs nicht indiziert, sondern sie ist in jedem Einzelfall unter Heranziehung aller Umstände, etwa einer Interessen- und Güterabwägung, zu prüfen (BGH **„Verwarnung aus Kennzeichenrecht II"**). Nur wenn der unberechtigt Abmahnende **rechtswidrig und schuldhaft** gehandelt hat, liegt ein Anschwärzungstatbestand vor, der nicht nur zur Unterlassung, sondern darüber hinaus auch zum Schadensersatz verpflichtet. Denn dem Interesse des Inhabers eines gewerblichen Schutzrechts, zu dessen Verteidigung und zur Aufrechterhaltung eines Vertriebssystems gegen vermeintliche Schutzrechtsverletzer vorzugehen, deren Lieferanten er nicht kennt, steht das Interesse dieses Lieferanten gegenüber, einem u. U. sogar existenzgefährdenden Eingriff in seine Kundenbeziehungen durch die unberechtigte Geltendmachung von Ausschließlichkeitsrechten gegenüber seinen Abnehmern entgegenzutreten (BGH **„Unbegründete Abnehmerverwarnung"**). Es besteht daher bei einer derartigen Abnehmerverwarnung immer das Risiko, dass der Schutzrechtsinhaber in den eingerichteten und ausgeübten Gewerbebetrieb eines Dritten eingreift und sich damit schadensersatzpflichtig macht (BGH **„Fräsautomat"**).

9. Nachahmung: Herkunftstäuschung, Rufausbeutung und Vertrauensbruch (§ 4 Nr. 9 UWG)

103 Grundsätzlich sind sämtliche Produktgestaltungen – technischer wie nichttechnischer Art – frei. Jeder Gewerbetreibende darf sich an nicht unter Sonderrechtsschutz stehenden Gestaltungen orientieren, diese ggf. auch übernehmen. Sonderrechtsschutz ist im technischen Bereich insbesondere über das **Patentgesetz** und das **Gebrauchsmustergesetz,** im nicht-technischen Bereich über das **Designgesetz** oder das **Urheberrechtsgesetz** zu erlangen. Unlauter handelt jedoch gemäß §§ 4 Nr. 9, 3 Abs. 1 UWG derjenige, der Waren oder Dienstleistungen anbietet, die eine Nachahmung der Waren oder Dienstleistungen eines Mitbewerbers sind, wenn er

a) eine vermeidbare Täuschung der Abnehmer über die betriebliche Herkunft herbeiführt, oder
b) die Wertschätzung der nachgeahmten Ware oder Dienstleistung unangemessen ausnutzt oder beeinträchtigt oder
c) die für die Nachahmung erforderlichen Kenntnisse oder Unterlagen unredlich erlangt hat.

Diese Verbotsbestimmung umfasst also die Fallgruppen der Nachahmungen, die zu einer Herkunftstäuschung führen, Nachahmungen mit der Folge der Rufausbeutung oder der Rufbeeinträchtigung, sowie Nachahmungsfälle in Folge eines Vertrauensbruchs. In der Gesetzesbegründung heißt es zu dieser Regelung des **wettbewerbsrechtlichen Leistungsschutzes:**

> Aus der gesetzlichen Anerkennung besonderer ausschließlicher Rechte für technische und nichttechnische geistige Schöpfungen folgt zwingend, dass die wirtschaftliche Betätigung des Einzelnen außerhalb der geschützten Sonderbereiche frei sein soll. Durch die Regelung des wettbewerbsrechtlichen Leistungsschutzes soll die grundsätzliche Nachahmungsfreiheit nicht in Frage gestellt werden. Das bloße Nachahmen eines nicht unter Sonderrechtsschutz stehenden Arbeitsergebnisses ist daher auch künftig nicht unlauter. Die Nachahmung einer fremden Leistung wird nur unter besonderen, die Wettbewerbswidrigkeit begründenden Umständen wettbewerbswidrig sein (Gesetzesbegründung zu § 4 Nr. 9).

Ferner hebt der Gesetzgeber hervor, dass die Aufzählung der Fälle in § 4 Nr. 9 UWG **nicht abschließend** ist. Aus der Gesetzesbegründung wird zugleich deutlich, dass der Gesetzgeber unmittelbar an die frühere Rechtsprechung des Bundesgerichtshofs zu § 1 UWG a. F. anknüpft (so auch BGH **„Rillenkoffer"**). Denn bereits unter § 1 UWG a. F. gab es die Fallgruppen des wettbewerbswidrigen identischen Nachmachens, der unmittelbaren Übernahme, der Herkunftstäuschung sowie der Rufausbeutung.

104 Auf die frühere Rechtsprechung aufbauend wies der BGH im Zusammenhang mit der Übernahme von „Klemmbausteinen" auf Folgendes hin:

> Zur Wahrung der Freiheit des Wettbewerbs ist es deshalb erforderlich, den ergänzenden Leistungsschutz, soweit er – wie im Streitfall – den Schutz einer Leistung als solcher zum Gegenstand hat, anders als in den Fällen, in denen er den Schutz gegen vermeidbare Herkunftstäuschungen (vgl. dazu nunmehr die Regelung in § 4 Nr. 9 Buchst. a UWG) gegen das Ausnutzen des Rufs fremder Leistung (vgl. dazu nunmehr § 4 Nr. 9 Buchst. b Fall 1 UWG), gegen die Behinderung von Mitbewerbern (vgl. dazu nunmehr § 4 Nr. 9 Buchst. b Fall 2 und Nr. 10 UWG) sowie gegen Einschleichen und/oder gegen Vertrauensbruch (vgl. dazu nunmehr § 4 Nr. 9 Buchst. c UWG) bezweckt, zeitlich zu begrenzen (BGH in WRP 2005, 476ff. [Seite 479], **„Klemmbausteine III"**).

Der BGH stellt also heraus, dass jedenfalls der ergänzende wettbewerbsrechtliche Leistungsschutz, sofern er sich auf die Leistung selbst beschränkt, **zeitlich begrenzt** sein kann. Die Angemessenheit dieser Frist für das Leistungsergebnis orientiert sich an den **sondergesetzlich** vorgesehenen Fristen (im Patentrecht, im Designrecht, im Gebrauchsmusterrecht).

a) Herkunftstäuschung

105 Die generelle Nachahmungsfreiheit endet, wenn das nachgeahmte Erzeugnis eine **wettbewerbliche Eigenart** besitzt und die Nachahmung im Verkehr zu einer vermeidbaren Herkunftstäuschung führt. Wann eine vermeidbare Herkunftstäuschung im Verkehr vorliegt, richtet sich nach den Umständen des Einzelfalls. Dabei setzt eine wettbewerbswidrige Herkunftstäuschung voraus, dass **besondere,** die Unlauterkeit der Nachahmung begründende **Umstände** gegeben sind. Zu den Anforderungen an diese Umstände führt der BGH aus:

> Der Vertrieb eines nachgeahmten Erzeugnisses kann wettbewerbswidrig sein, wenn dieses von wettbewerblicher Eigenart ist und besondere Umstände hinzutreten, die seine Nachahmung als unlauter erscheinen lassen. Dabei besteht eine Wechselwirkung zwischen dem Grad der wettbewerblichen Eigenart, der Art und Weise und der Intensität der Übernahme sowie den besonderen wettbewerblichen Umständen. Je größer die wettbewerbliche Eigenart und je größer der Grad der Übernahme sind, desto geringere Anforderungen sind an die besonderen Umstände zu stellen, die die Unlauterkeit der Nachahmung begründen (BGH in WRP 2009, Seite 1372ff. [S. 1372, Rdnr. 10], **„Ausbeinmesser"**).

Wenn der Nachahmende die bekannte Gestaltung eines Messergriffs **identisch übernimmt,** besteht die Gefahr einer vermeidbaren Herkunftstäuschung. Zur Feststellung der Verwechselungsgefahr kommt es darauf an, dass **gerade die übernommenen Gestaltungsmerkmale** geeignet sind, im Verkehr auf die betriebliche Herkunft hinzuweisen. Denn der angesprochene Verkehr nimmt das fragliche Produkt in seiner Gesamtheit wahr, ohne es in einzelne Elemente (also einzelne Gestaltungsmerkmale) zu zerlegen. Die gegenüberstehenden Produkte müssen **auf Grund des Gesamteindrucks** vom Verkehr im Zeitpunkt des Kaufs verwechselt werden können (BGH **„Rillenkoffer"**). Dies kann einerseits dadurch geschehen, dass der Verkehr beide Produkte **unmittelbar** miteinander verwechselt, da er das eine, nachgeahmte Produkt für die Originalware nimmt. Eine unlautere Herkunftstäuschung ist jedoch auch dann gegeben, wenn der angesprochene Verkehr irrigerweise annimmt, dass es sich bei dem nachgeahmten Produkt (oder bei der nachgeahmten Produktkennzeichnung) um ein **Zweitprodukt** (oder eine Zweitmarke) des Originalherstellers handelt, oder wenn er von geschäftlichen oder organisatorischen Beziehungen zwischen den beteiligten Unternehmen ausgeht. Werden hingegen die charakteristischen Merkmale, die die wettbewerbliche Eigenart begründen, nicht übernommen, fehlt es an einem unlauteren Verhalten (noch zu § 1 UWG a.F.: BGH **„Abschlussstück"**).

106 Die **unlautere Täuschung über die Herkunft** einer Ware oder Leistung hat folgende Voraussetzungen:

- das nachgeahmte Produkt muss eine schutzwürdige wettbewerbliche Eigenart besitzen,
- eine gewisse Bekanntheit des Originalprodukts,
- die Übernahme der charakteristischen Elemente muss zu einer Herkunftstäuschung führen können,
- die Herkunftstäuschung muss z.B. durch Außerachtlassung zumutbarer Möglichkeiten der Veränderung vermeidbar sein,
- die Herkunftstäuschung führt zu einer nicht nur unerheblichen Beeinträchtigung des Mitbewerbers und
- dem Nachahmer muß das Original bekannt sein.

107 Die wettbewerbliche Eigenart setzt voraus, dass die nachgeahmten Modelle **Merkmale** aufweisen, die geeignet sind, auf die betriebliche Herkunft oder auf die Besonderheit der Erzeugnisse hinzuweisen. Um welche Merkmale es sich dabei handeln kann, führt der BGH in der Entscheidung **„Regalsystem"** wörtlich wie folgt aus:

> Ein Erzeugnis besitzt wettbewerbliche Eigenart, wenn seine konkrete Ausgestaltung oder bestimmte Merkmale geeignet sind, die interessierten Verkehrskreise auf seine betriebliche Herkunft oder seine Besonderheiten hinzuweisen. Das gilt auch für technische Erzeugnisse (vgl. BGH, Urteil vom 15. April 2010 – I ZR 145/08, GRUR 2010, 1125 Rdnr. 21 = WRP 2010, 1465 – Femur-Teil). Allerdings können technisch notwendige Merkmale aus Rechtsgründen keine wettbewerbliche Eigenart begründen. Technisch notwendige Merkmale sind solche, die bei gleichartigen Erzeugnissen aus technischen Gründen zwingend verwendet werden müssen (vgl. BGH, Urteil vom 8. Dezember 1999 – I ZR 101/97, GRUR 2000, 521, 523f. = WRP 2000, 493 – Modulgerüst I). Die Übernahme solcher nicht (mehr) unter Sonderrechtsschutz stehender Gestaltungsmerkmale ist mit Rücksicht auf den Grundsatz des freien Stands der Technik wettbewerbsrechtlich nicht zu beanstanden. Handelt es sich dagegen nicht um technisch zwingend notwendige Merkmale, sondern nur um solche, die zwar technisch bedingt, aber frei austauschbar sind, ohne dass damit Qualitätseinbußen verbunden sind, so können sie entgegen der Auffassung der Revision eine wettbewerbliche Eigenart (mit-)begründen, sofern der Verkehr wegen dieser Merkmale auf die Herkunft der Erzeugnisse aus einem bestimmten Betrieb Wert legt oder mit ihnen gewisse Qualitätserwartungen verbindet (BGH, GRUR 2010, 1125 Rdnr. 22 [= WRP 2010, 1465] – Femur-Teil). Daneben kann auch die Kombination einzelner technischer Gestaltungsmerkmale wettbewerbliche Eigenart begründen, selbst wenn die einzelnen Merkmale für sich genommen nicht geeignet sind, im Verkehr auf die Herkunft aus einem bestimmten Unternehmen hinzuweisen (BGH, GRUR 2010, 80 Rdnr. 34 [= WRP 2010, 94] – LIKEaBIKE; GRUR 2012, 1155 Rdnr. 31 [= WRP 2012, 1379] – Sandmalkasten). Entsprechendes gilt für ästhetische Merkmale der Formgestaltung, die allein oder in Kombination mit technisch bedingten Merkmalen geeignet sein können, als Herkunftshinweis zu dienen (vgl. BGH, Urteil vom 8. November 1984 – I ZR 128/82, GRUR 1985, 876, 877 = WRP 1985, 397 – Tchibo/Rolex I; Urteil vom 15. September 2005 – I ZR 151/02, GRUR 2006, 79 Rdnr. 24 = WRP 2006, 75 – Jeans I).
>
> Auch unter dem Gesichtspunkt, den freien Stand der Technik für den Wettbewerb offenzuhalten, besteht keine Veranlassung, beliebig kombinier- und austauschbaren Merkmalen eine herkunftshinweisende Eignung von vornherein abzusprechen. Soweit bei einzelnen Schutzrechten abweichende Anforderungen an die Begründung des Schutzes im Zusammenhang mit technischen Merkmalen gestellt werden (vgl. etwa zu § 3 Abs. 2 Nr. 2 MarkenG BGH, Beschluss vom 16. Juli 2009 – I ZB 53/07, BGHZ 182, 325

Rdnr. 30 bis 33 [= WRP 2010, 377] – Legostein), lässt sich daraus für die Anforderungen an den wettbewerbsrechtlichen Leistungsschutz nichts ableiten. Der lauterkeitsrechtliche Nachahmungsschutz ist nach Schutzzweck, Voraussetzungen und Rechtsfolgen anders als die Sonderschutzrechte ausgestaltet. Ansprüche aus wettbewerbsrechtlichem Leistungsschutz wegen der Verwertung eines fremden Leistungsergebnisses können unabhängig vom Bestehen von Ansprüchen aus einem Schutzrecht gegeben sein, wenn besondere Begleitumstände vorliegen, die außerhalb des sondergesetzlichen Tatbestands liegen (BGH in WRP 2013, Seite 1188 ff. [Seite 1191, Rdnr. 19, 20]).

Bei den zur Begründung der wettbewerblichen Eigenart erforderlichen Merkmalen kann es sich also auch um **technische Merkmale** handeln, soweit diese nicht zum **Stand der Technik** gehören (BGH **„Stufenleitern"**). Allein der Umstand, dass das nachgeahmte Erzeugnis bereits **vielfach kopiert am Markt** vorhanden ist, läßt die wettbewerbliche Eigenart nicht **entfallen,** solange der Verkehr noch zwischen dem Original und den Nachahmungen unterscheidet (BGH **„Handtaschen"**). Die **wettbewerbliche Eigenart** erfordert noch keine Bekanntheit des Produkts (BGH **„Gebäckpresse"**).

108 Bei Prüfung der wettbewerblichen Eigenart ist zwischen den technischen und den nicht-technischen Merkmalen zu unterscheiden. Im **nicht-technischen,** also rein ästhetischen Gestaltungssegment, kann sich der Herkunftshinweis aus der besonderen Eigentümlichkeit der Gestaltung z. B. eines textilen Musters ergeben. Dabei muss das Muster nicht einmal neu sein. Es genügt, wenn dieses Muster in dieser konkreten Form zum Zeitpunkt des Erscheinens vom Verkehr als eigentümlich angesehen wird, da ihm **eine Besonderheit innewohnt,** die es von Produkten ähnlicher Art abhebt. Derjenige Nachahmer, der dieses ästhetische Merkmal identisch oder nahezu identisch übernimmt ruft im angesprochenen Verkehr den Eindruck hervor, dass es sich bei dem nachgeahmten Produkt um ein Produkt des gleichen Herstellers handelt oder dass dieses Produkt zumindest aus einer Betriebsstätte oder einer Konzerngesellschaft des Originalherstellers stammt. Zu dieser **vermeidbaren Herkunftstäuschung** kann es im angesprochenen Verkehr nur dann kommen, wenn das Originalerzeugnis nicht nur eine wettbewerbliche Eigenart besitzt, sondern wenn das **nachgeahmte** Erzeugnis bei den maßgeblichen Verkehrskreisen auch eine **gewisse Bekanntheit** im **Inland** erlangt hat (BGH **„Jeans"**). Andernfalls besteht nicht die Gefahr einer Herkunftstäuschung. Das Vorliegen von Verkehrsgeltung ist dazu allerdings nicht erforderlich (zu § 1 UWG a. F.: BGH **„Noppenbahnen"**). Sofern nicht Original und Nachahmung nebeneinander vertrieben werden und der Verkehr daher nicht die Möglichkeit hat, beide Produkte unmittelbar miteinander zu vergleichen, kommt eine Täuschung über die betriebliche Herkunft daher nur in Betracht, wenn das nachgeahmte Erzeugnis auf dem inländischen Markt zum Zeitpunkt der Markteinführung der Nachahmung eine **gewisse Bekanntheit** erlangt hat (BGH **„Gebäckpresse"**). Nach Ansicht des BGH genügt bereits eine Bekanntheit, bei der sich die Gefahr der Herkunftstäuschung in noch relevantem Umfang ergeben kann, wenn Nachahmungen vertrieben werden. Entscheidend ist der Zeitpunkt der Markteinführung der Nachahmung. Sofern es sich bei der verkehrsbekannten gestalterischen Grundidee um die Umsetzung freizuhaltender Gestaltungsmittel handelt, die selbst keinem Sonderrechtsschutz zugänglich sind, kann diese gestalterische und praktische Grundidee auch nicht über den wettbewerbsrechtlichen Leistungsschutz für einen Wettbewerber monopolisiert werden (so zu § 1 UWG a. F.: BGH **„Pflegebett"** und **„Blendsegel"**).

109 Im Zusammenhang mit einer Auseinandersetzung zweier Hersteller von Anziehpuppen mit Zubehör stellt der BGH zusammenfassend fest:

Nach den zu § 1 UWG a. F. entwickelten Grundsätzen, die nunmehr in §§ 3, 4 Nr. 9 UWG verankert sind, können Ansprüche aus sog. ergänzendem wettbewerbsrechtlichem Leistungsschutz gegen die Verwertung eines fremden Leistungsergebnisses begründet sein, wenn bei dem Vertrieb von Nachahmungen eines Erzeugnisses die Gefahr einer Herkunftstäuschung besteht und der Nachahmer zumutbare und geeignete Maßnahmen zur Vermeidung der Herkunftstäuschung unterlassen hat. ... Dieser ergänzende wettbewerbsrechtliche Leistungsschutz gegen eine vermeidbare Herkunftstäuschung hat nicht nur zur Voraussetzung, dass das nachgeahmte Erzeugnis wettbewerbliche Eigenart besitzt, sondern in aller Regel auch, dass es bei den maßgeblichen Verkehrskreisen eine gewisse Bekanntheit erlangt hat. Es genügt jedenfalls, dass das wettbewerblich eigenartige Erzeugnis bei nicht unerheblichen Teilen der angesprochenen Verkehrskreise eine solche Bekanntheit erreicht hat, dass sich in relevantem Umfang die Gefahr der Herkunftstäuschung ergeben kann, wenn Nachahmungen vertrieben werden ... Die erforderliche wettbewerbliche Eigenart ist gegeben, wenn die konkrete Ausgestaltung oder bestimmte Merkmale des Erzeugnisses geeignet sind, die interessierten Verkehrskreise auf seine betriebliche Herkunft oder seine Besonderheiten hinzuweisen. ... Zwischen dem Grad der wettbewerblichen Eigenart, der Art und Weise und der Intensität der Übernahme sowie den besonderen wettbewerblichen Umständen besteht eine Wechselwirkung. Je größer die wettbewerbliche Eigenart und je höher der Grad der Übernahme ist, desto geringer sind die Anforderungen an die besonderen Umstände, die die Wettbewerbswidrigkeit begründen (BGH in WRP 2005 Seite 88 ff. [Seite 90], **„Puppenausstattungen"**).

Im Zusammenhang mit der Übernahme von typischen Spielsituationen mit Puppen durch den Nachahmer stellte der I. Senat des BGH heraus, dass im Interesse der **Freiheit des Wettbewerbs** grundsätzlich kein wettbewerbsrechtlicher Schutz besteht. Gestaltungsmerkmale derartiger typischer Spielsituationen können nicht durch einen Puppenhersteller monopolisiert werden. Assoziationen, die das prioritätsjüngere Produkt zu den älteren Gestaltungen weckt, begründen keinen Wettbewerbsverstoß.

110 Im **technischen Bereich** ist zu berücksichtigen, dass das nachgeahmte Produkt technisch bedingt notwendige Eigenschaften aufweist, die in dieser Form zum **Stand der Technik** gehören und insoweit nicht Gegenstand der wettbewerblichen Eigenart sein können (zu § 1 UWG a. F.: BGH **„Bremszange"**). Wettbewerbliche Eigenart eines Erzeugnisses liegt dann nicht vor, wenn sich eine gemeinfreie technische Lösung in einer technisch notwendigen Gestaltung verwirklicht. Bei einer **praktisch identischen Übernahme** eines technischen Erzeugnisses kann dennoch die Gefahr einer Herkunftstäuschung bestehen, wenn der Verbraucher davon ausgeht, dass beide identischen Produkte von demselben Hersteller stammen (BGH **„Gartenliege"**).

111 Auch wenn der Verkehr mit der Ware **keine besondere Gütevorstellung** verbindet, kann die Eigenart so beschaffen sein, dass der Verkehr den Artikel einem bestimmten Unternehmen zuordnet. Die Gefahr einer Herkunftstäuschung ist gegeben, wenn der Verkehr beide Produkte einem Hersteller zuordnet. Die vermeidbare Herkunftstäuschung muss bereits **im Zeitpunkt der Werbung bzw. des Kaufs** auftreten, um einen Wettbewerbsverstoß zu begründen. Wird der Verbraucher erst nachfolgend auf die mögliche Herkunftstäuschung aufmerksam, liegt jedenfalls ein Verstoß gegen § 4 Nr. 9 UWG nicht vor (BGH **„Klemmbausteine III"**).

112 Die Herkunftstäuschung ist dem Nachahmer dann **vorwerfbar,** wenn er es versäumt hat, durch zumutbare Maßnahmen die entstandene Irreführung des Verkehrs zu vermeiden. Im nicht-technischen, also im **rein ästhetischen Bereich,** kann einer entsprechenden Täuschung vorgebeugt werden, indem diejenigen Kriterien, mit denen der angesprochene Verkehr eine bestimmte Herkunftsvorstellung verbindet, abgeändert werden. Gerade im ästhetischen Bereich gibt es eine Vielzahl von Möglichkeiten, einen Artikel so zu gestalten, dass eine verwechselbare Nähe zu dem Produkt des

Wettbewerbers nicht entsteht. In diesem Zusammenhang ist zu berücksichtigen, dass der Gesamteindruck eines Erzeugnisses durch Gestaltungsmerkmale bestimmt oder mitbestimmt werden kann, die für sich genommen nicht geeignet sind, im Verkehr auf dessen Herkunft aus einem bestimmten Unternehmen hinzuweisen. Derartige **Gestaltungsmerkmale** können in ihrem Zusammenwirken eine wettbewerbliche Eigenart verstärken oder begründen, da diese von dem **Gesamteindruck** abhängt, den die konkrete Ausgestaltung oder bestimmte Merkmale des jeweiligen Erzeugnisses vermitteln (BGH **„LIKEaBIKE"**). Daher kann auch die Übernahme wesentlicher Gestaltungsmerkmale eines Laufrads, die eigentlich technisch bedingt sind, eine Täuschung über die betriebliche Herkunft begründen, wenn dieser Gefahr nicht durch **zumutbare Maßnahmen** begegnet wird. Das gilt umso mehr, wenn das nachahmende Unternehmen zusätzlich einen ähnlichen Markennamen wie der Originalhersteller verwendet.

113 Im technischen Bereich hingegen bestimmt das nicht technisch Notwendige den Umfang, der vom Nachahmer zumutbar abgeändert werden kann. Sofern der technische Artikel nicht unter Sonderrechtsschutz steht (zur Anwendbarkeit des UWG neben DesignG, BGH **„Baugruppe"**), würde es den gesetzgeberischen Intentionen zuwiderlaufen, wollte man von dem Nachahmer auch die Änderung wesentlicher technischer Merkmale verlangen, die zum Stand der Technik gehören. Sofern sich technische Bestandteile des Artikels jedoch dahingehend auswirken, dass sie auch einen bestimmten ästhetischen Gehalt haben, wird man vom Nachahmer verlangen können, dass er zur Verhütung von Herkunftstäuschungen diese ästhetische Komponente, die **willkürlich wählbar und austauschbar** ist, verändert (BGH **„Handtuchklemme"**). Zur **Vermeidbarkeit einer Herkunftstäuschung** betont der BGH Folgendes:

> Eine Herkunftstäuschung ist vermeidbar, wenn sie durch geeignete und zumutbare Maßnahmen verhindert werden kann (BGH, Urteil vom 8. November 2001 – I ZR 199/99, GRUR 2002, 275, 277 = WRP 2002, 207 – Noppenbahnen; Urteil vom 2. April 2009 – I ZR 144/06, GRUR 2009, 1068 Rdnr. 12 = WRP 2009, 1509 – Knoblauchwürste). Ob und welche Maßnahmen zur Verhinderung einer Herkunftstäuschung dem Wettbewerber zugemutet werden können, ist anhand einer umfassenden Interessenabwägung zu beurteilen (vgl. BGH, GRUR 2000, 521, 525 [= WRP 2009, 493] – Modulgerüst I).
> Bei dieser Abwägung sind unter anderem das Interesse des Herstellers des Originalerzeugnisses an der Vermeidung einer Herkunftstäuschung, das Interesse der Wettbewerber an der Nutzung nicht unter Sonderrechtsschutz stehender Gestaltungselemente sowie das Interesse der Abnehmer an einem Preis- und Leistungswettbewerb zwischen unterschiedlichen Anbietern zu berücksichtigen. Soweit der Wettbewerber technisch bedingte Merkmale übernimmt, ist dabei zu beachten, dass es dem Übernehmenden billigerweise nicht verwehrt werden kann, den offenbarten und durch praktische Erfahrung bestätigten Stand der Technik zu benutzen und Verbraucherwünschen und -erwartungen, vor allem im Hinblick auf den Gebrauchszweck des Erzeugnisses, Rechnung zu tragen (vgl. BGH, GRUR 2000, 521, 525 [= WRP 2000, 493] – Modulgerüst I; GRUR 2010, 80 Rdnr. 27 [= WRP 2010, 94] – LIKEaBIKE). Dabei ist insbesondere das bestehende Interesse der Abnehmer zu berücksichtigen, unter mehreren Konkurrenzprodukten ein nach Preis und Leistung geeignet erscheinendes Erzeugnis auszuwählen (vgl. BGH, Urteil vom 15. Mai 1968 – I ZR 105/66, GRUR 1968, 698, 701 – Redordspritzen; Urteil vom 11. Februar 1977 – I ZR 39/75, GRUR 1977, 666, 668 = WRP 1977, 484 – Einbauleuchten; BGH, GRUR 2000, 521, 525 [= WRP 2000, 493] – Modulgerüst I). Dieses Interesse an einem Preis- und Leistungswettbewerb besteht nicht nur bei einer Erstanschaffung, sondern ist auch anzuerkennen, soweit ein Ersatz- oder Ergänzungsbedarf für ein bereits angeschafftes Erzeugnis betroffen ist (vgl. BGH, GRUR 1968, 698, 701 – Rekordspritzen). Neben dem die Belange der Abnehmer in erster Linie kennzeichnen-

den Interesse an einem Preiswettbewerb kann auch ihr Interesse, bei möglichen Lieferschwierigkeiten eines Herstellers auf einen anderen ausweichen zu können, von Bedeutung sein (BGH in WRP 2013, Seite 1188 ff. [S. 1192, Rdnr. 35, 36], **„Regalsystem"**).

Gerade wenn das übernommene Erzeugnis aus einer Vielzahl von technisch-funktionalen Gestaltungselementen besteht, ist der Nachahmer gehalten, den für Abweichungen bestehenden hinreichend großen Spielraum auszuschöpfen (zu § 1 UWG a. F.: BGH **„Rollstuhlnachbau"**). Die nahezu identische Nachahmung eines Produktes führt selbst im Hinblick auf die grds. Zulässigkeit der Übernahme von Merkmalen, die dem freien Stand der Technik angehören, zu einem strengeren Maßstab (BGH **„Sandmalkasten"**). Der Umstand allein, dass neben einer als wettbewerbswidrige Nachahmung beanstandeten Gestaltung zeitgleich oder während eines Verletzungsverfahrens ähnliche andere Produkte auf den Markt kommen, steht der Annahme der wettbewerblichen Eigenart nicht entgegen (BGH **„Handtuchklemmen"**). Eine Herkunftstäuschung setzt auch nicht voraus, dass der Verkehr das Unternehmen, dem er die ihm bekannte Leistung zuschreibt, **namentlich kennt.** Vielmehr genügt die Vorstellung, dass das fragliche Erzeugnis von einem bestimmten Hersteller, wie auch immer dieser heißen mag, in den Verkehr gebracht wurde (BGH **„Stufenleitern"**). Eine Herkunftstäuschung kommt allerdings dann nicht in Betracht, wenn der angesprochene Verkehr das Nebeneinander von Originalen und Nachbauten kennt und weiß, dass er das betreffende Produkt anhand bestimmter Merkmale prüfen muss, um sich Klarheit darüber zu verschaffen, wer der Hersteller dieses Produkts ist. Denn wenn der angesprochene Verkehr das Vorhandensein von Original und Nachahmung kennt, wird er diesem Angebot eine entsprechend hohe Aufmerksamkeit entgegenbringen und weder im Zeitpunkt der Werbung noch beim Kauf einer Herkunftstäuschung unterliegen (BGH **„Handtaschen"**).

114 Hinsichtlich der **Vermeidbarkeit** von Herkunftstäuschungen gilt der Grundsatz, dass der **Grad der Eigentümlichkeit der Schöpfung den Grad der Änderung** bestimmt. Je eigentümlicher eine Schöpfung gestaltet ist, einen umso größeren Abstand muss die Nachahmung wahren, d. h. umso mehr Maßnahmen muss der Nachahmer einleiten, um sich von dem Original abzusetzen. Denn zwischen dem Grad der wettbewerblichen Eigenart, der Art und Weise sowie der Intensität der Übernahme und den besonderen wettbewerblichen Umständen besteht eine **Wechselwirkung** (zu § 1 UWG a. F.: BGH **„Güllepumpen"**). Je größer die wettbewerbliche Eigenart ist, umso geringer sind die Anforderungen, die an die besonderen Umstände zu stellen sind, die die Wettbewerbswidrigkeit der Nachbildung begründen, und umgekehrt. Es muss im Einzelfall bewertet werden, ob der Nachahmer alle ihm zumutbaren Maßnahmen getroffen hat, um eine Herkunftstäuschung zu vermeiden. Entspricht das nachgeahmte Produkt demgemäß den gerade aktuellen Modevorstellungen, so hat es der Originalhersteller in Kauf zu nehmen, dass der Konkurrent ähnliche Mittel einsetzt, um ein ähnliches Produkt zu schaffen. Überwiegen die **Unterschiede** zwischen dem Original und dem nachgeahmten Produkt, kommt eine vermeidbare Herkunftstäuschung nicht in Betracht (BGH **„Lernspiele"**). Allein die Anbringung eines eigenen Firmenschildes vermag allerdings Herkunftsverwechselungen i. d. R. nicht auszuschließen (BGH **„Modulgerüst"**). Ggf. kann das nachschaffende Unternehmen durch einen **aufklärenden Hinweis** die Gefahr einer Fehlvorstellung über die betriebliche Herkunft im Verkehr beseitigen (BGH **„Klemmbausteine III"**).

115 Neben dem Vorliegen der skizzierten objektiven Voraussetzungen muss der Nachahmer ferner die Umstände kennen, aus denen sich die Nachahmung ergibt. Kennt der Nachahmer das Original nicht, kann keine Nachahmung vorliegen (BGH **„ICON"**).

Handelt es sich bei dem nachgeahmten Erzeugnis um ein grundsätzlich dem Designschutz zugängliches Haushaltsgerät, kann der ergänzende wettbewerbliche Leistungsschutz selbst dann in Betracht kommen, wenn Ansprüche aus einem **nicht eingetragenen Gemeinschaftsgeschmacksmuster** mangels Neuheit nicht gegeben sind. Auch der zeitlich auf 3 Jahre befristete Schutz für ein nicht eingetragenes Gemeinschaftsgeschmacksmuster (Art. 11 GGV) berührt nicht den zeitlich nicht von vornherein befristeten Anspruch aufgrund ergänzendem wettbewerbsrechtlichen Leistungsschutz wegen vermeidbarer Herkunftstäuschung (BGH **„Gebäckpresse"**). Denn aus Sicht des BGH lässt die Gemeinschaftsgeschmacksmusterverordnung die Bestimmungen des UWG unberührt. Während das Muster nur geschützt ist, wenn es neu und eigentümlich ist, gelten diese Voraussetzungen für den ergänzenden wettbewerbsrechtlichen Leistungsschutz nicht. Vielmehr setzt ein Anspruch aus §§ 3, 4 Nr. 9 lit. a UWG das Vorliegen eines **Unlauterkeitsmerkmals** voraus und ist deshalb zeitlich nicht von vornherein befristet (BGH **„Jeans II"**).

116 Ein Verstoß gegen §§ 4 Nr. 9a), 3 Abs. 1 UWG liegt selbst dann vor, wenn zwar eine unmittelbare Verwechselung der gegenüberstehenden Produkte auf Grund der vorhandenen Unterschiede ausgeschlossen erscheint, der Verkehr jedoch meinen könnte, bei dem nachgeahmten Produkt handelt es sich um ein Zweitprodukt des Originalherstellers, oder wenn er von geschäftlichen oder organisatorischen Beziehungen zwischen den beteiligten Unternehmen ausgeht. Diese **Herkunftstäuschung im mittelbaren und weiteren Sinne** liegt nur höchst ausnahmsweise vor. Bei deutlich unterschiedlichen Produktbezeichnungen und Herstellerangaben ist eine vermeidbare Herkunftstäuschung jedenfalls zu verneinen (siehe BGH **„Viennetta"**).

117 Dem wettbewerbsrechtlichen Leistungsschutz sind nicht nur Erzeugnisse zugänglich, sondern in gleicher Weise **Marketing-Konzepte** und **Werbeslogans.** Der Bundesgerichtshof vertritt die Auffassung, dass einem originellen, gleichzeitig einprägsamen und aussagekräftigen Werbeslogan ein Nachahmungsschutz zukommen kann, wenn er die Eignung besitzt, **auf einen bestimmten Anbieter hinzuweisen.** In diesem Zusammenhang kommt es nicht auf seine Bekanntheit im Verkehr an. So nahm der erkennende Senat bei dem Werbespruch „Wärme fürs Leben" das Vorliegen einer geringen wettbewerblichen Eigenart an, die ausreichte, um die Unlauterkeit der identischen Übernahme des Werbeslogans durch einen Dritten zu begründen (zu § 1 UWG a.F.: BGH **„Wärme fürs Leben"**). Die unmittelbare Übernahme eines Leistungsergebnisses eines Dritten ist nicht Gegenstand des wettbewerbsrechtlichen Schutzes nach § 4 Nr. 9 UWG (BGH **„Hartplatzhelden.de"**). Auch die Übernahme einer bestimmten **Verpackungsgestaltung** kann eine Herkunftstäuschung **im weiteren Sinne** begründen, wenn der Verkehr die Nachahmung für ein unter einer Zweitmarke vertriebenes Produkt des Originalherstellers hält oder wenn er von geschäftlichen oder organisatorischen Beziehungen zwischen den beteiligten Unternehmen ausgeht, selbst wenn die auf den Produkten deutlich aufgebrachten Unternehmens- und Produktkennzeichnungen grundsätzlich einer Herkunftstäuschung entgegen wirken können (BGH **„Knoblauchwürste"**). In diesem Zusammenhang hebt der BGH hervor, dass eine gestalterische **Grundidee,** die keinem Sonderschutz zugänglich ist, nicht im Wege des ergänzenden wettbewerbsrechtlichen Leistungsschutzes für einen Wettbewerber monopolisiert werden kann. Es gibt insoweit keinen wettbewerbsrechtlichen Motivschutz (BGH **„AMARULA/Marulablu"**).

117a Grundsätzlich richten sich die Ansprüche aus ergänzendem wettbewerbsrechtlichen Leistungsschutz gegen das verletzende Unternehmen. Fällt das Unternehmen in Vermögensverfall und wird ein **Insolvenzverfahren** eröffnet, stellt sich die Frage, ob der

Insolvenzverwalter wegen der nachgeahmten Erzeugnisse in Anspruch genommen werden kann. Der BGH stellt klar, dass es sich bei einer Klage, die einen gegen den Insolvenzschuldner gerichteten gesetzlichen Unterlassungsanspruch wegen Verletzung eines gewerblichen Schutzrechts oder wegen eines Wettbewerbsverstoßes zum Gegenstand hat, um einen Passivprozess im Sinne des § 86 InsO handelt (BGH **„Modulgerüst II"**).

> **Praxishinweis**
> Mit zunehmender Bekanntheit des Originalerzeugnisses und erheblicher Annäherung der Nachahmung sind Ansprüche aus § 4 Nr. 9 UWG selbst dann begründet, wenn die wettbewerbliche Eigenart nicht stark ausgeprägt ist. Nur wenn der Nachahmende sämtliche zumutbaren und geeigneten Maßnahmen zur Vermeidung einer drohenden Herkunftstäuschung ergriffen hat, kann er im Einzelfall dem Unlauterkeitsvorwurf entgehen.

b) Modeneuheitenschutz

118 Als Unterfall der vermeidbaren Herkunftstäuschung im Sinne von § 4 Nr. 9a) UWG können Modeerzeugnisse vor Nachahmung geschützt sein. Der wettbewerbsrechtliche Saisonschutz für eine Modeneuheit setzt eine vermeidbare Herkunftstäuschung allerdings nicht voraus (BGH **„Jeans II"**). Modeerzeugnisse sind kurzlebige Produkte, die einem raschen Modewechsel unterworfen sind, etwa Kleider, T-Shirts etc., nicht aber z.B. Arbeitsstiefel, die für einen längeren Verkaufszeitraum produziert werden. Eine **identische Übernahme** fremder Modeerzeugnisse oder die nahezu identische Nachahmung eines Modeproduktes kann wettbewerbswidrig sein. Dieser ergänzende wettbewerbsrechtliche Schutz von Modeneuheiten kommt dann in Betracht, wenn der Originalhersteller der Modeneuheit den Artikel weder als **Design** hat schützen lassen noch die eigenschöpferische Leistung einen derartigen Grad erreicht hat, dass **Urheberrechtsschutz** besteht. Die Schaffung des nicht-eingetragenen Gemeinschaftsgeschmacksmusters (mit einem zeitlich auf drei Jahre begrenzten Schutz, Art. 11 GGV) gibt allerdings dem Originalhersteller eine weitere Möglichkeit, gegen Nachahmer vorzugehen (BGH **„Jeans II"**).

119 Der Bundesgerichtshof hat in seiner zu § 1 UWG a.F. ergangenen Entscheidung **„Hemdblusenkleid"** festgestellt:

> Eine Modeneuheit mit schutzwürdiger wettbewerblicher Eigenart, für die ausnahmsweise ein vorübergehender Nachahmungsschutz in Betracht kommt, liegt dann vor, wenn es sich um eine über den Durchschnitt herausragende modische Neuerscheinung handelt, deren Gesamteindruck durch individuelle ästhetische Gestaltungsmerkmale geprägt ist (BGH in GRUR 1984, Seite 453ff. [Seite 453]).

120 Der wettbewerbsrechtliche **Saisonschutz** für eine Modeneuheit setzt voraus, dass eine sogenannte **wettbewerblichen Eigenart** gegeben ist. Sofern die Gestaltung des Modeartikels überdurchschnittlich ist, soll es dem Originalhersteller ermöglicht werden, die für die Entwicklung eines solchen Erzeugnisses aufgewendeten Kosten – inkl. Arbeits- und Zeitaufwand – zu erwirtschaften, der Originalhersteller soll mit anderen Worten nicht um die Früchte seiner Arbeit gebracht werden. Der Begleitumstand, der die Nachahmung unlauter macht, kann jedoch nicht nur darin bestehen, dass der Schöpfer der Modeneuheit behindert wird (§ 4 Nr. 10 UWG), sondern auch darin, dass der Nachahmer gemäß § 4 Nr. 9c) UWG ihm **anvertraute Muster** übernimmt (Gesichtspunkt des Vertrauensbruchs, noch zu § 1 UWG a.F.: BGH **„Brombeer-**

muster"), oder dass gemäß § 4 Nr. 9a) UWG die Gefahr der **betrieblichen Herkunftstäuschung** besteht. Auch eine **Rufausbeutung** im Sinne von § 4 Nr. 9b) UWG kann die Wettbewerbswidrigkeit der Nachahmung begründen.

121 Der Schutz von Modeneuheiten, bei denen es sich um schnelllebige Erzeugnisse handelt, ist auf einen **gewissen Zeitraum** beschränkt, ohne dass dieser mit dem zeitlich befristeten Schutz für ein nicht eingetragenes Gemeinschaftsgeschmacksmuster übereinstimmen muss (BGH **„Jeans"**). Üblicherweise besteht ein derartiger wettbewerblicher Schutz nur so lange wie die Saison andauert, in der der Artikel erstmalig am Markt angeboten wurde (Saisonschutz). Diese **Schutzdauer** kann sich bei solchen Erzeugnissen um eine weitere Saison verlängern, bei denen es sich um Übergangsmodelle handelt, also um Artikel, die sowohl in der Frühjahr-/Sommer-Saison als auch in der Herbst-/Winter-Saison genutzt werden können.

122 Eine zeitliche Befristung des Modeneuheitenschutzes kann bei derartigen Modeerzeugnissen ausnahmsweise ganz entfallen, die auf Grund ihrer Machart grundsätzlich keiner zeitlichen Beschränkung unterliegen. In Bezug auf die nachschaffende Übernahme von Trachtenmode stellte der Bundesgerichtshof in der Entscheidung **„Trachtenjanker"** noch zu § 1 UWG a. F. fest:

> Die Möglichkeit eines – zeitlich begrenzten – Schutzes für Modeneuheiten schließt es nicht aus, dass dem Verkehr die besonders originelle Gestaltung eines Modeerzeugnisses als Hinweis auf die betriebliche Herkunft dient. Ist dies der Fall, kann gegen eine Nachahmung – im Allgemeinen unter dem Gesichtspunkt einer vermeidbaren Herkunftstäuschung – vorgegangen werden. Bestehen die Schutzvoraussetzungen zum Zeitpunkt der letzten mündlichen Verhandlung vor dem Tatrichter fort, besteht für eine zeitliche Begrenzung des Schutzes kein Anlass; denn anders als die allgemeine Gütevorstellung, die ja an das Besondere und häufig gerade an das Neue eines Erzeugnisses anknüpft, verliert sich im Allgemeinen der Herkunftshinweis, den der Verkehr der Eigenart eines Produkts entnimmt, nicht bereits nach kurzer Zeit (BGH in WRP 1998, Seite 377ff. [Seite 379]).

In diesem Fall muss der nachahmende Hersteller nachweisen, dass die in Rede stehenden Merkmale einzeln oder in der fraglichen Verbindung bereits **vorbekannt oder sogar üblich** sind. Gelingt dem nachschaffenden Unternehmen der Nachweis der Vorbekanntheit, kann den bestimmenden Gestaltungselementen des Modeerzeugnisses keine Herkunftsfunktion mehr zukommen, sodass die Gefahr einer Herkunftstäuschung jedenfalls ausgeschlossen ist. In der genannten Entscheidung kam der Bundesgerichtshof zu dem Ergebnis, dass selbst unter dem Gesichtspunkt des Modeneuheitenschutzes ein Nachahmungsverbot allenfalls für eine Zeitdauer von **zwei Jahren** nach Markteinführung besteht. Der BGH konkretisierte die Frage der zeitlichen Befristung eines Schutzes vor Herkunftstäuschung bei Modeprodukten wie folgt:

> In der Rechtsprechung des Senats ist anerkannt, dass der Verkehr auch bei Modeerzeugnissen deren besonders originelle Gestaltung als Hinweis auf die betriebliche Herkunft ansehen kann. Anders als bei kurzlebigen Modeneuheiten besteht in einem solchen Fall ein einer zeitlichen Beschränkung nicht von vornherein unterworfener Nachahmungsschutz. ... Von diesen Grundsätzen ist auch das Berufungsgericht ausgegangen, dass an die auf Ausnahmefälle beschränkte wettbewerbliche Eigenart von Modeprodukten keine zu geringen Anforderungen gestellt hat. Es hat eine besondere Originalität der Gestaltung der in Rede stehenden Jeans und eine Eignung ihrer Merkmale, herkunftshinweisend zu wirken, anhand einer Vielzahl von Elementen bejaht, die in ihrer Kombination bei der Markteinführung 1996 nicht vorbekannt waren und die die Jeans zu einer aus den Durchschnitt herausragenden Neuerscheinung machten (BGH in WRP 2006, Seite 75ff. [Seite 78, Rdnr. 24], **„Jeans"**).

Unter Berücksichtigung des Umstandes, dass auch die als neu empfundene Kombination bekannter Gestaltungselemente eine wettbewerbliche Eigenart begründen kann, ist der Schutz eines derartigen Modeerzeugnisses grds. nicht befristet. Vielmehr kommt eine Herkunftstäuschung gemäß § 4 Nr. 9. a) UWG solange in Betracht, solange der Verkehr mit dem Modeerzeugnis einen **bestimmten Hersteller verbindet** (ohne dass der Verkehr namentliche Kenntnis des hinter dem nachgeahmten Produkt stehenden Unternehmens haben muss) und deshalb das Unlauterkeitsmerkmal einer vermeidbaren Herkunftstäuschung gegeben ist. Insoweit kann der Modeneuheitenschutz über den **auf drei Jahre** beschränkten Schutz als gemeinschaftsrechtlich nicht eingetragenes **Geschmacksmuster** (Art. 11 GGV) hinausgehen (BGH **„Jeans II"**).

123 Liegt keine Herkunftstäuschung oder Rufausbeutung vor bedarf es zur Begründung der Wettbewerbswidrigkeit der Darlegung, dass der Hersteller der Originalware um die Früchte seiner Arbeit gebracht wird. Diese wettbewerbswidrige Behinderung im Sinne von § 4 Nr. 10 UWG begründet die Unlauterkeit des Verhaltens. Sofern sich die Ansprüche des Herstellers der Originalware nicht gegen den Nachahmer selbst, sondern gegen dessen Abnehmer (z.B. Einzelhändler) richten, kommt es für die Annahme eines **eigenen Verstoßes des Abnehmers** darauf an, dass diesem die unlauteren Tatumstände bekannt sind oder er sich dieser Kenntnis bewusst entzogen hat. Hat der Abnehmer die Waren gutgläubig vom Nachahmer erworben, ist ihm jedoch der **Weitervertrieb** der nachgeahmten Erzeugnisse vom **Zeitpunkt der Kenntnis** des Nachahmungstatbestands an untersagt (zu § 1 UWG a.F.: BGH **„Pullovermuster"**).

c) Rufausbeutung und Rufbeeinträchtigung

124 Es gibt zwei Anwendungsfälle, in denen der Ruf eines Wettbewerbers gem. § 4 Nr. 9. b) UWG ausgebeutet wird. Man unterscheidet insoweit die **offene** von der **versteckten Anlehnung** an den positiven Ruf eines Wettbewerbers (Dienstleistung, Produkt). Im Fall der offenen Anlehnung nimmt der Werbende z.B. auf den Produktnamen eines Wettbewerbers Bezug, um sich die mit dessen Produkt verbundene Gütevorstellung zur Empfehlung der nachgeahmten Ware zunutze zu machen, z.B. indem er wirbt „Statt X nimm Y" oder „Die Ware X ist besser als die Ware Y".

125 Weitaus häufiger kommt es vor, dass sich der Werbende in versteckter Form an ein fremdes Produkt anlehnt, um sich auf diese Weise das Interesse des Verkehrs zu sichern. Der Bundesgerichtshof untersagte in seiner Entscheidung **„Rolls-Royce"** eine Werbeanzeige, in der eine Whiskey-Flasche zusammen mit zwei gefüllten Gläsern so vor der Kühlerpartie des Fahrzeugs platziert war, dass die markanten Merkmale der Kühlerpartie des Rolls-Royces – die Kühlerfigur, das Emblem „RR" und der charakteristische Kühlergrill – deutlich zu erkennen waren.

126 Eine unlautere Rufausnutzung liegt vor, wenn die Eigenart und die Besonderheiten des Originalerzeugnisses zu **Qualitätserwartungen** führen, die diesem Erzeugnis zugeschrieben werden und der Nachahmung deshalb zu Gute kommen, weil der Verkehr sie mit dem Original verwechselt. Wörtlich führt der BGH aus:

> Nach der Rechtsprechung des Senats kann eine nach § 4 Nr. 9 lit. b Fall 1 UWG unlautere Rufausnutzung allerdings auch ohne Täuschung der angesprochenen Verkehrskreise auf einer Anlehnung an die fremde Leistung beruhen, die eine erkennbare Bezugnahme auf den Mitbewerber oder seine Produkte erfordert. Die Frage, ob hierdurch eine Gütevorstellung i.S. von § 4 Nr. 9 lit. b Fall 1 UWG unangemessen ausgenutzt wird, ist jeweils im Wege einer Gesamtwürdigung zu beantworten, bei der alle relevanten Umstände des Einzelfalls, insbesondere der Grad der Anlehnung sowie die Stärke des Rufs des nachgeahmten Produkts, zu berücksichtigen sind. Dabei kann grundsätzlich schon die

> Annäherung an die verkehrsbekannten Merkmale eines fremden Produkts als solche zu einer für die Annahme einer Rufausbeutung erforderlichen Übertragung der Gütevorstellung führen. Allerdings reicht für eine Rufausbeutung nicht aus, wenn lediglich Assoziationen an ein fremdes Produkt und damit Aufmerksamkeit erweckt werden. ... Dasselbe gilt, wenn der Nachahmende nach Ablauf eines Patentschutzes des Originalherstellers beim Eindringen in dessen Markt die angesprochenen Verkehrskreise durch eine gegenüber dem Original unterscheidbare Kennzeichnung unmissverständlich darüber informiert, dass sich das nachgeahmte Produkt vom Original unterscheidet (BGH in WRP 2010, Seite 1465ff. [S. 1469, 1470, Rdnr. 42], **„Femur-Teil“**).

Der BGH hebt hervor, dass bei einem nachgeahmten Originalprodukt, dessen Qualität den guten Ruf begründet (hier: Hüftgelenk-Endoprothese) eine unangemessene Beeinträchtigung bereits dann vorliegt, wenn ein nahezu identisches Produkt nicht denselben oder jedenfalls im wesentlichen denselben **Qualitätsmaßstäben** genügt, die der Originalhersteller durch seine Ware gesetzt hat. Es dürfen in diesem Zusammenhang keine zu hohen Anforderungen an eine unangemessene Rufbeeinträchtigung gestellt werden.

127 Die Anlehnung an eine fremde **Marke** kann vom Markeninhaber gem. § 14 Abs. 2 Nr. 3, Abs. 5 MarkenG untersagt werden. Eine Anwendung von § 4 Nr. 9. b) UWG kommt dann nur noch in Betracht, wenn Gegenstand der Auseinandersetzung kein Kennzeichenrecht ist, sondern ein **wettbewerbliches Leistungsergebnis** (BGH **„DAX“**).

128 Die Bestimmung des § 4 Nr. 9. b) UWG kommt dann zur Anwendung, wenn **ein Produkt** mit wettbewerblicher Eigenart nachgeahmt und dadurch die **Wertschätzung der nachgeahmten Ware** unangemessen ausgenutzt wird (BGH **„Aluminiumräder“**). Wesentlich für die Unlauterkeit der fremden Rufausbeutung ist, wie der Bundesgerichtshof mehrfach zu § 1 UWG a.F. entschieden hat, der mit der Anlehnung verbundene Image-Transfer vom Fremdprodukt auf das eigene Produkt. Das gilt allerdings nicht für den Fall, dass eine bekannte Markenuhr lediglich zur Dekoration auf einem T-Shirt unauffällig abgebildet wird (BGH **„Uhren-Applikation“**).

129 Im Zusammenhang mit der Nachahmung eines Einkaufswagens hat der BGH festgestellt, dass trotz einer nahezu identischen Übernahme ästhetischer Gestaltungsmerkmale eines Originalprodukts eine unangemessene Ausnutzung der Wertschätzung des nachgeahmten Produkts ausgeschlossen sein kann, wenn wegen eines Ersatz- oder Erweiterungsbedarfs der Abnehmer ein Interesse an optisch kompatiblen Produkten besteht. Wörtlich heißt es:

> Eine nach § 4 Nr. 9 lit. b Fall 1 UWG unlautere Rufausnutzung kann allerdings auch ohne Täuschung der angesprochenen Verkehrskreise auf einer Anlehnung an die fremde Leistung beruhen, die eine erkennbare Bezugnahme auf den Mitbewerber oder seine Produkte erfordert. Die Frage, ob hierdurch eine Gütevorstellung i.S. von § 4 Nr. 9 lit. b Fall 1 UWG unangemessen ausgenutzt wird, ist jeweils im Wege einer Gesamtwürdigung zu beantworten, bei der alle relevanten Umstände des Einzelfalls, insbesondere der Grad der Anlehnung sowie die Stärke des Rufs des nachgeahmten Produkts, zu berücksichtigen sind. Dabei kann grundsätzlich schon die Annäherung an die verkehrsbekannten Merkmale eines fremden Produkts als solche zu einer für die Annahme einer Rufausbeutung erforderlichen Übertragung der Gütevorstellung führen. Allerdings reicht es für eine Rufausbeutung nicht aus, wenn lediglich Assoziationen an ein fremdes Produkt und damit Aufmerksamkeit erweckt werden. ... Dasselbe gilt, wenn der Nachahmende nach Ablauf eines Patentschutzes des Originalherstellers beim Eindringen in dessen Markt die angesprochenen Verkehrskreise durch eine gegenüber dem Original unterscheidbare Kennzeichnung unmissverständlich darüber informiert, dass es sich um ein anderes Erzeugnis als das Originalprodukt handelt (BGH in GRUR 2013, Seite 1052ff. [S. 1055, Rn. 38], **„Einkaufswagen III“**).

In dem vom BGH entschiedenen Fall waren die nachgeahmten Einkaufswagen nicht von dem Originalprodukt zu unterscheiden. Die von den Parteien angebotenen Einkaufswagen konnten ineinandergeschoben und dadurch platzsparend aufgereiht werden. Dennoch weist der BGH darauf hin, dass bei der notwendigen **Gesamtabwägung der beidseitigen Interessen** auch ein mögliches Kompatibilitätsinteresse zu berücksichtigen ist. Hat der Abnehmer des nachgeahmten Erzeugnisses ein anerkennenswertes Interesse an der Übereinstimmung der Produkte in äußeren, nicht mehr unter Sonderschutz stehenden Gestaltungsmerkmalen, kann im Einzelfall das Interesse der Abnehmer an kompatiblen Konkurrenzprodukten (zur Deckung eines Ersatz- oder Erweiterungsbedarfs) das Interesse des Originalherstellers überwiegen, den Markt von nahezu identischen Nachahmungen freizuhalten. Jede andere Wertung würde den Marktzutritt des Herstellers der nachgeahmten Einkaufswagen unzumutbar erschweren. Nicht jede Anlehnung an einen fremden Ruf ist daher wettbewerbswidrig.

130 Das unangemessene Ausnutzen oder die unangemessene Beeinträchtigung des fremden Rufs machen eine solche Anlehnung verwerflich, sofern der Mitbewerber nicht nur unerheblich beeinträchtigt wird.

131 Der für eine unlautere Rufausbeutung erforderliche **Imagetransfer** kann auch nicht allein damit begründet werden, dass ein Wettbewerber in seinem über eine eigenständige Systematik verfügenden Nachschlagewerk für Briefmarken **als Referenz** die im Verkehr durchgesetzte Systematik vom Konkurrenzprodukt des Marktführers übernimmt und jedem Eintrag zuordnet, um es dem Benutzer auf diese Weise zu ermöglichen, im Verkehr mit Dritten auch ohne Erwerb des Konkurrenzprodukts auf dessen als Standard akzeptierte Referenznummern Bezug zu nehmen (BGH **„Markenheftchen"**). Denn der mündige Verbraucher begreift die gegenüberstehenden Nummernsysteme beider Anbieter weiterhin als nebeneinander stehend und als eigenständige Nachschlagewerke, ohne dass er automatisch die Gütevorstellung des Marktführers auf diesem Gebiet auf das Konkurrenzprodukt überträgt. Eine Beeinträchtigung, die gezielt den Mitbewerber **behindert,** ist allerdings unlauter (§ 4 Nr. 9. b) Fall 2 oder § 4 Nr. 10 UWG).

132 Ein Unterlassungsanspruch aus §§ 4 Nr. 9. b), 8 Abs. 1 UWG ist dann gegeben, wenn folgende Voraussetzungen vorliegen:

- eine geschäftliche Handlung,
- der gute Ruf einer anderen Ware (oder Dienstleistung),
- eine Nachahmung,
- die unangemessene Übertragung der Gütevorstellung des Fremdproduktes auf das eigene Produkt oder unlautere Beeinträchtigung des fremden Rufs,
- der Imagetransfer führt zu einer nicht nur unerheblichen Beeinträchtigung des Mitbewerbers und
- Kenntnis der Originalware oder -dienstleistung.

133 Es ist in Rechtsprechung und Literatur anerkannt, dass ein gewisser Ruf der fremden Ware ausreicht, um den Tatbestand des Ausnutzens des Rufs einer fremden Leistung gem. § 4 Nr. 9. b) Fall 1 UWG zu begründen. Es bedarf daher nicht des Vorliegens des Bekanntheitsgrades, der Voraussetzung einer **bekannten Marke** (i.S.v. § 14 Abs. 2 Nr. 3 MarkenG) ist. Entscheidend ist, dass mit dem fremden Produkt im Verkehr eine Gütevorstellung verbunden wird, die als Image oder Renommee zum **Vorspann** bei der Bewerbung der nachgeahmten Ware verwendet wird (z.B. bei Marken die Verwendung der für besondere Exklusivität bekannten Whiskey-Marke „Dimple" für Kosmetikprodukte oder Benutzung der für besondere sportliche Erfolge stehenden Bezeichnung „Quattro" zur Kennzeichnung von Skiern, zu § 1 UWG a.F.: BGH **„DIMPLE"**). Der Wettbewerber nutzt den Ruf einer **fremden Leistung,** um sein eigenes Produkt oder die von ihm beworbene, eigene Dienstleistung damit zu schmücken (§ 4 Nr. 9. b) Fall 1 UWG). Die Frage, ob eine unlautere Anlehnung an einen fremden Ruf vorliegt, ist unter Heranziehung aller Umstände des Einzelfalls zu beantworten, insbesondere unter Berücksichtigung des **Grades der Anlehnung** und der **Stärke des Rufs** (BGH **„Klemmbausteine III"**). Das bloße Herbeiführen von **Assoziationen** vermag allerdings den Unlauterkeitsvorwurf noch nicht zu begründen (BGH **„Tupperwareparty"**).

134 Die Anlehnung an das besondere Image des Fremdproduktes muss in der Absicht geschehen, sich die besonderen Gütevorstellungen des Verkehrs zum Absatz der eigenen, nachgeahmten Ware zunutze zu machen (zu § 1 UWG a.F.: BGH **„grau/magenta"**). Es genügt daher nicht, wenn das Fremdprodukt nur beiläufig in der Werbung benutzt wird, z.B. um das eigene Produkt in der Umgebung darzustellen, in der es zukünftig benutzt werden soll. Zur Voraussetzung der unangemessenen Ausnutzung der Wertschätzung einer Ware im Sinne von § 4 Nr. 9b UWG führt der BGH in seiner Entscheidung **„Handtaschen"** wörtlich aus:

> Rechtsfehlerfrei ist das Berufungsgericht davon ausgegangen, dass eine Ausnutzung der Wertschätzung in Betracht kommt, wenn die Gefahr der Täuschung zwar nicht bei den Abnehmern der nachgeahmten Produkte der Beklagten eintritt, wohl aber bei dem Publikum, das bei den Käufern die Nachahmungen sieht und zu irrigen Vorstellungen über die Echtheit verleitet wird. ... Nicht ausreichend ist insoweit allerdings, dass durch die Herbeiführung von bloßen Assoziationen an ein fremdes Produkt Aufmerksamkeit geweckt wird. ... Der Schutz der Wertschätzung eines Produkts i.S. von § 4 Nr. 9 lit.b. UWG ist nicht den Sonderschutzrechten mit Ausschließlichkeitsbefugnis gleichzusetzen (BGH in WRP 2007, Seite 1076ff. [Seite 1081, Rdnr. 44]).

Der BGH hat in seiner Entscheidung nicht verkannt, dass der Vertrieb billiger Imitate gerade bei Luxusgütern deren **Prestigewert zerstören kann.** In der zitierten Entscheidung geht der BGH jedoch davon aus, dass es dann nicht zu einer wettbewerbsrechtlich relevanten Beeinträchtigung kommt, wenn aufgrund eines hinreichenden Abstandes keine Gefahr einer Herkunftstäuschung besteht.

135 Das **Markengesetz** verschafft dem Inhaber einer **bekannten Marke oder geschäftlichen Bezeichnung** einen selbständigen Unterlassungs- und Schadensersatzanspruch gegen den Verletzer des Kennzeichens gemäß §§ 14, 15 MarkenG (BGH **„Räucherkate"**). Für einen Anspruch aus ergänzendem wettbewerbsrechtlichen Leistungsschutz gemäß § 8 Abs. 1, §§ 3, 4 Nr. 9 lit.b UWG ist dann nur noch Raum, wenn nicht das Kennzeichen selbst Gegenstand der Auseinandersetzung ist, sondern das mit der Marke gekennzeichnete konkrete Leistungsergebnis. Wenn eine Bank bei der Vermarktung eigener Wertpapiere als Bezugsgröße auf den Aktienindex verweist, liegt keine unlautere Rufausbeutung der fremden Marke „DAX" vor, solange die **Bezugnahme sachlich und informativ** erfolgt und nicht der Eindruck erweckt wird, es bestünden Handelsbeziehungen zwischen der werbenden Bank und dem Vermarkter des Aktienindex (BGH **„DAX"**).

d) Vertrauensbruch

136 Ein Sonderfall der Nachahmung ist der in § 4 Nr. 9. c) UWG geregelte Vertrauensbruchstatbestand. Hat sich der Nachahmer die erforderlichen Kenntnisse für die von ihm erstellte Nachahmung durch **Erschleichung eines fremden Betriebsgeheim-**

nisses bzw. durch Vertrauensbruch verschafft, ist dieses Verhalten dem Nachahmer in besonderem Maße vorzuwerfen. Mag im Rahmen der Herkunftstäuschung der Nachahmer noch der fehlerhaften Auffassung sein, die von ihm vorgenommenen Änderungen an dem nachgeahmten Erzeugnis würden sicher eine Herkunftstäuschung ausschließen, beschränkt sich der Nachahmer bei Vorliegen des Vertrauensbruchtatbestands gemäß § 4 Nr. 9. c) UWG darauf, eine ihm anvertraute fremde Leistung zu übernehmen oder ein Betriebsgeheimnis zu erschleichen. Ohne dass es in dieser Fallgruppe darauf ankäme, ob die Nachahmung zu einer Herkunftstäuschung im Verkehr führt, liegt das Unlautere in dem Verhalten des Nachahmers bereits in dem Umstand, dass er entweder ein **Vertrauensverhältnis gebrochen** und zu seinem Vorteil ausgenutzt hat, oder dass er ein **fremdes Betriebsgeheimnis** unter Verdeckung seiner wahren Absichten erschlichen hat (Bestehen eines Vertrauensverhältnisses verneint: BGH **„Küchentiefstpreis-Garantie"**).

137 Zu der Frage, wann geschützte Unterlagen im Sinne von § 4 Nr. 9. c) UWG vorliegen, heißt es in der noch zu § 17 Abs. 2 UWG a. F. ergangenen Entscheidung des Bundesgerichtshofs wörtlich:

> Als verletztes oder unberechtigt verwertetes Geschäfts- oder Betriebsgeheimnis kommen im Streitfall der – sowohl in Konstruktionsplänen als auch im Endprodukt selbst verkörperte – Aufbau, die technische Zusammensetzung sowie die Funktionsweise der Messgeräte, die Kundenlisten der Klägerin, die Rechnungen ihrer Zulieferer und die „Neuentwicklung" eines ihrer früheren Geschäftsführer in Betracht. Denn Geschäfts- oder Betriebsgeheimnis ist jede im Zusammenhang mit einem Betrieb stehende Tatsache, die nicht offenkundig, sondern nur einem eng begrenzten Personenkreis bekannt ist und nach dem bekundeten Willen des Betriebsinhabers, der auf einem ausreichenden wirtschaftlichen Interesse beruht, geheimgehalten werden soll (BGH in NJW-RR 2003, Seite 618ff. [Seite 620], **„Präzisionsmessgeräte"**).

Ein unlauteres Wettbewerbshandeln besteht im Rahmen eines Vertrauensbruchstatbestandes grundsätzlich fort, solange das Verhalten des Verletzers mit dem **Makel der Unlauterkeit** behaftet ist, das heißt solange die wettbewerbliche Eigenart des nachgeahmten Produkts besteht und in unlauterer Weise ausgenutzt wird. Auf den Geheimnischarakter der fraglichen Unterlagen hat es keinen Einfluss, wenn die entsprechenden Vorgänge in einem Produktionsbetrieb den dort Beschäftigten bekannt werden. Der Verletzer handelt dann unredlich, wenn er bei der Erlangung der geschützten Unterlagen entweder einen Straftatbestand im Sinne der §§ 17, 18 UWG verwirklicht bzw. sich an seiner Verwirklichung beteiligt hat, oder weil die Weitergabe der Unterlagen einen Vertrauensbruch darstellt, sofern er die Kenntnis oder die Unterlage zunächst im Rahmen eines Vertrauensverhältnisses redlich erlangt und sodann durch Leistungsübernahme missbräuchlich ausgenutzt hat (BGH **„Modulgerüst II"**).

138 Die Spürbarkeitsschwelle des § 3 Abs. 1 UWG wird regelmäßig überschritten sein, sobald dem Nachahmer ein unlauteres Verhalten im Sinne von § 4 Nr. 9. c) UWG nachgewiesen werden kann. Die Erschleichung eines fremden Betriebsgeheimnisses oder der Vertrauensbruchstatbestand führt immer zu einer spürbaren Beeinträchtigung des Mitbewerbers (verneint: BGH **„Betriebsbeobachtung"**). Wird eine mit einem Vertraulichkeitsvermerk versehene Unterlage oder werden die durch Vertrauensbruch erlangten Schriftstücke verwendet, um ein Nachahmererzeugnis herzustellen, ist der Wettbewerbsverstoß gemäß §§ 4 Nr. 9. c), 3 Abs. 1 UWG begründet (siehe auch nachfolgend §§ 17, 18 UWG).

10. Behinderung (§ 4 Nr. 10 UWG)

139 Eine unlautere Wettbewerbshandlung im Sinne von § 3 Abs. 1 UWG liegt gemäß § 4 Nr. 10 UWG dann vor, wenn ein Wettbewerber seine Mitbewerber gezielt behindert. § 4 Nr. 10 UWG umfasst also alle **Fälle der individuellen Mitbewerberbehinderung.** Zum Umfang des Verbotstatbestandes heißt es in der Gesetzesbegründung:

> Die weite, generalklauselartige Fassung stellt sicher, dass alle Erscheinungsformen des Behinderungswettbewerbs einbezogen werden, einschließlich des Boykotts, des Vernichtungswettbewerbs, aber auch zum Beispiel des Missbrauchs von Nachfragemacht zur Ausschaltung von Mitbewerbern (Gesetzesbegründung zu § 4 Nr. 10).

Eine unlautere Behinderung ist nach der Gesetzesbegründung immer dann gegeben, wenn der unlauter Handelnde gezielt den Mitbewerber behindert, einschließlich der Behinderung im Verhältnis zweier Unternehmen auf verschiedenen Wirtschaftsstufen. Da letztlich jede Wettbewerbshandlung – mittelbar – eine Behinderung, also einen Nachteil, des Mitbewerbers nach sich ziehen kann, sind solche Handlungen vom Tatbestand des § 4 Nr. 10 UWG ausgenommen, die bloße Folge des Wettbewerbs sind (BGH **„Küchentiefstpreis-Garantie"**).

Eine **gezielte Mitbewerberbehinderung** liegt nach den Ausführungen des BGH vor, wenn folgende Voraussetzungen gegeben sind:

> Eine unlautere Behinderung von Mitbewerbern nach §§ 3, 4 Nr. 10 UWG setzt eine Beeinträchtigung der wettbewerblichen Entfaltungsmöglichkeiten der Mitbewerber voraus, die zusätzlich zu der mit jedem Wettbewerb verbundenen Beeinträchtigung weitere Unlauterkeitsmerkmale aufweist, damit von einer unzulässigen individuellen Behinderung gesprochen werden kann. Unlauter ist die Beeinträchtigung im Allgemeinen dann, wenn gezielt der Zweck verfolgt wird, Mitbewerber an ihrer Entfaltung zu hindern und sie dadurch zu verdrängen, oder wenn die Behinderung doch dazu führt, dass die beeinträchtigten Mitbewerber ihre Leistung am Markt durch eigene Anstrengung nicht mehr in angemessener Weise zur Geltung bringen können. … Dies lässt sich nur aufgrund einer Gesamtwürdigung der Umstände des Einzelfalls unter Abwägung der widerstreitenden Interessen der Wettbewerber beurteilen, wobei sich die Bewertung an den von der Rechtsprechung entwickelten Fallgruppen zu orientieren hat. …
> In der Rechtsprechung des Senats ist allerdings anerkannt, dass ein Mitbewerber keinen Anspruch auf Erhaltung seines Kundenstamms hat. Das Eindringen in einen fremden Kundenkreis und das Ausspannen sowie Abfangen von Kunden, auch wenn diese an einen Mitbewerber gebunden sind, gehören vielmehr grundsätzlich zum Wesen des Wettbewerbs. Das Ausspannen und Abfangen von Kunden ist jedoch wettbewerbswidrig, wenn besondere, die Unlauterkeit begründende Umstände hinzutreten. Eine unlautere Behinderung des Mitbewerbers ist gegeben, wenn auf Kunden, die bereits dem Wettbewerber zuzurechnen sind, in unangemessener Weise eingewirkt wird, um sie als eigene Kunden zu gewinnen oder zu erhalten. Eine solche unangemessene Einwirkung auf den Kunden liegt nach der Rechtsprechung insbesondere dann vor, wenn sich der Abfangende gewissermaßen zwischen den Mitbewerber und dessen Kunden stellt, um diesen zu einer Änderung seines Entschlusses zu drängen, die Waren des Mitbewerbers nachzufragen oder seine Dienstleistungen in Anspruch zu nehmen (BGH in WRP 2010, Seite 633ff. [S. 634, 635, Rdnr. 12, 15], **„Rufumleitung"**).

Danach liegt eine unlautere Behinderung durch ein Telekommunikationsunternehmen vor, wenn durch eine Rufumleitung die Anrufe aus dem Festnetz nicht zu der gewählten Mobilfunknummer des Kunden, sondern unmittelbar zu seinem Festnetzanschluss geschaltet werden, sofern dem Anrufer das erhöhte Verbindungsentgelt für den tatsächlich nicht getätigten Anruf in das Mobilfunknetz in Rechnung gestellt wird und das Mobilfunkunternehmen kein Entgelt für die Bereithaltung des Mobilfunknetzes erhält. Eine unlautere Behinderung des Mitbewerbers ist auch gegeben, wenn auf Kunden, die bereits dem Wettbewerber zuzurechnen sind, in unangemessener Weise eingewirkt wird, wenn sich der Abfangende gewissermaßen **zwischen den Mitbewerber und dessen Kunden** stellt, um diesem eine Änderung seines Entschlusses, die Waren oder Dienstleistungen des Mitbewerbers in Anspruch zu nehmen, aufzudrängen (BGH **„Änderung der Voreinstellung II"**).

140 Die Grenze zur unlauteren Behinderung ist noch nicht erreicht, wenn ein Wettbewerber ein konkurrierendes Unternehmen von einer öffentlichen Straße aus vier Tage lang beobachten lässt. Erst wenn das Verhalten des Wettbewerbers die **Gefahr von Betriebsstörungen** herbeiführt, kann eine gezielte Behinderung von Mitbewerbern vorliegen (BGH **„Betriebsbeobachtung"**). Eine lang andauernde und umfassende, systematische Überwachung eines Mitbewerbers kann gegebenenfalls den Behinderungstatbestand erfüllen. Auch das systematische Anfertigen von Fotografien in den Geschäftsräumen eines Mitbewerbers kann wettbewerbswidrig sein, wenn nach den Umständen des Einzelfalls die konkrete Gefahr einer erheblichen Betriebsstörung zu befürchten ist.

141 Sofern ein Wettbewerber nicht durch eigene Leistungen den Markt überzeugt, sondern durch gezielte Maßnahmen leistungsfremd einzelne Mitbewerber bekämpft, fasst die höchstrichterliche Rechtsprechung dieses wettbewerbsschädliche Verhalten unter dem Begriff der Behinderung zusammen. Behinderungsmaßnahmen können sich **gezielt gegen den Absatz und gegen die Werbung** eines Wettbewerbers richten, sie können jedoch auch in Form von **Preisunterbietung, Boykott** oder **Diskriminierung** zu einer Schädigung des Wettbewerbers führen. Schließlich kann jede Form der **herabsetzenden vergleichenden Werbung** zu einer Behinderung des Wettbewerbers führen (vgl. zur vergleichenden Werbung nachfolgend IV.). Auch die gezielte **Rufausbeutung** des Wettbewerbers kann natürlich eine Behinderung zur Folge haben (s. hierzu oben Nr. 9c) Rufausbeutung). Allerdings kann allein die Anlockwirkung, die von einem günstigen Angebot ausgeht, niemals unlauter sein. Sie ist vielmehr gewollte Folge des Leistungswettbewerbs (BGH zu § 1 UWG a.F. **„Mietwagenkostenersatz"**). Auch **neuartige** und vielleicht deshalb besonders wirksame Wettbewerbsmaßnahmen sind nicht nur deshalb unlauter, weil sie sich für Mitbewerber nachteilig auswirken (BGH **„Zeitung zum Sonntag"** und **„20 Minuten Köln"**, noch zu § 1 UWG a.F.).

142 Eine wettbewerbswidrige **Werbe- und Absatzbehinderung** liegt vor, wenn der Hersteller von Teerspritzmaschinen nicht nur die in seinem Betrieb hergestellten Maschinen mit seinem Firmennamen kennzeichnet, sondern etwa aus Anlass einer Reparatur des Wettbewerbsproduktes das Firmenschild des Wettbewerbers durch sein eigenes ersetzt. Abgesehen davon, dass in dem Austausch der Firmenschilder eine Täuschung über die betriebliche Herkunft der Maschinen liegt (also eine Kennzeichenverletzung), führt das Vorgehen des Wettbewerbers zu einer gezielten Unterdrückung der Erinnerungswerbung des Originalherstellers. Denn Firmenschilder werden an Maschinen gerade auch aus dem Grund angebracht, dass der Verkehr selbst nach Erwerb der Maschine an den Originalhersteller erinnert wird bzw. dass auch Dritte die Möglichkeit haben, von dem Herstellernamen Kenntnis zu nehmen. Das **Vereiteln der Erinnerungswerbung** hat zugleich eine Absatzbehinderung des Originalherstellers zur Folge (BGH **„Teerspritzmaschinen"**).

142a Als **unlautere Absatzbehinderung** hat es der BGH auch angesehen, wenn ein Fachverband von Schlüsselherstellern potentielle Abnehmer von Schlüsselfräsmaschinen anschreibt und sie darauf hinweist, dass bei einem Bestehen von Patent- oder Markenschutz die Fräsung von geschützten Schlüsselprofilen eine Schutzrechtsverletzung darstellen kann. Solange die fragliche Fräsmaschine auch in einem nennenswerten Umfang das Prägen nicht geschützter Profile ermöglicht, begründet die pauschale Behauptung des Verbandes die Gefahr, dass der Hersteller der fraglichen Fräsmaschine seine Produkte auch für zulässige Verwendungszwecke nicht mehr absetzen kann, weil potentielle Abnehmer von vornherein von einem Erwerb der Fräsmaschine absehen (BGH **„Fräsautomat"**).

143 An einer gezielten Werbe- und Absatzbehinderung fehlt es dann, wenn etwa ein Reparaturunternehmen, das an einem Originalerzeugnis Nachbesserungsarbeiten erbringt, neben dem Herstellerschild noch ein weiteres Firmenschild anbringt, um auf die eigene Reparatur – bzw. Nachbesserungsleistung aufmerksam zu machen. Es muss auch dem Reparaturdienstleister möglich sein, auf Originalerzeugnissen eigene Werbung zu betreiben, solange nicht die Erinnerungswerbung des Originalherstellers gestört wird. Ob durch die Beseitigung einer Kennzeichnung ein Wettbewerber in der Werbung oder im Absatz gem. § 4 Nr. 10 UWG wettbewerbswidrig behindert oder der Verkehr gem. § 5 Abs. 1 Nr. 1 UWG über die betriebliche Herkunft der Ware getäuscht wird, bestimmt sich nach den Umständen des Einzelfalls (BGH **„SB-Beschriftung"**).

144 Als gewollte Folge des Leistungswettbewerbs ist allgemein anerkannt, dass auch das zielgerichtete und systematische **Abwerben von Kunden,** selbst wenn sie noch vertraglich an Mitbewerber gebunden sind, für sich allein die Unlauterkeit der Handlung nicht begründet (zu § 1 UWG a.F.: BGH **„Mietwagenkostenersatz"**). Unlauter ist allerdings ein gezieltes Abwerben von vertragsgebundenen Kunden dann, wenn **besondere, die Unlauterkeit begründende Umstände** hinzutreten. Diesen Fall hat der Bundesgerichtshof bei einem Vertrag zwischen einer Gewerkschaft und einem Versicherungsunternehmen angenommen, der bestimmte, dass jedes Mitglied der Gewerkschaft und seine Familienangehörigen automatisch Familien- und Wohnrechtsschutz bei dem Versicherungsunternehmen erhielten. Diese Art der Vertragsgestaltung hatte letztlich zur Folge, dass die Gewerkschaftsmitglieder ihre bereits bestehenden Versicherungsverträge über Familien- und Wohnrechtsschutz kündigten, da der doppelte Versicherungsschutz für sie ohne Wert war. Die in der Kündigung der bestehenden Verträge liegende **gezielte Absatzbehinderung** des Wettbewerbs der Versicherer war wettbewerbswidrig (BGH **„HBV – Familien- und Wohnrechtsschutz"**).

145 Neben der Absatzbehinderung durch Einbrechen in fremde Vertragsbeziehungen kann auch eine **allgemeine Marktbehinderung durch Verschenken von Originalware in großem Umfang** unzulässig sein. Wenn ein Presseunternehmen sogenannte „stumme Verkäufer" aufstellt und die meisten Zeitungskäufer die nur entgeltlich vertriebene Sonntagszeitung unentgeltlich entnehmen, ging der BGH zunächst von einer Marktbehinderung aus (BGH **„Stumme Verkäufer I"**). In der Folgeentscheidung korrigierte der BGH seine Rechtsprechung und betont:

> Da die Fallgruppe der allgemeinen Marktbehinderung … außerhalb des Regelungsanspruchs der Richtlinie 2005/89/EG über unlautere Geschäftspraktiken liegt … ist auch unter der Geltung des § 3 Abs. 1 UWG 2008 davon auszugehen, dass eine danach unter dem Gesichtspunkt einer allgemeinen Marktbehinderung unzulässige geschäftliche Handlung gemäß den hierzu bereits unter der Geltung des § 1 UWG a.F. entwickelten Grundsätzen … dann vorliegt, wenn ein für sich genommen zwar nicht unlauteres, aber immerhin bedenkliches Wettbewerbsverhalten allein oder in Verbindung mit gleichartigen Maßnahmen von Mitbewerbern die ernstliche Gefahr begründet, dass der auf

der unternehmerischen Leistung beruhende Wettbewerb in erheblichem Maß eingeschränkt wird (BGH in WRP 2010, Seite 746ff. [S. 748, Rdnr. 20], **„Stumme Verkäufer II"**).

Das Aufstellen ungesicherter Verkaufshilfen vor Schwimmbädern begründet das Vorliegen einer Begehungsgefahr für eine allgemeine Marktbehinderung nicht. In Abänderung seiner Entscheidung **„Stumme Verkäufer I"** weist der BGH ausdrücklich darauf hin, dass die teilweise unentgeltliche Abgabe entgeltlicher Zeitungen über ungesicherte Verkaufshilfen faktisch nicht gegeben ist. Denn tatsächlich erfolgt die **Finanzierung** dieser Zeitungen zum ganz erheblichen Teil **über Anzeigen** und im übrigen über die Zahlungen derjenigen Kunden, die das an den Verkaufshilfen verlangte Entgelt ordnungsgemäß entrichten. Lauterkeitsrechtlich bedenklich wird der Vertrieb über ungesicherte Verkaufshilfen wie auch der Vertrieb rein anzeigenfinanzierter Zeitungen erst dann, wenn sie zu einer **dauerhaften Abgabe unter Selbstkosten** führen und auf diese Weise den Bestand des Wettbewerbs gefährden (BGH **„Stumme Verkäufer II"**). Eine allgemeine Marktbehinderung liegt auch dann nicht vor, wenn ein Händler mit einer „Tiefstpreis-Garantie" wirbt, solange das Unternehmen seine Selbstkosten oder seinen Einstandspreis nicht unterschreitet oder sich bei Unterschreitung der Selbstkosten von einem nachvollziehbaren Interesse an der Förderung des eigenen Absatzes leiten lässt. Erst wenn sich das Verhalten des Preisunterbieters kaufmännisch nur damit erklären lässt, dass auf diese Weise Mitbewerber **aus dem Markt gedrängt werden,** kann unter Würdigung der Gesamtumstände, insbesondere des Marktanteils und der Finanzkraft des Preisunterbieters, der Eigenart, Dauer, Häufigkeit und Intensität der Maßnahme sowie der Zahl, Größe und Finanzkraft der Mitbewerber ausnahmsweise ein Wettbewerbsverstoß angenommen werden (BGH **„Küchentiefstpreis-Garantie"**).

146 Schließlich ist der gezielte **Boykott** im Wettbewerb nicht nur kartellrechtlich anstößig, sondern häufig auch als unlautere Wettbewerbshandlung zu ahnden. Ein Boykottaufruf setzt die Beteiligung von drei Unternehmern (Boykottierer, Ausführer des Boykottaufrufs und Boykottierter) voraus. Während bei der Prüfung eines möglichen Unterlassungsanspruchs aus § 33 Satz 1 i.V.m. § 21 Absatz 1 GWB die Frage der Marktstellung bei der Bewertung der Interessen des Boykottaufrufs von wesentlicher Bedeutung sein kann, steht bei der Überprüfung gemäß § 4 Nr. 10 UWG im Vordergrund, ob die beabsichtigte Marktstörung als unlautere Handlung unzulässig ist. Ob die beabsichtigte Beeinträchtigung unlauter ist, ist auf Grund einer Abwägung der Interessen der Beteiligten zu beurteilen, ob also das Anliegen, das der Verrufer verfolgt, rechtmäßig ist (noch zu § 1 UWG a.F.: BGH **„Sitzender Krankentransport"**).

147 Bei Werbeauftritten im **Internet** kann eine unlautere Behinderung im Sinne von § 4 Nr. 10 UWG gegeben sein, wenn der Werbende die **bekannte** Marke eines Dritten zur Bewerbung seiner eigenen Produkte verwendet. Sofern ein Unternehmen ein mit einem fremden Unternehmenskennzeichen übereinstimmenden Begriff bei einer Internetsuchmaschine als sogenanntes **Schlüsselwort (Keyword)** anmeldet (BGH **„Beta Layout"**), liegt weder ein Wettbewerbsverstoß noch eine Markenverletzung vor. Denn eine Kennzeichenverletzung kommt bei Verwendung eines fremden Kennzeichens als Keyword nur dann in Betracht, wenn die herkunftshinweisende Funktion der Marke beeinträchtigt wird (EuGH **„Portakabin/Primakabin"** und **„Google und Google France"**). Aber das gezielte **Blockieren von Internet-Domains** durch Verwendung fremder Firmennamen oder Marken führt zu einer unlauteren Behinderung im Wettbewerb. Wer das nahe liegende Interesse des Inhabers eines Kennzeichenrechts an der

Nutzung einer dem Kennzeichen entsprechenden Domain bewusst in Gewinnerzielungsabsatz auszubeuten versucht, behindert den Kennzeicheninhaber unbillig und verstößt grob gegen § 4 Nr. 10 UWG. Eine gezielte und unlautere Behinderung durch die Registrierung eines Domainnamens kommt nur bei Vorliegen besonderer Umstände in Betracht, etwa wenn der Domaininhaber **rechtsmissbräuchlich** handelt, weil er den Domainnamen ohne ernsthaften eigenen Benutzungswillen allein in der Absicht registrieren lässt, um sich diesen von dem Inhaber des entsprechenden Kennzeichen- und Namensrechts abkaufen zu lassen (BGH **„ahd.de"**). Ist das verwendete Kennzeichen allerdings als beschreibende Angabe kennzeichenrechtlich schutzunfähig und liegt keine Verkehrsdurchsetzung gemäß § 8 Abs. 3 MarkenG vor, kann in der Reservierung der entsprechenden Domain durch einen Wettbewerber keine unlautere Behinderung liegen. Die Verwendung von **generischen Begriffen** im Rahmen der Domain-Reservierung reicht allein nicht aus, um eine unlautere Behinderung in der Form des **unlauteren Abfangens potentieller Kunden** des Mitbewerbers zu begründen (zu § 1 UWG a. F.: BGH **„Mitwohnzentrale.de"**). Denn durch den für Domains geltenden Grundsatz „first come, first serve" unterliegt die Registrierung von Gattungsbegriffen als Internet-Domains allein dem **Gerechtigkeitsprinzip der Priorität.** Der Vorteil, der demjenigen gegenüber seinen Wettbewerbern zukommt, der als erster den Antrag auf Registrierung eines beschreibenden Domain-Namens stellt, wird von der höchstrichterlichen Rechtsprechung nicht als unlauter angesehen. Allerdings ist insoweit auch zu berücksichtigen, dass mit der Registrierung eines beschreibenden Begriffs als Domain-Bezeichnung keinerlei Rechte gegenüber Dritten begründet werden.

148 Ein **unlauteres Abfangen von Kunden** liegt nach den Ausführungen des BGH erst vor, wenn auf Kunden des Wettbewerbsunternehmens in unangemessener Weise eingewirkt wird:

> Das Eindringen in einen fremden Kundenkreis und das Ausspannen sowie Abfangen von Kunden gehören allerdings grundsätzlich zum Wesen des Wettbewerbs. Eine unlautere Behinderung des Mitbewerbers ist deshalb erst gegeben, wenn auf Kunden, die bereits dem Wettbewerber zuzurechnen sind, in unangemessener Weise eingewirkt wird, um sie als eigene Kunden zu gewinnen oder zu erhalten. Eine solche unangemessene Einwirkung auf den Kunden liegt insbesondere dann vor, wenn sich der Abfangende gewissermaßen zwischen den Mitbewerber und dessen Kunden stellt, um diesem eine Änderung seines Entschlusses, die Waren oder Dienstleistungen des Mitbewerbers in Anspruch zu nehmen, aufzudrängen (BGH in GRUR 2012, S. 645 ff. [S. 646, Rdnr. 17], **„Mietwagenwerbung"**).

Eine o. w. erkennbare Anzeige eines Mietwagenunternehmens, die in einem Telefonbuch unmittelbar unter dem Buchstaben „T", nicht aber unter der Rubriken-Überschrift „Taxi" platziert ist, führt auch dann nicht zu einer unlauteren gezielten Behinderung im Sinne von § 4 Nr. 10 UWG, wenn das Mietwagenunternehmen auf diese Weise einen Teil der Nachfrage nach einem Taxitransport auf sich ziehen will. Dagegen kann die Verwendung einer sogenannten **„Tippfehler-Domain"** wettbewerbswidrig sein. Aus Sicht des BGH verstößt das Verwenden einer sogenannten „Tippfehler-Domain" dann unter dem Gesichtspunkt des Abfangens von Kunden gegen das Verbot unlauterer Behinderung gemäß § 4 Nr. 10 UWG, wenn der Internetnutzer auf eine Internetseite geleitet wird, auf der er nicht die zu erwartende Dienstleistung, sondern lediglich Werbung für ein gänzlich unähnliches Dienstleistungsangebot eines Dritten vorfindet (BGH **„wetteronline.de"**). Ausnahmsweise entfällt eine unlautere Behinderung, wenn der Nutzer auf der Internetseite unter der

„Tippfehler-Domain" zugleich und unübersehbar auf den Umstand aufmerksam gemacht wird, dass er sich offenbar vertippt hat und sich deshalb nicht auf der Seite der Original-Domain befindet, sondern bei einem vollständig anderen Anbieter.

149 Das **Abwerben fremder Mitarbeiter** ist solange nicht zu beanstanden, als keine besonderen Unlauterkeitsumstände vorliegen. Als zulässig wurde die Werbemaßnahme eines Personalberaters angesehen, der sich zur ersten Kontaktaufnahme mit einem anzuwerbenden Mitarbeiter telefonisch an dessen Arbeitsplatz in Verbindung setzte. Der BGH hält eine derartige Direktansprache am Arbeitsplatz für zulässig, solange sich die telefonische Kontaktaufnahme auf eine kurze Stellenbeschreibung beschränkt. Der BGH wies in der noch zu § 1 UWG a.F. ergangenen Entscheidung darauf hin, dass es bei **Abwägung der beteiligten und berücksichtigungsfähigen Interessen** grundsätzlich nicht als wettbewerbswidrig zu beurteilen ist, wenn der Mitarbeiter eines Unternehmens zum Zweck der Abwerbung erstmals mit einem kurzen Telefonanruf am Arbeitsplatz angesprochen wird (BGH **„Direktansprache am Arbeitsplatz"**). Ein Werbeanruf zum Abwerben der Mitarbeiter eines anderen Unternehmens stellt aber dann eine unlautere und unzulässige Handlung dar, wenn sich der Anruf nicht darauf beschränkt, einen ersten Kontakt zu dem Angerufenen herzustellen, sondern wenn etwa der anrufende Personalberater den Angerufenen mit Daten konfrontiert, die ihn selbst betreffen. Denn die umfangreiche **Konfrontation mit Lebenslaufkenntnissen** ist bereits Teil des Umwerbens, das dem Angerufenen den Eindruck vermittelt, der Personalberater habe sich bereits näher mit seiner Persönlichkeit befasst und er sei aufgrund seiner konkreten Berufsbiografie für die offene Stelle besonders geeignet (BGH **„Direktansprache am Arbeitsplatz II"** und **„Direktansprache am Arbeitsplatz III"**). Verboten wurde das Verabschiedungsschreiben des Mitarbeiters eines Lohnsteuerhilfevereins. Allein der Umstand, dass der Mitarbeiter zu dem Zeitpunkt, an dem er das Rundschreiben versandte, noch in einem Arbeitsverhältnis zu seinem damaligen Arbeitgeber stand und sich daher diesem gegenüber loyal zu verhalten hatte, machte das Verabschiedungsschreiben aus Sicht des BGH in der noch zu § 1 UWG a.F. ergangenen Entscheidung unzulässig (BGH **„Verabschiedungsschreiben"**). Eine gezielte Behinderung liegt dann nicht vor, wenn die Behinderung von Mitbewerbern als **bloße Folge des Wettbewerbs** eintritt. Auch wenn die Behinderung keine Behinderungsabsicht erfordert, verlangt der BGH ein zielgerichtetes, z.B. ein gezielt und bewusst auf den Vertragsbruch des Mitarbeiters eines Mitbewerbers hinwirkendes, geschäftliches Verhalten. Weder das Abwerben fremder Mitarbeiter ohne Einsatz unlauterer Mittel ist unzulässig, noch das bloße **Ausnutzen eines fremden Vertragsbruchs.** Die Schwelle der als bloße Folge des Wettbewerbs hinzunehmenden Behinderung ist überschritten, wenn das betreffende Verhalten bei objektiver Würdigung der Umstände in erster Linie auf die Beeinträchtigung der wettbewerblichen Entfaltung des Mitbewerbers, und nicht auf die Förderung des eigenen Wettbewerbs gerichtet ist, oder wenn die Behinderung derart ist, dass der beeinträchtigte Mitbewerber seine Leistung am Markt durch eigene Anstrengung nicht mehr in angemessener Weise zur Geltung bringen kann (BGH **„Außendienstmitarbeiter"**).

150 Eine wettbewerbswidrige und unzulässige Behinderung liegt vor, wenn ein Markeninhaber den erlangten Markenschutz zweckfremd als Mittel des Wettbewerbskampfes einsetzt. Dient mit anderen Worten die Markeneintragung ausschließlich dazu, die mit der Eintragung der Marke entstehende und wettbewerbsrechtlich an sich unbedenkliche **Sperrwirkung** im geschäftlichen Verkehr zum Wettbewerbskampf einzusetzen, liegt ein unlauteres Verhalten vor, das unzulässig ist (BGH **„The Colour of Elégance"**; BGH **„Russisches Schaumgebäck"**). Als unlautere Handlung unzulässig ist insbesondere eine Markenregistrierung, bei der es in erster Linie auf die **Beeinträchtigung der wettbewerblichen Entfaltung des Mitbewerbers** und nicht auf die Förderung des eigenen Wettbewerbs ankommt. Wörtlich führt der BGH aus:

> Eine wettbewerbswidrige Behinderung kann grundsätzlich auch durch die Anmeldung und Eintragung einer Marke erfolgen. ... Wegen des im Markengesetz geltenden Territorialitätsgrundsatzes ist es allerdings im Allgemeinen rechtlich unbedenklich, wenn im Inland ein Zeichen als Marke in Kenntnis des Umstands angemeldet wird, dass ein anderer dasselbe oder ein verwechselbar ähnliches Zeichen im Ausland als Marke für gleichartige oder sogar identische Waren benutzt. ... Nur wenn zur Kenntnis von der Benutzung besondere Umstände hinzutreten, die das Verhalten des Anmelders als wettbewerbswidrig erscheinen lassen, steht der markenrechtliche Territorialitätsgrundsatz der Anwendung des UWG nicht entgegen. ... Solche besonderen Umstände können darin liegen, dass der Zeicheninhaber in Kenntnis eines schutzwürdigen Besitzstands des Vorbenutzers ohne zureichenden sachlichen Grund für gleiche oder gleichartige Waren oder Dienstleistungen die gleiche oder eine zum Verwechseln ähnliche Bezeichnung mit dem Ziel der Störung des Besitzstands des Vorbenutzers oder in der Absicht, für diesen den Gebrauch der Bezeichnung zu sperren, als Kennzeichen hat eintragen lassen ... oder dass der Zeichenanmelder die mit der Eintragung des Zeichens kraft Markenrechts entstehende und wettbewerbsrechtlich an sich unbedenkliche Sperrwirkung zweckfremd als Mittel des Wettbewerbskampfes einsetzt (BGH in WRP 2008, Seite 785ff. [S. 788, Rdnr. 21], **„AKADEMIKS"**).

Der BGH weist klarstellend darauf hin, dass die Absicht, die Marke zweckfremd als Mittel des Wettbewerbskampfes einzusetzen, **nicht der einzige Beweggrund** für die Markenanmeldung sein muss. Es reicht aus, wenn diese Absicht das wesentliche Motiv ist, selbst wenn der Markenanmelder daneben auch eine eigene Benutzungsabsicht hat. Ein rechtsmissbräuchliches Verhalten liegt noch nicht vor, wenn ein Unternehmen eine Vielzahl von Domainnamen auf sich registrieren lässt, um sie sodann potentiellen Interessenten zum Kauf oder zur entgeltlichen Nutzung anzubieten, solange die Registrierung oder Nutzung des Domainnamens keine Namens- oder Kennzeichenrechte Dritter verletzt (BGH **„ahd.de"**).

151 Eine unlautere Wettbewerbshandlung kann auch dann vorliegen, wenn ein nichtgebundener Händler das von einem Markenhersteller errichtete selektive **Vertriebsbindungssystem** stört und auf diese Weise den Vertriebsbinder individuell behindert. Diese **individuelle Behinderung** etwa durch **Schleichbezug** der gebundenen Ware kann gemäß § 4 Nr. 10 UWG unlauter sein, wenn der Hersteller nicht nur unerheblich beeinträchtigt wird. Nach der Rechtsprechung des EuGH setzt die **EG-Vertriebsbindung** gemäß Art. 101 AEUV nicht die **praktische Lückenlosigkeit des selektiven Vertriebssystems außerhalb der Europäischen Union** voraus. Selbst wenn daher die vertriebsgebundene Ware von nicht gebundenen Händlern in der Schweiz erworben werden kann, gilt das gemäß Art. 101 Abs. 3 AEUV angemeldete Vertriebsbindungssystem als praktisch lückenlos (EuGH **„Cartier-Uhren"**).

152 Ein Außenseiter, der den **Vertragsbruch eines gebundenen Händlers ausnutzt,** verstößt grds. nicht gegen § 4 Nr. 10 UWG (BGH **„Außenseiteranspruch II"**). Wettbewerbswidrig handelt nur derjenige, der unter Verschleierung seiner wahren Absicht verdeckt vertriebsgebundene Ware bezieht. Wörtlich betont der BGH:

> Der Unlauterkeitstatbestand des Schleichbezugs ist zwar zum Schutz (seinerzeit zulässiger) Preisbindungssysteme und selektiver Vertriebssysteme entwickelt worden. ... Nach der Rechtsprechung des Bundesgerichtshofs gelten die dort zum Schleichbezug entwickelten und nach wie vor anerkannten Grundsätze ... aber für Direktvertriebssysteme entsprechend. Gegenüber einer Täuschung über die Wiederverkaufsabsicht gebührt dem

> Anbieter von Waren oder Dienstleistungen, der sich in zulässiger Weise dafür entschieden hat, sein Angebot selbst oder über von ihm weisungsabhängige Vertreter oder Agenturen abzusetzen, derselbe wettbewerbrechtliche Schutz wie dem Lieferanten, der mit unabhängigen Händlern ein selektives Vertriebssystem errichtet hat. Der Schleichbezug der Beklagten ist infolgedessen unabhängig davon unlauter, wie … die Rechtsbeziehungen zwischen dem Kläger und seinen Verkaufsstellen ausgestaltet ist (BGH in WRP 2009, Seite 177 ff. [S. 180, Rdnr. 27], **„bundesligakarten.de“**).

Danach hat der BGH den Vertrieb von Eintrittskarten für Fußballspiele über die Internet-Seite www.bundesligakarten.de untersagt, weil sich der Anbieter die Karten als Privatperson, also ohne sich als kommerzieller Anbieter zu erkennen zu geben, direkt bei dem Veranstalter beschafft hat oder über Privatpersonen vermitteln ließ. Der Betreiber der Website www.bundesligakarten.de hatte kein rechtlich geschütztes Interesse, Eintrittskarten unter **Täuschung über seine Wiederverkaufsabsicht** und unter Zuwiderhandlung gegen eine ihm wirksam auferlegte Geschäftsbedingung bei der Verkaufsorganisation des Veranstalters der Fußballspiele auf diesem Weg zu beziehen.

153 Der Hersteller, der ein rechtlich nicht zu missbilligendes Vertriebsbindungssystem betreibt, darf die Vertragstreue seiner Vertragshändler durch ein Nummernsystem kontrollieren, um ggf. praktische Lücken des Systems zu schließen. Voraussetzung eines wettbewerbskonformen **Kontrollnummernsystems** ist allerdings, dass der Hersteller seine **Händler rechtswirksam bindet,** sodass er zumindest die gedankliche Lückenlosigkeit seines Vertriebssystems nachweisen kann. Es müssen demnach wirksame Verträge vorliegen, die von der Rechtsordnung nicht missbilligt werden (zu § 1 UWG a. F.: BGH **„Entfernung der Herstellungsnummer III“**). Liegt hingegen kein geschlossenes Vertriebssystem in der EU vor, sondern bindet der Hersteller nur Händler bestimmter Mitgliedstaaten, besteht die Gefahr, dass der Hersteller einzelne Märkte innerhalb der Europäischen Union abschottet. Eine derartige **Abschottung** verstößt gegen Art. 101 Abs. 1 AEUV. Wird bei einem rechtlich zulässigen Vertriebsbindungssystem die vom Hersteller zusätzlich angebrachte Kontrollnummer von einem nicht gebundenen Händler entfernt, so liegt in der **Entfernung der Kontrollnummer** nicht nur eine **allgemeine Behinderung,** sondern bei Markenartikeln zugleich eine **Markenverletzung,** da mit der Entfernung der Kontrollnummer ein sichtbarer, die Garantiefunktion der Marke berührender Eingriff in die Substanz der Ware, des Behältnisses oder der Verpackung verbunden ist (BGH **„Kontrollnummernbeseitigung II“**). Dienen die auf Kosmetikerzeugnissen angebrachten Herstellungsnummern nicht nur vertrieblichen Kontrollzwecken des Herstellers, sondern werden die Nummern zugleich in Erfüllung etwa von § 4 Abs. 1 Kosmetikverordnung zur Identifizierung des Herstellungspostens angebracht, so liegt in ihrer Entfernung durch den ungebundenen Händler auch ein **Verstoß gegen das entsprechende Kennzeichnungsgebot.** Jede Verletzung von § 4 Abs. 1 Kosmetikverordnung begründet zugleich einen Verstoß gegen § 4 Nr. 11 UWG (vgl. nachfolgend; BGH **„Entfernung der Herstellungsnummer I“** und **„Entfernung der Herstellungsnummer II“**). Auf die Frage eines Bestehens oder Nichtbestehens einer selektiven Vertriebsbindung kommt es dann nicht mehr an.

154 Insbesondere ist auch die **Preisunterbietung in Verdrängungsabsicht** zwischen Wettbewerbern **nicht** grundsätzlich unzulässig. Vielmehr stellt der BGH darauf ab, ob durch die Verkäufe unterhalb der Einstandspreise die Existenz eines oder mehrerer Wettbewerber tatsächlich ernstlich gefährdet wird. Wörtlich heißt es:

> Im Rahmen der geltenden marktwirtschaftlich orientierten Wirtschaftsordnung steht es einem Unternehmen grundsätzlich frei, eine Preisgestaltung in eigener Verantwortung

vorzunehmen und auch die Preise von Konkurrenten zu unterbieten. ... Der Grundsatz der Preisunterbietungsfreiheit gilt auch beim Angebot identischer Waren. ... Auch der Verkauf unterhalb des Einstandspreises ist nicht grundsätzlich, sondern nur bei Vorliegen besonderer Umstände wettbewerbswidrig. ... Entsprechend liegt in dem Anbieten von Waren unter Einstandspreis durch ein Unternehmen mit überlegener Marktmacht nur dann eine unbillige Behinderung kleiner oder mittlerer Wettbewerber i.S. von § 20 Abs. 4 Satz 1 GWB, wenn das Angebot nicht nur gelegentlich erfolgt und sachlich nicht gerechtfertigt ist, § 20 Abs. 4 Satz 2 GWB. Ein Angebot unter den Einstandspreisen des Unternehmens ist in der Rechtsprechung insbesondere dann als unlauter angesehen worden, wenn es in einer Weise erfolgt, die geeignet ist, einen oder mehrere Wettbewerber vom Markt zu verdrängen, und zu diesem Zweck eingesetzt wird (BGH in WRP 2006, Seite 888ff. [Seite 889, Rdnr. 13], **„10% billiger“**).

Liegt jedoch noch nicht einmal eine tatsächliche Preisunterbietung vor, fehlt es jedenfalls an einer unlauteren Behinderung. Denn lediglich die **abstrakte Gefahr,** dass Waren unter Einstandspreis abgegeben werden, begründet nicht die Unlauterkeit dieser Werbemaßnahmen (BGH **„Küchentiefstpreis-Garantie“**).

Praxishinweis

Da die wettbewerbswidrige Behinderung keine Behinderungsabsicht erfordert, kann jedes Verhalten im Wettbewerb untersagt werden, das die wettbewerblichen Entfaltungsmöglichkeiten eines Mitbewerbers beeinträchtigen kann. Dabei genügt die Eignung der geschäftlichen Handlung zur Behinderung, ohne dass bereits eine Behinderung eingetreten sein muss.

11. Rechtsbruch, Vorsprung durch Rechtsbruch (§ 4 Nr. 11 UWG)

155 Das Verbot unlauteren Wettbewerbs umfasst auch Handlungen von Wettbewerbern, die einer **gesetzlichen Vorschrift** zuwider handeln, die auch dazu bestimmt ist, im Interesse der Marktteilnehmer das Marktverhalten zu regeln (§ 4 Nr. 11 UWG), sofern sie eine rechtliche Grundlage **im EU-Recht** hat. Die Anwendung von § 4 Nr. 11 UWG scheidet also aus, wenn keine gesetzliche Vorschrift, sondern etwa ein Verhaltenskodex, verletzt wird (BGH **„FSA-Kodex“**). Aus der Gesetzesformulierung folgt, dass nicht jeder Gesetzesverstoß Gegenstand einer unlauteren Wettbewerbshandlung sein kann. Vielmehr muss die verletzte gesetzliche Bestimmung auch dazu dienen, im **Interesse der Marktteilnehmer** das Marktverhalten zu regeln. Diese Marktbezogenheit der gesetzlichen Bestimmung erläutert der Gesetzgeber wie folgt:

Vielmehr wurde eine Beschränkung danach vorgenommen, dass der verletzten Norm zumindest eine sekundäre Schutzfunktion zugunsten des Wettbewerbs zukommen muss. Es wird dementsprechend nur ein Verstoß gegen solche Normen erfasst, die zumindest auch das Marktverhalten im Interesse der Marktbeteiligten regeln. ... Die vorgenommene Einschränkung schließt nicht aus, dass auch Verstöße gegen Marktzutrittsregelungen vom Tatbestand erfasst sein können (Gesetzesbegründung zu § 4 Nr. 11).

Nach dem gesetzgeberischen Willen soll eine unlautere Wettbewerbshandlung gemäß §§ 4 Nr. 11, 3 Abs. 1 UWG zumindest bei Verletzung solcher Marktzutrittsregelungen vorliegen, die eine **auf die Lauterkeit des Wettbewerbs bezogene Schutzfunktion** haben und infolgedessen auch zugleich das **Marktverhalten regeln** (z.B. berufsbezogene Vorschriften, die den Nachweis besonderer fachlicher Fähigkeiten fordern). Diese gesetzliche Regelung bedingt, dass die Wettbewerbsbezogenheit, also die sekundäre Schutzfunktion der verletzten Vorschrift zugunsten des Wettbewerbs, im Einzelfall festgestellt werden muss (noch zu § 1 UWG a.F.: BGH **„Krankenkassenzulassung“**; zu § 4 Nr. 11 UWG: BGH **„Testamentsvollstreckung durch Banken“**).

156 Die Bestimmung des § 4 Nr. 11 UWG setzt also die Verletzung einer **Marktverhaltensregelung** voraus, die eine **Grundlage im Unionsrecht** hat. Allerdings werden Marktzutrittsregelungen insoweit von § 4 Nr. 11 UWG erfasst, als sie eine auf die **Lauterkeit des Wettbewerbs** bezogene Schutzfunktion haben können, insbesondere dem **Verbraucherschutz** dienen können (BGH **„Testamentsvollstreckung durch Steuerberater“**).

157 Unter Zugrundelegung von § 4 Nr. 11 UWG kommt es ausschließlich darauf an, ob die Zuwiderhandlung des Mitbewerbers ein **Gesetz betrifft, das auch im Interesse der Marktteilnehmer erlassen wurde** (BGH **„Telekanzlei“**). Bei diesen Gesetzen kann es sich sowohl um das Ladenschlussgesetz, die Preisangabenverordnung, wie auch um das Heilmittelwerbegesetz oder das LFGB handeln. Denn sämtliche genannten Gesetze sind auch dazu bestimmt, im Interesse der Marktteilnehmer das Marktverhalten zu regeln (BGH **„Steuerberater-Hotline“**). Voraussetzung der Anwendung von § 4 Nr. 11 UWG ist die Verletzung einer gesetzlichen Bestimmung, die eine **Grundlage im Unionsrecht** hat. Auch **Bestimmungen des BGB** können **Marktverhaltensregelungen** sein. So sind etwa die Vorschriften der §§ 307, 308 Nr. 1, 309 Nr. 7a BGB Marktverhaltensregelungen i.S.v. § 4 Nr. 11 UWG (BGB **„Missbräuchliche Vertragsstrafe“**). Wörtlich führt der BGH aus:

> Die Richtlinie über unlautere Geschäftspraktiken hat in ihrem Anwendungsbereich (Art. 3 der Richtlinie) zu einer vollständigen Harmonisierung des Lauterkeitsrechts geführt. ... Sie regelt die Frage der Unlauterkeit von Geschäftspraktiken im Geschäftsverkehr zwischen Unternehmen und Verbrauchern abschließend. ... Dementsprechend kann ein Verstoß gegen nationale Bestimmungen eine Unlauterkeit nach § 4 Nr. 11 UWG grundsätzlich nur noch begründen, wenn die betreffende Regelung ... eine Grundlage im Unionsrecht hat (BGH in WRP 2010, Seite 1475ff. [S. 1476, Rdnr. 16], **„Gewährleistungsausschluss im Internet“**).

In dem entschiedenen Verfahren ging es um die Frage, ob § 475 BGB eine rechtliche Grundlage im Unionsrecht hat. Der BGH stellte fest, dass die Vorschrift des § 475 Abs. 1 Satz 1 BGB den Art. 7 Abs. 1 der Richtlinie 1999/44/EG des Europäischen Parlaments und des Rates vom 25. Mai 1999 zu bestimmten Aspekten des Verbrauchergüterkaufs und der Garantien für Verbrauchsgüter umsetzt, sodass die Verletzung von § 475 BGB zugleich einen Unterlassungsanspruch aus § 4 Nr. 11 UWG eröffnet (siehe zu § 477 BGB: BGH **„Werbung mit Herstellergarantie bei eBay“** und **„Herstellergarantie II“**).

157a Darüber hinaus fallen auch solche Marktverhaltensregelungen unter § 4 Nr. 11 UWG, die dem Schutz der Gesundheit von Verbrauchern dienen. Nationale Rechtsvorschriften in Bezug auf die **Gesundheits- und Sicherheitsaspekte** bleiben also auch nach Umsetzung der UGP-RiLi in nationales Recht weiter anwendbar (BGH **„Erinnerungswerbung im Internet“**). Eine **Verletzung des HWG** stellt daher zugleich auch einen Verstoß gegen eine Marktverhaltensregelung im Sinne von § 4 Nr. 11 UWG dar. Die Bestimmung des § 7 Abs. 1 Satz 1 HWG lässt im Anwendungsbereich des Heilmittelwerbegesetzes und daher insbesondere bei **produktbezogener Werbung für Arzneimittel** Zuwendungen und sonstige Werbegaben sowohl bei der Publikumswerbung als auch bei der Werbung gegenüber den Fachkreisen lediglich dann zu, wenn es sich um Werbegaben von geringem Wert handelt. Danach kann die Überlassung von Kundenzeitschriften auch in größerer Stückzahl an Apotheker zulässig sein, wenn sie nicht geeignet ist, deren wirtschaftliche Interessen unsachlich zu beeinflussen (BGH **„DAS GROSSE RÄTSELHEFT"**). Google-AdWord-Anzeigen für ein Arzneimittel verstoßen nicht deshalb gegen § 4 HWG, weil die Pflichtangaben nicht in der Anzeige selbst enthalten sind (BGH **„Pflichtangaben im Internet"**). Unter das Verbot der Werbung mit Anwendungsgebieten nach § 5 HWG fällt eine Werbung für ein registriertes, homöopathisches Arzneimittel, in der die Wirkstoffe des Arzneimittels und deren jeweilige Anwendungsgebiete genannt sind (BGH **„INJECTIO"**). Noch keinen Verstoß gegen § 7 Abs. 1 Satz 1 HWG stellt es dar, wenn Ärzten kostenlos eine durch Werbung finanzierte Datenbank zur Verfügung gestellt wird (BGH **„Arzneimitteldatenbank"**). Werbung für ein Arzneimittel kann gemäß § 3 HWG irreführend sein, wenn sie auf Studien gestützt wird, die die Werbeaussage nicht tragen, weil etwa aktuellere Studien vorliegen, die die in der Werbung behaupteten Ergebnisse nicht für bewiesen halten (BGH **„Basisinsulin mit Gewichtsvorteil"**). Wer außerhalb der Fachkreise mit der Aussage wirbt, ein pflanzliches Arzneimittel werde ärztlich empfohlen, verstößt gegen § 11 Abs. 1 Satz 1 Nr. 2 HWG (BGH **„Euminz"**). Gegen das arzneimittelrechtliche Verbot, auf der äußeren Umhüllung von Arzneimitteln Angaben zu machen, die Werbecharakter haben können, verstößt derjenige Pharmahersteller, der auf der äußeren Umhüllung einen 3 €-Werbegutschein für ein anderes Arzneimittel aufbringt (BGH **„Voltaren"**).

158 Bietet ein Händler Duftwasser an, das entgegen **§ 4 Absatz 1 KosmetikVO** nicht ordnungsgemäß mit der Nummer des Herstellungspostens gekennzeichnet ist, handelt er unlauter (zu § 1 UWG a. F.: BGH **„Chargennummer"**). Denn das in § 4 Absatz 1 KosmetikVO enthaltene Gebot zur Angabe der Nummer des Herstellungspostens dient dazu, bei fehlerhaften Produkten die betroffene Charge rasch zu erkennen und auszusondern, um Schaden von der Gesundheit der Verbraucher abzuwenden (BGH **„Entfernung der Herstellungsnummer II"** noch zu § 1 UWG a. F.).

159 Wettbewerbswidrig ist jedes Angebot, dass nicht dem **Grundsatz der Preisklarheit und Preiswahrheit** entspricht und deshalb gegen § 1 Preisangabenverordnung verstößt. Unlauter ist eine Werbeanzeige, die einen Tarif anbietet, mit dem man das ganze Wochenende und an Feiertagen für „null Cent" telefonieren kann, sofern der Werbende nicht darüber aufklärt, dass dieses Angebot an einen entgeltlichen Tarif **gekoppelt** ist (BGH **„Telefonieren für 0 Cent!"**). Der Werbende muss deutlich machen, mit welcher wirtschaftlichen Belastung der Kunde rechnen muss. Wird ein Mobiltelefon zusammen mit einer Prepaid-Card mit einem festen Startguthaben zu einem Festpreis beworben, sind ausnahmsweise die Tarife für die Nutzung der Card selbst nicht zusätzlich anzugeben (BGH **„XtraPack"**). Denn der Kunde kann zunächst sein Guthaben auf der Card aufbrauchen und darüber hinaus das Mobiltelefon passiv nutzen, ohne das zusätzliche entgeltliche Angebot für über das Startguthaben hinausgehende Telekommunikationsdienstleistungen in Anspruch zu nehmen. Wer Netzkartenverträge für Mobilfunktelefone vertreibt, muss neben der Grundgebühr und den variablen Kosten der Verbindungsentgelte auch die weiter anfallenden Kosten gut wahrnehmbar angeben, also etwa Anschlusspreise, Mindestgesprächsumsätze oder Mindestvertragslaufzeiten (BGH **„0,00 Cent Grundgebühr"**). Die Verpflichtung zur Endpreisangabe umfasst für Hufpflegemittel zusätzlich die Angabe des Grundpreises, der in unmittelbarer Nähe anzugeben ist (BGH **„Dr. Clauder's Hufpflege"**). Bei Bewerbung von Angeboten im Fernabsatz ist das werbende Unternehmen verpflichtet, die Versandkosten unmittelbar neben dem Kaufpreis anzugeben (BGH **„Versandkosten bei Froogle" I + II**). Während bei Preisvergleichslisten im Internet jedenfalls die Höhe der **Versandkosten** neben den Endpreisen anzugeben ist, muss bei einem Einzelangebot jedenfalls der Hinweis „zuzüglich Versandkosten" erfolgen, soweit sich bei Anklicken dieses Hinweises ein Fenster mit einer übersichtlichen und gut verständlichen Erläuterung der allgemeinen Berechnungsmodalitäten für die Versandkosten öffnet und außerdem die tatsächliche Höhe der für den Einkauf anfallenden Versandkosten jeweils bei Aufruf des virtuellen Warenkorbs in der Preisaufstellung gesondert ausgewiesen wird (BGH **„Kamerakauf im Internet"**). Ebenfalls ist der Anbieter im Fernabsatz verpflichtet, den Verbraucher in der gesetzlichen Form über sein **Widerrufsrecht** zu belehren (BGH **„deutlich gestaltete Widerrufsbelehrung"**). Die Widerrufsbelehrung muss nicht nur in einer zur dauerhaften Wiedergabe geeigneten Weise abgegeben werden, sondern auch dem Verbraucher in einer zur dauerhaften Wiedergabe geeigneten Weise zugehen, etwa per Email (BGH **„Holzhocker"**). Die Speicherung dieser Informationen auf der Website des Unternehmens reicht daher nicht aus. Die Pflicht zur Angabe des Endpreises hat im **Getränkehandel** bei der Abgabe von Mehrwegflaschen zur Folge, dass der Händler verpflichtet ist, den aus **Getränkepreis** und **Pfand** zusammengesetzten Betrag anzugeben, wobei dieser Endpreis gemäß § 1 Absatz 6 Satz 2 und 3 PAngV a. F. (§ 2 Absatz 1 PAngV n. F.) in seine Einzelpreisbestandteile – Getränkepreis und Pfandbetrag – aufzugliedern ist (zu § 1 UWG a. F.: BGH **„Flaschenpfand"**). Der Anbieter von Fernflugreisen ist verpflichtet, die verbindlichen Endpreise anzugeben. Ein Verstoß gegen die Preisangabenverordnung liegt vor, wenn die angegebenen Preise Kosten nicht umfassen, die vom Letztverbraucher für Leistungen Dritter aufgewendet werden müssen, etwa die bei jeder Flugreise in Anspruch zu nehmenden Flughafen- und Sicherheitsgebühren sowie die bei jeder Flugreise anfallenden Steuern. Die nach § 1 Abs. 1 Satz 1 PAngV bestehende Verpflichtung zur Angabe der Endpreise ist unabhängig davon, ob der Verkehr bei Angeboten einer bestimmten Art daran gewöhnt ist, den Endpreis anhand angegebener Preisbestandteile zusammenzurechnen oder davon, ob die Errechnung des Endpreises anhand der Preisbestandteile, die in der Werbung genannt sind, für einen durchschnittlich informierten Letztverbraucher einfach oder schwierig ist (BGH **„Fernflugpreise"** und **„Internet-Reservierungssystem"** noch zu § 1 UWG a. F.). Als zulässig erachtet der BGH einen Preisvorbehalt bei Flugpreisen, soweit die Preisänderung nur Flughafenzu- und -abschläge betrifft (BGH **„Costa del Sol"**). Ein **Anbieten oder Bewerben** im Sinne von § 1 PAngV liegt noch nicht vor, wenn mehrere Kfz-Händler in einer Gemeinschaftsanzeige unter Angabe der unverbindlichen Preisempfehlung des Herstellers die Einführung eines neuen Pkw ankündigen und zugleich darauf hinweisen: *„Die individuellen Preise erfahren Sie bei Ihrem PEUGEOT-Vertragspartner"* (BGH **„DER NEUE"**). Eine **Grundpreisangabe** für in Supermärkten angebotene Waren kann dann noch als deutlich lesbar im Sinne von § 1 Abs. 6 Satz 2 PAngV anzusehen sein, wenn die dabei verwendete Schriftgröße mindestens 2 mm beträgt (BGH **„Grundpreisangabe im Supermarkt"**). Ein Pizza-Lieferdienst, der auch in Fertigpackungen befindliche Waren, wie z. B. Bier, Wein oder Eiscreme vertreibt, muss in seinen Preislisten und in der Werbung für diese Angebote neben dem Endpreis auch den Grundpreis dieser Waren angeben (BGH **„Traum-Kombi"**). Hingegen ist ein Autovermieter nicht verpflichtet, sämtliche Mietwagenpreise im Rahmen eines Preisverzeichnisses gemäß § 5 Abs. 2 PAngV auszuhängen, wenn er stattdessen ein Preisverzeichnis in seinem Geschäftslokal bereit hält, das über sämtliche Angebote Auskunft gibt (BGH **„Preisverzeichnis bei Mietwagenangeboten"**). Es widerspricht der Bestimmung in § 1 Abs. 1 Satz 1 PAngV, wenn ein Anbieter Telekommunikationsdienstleistungen im Rahmen eines Leistungspakets bewirbt, ohne die Kosten des Kabelanschlusses anzugeben (BGH **„Leistungspakete im Preisvergleich"**). Noch keinen Verstoß gegen die Verpflichtung eines Internet-Händlers zur **Erteilung einer Widerrufsbelehrung** liegt vor, wenn der Händler die Musterbelehrung zwar inhaltlich korrekt wiedergibt, dieser jedoch den folgenden Satz voranstellt: *„Verbraucher haben das folgende gesetzliche Widerrufsrecht"* (BGH **„Überschrift zur Widerrufsbelehrung"**). Der Hinweis auf den persönlichen Geltungsbereich des Widerrufsrechts ist wettbewerbsrechtlich unschädlich. Ein Verlagshaus, das mit einem Bestellformular ein Zeitschriftenabonnement bewirbt, ist verpflichtet darauf hinzuweisen, dass im Falle einer Bestellung **kein** Widerrufsrecht besteht (BGH **„Computer-Bild"**). Denn die Verpflichtung zur Information über das Nichtbestehen eines Widerrufsrechts steht mit Art. 4 I lit. f Fernabsatzrichtlinie im Einklang.

160 **Kommunale Regelungen,** die ausschließlich dazu dienen, den Marktzutritt einer Gemeinde zu beschränken, fallen nicht unter § 4 Nr. 11 UWG (BGH **„Altautoverwertung"**). Bereits in seiner Entscheidung **„Elektroarbeiten"** hatte der Bundesgerichtshof darauf hingewiesen, dass zwar eine kommunale Vorschrift den Zweck haben kann, die Kommunen vor den Gefahren überdehnter unternehmerischer Tätigkeit zu schützen und zugleich einer „ungezügelten Erwerbstätigkeit der öffentlichen Hand zulasten der Privatwirtschaft" vorzubeugen. Dennoch geht es in derartigen kommunalen Vorschriften nicht um die Lauterkeit des Wettbewerbs, sondern allenfalls um die **Erhaltung einer Marktstruktur,** die von privaten Unternehmen geprägt ist. Es fehlt mithin an der in § 4 Nr. 11 UWG vorausgesetzten **sekundären Schutzfunktion** zugunsten des Wettbewerbs.

161 Schließlich ist zu berücksichtigen, dass nicht jeder Verstoß gegen § 4 Nr. 11 UWG zur Wettbewerbswidrigkeit der Werbemaßnahme führt. Auch im Rahmen des Rechtsbruchtatbestandes muss im Einzelfall die **Spürbarkeitsschwelle** geprüft werden. Für die Frage der Spürbarkeit kommt es nicht darauf an, ob der Wettbewerbsverstoß in einer Werbebroschüre oder nur in einer Kleinanzeige erfolgt. Der Umstand, dass die beanstandete Werbung in der Kleinanzeige einer Fachzeitschrift erschienen ist, lässt die Spürbarkeit eines Verstoßes gegen die PKW-Energieverbauchskennzeichnungsverordnung nicht entfallen, weil die Angabe der Verbrauchs- und CO^2-Werte für Neufahrzeuge für das **Informationsinteresse** der Verbraucher wesentlich ist (BGH **„Gallardo Spyder"**). Das gilt auch für Vorführwagen mit nicht mehr als 1000 km Laufleistung (BGH **„Neue Personenkraftwagen"**).

162 Nicht unter § 4 Nr. 11 UWG fallen **allgemeine Vertragsbruchstatbestände.** Der Vertragsbruchstatbestand ist entweder als Wettbewerbsbehinderung gem. § 4 Nr. 10 UWG unlauter oder er verwirklicht jedenfalls die Generalklausel des § 3 Abs. 1 UWG.

163 Auch wenn die UGP-RiLi zu einer vollständigen Harmonisierung des Lauterkeitsrecht geführt hat, bleiben gemäß Art. 3 Abs. 8 UGP-RiLi alle Niederlassungs- oder Genehmigungsbedingungen, berufsständische Verhaltenskodizes oder andere spezifische **Regeln für reglementierte Berufe** unberührt, damit die strengen Integritätsstandards, die die Mitgliedstaaten den in dem Beruf tätigen Personen nach Maßgabe des Unionsrechts auferlegen können, gewährleistet bleiben (BGH **„Freier Architekt"**). Dementsprechend findet § 4 Nr. 11 UWG auch auf berufsrechtliche Regelungen Anwendung (BGH **„Rechtsberatung durch Lebensmitteltechniker"**). Im Rahmen der Verletzung von berufsrechtlichen Regeln ist immer die Wertung aus Art. 12 GG zu berücksichtigen, so dass nicht jede Verletzung einer berufsrechtlichen Regel zugleich ein Wettbewerbsverstoß gemäß § 4 Nr. 11 UWG ist. Das Bundesverfassungsgericht hat in diesem Zusammenhang betont, dass Art. 12 Abs. 1 Satz 1 GG Eingriffe in die Berufsausübung auf das Erforderliche begrenzt (Bundesverfassungsgericht **„Werbung von Steuerberatungsgesellschaften"**). So hat es der BGH etwa nicht als Wettbewerbsverstoß gegen § 4 Nr. 11 UWG i.V.m. Art. 1 § 1 Rechtsberatungsgesetz gewertet, wenn eine Bank für die Übernahme von Testamentsvollstreckungen wirbt (BGH **„Testamentsvollstreckung durch Banken"**). Denn die Tätigkeit des Testamentsvollstreckers stellt keine Besorgung einer fremden Rechtsangelegenheit dar. Daher kann die Testamentsvollstreckung auch durch einen Steuerberater erfolgen (BGH **„Testamentsvollstreckung durch Steuerberater"**; siehe aber BGH **„Finanz-Sanierung"**). Eine Verletzung von § 4 Nr. 11 UWG i.V.m. § 43b BRAO, § 6 BORA liegt nicht vor, wenn der werbende Rechtsanwalt sich selbst als *„optimale Vertretung"* anpreist (BGH **„Optimale Interessenvertretung"**). Zulässig ist die Werbung eines Optikers, der berührungslose Augeninnendruckmessungen und Prüfungen des Gesichtsfeldes mittels einer Computermessung anbietet und zugleich darauf hinweist, dass ein krankhafter Befund zuverlässig nur durch einen Augenarzt ausgeschlossen werden kann (BGH **„Optometrische Leistungen III"**). Unzulässig ist hingegen das Angebot einer Schuldnerberatung, bei der auch Rechtsrat gegeben wird, ohne dass der Anbieter hierzu berechtigt ist (Verstoß gegen § 4 Nr. 11 UWG i.V.m. Art. 1 § 1 Rechtsberatungsgesetz, BGH **„Schulden Hulp"**). Kein Unterlassungsanspruch aus § 4 Nr. 11 UWG i.V.m. Art. 1 § 1 Abs. 1 Rechtsberatungsgesetz besteht hingegen gegenüber einem Kraftfahrzeugversicherer, der den Versicherungsnehmern gegenüber über Sachverständigenkosten aufklärt (BGH **„Rechtsberatung durch Haftpflichtversicherer"**).

163a Die Berufsordnung für die bayerischen Zahnärzte ist eine Marktverhaltensregelung im Sinne von § 4 Nr. 11 UWG. Dennoch ist es zulässig, wenn der Zahnarzt, dem ein Patient einen von einem anderen Zahnarzt erstellten Heil- und Kostenplan mit der Bitte um Prüfung vorlegt, die Behandlung des Patienten zu einem niedrigeren Honorar übernimmt (BGH **„Zweite Zahnarztmeinung"**). Um eine Marktverhaltensregelung handelt es sich auch bei der Berufsordnung der Ärztekammer Niedersachsen. Daher ist es einem Augenarzt untersagt, seinen Patienten, die nach seinem Untersuchungsbefund eine Brille benötigen, in seiner Praxis 60 Musterbrillen eines bestimmten Herstellers anzubieten und abzugeben, soweit nicht die Abgabe des Produkts oder die Dienstleistung wegen ihrer Besonderheiten notwendiger Bestandteil ärztlicher Therapie sind (BGH **„Optikerleistungen durch Augenarzt"**). Kein Verstoß gegen die Berufsordnung der Zahnärzte in Schleswig-Holstein liegt vor, wenn ein Unternehmen für ein von ihm entwickeltes Konzept zur Qualitätssicherung von Zahnarztpraxen mit einer Aufforderung zur Teilnahme an einem Gewinnspiel wirbt (BGH **„MacDent"**). Zulässig ist der Hinweis in der Werbung eines Blutspendedienstes, dass den Spendern eine Aufwandsentschädigung gewährt wird, die sich am unmittelbaren Aufwand orientiert. Hierin liegt kein Verstoß gegen das Werbeverbot nach § 7 Abs. 3 HWG (BGH **„Blutspendedienst"**). Das Heilberufsgesetz NRW wird nicht verletzt, wenn eine Zahnärztin einen von einer österreichischen Universität verliehenen Titel führt (BGH **„Master of Science Kieferorthopädie"**). Die Vorschriften der Berufsordnung für die Ärztinnen und Ärzte in Hessen werden nicht verletzt, wenn ein Arzt in seinen Praxisräumen eine gewerbliche Ernährungsberatung durchführt, sofern er diese Tätigkeit von seiner freiberuflichen ärztlichen Tätigkeit getrennt hält (BGH **„Ernährungsberatung"**). Unzulässig ist die Werbung eines KfZ-Händlers, der mit der Werbeangabe „Die clevere Alternative zur KfZ-Pfandleihe" wirbt und ein Finanzierungsmodell für den Ankauf von Kraftfahrzeugen unter Gewährung eines besonderen Rücktrittsrechts anbietet. Hierin liegt ein Rückkaufhandel, der gemäß § 34 Abs. 4 GewO jedermann verboten ist (BGH **„Die clevere Alternative"**). Steuerrechtliche

Vorschriften stellen hingegen grundsätzlich keine Marktverhaltensregelung dar, da sich ihr Zweck im Normalfall darauf beschränkt, die Finanzierung des Gemeinwesens zu ermöglichen (BGH **„Zweckbetrieb“**).

163b Eine **ausländische Versandapotheke** darf weder zur pharmazeutischen Beratung seiner Kunden eine Telefon-Hotline zur Verfügung stellen, die nur gegen Gebühr in Anspruch genommen werden kann, noch Anrufe von Kunden im Inland, die Arzneimittel bestellen oder sich pharmazeutisch beraten lassen wollen, über eine Dienstleistungstelefonnummer durch eine Drittfirma bearbeiten lassen (BGH **„Pharmazeutische Beratung über Call-Center“**). Es verstößt nicht gegen das Gebot der Meisterpräsenz, wenn ein Hörgeräteakustiker-Meister zwei Betriebe betreut und jeweils einen halben Tag im einen und den anderen halben Tag im anderen Geschäft anwesend ist und beide Geschäfte auch in der Zeit der Abwesenheit des Meisters offengehalten werden (BGH **„Meisterpräsenz“**). Die in § 1 PodG geregelte Erlaubnispflicht gilt nur im Hinblick auf die Führung der Bezeichnung *„Medizinische Fußpflegerin/Medizinischer Fußpfleger“* und verbietet nicht die Werbung für die erlaubnisfreie Tätigkeit einer medizinischen Fußpflege (BGH **„Medizinische Fußpflege“**). Gemäß § 34d Abs. 1 Satz 1 GewO bedarf derjenige der Erlaubnis der zuständigen Industrie- und Handelskammer, der gewerbsmäßig als Versicherungsmakler oder Versicherungsvertreter den Abschluss von Versicherungsverträgen vermitteln will. Im **Interesse eines hohen Verbraucherschutzniveaus** ist der Begriff der Versicherungsvermittlung nicht zu eng zu bestimmen, so dass auch ein Kaffeehändler, der im Rahmen seines Internetauftritts konkrete Versicherungsprodukte bewirbt und den Online-Abschluss von Versicherungsverträgen auf der Internetseite eines Versicherungsvermittlers ermöglicht, selbst Versicherungsmakler ist (BGH **„Online-Versicherungsvermittlung“**). Die Grenze zur **verbotenen Werbung** eines potentiellen Mandanten durch Belästigung, Nötigung oder Überrumpelung liegt bei dem Werbeschreiben eines Rechtsanwalts noch nicht vor, der die Kommanditisten einer insolventen Fondgesellschaft anschreibt und seine Beratungsleistung anbietet (BGH **„Kommanditistenbrief“**). Um Marktverhaltensregelungen handelt es sich auch bei den Bestimmungen des § 47 Abs. 2 Satz 1 und 2 PBefG. Danach darf der Taxiunternehmer Aufträge von Kunden nur an seinem Betriebssitz entgegennehmen und nicht ohne ausdrücklichen Auftrag des Kunden unternehmensintern an ein Taxi weitergeben, das an einem anderen Betriebssitz bereitgehalten wird (BGH **„Taxibestellung“**). Soweit Rechtsberatungsdienstleistungen durch einen Einzelhandelsverband im Rahmen seines satzungsmäßigen Aufgabenbereichs für dessen Mitglieder erbracht werden, liegt kein Verstoß gegen das in § 3 RDG geregelte Rechtsberatungsverbot vor (BGH **„Rechtsberatung durch Einzelhandelsverband“**). Ein Rechtsanwalt verstößt gegen § 43b BRAO i.V.m. § 6 BORA, wenn er sich als *„zertifizierter Testamentsvollstrecker“* bezeichnet, obgleich er über keine praktischen Erfahrungen auf dem Gebiet der Testamentsvollstreckung verfügt (BGH **„Zertifizierter Testamentsvollstrecker“**). Es ist hingegen nicht zu beanstanden, wenn ein Rechtsanwalt Steuerberatungsdienstleistungen anbietet und mit der Angabe *„Rechtsanwaltskanzlei & Steuerbüro“* wirbt, sofern der Anteil der steuerberatenden Tätigkeit zwei Drittel der gesamten Tätigkeit des Rechtsanwalts ausmacht (BGH **„Steuerbüro“**). Diese steuerberatende Tätigkeit eines Rechtsanwalts rechtfertigt jedoch nicht die Eintragung seines Steuerbüros unter der Rubrik *„Steuerberater“* in einem Telefonbuch. Einem Finanzdienstleistungsunternehmen ist es gemäß § 3 RDG untersagt, entgeltlich an Dritte die rechtliche Beratung zur außerordentlichen oder vorzeitigen Beendigung von Darlehensverhältnissen zu erbringen, sofern diese Rechtsdienstleistung nach der Verkehrsanschauung ein solches Gewicht innerhalb der Gesamtleistung hat, dass nicht mehr von einer bloßen Nebenleistung ausgegangen werden kann (BGH **„Kreditkontrolle“**).

164 Ist ein Marktverhalten durch einen Verwaltungsakt ausdrücklich erlaubt und ist der Verwaltungsakt nicht nichtig, kommt ein Wettbewerbsverstoß nicht in Betracht (BGH **„Atemtest II**). Voraussetzung dieser Ausnahme ist jedoch das Vorliegen eines Verwaltungsaktes. Die Beantwortung einer Anfrage zur Zulassungspflicht eines Arzneimittels ist noch kein Verwaltungsakt (BGH **„Atemtest“**). Das HWG verletzt, wer werblich Arzneimitteln eine **therapeutische Wirksamkeit oder Wirkung** beilegt, die sie nicht haben (BGH **„Ginseng-Präparate“** und **„Vitalpilze“**). Um so mehr stellt das Inverkehrbringen und Bewerben von **Arzneimitteln** ohne Zulassung ein nach § 4 Nr. 11 UWG unlauteres Marktverhalten dar. Wer ein Produkt als *„Lebensmittel“* bewirbt, obgleich es vom durchschnittlich informierten, aufmerksamen und verständigen Verbraucher seiner Zweckbestimmung nach als Funktionsarzneimittel angesehen wird (BGH **„Arzneimittelwerbung im Internet“**, siehe aber BGH **„Zimtkapseln“** und **„Ginko-Extrakt“**), handelt unlauter. Keinen Verstoß gegen § 4 Nr. 11 UWG stellt es hingegen dar, wenn ein ausländischer Apotheker im Inland Versandhandel mit Arzneimitteln betreibt, sofern eine entsprechende Erlaubnis vorliegt (BGH **„Versandhandel mit Arzneimitteln“**) und die Versandapotheke die deutschen Vorschriften für den Apothekenabgabepreis einhält (GmS OGB **„Medikamentenverkauf im Versandhandel“**). **Lebensmittelrechtlich** angreifbar ist hingegen der Vertrieb von Produkten mit einem chinesischen Fruchtextrakt, ohne dass der Hersteller über die nach Art. 3 Abs. 2, Art. 4 der Novel-Food-Verordnung erforderliche Genehmigung verfügt. Der Verstoß gegen die Novel-Food-Verordnung, die dem Schutz der Gesundheit der Verbraucher dient, stellt zugleich einen Verstoß gegen § 4 Nr. 11 UWG dar (BGH **„Fruchtextrakt“**, und BGH **„Erfokol-Kapseln“**). Die Verordnung (EG) Nr. 1924/2006 des Europäischen Parlaments und des Rates vom 20.12.2006 über nährwert- und gesundheitsbezogene Angaben über Lebensmittel (sog. Health-Claims-Verordnung) ist eine Marktverhaltensregelung (BGH **„Gurktaler Kräuterlikör“** und **„Monsterbacke“**).

164a Ebenfalls unter § 4 Nr. 11 UWG fällt die Regelung des § 27 Abs. 1 LFGB. Diese Bestimmung ist richtlinienkonform dahingehend auszulegen, dass eine wegen Irreführung unzulässige Werbung über Wirkungen eines kosmetischen Mittels im Sinne von § 27 Abs. 1 Satz 1 und 2 LFGB nur dann angenommen werden kann, wenn das betreffende Mittel die behaupteten Wirkungen tatsächlich nicht besitzt (BGH **„Vorbeugen mit Koffein!“**). Wird ein Mittel als bilanzierte Diät beworben, obgleich dieses Mittel nicht die Voraussetzungen eines **diätetischen Lebensmittels** für besondere medizinische Zwecke hat (BGH **„MobilPlus-Kapseln“**), liegt ein Wettbewerbsverstoß vor. Allerdings steht die Anwendung nationaler Bestimmungen zur **Lebensmittelsicherheit,** etwa § 2 LFGB, unter dem Vorbehalt, dass sie den Erfordernissen entsprechen, die sich für Reglementierungen des Warenverkehrs bei grenzüberschreitenden Lebenssachverhalten aus dem primären Unionsrecht ergeben (BGH **„Gelenknahrung II“**). Unzulässig ist der Vertrieb von **Medizinprodukten,** die keine gemäß § 6 MPG erforderliche CE-Kennzeichnung tragen. Wer parallelimportierte und umgepackte Medizinprodukte ohne eine ergänzende Konformitätsbewertung nach § 6 MPG in Deutschland in Verkehr bringt, verstößt zugleich gegen § 4 Nr. 11 UWG (BGH **„One touch ultra“**, **„Golly Telly“**, **„CE-Kennzeichnung“** und **„In-vitro-Diagnostica“**). **Lebensmittelrechtliche Kennzeichnungsvorschriften** wie etwa §§ 3 Abs. 1 Nr. 3 und 4, Abs. 3, 7 Abs. 2 LMKV und § 5 Abs. 7 NKV sind Marktverhaltensregelungen im Sinne des § 4 Nr. 11 UWG. Sie dienen der Information und Aufklärung der Verbraucher über ernährungs- und gesundheitsbezogene Aspekte der Lebensmittel, sodass der Importeur italienischer Nudeln und Nudelsoßen verpflichtet ist, sowohl das Mindesthaltbarkeitsdatum als auch Angaben über ernährungs- und gesundheitsbezogene Aspekte der Lebensmittel in deutscher Sprache oder in einer anderen leicht verständlichen Sprache anzubringen (BGH **„Barilla"**). Hingegen verletzt die Benutzung der Bezeichnung „Biomineralwasser" für natürliches Mineralwasser nicht § 11 Abs. 1 S. 2 Nr. 3 LFGB, weil der Verbraucher von einem mit „Bio" gekennzeichneten natürlichen Mineralwasser allenfalls erwartet, dass es sich von anderen Mineralwässern im Hinblick auf Gewinnung und Schadstoffgehalt abhebt, was bei dem beworbenen Mineralwasser tatsächlich der Fall war (BGH **„Biomineralwasser"**). Die Verwendung der Angabe „Biomineralwasser" steht den Bestimmungen der §§ 3, 4 LMKV solange nicht entgegen, als auch die gesetzlich vorgeschriebene Bezeichnung „natürliches Mineralwasser" angegeben wird. Liegen bei dem Angebot eines Nahrungsergänzungsmittels als diätetisches Lebensmittel für besondere medizinische Zwecke die Voraussetzungen von § 14b Abs. 1 S. 2 DiätV nicht vor, hat der Hersteller eine Werbung mit der Angabe „zur diätetischen Behandlung von Arthrose" zu unterlassen (BGH **„ARTROSTAR"**). Auch die Vorschriften in § 1 Abs. 4a S. 1 und 2 DiätV über die Abgrenzung der Lebensmittel für besondere medizinische Zwecke von anderen Stoffen dienen der Herstellung transparenter Verhältnisse auf dem Markt für Gesundheitsprodukte und sind damit Marktverhaltensregelungen im Sinne von § 4 Nr. 11 UWG (BGH **„Glucosamin Naturell"**). Sofern der Hersteller eines Nahrungsergänzungsmittels sein Produkt als ergänzende bilanzierte Diät zur diätetischen Behandlung von ungenügender Knorpelbildung in den Gelenken vertreibt, ohne dass die gemäß § 1 Abs. 4a S. 2 DiätV bestehenden Voraussetzungen erfüllt sind, liegt ein Wettbewerbsverstoß vor. Der Importeur von Pflanzenschutzmitteln verletzt § 4 Nr. 11 UWG i. V. m. § 11 Abs. 1 S. 1 PflSchG, wenn das von ihm in Verkehr gebrachte Mittel nicht vom Bundesamt für Verbraucherschutz und Lebensmittelsicherheit zugelassen war (BGH **„Flonicamid"**). Wird das Pflanzenschutzmittel im Parallelhandel nach Deutschland eingeführt, ist es nur dann verkehrsfähig, wenn die für die Erteilung der Genehmigung zuständige Behörde festgestellt hat, dass dieses Mittel mit dem in Deutschland zugelassenen Referenzmittel identisch ist. Die Bestimmungen der §§ 11 Abs. 1, Abs. 2, 16c PflSchG regeln Gesundheits- und Sicherheitsaspekte von Produkten in gemeinschaftsrechtskonformer Weise und sind daher Marktverhaltensregelungen im Sinne des § 4 Nr. 11 UWG (BGH **„Tribenuronmethyl"**). Da das Inverkehrbringen von Geräten zur Herstellung von Pflanzenschutzmitteln im Pflanzenschutzgesetz nicht geregelt ist, verletzt der Anbieter eines Verfahrens zur Schädlingsbekämpfung nicht § 4 Nr. 11 UWG (BGH **„Vorrichtung zur Schädlingsbekämpfung"**).

165 Unlauter handelt auch die öffentliche Hand, soweit sie erwerbswirtschaftlich tätig ist, wenn sie die **amtliche Autorität** oder das Vertrauen in die Objektivität und Neutralität der Amtsführung missbraucht oder wenn sie öffentlich-rechtliche Aufgaben mit der erwerbswirtschaftlichen Tätigkeit verquickt. Eine derartige Verquickung öffentlich-rechtlicher Aufgaben mit erwerbswirtschaftlicher Tätigkeit liegt noch nicht vor, wenn die Gemeinde ein Büro ihres Bestattungsdienstes auf dem gemeindlichen Friedhofsgelände unterhält (BGH **„Friedhofsruhe"**). Das Inverkehrbringen nicht geregelter Bauprodukte ohne Zulassung und Übereinstimmungsnachweis stellt einen Verstoß gegen § 4 Nr. 11 UWG dar, wenn die in Verkehr gebrachten Bauprodukte nicht lediglich unwesentliche Abweichungen von der erteilten allgemeinen bauaufsichtlichen Zulassung aufweisen (BGH **„Betonstahl"**). Unlauteres Handeln liegt nicht vor, wenn eine Fotoagentur Schulfotoaktionen auf dem Schulgelände vornimmt, selbst wenn sie der Schule am Tag der Bilderlieferung einen PC kostenlos zur Verfügung stellt, sofern die kostenlose Zurverfügungstellung des PCs nicht an die Abnahme der Fotografien gekoppelt wird (BGH **„Schulfotoaktion"**). Es fehlt auch an einem Verstoß gegen § 4 Nr. 11 UWG, wenn ein Verlag im Rahmen des Directmarketing sogenannte *„Probeabonnements"* von Zeitschriften anbietet, und das Angebot mit einer kostenlosen Zugabe verbindet (z.B. einen „BODUM Kaffee-Bereiter"). Der Umstand, das der Verlag von seinem Recht Gebrauch macht, seine Zeitschrift einer **Preisbindung** zu unterwerfen, führt möglicherweise zu einem kartellrechtlichen Unterlassungsanspruch gegen den Verlag. Der BGH stellt jedoch heraus, dass **kartellrechtliche Verstöße** unter dem Gesichtspunkt des Rechtsbruchs lauterkeitsrechtlich nicht verfolgt werden können (BGH **„Probeabonnement"**). Verletzt hingegen ein Verlag §§ 119, 120 OWiG, indem er Kontaktanzeigen veröffentlicht, so kann zwar eine Verletzung von Marktverhaltensregeln vorliegen. Dies ist jedoch nur dann der Fall, wenn die Tatbestandsvoraussetzungen der §§ 119, 120 OWiG erfüllt sind, was der BGH bei den üblichen Kleinanzeigen verneint hat (BGH **„Kontaktanzeigen"**). Die Belieferung eines Lesezirkels durch einen Verlag zu besonderen Konditionen ist ein **Vertriebsinstrument** mit der Folge, dass der Verlag entscheiden kann, welche Zeitschriften er dieser besonderen Vertriebsform zur Verfügung stellt (BGH **„Lesezirkel II"**). Der BGH hat dem EuGH die Frage vorgelegt, ob § 10 LPresseG im Rahmen von § 4 Nr. 11 UWG im Einklang mit dem Unionsrecht steht. Insbesondere stellte der BGH die Frage, ob die sich aus § 10 LPresseG ergebende **Kennzeichnungspflicht der Presseunternehmen** eine hinreichende Grundlage im Unionsrecht hat mit der Folge, dass eine Verletzung zugleich § 4 Nr. 11 UWG verwirklicht (BGH **„GOOD NEWS"**). Gemäß § 10 LPresseG hat der Verleger eines periodischen Druckwerkes, der für eine Veröffentlichung ein Entgelt erhalten, gefordert oder sich hat versprechen lassen, diese Veröffentlichung, soweit sie nicht schon durch Anordnung und Gestaltung allgemein als Anzeige zu erkennen ist, deutlich mit dem Wort **„Anzeige"** zu bezeichnen. Es handelt sich damit um eine Marktverhaltensregelung im Sinne des § 4 Nr. 11 UWG. Der EuGH hat auf das Vorabentscheidungsersuchen des BGH hin entschieden, dass die Bestimmung in § 10 LPresseG **richtlinienkonform** ist, sodass jede Verletzung von § 10 LPresseG auch § 4 Nr. 11 UWG verwirklicht (EuGH **„RLvS Verlagsgesellschaft/Stuttgarter Wochenblatt"**). Schließlich sieht der BGH das für den Staat bestehende Gebot, sich nur in engen Grenzen auf dem Gebiet der Presse zu betätigen **(Gebot der Staatsferne der Presse),** als eine Marktverhaltensregelung im Sinne des § 4 Nr. 11 UWG an, soweit es auch den Schutz der Mitbewerber und der Verbraucher bezweckt (BGH **„Einkauf aktuell"**). Eine Verletzung dieses Gebots der Staatsferne der Presse liegt dann nicht vor, wenn die Deutsche Post AG die Postwurfsendung „Einkauf aktuell" verbreitet, in der neben dem Fernsehprogramm auch redaktionelle Beiträge enthalten sind, da die Deutsche Post AG kein vom Bund und den Ländern beherrschtes Unternehmen ist.

166 Eine Marktverhaltensregel liegt nicht vor, wenn ein Marktbezug fehlt (BGH **„Kraftfahrzeuganhänger mit Werbeschildern"**). Generell führt der BGH zur Frage des Vorliegens von Marktverhaltensregelungen im Sinne des § 4 Nr. 11 UWG folgendes aus:

> Nach § 4 Nr. 11 UWG handelt unlauter, wer einer gesetzlichen Vorschrift zuwiderhandelt, die auch dazu bestimmt ist, im Interesse der Marktteilnehmer das Marktverhalten zu regeln. Die verletzte Norm muss daher jedenfalls auch die Funktion haben, gleiche Voraussetzungen für die auf einem Markt tätigen Wettbewerber zu schaffen. … Es reicht

nicht aus, dass die Vorschrift ein Verhalten betrifft, das dem Marktverhalten vorausgegangen ist oder ihm erst nachfolgt. Fällt der Gesetzesverstoß nicht mit dem Marktverhalten zusammen, ist eine zumindest sekundäre wettbewerbsbezogene Schutzfunktion der verletzten Norm erforderlich. ... Die Vorschrift muss das Marktverhalten außerdem im Interesse der Marktteilnehmer regeln. Dem Interesse der Mitbewerber dient eine Norm dann, wenn sie die Freiheit ihrer wettbewerblichen Entfaltung schützt (BGH in WRP 2010, Seite 876 ff. [S. 878, Rdnr. 18], **„Zweckbetrieb“**).

Demgegenüber sind **Zulassungsbestimmungen** regelmäßig Marktverhaltensregelungen (BGH **„Quizalofop“**, **„Gas-Heizkessel“** und **„Lorch Premium II“**). Ebenfalls unter § 4 Nr. 11 UWG fallen die Bestimmungen des **Glücksspielstaatsvertrages** (BGH **„Lotterien und Casinospiele“** und **„Spiel mit“**). Allerdings ist im Zusammenhang mit dem staatlichen Monopol auf Sportwetten und Lotterien zu berücksichtigen, dass die nationalen Bestimmungen in Bezug auf Diskriminierungsfreiheit und Verhältnismäßigkeit den europarechtlich aufgestellten Erfordernissen genügen müssen (EuGH **„Sportwetten“** und **„Ladbroke Betting & Gaming“**). Eine Werbung richtet sich nur dann an Angehörige der gem. § 5 Abs. 2 GlüStV geschützten Kreise, wenn sie in Inhalt oder Gestaltung erkennbar – zumindest auch – auf diese Personengruppen als Zielgruppe ausgerichtet ist (BGH **„Glückspäckchen im Osternest“**). Neben § 5 Abs. 2 GlüStV ist auch das in § 4 Abs. 4 GlüStV enthaltene Verbot des Veranstaltens und Vermittelns öffentlicher Glücksspiele im Internet **(Internetverbot)** eine Marktverhaltensregelung im Sinne von § 4 Nr. 11 UWG. Die Vorschrift des § 4 Abs. 4 GlüStV steht formell und materiell mit dem Unionsrecht in Einklang, sodass das Angebot und die Vermittlung von Sportwetten über das Internet § 4 Nr. 11 UWG i. V. m. § 4 Abs. 4 GlüStV verletzen (BGH **„Sportwetten im Internet II“**). Ob ein Glücksspiel im Sinne des § 3 Abs. 1 GlüStV vorliegt, beurteilt sich nach den durchschnittlichen Fähigkeiten eines Spielers; unerheblich ist, ob professionelle Spieler oder geübte Amateure, die sich gegebenenfalls auch Lehrbuchwissen angeeignet haben, ihre Erfolgschancen steigern können (BGH **„Poker im Internet“**). Das Anbieten von Poker im Internet verstößt daher gegen § 4 Nr. 11 UWG i. V. m. § 4 GlüStV.

166a Nicht zu den Marktverhaltensregelungen zählt eine Regelung aus dem **öffentlichen Straßenrecht.** Denn das öffentliche Straßenrecht dient allein dem Ziel, Gefahren für die Leichtigkeit und Sicherheit des Verkehrs auch bei erlaubnispflichtiger Sondernutzung möglichst auszuschließen. Demgegenüber ist das **beihilferechtliche Durchführungsverbot** des Art. 108 III 3 AEUV auch eine Marktverhaltensregelung i. S. d. § 4 Nr. 11 UWG (BGH **„Flughafen Frankfurt-Hahn“**).

Praxishinweis

Da die höchstrichterliche Rechtsprechung voraussetzt, dass es sich bei der gesetzlichen Vorschrift in § 4 Nr. 11 UWG nicht nur um eine Marktverhaltensregelung handeln muss, sondern dass diese zwingend eine Grundlage im Unionsrecht haben muss, ist eine Verletzung von § 4 Nr. 11 UWG grds. dann zu verneinen, wenn die verletzte Vorschrift nicht auf eine EU-Richtlinie zurückgeht. Es ist daher zu empfehlen, im Einzelfall zu prüfen, ob der verletzten Norm tatsächlich eine Regelung zugrunde liegt, die ihre Grundlage im Unionsrecht hat. Darüber hinaus ist jede nationale Bestimmung im Hinblick auf diese unionsrechtliche Vorgabe richtlinienkonform auszulegen.

IV. Vergleichende Werbung (§ 6 UWG)

1. Werbevergleich

1 Mit dem Gesetz zur vergleichenden Werbung und der Änderung wettbewerbsrechtlicher Vorschriften vom 1. September 2000 wurde erstmals eine gesetzliche Regelung über die vergleichende Werbung in das UWG eingeführt (§ 2 UWG a.F.).

2 Das UWG 2004 hat die gesetzliche Bestimmung über die vergleichende Werbung aus § 2 UWG a.F. unverändert in § 6 UWG übernommen. § 6 Abs. 2 UWG enthält einen **Katalog von Beispielen unlauteren Verhaltens.** Während der europäische Gesetzgeber in der Richtlinie 97/55/EG im Rahmen einer Positivliste unter Art. 3a Abs. 1 lit. a–h aufgezählt hat, wann vergleichende Werbung **zulässig** ist, bedient sich der deutsche Gesetzgeber eines **Negativkatalogs.** Die unterschiedliche Systematik des europäischen und des deutschen Gesetzgebers kann im Einzelfall dazu führen, dass in Grenzfällen der Verbotstatbestand des § 6 UWG bereits Anwendung findet, obgleich der Zulässigkeitsrahmen aus Art. 3a Abs. 1 lit. a–h der Richtlinie 97/55/EG noch nicht verlassen wurde. In diesem Fall schafft § 3 Abs. 1 UWG den notwendigen Ausgleich, um den beanstandeten Werbevergleich als lautere vergleichende Werbung zu qualifizieren, indem eine **spürbare Beeinträchtigung** der Interessen von Mitbewerbern, Verbrauchern oder sonstigen Marktteilnehmern in Frage stehen muss (siehe auch EuGH WRP 2003, 615 **„Pippig Augenoptik"**). Außerdem setzt § 6 UWG voraus, dass **Werbung** vorliegt. Keine Werbung ist die Eintragung eines **Domainnamens,** da es sich hierbei nur um einen formalen Akt handelt. Sehr wohl kann es sich jedoch um eine Werbemaßnahme handeln, wenn das werbende Unternehmen **Metatags** in den Metadaten einer Website nutzt (EuGH **„BEST/Visys"**). Denn dann wird die Suchmaschine zu Gunsten des Werbenden beeinflußt.

3 Gemäß § 6 Absatz 1 UWG ist vergleichende Werbung jede Werbung, die unmittelbar oder mittelbar einen Mitbewerber oder die von einem Mitbewerber angebotenen Waren oder Dienstleistungen erkennbar macht. Wesentliche Voraussetzung der vergleichenden Werbung ist daher das **Erkennbarmachen von Mitbewerbern oder deren Waren bzw. Dienstleistungen** im Rahmen eines Vergleichs. Nach der 6. Begründungsserwägung der Richtlinie 97/55/EG ist der Begriff der vergleichenden Werbung **breit zu fassen.** Eine Werbemaßnahme ist bereits dann als vergleichende Werbung einzustufen, wenn eine Äußerung vorliegt, die auch nur mittelbar auf einen Mitbewerber und die Erzeugnisse oder Dienstleistungen, die dieser anbietet, Bezug nimmt (EuGH **„Toshiba Europe"**). Die Werbeaussage darf sich allerdings **nicht** in einem **Werturteil** erschöpfen. Die an die vergleichende Werbung zu stellenden Anforderungen sind nach der Rechtsprechung des Gerichtshofs der EU in dem für sie **günstigsten Sinn** auszulegen. In der **bloßen Bezugnahme auf die Ware** eines Mitbewerbers, auch wenn sie mit dem Ziel einer Rufanlehnung erfolgt, liegt noch kein Werbevergleich (BGH **„Aluminiumräder"**).

4 Vergleichende Werbung ist danach **jede** (Tatsachen-)**Äußerung** bei der Ausübung eines Handels, Gewerbes, Handwerks oder freien Berufs mit dem Ziel, den **Absatz** von Waren oder die Erbringung von Dienstleistungen, einschließlich unbeweglicher Sachen, Rechte und Verpflichtungen, **zu fördern.** Zu dem Werbespot eines Zei-

tungsverlages, in dem zwei Tageszeitungen miteinander verglichen werden, führt der BGH aus:

> Vergleichende Werbung ist nach § 6 Abs. 1 UWG jede Werbung, die unmittelbar oder mittelbar einen Mitbewerber oder die von einem Mitbewerber angebotenen Waren oder Dienstleistungen erkennbar macht (Art. 2 Nr. 2a der Richtlinie 84/350/EWG; Art. 2 lit. c der Richtlinie 2006/114/EG). Der Begriff der vergleichenden Werbung ist in einem weiten Sinn zu verstehen, da er alle Arten der vergleichenden Werbung abdecken soll. Vergleichende Werbung liegt daher schon dann vor, wenn eine Äußerung – auch nur mittelbar – auf einen Mitbewerber oder die von ihm angebotenen Waren oder Dienstleistungen Bezug nimmt. … Mitbewerber sind Unternehmen, die substituierbare Waren oder Dienstleistungen auf dem Markt anbieten; von einem gewissen Grad der Substitution kann ausgegangen werden, wenn Waren in gewisser Weise gleichen Bedürfnissen dienen können (BGH in WRP 2010, Seite 252 ff. [S. 254, Rdnr. 12], **„Gib mal Zeitung“**).

Werden zwei Tageszeitungen miteinander verglichen, liegt grundsätzlich eine vergleichende Werbung vor. Es kommt in diesem Zusammenhang nicht darauf an, ob der Werbespot Tageszeitungen miteinander vergleicht, die sich grundsätzlich an unterschiedliche Arten von Lesern richten und sich die Kundenkreise daher nur geringfügig überschneiden. Unter § 6 Abs. 1 UWG unterfällt **jede werbliche Bezugnahme** auf einen Mitbewerber oder eine von diesem angebotene Ware oder Dienstleistung. Aus der **bloßen Kritik** an Waren, Leistungen oder Werbemethoden von Mitbewerbern ist regelmäßig nicht bereits ein Vergleich mit eigenen Waren oder Leistungen herauszulesen. Dies gilt insbesondere dann, wenn sich im Rahmen einer Werbung die Bezugnahme auf den Werbenden für den verständigen Durchschnittsverbraucher nur **reflexartig** ergibt (BGH **„Coaching-Newsletter“**).

5 Nicht unter § 6 UWG fällt der **Systemvergleich** und der **Warenartenvergleich.** In beiden Vergleichsformen werden weder Mitbewerber noch die von ihnen angebotenen Waren oder Dienstleistungen erkennbar gemacht, sodaß es an den Tatbestandsvoraussetzungen von § 6 Absatz 1 UWG fehlt. Ob ein Systemvergleich wettbewerbswidrig ist, ist danach allein auf der Grundlage von § 4 Nr. 10 UWG zu bestimmen. Ein **Systemvergleich** liegt vor, wenn etwa zwei unterschiedliche Heizsysteme – z. B. Öl und Gas – miteinander verglichen werden. Ein **Warenartenvergleich** ist gegeben, wenn ein Vergleich zwischen zwei Warengattungen durchgeführt wird. System- und Warenartenvergleich sind zulässig, wenn die in Vergleich gesetzten Leistungen, Waren oder Systeme sachlich vergleichbar sind und für den Vergleich in dieser Form ein **sachlich gerechtfertigter Anlass** besteht sowie die Angaben sich nach Art und Maß in den Grenzen des Erforderlichen und der wahrheitsgemäßen sachlich richtigen Erörterung halten (zu § 1 UWG a. F.: BGH **„Energiekosten-Preisvergleich“**). Um keinen Systemvergleich handelt es sich, wenn sich der Wettbewerber darauf beschränkt, seine eigene Ware oder Dienstleistung anzupreisen, indem er ihre Eigenschaften hervorhebt (BGH **„Kfz-Waschanlagen“** noch zu § 1 UWG a. F.).

6 **Als Unterfall der wettbewerblichen Behinderung** ist ein Werbevergleich ohne individuelle Bezugnahme gemäß § 4 Nr. 10 UWG unzulässig, wenn Begleitumstände vorliegen, die einen **Unlauterkeitsvorwurf** nach §§ 4 Nr. 10, 3 Abs. 1 UWG begründen. Fehlt es hingegen am Vorliegen besonderer Umstände, die die Unlauterkeit begründen, ist die vergleichende Werbung ohne individuelle Bezugnahme grundsätzlich zulässig.

7 Der Bundesgerichtshof befasste sich mit der werblichen Aufforderung eines Einzelhändlers, mit durchgestrichenen Preisen beworbene Angebote misstrauisch zu prüfen.

Die Aufforderung war allgemein gehalten und ließ konkrete Wettbewerber nicht erkennen (BGH **„SOOOO ... BILLIG!?“**). Keinesfalls reicht es zur Annahme der vergleichenden Werbung aus, dass der Werbende einen Bezug zwischen den Wettbewerbern nur **unausgesprochen zum Ausdruck** bringt. Der Werbende muss vielmehr den Mitbewerberbezug ausdrücklich aussprechen oder jedenfalls eindeutig nahe legen. Ein Informationsblatt, das lediglich dazu auffordert, Angebote, die mit durchgestrichenen Preisen beworben werden, misstrauisch zu prüfen, weil sich dahinter **Unseriosität,** ein **Lockvogelangebot,** Ladenhüter oder sonstige Finten verbergen könnten, enthält keine ausdrückliche Bezugnahme.

8 Aus Sicht des BGH setzt vergleichende Werbung im Sinne von § 6 UWG nicht nur voraus, dass ein Mitbewerber oder das von ihm angebotene Produkt erkennbar gemacht wird, sondern auch, dass sich unterschiedliche, aber hinreichend austauschbare Produkte des Werbenden und des Mitbewerbers gegenüberstehen. Wörtlich heißt es in den Ausführungen des BGH:

> Vergleichende Werbung i. S. von § 6 UWG setzt daher neben dem Erkennbarmachen konkreter Wettbewerber zwingend einen Vergleich der von diesen angebotenen, hinreichend austauschbaren Produkte voraus. ... Bei den Äußerungen der Bekl. fehlt es danach an der für eine vergleichende Werbung erforderlichen Bezugnahme auf die eigenen Dienstleistungen. Die an den Mitbewerbern und deren Leistungen geübte Kritik enthält zwar unausgesprochen die Aussage, sie treffe auf die Bekl. selbst nicht zu. Die Voraussetzungen für einen Werbevergleich sind aber grundsätzlich dann noch nicht erfüllt, wenn eine Werbeaussage so allgemein gehalten ist, dass sich den angesprochenen Verkehrskreisen keine Bezugnahme auf den Werbenden aufdrängt, sondern sich ein solcher Bezug nur reflexartig daraus ergibt, dass mit jeder Kritik an Mitbewerbern in der Regel unausgesprochen zum Ausdruck gebracht wird, dass diese Kritik den Werbenden selbst nicht trifft (BGH in GRUR 2012, Seite 74 ff. [S. 76, Rdnr. 18, 19], **„Coaching-Newsletter“**).

Sofern sich also aus einer Werbung nicht ergibt, dass sich unterschiedliche, aber hinreichend austauschbare Produkte des Werbenden und des Mitbewerbers gegenüberstehen, liegen die Voraussetzungen einer vergleichenden Werbung nicht vor.

9 Liegt ein Werbevergleich ohne individuelle Bezugnahme vor, ist bei dieser Werbung weiter zu prüfen, **ob die Werbemaßnahme** gem. §§ 4 Nr. 10, 3 Abs. 1 UWG **unlauter ist.** Um einen Wertungswiderspruch zwischen § 6 UWG und §§ 4 Nr. 10, 3 Abs. 1 UWG zu vermeiden, sind die Anforderungen an die Zulässigkeit der vergleichenden Werbung ohne individuelle Bezugnahme **nicht strenger zu beurteilen als bei § 6 UWG.** Unlauter ist daher ein Werbevergleich ohne individuelle Bezugnahme nur dann, wenn der Werbende mit **wettbewerbsfremden Mitteln** versucht, Aufmerksamkeit zu erregen. Das ist etwa der Fall, wenn der Werbevergleich zu einer allgemeinen Marktbehinderung oder Marktstörung führen kann.

10 Werbevergleiche ohne individuelle Bezugnahme, die durch scherzhafte Übertreibungen oder Ironie Aufmerksamkeit erzielen wollen, sind grundsätzlich zulässig. Der **verständige Durchschnittsverbraucher** weiß regelmäßig die **scherzhafte Übertreibung** richtig einzuordnen, sodass dem Werbenden ein Sittenwidrigkeitsvorwurf nicht gemacht werden kann. Die Aufforderung an den allgemeinen Verkehr, bis zur Geschäftseröffnung des Werbenden mit dem Kauf neuer Computer zu warten, stellt daher keine zu befolgende Anordnung dar, sondern bestenfalls die Empfehlung, einen bestehenden Bedarf bei dem werbenden Unternehmen zu einem späteren Zeitpunkt zu decken (zu § 1 UWG a. F.: BGH **„Eröffnungswerbung“**). Diese Aufforderung ist zulässig.

11 Zulässig ist auch ein **Systemvergleich,** bei dem unterschiedliche Produktarten bzw. Herstellungsverfahren miteinander verglichen werden. Insoweit kann der Versandhandel mit dem Stationärhandel oder der Barverkauf mit dem Kreditverkauf verglichen werden. Sofern der Systemvergleich **wahr, ausgewogen und nicht herabsetzend** ist, ist er zulässig (zu § 1 UWG a. F.: BGH **„Kfz-Waschanlagen“**).

12 Der Bundesgerichtshof hatte sich mit einem Energiekosten-Preisvergleich eines Erdgasversorgungsunternehmens zu befassen, bei dem in tabellarischer Form die **Entwicklung der Verbraucherpreise** bei Heizöl, Gas, Fernwärme und Nachtstrom gegenübergestellt wurden. Zur Frage der Zulässigkeit eines derartigen Preisvergleichs (im Rahmen von § 1 UWG a. F.) führt der erkennende Senat aus:

> Die wahre und sachlich richtige vergleichende Werbung ist aber ausnahmsweise zulässig, wenn die in Vergleich gesetzten Leistungen, Waren oder Systeme sachlich vergleichbar sind und für den Vergleich in dieser Form ein sachlich gerechtfertigter Anlass besteht und die Angaben sich nach Art und Maß in den Grenzen des Erforderlichen und der wahrheitsgemäßen, sachlich richtigen Erörterung halten (BGH in WRP 1997, Seite 179ff. [Seite 181], **Energiekosten-Preisvergleich II**).

Bei der streitgegenständlichen Werbung handelte es sich aus Sicht des erkennenden Senats um **sachlich zutreffende Angaben,** zu deren Vergleich ein **sachlich gerechtfertigter Anlass** bestand.

13 Werden hingegen die Preise etwa der **Systeme** Öl- oder Gasheizung verglichen, **ohne** dass zugleich ein **Vollkostenvergleich** erfolgt, wird das Bild der Gesamtkosten verfälscht, sodass diese Art des Vergleichs unzulässig ist (zu § 1 UWG a. F.: BGH **„Energiekosten-Preisvergleich I“**). Der unrichtige Gesamteindruck des Werbevergleichs führt zu dessen Unlauterkeit. Unzulässig ist auch ein Preisvergleich, dessen Vollständigkeit und Richtigkeit für den angesprochenen Verkehr **nicht nachprüfbar** sind, insbesondere wenn die in der Werbung vorgespiegelte repräsentative Marktübersicht tatsächlich nicht gegeben ist (zu § 1 UWG a. F.: BGH **„Preisvergleich II“**).

14 Die fehlende Nachvollziehbarkeit eines Preisvergleichs für den Verbraucher, die Gefahr des Missbrauchs, die Vorspiegelung einer repräsentativen Marktübersicht sowie die fehlende Angabe der Auswahlkriterien können die Unlauterkeit eines derartigen anonymen Preisvergleichs begründen (BGH **„Preisvergleich II“,** bestätigt durch BVerfGE **„Werbung mit Preisvergleichen anonym aufgeführter Konkurrenten“**).

15 Zulässig können sogenannte Rechtsanwalts-Ranglisten sein, die von einem Verlag für juristische Informationen veröffentlicht werden. Sofern die Rangliste der Kanzleien auf eine **subjektive Auswahl** zurückgeht, die lediglich die auf zahlreichen Interviews basierende Recherche der Redaktion reflektiert, und der Herausgeber auf diesen Umstand hinweist, liegt keine vergleichende Werbung im Sinne von § 6 UWG vor. Denn es fehlt dem Verlag, der die Ranglisten veröffentlicht, an der Absicht, den Wettbewerb der in den Ranglisten genannten Rechtsanwaltskanzleien zu Lasten derjenigen Rechtsanwälte zu fördern, die in den Listen nicht oder an weniger herausgehobener Stelle angeführt sind. Der Verlag kann sich vielmehr auf das Presseprivileg nach Art. 5 Abs. 1 GG berufen (BGH **„Rechtsanwalts-Ranglisten“**).

16 Die in einer Werbeaussage enthaltene **Bezugnahme auf eine Warengattung** kann ausnahmsweise als vergleichende Werbung anzusehen sein, wenn mehrere Mitbewerber des Werbenden oder die von ihnen angebotenen Waren oder Dienstleistungen als diejenigen erkennbar werden (EuGH **„CHAMPAGNERBIER“**). Wenn daher ein Bierbrauer eine Biersorte unter der Bezeichnung „Brut Réserve“ auf dem

Markt anbietet, um seine Braumethode mit der Herstellungsweise von Champagner zu vergleichen, und dem Bier damit den Anstrich eines außergewöhnlichen Produkts zu geben, ist dieser Vergleich als unlautere vergleichende Werbung angreifbar. Denn in diesem Fall nutzt das werbende Unternehmen in unlauterer Weise die **Ursprungsbezeichnung** eines Konkurrenzprodukts aus.

2. Gleicher Bedarf oder dieselbe Zweckbestimmung

17 Ein Werbevergleich ist unlauter, wenn er sich nicht gemäß § 6 Absatz 2 Ziffer 1 UWG auf Waren oder Dienstleistungen für den gleichen Bedarf oder dieselbe Zweckbestimmung bezieht. Gleicher Bedarf oder dieselbe Zweckbestimmung bedeutet nicht, dass eine völlige Identität im konkreten Einzelfall vorliegen muss (EuGH **„Lidl ./. Vierzon Distribution“**). Andernfalls könnten Lebensmittel kaum miteinander verglichen werden. Vielmehr kann ein Werbevergleich auch bei nichtidentischen Produkten oder Dienstleistungen zulässig sein, sofern die verglichenen Waren oder Dienstleistungen zumindest teilweise **funktionsidentisch** sind und aus Sicht des verständigen Durchschnittsverbrauchers als **Substitutionsprodukte oder -dienstleistungen** in Betracht kommen (BGH **„Stresstest“**). Die Vergleichbarkeit der Waren und Dienstleistungen muss also weit verstanden werden (BGH **„Fußpilz“**). Der Bundesgerichtshof hatte sich mit dem Vergleich eines Modeschmuckhändlers zu befassen, der in einem Werbebrief seine eigenen Artikel mit den Designer-Modeschmuckartikeln des Wettbewerbers verglich. In diesem Zusammenhang stellt der Bundesgerichtshof fest:

> Es werden auch Waren für den gleichen Bedarf bzw. für dieselbe Zweckbestimmung im Sinne des Artikel 3 Absatz 1 lit. b der Richtlinie 97/55/EG verglichen. Dieser Annahme steht nicht entgegen, dass nicht konkrete Schmuckstücke aus dem Modeschmucksortiment der Beklagten identischen Stücken aus dem Angebot der Klägerin gegenübergestellt werden. Der Wortlaut der Regelung, nach dem es lediglich auf den gleichen Bedarf oder dieselbe Zweckbestimmung ankommt, sowie das anzuerkennende Informationsinteresse der Verbraucher sprechen für ein weites Verständnis im Sinne einer Vergleichbarkeit, die einen Werbevergleich grundsätzlich auch bei nichtidentischen Produkten zulässt, sofern diese nur funktionsidentisch sind und aus der Sicht der angesprochenen Verbraucher als Substitutionsprodukte in Betracht kommen (BGH in WRP 1999, Seite 414ff. [Seite 415, 416], **„Vergleichen Sie“**).

Der Werbevergleich von Modeschmuck mit der Warengattung „hochwertiger Designer-Modeschmuck“ wurde daher vom erkennenden Senat als Werbevergleich von Waren für den gleichen Bedarf angesehen. Das gilt in gleicher Weise etwa auch für den Vergleich von Getränken, selbst wenn die Waren in unterschiedlichen Gebindegrößen verglichen werden. An dem Vorliegen von Funktionsidentität fehlt es allerdings, wenn ein Zeitschriftenverlag seine Zeitschrift mit einem Lottoschein des Deutschen Lotto- und Totoblocks mit den Worten vergleicht: „Um Geld zu vermehren, empfehlen wir ein anderes Papier.“ Aus Sicht der angesprochenen Verkehrskreise sind die angebotenen Waren – Lottoschein einerseits, eine Wirtschaftszeitschrift andererseits – nicht austauschbar. **Mangels Branchenähnlichkeit** fehlte es aus Sicht des Bundesgerichtshofs bereits an einem Wettbewerbsverhältnis, sodass der erkennende Senat allein aus diesem Grund das Vorliegen vergleichender Werbung verneinte (BGH **„Lottoschein“**).

3. Sachlichkeitsgebot

18 Gemäß § 6 Absatz 2 Ziffer 2 UWG ist eine vergleichende Werbung untersagt, die sich nicht objektiv auf eine oder mehrere **wesentliche, relevante, nachprüfbare und typische** Eigenschaften oder den **Preis** der verglichenen Waren oder Dienstleistungen bezieht. Diese Qualifikationen sind aus der **Sicht des angesprochenen Verkehrs** zu beurteilen (BGH **„Stresstest"**). Es muss sich bei den verglichenen Eigenschaften um **nachprüfbare Tatsachen,** nicht um Werturteile, handeln. Auch wenn der angesprochene Durchschnittsverbraucher einen **gewissen Aufwand** hat, um den Werbevergleich nachzuprüfen, liegt eine gemäß § 6 Absatz 2 Ziffer 2 UWG nachprüfbare Tatsachenbehauptung vor. Jede Behauptung in der vergleichenden Werbung muss also dem Beweis zugänglich sein. Ob es sich um wesentliche, relevante und typische Eigenschaften handelt, die **objektiv** verglichen werden, ist im Einzelfall festzustellen (EuGH **„Lidl Belgium GmbH & Co. KG"**). Die **typische Eigenschaft** einer Ware oder Dienstleistung ist in der Regel auch für sie wesentlich und relevant. Das Merkmal der Typizität ist weit auszulegen (BGH **„Stresstest"**). Dem Sachlichkeitsgebot genügt der Werbevergleich dann nicht, wenn die Werbung **herabsetzend** ist (s. § 6 Abs. 2 Nr. 5 UWG). Gegen das Verbot der Herabsetzung kann bereits eine überspitzte, ironisierende und schlagwortartig vergleichende Werbung verstoßen. **Relevant** ist die Eigenschaft, wenn sie den Kaufentschluss einer **nicht völlig unerheblichen** Zahl der angesprochenen Kaufinteressenten zu beeinflussen vermag (BGH **„Stresstest"**). Es kommt jedoch nicht darauf an, ob der Vergleich notwendig ist. Eine Eigenschaft ist **wesentlich,** wenn ihre Bedeutung für den jeweils angesprochenen Verkehr aus dessen Sicht im Hinblick auf die vorgesehene Verwendung des Produkts nicht völlig unerheblich ist und sie ist **dann typisch,** wenn sie die Eigenart der verglichenen Produkte aus der Sicht der angesprochenen Verkehrskreise im Hinblick auf den Bedarf oder die Zweckbestimmung **prägt** und damit **repräsentativ** oder **aussagekräftig** für deren Wert als Ganzes ist (BGH **„Stresstest"**). Neben den **wertbestimmenden Faktoren** der Ware oder Dienstleistung können auch deren Preise oder das allgemeine Niveau der Preise eines Händlers verglichen werden (EuGH **„Lidl Belgium GmbH & Co. KG"**).

19 In der Entscheidung **„Preisvergleichsliste II"** befasste sich der Bundesgerichtshof mit der Frage, wann eine **wesentliche nachprüfbare Eigenschaft einer Ware** vorliegt. Im entschiedenen Fall verbreitete die Einkaufsgemeinschaft für holz- und kunststoffverarbeitende Betriebe eine Preisvergleichsliste, in der sie die Artikel, die Lieferanten und die von den Tischlereibetrieben im Einzelnen angegebenen Preise aufgeführt hatte. Die Auflistung der Preise war im Lichte des § 6 Absatz 2 Ziffer 2 UWG in gleicher Weise zulässig wie die Angaben über die Lieferanten und Tischlereibetriebe nebst des jeweiligen Rechnungsdatums. Insbesondere sah es der erkennende Senat nicht als Verstoß gegen § 6 Absatz 2 Ziffer 2 UWG an, dass die angegebenen Preise **nur beschränkt nachprüfbar** waren. Der Werbende war nicht verpflichtet, die Rechnungsempfänger anzugeben. Erst wenn die Preisgegenüberstellung zu einem **schiefen Bild** führt, etwa weil nicht vergleichbare Telefontarife miteinander verglichen werden, ist die vergleichende Preiswerbung als irreführende Werbung unzulässig. Zur Frage der **Objektivität des Werbevergleichs** führt der BGH wörtlich aus:

> Das Berufungsgericht hat angenommen, das Erfordernis der Objektivität verlange, dass beim Verbraucher kein schiefes Bild entstehen dürfe; unlauter seien danach Preisvergleiche insbesondere immer dann, wenn sich die preisrelevanten Konditionen der Wettbewerber nicht unwesentlich unterschieden und auf diese Unterschiede nicht deutlich und

unmissverständlich hingewiesen werde. Nach der Rechtsprechung des Gerichtshofs der Europäischen Gemeinschaften zielt das Erfordernis der Objektivität jedoch darauf ab, Vergleiche auszuschließen, die sich nicht aus einer objektiven Feststellung, sondern aus einer subjektiven Wertung ihres Urhebers ergeben. ... Danach ist der Begriff der Sachlichkeit allein dahingehend zu verstehen, dass subjektive Wertungen ausgeschlossen sind. ... Dementsprechend lässt die Unvollständigkeit oder Einseitigkeit eines Preisvergleichs dessen Objektivität i. S. des § 6 Abs. 2 Nr. 2 UWG unberührt (BGH in WRP 2010, Seite 757 ff. [S. 758, Rdnr. 12], **„Paketpreisvergleich“**).

Der Umstand allein, dass das vergleichende Unternehmen nur die ihm günstigen Eigenschaften zur Grundlage des Werbevergleichs macht, führt also nicht zu einem Mangel an Objektivität. Denn die **Unvollständigkeit** oder **Einseitigkeit** eines Preisvergleichs hat keinen Einfluss auf seine Objektivität.

20 Ein zulässiger Werbevergleich liegt vor, wenn der Hersteller von Fruchtgummi und Lakritzartikel seine Umsatzzuwächse für ein Produkt den Lakritzprodukten seines Wettbewerbers gegenüberstellt. Denn die Umsatzzuwächse eines Produkts sind **Eigenschaften** im Sinne des § 6 Abs. 2 Nr. 2 UWG (BGH **„Umsatzzuwachs“**). Danach ist der Begriff der *„Eigenschaft“* weit zu verstehen, so dass alle diejenigen Angaben als Eigenschaft des § 6 Abs. 2 Nr. 2 UWG verstanden werden, die für den angesprochenen Verkehr eine **nützliche Information** für seine Entscheidung enthalten können, ob er dem Erwerb der angebotenen Ware oder Dienstleistung nähertreten soll oder nicht. Sofern sich eine Werbung an Facheinkäufer richtet, kommt es im Zusammenhang mit der Frage, ob eine wesentliche Eigenschaft vorliegt, darauf an, ob die gegenübergestellten Umsatzzuwächse für diesen Verkehrskreis **nützlich sind.** Dies hat der BGH bejaht. Der **Preis** als ausdrücklich in § 6 Abs. 2 Nr. 2 UWG **genannte** Eigenschaft einer Ware darf dann den Preisen des Wettbewerbs gegenübergestellt werden, wenn es sich bei den Preisen um objektiv vergleichbare Angaben handelt. Selbst der Umstand, dass das vergleichende Unternehmen die Preise selbst festsetzt, führt nicht zur Unlauterkeit der Preisgegenüberstellung (BGH **„Eigenpreisvergleich“**). Denn die **Gefahr von Preismanipulationen** durch denjenigen, der einen Vergleich eigener Preise vornimmt, rechtfertigt aus Sicht des BGH kein generelles Verbot eines Preisvergleichs zwischen Produkten mit Hausmarken und Markenprodukten. Solange eine Preismanipulation dem Werbenden nicht nachgewiesen werden kann, ist der Eigenpreisvergleich zulässig.

4. Täuschung

21 Unzulässig ist eine vergleichende Werbung gemäß § 6 Absatz 2 Ziffer 3 UWG dann, wenn der Werbevergleich zu **Verwechselungen** zwischen dem Werbenden und einem Mitbewerber oder zwischen den von diesem angebotenen Waren oder Dienstleistungen bzw. den von ihnen verwendeten Kennzeichen führen kann (EuGH **„O_2 und O_2 (UK)/H3G“). Kennzeichen** sind sowohl (eingetragene und nicht eingetragene) Marken als auch geschäftliche Bezeichnungen und geographische Herkunftsangaben. Voraussetzung des Tatbestandes in § 6 Absatz 2 Ziffer 3 UWG ist nicht, dass der angesprochene verständige Durchschnittsverbraucher tatsächlich getäuscht wird. Die abstrakte Gefahr von Verwechselungen reicht zur Bejahung des Verbotstatbestandes aus. Der Begriff der **Verwechslungsgefahr** ist in § 6 Abs. 2 Ziffer 3 UWG und in § 14 Abs. 2 Ziffer 2 MarkenG **einheitlich** auszulegen (BGH **„POWER BALL“).**

22 Ein zulässiger Werbevergleich liegt vor, wenn ein Hersteller nicht unter Sonderrechtsschutz stehende Verbrauchsmaterialien produziert und im Rahmen einer Preisliste seine eigenen Produkte mit den Original-Verbrauchsmaterialien vergleicht. Dieser Vergleich von Fremd-Verbrauchsmaterialien mit den Original-Verbrauchsmaterialien ist nur dann angreifbar, wenn er bei dem verständigen Durchschnittsverbraucher zu Verwechselungen führen kann (BGH **„Ersetzt"**). Der Bundesgerichtshof stellte im Zusammenhang mit der vergleichenden Bewerbung von OP-Lampen fest, dass diese Art des Vergleichs grundsätzlich zulässig ist. Nur wenn durch die **Art der Darstellung** der Eindruck erweckt wird, dass die gegenübergestellten Produkte identisch sind oder dass es sich bei den gegenübergestellten Produkten um die Original- und Zweitprodukte desselben Herstellers handelt, kann der Tatbestand des § 6 Absatz 2 Ziffer 3 UWG gegeben sein (BGH **„OP-Lampen"**). Allein der Umstand, dass der Zweithersteller von Ersatzteilen in seinem Katalog auf die Baugrößenbezeichnungen der Originalherstellerin Bezug nimmt, macht die bezugnehmende Werbung noch nicht unlauter (siehe nachfolgend).

5. Wettbewerbswidrige Rufausbeutung oder Verwässerung

23 Unzulässig ist ein Werbevergleich, wenn er den Ruf des von einem Mitbewerber verwendeten Kennzeichens in unlauterer Weise ausnutzt oder beeinträchtigt (§ 6 Absatz 2 Ziffer 4 UWG). Dieses Verbot einer wettbewerbswidrigen Rufausbeutung bzw. Markenverwässerung liegt nur dann vor, wenn über einen kritisierenden Werbevergleich hinaus **besondere Umstände hinzutreten, die den Kennzeichenvergleich in unangemessener Weise abwertend oder unsachlich machen.** Im Gegensatz zu dem im Markenrecht bekannten Tatbestand der Rufausbeutung oder Markenverwässerung (§ 14 Abs. 2 Ziffer 3 MarkenG) muss das Kennzeichen im Rahmen von § 6 Absatz 2 Ziffer 4 UWG im Verkehr **nicht „bekannt" im markenrechtlichen Sinne** sein. Der Ruf ist in § 6 Abs. 2 Ziffer 4 UWG europarechtlich auszulegen. Es reicht danach aus, wenn das Kennzeichen vom Verkehr als von einem bestimmten Unternehmen stammend identifiziert wird (EuGH **„Toshiba Europe"**). Dabei ist auf eine durchschnittlich informierte, aufmerksame und verständige Person abzustellen und zu berücksichtigen, an welche Verkehrskreise sich die vergleichende Werbung richtet. Eine unlautere vergleichende Werbung im Sinne von § 6 Abs. 2 Ziffer 4 UWG liegt etwa vor, wenn ein Anbieter über Ebay auf eine berühmte Marke Bezug nimmt. Wörtlich stellt der BGH fest:

> Das Berufungsgericht hat die von der Klägerin beanstandeten Bezeichnungen „à la Cartier", „passen wunderbar zu Cartier-Schmuck" und „für alle, die Cartier-Schmuck mögen" in den Verkaufsofferten der Beklagten zutreffend als vergleichende Werbung i.S. von § 2 Abs. 1 UWG a.F., § 6 Abs. 1 UWG angesehen, durch die die Wertschätzung des von der Klägerin verwendeten Zeichens „Cartier" in unlauterer Weise ausgenutzt wird (§ 2 Abs. 2 Nr. 4 UWG a.F., § 6 Abs. 2 Nr. 4 UWG). Die angegriffenen Wendungen signalisieren nach den Feststellungen des Berufungsgerichts den angesprochenen Verkehrskreisen, die von der Beklagten angebotenen Schmuckstücke seien im Design vergleichbar mit Schmuckstücken, die unter der bekannten Marke „Cartier" vertrieben würden (BGH in WRP 2009, Seite 967ff. [S. 970, Rdnr. 31], **„Ohrclips"**).

Bereits die **Bezugnahme** auf einer Verkaufsplattform im Internet, dass die angebotene Handelsware mit einem **bekannten Markenprodukt** vergleichbar ist, macht den Werbevergleich unlauter im Sinne von § 6 Abs. 2 Nr. 4 UWG. Denn der Markeninhaber hat es nicht hinzunehmen, dass ohne seine Einwilligung auf sein bekanntes Kennzeichen Bezug genommen wird. Richtet sich der Werbevergleich sowohl an den **Endverbraucher** also auch an **gewerbliche Wiederverkäufer und Zwischen-**

händler, ist auf die Wahrnehmung beider Werbeadressaten abzustellen. Händler und Wiederverkäufer haben i. d. R. einen **anderen Wissensstand** als Endverbraucher. Für diese kann daher die Verletzung von § 6 Abs. 2 Nr. 4 UWG bereits zu bejahen sein, selbst wenn die Endverbraucher die Bezugnahme auf die Markenware nicht erkennen (BGH **„Creation Lamis“**). In diesem Zusammenhang ist ferner zu berücksichtigen, dass der kennzeichenmäßige Schutz aus dem Markengesetz keinen grundsätzlichen Vorrang gegenüber dem Recht der vergleichenden Werbung hat. Vielmehr kann der Markeninhaber entweder Ansprüche aus dem Markengesetz herleiten oder Unterlassung nach den Vorschriften des UWG begehren.

24 Der EuGH vertritt die Auffassung, dass es grundsätzlich zulässig sein muss, wenn im Rahmen von **Katalogen für Ersatzteile und Verbrauchsmaterialien** die Bestellnummern der Original-Waren mit denen des Werbenden verglichen werden. Nur wenn die entsprechende Katalogwerbung dazu führt, dass der angesprochene verständige Durchschnittsverbraucher den Ruf der Erzeugnisse des Originalherstellers auf die Erzeugnisse des konkurrierenden Anbieters überträgt, kann § 6 Absatz 2 Ziffer 4 UWG verwirklicht sein. Bei der Prüfung, ob diese Voraussetzung erfüllt ist, ist nach den Ausführungen des EuGH zu berücksichtigen, wie die beanstandete Werbung insgesamt präsentiert wird und an welche Verkehrskreise sie sich richtet (EuGH **„Toshiba Europe“**). Vor allem ist zu berücksichtigen, dass nicht jede Bezugnahme unlauter ist. Vielmehr sind an das **Merkmal der Unlauterkeit** hohe Anforderungen zu stellen. Anderenfalls wäre jede vergleichende Werbung, die auf ein fremdes Kennzeichen Bezug nimmt, unzulässig gemäß § 6 Absatz 2 Ziffer 4 UWG. **Unlauter** ist eine werbende Bezugnahme auf ein fremdes Kennzeichen erst dann, wenn der Werbende **zielgerichtet die Bekanntheit** eines Markenproduktes ausnutzt, um den guten Ruf dieser Ware auf sein eigenes Erzeugnis zu übertragen, indem er etwa das Markenprodukt im Vergleich zu seinem eigenen Erzeugnis **besonders herausstellt.** Vergleichende Werbung setzt neben dem Erkennbarmachen konkreter Wettbewerber zwingend einen **Vergleich** der von diesen angebotenen, hinreichend **austauschbaren Produkte** voraus (BGH **„Coaching-Newsletter“**). Nicht jeder **Eigenpreisvergleich,** in dem die unter einer Hausmarke vertriebenen Produkte den Markenprodukten anderer Hersteller gegenüber gestellt werden, ist unlauter im Sinne von § 6 Abs. 2 Nr. 4 UWG. Die Nennung fremder Marken in dem Eigenpreisvergleich reicht nicht aus, um eine unlautere Rufausnutzung oder Rufbeeinträchtigung anzunehmen (BGH **„Eigenpreisvergleich“**). Denn der Hinweis auf die **Herstellermarken** ist im Rahmen des Preisvergleichs erforderlich, um den Vergleich der eigenen Erzeugnisse mit Fremderzeugnissen zu ermöglichen. Daher kann dieser Vergleich für sich genommen keine unlautere Ausnutzung des guten Rufs der fremden Markenartikel begründen.

25 Nicht jede Übernahme eines fremden Kennzeichens durch den Anbieter von Konkurrenzprodukten stellt eine Herabsetzung oder Verunglimpfung des Kennzeichens dar. In einem vom BGH entschiedenen Fall hatte der Anbieter von Druckerpatronen Bildmotive verwendet, die den vom Originalhersteller verwendeten Bildmotiven entsprachen. Die speziellen Bildmotive des Originalherstellers wie Teddybär, Badeente oder Sonnenschirm dienten der Zuordnung der jeweiligen Druckerpatrone zum passenden Drucker. Auch wenn die Übernahme dieser Bildmotive die Kennzeichen des Originalherstellers beeinträchtigten, verneinte der BGH die tatbestandlichen Voraussetzungen der Herabsetzung oder Verunglimpfung des Rufs dieser Bildmotive. Folgendes stellte der BGH heraus:

> Das Vorliegen der Voraussetzungen des § 6 Abs. 2 Nr. 4 Fall 1 UWG ist im Streitfall auf der Grundlage der vom Berufungsgericht getroffenen Feststellungen ebenfalls zu vernei-

nen. Dabei kann zugunsten der Klägerin unterstellt werden, dass die Beklagten mit der (vorgenommenen oder beabsichtigten) Verwendung ihrer Bildmotive in ihrer Werbung den Ruf der entsprechenden Kennzeichen der Klägerin ausnutzen. Nach den Erwägungsgründen 14 und 15 der Richtlinie 2006/114/EG kann die Bezugnahme auf ein fremdes Kennzeichen für eine wirksame vergleichende Werbung unerlässlich sein; eine solche Bezugnahme verletzt das fremde Kennzeichenrecht dann nicht, wenn sie unter Beachtung der in der Richtlinie aufgestellten Bedingungen erfolgt und mit dem fremden Kennzeichen nur einer Abgrenzung der zu vergleichenden Produkte dient und damit die zwischen ihnen bestehenden Unterschiede objektiv herausstellt. ... Entsprechendes gilt, wenn das fremde Zeichen verwendet wird, um auf den Bestimmungszweck des angebotenen Produkts zu verweisen. Daher ist der Vorwurf einer unlauteren Rufausnutzung nur dann begründet, wenn über die Nennung des Kennzeichens hinaus zusätzliche Umstände hinzukommen. ...
Die Feststellung, ob die Benutzung eines Zeichens dessen Wertschätzung in unlauterer Weise ausnutzt, erfordert eine umfassende Beurteilung aller relevanten Umstände des Einzelfalls, wobei insbesondere das Ausmaß der Bekanntheit und des Grades der Unterscheidungskraft des Zeichens, der Grad der Ähnlichkeit der einander gegenüberstehenden Zeichen, die Art der betroffenen Produkte und der Grad ihrer Nähe sowie die möglicherweise bestehende Gefahr der Verwässerung oder Verunglimpfung des Zeichens zu berücksichtigen sind. ... Die Verwendung eines Zeichens, das einem bekannten Zeichen ähnlich ist, nutzt dessen Ruf dann in unlauterer Weise aus, wenn dadurch versucht wird, sich in den Bereich der Sogwirkung des bekannten Zeichens zu begeben, um von seiner Anziehungskraft, seinem Ruf und seinem Ansehen zu profitieren und die wirtschaftlichen Anstrengungen des Inhabers dieses Zeichens zur Schaffung und Aufrechterhaltung des Images dieses Zeichens ohne finanzielle Gegenleistungen auszunutzen. ... Die Feststellung einer solchen Unlauterkeit erfordert daher die Abwägung zwischen den Interessen des Werbenden, des betroffenen Mitbewerbers und der Verbraucher, bei der die legitime Funktion der vergleichenden Werbung, die Verbraucher objektiv zu informieren, und der Grundsatz der Verhältnismäßigkeit zu berücksichtigen sind (BGH in WRP 2012, S. 318ff. [S. 320, 321, Rdnr. 22 und 23], **„Teddybär"**).

Der BGH verneinte das Vorliegen der besonderen Voraussetzungen für eine Rufausbeutung, da sich der beklagte Händler von Ersatzpatronen der Bildmotive des Originalherstellers nur bedient hat, um dem angesprochenen Verkehr die Möglichkeit zu geben, die von ihm angebotene Ware mit der Originalware zu vergleichen. Der Umstand, dass der beklagte Händler der Ersatzpatronen statt der Bestellnummern des Originalherstellers dessen Bildmotive übernommen hat, begründete nicht die Unlauterkeit. Denn im Rahmen der erforderlichen **Interessenabwägung** überwiegt das Interesse der Verbraucher, über die Gleichartigkeit der angebotenen Tintenpatronen mit den Originalpatronen informiert zu werden.

26 Ein Ausnutzen oder Beeinträchtigen der Wertschätzung des von einem Mitbewerber verwendeten Kennzeichens in unlauterer Weise liegt noch nicht vor, wenn das werbende Unternehmen einen **Eigenpreisvergleich** dergestalt veröffentlich, dass die Preise der Eigenmarken den Preisen von fremden Markenprodukten gegenübergestellt wird. Allein die Nennung der fremden Marken, die in den Preisvergleich einbezogen worden sind, reicht nicht aus, um eine unlautere Rufausnutzung oder Rufbeeinträchtigung anzunehmen (s. o. IV. 3.)

27 Aus Sicht des EuGH wird der Ruf eines in Fachkreisen bekannten Unterscheidungszeichens eines Herstellers auch dann nicht in unlauterer Weise ausgenutzt, wenn ein konkurrierender Anbieter in seinen Katalogen den **Kernbestandteil dieses Unterscheidungszeichens** verwendet (EuGH **„Siemens/VIPA"**). Denn die Übernahme des Kernbestandteils eines Bestellnummernsystems eines Wettbewerbers dient in diesem Fall nur dazu, dem (Fach-)Verkehr die funktionalen Gleichwertigkeiten der verglichenen Produkte zu vermitteln. Daher liegt aus Sicht des EuGH ein Vergleich wesentlicher, relevanter, nachprüfbarer und typischer Eigenschaften der verglichenen Produkte vor (siehe Vorabentscheidungsersuchen BGH **„Bestellnummernübernahme"**).

6. Herabsetzung, Verunglimpfung

28 Unlauter ist eine vergleichende Werbung, die Waren, Dienstleistungen, Tätigkeiten oder persönliche bzw. geschäftliche Verhältnisse eines Mitbewerbers herabsetzt oder verunglimpft (§ 6 Absatz 2 Ziffer 5 UWG). Während § 6 Absatz 2 Ziffer 4 UWG eine unlautere Rufausbeutung oder Verwässerung eines Kennzeichenrechts zum Gegenstand hat, regelt § 6 Absatz 2 Ziffer 5 UWG Fälle der Herabsetzung oder Verunglimpfung des Wettbewerbers. § 6 Absatz 2 Ziffer 5 UWG ergänzt damit § 4 Nr. 8 UWG, da diese Bestimmung alle herabsetzenden Äußerungen erfasst, unabhängig davon, ob sie erweislich wahr sind oder nicht.

29 Jedem Werbevergleich ist eine **gewisse negative Wirkung** für den betroffenen Wettbewerber **immanent.** Daher kann der Umstand allein, dass ein Werbender im Rahmen eines Werbevergleichs auf Waren oder Dienstleistungen bzw. geschäftliche Verhältnisse des Wettbewerbers Bezug nimmt, nicht unzulässig im Sinne von § 6 Absatz 2 Ziffer 5 UWG sein. Für die Beurteilung der Zulässigkeit eines Werbevergleichs ist auf die **mutmaßliche Wahrnehmung** eines durchschnittlich informierten, aufmerksamen und verständigen Durchschnittsverbrauchers abzustellen. Da dieser Durchschnittsverbraucher zunehmend an pointierte Aussagen in der Werbung gewöhnt ist, macht ein durch **Humor und Ironie** geprägter Werbevergleich diesen noch nicht unlauter im Sinne von § 6 Abs. 2 Nr. 5 UWG. Zu den Voraussetzungen eines herabsetzenden Werbevergleichs führt der BGH wörtlich aus:

> Eine Herabsetzung im Sinne von § 6 Abs. 2 Nr. 5 UWG setzt mehr voraus, als die einem kritischen Werbevergleich immanente Gegenüberstellung der Vorteile und Nachteile der verglichenen Produkte. Maßgeblich ist, ob die angegriffene Werbeaussage sich noch in den Grenzen einer sachlichen Erörterung hält oder bereits eine pauschale Abwertung der fremden Erzeugnisse darstellt. Herabsetzend im Sinne von § 6 Abs. 2 Nr. 5 UWG ist ein Vergleich daher nur, wenn zu den mit jedem Werbevergleich verbundenen (negativen) Wirkungen für die Konkurrenz besondere Umstände hinzutreten, die ihn als unangemessen abfällig, abwertend oder unsachlich erscheinen lassen (BGH in WRP 2010, Seite 252 ff. [S. 255, Rdnr. 16], **„Gib mal Zeitung"**).

Wenn ein Zeitungsverlag seine Tageszeitung im Rahmen eines TV-Spots mit der Tageszeitung eines anderen Verlegers vergleicht und mit Mitteln der Ironie die Unterschiede zwischen beiden Tageszeitungen besonders pointiert heraushebt, liegt kein per-se unlauterer Werbevergleich vor. Solange der Werbende mit ironischen Anklängen lediglich **Aufmerksamkeit** und **Schmunzeln** erzielt, mit ihnen aber keine Abwertung des Mitbewerbers oder des konkurrierenden Angebots verbunden ist, liegt keine unzulässige Herabsetzung vor (BGH **„Lottoschein"**). Es bedarf in jedem Einzelfall einer besonderen Prüfung, bis zu welcher Grenze die Werbung noch als **ironische Übertreibung** erlaubt ist und ab wann sie zu einer nicht mehr hinnehmbaren Herabsetzung wird. Ein humorvoller oder ironischer Werbevergleich kann aus Sicht des BGH auch dann zulässig sein, wenn er sich nicht auf feinen Humor und leise Ironie beschränkt. Erst wenn die vergleichende Werbung den Mitbewerber dem **Spott** oder der **Lächerlichkeit** preisgibt, ist die Grenze zur unzulässigen Herabsetzung erreicht. Erkennt der verständige Durchschnittsverbraucher in der Gegenüberstellung die humorvolle Überspitzung und nimmt er daher auch die Werbung nicht ernst, liegt ein die Aufmerksamkeit heischender Werbevergleich vor, aber keine unlautere Werbung.

30 Nach der Überzeugung des BGH liegt es im Wesen eines Preisvergleichs, der die eigenen Erzeugnisse des Werbenden als preisgünstiger herausstellt, dass er zu Lasten derjenigen Mitbewerber geht, die ihre Produkte zu einem höheren Preis anbieten (BGH **„Preisgegenüberstellung im Schaufenster“**). Der verständige Durchschnittsverbraucher sieht in einem Preisvergleich allein noch keine Herabsetzung oder Verunglimpfung der Mitbewerber, die ihre Produkte teurer anbieten, sondern er empfindet den Werbevergleich als Ausdruck eines **funktionierenden Preiswettbewerbs.** Die Eröffnungswerbung eines Einzelhandelsgeschäftes mit Geräten der Unterhaltungselektronik mit der Aufforderung „Willy säht: bis 17.4. kein Computer kaufe jon.“ (BGH **„Eröffnungswerbung“**) erschöpft sich in dem **Appell an den verständigen Durchschnittsverbraucher,** mit dem Computereinkauf doch zu warten, bis das neue Ladenlokal eröffnet ist. Dieser Appell ist nicht ungewöhnlich, denn er gilt für jede Neueröffnung. Die in der Werbung dem Volksschauspieler Willy Millowitsch in den Mund geschobene Aufforderung ist **ein ins Scherzhafte gezogener Appell,** kaum aber eine zu befolgende Anordnung an die angesprochenen Verkehrskreise.

31 Weist ein Saugeinlagenhersteller im Rahmen eines Vergleichs für die Verpackung von frischem Fleisch, Fisch und Geflügel auf die in den Saugeinlagen des Wettbewerbers enthaltenen Kunststoffanteile hin, liegt kein Verstoß gegen § 6 Abs. 2 Nr. 5 UWG vor. Wörtlich führt der BGH aus:

> Eine Herabsetzung oder Verunglimpfung i. S. von § 2 II Nr. 5 UWG a. F., § 6 II Nr. 5 UWG setzt mehr voraus als die einem kritischen Werbevergleich immanente Gegenüberstellung der Vorteile und Nachteile der verglichenen Produkte. Maßgeblich ist, ob die angegriffene Werbeaussage sich noch in den Grenzen einer sachlich gebotenen Erörterung hält oder bereits eine pauschale Abwertung der fremden Erzeugnisse darstellt. Herabsetzend i. S. von § 2 II Nr. 5 UWG a. F., § 6 II Nr. 5 UWG ist ein Vergleich daher nur, wenn zu den mit jedem Werbevergleich verbundenen (negativen) Wirkungen für die Konkurrenz besondere Umstände hinzutreten, die ihn als unangemessen abfällig, abwertend oder unsachlich erscheinen lassen (BGH in GRUR 2008, Seite 443 ff. [Seite 444, Rdnr. 18] **„Saugeinlagen“**).

In diesem Zusammenhang darf die einzelne Aussage eines Werbevergleichs nicht isoliert betrachtet werden, sondern ist allein aufgrund des **Gesamtzusammenhangs der Angaben** zu beurteilen. Daher hat der BGH die streitgegenständliche Werbung nicht als unlauteren Werbevergleich bewertet.

7. Imitations- oder Nachahmungsvergleich

32 Ein Werbevergleich, der eine Ware oder Dienstleistung als Imitation oder Nachahmung einer unter einem geschützten Kennzeichen vertriebenen Ware oder Dienstleistung darstellt, ist unlauter gemäß § 6 Absatz 2 Ziffer 6 UWG. Das Verbot in § 6 Absatz 2 Ziffer 6 UWG erfasst nicht diejenigen Werbevergleiche, in denen das eigene Produkt zu einem Fremdprodukt als gleichwertig dargestellt wird, sondern ausschließlich den Vergleich des Werbenden, der sein eigenes Produkt **ausdrücklich als „Nachahmung“ oder „Imitation“ eines Markenprodukts bezeichnet** oder zumindest **implizit** behauptet (BGH **„Imitationswerbung“**). Sofern an dem Original-Produkt Patent-, Design- oder Gebrauchsmusterschutz besteht, entfällt von vornherein die Möglichkeit des Imitationsvergleichs, da in diesem Fall der Werbevergleich

zugleich das Eingeständnis einer Sonderschutzrechtsverletzung enthält. Nicht betroffen ist das Ersatzteilgeschäft des Kfz-Handels, soweit zwar auf die Automarke Bezug genommen wird, die eigenen Ersatzteile jedoch nicht als Imitate oder Nachahmungen der Original-Ersatzteile bezeichnet werden.

33 Zu den **Voraussetzungen** einer unlauteren Imitations- oder Nachahmungswerbung hebt der BGH im Zusammenhang mit der Werbung eines Herstellers von Imitaten bekannter Markenparfüms folgendes heraus:

> Das Berufungsgericht ist zu Recht davon ausgegangen, dass der Anwendungsbereich der Vorschrift des § 6 Abs. 2 Nr. 6 UWG nicht auf eine explizite Bezeichnung der beworbenen Ware oder Dienstleistung als Imitation oder Nachahmung beschränkt ist, sondern auch eine implizite Behauptung einer Imitation oder Nachahmung den Tatbestand einer nach § 6 Abs. 2 Nr. 6 UWG unzulässigen vergleichenden Werbung erfüllt. ... Die Darstellung als Imitation oder Nachahmung muss jedoch über eine bloße Gleichwertigkeitsbehauptung hinausgehen. Mit einer entsprechenden Deutlichkeit muss aus der Werbung selbst hervorgehen, dass das Produkt des Werbenden gerade als eine Imitation oder Nachahmung des Produkts eines Mitbewerbers beworben wird. Für das Erfordernis einer in diesem Sinne „offenen" oder deutlich erkennbaren Imitationsbehauptung spricht auch der Wortlaut der durch § 6 Abs. 2 Nr. 6 UWG umgesetzten Richtlinienbestimmung, die die Tathandlung in der deutschen Fassung mit „darstellt", in der französischen Fassung mit „présenté" und in der englischen Fassung mit „presents" umschreibt (BGH in WRP 2010, Seite 527 ff. [S. 530, Rdnr. 29], **„Oracle"**).

Bei der Frage, ob die werbliche Bezugnahme oder Bezeichnung als **offene Anlehnung** an ein fremdes Markenprodukt verstanden werden kann, ist auf das Verständnis der angesprochenen Verkehrskreise abzustellen. Richtet sich die Werbung an die **Allgemeinheit,** ist auf das Verständnis des Durchschnittsverbrauchers abzustellen. Werden durch die Werbung hingegen ausschließlich gewerbliche Wiederverkäufer angesprochen, kommt es darauf an, wie dieser **Fachkreis** die Werbung versteht. In diesem Fall ist also auf den durchschnittlichen Angehörigen des Kreises der Wiederverkäufer und Zwischenhändler abzustellen (BGH **„Creation Lamis"**).

34 Bei Anwendung von § 6 Absatz 2 Ziffer 6 UWG hat eine **sachgerechte Interessenabwägung** zu erfolgen. Wirbt ein Händler mit **sogenannten „Duftvergleichslisten",** in denen die Duftnoten weltbekannter Markenkosmetika eigenen Nachahmerprodukten gegenübergestellt werden, ist einerseits die erhebliche Rufgefährdung der Markenprodukte, andererseits das Informationsinteresse der Endverbraucher zu berücksichtigen. Mag im Rahmen der staatlichen Gesundheitsvorsorge noch ein besonderes Interesse darin liegen, die allgemeinen Kosten gerade im Arzneimittelmarkt durch die Zulassung von Generika zu senken und insoweit auch vergleichende Werbung mit einem Nachahmungsvergleich zu erlauben, gilt dieses öffentliche Interesse bei der Herstellung nachgeahmter Parfümdüfte ganz gewiss nicht. Es ist auch kein über das **eigene Profitinteresse des Nachahmers** hinausgehendes allgemein anzuerkennendes Interesse ersichtlich, das ausnahmsweise die Bezugnahme auf die bekannten Marken rechtfertigen könnte. Aus Sicht des EuGH sind nicht nur Werbebotschaften verboten, die den Gedanken an eine Imitation oder Nachahmung ausdrücklich wecken, sondern auch solche Aussagen, die in Anbetracht ihrer Gesamtdarstellung und des wirtschaftlichen Kontextes im jeweiligen Fall geeignet sind, den betreffenden Verkehrskreisen diesen Gedanken **implizit** zu vermitteln (EuGH **„L'Oréal/Bellure"**). Wenn also ein Wettbewerber in Vergleichslisten das eigene Produkt einem fremden Markenprodukt gegenüber stellt, geht der Verkehr üblicherweise davon aus, dass es sich bei dem beworbenen Artikel um ein **Imitat des Originalparfüms** handelt. Der Vorwurf der unlauteren Imitationswerbung knüpft nicht am Nachahmungstatbestand

an, sondern ausschließlich daran, dass das beworbene Parfum als **Imitat der Markenware** bezeichnet wird (EuGH **„L'Oréal/Bellure"**).

35 In seiner Entscheidung **„Duftvergleich mit Markenparfüm"** hebt der BGH hervor, dass eine nach § 6 Abs. 2 Nr. 6 UWG unzulässige vergleichende Werbung nur vorliegt, wenn der Werbung die Darstellung einer Ware als Imitation oder Nachahmung eines Originalproduktes entnommen werden kann. Unter Berücksichtigung der Grundsätze des EuGH dürfen die Anforderungen an das Erkenntlichmachen des Originalproduktes nicht zu hoch angesetzt werden. Eine Imitations- und Nachahmungswerbung im Sinne von § 6 Abs. 2 Nr. 6 UWG erfordert keine explizite Bezeichnung als Imitation, sondern liegt bereits vor, wenn eine **implizite Bezugnahme** auf das Originalparfüm gegeben ist (BGH **„Darstellung als Imitation"**). Bei der Prüfung, ob für die Adressaten der Werbung die Originalmarkenware erkennbar gemacht wird, sind alle Umstände der betroffenen Werbemaßnahmen zu berücksichtigen, etwa die vom Werbenden verwendeten Produktbezeichnungen, die vom angesprochenen Verkehr als *„Übersetzungscode"* oder als *„Eselsbrücke"* zu den Originalprodukten verwendet werden können (BGH **„Imitationswerbung"**). Doch selbst die Verwendung derartiger bezugnehmender *„Eselsbrücken"* reicht aus Sicht des BGH nicht aus, um eine Imitations- oder Nachahmungswerbung zu bejahen. Vielmehr ist für eine derartige Werbung ein **höherer Grad an Deutlichkeit** der Bezugnahme auf die Produkte des Mitbewerbers erforderlich (BGH **„Imitationswerbung"**).

36 Im Zusammenhang mit der Bewerbung von Kinderhochstühlen im Internet durch einen Anbieter, der seine eigenen Stühle unter Bezugnahme auf die Markenprodukte des Wettbewerbers mit den Aussagen „wie Stokke" oder „ähnlich Tripp-Trapp" bewarb, stellt der BGH wörtlich fest:

> Die danach zu fordernden eindeutigen Verstöße gegen § 6 Abs. 2 Nr. 6 UWG hat das Berufungsgericht nicht festgestellt. Nach dieser Vorschrift handelt derjenige, der vergleichend wirbt, unlauter, wenn der Vergleich eine Ware oder Dienstleistung als Imitation oder Nachahmung einer mit einem geschützten Kennzeichen vertriebenen Ware oder Dienstleistung darstellt. Die Vorschrift enthält das Verbot, das eigene Produkt offen als „Imitation" oder „Nachahmung" zu bezeichnen. Das muss allerdings nicht explizit geschehen; auch die implizite Behauptung einer Imitation oder Nachahmung kann den Tatbestand einer nach § 6 Abs. 2 Nr. 6 UWG unzulässigen vergleichenden Werbung erfüllen. ... Die Darstellung als Imitation oder Nachahmung muss jedoch über eine bloße Gleichwertigkeitsbehauptung hinausgehen. Mit einer entsprechenden Deutlichkeit muss aus der Werbung selbst hervorgehen, dass das Produkt des Werbenden gerade als eine Imitation oder Nachahmung des Produkts eines Mitbewerbers beworben wird. ... Das bloße Kenntlichmachen eines Mitbewerbers oder dessen Ware oder Dienstleistung oder die Behauptung, das beworbene Produkt sei demjenigen eines Mitbewerbers gleichwertig, genügt dagegen nicht (BGH in WRP 2011, Seite 223ff. [S. 228, Rdnr. 49], **„Kinderhochstühle im Internet"**).

Im Zusammenhang mit der Verwendung der Formulierung „wie ..." oder „ähnlich ..." weist der BGH darauf hin, dass im Rahmen einer Einzelfallprüfung festgestellt werden muss, ob es sich bei der Bezugnahme nur um eine **Gleichwertigkeitsbehauptung** handelt oder ob zugleich eine implizite Behauptung einer Nachahmung oder Imitation vorliegt. Nicht jede Bezugnahme auf ein Markenprodukt enthält implizit auch die Behauptung der Imitation oder der Nachahmung. Im Einzelfall kann zwar aus Sicht der **Endverbraucher** ein Nachahmungsvergleich zu verneinen sein. Dennoch kann ein Verstoß gegen § 6 Abs. 2 Nr. 6 UWG vorliegen, wenn nämlich die Verbotsvoraussetzungen gegenüber **gewerblichen Wiederverkäufern** und **Zwischenhändlern** gegeben sind (BGH **„Creation Lamis"**). Dabei geht die Rechtsprechung davon aus, dass derartige Wiederverkäufer und Händler auf Grund des **präsenten Kenntnisstandes** die Imitationswerbung eher als solche erkennen als die Endverbraucher.

Praxishinweis

Vergleichende Werbung ist als Mittel zur Aufklärung der Verbraucher grundsätzlich gewünscht und gewollt. Deshalb kann auch nur eine derartige vergleichende Werbung unlauter sein, die beim angesprochenen Verkehr ein schiefes Bild hervorruft. Keine vergleichende Werbung liegt vor, wenn der Werbende nicht ausdrücklich oder mittelbar einen Wettbewerber oder dessen Produkte oder Dienstleistungen erkennbar macht, sondern sich ein solcher Bezug nur reflexartig ergibt.

V. Irreführende geschäftliche Handlungen (§ 5 UWG)

1. Irreführung durch unwahre Angabe (§ 5 Abs. 1, Satz 2 (1. Alternative) UWG)

1 Gemäß § 5 Abs. 1 Satz 1 UWG handelt derjenige unlauter, der eine irreführende geschäftliche Handlung vornimmt. Dieser Tatbestand wird in dem folgenden Satz dahingehend präzisiert, dass eine geschäftliche Handlung dann irreführend ist, wenn sie eine **unwahre Angabe** enthält **(1. Alternative)** oder wenn sie sonstige, **zur Täuschung geeignete Angaben** über die im Folgenden näher spezifizierten Umstände enthält **(2. Alternative).** In wesentlicher Abänderung zu § 5 Abs. 1 UWG (2004) umfasst das Irreführungsverbot nicht nur eine unwahre Angabe in der Werbung, sondern in der geltenden Fassung des § 5 UWG können auch andere irreführende geschäftliche Handlungen subsumiert werden (z. B. irreführende Angaben über das Bestehen oder die Höhe einer Forderung, s. Begründung Änderungsgesetz A, zu Art. 6).

2 Nach Vorgabe der **Richtlinie über unlautere Geschäftspraktiken** sind sowohl unwahre als auch sachlich richtige Angaben, wenn sie zur Täuschung geeignet sind, lauterkeitsrechtlich relevant, sofern sie einen Durchschnittsverbraucher zu einer wirtschaftlichen Entscheidung veranlassen können, die er sonst nicht getroffen hätte (Art. 6 Abs. 1 UGP-RiLi). In der Begründung zum Änderungsgesetz heißt es weiter, dass irreführende Wettbewerbshandlungen nur relevant sind, wenn sie geeignet sind, das **Marktverhalten der Gegenseite zu beeinflussen,** vor allem also auch die Entscheidung von Verbrauchern, eine bestimmte Ware zu kaufen oder eine Dienstleistung in Anspruch zu nehmen, beeinflusst (Begründung Änderungsgesetz A, zu Art. 6 Abs. 1). Im Gegensatz zu den Verstößen gem. § 4 UWG findet eine **zusätzliche Erheblichkeitsprüfung** nach § 3 UWG im Zusammenhang mit irreführender Werbung **nicht statt.** Wörtlich führt der BGH aus:

> Eine Werbung ist nur dann irreführend, wenn sie geeignet ist, bei einem erheblichen Teil der umworbenen Verkehrskreise irrige Vorstellungen über das Angebot hervorzurufen und die zu treffende Marktentschließung in wettbewerblich relevanter Weise zu beeinflussen. Die wettbewerbliche Erheblichkeit ist ein dem Irreführungstatbestand immanentes spezifisches Relevanzerfordernis, das als eigenständige Bagatellschwelle eine zusätzliche Erheblichkeitsprüfung nach § 3 UWG ausschließt (BGH in GRUR 2012, S. 286ff. [S. 288, Rdnr. 18], **„Falsche Suchrubrik"**).

Der Vorwurf der irreführenden Werbung ist also bereits berechtigt, wenn **ein erheblicher Teil** der umworbenen Verkehrskreise über das Angebot getäuscht wird. Auf eine gesonderte Prüfung, ob eine spürbare Beeinträchtigung des angesprochenen Verkehrs vorliegt, kommt es dann nicht mehr an. Irreführende Werbung liegt daher vor, wenn ein erheblicher Teil des angesprochenen Verkehrs eine irrige Vorstellung über das beworbene Angebot hat und deshalb die vom Verkehr zu treffende Marktentschließung wettbewerblich relevant ist. Fehlt es am Vorliegen dieser Voraussetzungen, liegt bereits **tatbestandlich keine Irreführung** vor. Ist hingegen eine Täuschung bei einem erheblichen Teil des angesprochenen Verkehrs zu befürchten, bedarf es nicht mehr zusätzlich der Überprüfung der Spürbarkeitsschwelle. Enthält die geschäftliche Handlung eine **unwahre Angabe,** ist sie ebenso irreführend wie eine geschäftliche

Handlung, die eine **zur Täuschung geeignete Angabe** enthält, wobei zur Täuschung geeignet naturgemäß auch solche Angaben sind, die tatsächlich zu einer Täuschung führen (Begründung Änderungsgesetz B, zu § 5 Abs 1 Satz 2).

3 Nach den Ausführungen des Europäischen Gerichtshofs ist bei der Frage, ob eine Angabe, eine Bezeichnung, eine Marke oder eine Werbung irreführend ist, darauf abzustellen, **wie die mutmaßliche Erwartung eines durchschnittlich informierten, aufmerksamen und verständigen Durchschnittsverbrauchers** ist (EuGH **„d'arbo naturrein"**). In der Entscheidung **„d'arbo naturrein"** vertrat die erste Kammer des EuGH die Auffassung, dass bei Lebensmitteln der so definierte Durchschnittsverbraucher zunächst das **Zutatenverzeichnis** der Ware liest. Der auf dem Etikett einer Konfitüre enthaltene Hinweis „naturrein" ist daher für einen durchschnittlich informierten, aufmerksamen und verständigen Durchschnittsverbraucher nicht allein deshalb irreführend, weil die Marmelade das – nicht naturreine – Geliermittel Pektin enthält, sofern auf dessen Präsenz im Zutatenverzeichnis der Marmelade ordnungsgemäß hingewiesen wird.

4 Dieses europäische Verbraucherleitbild ist der Prüfung der irreführenden Werbung zugrunde zu legen. Bei der Frage der Irreführung ist auf die Aufmerksamkeit eines durchschnittlich informierten und verständigen Verbrauchers abzustellen. Wie der **verständige Durchschnittsverbraucher** eine Angabe versteht, und insbesondere, ob er von der werblichen Aussage getäuscht wird, hängt unter anderem von folgenden Faktoren ab:

> Eine Werbung ist im Sinne von § 5 Abs. 1 UWG irreführend, wenn das Verständnis, das sie bei den Verkehrskreisen erweckt, an die sie sich richtet, mit den tatsächlichen Verhältnissen nicht übereinstimmt. ... Für die Beurteilung, ob eine Werbung irreführend ist, kommt es darauf an, welchen Gesamteindruck sie bei den angesprochenen Verkehrskreisen hervorruft (BGH in WRP 2013, S. 1596ff. [S. 1598, Rdnr. 15], **„Matratzen Factory Outlet"**).

Wesentliches Merkmal einer irreführenden Werbung ist daher, dass der angesprochene verständige Durchschnittsverbraucher bei **situationsadäquater Aufmerksamkeit** einer **relevanten Fehlvorstellung** unterliegt (zu einem TV-Spot siehe BGH **„Fußpilz"**). Dabei ist der Aufmerksamkeitsgrad des Durchschnittsverbrauchers nicht stets der gleiche, sondern er hängt vom Gegenstand der Betrachtung ab.

5 Wer generische Begriffe als **Domain-Namen** im Internet verwendet, täuscht den Verkehr nicht über die hinterlegten Inhalte. Während die Instanzgerichte in der Verwendung eines **generischen Begriffs** (z.B. „www.mitwohnzentrale.de" oder „www.rechtsanwaelte.de") noch eine Irreführung sahen, da der angesprochene Verkehr meinen könnte, hinter dieser Domain verberge sich ein umfassendes Informationsangebot zu dem im Domain-Namen enthaltenen Thema, **weiß der durchschnittlich informierte und verständige Verbraucher um die Nachteile** bei dem Aufrufen einer derart allgemeinen Domain. Dieser Verbraucher ist sich bewusst, dass es auf Zufälle ankommt (etwa auf die Schreibweise mit oder ohne Bindestrich), ob er bei Aufrufen der Domain das gesuchte Angebot findet (BGH **„Mitwohnzentrale.de"**). Dieser verständige Internet-Nutzer weiß daher auch, dass er mit der Eingabe eines **Gattungsbegriffs als Internet-Adresse** kein vollständiges Bild des Internet-Angebots erhält. Sofern dieser Verbraucher ein umfassendes Bild zu dem gewünschten Stichwort haben will, wird er die ihm bekannten **Suchmaschinen** benutzen. Das Leitbild eines durchschnittlich informierten und verständigen Verbrauchers ist sämtlichen Fallgruppen der irreführenden Werbung zugrunde zu legen. Dieses europäische Verbraucherleitbild ist auch in § 3 Abs. 2 Satz 2 UWG eingeflossen, wonach auf den

durchschnittlichen Verbraucher oder, wenn sich die geschäftliche Handlung an eine bestimmte Gruppe von Verbrauchern wendet, auf **ein durchschnittliches Mitglied dieser Gruppe** abzustellen ist. Schließlich ist gemäß § 3 Abs. 2 Satz 3 UWG auf die Sicht eines durchschnittlichen Mitglieds einer aufgrund von geistigen oder körperlichen Gebrechen, Alter oder Leichtgläubigkeit besonders schutzbedürftigen und eindeutig identifizierbaren **Gruppe von Verbrauchern** abzustellen, wenn für den Unternehmer vorhersehbar ist, dass seine geschäftliche Handlung nur diese Gruppe betrifft.

6 Da der irreführende Charakter einer Geschäftspraxis allein davon abhängt, dass sie unwahr ist, weil sie falsche Angaben enthält (EuGH **„CHS Tour Services/Team4 Travel"**), kommt es nicht darauf an, ob tatsächlich die angesprochenen Verkehrskreise irregeführt werden. Das tatsächliche Vorliegen von Irreführungsfällen im angesprochenen Verkehr mag ein Indiz dafür sein, dass eine irreführende Angabe vorliegt. Der Nachweis tatsächlicher Irreführungsfälle im angesprochenen Verkehr führt jedoch nicht zu dem zwingenden Schluss, dass dann auch eine irreführende Angabe gegeben ist. Zur Beurteilung der **Sichtweise des Durchschnittsverbrauchers** bedarf es im Regelfall keiner Einholung eines Meinungsforschungsgutachtens (BGH **„Peek & Cloppenburg IV"**). Diese Bewertung schließt allerdings im Einzelfall nicht die Möglichkeit aus, dass das angerufene Gericht ein **Sachverständigengutachten** einholt oder eine **Verbraucherbefragung** in Auftrag gibt, falls es dies für erforderlich hält, um beurteilen zu können, ob eine Werbeaussage irreführend sein kann (EuGH **„Lifting-Creme"**). Die Einholung eines Sachverständigengutachtens oder die Durchführung einer Verbraucherbefragung wird insbesondere in den Fällen in Betracht kommen, bei denen die Mitglieder des erkennenden Gerichts **selbst nicht zu den Abnehmerkreisen gehören** (noch zu § 3 UWG a. F.: BGH **„Marktführerschaft"**).

7 Ob eine **Angabe** im Sinne von § 5 Abs. 1 UWG gegeben ist, ist danach zu beurteilen, ob sich die Angabe in einem **Werturteil** erschöpft oder ob ihr **ein Tatsachenkern innewohnt.** Noch zu § 3 UWG a. F. stellte der Bundesgerichtshof fest:

> Dagegen unterfallen nicht dem Irreführungsgebot reklamehafte Übertreibungen und reine Werturteile. ... Sie enthalten keine Angaben im Sinne von § 3 UWG *(a. F.)*. Darunter sind nur inhaltlich nachprüfbare Aussagen über geschäftliche Verhältnisse zu verstehen (BGH in WRP 2002, Seite 74 ff. [Seite 77], **„Das Beste jeden Morgen"**).

Irreführende Werbung liegt nur dann vor, wenn sich die Werbeaussage nicht in einer Wertung erschöpft, sondern wenn sie **objektiv nachprüfbar** ist. Maßgeblich für die Beurteilung einer Werbeaussage ist, wie der angesprochene durchschnittlich informierte und verständige Durchschnittsverbraucher die beanstandete Werbung versteht.

8 Schließlich ist zu berücksichtigen, dass sich die Beurteilung, ob eine Werbung irreführend ist, maßgeblich danach richtet, wie der angesprochenen Verkehr die beanstandete Werbung auf Grund ihres **Gesamteindrucks** versteht. Handelt es sich bei der fraglichen Werbung um mehrere Äußerungen, so ist eine isolierte Beurteilung einer einzelnen Angabe nur dann geboten, wenn sie vom Verkehr ohne Zusammenhang mit den übrigen wahrgenommen und verwendet wird (BGH **„Epson-Tinte"**). Regelmäßig dürfen allerdings einzelne Angaben, die sich in einer geschlossenen Darstellung befinden, nicht aus ihrem Zusammenhang gerissen werden. Bei der Beurteilung, ob eine Werbung irreführend ist, sind **alle ihre Bestandteile** einschließlich der Besonderheiten des für die Werbung verwendeten **Kommunikationsmediums** zu berücksichtigen (BGH **„Fußpilz"**).

9 Bei jeder geschäftlichen Handlung ist zu prüfen, ob die Angabe wahr oder unwahr ist. Selbst eine wahre Angabe kann irreführend sein, wenn es sich um eine **Selbstverständlichkeit** handelt und der Werbende beim angesprochenen Verkehr den unzutreffenden Eindruck hervorruft, es liege etwas Besonderes vor. Verneint hat der BGH eine wettbewerbsrechtlich unzulässige Werbung mit Selbstverständlichkeiten bei der – zutreffende – Angabe auf dem Briefkopf eines Rechtsanwalts „auch zugelassen am OLG Frankfurt" (BGH **„auch zugelassen am OLG Frankfurt"**). Insbesondere wesensgemäße Eigenschaften der Ware und gesetzlich vorgeschriebene Angaben erfüllen den Tatbestand einer unlauteren Werbung mit Selbstverständlichkeiten, wenn sie werblich herausgestellt werden (BGH **„Edelmetallankauf"**).

10 Wird im Rahmen einer Werbung die **unwahre Angabe** in Form eines **Blickfangs** herausgestellt, so liegt erst recht eine irreführende geschäftliche Handlung im Sinne von § 5 Abs. 1 Satz 1 UWG vor. Die blickfangartige Herausstellung der unwahren Angabe in der Werbung erhöht noch das Potenzial einer Irreführung. Eine blickfangmäßige Angabe liegt immer dann vor, wenn die Angabe so auffällig gestaltet ist, dass sie das Interesse des Betrachters zunächst auf sich zieht.

11 Kleingedrucktes und Fußnoten **in Katalogen** sind in gleicher Weise angreifbar, wenn sie nicht wahr sind. Unrichtige Angaben in Katalogen sind unzulässig und unterliegen dem wettbewerbsrechtlichen Irreführungsverbot (BGH **„Mobiltelefon"**).

12 Eine **geringe Irreführungsgefahr** ist in besonderen Ausnahmefällen hinzunehmen, wenn die Belange der Allgemeinheit nicht erheblich beeinträchtigt werden. Das kann etwa dann der Fall sein, wenn durch das Verbot ein wertvoller Besitzstand an einer Individualkennzeichnung zerstört würde (BGH **„Hard Rock Cafe"**).

13 Die angesprochenen Verkehrskreise sind daran gewöhnt, täglich mit einer Vielzahl von Werbung (in der Zeitung, im Fernsehen, im Internet) konfrontiert zu werden. Insbesondere ist es dem verständigen Durchschnittsverbraucher möglich, zwischen einem **werblich herausgestellten Aufmacher und den im Fließtext befindlichen Erläuterungen** zu unterscheiden. Jede Werbung bezweckt, die Aufmerksamkeit in den angesprochenen Verkehrskreisen zu erwecken. Eine Irreführung kommt nur dann in Betracht, wenn die weitere Gestaltung – außerhalb des „Blickfangs" – darauf angelegt ist, **die Fehlvorstellung des angesprochenen Verkehrs zu erwecken oder aufrecht zu erhalten.** Eine Fehlvorstellung, der ein maßgeblicher Teil der Verbraucher unterliegt, ist wettbewerbsrechtlich relevant (so noch zu § 3 UWG a.F.: BGH **„Scanner-Werbung"**).

14 Ob eine Werbung für eine Festgeldanlage mit dem Hinweis „Bis zu 150% Zinsbonus" irreführend ist, ist davon abhängig, ob der angesprochene durchschnittlich informierte und verständige Verbraucher getäuscht wird, der der Werbung die der **Situation angemessene Aufmerksamkeit** entgegenbringt. In diesem Zusammenhang stellt der BGH fest:

> Eine blickfangmäßig herausgestellte Angabe darf für sich genommen nicht unrichtig oder für den Verkehr missverständlich sein. … Eine irrtumsausschließende Aufklärung kann in solchen Fällen nur durch einen klaren und unmissverständlichen Hinweis erfolgen, wenn dieser am Blickfang teilhat und dadurch eine Zuordnung zu den herausgestellten Angaben gewahrt bleibt. … Dies ist dann anzunehmen, wenn davon auszugehen ist, dass der situationsadäquat aufmerksame Verbraucher die aufklärenden Hinweise wahrnimmt (BGH in WRP 2007, Seite 1337 ff. [S. 1339, Rdnr. 23], **„150 % Zinsbonus"**).

In der beanstandeten Werbung befand sich an dem Wort „Zinsbonus" ein **Sternchen-Hinweis** mit dem Inhalt, dass sich der Bonus auf den garantierten Basiszinssatz bezieht. Aus Sicht des erkennenden Senats wird durch diesen Sternchen-Hinweis hinreichend klargestellt, dass sich die Zahl „150%" auf den Basiszinssatz bezieht, der sich um maximal das Eineinhalbfache erhöht. In diesem Zusammenhang ist zu berücksichtigen, dass der Durchschnittsverbraucher, der sich für eine Geldanlage interessiert, der Werbung einen höheren Grad an Aufmerksamkeit entgegen bringt, sodass er auch die Fußnote wahrnimmt.

15 Besteht in einer Werbung die Gefahr, dass die herausgestellte Aussage missverstanden wird, entfällt eine mögliche Irreführung des Verkehrs, wenn der Werbende einen **aufklärenden Hinweis** in einer Größe anbringt, der vom verständigen Letztverbraucher zusammen mit dem herausgestellten Produkt oder dem im Vordergrund stehenden Preis erfasst wird (BGH **„Computerwerbung II"**). Abzustellen ist auf das Verständnis eines **situationsadäquat** aufmerksamen Durchschnittsverbrauchers. Dessen Aufmerksamkeit ist bei einer Plakat- oder Fernsehwerbung regelmäßig geringer als bei einer Anzeigen- oder Prospektwerbung (BGH **„Fußpilz"**). Sofern ein **geringer Teil** der Verbraucher dennoch einem Irrtum (zum Beispiel über die sofortige Mitnahme der beworbenen Ware) erliegt, bleibt dieser Irrtum unberücksichtigt. Fehlt es jedoch bei einer unklaren Werbung an einer irrtumsausschließenden Aufklärung oder ist diese **Aufklärung in einer Schriftgröße bzw. an einer Stelle** angebracht, dass sie selbst der durchschnittlich informierte und verständige Verbraucher, der die Werbung mit einer der Situation angemessenen Aufmerksamkeit betrachtet, nicht oder zu spät wahrnimmt, liegt eine irreführende Angabe vor (noch zu § 3 UWG a.F.: BGH **„Preis ohne Monitor"** und **„Dauertiefpreis"**). Es ist daher immer eine Frage des Einzelfalls, ob ein im Zusammenhang mit der Werbeangabe angebrachter Sternchen-Hinweis eine irrtumsausschließende Wirkung hat oder nicht (zu Katalogwerbung: BGH **„Mobiltelefon"**).

16 Es ist der Werbung eigen, dass sie den Betrachter „umgarnt" mit dem Ziel, dass dieser sich näher mit dem beworbenen Produkt befassen möge. Eine originelle Gestaltung einer Werbeanzeige oder einer Werbetafel führt mithin nicht automatisch zu einer irreführenden Blickfangwerbung. So wurde es z.B. als zulässig angesehen, mit dem blickfangmäßig herausgestellten Text **„Brillen-Chic zum Nulltarif"** für Brillen zu werben, wenn die so beworbenen Brillen vollständig von der Krankenkassenleistung umfasst wurden. Die Verwendung der Begriffe „Brillen-Chic" und „Nulltarif" haben in diesem Zusammenhang nicht den Inhalt, dass die Brillen gänzlich umsonst abgegeben, also verschenkt werden, sondern die angesprochenen Verkehrskreise (nämlich diejenigen, die eine Sehhilfe benötigen) erkennen sehr wohl, dass mit der Aussage allein die mögliche Zuzahlung neben der Krankenkassenleistung gemeint ist.

17 Unlauter kann eine Werbung selbst dann sein, wenn das Unternehmen mit einer **objektiv richtigen Werbeangabe** wirbt, der angesprochene Verkehr sich unter dieser Angabe jedoch etwas anderes vorstellt. Die objektive Richtigkeit einer Angabe besagt nichts über die **Vorstellung des Verbrauchers** im Hinblick auf die beworbene Ware oder Dienstleistung.

18 Ob der verständige Durchschnittsverbraucher durch eine objektiv richtige Werbung getäuscht wird, bestimmt sich nach den Umständen des Einzelfalls. Wörtlich führt der BGH aus:

> Der Werbende darf grundsätzlich auf freiwillig erbrachte Leistungen wie einen niedrigen Preis oder die hohe Qualität seiner Ware hinweisen, auch wenn andere Mitbewerber keinen höheren Preis verlangen oder die gleiche Qualität bieten. … Nach der Rechtsprechung des Senats kann demgegenüber eine Werbung, die Selbstverständlichkeiten herausstellt, trotz objektiver Richtigkeit der Angaben gegen § 5 UWG verstoßen, sofern das angesprochene Publikum annimmt, dass mit der Werbung ein Vorzug gegenüber anderen

> Erzeugnissen der gleichen Gattung und den Angeboten von Mitbewerbern hervorgehoben wird. ... Das ist insbesondere dann der Fall, wenn dem Publikum nicht bekannt ist, dass es sich bei der betonten Eigenschaft um einen gesetzlich vorgeschriebenen oder zum Wesen der Ware gehörenden Umstand handelt. ... Wesensgemäße Eigenschaften der Ware und gesetzlich vorgeschriebene Angaben sind jedoch lediglich Beispiele einer unlauteren Werbung mit Selbstverständlichkeiten. ... Entscheidend ist, dass der Verkehr in der herausgestellten Eigenschaft der beworbenen Ware oder Leistung irrtümlich einen Vorteil sieht, den er nicht ohne weiteres, insbesondere auch nicht bei Bezug der gleichen Ware oder Leistung bei der Konkurrenz, erwarten kann (BGH in WRP 2009, Seite 435 [Rdnr. 2], **„Edelmetallankauf"**).

Wer einen gebührenfreien Edelmetallankauf gegenüber Privatkunden bewirbt, wirbt irreführend, da diese Gebührenfreiheit **branchenüblich** ist. Durch den Hinweis, dass Ankaufsgebühren nicht anfallen, entsteht im allgemeinen Verkehr der unzutreffende Eindruck, es handele sich um einen besonderen Vorteil nur dieses Anbieters. Dagegen ist der Hinweis „kostenlose Schätzung" wettbewerbsrechtlich nicht zu beanstanden (BGH **„Kostenlose Schätzung"**).

19 Entscheidend ist die Sicht eines verständigen Durchschnittsverbrauchers, die sich an Wortlaut, Art und Inhalt der Werbung, der beworbenen Ware, der Attraktivität des Angebots und an der Bedeutung des werbenden Unternehmens orientiert.

20 Regelmäßig wird eine unwahre Angabe als irreführende geschäftliche Handlung angreifbar sein, sofern sie nicht an derselben Stelle oder in unmittelbarem Zusammenhang mit der Angabe in einer Form erläutert wird, so dass der verständige Durchschnittsverbraucher keinem Irrtum unterliegt. Es bleibt eine Frage des Einzelfalls, ob ein Blickfang mit einer unwahren Angabe täuschend ist, oder aufgrund eines **aufklärenden Hinweises** noch nicht die Grenze zur Unlauterkeit überschreitet. Die Unzulässigkeit irreführender Werbung hängt immer davon ab, ob sie wegen der ihr innewohnenden Täuschung geeignet ist, das wirtschaftliche Verhalten der Personen, an die sie sich richtet, oder die von ihr erreicht werden, zu beeinflussen oder aus demselben Grund geeignet ist, einen Mitbewerber zu schädigen (s. Begründung Änderungsgesetz B, zu § 5 Abs. 1 Satz 2).

Praxishinweis

Im Gegensatz zu unlauterer vergleichender Werbung oder einer unlauteren geschäftlichen Handlung gemäß § 4 UWG muss bei einer irreführenden Werbung die spürbare Beeinträchtigung des Verkehrs gemäß § 3 Abs. 1 UWG nicht gesondert geprüft werden. Vielmehr ist eine Werbung immer dann irreführend, wenn sie geeignet ist, bei einem erheblichen Teil der umworbenen Verkehrskreise irrige Vorstellungen über das Angebot hervorzurufen und seine Entscheidung in wettbewerblich relevanter Weise zu beeinflussen. Deshalb ist bei Prüfung der Irreführung zunächst festzustellen, ob tatsächlich die Gefahr besteht, dass ein erheblicher Teil der umworbenen Verbraucher getäuscht wird.

2. Täuschung über wesentliche Merkmale der Ware oder Dienstleistung (§ 5 Abs. 1 Satz 2 Nr. 1 UWG)

21 Eine irreführende geschäftliche Handlung liegt insbesondere dann vor, wenn sie eine zur Täuschung geeignete Angabe über die wesentlichen Merkmale der Ware oder Dienstleistung enthält, z.B. über Verfügbarkeit, Art, Ausführung, Vorteile, Risiken, Zusammensetzung, Zubehör, Verfahren oder Zeitpunkt der Herstellung, Lieferung oder Erbringung, Zwecktauglichkeit, Verwendungsmöglichkeit, Menge, Beschaffenheit, Kundendienst und Beschwerdeverfahren, geografische oder betriebliche Herkunft, von der Verwendung zu erwartende Ergebnisse oder die Ergebnisse oder wesentliche Bestandteile von Tests der Waren oder Dienstleistungen. In diesem Zusammenhang ist zur Begründung der Irreführung ausreichend, wenn **über eine dieser Umstände** irregeführt wird, sofern die zur Täuschung geeignete Angabe ein **wesentliches Merkmal** der Ware oder Dienstleistungen betrifft.

a) Beschaffenheit

22 Unter Beschaffenheit der Waren oder Dienstleistungen sind ihre Art, ihre Zusammensetzung, ihre Ausführung, das Verfahren und der Zeitpunkt der Herstellung der Ware oder der Erbringung der Dienstleistung, die Zwecktauglichkeit und die Verwendungsmöglichkeit zu verstehen. Der Begriff der Beschaffenheit ist also weitestmöglich auszulegen. Zur Beschaffenheit gehört auch die Frage der **Zwecktauglichkeit der Ware,** ihre **Verwendungsmöglichkeit,** sowie ihre **Zusammensetzung.** Gleichermaßen vom Begriff der Beschaffenheit ist die Ausführung der Ware oder Dienstleistung umfasst. Jede irreführende Angabe über die Beschaffenheit der beworbenen Ware oder Dienstleistung, die bei dem durchschnittlich informierten und verständigen Verbraucher, der die Werbung mit einer der Situation angemessenen Aufmerksamkeit liest, einen unzutreffenden Eindruck hervorruft, ist gemäß § 5 Abs. 1 Satz 2 Nr. 1 UWG unlauter. Der irreführende Gebrauch einer **Marke** kann ebenfalls § 5 Abs. 1 Satz 2 Nr. 1 UWG verletzen (BGH **„Praxis Aktuell"**).

23 Es ist stets eine Frage des Einzelfalls, ob die Werbung eine irreführende Angabe über die Beschaffenheit des beworbenen Produkts enthält. Gegenstand einer von dem Bundesgerichtshof noch zu § 3 UWG a. F. ergangenen Entscheidung war die Bewerbung einer Badetablette mit der Bezeichnung **„Thermal-Bad".** In der weiteren Erläuterung zu dem Produkt hieß es, dass es sich bei der Badetablette um die „Thermal Badekur für zu Hause" handelt und die Rückseite der Verpackung der Badetablette enthielt den ausdrücklichen Hinweis: „t. Beweglichkeits-Thermal-Bad enthält eine Mineral-Salz-Kombination, wie sie in Thermalquellen vorkommt". Den Vorwurf eines Wettbewerbsverbandes, der angesprochene Verkehr würde bei dieser Werbung davon ausgehen, dass die in der Badetablette enthaltenen Mineralien einer natürlichen Thermalquelle entzogen seien, wies der Bundesgerichtshof mit folgender Argumentation zurück:

> Die Frage, in welchem Sinn eine Werbaussage zu verstehen ist, beurteilt sich nach dem Verständnis des durchschnittlich informierten, verständigen und der Situation, in der er mit der Aussage konfrontiert wird, entsprechend aufmerksamen Durchschnittsverbrauchers. … Die Verkehrsanschauung orientiert sich dabei grundsätzlich am Wortsinn der Werbeaussage …, das heißt am allgemeinen Sprachgebrauch und am allgemeinen Sprachverständnis. Die Beurteilung dieses Verständnisses obliegt dem Tatrichter. … Nach der inzwischen geänderten Rechtsprechung des Senats ist für das Verkehrsverständnis die Vorstellung eines situationsadäquat aufmerksamen Durchschnittsverbrauchers maßgebend. Dementsprechend kommt es nicht auf die möglicherweise hiervon abweichenden Anschauungen einer Minderheit von Verbrauchern an und es macht deshalb grundsätzlich auch keinen Unterschied, ob der Tatrichter seine Sachkunde und Lebenserfahrung zur Bejahung oder zur Verneinung einer Irreführungsgefahr einsetzen möchte (BGH in WRP 2003, Seite 275 ff. [Seite 276, S 277], **„THERMAL BAD"**).

Da die beworbene Badetablette **wirkungsgleich** zu denen einer natürlichen Thermalquelle war, wurde der Verbraucher nicht irregeführt. Dieser ging davon aus, dass er mit der Badetablette sein „eigenes Thermal-Bad" herstellen konnte. Sofern der Durchschnittsverbraucher fehlerhaft annehmen sollte, die beworbene Badetablette enthielt Mineralstoffe einer natürlichen Thermalquelle, war dieser Irrtum aus Sicht des erkennenden Senats irrelevant. Denn der Durchschnittsverbraucher konnte anhand der Erläuterung auf der Verpackung ohne weiteres ersehen, dass es sich bei den Badetabletten um ein künstlich gewonnenes Erzeugnis handelte. Diese Bewertung des Bundesgerichtshofs gilt erst recht bei Anwendung von § 5 Abs. 1 Satz 2 Nr. 1 UWG.

24 Die Entscheidung **„THERMAL BAD"** des Bundesgerichtshofs zeigt, dass der Bundesgerichtshof das europäische Verbraucherleitbild seiner Prüfung zugrunde legt. Denn der EuGH hatte in seiner Entscheidung **„d'arbo naturrein"** bereits darauf hingewiesen, dass bei Prüfung der Irreführung auf die mutmaßliche Erwartung eines durchschnittlich informierten, aufmerksamen und verständigen Durchschnittsverbrauchers abzustellen ist. Zugleich machte der EuGH jedoch auch deutlich, dass es Sache des nationalen Gerichts ist, ggf. ein Sachverständigengutachten einzuholen, oder eine **Verbraucherbefragung** in Auftrag zu geben, falls es dies für erforderlich hält, um beurteilen zu können, ob eine Werbeaussage irreführen kann. Denn es gibt keine einschlägigen gemeinschaftsrechtlichen Bestimmungen, bei welchem Prozentsatz der Verbraucher mindestens durch eine Aussage irregeführt werden muss, damit ein Verbot dieser Aussage gerechtfertigt ist (EuGH **„Lifting-Creme"**). Nach der Gesetzesbegründung sind solche Beschaffenheitsangaben in der Werbung verboten, die zu Wettbewerbszwecken im geschäftlichen Verkehr gemacht werden und geeignet sind, **einen nicht unerheblichen Teil der betroffenen Verkehrskreise über das Angebot irrezuführen und Fehlvorstellungen von maßgeblicher Bedeutung** für den Kaufentschluss hervorzurufen (Gesetzesbegründung zu § 5). Die Entscheidung über den Umfang der Irreführungsgefahr trifft danach das Gericht, das im Einzelnen feststellt, ob ein nicht unerheblicher Teil der betroffenen situationsadäquat aufmerksamen Durchschnittsverbraucher durch die Werbung irregeführt wird.

25 Eine Irreführung des Verbrauchers über die Beschaffenheit des Materials kann dann vermieden werden, wenn eine Materialangabe adjektivisch gebraucht wird. In diesen Fällen wird nicht eine Angabe z.B. des **Textilkennzeichnungsgesetzes** zur Kennzeichnung eines davon verschiedenen Kunst-Materials eingesetzt, sondern eine Eigenschaft des Kunst-Materials wird durch einen entsprechenden Zusatz adjektivisch umschrieben (z.B. die Verwendung des Adjektivs „seidenweich" zur Beschreibung der Eigenschaft eines Kunstfaser-Hemdes, das sich besonders weich anfasst). In einem solchen Fall versteht der angesprochene Verkehr die Werbung dahin, dass der Artikel „weich wie Seide" ist, er verbindet mit dieser Aussage jedoch nicht die Materialangabe „Seide". Sofern tatsächlich eine vergleichbare Textilbeschaffenheit vorliegt, fehlt es an einer Irreführung.

26 Sofern es für eine Warengattung gesetzliche Vorschriften gibt, die Angaben zur Bezeichnung unterschiedlicher Qualitäten enthalten, muss die Angabe des Werbenden den im Gesetz bestimmten Erklärungsinhalt haben, sofern der Verkehr von dem Bestehen solcher Normen weiß. So regeln die Vorschriften des **Gesetzes über den Feingehalt der Gold- und Silberwaren** (vom 16. Juli 1884) im Einzelnen, mit welchen Feingehaltsangaben Schmuckstücke zu kennzeichnen sind. Auch wenn das Gesetz über den Feingehalt der Gold- und Silberwaren die Kennzeichnung der Artikel selbst regelt, ist zur Vermeidung einer irreführenden Werbung zu verlangen, dass sich die Werbung für Gold- und Silberwaren an die Kennzeichnungsvorgaben des Gesetzes hält. Werden demgemäß vergoldete Ketten mit der Angabe „Garantiert 22 Karat hartvergoldet" beworben, so führt diese Angabe über die Beschaffenheit des Artikels irre, da mit **Karat nur Massiv-Goldwaren und keine Duplex-Artikel** beworben werden dürfen. Wegen der völlig unterschiedlichen Warenqualitäten (einerseits Duplex-Waren, andererseits massive Goldwaren) und der damit verbundenen erheblichen Irreführungsgefahr für den Verbraucher liegt eine Irreführung vor. Irreführend wirbt auch, wer Gold- oder Silberwaren mit dem verstärkenden Zusatz **„echt"** – also z.B. „echt versilbert" – anpreist. Denn es besteht dann die Gefahr, dass der Verkehr eine „bessere" als die übliche Beschaffenheit erwartet.

27 Die höchstrichterliche Rechtsprechung hielt auch eine Werbung mit einer **unbefristeten Garantie** für irreführend im Sinne von § 3 UWG a.F., da die Regelverjährung gemäß § 195 BGB a.F. maximal 30 Jahre betrug (zu § 3 UWG a.F.: BGH **„Zielfernrohr"**). In dieser Werbung sah der erkennende Senat eine Irreführung über die Beschaffenheit der so beworbenen Zielfernrohre, da das werbende Unternehmen äußerstenfalls für die Dauer von 30 Jahren eine Garantie aussprechen konnte, diese jedoch nicht verlängern konnte. Die Neufassung der Verjährungsvorschriften im BGB im Rahmen der Schuldrechtsreform von 2002 hatte zur Folge, dass gemäß § 195 BGB die regelmäßige Verjährung drei Jahre beträgt. Die gesetzliche Gewährleistungsfrist für Mängelansprüche wurde gemäß § 438 Abs. 1 Ziff. 3 BGB von sechs Monaten auf zwei Jahre verlängert. Die Neufassung der gesetzlichen Verjährungsfristen bedeutet nicht, dass nur noch maximal mit der Regelverjährungsfrist von drei Jahren geworben werden darf. Denn viele der **hochwertigen Gebrauchsgüter** sind so aufwändig verarbeitet, dass der Hersteller ohne weiteres langjährige Garantiefristen anbieten kann. Es wäre unbillig, diesen Hersteller auf die gesetzliche Regelverjährung von drei Jahren zu verweisen. Es fördert vielmehr den Wettbewerb, wenn es dem einzelnen Unternehmen gestattet wird, auch die **besondere Qualität des beworbenen Erzeugnisses** herauszustellen. Für den angesprochenen allgemeinen Verkehr ist es durchaus von Bedeutung, ob der Hersteller eines Artikels nur die gesetzliche Mängelgewährleistung anbietet oder Gewährleistungen noch zehn Jahre nach Kauf des Artikels garantiert. Insoweit sind weiterhin die Ausführungen des Bundesgerichtshofs zutreffend, dass eine **langjährige Garantieübernahme aus wettbewerbsrechtlichen Gründen** im Allgemeinen dann **nicht zu beanstanden** ist, wenn es sich um eine selbständige Garantie des werbenden Unternehmens handelt. Die Bewerbung eines hochwertigen Aluminiumdachs mit einer **selbstständigen** Haltbarkeitsgarantie von 40 Jahren ist daher zulässig (BGH **„40 Jahre Garantie"**).

28 Wenn ein Händler keine **Markenware** vertreibt, darf er auch nicht mit der Aussage wie z.B. *„Starke Marken günstig!"* werben. Denn der Verkehr verbindet mit einer *„Markenware"* (im wettbewerbsrechtlichen Sinne) ein Produkt, das sich bereits „einen Namen" gemacht hat, also im Verkehr bekannt und wegen seiner gleichbleibenden oder verbesserten Qualität anerkannt ist. Wörtlich führt der BGH aus:

> Der Verkehr verbindet mit dem Begriff der „Markenware" vor allem die Vorstellung, dass die Ware im Gegensatz zu einem ohne Herkunftshinweis vertriebenen Erzeugnis durch die Kennzeichnung mit einer Marke ihrer Herkunft nach legitimiert ist. ... Bei Verwendung der auf markenmäßig gekennzeichnete Ware hinweisenden Aussagen „Starke Marken günstig!" und „Starke Marken günstig! aus eigener Herstellung" für in Wirklichkeit markenlose (anonyme) Ware wird daher mit einer Bezeichnung geworben, mit der der Verbraucher eine andere, günstigere Vorstellung verbindet als dies tatsächlich der Fall ist. Das steht mit § 5 Abs. 1 S. 2 Nr. 1 UWG nicht in Einklang. Die Revision zeigt keine Besonderheiten auf, die im Streitfall die Annahme eines abweichenden Verkehrsverständnisses rechtfertigen könnten (BGH in WRP 2013, S. 1596ff. [S. 1600, Rdnr. 33], **„Matratzen Factory Outlet"**).

Die streitgegenständliche Werbung suggeriert nicht nur, dass es sich bei den beworbenen Matratzen um Matratzen mit irgendeiner Marke handelt, sondern sie vermittelt den Eindruck, als ob es sich bei den beworbenen Matratzen um Markenware handelt, die aufgrund einer gesteigerten Bekanntheit eine herausgehobene Marktstellung hat. Die Aussage *„Markenqualität"* ist hingegen dem Begriff der „Markenware" nicht gleichzusetzen. Markenqualität kann auch eine Ware haben, die mit der **Eigenmarke eines werbenden Unternehmens** gekennzeichnet ist, der jedoch im Verkehr keine einer „Markenware" vergleichbare Marktstellung zukommt. Mit der Aussage „Markenqualität" bringt das werbende Unternehmen nur zum Ausdruck, dass diese Matratzen in qualitativer Hinsicht „Markenmatratzen" entsprechen. Darüber hinaus kann auch die **irreführende Verwendung** einer eingetragenen Marke gemäß §§ 3, 5, 8 Abs. 1 UWG untersagt werden (BGH **„Praxis aktuell"**).

29 Irreführend ist Produktwerbung, die dem Verbraucher **Heilwirkungen** suggeriert oder den Eindruck erweckt, dass die so beworbene Ware weniger gesundheitsgefährdend als andere ist. Sofern ein Lebensmittelhersteller seine Ware mit einer **„Schlankheitsgarantie"** bewirbt, führt er den angesprochenen Verkehr über die Produkteigenschaft irre. Die Dickleibigkeit und die Gewichtsabnahme sind von so vielen unterschiedlichen Faktoren abhängig, dass es eine solche Garantie nicht gibt. Selbst der durchschnittlich informierte und verständige Durchschnittsverbraucher, der sich für schlank machende Produkte interessiert, wird die Garantie wörtlich nehmen, obgleich die beworbene Wirkung im Regelfall nicht eintritt. Denn gerade dieser **interessierte Durchschnittsverbraucher** wird auf Grund seines Verlangens, den „Schlankmacher" schlechthin zu finden, eine nähere Befassung mit dem Artikel und seinen Bestandteilen unterlassen, und deshalb ein **besonders leichtes Opfer der Werbung** sein. Daher ist diese Angabe irreführend.

30 Es führt auch derjenige Gewerbetreibende irre, der aus der EU **importierte Kraftfahrzeuge** bewirbt, ohne die angesprochenen Verkehrskreise darauf hinzuweisen, dass es sich um nach Deutschland importierte Kraftfahrzeuge handelt, sofern die für den deutschen Markt hergestellten gleichartigen Kraftfahrzeuge in **wesentlichen Ausrüstungs- und Ausstattungsmerkmalen der Serienausstattung** von der importierten Ware abweichen. Der Bundesgerichtshof führt in seiner noch zu § 3 UWG a.F. ergangenen Entscheidung **„EG-Neuwagen II" zur Irreführung durch Verschweigen** (siehe auch nachfolgend VI.) wörtlich aus:

> Im Streitfall steht nicht eine täuschende Werbeangabe durch positives Tun in Rede; vielmehr richtet sich der Vorwurf darauf, dass die Beklagte in ihrer Werbung einen für die Kaufentscheidung wesentlichen Umstand verschwiegen hat. Hierin kann nur dann eine irreführende Angabe im Sinne von § 3 UWG *(a.F.)* liegen, wenn den Werbenden eine Aufklärungspflicht trifft. Eine solche Pflicht besteht, sofern sie nicht schon aus Gesetz, Vertrag oder vorangegangenem Tun begründet ist, im Wettbewerb nicht schlechthin. Denn der Verkehr erwartet nicht ohne weiteres die Offenlegung aller – auch der weniger vorteilhaften – Eigenschaften einer Ware oder Leistung. Die Pflicht zur Aufklärung besteht jedoch in den Fällen, in denen das Publikum bei Unterbleiben des Hinweises in einem wesentlichen Punkt, der den Kaufentschluss zu beeinflussen geeignet ist, getäuscht würde. … Allerdings müssen auch die Interessen des Werbenden beachtet werden: Seine wettbewerbsrechtliche Aufklärungspflicht bezieht sich nicht auf jede Einzelheit der geschäftlichen Verhältnisse. Vielmehr besteht aus dem Gesichtspunkt des § 3 UWG *(a.F.)* eine Verpflichtung, bereits in Werbeanzeigen negative Eigenschaften des eigenen Angebots offenzulegen, nur insoweit, als dies zum Schutz des Verbrauchers auch unter Berücksichtigung der berechtigten Interessen des Werbenden unerlässlich ist (BGH in WRP 1999, Seite 1155ff. [Seite 1156]).

Nach den Ausführungen des Senats erwartet der angesprochene Verkehr bei importierten Kraftfahrzeugen zumindest einen Hinweis darauf, dass diese EU-Neuwagen hinsichtlich der Serienausstattung von einem entsprechenden deutschen Modell abweichen. Daher musste in der Werbung für derartige EU-Neuwagen zumindest ein **aufklärender Hinweis** dahingehend erfolgen, dass es sich um sogenannte **„EU-Neuwagen“** handelte. Enthält jedoch die Werbung den Hinweis darauf, dass es sich um EU-Neuwagen handelt, besteht zumindest für den situationsadäquat aufmerksamen Verbraucher Veranlassung, sich darüber Gedanken zu machen, ob und inwieweit die beworbenen Neuwagen von den Angeboten der inländischen Vertragshändler abweichen.

31 Der Gesetzgeber hat in § 5a UWG ausdrücklich die Bestimmung aufgenommen, dass bei der Beurteilung, ob das Verschweigen einer Tatsache irreführend ist, insbesondere **deren Bedeutung für die Entscheidung zum Vertragsschluss** nach der Verkehrsauffassung sowie die **Eignung des Verschweigens zur Beeinflussung der Entscheidung** zu berücksichtigen sind. Die verschwiegene Tatsache hat nur dann Bedeutung für die Entscheidung zum Vertragsschluss, wenn es sich um eine wesentliche Angabe über die Beschaffenheit des Kaufgegenstandes oder der Dienstleistung handelt (siehe nachfolgend VI.).

32 Die Erwartung des angesprochenen Verkehrs wird enttäuscht, wenn die **Herstellergarantie** von importierten Kraftfahrzeugen bereits seit einer gewissen Zeitdauer läuft. Eine unwesentliche Verkürzung der Herstellergarantie, etwa um bis zu zwei Wochen, führt allerdings nicht automatisch zu einer Irreführung des Verkehrs (noch zu § 3 UWG a. F.: BGH **„EG-Neuwagen I“**). An einer relevanten Irreführung des Verkehrs fehlt es auch in den Fällen, in denen ein Kfz-Händler mit dem Hinweis **„Tageszulassung“** wirbt, wenn das beworbene Kraftfahrzeug entgegen dieser Werbebehauptung bereits mehrere Tage zugelassen war. Da es dem Autokäufer im Wesentlichen darauf ankommt, ein Kraftfahrzeug zu erwerben, das noch nicht im Straßenverkehr genutzt wurde, ist es für ihn irrelevant, ob die beworbene „Tageszulassung“ einen oder mehrere Tage umfasst. Denn Aufgabe des Wettbewerbsrechts ist es nicht, den Verbraucher **vor jedweder Fehlvorstellung** zu schützen (noch zu § 3 UWG a. F.: BGH **„Tageszulassung II“**). Das gilt erst recht bei Anwendung von § 5 Abs. 1 Satz 2 Nr. 1 UWG.

33 Irreführend ist es, wenn ein Anbieter von Computern und Druckern mit einer besonderen **Service-Nummer** wirbt, **ohne darauf hinzuweisen,** dass diese Nummer **gebührenpflichtig** ist und in welcher Höhe Gebühren je Zeiteinheit entstehen. Selbst der durchschnittlich informierte, aufmerksame und verständige Durchschnittsverbraucher weiß in der Regel nicht, welche der Service-Nummern gebührenpflichtig sind und wie hoch im Einzelfall die Gebühr je Zeiteinheit ist. Dem verständigen Durchschnittsverbraucher ist allein bekannt, dass es eine Vielzahl von Service-Nummern gibt, von denen einzelne Nummern gebührenpflichtig, andere hingegen gebührenfrei sind. Der Werbende ist daher gehalten, zumindest im Rahmen eines **Sternchen-Hinweises** den Verkehr darüber aufzuklären, welche Kosten bei der Inanspruchnahme der Service-Nummer entstehen. Der Bundesgerichtshof verneinte noch zu § 3 UWG a. F. eine Irreführung bei Verwendung der Angabe **„Die Sparvorwahl“.** Obgleich die beworbene Telefondienstleistung nicht in allen Zeiträumen preisgünstiger war als bei der Konkurrenz, lag keine irreführende Werbung vor. Der Begriff „Sparvorwahl“ besagt – mangels Superlativ – nicht, dass es sich um den niedrigsten Tarif schlechthin handelt (BGH **„Sparvorwahl“**). Irreführend wirbt jedoch der Herausgeber eines Internet-Firmen- bzw. Branchenverzeichnisses, der einen „Grundeintrag“ **ohne Preisangabe** herausstellt, ohne zugleich die Entgeltlichkeit des Eintrags hervorzuheben (BGH **„Grundeintrag Online“**).

34 Eine Irreführung über die Beschaffenheit der Ware liegt in der Bewerbung eines Wörterbuchs Russisch/Deutsch auf CD-Rom, das mit der Aussage beworben wird „Mit ca. 250 000 Wörtern“. Auch der durchschnittlich informierte, aufmerksame, verständige und kritisch prüfende Verbraucher erwartet bei dieser Wortzahlangabe eine entsprechende Menge der übersetzten Wörter. Setzt sich hingegen die in der Werbung genannte Zahl aus 130 000 russischen und 120 000 deutschen Wörtern zusammen, so wird ein wesentlicher Teil der Verbraucher über die Beschaffenheit des Wörterbuchs getäuscht. Irreführend ist die unzutreffende Angabe, dass sich ein Schachweltmeister geweigert hat, gegen das beworbene Schachprogramm anzutreten. Diese Werbebehauptung kann für den angesprochenen verständigen Durchschnittsverbraucher eine so große Bedeutung haben, dass eine Irreführung gegeben ist (noch zu § 3 UWG a.F.: BGH **„Schachcomputer-Katalog“**).

35 Eine unlautere und zur Täuschung geeignete Angabe enthält der Kontoauszug einer Sparkasse, der eine **Gutschrift ausweist,** ohne dass die Wertstellung erfolgt ist. Aus Sicht des BGH verletzt die Sparkasse mit ihrer irreführenden Gestaltung der Kontoauszüge eine Vertragspflicht aus den Giroverträgen mit ihren Kunden (§§ 676ff., 675 Abs. 1 i.V.m. § 666 BGB). Denn die vor Wertstellung gebuchte Gutschrift kann den Kunden der Sparkasse zu nicht beabsichtigten Kontoüberziehungen und damit zur Inanspruchnahme einer Dienstleistung veranlassen, die er sonst nicht in Anspruch genommen hätte (BGH **„Irreführender Kontoauszug“**). Selbst die objektiv zutreffende Angabe des Kontostandes kann irreführend sein, wenn der angesprochene Durchschnittsverbraucher damit eine **unrichtige Vorstellung** verbindet. Denn dieser Verbraucher kann anhand des Kontoauszuges mangels eines entsprechenden Hinweises bei dem Kontostand nicht erkennen, über welchen Betrag er zinsfrei verfügen kann. Solange die Sparkasse nicht darauf hinweist, dass in dem Kontostand auch Beträge mit späterer Wertstellung enthalten sind, über die erst ab Wertstellung ohne Belastung mit Sollzinsen verfügt werden kann, liegt eine zur Täuschung geeignete Angabe im Sinne von § 5 Abs. 1 Satz 2 Nr. 1 UWG vor.

Praxishinweis

Auch bei der Frage der Irreführung über die Warenbeschaffenheit ist auf das Verständnis eines durchschnittlich informierten, aufmerksamen und verständigen Verbrauchers abzustellen. Sofern dieser Verbraucher aufgrund der Werbeaussage an die beworbene Ware eine bestimmte Erwartungshaltung hat und diese Erwartung enttäuscht wird, liegt immer eine Irreführung vor. Bei mehrdeutigen oder missverständlichen Beschaffenheitsangaben ist daher zu empfehlen, dieser Angabe unmittelbar einen aufklärenden Hinweis hinzuzufügen.

b) Herkunft (geografisch, betrieblich)

36 Eine geschäftliche Handlung ist gemäß § 5 Abs. 1 Satz 2 Nr. 1 UWG irreführend, wenn sie eine unwahre oder zur Täuschung geeignete Angabe über die geografische oder betriebliche Herkunft einer Ware oder Dienstleistung enthält und es sich bei der Herkunftsangabe um ein wesentliches Merkmal der Ware oder Dienstleistung handelt. Eine Irreführung über den Warenursprung gibt es also in den Fallgruppen der Irreführung über die **örtliche Herkunft** oder über die **betriebliche Herkunft** der Ware. Zur Frage, wann eine Irreführung über die betriebliche Herkunft vorliegen kann, weist der BGH auf folgendes hin:

> Nach § 5 Abs. 1 S. 1 UWG 2008 handelt unlauter, wer eine irreführende geschäftliche Handlung vornimmt. Satz 2 Nr. 1 dieser Vorschrift bestimmt, dass eine geschäftliche

Handlung unter anderem dann irreführend ist, wenn sie zur Täuschung geeignete Angaben über die wesentlichen Merkmale der Dienstleistung wie die betriebliche Herkunft enthält. Damit unterscheidet sich das nunmehr geltende Recht von § 5 UWG 2004 insoweit, als letztgenannte Vorschrift nur für irreführende Werbung galt. Darunter fällt aber auch das Aufstellen von Briefkästen, da „Werbung" i. S. des § 5 Abs. 1 und 2 UWG 2004 jede Äußerung bei der Ausübung eines Gewerbes mit dem Ziel war, die Erbringung von Dienstleistungen zu fördern (BGH in WRP 2011, Seite 59 ff. [S. 61, Rdnr. 13], **„Rote Briefkästen"**).

Gegenstand des vom BGH entschiedenen Verfahrens war die Aufstellung eines roten Briefkastens eines Briefzustelldienstes neben den gelben Briefkästen des früheren Monopolunternehmens Deutsche Bundespost. Der BGH prüfte, ob es infolge der angegriffenen Aufstellung der Briefkästen zu **relevanten Fehlvorstellungen** der Verbraucher über die betriebliche Herkunft der angebotenen Briefzustelldienstleistungen kommen konnte. Allein die Aufstellung der roten Briefkästen in unmittelbarer Nähe zu den gelben Briefkästen des früheren Monopolunternehmens führte allerdings nicht zur Bejahung der Irreführung.

37 An die örtliche Herkunftsangabe einer Ware werden dann besondere Qualitätsvorstellungen geknüpft, wenn entweder der Ort wegen seiner besonderen Handwerkskunst bekannt ist (z. B. **Meißner Porzellan**) oder wenn der Verkehr den mit dem Ortsnamen gekennzeichneten Artikeln auf andere Weise eine besondere Wertschätzung entgegenbringt (z. B. **Dresdner Christstollen** oder **Nürnberger Lebkuchen**). Zum Teil hat der Gesetzgeber Bestimmungen geschaffen, in denen die Voraussetzungen festgelegt wurden, bei deren Vorliegen die örtliche Herkunftsangabe zur Bewerbung der Waren benutzt werden darf (z. B. die **VO zum Schutz des Namens Solingen** vom 16.12.1985 oder die **Wein-Verordnung** vom 14.5.2002 in der u. a. festgeschrieben ist, wie die bestimmten Anbaugebiete voneinander abgegrenzt sind). Unabhängig von § 5 Abs. 1 Satz 2 Nr. 1 UWG enthalten §§ 126 ff. Markengesetz sondergesetzliche Bestimmungen zu irreführenden geographischen Herkunftsangaben. Die §§ 126 ff. MarkenG gehen dem UWG als leges specialis grundsätzlich vor (noch zu § 3 UWG a. F.: BGH **„Stich den Buben"**). Der markenrechtliche Unterlassungs- und Schadensersatzanspruch aus § 128 i. V. m. § 127 MarkenG greift dann ein, wenn der Werbende ein als geographische Herkunftsangabe gemäß § 126 MarkenG geschütztes Kennzeichen zur Kennzeichnung von Waren verwendet, ohne dass bei den beworbenen Waren oder Dienstleistungen die Schutzvoraussetzungen vorliegen. Diese Bestimmungen greifen allerdings nach § 126 Absatz 2 MarkenG dann nicht ein, wenn der Artikel zwar mit einer geographischen Bezeichnung versehen ist, diese jedoch in Verbindung mit der Ware die ursprüngliche Bedeutung verloren hat und im geschäftlichen Verkehr ausschließlich noch als **Gattungs- oder Beschaffenheitsangabe** dient. Dann entfällt auch eine Irreführung über die geographische Herkunft der Ware oder Dienstleistung, da der Verkehr mit der Angabe keine geographische Herkunft mehr verbindet.

38 Die Prüfung, ob eine Irreführung über eine geographische oder betriebliche Herkunftsangabe vorliegt, erfolgt in folgenden Schritten:

- Es wird eine Angabe im geschäftlichen Verkehr verwendet, die auf die geographische oder betriebliche Herkunft der Ware verweist,
- es kann bei dem durchschnittlich informierten und verständigen Verbraucher eine unrichtige Vorstellung über die örtliche oder betriebliche Herkunft der Ware entstehen und
- ein nicht unerheblicher Teil des Verkehrs unterliegt der Fehlvorstellung.

39 Die Herkunftsangabe kann sich dem Durchschnittsverbraucher einerseits unmittelbar erschließen (wie z.B. bei der Angabe „Lübecker Marzipan") oder seine Vorstellung ergibt sich mittelbar aus der Aufmachung der Ware (z.B. Abbildung des Holstentores von Lübeck auf einer Marzipanverpackung). Um eine **mittelbare geographische Herkunftsangabe** mit **Doppelbedeutung** handelt es sich bei der gebräuchlichen **Bocksbeutelflasche,** deren originelle Form die Herkunft des abgefüllten Weins aus Franken sowie aus vier bestimmten badischen Gemeinden kennzeichnet.

40 Als unzulässig wurde es angesehen, in Taiwan hergestelltes Steinzeug mit der Angabe „Serie Westerwald" zu bewerben, da selbst verständige Durchschnittsverbraucher aus dieser Angabe folgern, das Steinzeug sei tatsächlich im Westerwald produziert worden, obgleich die Herstellungsstätte in Taiwan war. Ein Aufkleber „Made in Taiwan" **auf der Ware** selbst kann der Irreführung dann nicht entgegenwirken, wenn die Ware in einem Katalog unter der Bezeichnung „Serie Westerwald" abgebildet und **aus dem Katalog selbst der Herstellungsort Taiwan** nicht zu ersehen war.

41 Ortsnamen können dann nicht eine Täuschung über die Herkunft der Ware hervorrufen, wenn sie **erkennbar als Phantasiebezeichnung** benutzt werden. Das Vorliegen einer reinen Phantasiebezeichnung wurde gemäß § 3 UWG a.F. bei dem textilen Aufdruck „Voice/New York" verneint, da der Verkehr bei Bekleidungsstücken mit diesem Aufdruck davon ausging, dass das so gekennzeichnete Kleidungsstück tatsächlich aus New York stammt. Der verständige Durchschnittsverbraucher wird allerdings annehmen, dass eine derartige Ortsangabe **rein schmückenden Charakter** hat und sie daher auch **nicht als geographische Herkunftsangabe** auffassen. Die Angaben „Voice/New York" sind also nicht zur Täuschung geeignet.

42 Sofern der Werbende **fremdsprachige Bezeichnungen** verwendet oder sein Produkt mit **Farben ausländischer Flaggen** schmückt, kann der verständige Durchschnittsverbraucher diese Kennzeichen mit der Herkunft der Ware in Verbindung bringen, wenn keine korrigierende Angabe erfolgt. Sofern daher eine mit den ungarischen Nationalfarben gekennzeichnete Salami tatsächlich nicht aus Ungarn stammt, liegt eine Irreführung über die geographische Herkunft der Ware vor, sofern kein klarstellender Hinweis (z.B. „Deutsche Salami nach ungarischem Rezept") erfolgt.

43 Der Werbende kann, um eine Täuschung des Verkehrs zu vermeiden, durch **entlokalisierende Zusätze** unrichtige geographische Herkunftsangaben korrigieren. Verwendet ein Bierhersteller das Kennzeichen „Warsteiner", obgleich das so gekennzeichnete Bier nicht in Warstein selbst, sondern in einer Paderborner Brauerei gebraut wird, ist die Kennzeichnung des Biers als „Warsteiner" unschädlich, wenn zumindest auf dem **Rück-Etikett auf den Brauereiort „Paderborn"** hingewiesen wird. In diesem Zusammenhang stellt der Bundesgerichtshof in seiner noch zu § 3 UWG a.F. ergangenen Entscheidung **„Warsteiner III"** fest:

> Die Beklagte hat ... auf den Rück-Etiketten ... hinreichend deutlich angegeben, dass das in Rede stehende Bier „in unserer neuen PADERBORNER BRAUEREI" gebraut wird. Zwar hat der Senat diesen Hinweis im Vorlagebeschluss vom 2.7.1998 – bei seiner insoweit zunächst nur vorläufigen Prüfung – nicht genügen lassen. In der Folgezeit erfolgte jedoch in der Rechtsprechung verstärkt die Hinwendung zu einem gegenüber früher veränderten Verbraucherleitbild. ... Auch der Senat geht inzwischen sowohl im Wettbewerbs- als auch im Markenrecht von dem Leitbild des durchschnittlich informierten und verständigen Verbrauchers aus, der das fragliche Werbeverhalten mit einer der Situation angemessenen Aufmerksamkeit verfolgt. ... Der durchschnittlich informierte und verständige Verbraucher, der an zusätzlichen Informationen über ein bestimmtes Bier interessiert ist, weiß, dass er nähere Angaben auch auf den Rück-Etiketten findet. Macht er von dieser Informationsmöglichkeit Gebrauch, kann ihm der Hinweis auf die Braustätte

> in Paderborn nicht verborgen bleiben. Wie der Senat in seiner Entscheidung im Parallelverfahren betont hat, können verbleibende Fehlvorstellungen des Verkehrs, soweit sie für seine Kaufentscheidung relevant sein können, bei ausreichenden Hinweisen auf die Herkunft vernachlässigt werden. Der Senat ist dabei davon ausgegangen, dass die Relevanz jedenfalls im Rahmen der Interessenabwägung durchaus Bedeutung erlangen kann. ... Zwischen ihr und den Anforderungen an den entlokalisierenden Zusatz kann eine Wechselwirkung bestehen. Bei erheblicher Relevanz sind auch hohe Anforderungen an die Klarheit und Deutlichkeit aufklärender Hinweise zu stellen und umgekehrt (BGH in GRUR 2002, Seite 160ff. [Seite 162, 163]).

Danach obliegt es dem Anbieter der entsprechend gekennzeichneten Ware, durch **einen aufklärenden Hinweis auf seiner Ware** auf den von dem Kennzeichen der Ware abweichenden Herstellungsort hinzuweisen. Da der durchschnittlich informierte und verständige Verbraucher, der an einem entsprechenden Bier interessiert ist, weiß, dass er zusätzliche Angaben auf dem Rück-Etikett der Bierflasche findet, reicht es in diesem Fall aus, wenn der Bierbrauer den **entlokalisierenden Zusatz auf dem Rück-Etikett** ausweist. Nur wenn der angesprochene Durchschnittsverbraucher der geographischen Herkunft der gekennzeichneten Ware eine besonders große Bedeutung beimisst, muss der entlokalisierende Hinweis ausnahmsweise im unmittelbaren Zusammenhang mit der geographischen Herkunftsangabe angebracht werden.

44 Der lauterkeitsrechtliche Schutz gem. § 5 Abs. 1 S. 2 Nr. 1 UWG besteht **neben** dem individualrechtlichen Schutz aus dem Markenrecht (BGH **„Hard Rock Cafe"**).

Praxishinweis

Enthält die werbliche Auslobung eine fehlerhafte geografische Herkunftsangabe, kann die Irreführungsgefahr nicht immer durch entlokalisierende Zusätze ausgeräumt werden. Vielmehr kann ein derartiger entlokalisierender Zusatz nur dann eine Irreführung verhindern, wenn er nach Positionierung, Größe und Farbgebung der blickfangartig herausgestellten geografischen Herkunftsangabe beigefügt wird.

44a Im Hinblick auf den mit dem Irreführungsverbot verfolgten Zweck, eine Angabe zu untersagen, die in irgendeiner Weise die Personen, an die sie sich richtet, täuscht, oder zu täuschen geeignet ist, und die in Folge der ihr innewohnenden Täuschung deren wirtschaftliches Verhalten beeinflussen kann, ist bei Bewerbung im **Internet** darauf abzustellen, ob die einzelnen Seiten von den angesprochenen Verkehrskreisen als zusammengehörig angesehen und aufgerufen werden (BGH **„EPSON-Tinte"**). Und der Durchschnittsverbraucher wird erfahrungsgemäß nur **diejenigen Seiten aufrufen,** die er zur Information über die von ihm ausgesuchten Ware benötigt oder zu denen er durch klare und unmissverständliche Hinweise geleitet wird.

c) Herstellung

45 Unlauter handelt, wer im geschäftlichen Verkehr eine zur Täuschung geeignete Angabe über die Herstellung einer Ware oder die Erbringung einer Dienstleistung macht. Danach liegt insbesondere dann eine unlautere, irreführende Werbung vor, wenn der Werbende über **die Art, die Ausführung, die Zusammensetzung und das Verfahren** der Warenherstellung oder der Erbringung der Dienstleistung irreführt, sofern diese Angabe wesentlich ist.

46 Abzustellen ist auf den durchschnittlich informierten und verständigen Verbraucher, der das fragliche Werbeverhalten mit einer der Situation angemessenen Aufmerksamkeit verfolgt (EuGH **„d'arbo naturrein"**). Der Bundesgerichtshof hatte sich mit der

Werbung eines Teppicheinzelhändlers zu befassen, der in einer Beilage zu Berliner Tageszeitungen unter der Überschrift „Riesige Auswahl China-Teppiche" sowohl Original-Orientteppiche als auch minderwertige mechanisch hergestellte Waren bewarb. In diesem Zusammenhang stellt der Bundesgerichtshof noch zu § 3 UWG a. F. fest:

> Wird – wie geboten – auf den Durchschnittsverbraucher abgestellt, der sich auf Grund eines vorhandenen Interesses mit der beanstandeten Werbebeilage mit normaler Aufmerksamkeit beschäftigt, so ist eine Irreführung zu verneinen. Der von der Werbung angesprochene Verbraucher wird zwar ... die auf Seite 4 der Werbebeilage abgebildeten Teppiche auf Grund ihres für Orient-Teppiche typischen Musters und der orientalischen Herkunftsbezeichnungen auf den ersten Blick für original Orient-Teppiche halten, zumal solche Teppiche auch auf den vorangehenden ersten drei Seiten angeboten werden. Er wird sich jedoch nach der allgemeinen Lebenserfahrung bei vorhandenem Interesse auch mit den unter jeder Abbildung befindlichen kleingedruckten Erläuterungen befassen; dies schon allein deshalb, weil daraus zu entnehmen ist, in welchen Größen und mit welchen Preisen die jeweiligen Teppiche zu erwerben sind. Er wird auch bei nur durchschnittlicher Aufmerksamkeit wahrnehmen, dass es sich um Teppiche entweder aus „100% Polypropylen" oder Schurwolle handelt, die – wie sich aus dem Zusammenhang mit den ersten drei Seiten der Werbebeilage ergibt und was auch unstreitig ist – mechanisch hergestellt sind. Der durchschnittlich informierte und verständige Verbraucher wird daraus schließen können, dass es sich nicht um original Orient-Teppiche handelt (BGH in WRP 2000 Seite 517 ff. [Seite 520] **„Orient-Teppichmuster"**).

Bei Anwendung dieser höchstrichterlichen Grundsätze auf die Fälle der Irreführung über die Warenherstellung wird also dann ein Unterlassungsanspruch nur in Betracht kommen, wenn das werbende Unternehmen **wahrheitswidrige Herstellungsangaben** verbreitet, die für den Verkehr wesentlich sind.

47 Das Leitbild des durchschnittlich informierten und verständigen Verbrauchers verlangt, dass sich der angesprochene Verbraucher jedenfalls bei höherwertigen Waren oder Dienstleistungen auch **klein gedruckte Hinweise und unauffällige Angaben in der Werbung zur Kenntnis nimmt.** Verlässt sich der Verbraucher allein auf den optischen Eindruck eines werblich herausgestellten Produktes, ohne den Begleittext zur Kenntnis zu nehmen, ist eine daraus resultierende Irreführung nur dann relevant, wenn ein **nicht unerheblicher Teil** des Verkehrs getäuscht wird.

48 Die Bewerbung von Schmuckstücken mit dem Hinweis **„von hoher handwerklicher Qualität"** ist irreführend, wenn die Artikel tatsächlich nahezu vollständig **industriell** gefertigt wurden, sie von nur durchschnittlicher Qualität sind und eine Aufklärung über die industrielle Fertigung nicht erfolgt. Eine hohe handwerkliche Qualität ist nur dann gegeben, wenn wesentliche Leistungen an den Schmuckstücken durch entsprechend qualifizierte Handwerker erbracht werden. Sofern eine im Immobiliengeschäft tätige Aktiengesellschaft ein Beteiligungsangebot mit der Angabe bewirbt „Eine Mindestverzinsung der zurzeit erbrachten Einlage im Jahresdurchschnitt von 6% p. a. gilt für die Vertragslaufzeit als zugesichert", erweckt sie in den angesprochenen Verkehrskreisen den Eindruck, es handelt sich um eine Kapitalanlage mit sicherer Rendite. Sofern daher die Kapitalanlage nicht wie beworben verzinst wird, weil das werbende Unternehmen die danach in Aussicht gestellte Sicherheit nicht bieten kann, liegt eine irreführende Werbung gemäß § 5 Abs. 1 Satz 2 Nr. 1 UWG vor (noch zu § 3 UWG a. F.: BGH **„Mindestverzinsung"**). Auch wenn die Anleger bei einiger Überlegung erkennen können, dass die sogenannte „Mindestverzinsung" bei Verlusten der Gesellschaft kaum erfolgen wird, wirkt die beanstandete Werbeaussage dahin, dass Kapitalanleger eine sichere Rendite erwarten und durch diese irrige Vorstellung von dem Beteiligungsangebot angezogen werden. Voraussetzung eines Anspruchs auf Unterlassung wegen irreführender geschäftlicher Handlung ist nicht, dass die Angabe geeignet ist, **jeden** durchschnittlich informierten und verständigen Verbraucher zu täuschen.

d) Neuheitswerbung

49 Eine Angabe über die Neuheit der beworbenen Ware (durch Verwendung z.B. der Begriffe *„fabrikneu", „neu", „jetzt"* und ähnlichem) kann zur Täuschung geeignet sein, wenn der **Zeitpunkt der Herstellung** der Ware für den Käufer wesentlich ist. Neben der reinen Neuheitswerbung im engeren Sinne, also wenn ein Artikel als fabrikneu bezeichnet wird, obgleich er bereits in Gebrauch genommen wurde, kann der Werbende auch dann über die Neuheit einer Sache irreführen, wenn er **Auslaufmodelle,** z.B. im Sportbereich, nicht als solche kennzeichnet.

50 Eine irreführende Neuheitswerbung im Sinne von § 3 UWG a.F. verneinte der Bundesgerichtshof in einer Auseinandersetzung zweier Kraftfahrzeughändler. In dem entschiedenen Verfahren war der mit der **Angabe „Tageszulassung"** beworbene Pkw **nach fünf Tagen** wieder abgemeldet worden. Das Kfz war jedoch noch nicht im Straßenverkehr genutzt worden. Im Hinblick auf eine mögliche Irreführung der angesprochenen Verkehrskreise führt der erkennende Senat aus:

> Unter den im Streitfall angegebenen Umständen kann nicht angenommen werden, dass durch die beanstandete Werbeanzeige wettbewerbsrechtlich maßgebliche Interessen der Verbraucher verletzt werden. ... Tageszulassungen sind – wovon auch das Berufungsgericht ausgegangen ist – eine besondere Form des Neuwagengeschäfts. Der Kunde erwirbt in diesen Fällen ein fabrikneues Fahrzeug. Die Zulassung dient, anders als bei sogenannten Vorführwagen, nicht der Nutzung des Fahrzeugs. Tageszulassungen erfolgen insbesondere im Absatzinteresse des Händlers, der durch die Steigerung der Abnahmemenge in den Genuss höherer Prämien kommt, die er ... an den Endkunden weitergeben kann. ... Das ist nach den Feststellungen des Berufungsgerichts auch dem mit der Werbung angesprochenen potentiellen Autokäufer bewusst, der weiß, dass eine „Tageszulassung" aus den genannten Gründen nur rein formal erfolgt, ohne dass sich die Beschaffenheit des Fahrzeugs als Neufahrzeug dadurch ändert, es insbesondere nicht benutzt worden ist. Dem Verkehr kommt es unter diesen Umständen nicht maßgeblich darauf an, ob das als Neuwagen beworbene Fahrzeug nur einen Tag oder für wenige Tage, also kurzfristig, zugelassen war (BGH in WRP 2000, Seite 1129ff. [Seite 1130] – **„Tageszulassung II"**).

Aus Sicht des Bundesgerichtshofs ist es nicht Aufgabe des Wettbewerbsrechts, den Verbraucher vor jedweder Fehlvorstellung zu schützen. Nur die **wettbewerbsrechtlich relevante Irreführung** ist zu unterlassen, sofern ein nicht unerheblicher Teil des Verkehrs getäuscht wird. Für den durchschnittlich informierten und verständigen Verbraucher bezeichnete der Begriff der „Tageszulassung" jedoch nicht nur Kraftfahrzeuge, die tatsächlich nur 24 Stunden zugelassen waren, sondern auch Neufahrzeuge mit deutlich längerer Standzeit. Der geringe Teil der Verbraucher, der dennoch einem Irrtum unterlag, war wettbewerbsrechtlich unbeachtlich. Das gilt entsprechend bei Anwendung von § 5 Abs. 1 Satz 2 Nr. 1 UWG. Selbst wenn die Tageszulassung mehrere Monate zurückliegt, darf mit der Angabe „Tageszulassung" geworben werden (BGH **„Ford-Vertragspartner"**).

51 Zu einer anderen Beurteilung kam der Bundesgerichtshof noch zu § 3 UWG a.F. in den Fällen, in denen Kfz-Händler Neuwagen bewarben, ohne darauf hinzuweisen, dass die **Ausstattungsmerkmale** der beworbenen Kraftfahrzeuge wegen ihres Charakters als EU-Neuwagen von der Serienausstattung des entsprechenden deutschen Fahrzeugs abwichen. Diese Hinweispflicht der Kfz-Händler entfiel, wenn aus der An-

zeige erkennbar wurde, dass es sich bei den beworbenen Fahrzeugen **um EU-Neuwagen** handelt, sofern nicht bei den beworbenen Fahrzeugen für die Kaufentscheidung des Verkehrs **bedeutsame Ausrüstungs- oder Ausstattungsmerkmale** fehlten (noch zu § 3 UWG a.F.: BGH **„EG-Neuwagen II"**) und das werbende Autohaus auf diesen Umstand nicht hinwies (siehe § 5a UWG). Ausstattungsmerkmale, die für den Kaufentschluss des angesprochenen Verkehrs hingegen nur von untergeordneter Bedeutung sind, müssen in der Zeitungsanzeige nicht ausdrücklich erwähnt werden, und bleiben unberücksichtigt.

52 Wird in der Werbung ein Auslaufmodell, z.B. eines TV-Gerätes, beworben, ohne dass der Händler ausdrücklich auf diesen Umstand hinweist, kommt es darauf an, ob sich aus dem Kontext der Werbung ergibt, dass es sich bei dem beworbenen Erzeugnis um ein **Auslaufmodell** handelt (z.B. Bewerbung als **„Ausstellungsstück"**). Lässt sich aus den Umständen des Einzelfalls nicht entnehmen, dass ein Auslaufmodell beworben wird, trifft den Werbenden ggf. eine **Aufklärungspflicht.** Eine solche Pflicht besteht, sofern sie nicht schon aus **Gesetz, Vertrag oder vorangegangenem Tun** begründet ist, im Wettbewerb dann, wenn anderenfalls der angesprochene Verkehr in einem **wesentlichen Punkt,** der den Kaufentschluss zu beeinflussen geeignet ist, getäuscht wird (so noch zu § 3 UWG a.F.: BGH **„Auslaufmodelle III"**). Diese **Aufklärungspflicht** ist allerdings nur dann begründet, wenn dies zum Schutz des Verbrauchers auch unter Berücksichtigung der berechtigten Interessen des Werbenden unerlässlich ist (siehe nachfolgend § 5a UWG).

53 Die Bewerbung von **Jogging-Anzügen,** die sich zum Zeitpunkt des Angebotes nicht mehr in der aktuellen Preisliste des Herstellers befanden, wurde auch **ohne aufklärenden Hinweis auf die Auslaufeigenschaft** als **zulässig** angesehen, da auf diesem Modesektor ein allmählich fließender Wandel stattfindet, sodass eine Irreführung des Verkehrs bei diesem gleitenden Modellwechsel nicht vorliegt. Das gilt insbesondere dann, wenn hinsichtlich der Stoffqualität, des Schnitts und des sonstigen Erscheinungsbildes des Jogginganzuges der Modellwechsel nicht so auffällig ist, dass er sofort erkannt und der Jogging-Anzug deshalb im Verkehr als veraltet angesehen werden kann.

54 An einer zur Täuschung geeigneten Angabe kann es auch dann **fehlen,** wenn es auf Grund der werblichen Gestaltung der Anzeige fernliegt, dass es sich bei dem angebotenen Modell um einen aktuellen Artikel handelt. Wenn das Angebot als **„radikal reduziert"** bezeichnet wird und der Preis deutlich unter dem regulären Preis des Artikels liegt, geht der verständige Durchschnittsverbraucher üblicherweise nicht von ganz aktueller Ware des Werbenden aus.

e) Test-Werbung

55 Eine geschäftliche Handlung ist gemäß § 5 Abs. 1 Satz 2 Nr. 1 UWG auch dann unlauter, wenn sie eine zur Täuschung geeignete Angabe über zu erwartenden Ergebnisse, Ergebnisse oder wesentliche Bestandteile von Tests der Waren oder Dienstleistungen enthält und die Test-Ergebnisse für die Kaufentscheidung **relevant** sind. Gerade die Test-Urteile der Stiftung Warentest sind als Verkaufsargument von Seiten des Herstellers oder des Handels ein beliebtes Mittel der Werbung. Da es sich insbesondere bei den Testurteilen der Stiftung Warentest um Ergebnisse von neutralen und sachkundigen Untersuchungen handelt, misst der angesprochene allgemeine Verkehr diesen Testergebnissen große Bedeutung bei. Das gilt vor allem dann, wenn nur wenige Produkte mit dem Test-Urteil „sehr gut" oder „gut" abgeschnitten haben. Jede Werbung mit einer unwahren Angabe über ein Test-Urteil ist irreführend. Irreführend ist jedoch nach dem Wortlaut von § 5 Abs. 1 Satz 2 Nr. 1 UWG auch die Werbung mit **wesentlichen Bestandteilen von Tests,** wenn sie nicht wahrheitsgemäß sind und etwa im Rahmen **vergleichender Werbung** (§ 5 Abs. 2 UWG) herausgestellt werden.

56 In der noch zu § 3 UWG a. F. ergangenen Entscheidung **„Test gut"** hatte sich der BGH mit der Werbung eines Versandhandelsunternehmens zu befassen, das eine Kleinbildkamera mit dem Test-Qualitätsurteil „gut" der Stiftung Warentest bewarb ohne zugleich kenntlich zu machen, dass in dem zitierten Warentest 10 Kameras mit „sehr gut", 11 Apparate mit „gut" und nur 1 Kamera mit „zufriedenstellend" bewertet wurden. Der erkennende Senat bestätigte die Entscheidung des Berufungsgerichts, das die Werbung der Beklagten als irreführend untersagt hatte:

> Dem Berufungsgericht ist auch darin zuzustimmen, dass die unterlassene Mitteilung, dass 10 weitere Apparate im Test mit „sehr gut" beurteilt worden seien, unter den festgestellten Umständen als eine (irreführende) Angabe im Sinne des § 3 UWG *(a. F.)* anzusehen ist. Zwar ist der Werbende regelmäßig nicht gehalten, in der Anzeige die sein Angebot betreffenden Umstände vollständig aufzuführen. Er darf sich in der Regel mit der Hervorhebung der als vorteilhaft angesehenen Umstände begnügen. Anders liegt es nach der Rechtsprechung des Bundesgerichtshofes dann, wenn den Werbenden eine Aufklärungspflicht trifft. ... Sie besteht, wenn die verschwiegene Tatsache nach der Auffassung des Publikums wesentlich, also den Kaufentschluss zu beeinflussen geeignet ist. ... Da das Berufungsgericht festgestellt hat, dass die Zugehörigkeit zur Spitzengruppe für einen rechtlich beachtlichen Teil des Publikums von Bedeutung ist, besteht für den Werbenden eine Aufklärungspflicht über die Zahl besser benoteter Erzeugnisse, wenn sich aus dieser ergibt, dass das beworbene Produkt nicht zur Spitzengruppe gehört (BGH in WRP 1982, Seite 413 f. [Seite 414]).

57 Ob eine irreführende Angabe über ein Urteil der Stiftung Warentest vorliegt, bestimmt sich demgemäß danach, ob das mit der Note „gut" beworbene Produkt **tatsächlich über dem Notendurchschnitt** liegt. Bei dem Sachverhalt, den der BGH zu bewerten hatte, betrug der Notendurchschnitt 1,59, sodass die Note „gut" tatsächlich unter dem Notendurchschnitt lag. In diesem Fall hätte der Werbende die Verbraucher darüber aufklären müssen, dass in dem zitierten Test 10 Kameras mit „sehr gut" bewertet worden waren. Denn auch der verständige Durchschnittsverbraucher erwartet bei Herausstellung der Note „gut", dass das getestete Erzeugnis zur Spitzengruppe der getesteten Produkte gehört.

58 In weiteren höchstrichterlichen Entscheidungen wurden die Voraussetzungen für die Werbung mit Urteilen der Stiftung Warentest näher konkretisiert. Danach darf mit einem Stiftung Warentest-Urteil dann nicht mehr geworben werden, wenn der getestete Artikel technisch durch **neuere Entwicklungen** überholt ist (zu § 3 UWG a. F.: BGH **„Veralteter Test"**). Im Rahmen einer Nichtzulassungsbeschwerde betont der BGH allerdings, dass bei einer **Werbung für Lebensmittel** auch dann mit einem **Testurteil der Stiftung Warentest** geworben werden darf, wenn die beworbenen Produkte ein anderes Mindesthaltbarkeitsdatum aufweisen als die getesteten. Wörtlich weist der BGH auf Folgendes hin:

> Der Rechtssache kommt auch insoweit keine grundsätzliche Bedeutung zu, als die Beklagte mit ihrer nach Ansicht des Klägers im entscheidenden Punkt unvollständigen Werbeangabe beim angesprochenen Verkehr den unrichtigen und damit irreführenden Eindruck erweckt, nach den Tests der Stiftung Warentest könne eine Aussage über sämtliche beworbenen Produkte dieser Marke gemacht werden, und einzelne Instanzgerichte sogar der Ansicht seien, dass im Lebensmittelbereich mit einem auf eine bestimmte Charge begrenzten Testergebnis der Stiftung Warentest nur geworben werden dürfe,

wenn die zum Verkauf stehenden Produkte derselben Charge angehören oder jedenfalls das Mindesthaltbarkeitsdatum der untersuchten Charge (lesbar) angegeben werde. Im Blick auf die nach wie vor gültige höchst- und obergerichtliche Rechtsprechung sowie die damit übereinstimmende Kommentarliteratur, wonach eine Werbung mit älteren Testergebnissen grundsätzlich unbedenklich ist, wenn der Zeitpunkt ihrer Veröffentlichung erkennbar gemacht wird, für die Produkte keine neueren Prüfungsergebnisse vorliegen und die angebotenen Produkte mit den seinerzeit geprüften gleich und auch nicht durch neuere Entwicklungen technisch überholt sind ..., können die vom Kläger in diesem Zusammenhang vorgelegten instanzgerichtlichen Urteile eine Grundsatzbedeutung nicht begründen. Es kann auch nicht davon ausgegangen werden, dass im Streitfall etwas anderes gilt. Von relevanten Qualitätsschwankungen – etwa aufgrund von Klimaschwankungen – kann bei Kaffee (-Pads) – anders als womöglich bei in verschiedenen Jahren erzeugtem Olivenöl ... – nicht ausgegangen werden (BGH in WRP 2014, S. 67f. [S. 68, Rdnr. 8], **„Testergebnis – Werbung für Kaffee-Pads“**).

Handelt es sich bei den mit dem Urteil der Stiftung Warentest beworbenen Produkten also um Produkte, die zu den **getesteten Artikeln gleichartig** und nicht durch neuere Entwicklungen technisch überholt sind, liegt eine Täuschung des Verkehrs nicht vor.

59 Ferner hat der Bundesgerichtshof festgeschrieben, dass bei Werbung mit einem Urteil der Stiftung Warentest der Werbende verpflichtet ist, die **Fundstelle** der Erstveröffentlichung, nämlich Monat und Jahr, deutlich lesbar anzugeben, um es dem Verbraucher zu ermöglichen, von dem Inhalt des Tests Kenntnis zu nehmen (zu § 3 UWG a.F.: BGH **„Fundstellenangabe“**).

60 Die Prüfung, ob die Angabe über ein Test-Urteil wettbewerbsrechtlich zulässig ist, vollzieht sich demgemäß in folgenden Schritten:

- Es wird mit einem neutralen Test-Urteil geworben,
- das beworbene Produkt gehört zur Spitzengruppe,
- sofern das getestete Produkt nicht zur Spitzengruppe gehört, ist zu prüfen, ob die Zahl und das Urteil der besser benoteten Erzeugnisse genannt wurden,
- das beworbene Produkt ist technisch und von der Zusammensetzung unverändert zu dem getesteten,
- das beworbene Produkt entspricht zum Zeitpunkt der Werbung dem Stand der Technik, ist also technisch nicht durch neuere Entwicklungen überholt,
- die Fundstelle ist nach Monat und Jahr der Erstveröffentlichung angegeben und
- das Test-Ergebnis ist für die Kaufentscheidung des Durchschnittsverbrauchers wesentlich.

61 Unschädlich ist es mit dem **Testurteil „sehr gut“** zu werben, selbst wenn nicht das Produkt des Werbenden allein, sondern auch **mehrere Konkurrenzprodukte** mit diesem Urteil bewertet wurden. Bei Angabe eines Stiftung Warentest-Urteils „sehr gut“ erwartet der verständige Durchschnittsverbraucher nicht, dass nur das so beworbene Produkt mit diesem Urteil bewertet wurde.

62 Sofern der Werbende mit einem Stiftung Warentest-Urteil für ein Produkt wirbt, das mit dem getesteten Produkt **nicht identisch, sondern lediglich baugleich** ist, hat der Werbende in der Regel auf die **Baugleichheit** hinzuweisen. Andernfalls liegt eine zur Täuschung geeignete Angabe vor.

Praxishinweis

Eine Werbung mit älteren Testergebnissen ist nur dann wettbewerbsrechtlich zulässig, wenn der Zeitpunkt ihrer Veröffentlichung erkennbar gemacht wird, für die fragliche Ware keine neueren Prüfungsergebnisse vorliegen, die beworbene Ware zu der geprüften Ware gleich ist und das Testergebnis auch nicht durch neuere Entwicklungen technisch überholt ist.

f) Umweltwerbung

63 Als irreführende Werbung über die Beschaffenheit der beworbenen Ware oder Dienstleistung ist auch eine Werbemaßnahme zu beurteilen, die unrichtige oder unvollkommene Angaben über die **Umweltverträglichkeit des Angebots** enthält. Da der allgemeine Verkehr der Umweltverträglichkeit einer Ware oder Dienstleistung eine große Bedeutung beimisst, liegt ein Wettbewerbsverstoß vor, wenn die beworbene Eigenschaft tatsächlich nicht zutrifft (BGH **„Umweltengel für Tragetasche"**). Irreführende Umweltangaben im Rahmen vergleichender Werbung sind gem. § 5 Abs. 2 UWG unlauter (siehe noch zu §§ 1, 3 UWG a. F.: BGH **„Energiekosten-Preisvergleich I"**).

64 So hatte der Bundesgerichtshof in seiner Entscheidung **„Umweltengel"**, in der es um die Verwendung des Umweltzeichens „Umweltengel" in Form von Regalstoppern an Regaleinlageböden im Geschäftslokal eines Einzelhändlers ging, noch zu § 3 UWG a. F. festgestellt:

> Die Werbung mit Umweltschutzbegriffen und -zeichen ist ähnlich wie die Gesundheitswerbung … grundsätzlich nach strengen Maßstäben zu beurteilen. Mit der allgemeinen Anerkennung der Umwelt als eines wertvollen und schutzbedürftigen Gutes hat sich in den letzten Jahren zunehmend ein verstärktes Umweltbewusstsein entwickelt, das dazu geführt hat, dass der Verkehr vielfach Waren (Leistungen) bevorzugt, auf deren besondere Umweltverträglichkeit hingewiesen wird. Gefördert wird ein solches Kaufverhalten auch durch den Umstand, dass sich Werbemaßnahmen, die an den Umweltschutz anknüpfen, als besonders geeignet erweisen, emotionale Bereiche im Menschen anzusprechen, die von einer Besorgnis um die eigene Gesundheit bis zum Verantwortungsgefühl für spätere Generationen reicht. … Gleichwohl bestehen in Einzelheiten noch weitgehend Unklarheiten, insbesondere über Bedeutung und Inhalt der verwendeten Begriffe – wie etwa umweltfreundlich, umweltverträglich, umweltschonend oder bio – sowie der hierauf hindeutenden Zeichen. … Eine Irreführungsgefahr ist daher in diesem Bereich der umweltbezogenen Werbung besonders groß. Wie die angeführten Entscheidungen erkennen lassen, sind die beworbenen Produkte überdies regelmäßig nicht insgesamt und nicht in jeder Beziehung, sondern meist nur in Teilbereichen mehr oder weniger umweltschonender (weniger umweltstörender) als andere Waren. Unter diesen Umständen besteht ein gesteigertes Aufklärungsbedürfnis der angesprochenen Verkehrskreise über Bedeutung und Inhalt der verwendeten Begriffe und Zeichen. An die zur Vermeidung einer Irreführung erforderlichen aufklärenden Hinweise sind daher grundsätzlich strenge Anforderungen zu stellen, die sich im Einzelfall nach der Art des Produktes und dem Grad und Ausmaß seiner „Umweltfreundlichkeit" bestimmen. Fehlen die danach gebotenen aufklärenden Hinweise in der Werbung oder sind sie nicht deutlich sichtbar herausgestellt, besteht im besonders hohen Maße die Gefahr, dass bei den angesprochenen Verkehrskreisen irrige Vorstellungen über die Beschaffenheit der angebotenen Ware hervorgerufen werden und sie dadurch in ihrer Kaufentscheidung beeinflusst werden (BGH in NJW 1989, Seite 711 ff. [Seite 712]).

65 Der BGH untersagte die angegriffene Werbung, da der Einzelhändler pauschal mit dem Umweltzeichen „Umweltengel" geworben hatte, ohne konkret auf die beworbenen Produkte bezogen den **Grad und das Ausmaß der Umweltfreundlichkeit** der Waren darzustellen.

66 Verwendet der Hersteller eines WC-Reinigers den Namen **„bio-Fix“,** ohne dass durch den Reiniger ein biologischer Abbau des Schmutzes stattfindet, sondern wird ein rein chemischer Prozess in Gang gesetzt, fehlt es an dem im Vergleich zum Wettbewerb umweltfreundlicheren Charakter des Reinigungsmittels. Es ist daher auch irreführend, für diesen Reiniger mit dem Hinweis **„umweltfreundlich“** zu werben, da es an einer **entscheidenden Verbesserung** zu anderen vergleichbaren Produkten derselben Art im Bezug auf die Umweltverträglichkeit fehlt. Nur wenn tatsächlich dem beworbenen Reiniger ein wesentlicher Vorsprung im Umweltbereich zu vergleichbaren Herstellern zukommt, z.B. der gänzliche Verzicht auf umweltgefährliche Tenside, soweit sie nicht gesetzlich verboten sind, besteht die Irreführungsgefahr nicht.

67 Irreführend ist es auch, wenn die Herstellerin eines Holzschutzmittels mit einem Umweltzeichen und der Aussage wirbt **„umweltfreundlich, weil schadstoffarm“,** sofern das beworbene Produkt tatsächlich nicht für Holz verwendet werden darf, das unmittelbar mit Futter- oder Lebensmitteln in Berührung kommt. Selbst wenn in diesem Fall das Produkt einen geringeren Anteil an Lösemitteln enthält und nicht mit Schwermetallen eingefärbt ist, ist die **verbleibende Umweltbelastung** so groß, dass der durchschnittlich informierte Verbraucher durch die Verwendung des Umweltzeichens mit dem Zusatz „umweltfreundlich, weil schadstoffarm“ getäuscht wird.

68 Allerdings liegt keine irreführende Umweltwerbung vor, wenn für Ziegel mit der Aussage **„Bausteine für eine gesunde Welt“** geworben wird, sofern die zur Ziegelherstellung umweltrelevanten Umstände, z.B. der Bedarf an Energie oder Wasser, im Vergleich zu konkurrierenden Herstellern nicht höher ist (noch zu § 3 UWG a.F.: BGH **„Unipor-Ziegel“**). Das gilt in gleicher Weise auch für die Aussage **„Die umweltschonende Energie Erdgas“,** da zwar der Verbrauch von Erdgas wie jede Energie die Umwelt belastet, die Energiequelle Erdgas jedoch im Vergleich zu anderen Energieträgern, wie z.B. Erdöl oder Kohle, zu einer geringeren Umweltbelastung führt. Dem verständigen Durchschnittsverbraucher ist durchaus bekannt, dass der Verbrauch jeder Energie in gewissem Umfang die Umwelt belastet, so dass von ihm die Aussage „Die umweltschonende Energie Erdgas“ richtig dahingehend interpretiert werden wird, dass der **Grad der Umweltbelastung** im Vergleich zu anderen Energieträgern niedriger ist.

69 Keine Irreführung liegt vor, wenn ein CD-Hersteller CD-Doppel-Verpackungen mit der Aussage bewirbt **„Die umweltfreundlichere CD-Verpackung“,** da die beworbene CD-Doppelverpackung tatsächlich 55% Materialersparnis bei der Doppelbox bzw. 28% Materialersparnis bei der Einzel-CD-Box aufweist. Obgleich die CD-Verpackung aus dem grundsätzlich umweltbelastenden Material „Polystyrol“ gefertigt ist, liegt eine Irreführung des Verkehrs nicht vor, da der Verbraucher in diesem Fall nur eine **relative Umweltfreundlichkeit** erwartet. Der verständige und informierte Verbraucher geht nicht davon aus, dass in einem solchen Fall die maximal mögliche Umweltverträglichkeit gegeben ist.

70 Anders kann hingegen die für Büro- und Schreibartikel in Blister-Verpackungen aus Polypropylen und Polystyrol verwendete umweltpositive Aussage **„PVC-frei“** zu bewerten sein, wenn die anstelle von PVC eingesetzten Ersatzstoffe in der **ökobilanziellen Gesamtbetrachtung** tatsächlich höhere Umweltbelastungen hervorrufen als PVC. Zwar ist das werbende Unternehmen nicht verpflichtet, über die Nachteile des eigenen Produkts umfassend aufzuklären. Das UWG konstituiert allein ein Irreführungsverbot, begründet aber **kein Informationsgebot.** Werden allerdings die Umweltvorteile besonders herausgestellt, z.B. „umweltfreundlich, weil PVC-frei“ (BGH **„PVC-frei“**), liegt irreführende Werbung vor, sofern von den verwendeten Alternativkunststoffen deutlich höhere Umweltbelastungen ausgehen als von PVC. Es besteht dann die Gefahr, dass der informierte und verständige Durchschnittsverbraucher dem Produkt irrtümlich einen Umweltvorteil beimisst, der ihm tatsächlich nicht zukommt.

71 Schließlich enthält § 3 Abs. 3 i.V.m. dem Anhang zu § 3 Abs. 3 UWG (Nr. 2) die Bestimmung, dass eine geschäftliche Handlung immer unzulässig ist, wenn gegenüber Verbrauchern ein Güte- oder Qualitätskennzeichen ohne die erforderliche Genehmigung verwendet wird. Handelt es sich bei dem Gütezeichen um ein umweltbezogenes Zeichen, findet dieses **Verbot ohne Wertungsvorbehalt** uneingeschränkt Anwendung.

g) Verfügbarkeit

72 Nach § 5 Abs. 1 Satz 2 Nr. 1 UWG ist eine zur Täuschung geeignete Angabe über die Verfügbarkeit oder Menge einer Ware oder Dienstleistung irreführend. Diese irreführende geschäftliche Handlung in § 5 UWG kommt allerdings nur dann zum Tragen, wenn nicht bereits das absolute Verbot ohne Wertungsvorbehalt aus Nr. 5 des Anhangs zu § 3 Abs. 3 UWG **(Lockangebot)** Anwendung findet. Wird also gegenüber Verbrauchern mit einem Angebot geworben, das nicht für einen angemessenen Zeitraum in **angemessener Menge** zum beworbenen Preis zur Verfügung steht, liegt immer eine irreführende geschäftliche Handlung i.S. von § 3 Abs. 3 UWG vor. Außerdem kommt in einem solchen Fall auch die besondere Beweislastregelung in Nr. 5 (Anhang zu § 3 Abs 3 UWG) zum Tragen. Ist die **Bevorratungszeit kürzer als 2 Tage,** obliegt es danach dem Unternehmer, die Angemessenheit nachzuweisen. Es obliegt also dem Unternehmer, die Angemessenheit des Zeitraums der Bevorratung darzulegen und zu beweisen, wenn der Bevorratungszeitraum 2 Tage unterschreitet **(Beweislastumkehr).** Das absolute Verbot aus Nr. 5 des Anhangs zu § 3 Abs. 3 UWG geht der allgemeinen Bestimmung in § 5 Abs. 1 Satz 2 Nr. 1 UWG vor. Nach dieser Regelung ist nicht die unzulässige Bevorratung der beworbenen Ware, sondern die **unzureichende Aufklärung** über eine unzulängliche Bevorratung zu beanstanden (BGH **„Irische Butter“,** näheres siehe oben II. 5). Für den Irreführungsfall des § 5 Abs. 1 Satz 2 Nr. 1 UWG verbleiben daher nur noch solche zur Täuschung geeigneten Angaben über die Verfügbarkeit und die Menge der Ware und Dienstleistung, die nicht unter Nr. 5 des Anhangs zu § 3 UWG fallen.

73 Im Rahmen von § 5 Abs 1 Satz 2 Nr. 1 UWG kommt es darauf an, ob die Angabe über die Verfügbarkeit der Ware oder Dienstleistung zur Täuschung geeignet ist. Die Frage der **Angemessenheit des Warenvorrats** läßt sich nicht einheitlich beantworten. Vielmehr kommt es darauf an, welcher **Warengattung** der nicht bevorratete Artikel angehört. Bei Lebensmitteln erwartet der Durchschnittsverbraucher eine andere Warenbevorratung als bei Grillgeräten oder Staubsaugern. Auch eine **Aufklärung des Verbrauchers** über naheliegende Einschränkungen in der sofortigen Lieferfähigkeit des werbenden Unternehmens kann eine Irreführung des Verkehrs ausschließen (BGH **„Innerhalb 24 Stunden“**).

74 Unvorhergesehene Lieferschwierigkeiten, die der Unternehmer nicht zu vertreten hat, können etwa gegeben sein, wenn die bestellte Ware – ohne Verschulden des Händlers – **vom Zoll beschlagnahmt wurde.** In diesem Fall muss der Händler nachweisen, dass er darauf vertrauen durfte, dass die bestellte Ware einfuhrfähig ist. Unvorhergesehene Lieferschwierigkeiten können auch **in den Fällen höherer Gewalt** auftreten, zum Beispiel ein Unfall des Spediteurs, bei dem die bestellte Ware vernichtet wurde. Ein Rechtfertigungsgrund für eine geringere Bevorratung kann auch darin liegen, dass es sich um ein Produkt handelt, welches der Werbende im Verhältnis

zu seiner üblichen Produktpalette nicht gleichermaßen bevorraten konnte, bezieht sich etwa auf das **Angebot von verderblichen Lebensmitteln.** So hatte der BGH bereits zu § 3 UWG a. F. herausgestellt, dass z. B. schnell verderbliche Lebensmittel andere Verbrauchererwartungen hinsichtlich des Verkaufszeitraums erwecken, als das Angebot wertvoller und langlebiger Ware (BGH **„adidas-Sportartikel"**).

75 Jedenfalls erwartet der Mitbewerber, dass ein einzelner **besonders herausgestellter** Artikel sofort lieferfähig ist, selbst wenn es sich um einen hochwertigen EDV-Artikel handelt (zu § 3 UWG a. F.: BGH **„Computerwerbung"**). Es entspricht allerdings nicht der Lebenserfahrung, dass ein Marktteilnehmer erwartet, eine nach den Kundenwünschen jeweils individuell zu konfigurierende, wenig auffällig beworbene Computeranlage am Tag der Werbung im Ladengeschäft zur sofortigen Mitnahme vorzufinden (zu § 3 UWG a. F.: BGH **„Vorratslücken"**). Die **individuelle Konfiguration** schließt eine umfassende Bevorratung aller möglichen Kombinationen der beworbenen Computeranlage aus.

76 Liegt eine irreführende Werbung über die Vorratsmenge vor, so kann der Unterlassungsanspruch bei der Werbung einer Verbrauchermarktkette nicht nur gegen den einzelnen lokalen Markt, sondern bundesweit durchsetzbar sein (zu § 3 UWG a. F.: BGH in **„Filialleiterfehler"**). Neben dem Unterlassungsanspruch können in gleicher Weise Ansprüche auf **Auskunftserteilung** und auf **Schadensersatz,** Verschulden vorausgesetzt, gegeben sein.

77 Sofern in einem „Möbelkatalog" für eine Vielzahl von Artikeln geworben wird, nimmt der Mitbewerber im Regelfall nicht an, dass er während der **Laufzeit des Kataloges** darüber informiert wird, welche der im Katalog angebotenen Artikel dauernd oder vorübergehend nicht mehr lieferbar sind. Hingegen hat der Werbende, sofern sich der Katalog noch in seinem Einflussbereich befindet, bei Abgabe des Kataloges über die Artikel aufzuklären, die nicht oder vorübergehend nicht lieferbar sind (z. B. durch einen entsprechenden Beilagezettel, BGH **„Möbelkatalog"**). Das gilt erst Recht bei Angeboten eines **Online-Händlers** im Internet. Der Verbraucher, der online einkauft, erwartet die sofortige Verfügbarkeit des beworbenen Artikels, oder einen aufklärenden Hinweis, falls das Angebot nicht – mehr – verfügbar ist. Andernfalls liegt eine Irreführung des Verkehrs vor (BGH **„Innerhalb 24 Stunden"**).

78 Ferner hat der Werbende, sofern er in einem Werbefaltblatt von gewisser Geltungsdauer Schmuckstücke bewirbt, dafür Sorge zu tragen, dass während der Laufzeit des Werbeprospektes die Schmuckstücke tatsächlich vorrätig sind. Insoweit obliegen dem Händler Überwachungspflichten hinsichtlich der Nachfrage- und Vorratsentwicklung. Sofern der Händler nicht nachweisen kann, dass er diesen **Beobachtungs- und Aufsichtspflichten** ausreichend nachgekommen ist, ist ein Unterlassungsanspruch begründet. Der Händler muss während der gesamten Laufzeit des Prospekts lieferfähig sein.

79 Die Irreführung wurde unter Geltung von § 3 UWG a. F. bei der Werbung eines Händlers mit Computergeräten verneint, der in einer Zeitungsanzeige 40 Computer verschiedener Hersteller mit einer Preismarge zwischen DM 1300,– und DM 8500,– (ca. € 650,– bis € 4250,–) beworben hatte. Bei einer so großen **Vielzahl unterschiedlicher Geräte** ging der BGH davon aus, dass der Verkehr keine uneingeschränkte Lieferfähigkeit während der ersten vier Tage des Prospekts erwartet (BGH **„EDV-Gerät"**).

80 Besonders zur Irreführung geeignet sind sogenannte **Lockvogel-Angebote** im Handel (siehe Nr. 5 des Anhangs zu § 3 UWG). Lockvogel-Angebote liegen insbesondere dann vor, wenn der Händler einen einzelnen Artikel besonders preisaggressiv bewirbt, um eine besondere Aufmerksamkeit im geschäftlichen Verkehr zu erregen. Bei Lockvogel-Angeboten ist die Sogwirkung der Werbung vorhersehbar, sodass die Nachfrage **kaum unerwartet außergewöhnlich hoch sein kann.**

§ 5 Abs. 1 Satz 2 Nr. 1 UWG gilt entsprechend bei einem Dienstleistungsangebot. Wer besonders **preisgünstige Flüge** anbietet, muss sicherstellen, dass ein gewisses Kontingent an Plätzen zum günstigsten Preis zur Verfügung steht. **81**

Praxishinweis

Eine irreführende Lockvogelwerbung ist immer dann gegeben, wenn das werbende Unternehmen eine Ware bewirbt, die tatsächlich nicht lieferfähig ist. Es kommt nicht darauf an, dass das werbende Unternehmen fehlerhafterweise davon ausging, die bevorratete Ware wird die Nachfrage befriedigen. Betreibt das werbende Unternehmen mehrere Filialen und gilt die Werbung auch für alle Filialen, muss das Unternehmen sicherstellen, dass die beworbene Ware in allen Filialen ausreichend zur Verfügung steht.

h) Sonstige Täuschung über wesentliche Merkmale der Ware oder Dienstleistung

Nach § 5 Abs. 1 Satz 2 Nr. 1 UWG kann eine geschäftliche Handlung dann irreführend sein, wenn sie zur Täuschung geeignete Angaben über **Vorteile, Risiken, Zusammensetzung, Zubehör, Kundendienst** oder Beschwerdeverfahren enthält, und es sich bei diesen Angaben um **wesentliche Merkmale** der angebotenen Ware oder Dienstleistung handelt. **82**

Zu denken ist in diesem Zusammenhang etwa an eine täuschende Angabe über den vorteilhaften **Benzinverbrauch** eines Kfz, wenn die beworbene Angabe nicht zutrifft, oder das gänzliche Fehlen der Verbrauchs- bzw. der CO_2-Emissionsangabe (BGH **„Gallardo Spyder“**). Irreführend ist die Werbung mit einer unwahren Angabe über die **Laufleistung** eines Kfz (verneint von BGH **„Falsche Suchrubrik“**). Es handelt sich bei der Laufleistung eines Fahrzeugs um eine **wesentliche Angabe** i.S.v. § 5 Abs. 1 Satz 2 Nr. 1 UWG. Zur Täuschung kann auch eine Angabe geeignet sein, die den Eindruck erweckt, eine im Angebot befindliche Digitalkamera enthalte als **Zubehörteil** den erforderlichen Chip, der tatsächlich jedoch gegen zusätzliches Entgelt erworben werden muss. Schließlich kann eine zur Täuschung geeignete Angabe über den **Kundendienst** oder mögliche Kundenbeschwerden vorliegen, wenn etwa im Versandhandel technische Markenprodukte angeboten werden, und der im Falle eines Produktmangels notwendige Kundendienst nicht über das Herstellerunternehmen, sondern über den Versandhändler erfolgt. **83**

3. Irreführung über den Anlass des Verkaufs, den Preis oder Lieferbedingungen (§ 5 Abs. 1 Satz 2 Nr. 2 UWG)

Unlauter handelt gemäß § 5 Abs. 1 Satz 2 Nr. 2 UWG derjenige, der im Rahmen seiner geschäftlichen Handlung eine zur Täuschung geeignete Angabe über den Anlass des Verkaufs wie das Vorhandensein eines besonderen Preisvorteils, den Preis oder die Art und Weise, in der er berechnet wird, oder die Bedingungen, unter denen die Ware geliefert oder die Dienstleistung erbracht wird (BGH **„Branchenbuch Berg“**), macht. Wann zur Täuschung geeignete **Angaben über den Preis** einer Ware oder **84**

Dienstleistung gegeben sind, richtet sich nach den Ausführungen des BGH nach folgenden Kriterien:

> Eine Werbung, die bei einem aus mehreren Preisbestandteilen bestehenden Angebot mit der besonderen Preiswürdigkeit eines Preisbestandteils wirbt und die übrigen Preisbestandteile verschweigt oder in der Darstellung untergehen lässt, enthält zur Täuschung geeignete Angaben über den Preis, weil sie einen unzutreffenden Eindruck von der Preiswürdigkeit des Angebots vermittelt. Ist die besondere Preiswürdigkeit eines Preisbestandteils blickfangmäßig herausgestellt, kann eine irrtumsausschließende Aufklärung nur durch einen klaren und unmissverständlichen Hinweis auf die anderen Preisbestandteile erfolgen, der am Blickfang teilhat und dadurch eine Zuordnung der übrigen Preisbestandteile zu den herausgestellten Preisangaben macht (BGH GRUR 2007, 981 Tz. 23 – 150% Zinsbonus, m. w. N.). So enthält insbesondere eine Werbung, die einen Bestandteil eines Kopplungsangebots mit einem besonders günstigen Preis bewirbt und den Preis für die anderen Bestandteile des Angebots nicht deutlich kenntlich macht, zur Täuschung geeignete Angaben über den Preis, weil die Gefahr besteht, dass über den tatsächlichen Wert des Angebots getäuscht oder doch unzureichend informiert wird. Wird ein Teil eines gekoppelten Angebots in der Werbung blickfangmäßig oder in anderer Weise als besonders günstig herausgestellt, ist es daher wettbewerbswidrig, wenn Hinweise auf Belastungen, die den herausgestellten günstigen Preis unmittelbar relativieren, weder am Blickfang teilnehmen noch sonst hervorgehoben dargestellt sind (BGH in WRP 2010, Seite 1023 ff. [S. 1028, Rdnr. 43], **„Sondernewsletter“**).

Die Bewerbung eines Telefonanschlusses zum Preis von 9,90 Euro monatlich und einer Internet-Flatrate zum Preis von 29,90 Euro monatlich ohne Hinweis darauf, dass daneben **Kosten für einen Kabelanschluss** in nicht unerheblicher Höhe anfallen, ist irreführend. Dieser Irreführung kann durch einen **Sternchen-Hinweis** nur dann begegnet werden, wenn der Sternchen-Hinweis zu den beworbenen Kosten des Telefonanschlusses bzw. der Internet-Flatrate in einer Weise zugeordnet wird, dass er an den **blickfangmäßig** herausgestellten Preisangaben teilhat (BGH **„Leistungspakete im Preisvergleich“**).

85 Darüber hinaus werden von diesem Tatbestand sämtliche anderen Fälle erfasst, in denen die angesprochenen Verkehrskreise etwa aus den Umständen, unter denen eine Ware oder Dienstleistung angeboten wird, unzutreffenderweise auf das Vorhandensein eines **besonderen Preisvorteils** schließen (vgl. Begründung Änderungsgesetz B, zu § 5 Abs. 1 Satz 2 Nr. 2). Eine Werbung mit **Preisgegenüberstellungen** ist irreführend, wenn sich der Werbung nicht entnehmen läßt, welchen anderen – durchgestrichenen – Preisen die beworbenen Preise gegenübergestellt werden (BGH **„Original Kanchipur“**). Ein Händler, der aufgrund seines einjährigen Bestehens mit der Headline wirbt *„Wir feiern Geburtstag – Feiern Sie mit uns!“* erweckt im angesprochenen Verkehrskreis die Erwartung, dass es besonders günstige *„Geburtstagsangebote“* gibt. Wird das Sortiment des werbenden Händlers hingegen nicht preisreduziert abgegeben, liegt in der **Geburtstagswerbung** eine zur Täuschung geeignete Angabe, die regelmäßig nach § 5 Abs. 1 Satz 2 Nr. 2 UWG unlauter ist. Wer im geschäftlichen Verkehr mit einer Angabe zum **Räumungsverkauf, Insolvenzverkauf** oder sonstigen **Sonderverkauf** wirbt, erweckt im angesprochenen Verbraucherkreis regelmäßig den Eindruck, dass er **besonders günstige Preise** hat. Liegt dieser Preisvorteil nicht vor, ist die Angabe über den Sonderverkauf zur Täuschung geeignet. Für die Frage der Erheblichkeit kommt es nicht darauf an, ob der angesprochene verständige Durchschnittsverbraucher tatsächlich getäuscht wird. Das Hervorrufen des Eindrucks eines besonderen Preisvorteils bei einem **Kopplungsangebot** kann die Irreführungsgefahr begründen (verneint: BGH **„XtraPac“**). Die Angabe eines geringeren als den **effektiven**

Jahreszins bei Bewerbung eines Darlehens ist irreführend i. S. v. § 5 Abs. 1 Satz 2 Nr. 2 UWG (EuGH **„Pereničová u. a./SOS“**).

86 Sofern ein Unternehmen mit dem Hinweis auf die Herkunft der beworbenen Waren aus einer Insolvenzmasse wirbt, hat er im Falle einer wettbewerbsrechtlichen Auseinandersetzung nachzuweisen, dass es sich bei der beworbenen Ware tatsächlich **um eine solche aus einem Insolvenzverfahren** handelt und die so beworbene Ware muss tatsächlich deutlich **preisgünstiger** sein, als gleichartige Ware anderer Herkunft. Denn der angesprochene durchschnittlich informierte und verständige Durchschnittsverbraucher, der die Werbung mit einer der Situation angemessenen Aufmerksamkeit verfolgt, erwartet von einem aus einer Insolvenzmasse stammenden Angebot eine besondere Preisgünstigkeit. Stammt hingegen die beworbene Ware zwar aus einer Insolvenzmasse, ist der Preis jedoch tatsächlich nicht erheblich niedriger als der Preis vergleichbarer Ware, die nicht aus einer Unternehmensinsolvenz stammt, liegt eine relevante Irreführung des Verkehrs vor, die unlauter ist.

87 In gleicher Weise kann es auch irreführend sein, wenn das werbende Unternehmen auf eine **vermeintliche Hersteller- oder Großhändlereigenschaft** hinweist. Wird in der Werbung der Eindruck der Herstellereigenschaft des werbenden Unternehmens erweckt, erwartet der angesprochene Verkehr, dass die beworbene Ware besonders preisgünstig ist (BGH **„Matratzen Factory Outlet“**). Bei einem Verkauf **„direkt vom Lager“** oder **„Direkt ab Werk“** geht der durchschnittlich informierte und verständige Verbraucher davon aus, dass die Großhändler- und Einzelhändlerspannen entfallen und daher die beworbenen Angebote besonders preisgünstig sind. Liegt hingegen keine besondere Preisgünstigkeit des Angebots vor, weil der Werbende seine Gewinnspanne in die von ihm verlangten Preise eingerechnet hat, ist auch diese Werbung irreführend und wettbewerbswidrig (BGH **„Direkt ab Werk“**).

87a Eine besondere Irreführungsgefahr kann auch von **Rabattaktionen des Handels** ausgehen. Werden in der Werbung für eine Rabattaktion von dem werbenden Unternehmen **feste zeitliche Grenzen** angegeben, muss sich das Unternehmen grundsätzlich hieran festhalten lassen. Wörtlich weist der BGH darauf hin:

> Eine irreführende Angabe liegt jedenfalls dann vor, wenn der Unternehmer bereits zum Zeitpunkt des Erscheinens der Werbung unabhängig vom Verlauf der beworbenen Aktion die Absicht hat, die Vergünstigung vor Erreichen der angegebenen zeitlichen Grenze nicht mehr zu gewähren, dies aber in der Werbung nicht hinreichend deutlich zum Ausdruck bringt. Denn ein angemessen gut unterrichteter und angemessen aufmerksamer und kritischer Durchschnittsverbraucher wird bei einem vorbehaltslosen Angebot eines Rabatts mit der Angabe eines Endtermins davon ausgehen, dass der Unternehmer den genannten Endtermin auch tatsächlich einhalten wird. … Wird die Rabattaktion dagegen aufgrund von Umständen verkürzt oder verlängert, die nach dem Erscheinen der Werbung eingetreten sind, ist danach zu unterscheiden, ob diese Umstände für den Unternehmer unter Berücksichtigung fachlicher Sorgfalt voraussehbar waren und deshalb bei der Planung der befristeten Aktion und der Gestaltung der ankündigenden Werbung hätten berücksichtigt werden können. Denn der Verkehr wird nach der Lebenserfahrung nur in Rechnung stellen, dass eine befristete Vergünstigung allein aus Gründen verkürzt oder verlängert wird, die zum Zeitpunkt der Schaltung der Werbung ersichtlich nicht zugrunde gelegt wurden und auch nicht berücksichtigt werden konnten. Mit einer Verkürzung oder Verlängerung aus Gründen, die bei Schaltung der Anzeige bereits absehbar waren, rechnet der Verkehr dagegen nicht. Dabei ist es Sache des Werbenden, die Umstände darzulegen, die für die Unvorhersehbarkeit der Verkürzungs- oder Verlängerungsgründe und für Einhaltung der fachlichen Sorgfalt sprechen. … Von erheblicher indizieller Bedeutung dafür, ob der Werbende die gebotene fachliche Sorgfalt angewandt hat, sind dabei die Erfahrungen, die er aus früheren vergleichbaren Verkaufsförderungsmaß-

nahmen gewonnen hat (BGH in GRUR 2014, S. 91 ff. [S. 93, Rdnr. 22, 23], **„Treuepunkte-Aktion“**).

Wenn also ein Händler eine Rabattaktion ankündigt und diese Rabattaktion mit einer festen zeitlichen Grenze bewirbt, liegt in der Regel eine Irreführung der mit der Werbung angesprochenen Verbraucher vor, wenn die Aktion **vor Ablauf der angegebenen Zeit** beendet wird. Auch ein Reiseveranstalter, der mit einem zeitlich befristeten **Frühbucherrabatt** wirbt, muss sich grundsätzlich an die gesetzte Frist halten, will er sich nicht dem Vorwurf der Irreführung aussetzen (BGH **„Frühlings-Spezial“**). Ausnahmsweise tritt die Irreführung des Verkehrs bei einer Verlängerung einer derart beworbenen Rabattaktion dann nicht ein, wenn besondere Umstände vorliegen, die für den werbenden Reiseunternehmer unter Berücksichtigung seiner fachlichen Sorgfalt nicht voraussehbar waren. Mit Verlängerung einer Rabattaktion rechnet der Verkehr dann jedoch nicht, wenn die Gründe, die zur Verlängerung geführt haben, bereits bei Schaltung der Werbeanzeige absehbar waren. Wird eine Werbeaktion ohne Vorliegen besonderer Umstände verlängert, deutet dies darauf hin, dass es dem Unternehmen darum geht, sich die **besondere Anlockwirkung** zu Nutze zu machen, die jeweils von einer solchen kurzen Fristsetzung ausgeht, so dass der Verkehr über die Dauer der angekündigten Sonderaktion getäuscht wird (BGH **„10 % Geburtstagsrabatt“**).

88 Irreführend und damit wettbewerbswidrig können insbesondere auch sogenannte **Preisvergleichslisten im Internet** sein. So hatte sich der BGH mit der Bewerbung von Elektro-Haushaltsgeräten in Internet-Preissuchmaschinen zu befassen. In diesem Zusammenhang stellt der BGH fest:

> Das Berufungsgericht hat mit Recht angenommen, dass der durchschnittlich informierte Nutzer eines Preisvergleichsportals im Internet mit den ihm dort präsentierten Informationsangeboten vorbehaltlich gegenteiliger Hinweise regelmäßig die Erwartung einer höchstmöglichen Aktualität verbindet. Ein entsprechender Nutzer ist zwar mit den Besonderheiten des Internets und damit auch mit dessen technischen Grenzen vertraut. Er geht deshalb aber nicht davon aus, dass eine Preisänderung, die ein Anbieter zeitgleich an den Server seiner eigenen Angebotsseite und an den Betreiber einer Preissuchmaschine, über die er wirbt, gesendet hat, in der Preissuchmaschine anders als auf der Angebotsseite nicht sofort, sondern erst Stunden später erscheint (BGH in WRP 2010, Seite 1246 ff. [S. 1247, 1248, Rdnr. 10], **„Espressomaschine“**).

Die fehlerhafte Erstplatzierung einer Espressomaschine in einer Preissuchmaschine im Internet, obgleich der Preis zwischenzeitlich erhöht worden war, führt zu einer Irreführung des Durchschnittsverbrauchers. Denn der Durchschnittsverbraucher orientiert sich an der Platzierung des Produktes, wenn er eine entsprechende Preissuchmaschine zu Hilfe nimmt. Für diesen Verbraucher ist es jedoch von maßgeblicher Bedeutung, ob die an erster Stelle gelistete Espressomaschine tatsächlich den günstigsten Preis aufweist oder nicht. Selbst wenn der Verbraucher im zweiten Schritt über die **Angebotsplattform des Herstellers** mit dem tatsächlich höheren Preis konfrontiert wird, geht dieser Verbraucher in seiner Vorstellung davon aus, tatsächlich das preisgünstigste Angebot ausgewählt zu haben. Das Werbeverhalten des Anbieters der Espressomaschine ist auch von **wettbewerbsrechtlicher Relevanz,** da die täuschende Eingruppierung der Espressomaschine in den ersten Rang der Preisvergleichsliste die **irreführende Werbewirkung** auslöst. Entsprechendes gilt für die im Rahmen einer Preissuchmaschine auszuweisenden Liefer- und Versandkosten des Anbieters. Insoweit ist erforderlich, dass die zum Kaufpreis hinzukommenden **Versandkosten** nicht erst auf der eigenen Internetseite des Anbieters genannt werden, sondern sie sind bereits in der Preissuchmaschine aufzuführen (BGH **„Versandkosten bei Froogle II"**). Denn der Verbraucher erwartet auch bei einer Preissuchmaschine die Angabe des Endpreises sowie aller zusätzlichen Kosten, da er nur auf diese Weise den gewünschten schnellen Überblick über die Preise in der Preissuchmaschine erlangt. Die Nichtberücksichtigung der Versandkosten kann dazu führen, dass ein Angebot in der **Günstigkeitshierarchie der Suchmaschine** vor Angeboten von Mitbewerbern erscheint, obgleich diese hinsichtlich des Gesamtpreises preisgünstiger sind (BGH **„Versandkosten bei Froogle I"**). Der Durchschnittsverbraucher erwartet also bei einer Preissuchmaschine nicht nur, dass jeweils der aktuellste Preis der beworbenen Produkte angegeben wird, sondern darüber hinaus auch die Angabe **wesentlicher Preisbestandteile,** wie der Liefer- und Versandkosten des Anbieters. Unvollständige und falsche Preisangaben sind gemäß § 5 Abs. 1 S. 2, 2 Nr. 2 UWG irreführend. Die Verwendung von **„ab"-Preisen** ist insbesondere dann zulässig, wenn der Endpreis etwa aufgrund der Beschaffenheit und der Merkmale des Produkts oder der Dienstleistung, z.B. bei einem Flugreiseangebot, vernünftigerweise nicht im Vorraus berechnet werden kann (EuGH **„Konsumentombudsmannen/Ving Sverige AB"**).

Praxishinweis

Irreführend ist jede Rabatt-, Zugabe- oder Sonderverkaufsaktion, die das werbende Unternehmen innerhalb fester zeitlicher Grenzen bewirbt, tatsächlich jedoch vorzeitig abbricht. Bei derartigen Werbeaktivitäten ist es daher zu empfehlen, jedenfalls auf die Angabe des Endzeitpunkts zu verzichten und – bei Zugabeaktionen – mit dem Hinweis „Solange der Vorrat reicht" zu arbeiten und bei Rabatt- bzw. Sonderverkaufsaktionen z.B. mit der Aussage „Nur für kurze Zeit" zu werben.

4. Täuschung über geschäftliche Verhältnisse des Unternehmers (§ 5 Abs. 1 Satz 2 Nr. 3 UWG)

89 Eine irreführende geschäftliche Handlung liegt auch dann vor, wenn eine geschäftliche Handlung eine **zur Täuschung geeignete Angabe** über die Person, Eigenschaften oder Rechte des Unternehmers die Identität, Vermögen einschließlich der Rechte des Geistigen Eigentums, den Umfang von Verpflichtungen, Befähigung, Status, Zulassung, Mitgliedschaften oder Beziehungen, Auszeichnungen oder Ehrungen, Beweggründe für die geschäftliche Handlung oder die Art des Vertriebs, enthält. Zur Begründung der Wettbewerbswidrigkeit ist es erforderlich, aber auch ausreichend, wenn über **einen** der genannten Umstände getäuscht wird.

a) Geschäftliche Verhältnisse

90 Die geschäftlichen Verhältnisse eines Unternehmens können das **Alter** eines Unternehmens betreffen, den Erhalt von **Auszeichnungen** oder die gesellschaftsrechtliche Form des Unternehmens, aber auch sonstige Umstände, die für den Verkehr wichtig sein können. Ein Lohnsteuerhilfeverein, der in einer Werbeanzeige nur **auf sein Bestehen** hinweist, muß nicht zugleich erklären, dass eine Beratung die Mitgliedschaft voraussetzt (BGH **„Lohnsteuerhilfeverein Preußen"**).

91 Ein Kfz-Händler, der das Logo und die Wortmarke eines bekannten Automobilherstellers an der Fassade seines Autohauses anbringt, handelt nicht irreführend, wenn er tatsächlich Kraftfahrzeuge der beworbenen Marke anbietet, selbst wenn er kein Vertragshändler des Markenautomobilherstellers ist. Wer als Kfz-Händler in einer

Werbeanzeige die Marken verschiedener Markenhersteller von Kraftfahrzeugen abbildet unter gleichzeitiger Verwendung der Hinweise **„Vermittlung aller europäischen Marken“ bzw. „EU-Vermittlung“** führt die angesprochenen Letztverbraucher nicht irre. Denn unter diesen Umständen wird der durchschnittlich informierte und verständige Verbraucher, der sich mit den Automobilangeboten näher befasst, aufgrund der gegebenen gleichzeitigen Bewerbung von Fahrzeugen verschiedener Hersteller, nicht annehmen, dass es sich bei dem Händler um den Vertragshändler aller oder auch nur eines Teils der beworbenen Markenautomobile handelt (noch zu § 3 UWG a. F.: BGH **„Mitsubishi“**). Zu einem anderen Ergebnis kam der BGH bei Verwendung der Bezeichnung „Ford-Vertragspartner“. Denn diese Bezeichnung führt im angesprochenen Verkehr zu dem – unzutreffenden – Eindruck, der Werbende sei **„Vertragshändler“** des Automobilherstellers (BGH **„Ford-Vertragspartner“**). Wer allerdings eine Dienstleistung unter der **Eigenmarke** bewirbt und herausstellt, dass es diese Dienstleistung nur bei dem werbenden Unternehmen gibt, ohne zugleich über den Grund – nämlich die Eigenmarke – aufzuklären, handelt irreführend (BGH **„Nur bei Lotto“**).

92 Eine unlautere, irreführende Angabe über die Identität des Unternehmens liegt vor, wenn das werbende Unternehmen innerhalb seines **Internet-Angebots mit dem Urhebervermerk „© 2003 tipp.ag“** wirbt, obgleich es sich nicht um eine Aktiengesellschaft handelt. Insbesondere ist nicht davon auszugehen, dass dem verständigen Durchschnittsverbraucher, der sich näher mit den Angeboten im Internet befasst, bekannt ist, dass die Top-Level-Domain „AG“ für die Staaten Antigua und Barbuda steht. Dieser Verbraucher hat auch keine Veranlassung, die Endung in dem Copyright-Vermerk als Top-Level-Domain einzuordnen. Der durchschnittlich informierte und verständige Verbraucher kennt zwar die geläufigen Top-Level-Domains wie zum Beispiel „.de“, „.com“ oder „.biz“, er mag im Einzelfall auch die üblichen länderbezogenen Top-Level-Domains richtig zuordnen. Eine darüber hinausgehende Kenntnis gerade im Hinblick auf die Endung „.ag“ ist jedoch nicht zu unterstellen. Mit der Gesellschaftsform „Aktiengesellschaft“ verbindet der durchschnittlich informierte Durchschnittsverbraucher jedoch eine Gesellschaft von gewisser Größe und mit einer entsprechenden Kapitalausstattung. Wird diese Erwartung enttäuscht, liegt eine unlautere Irreführung über die geschäftlichen Verhältnisse des werbenden Unternehmens vor.

93 Als Irreführung über geschäftliche Verhältnisse, nämlich über die Eigenschaften des werbenden Unternehmens, kann die Bezeichnung als **„Factory-Outlet“** selbst dann nicht angesehen werden, wenn das werbende Einzelhandelsunternehmen die nach eigenen Entwürfen produzierten Textilwaren in Lohnfertigung in Fernost produzieren lässt. Denn der verständige, durchschnittlich informierte und aufmerksame Verbraucher weiß, dass in Deutschland kaum mehr eine textile Fertigung stattfindet. Dieser Verbraucher erwartet daher bei Verwendung der Unternehmensbezeichnung „Factory-Outlet“ auch nicht das Angebot eigener, vom werbenden Unternehmen in Deutschland selbst hergestellter textiler Erzeugnisse, sondern nur preiswerte Angebote. **Preiswerte Angebote,** nämlich Abgabepreise ohne die Gewinnspanne eines Wiederverkäufers, erwartet der Verbraucher auch bei der Werbung mit dem Hinweis „Direktbezug ab Werk“. Irreführend ist dieser Hinweis dann, wenn der Werbende in diesen Preis **seine Gewinnspanne** eingerechnet hat (BGH **„Direkt ab Werk“**).

94 Eine Irreführung über die geistigen Eigentumsrechte liegt vor, wenn ein Unternehmen mit dem Hinweis **„patentamtlich/patentrechtlich geschützt“** wirbt, obgleich kein Patentschutz, sondern allein ein Gebrauchsmusterschutz besteht. Hier sind die Voraussetzungen einer Irreführung gegeben, weil es für den angesprochenen Verkehr kaufentscheidend sein kann, das neueste und innovativste Produkt zu erwerben. Benutzt ein Unternehmen seine Marke in einer Schreibweise, die **nicht registriert** ist, ist die Verwendung des Zusatzes ® irreführend und wettbewerbsrechtlich relevant (BGH **„Thermoroll"**).

95 Der Gebrauch einer Geschäftsbezeichnung kann insbesondere dann irreführend sein, wenn ein Bestandteil der Firmierung geeignet ist, im Verkehr unzutreffende Vorstellungen über die geschäftlichen Verhältnisse des Unternehmens hervorzurufen. Wer unter der Firma „B. Bundesdruckerei International GmbH" firmiert und unter der Domain www.bundesdruckerei.de im geschäftlichen Verkehr auftritt, erweckt im Verkehr die Vorstellung, die Bundesrepublik Deutschland sei zumindest Mehrheitsgesellschafter des Unternehmens. Wird diese Erwartung des Verkehrs enttäuscht, weil es sich um ein inzwischen **privatisiertes Unternehmen** handelt, an dem die Bundesrepublik Deutschland keine Anteile hält, liegt eine relevante Irreführung über geschäftliche Verhältnisse des Unternehmens vor. Diese Fehlvorstellung ist auch wettbewerbsrechtlich relevant. So führt der BGH wörtlich aus:

> Das Berufungsgericht hat im Ansatz allerdings zutreffend angenommen, dass nicht jede Fehlvorstellung wettbewerblich erheblich ist. Wettbewerbsrechtlich relevant werden unrichtige Angaben erst dadurch, dass sie geeignet sind, das Marktverhalten der Gegenseite, in der Regel also den Kaufentschluss, zu beeinflussen. ... Zwar kann in der Regel aus dem Hervorrufen einer Fehlvorstellung auf die wettbewerbsrechtliche Relevanz der Irreführung geschlossen werden. ... Anders verhält es sich jedoch dann, wenn über Umstände getäuscht worden ist, die für das Marktverhalten der Gegenseite lediglich eine unwesentliche Bedeutung haben (BGH in WRP 2007, Seite 1346 ff. [S. 1349, Rdnr. 26], **„Bundesdruckerei"**).

Während der BGH bei Verwendung der Bezeichnung **„Last-Minute-Reise"** noch eine relevante Irreführung des Verkehrs bei einem Reiseantritt binnen sechs Wochen nach der Werbung verneinte, geht der BGH bei Verwendung der Bezeichnung „Bundesdruckerei" von einer relevanten Täuschung des Verkehrs aus, wenn es sich bei der fraglichen Gesellschaft nicht um ein Bundesunternehmen handelt. Denn für die Kunden ist es von erheblicher Bedeutung, ob sie ein Unternehmen mit **verlässlicher Bonität** beauftragen, oder ob wegen des begrenzten Gesellschaftsvermögens nur eine begrenzte Bonität gegeben ist.

b) Alleinstellungswerbung

96 Als sonstige zur Täuschung geeignete Angabe über die Eigenschaft eines Unternehmens kommt die Behauptung in Betracht, das Unternehmen nehme in einem Bereich eine **Spitzenstellung** am Markt ein. Die Alleinstellungswerbung ist dadurch gekennzeichnet, dass ein Gewerbetreibender in seiner Werbung zum Beispiel unter Bezugnahme auf die Ware, das Alter des Unternehmens oder die Größe des Unternehmens behauptet, eine **Spitzenstellung am Markt** inne zu haben. Der Spitzenstellung am Markt kann in der Werbung dadurch Ausdruck verliehen werden, dass der Werbende mit einem **Superlativ** („Das größte Teppichhaus der Welt" oder „Größter Online-Dienst Europas"), durch einen **Komparativ** („Es gibt kein besseres Bier" bzw. „Der bessere Anschluss") oder durch eine **Rangangabe** („Weltweit Schlepperhersteller Nummer 1"), aber auch „Technologieführerschaft" (wegen dem darin enthaltenen, überprüfbaren Bezug auf ein überragendes Innovationspotential in technologischer Hinsicht) auf seine **Spitzenstellung** aufmerksam macht. Grundsätzlich ist es zulässig, dass der Werbetreibende auf seine Spitzenstellung hinweist, sofern sein Unternehmen tatsächlich eine solche Spitzenstellung einnimmt, der Werbende einen **deutlichen Vorsprung** gegenüber seinen Mitbewerbern vorzuweisen hat und der Vorsprung die Aussicht auf eine gewisse **Stetigkeit** bietet. Den Beweis für die Unrichtigkeit der Behauptung hat grundsätzlich der Kläger zu erbringen (BGH **„Hier spiegelt sich Erfahrung"**). Im Einzelfall kann den Werbenden ausnahmsweise die **Darlegungs- und Beweislast** treffen, nämlich dann, wenn dem außerhalb des Geschehensablaufs stehenden Kläger eine genaue Kenntnis der rechtserheblichen Tatsachen fehlt und der Werbende die erforderliche Aufklärung dagegen unschwer erbringen kann.

97 Nachdem ein Warenhaus mit der Angabe „Karstadt ist Marktführer in den Sortimentsfeldern Mode und Sport" warb, befasste sich der BGH mit dem **Verständnis der angesprochenen Verkehrskreise.** Im Zusammenhang mit der möglichen Irreführung des durchschnittlich informierten und verständigen Verbrauchers, der dieser Werbung die der Situation angemessene Aufmerksamkeit entgegenbringt, stellt der BGH fest:

> Eine für die breite Öffentlichkeit bestimmte Werbung, die nach ihrem Wortsinn eine Allein- oder Spitzenstellung beansprucht, wird dabei gewöhnlich auch von einem erheblichen Teil der angesprochenen Verkehrskreise entsprechend diesem Wortsinn verstanden. ... Dabei ist der Gesamteindruck maßgeblich, den die werbliche Darstellung vermittelt. ... Im Streitfall wird ein erheblicher Teil des Verkehrs die Berühmung als „Marktführer" im Sortimentsfeld Sport nach dem Wortsinn der Angabe so verstehen, dass die Bekl. unter allen Marktteilnehmern den größten Marktanteil einnimmt. Bezeichnet der Werbende sein Unternehmen als „führend" in der Branche, so erwartet der Verkehr zwar oftmals weniger eine quantitative als eine qualitative Alleinstellung. ... Bei der hier in Rede stehenden Werbung wird der angesprochene Verkehr die behauptete Marktführerschaft allerdings nicht vorrangig in qualitativer Hinsicht – etwa im Hinblick auf das breiteste Warenangebot – verstehen. Der Verkehr wird – wie auch vom Berufungsgericht angenommen – darin vielmehr die quantitative Angabe sehen, dass die Bekl. den größten Umsatz auf dem Sportartikelmarkt erzielt (BGH in GRUR 2012, S. 1053ff. [S. 1054, 1055, Rdnr. 22, 23], **„Marktführer Sport"**).

Der BGH ging davon aus, dass der angesprochene Verkehr die Werbebehauptung der Beklagten auf den von ihr im Sortimentsfeld Sport erwirtschafteten **Umsatz** beziehen wird. Bei dem Verständnis des für die Spitzenstellung maßgeblichen Vergleichsmarkts wird der verständige Durchschnittsverbraucher erfahrungsgemäß die übrigen Marktteilnehmer nur insoweit in Betracht ziehen, als sie in tatsächlicher Hinsicht mit dem beklagten Warenhausunternehmen vergleichbar erscheinen. Der BGH machte einmal mehr deutlich, dass eine **täuschende Spitzenstellungsberühmung** nur dann vorliegen kann, wenn ein erheblicher Teil des angesprochenen Verkehrs einer Fehlvorstellung unterliegt. Es genügt für eine wettbewerblich relevante Irreführung nicht, dass die Werbung nur von einem nicht ganz unbeachtlichen Teil des angesprochenen Verkehrs in unrichtiger Weise verstanden wird.

98 Zwei Komponenten sind im Zusammenhang mit der Prüfung einer Alleinstellungswerbung von Bedeutung, einerseits das **Vorliegen eines deutlichen Wettbewerbsvorsprungs und andererseits das Vorliegen einer gewissen Dauer** des behaupteten Vorsprungs. Außerdem liegt eine irreführende Alleinstellungsbehauptung nur dann vor, wenn bei einem **erheblichen Teil** der umworbenen Verkehrskreise eine irrige Vorstellung über die beworbene Unternehmenseigenschaft hervorgerufen wird und diese Fehlvorstellung tatsächlich geeignet ist, die **Entscheidung** des Verbrauchers in **wettbewerblich relevanter** Weise zu beeinflussen.

99 Bezieht sich die Alleinstellungswerbung auf den **Preis,** kommt es darauf an, ob der beworbene Preis für die angebotene Ware oder Dienstleistung tatsächlich am günstigsten ist. Wer mit der Angabe wirbt **„konkurrenzlos"** erweckt im angesprochenen

Verkehr die Erwartung, dass es sich bei dem herausgestellten Preis um den für die beworbene Dienstleistung günstigsten Preis handelt. Wörtlich führt der BGH aus:

> Die Werbeaussage „Konkurrenzlos: Telefonanschluss von K. für 9,90 €" ist entgegen der Ansicht des Berufungsgerichts auch unter dem Gesichtspunkt einer unwahren und daher nach § 5 Abs. 1 UWG 2004, § 5 Abs. 1 S. 1 UWG 2008 unzulässigen Alleinstellungsbehauptung zu verbieten. Die Inanspruchnahme des Telefonanschlusses setzt das Bestehen eines Kabelanschlusses voraus, für den weitere Kosten entstehen, die … Bestandteil des Endpreises des Telefonanschlusses sind. Die Beklagte, die insoweit darlegungs- und beweisbelastet ist … hat nicht dargetan, dass zum Zeitpunkt des Erscheinens der Werbung ihr Angebot eines Telefonanschlusses unter Berücksichtigung dieser weiteren Kosten das günstigste im Wettbewerb war (BGH in WRP 2010, Seite 1023ff. [S. 1029, Rdnr. 45], **„Sondernewsletter"**).

Ein Telekommunikationsunternehmen, das für einen Telefon-Tarif oder eine Internet-Flatrate unter Angaben von Preisen wirbt, hat nicht nur auf die **Kosten** des zur Inanspruchnahme der beworbenen Dienstleistungen **notwendigen Kabelanschlusses** hinzuweisen, sondern hat auch jeden Eindruck einer Alleinstellung zu vermeiden, sofern der beworbene Tarif unter Berücksichtigung der Kosten des Kabelanschlusses kaum unter den vergleichbaren Angebotspreisen der Wettbewerber liegt. Wenn ein Händler mit einer „Bester-Preis-der-Stadt-Garantie" für ein Notebook wirbt, kommt es für die wettbewerbsrechtliche Beurteilung darauf an, ob das werbende Unternehmen zum **Zeitpunkt der Schaltung der Anzeige** Kenntnis von einem günstigeren Angebot hatte. War der beworbene Preis zum Zeitpunkt der Anzeigenschaltung zutreffend, liegt keine irreführende Spitzenstellungsbehauptung vor (BGH **„Bester Preis der Stadt"**).

100 Sofern das werbende Unternehmen die Werbeaussage **„Der zweitgrößte Onlinedienst der Welt"** verwendet, geht der **durchschnittlich informierte und verständige Durchschnittsverbraucher** davon aus, dass der Werbende auch „überall" in der Welt einen Onlinedienst unterhält, der in diesen Ländern der zweitgrößte ist. Wenn dieser Online-Dienste-Anbieter tatsächlich nur in wenigen Ländern Europas mit einem eigenen Online-Dienst vertreten ist, liegt eine relevante Irreführung vor. Irreführend ist auch die Werbeaussage „T-Online ist Europas größter Onlinedienst", sofern das werbende Dienstleistungsunternehmen zwar die **größte Kundenanzahl** aufweist, aber nicht die **höchsten Nutzungszeiten** (noch zu § 3 UWG a.F.: BGH **„Größter Online-Dienst"**). Denn für das Verkehrsverständnis kommt es bei dieser Superlativwerbung eines Online-Dienstes maßgeblich auf den Umfang der in Anspruch genommenen Dienste an.

101 Wenn ein Schuheinzelhandelsgeschäft mit der Aussage wirbt „Wir eröffnen eine weitere Filiale des größten Schuhmarktes Deutschlands", geht das angesprochene Publikum davon aus, dass das werbende Unternehmen in der Bundesrepublik Deutschland insbesondere **umsatzmäßig** das größte Schuheinzelhandelsgeschäft ist. Sofern der Umsatz hingegen nur durchschnittlich ist und die Spitzenstellung daher vom Werbenden nicht eingenommen wird, ist die Werbung unzulässig.

102 Wird hinsichtlich der **Beschaffenheit** der Ware mit der Behauptung geworben, es handle sich um das „beste Bier" oder um den „besten Brei" (noch zu § 3 UWG a.F.: BGH **„Fertigbrei"**), wird es in erster Linie darauf ankommen, ob der verständige Durchschnittsverbraucher diese Werbung als Werbung mit einem reinen **Werturteil** auffasst oder der Aussage selbst einen **in seinem Kern beweisbaren Tatsacheninhalt** beimisst. Dieser Durchschnittsverbraucher wird, wenn er sich mit der Werbeaussage befasst, erkennen, dass sich die Behauptung, das „Beste" zu bieten, weitgehend einer objektiven Feststellung entzieht (siehe aber BGH **„Simply the Best!“**). Es lässt sich nicht objektiv und generell für eine Vielzahl von Menschen feststellen, welche Mahlzeit am „besten“ ist (BGH **„Das Beste jeden Morgen“**). Wird hingegen behauptet, das Fernsehgerät habe die „modernste Bildröhre der Welt“, so handelt es sich um eine **nachprüfbare Qualitätsbehauptung,** die nur dann wahr ist, wenn der Werbende gegenüber seinen Mitbewerbern in qualitativer Hinsicht und über einen nicht unbeträchtlichen Zeitraum hinweg tatsächlich einen erheblichen Vorsprung innehat.

103 Noch unter Geltung von § 3 UWG a.F. war aus Sicht des Bundesgerichtshofs die Aussage „Philishave – Die meistverkaufte Elektrorasierermarke Europas“ nicht irreführend, obgleich das werbende Unternehmen bei Elektrorasierern **zwar in Europa,** nicht aber in Deutschland eine Spitzenstellung – im Marktanteil – einnahm. Insofern war zwar die Aussage in Bezug auf Europa sachlich richtig, es bestand jedoch die Gefahr, dass der Verkehr mit dieser objektiv richtigen Angabe die Fehlvorstellung verbindet, dass das werbende Unternehmen **auch in Deutschland** eine Spitzenstellung inne hat. Diese Gefahr sah der erkennende Senat nicht verwirklicht, da dem Verkehr die Errichtung des Binnenmarktes mit einer Wirtschafts- und Währungsunion bekannt war und er die streitige Werbeaussage daher auch ausschließlich auf Europa bezog. Der erkennende Senat stellte fest, dass das werbende Unternehmen in Deutschland **nicht nur unbedeutend** war, so dass nicht die Gefahr einer relevanten Irreführung über die Spitzenstellung des beworbenen Produktes bestand (BGH **„Der Meistverkaufte Europas“**). Der Euro-Zusatz in der Firma eines Unternehmens vermittelt im Verkehr allerdings den Eindruck, das Unternehmen erfüllt nach Größe und Marktstellung die Anforderungen eines europaweit tätigen Unternehmens (zu § 3 UWG a.F.: BGH **„Euromint“**).

104 Ausnahmsweise wurde unter Geltung von § 3 UWG a.F. auch die Verwendung eines bestimmten Artikels im Rahmen einer Werbeaussage als Hinweis auf eine irreführende Spitzenstellungswerbung des Werbenden verstanden. Der Bundesgerichtshof stellte zunächst darauf ab, ob der **bestimmte Artikel in Verbindung mit einem Eigenschaftswort** von empfehlender Bedeutung verwendet wurde oder in sonstiger Weise der Eindruck entstand, dass auf dem bestimmten Artikel der Akzent der Werbeaussage lag. Diese Auffassung korrigierte der Bundesgerichtshof bereits im Zusammenhang mit der Berühmung einer Tageszeitung „Die große Tages- und Wirtschaftszeitung“ noch unter Geltung von § 3 UWG a.F. (BGH **„Die große deutsche Tages- und Wirtschaftszeitung“**). Der Bundesgerichtshof kam zu dem Ergebnis, dass je größer der Markt ist, auf welchen sich die Werbeaussage bezieht, umso weniger aus der bloßen Verwendung des bestimmten Artikels mit einem nicht gesteigerten Eigenschaftswort eine Spitzenstellung geschlossen werden kann. Die Ausführungen des Bundesgerichtshofs gelten erst recht, wenn das Leitbild eines durchschnittlich informierten und verständigen Verbrauchers zugrundegelegt wird, der die Werbeaussage mit einer der Situation angemessenen Aufmerksamkeit bewertet. Die Spitzenstellungsbehauptung eines Zeitschriftenverlages im Rahmen eines Werbevergleichs ist wettbewerbswidrig, wenn sie nicht sachlich richtig ist (zu § 3 UWG a.F.: BGH **„Marktführerschaft“**).

c) Alterswerbung

105 Die Fallgruppe der Alterswerbung gehört in die Gruppe der **Irreführung über Eigenschaften des Betriebs** des Werbenden. Ein Gewerbetreibender darf z.B. auf das **Gründungsjahr** seines Unternehmens hinweisen, sofern die Jahresangabe wahr ist. Selbst eine wahre Angabe kann dann irreführend sein, wenn der durchschnittlich informierte und verständige Durchschnittsverbraucher, auf dessen Sicht es maßgeblich ankommt, mit dieser Angabe eine Vorstellung verbindet, die von den tatsächlichen Verhältnissen abweicht (BGH **„Master of Science Kieferorthopädie“**).

106 Eine irreführende Angabe über Eigenschaften oder Befähigung des Unternehmers liegt nicht vor, wenn ein Fachunternehmen auf dem Gebiet der Oberflächenbearbeitung in einem an Fachkreise gerichteten Prospekt mit der Aussage „Hier spiegelt sich Erfahrung“ wirbt. Denn der situationsadäquat aufmerksame Vertreter des durch die Werbung ausschließlich angesprochenen Fachkreises kann aufgrund des Gesamtzusammenhangs des Prospekts hinreichend deutlich erkennen, dass sich die zunächst nicht näher spezifizierte Aussage der Titelseite „Hier spiegelt sich Erfahrung“ nur auf die **Erfahrung** der bei dem neu gegründeten Unternehmen **beschäftigten Mitarbeiter** bezieht, nicht jedoch auf das Alter des Unternehmens (BGH **„Hier spiegelt sich Erfahrung“**).

107 Der Bundesgerichtshof untersagte eine Werbung mit der Altersangabe „seit 1811“. Die angesprochenen Verbraucher verbinden mit dem Alter eines Unternehmens besondere Gütevorstellungen. Wenn die Angabe „seit 1811“ für das beworbene Produkt nicht zutrifft, da dieses erst zu einem späteren Zeitpunkt bei dem Werbenden produziert wurde (BGH **„Gründerbildnis“**), liegt eine Irreführung des Verkehrs vor. Grundsätzlich misst der Verkehr der Altersangabe eines Unternehmens große Bedeutung bei. Ein langjährig eingeführtes Unternehmen hat gegenüber jüngeren Gewerbetreibenden einen erheblichen Vertrauensvorsprung. Der angesprochene Verbraucher verbindet mit der langjährigen Erfahrung eines Traditionsunternehmens eine **gewisse Qualitätsvorstellung** über die von dem Unternehmen vertriebenen Waren oder die angebotenen Dienstleistungen (noch zu § 3 UWG a.F.: BGH **„Klosterbrauerei“**). Aufgrund dieser besonderen Gütevorstellung führt derjenige Werbetreibende irre, der mit seinem Gründungsdatum wirbt, obgleich er etwa die Produktion für das beworbene Produkt erst später aufgenommen, oder er zum Beispiel die so beworbene Filialkette erst zu einem weitaus späteren Zeitpunkt von einem Wettbewerber aufgekauft hat. Maßgeblich sind die Gesamtumstände und die **Bedeutung der Altersangabe für die angesprochene Verkehrskreise** im Hinblick auf die beworbene Ware oder Dienstleistung. Wenn die Belange der Allgemeinheit und der Mitbewerber nicht in erheblichem Maße ernsthaft in Mitleidenschaft gezogen werden, weil die bewirkte Fehlvorstellung zwar von Bedeutung, gleichwohl aber **für die Verbraucherentscheidung** letztlich nur von **geringem Gewicht** ist und schutzwürdige Interessen des auf Unterlassung Inanspruchgenommenen bestehen, kann der **Grundsatz der Verhältnismäßigkeit** dem Unterlassungsanspruch entgegenstehen (BGH **„Über 400 Jahre Brautradition“**).

d) Auszeichnung

108 Der Werbende darf, um die besondere Qualität der beworbenen Waren zu unterstreichen, dann auf Auszeichnungen verweisen, wenn seinem Produkt diese **Auszeichnungen** tatsächlich **verliehen wurden.** Der Verkehr knüpft an die Werbung mit Auszeichnungen eine besondere Qualitätsvorstellung. Sofern der beworbenen Ware die Auszeichnung tatsächlich nicht zusteht, führt der Werbende über ein Merkmal der Ware irre. Zu den Auszeichnungen zählen sowohl **Medaillen, Preismünzen** u.ä. als auch **Gütesiegel,** die auf Grund eines neutralen Verfahrens vergeben werden. Aufgrund der Neutralität des Verfahrens, das zur Verleihung von Gütesiegeln führt, bringt der Verbraucher den so beworbenen Produkten ein besonderes Vertrauen entgegen, das allein an das Gütesiegel, nicht jedoch an das konkrete Produkt anknüpft. Die Verwendung eines Gütesiegels durch den Werbetreibenden ohne Vorliegen der für die Verleihung des Gütesiegels erforderlichen Voraussetzungen verstößt immer gegen Wettbewerbsrecht und ist gem. **§ 3 Abs. 3 UWG i. V. m. Nr. 2** des Anhangs **stets irreführend.**

109 In der Entscheidung **„TÜV-Prüfzeichen"** hatte sich der Bundesgerichtshof mit der Werbung eines Brillenherstellers zu befassen, der seine Kollektion mit der Aussage bewarb „Brillenfassungen von A.-Charme erfüllen die vom TÜV-Hessen gestellten Prüfungsanforderungen". Im Zusammenhang mit der Vergabe des TÜV-Zertifikats Hessen an den Brillenhersteller stellt der erkennende Senat noch zu § 3 UWG a. F. fest:

> Gütezeichen nach den RAL-Grundsätzen sind „interessenneutrale, objektive Ausweise der Gütesicherung, d. h. einer stetig überwachten Güte, die den jeweils öffentlich festgelegten und anerkannten Bedingungen entspricht" (Abschnitt 1.4 der Grundsätze). Demgemäß setzt die Schaffung eines Gütezeichens nach den RAL-Grundsätzen ein besonderes Anerkennungsverfahren voraus, in dem unter Beteiligung der interessierten Öffentlichkeit, insbesondere der betroffenen Wirtschafts- und Verbraucherkreise und der zuständigen Behörden, der Zweck des Gütezeichens, der technisch erfasste und beanspruchte Wirkungsbereich, Form und Verwendung des Gütezeichens, das Satzungswerk der Gütezeichengemeinschaft und die Gütebedingungen festgelegt werden. Ein RAL-Gütezeichen beruht daher auf einer Gemeinschaftsarbeit der interessierten Kreise, wodurch gewährleistet wird, dass in einem neutralen Verfahren Gütebedingungen bestimmt werden, die den praktischen Bedürfnissen des betreffenden Wirtschaftszweigs gerecht werden (vgl. BGH in GRUR 1991, Seite 552 ff. [554]).

110 In dieser Entscheidung bejahte der Bundesgerichtshof die Irreführung des Verbrauchers, da der Brillen-Hersteller tatsächlich dem TÜV-Hessen einen Einzelauftrag zur Überprüfung seiner Brillengestelle gegeben hatte und der TÜV-Hessen insoweit **ähnlich wie ein bezahlter Privatgutachter** tätig wurde. Die von dem Verkehr im Zusammenhang mit der Verwendung des TÜV-Zeichens in Verbindung gebrachten Gütevorstellungen, die insbesondere auf der Neutralität der Vergabe des Güte-Zeichens beruhten, trafen daher für das hier eingesetzte TÜV-Prüfzeichen gerade nicht zu.

111 Mit einem Gütesiegel darf jedoch derjenige Wettbewerber werben, dessen Produkt tatsächlich durch eine **neutrale Stelle** ausgezeichnet wurde, selbst wenn der Werbende für die Verwendung des Siegels eine Lizenzgebühr an die auszeichnende Stelle entrichten muss. Denn in diesem Fall steht die Zahlung der Lizenzgebühr nicht im unmittelbaren Zusammenhang mit der Verleihung des Gütesiegels. Vielmehr hat zunächst eine neutrale Stelle die Auszeichnung zu verleihen, ehe ein entsprechender Lizenzvertrag zwischen dem Werbenden und dem prüfenden Institut geschlossen werden kann (so darf z. B. mit der Aussage geworben werden „A. Zaunlasur ist ausgezeichnet mit dem **BLAUEN ENGEL**", obgleich für die Nutzung des „BLAUEN ENGELS" eine Gebühr zu entrichten ist (so BGH noch zu § 3 UWG a. F.: **„Ölbrennermodelle"** und **„Zaunlasur"**).

112 Sofern der Werbende ein Produkt mit einem Gütesiegel bewirbt, dieses Produkt in seiner Gesamtheit jedoch nie geprüft, sondern nur **dessen Einzelteile** nach einer entsprechenden **VDE-Norm** untersucht worden waren, führt der Werbende über das Bestehen des Prüfsiegels irre. Ein erheblicher Teil der angesprochenen Verkehrskreise geht dann davon aus, dass das Prüfzertifikat für den Artikel selbst und nicht nur für einzelne Teile hiervon verliehen worden ist. Es liegt eine wettbewerblich relevante Irreführung vor.

113 Zulässig ist die Werbung eines Unternehmens, das mit der Auszeichnung wirbt **„Europäischer Webhoster des Jahres“,** selbst wenn die Auszeichnung ein Jahr zurückliegt. Der durchschnittlich informierte und verständige Verbraucher, der die Werbeaussage mit einer der Situation angemessenen Aufmerksamkeit wahrnimmt, erkennt, dass sich die Auszeichnung nur auf das Vorjahr beziehen kann. Denn in dem Jahr der Werbung konnte der „Europäische Webhoster des Jahres“ noch nicht gekürt worden sein. Sind die **Fehlvorstellung** des Verbrauchers und der Grad ihrer **Relevanz** für sein Kaufverhalten nur gering, fehlt es an einer erheblichen Beeinträchtigung des Wettbewerbs (noch zu § 3 UWG a. F.: BGH **„Schlauchbeutel“**). Zu einer anderen Beurteilung besteht nur dann Anlass, wenn es bereits im Jahr der Werbung einen aktuelleren Titelträger gibt. Wirbt also ein Automobilhersteller mit der Auszeichnung **„Auto des Jahres“,** ohne darauf hinzuweisen, dass diese Auszeichnung ein Jahr zurückliegt, so liegt in dieser Werbeaussage eine irreführende Angabe, wenn zwischenzeitlich bereits eine aktuelle Auszeichnung an einen anderen Automobilhersteller verliehen wurde. Unschädlich ist es, wenn der Werbende das Jahr der Verleihung der Auszeichnung zusammen mit der Auszeichnung herausstellt. Hier erkennt der situativ aufmerksame Durchschnittsverbraucher, dass es sich nicht um eine aktuelle Auszeichnung handelt.

e) Betriebsbezeichnung

114 Der Werbende kann über sein Unternehmen irreführen, sofern die gewählte Firma oder auch der Firmenzusatz nicht den tatsächlichen Verhältnissen entsprechen. Unlauter ist eine **unrichtige oder unvollständige Firmenangabe** jedoch erst dann, wenn sie geeignet ist, bei einem **erheblichen Teil** der angesprochenen Verkehrskreise irrige Vorstellungen über die Befähigung des Unternehmers hervorzurufen und die zu treffende (Kauf-)Entscheidung in **wettbewerblich relevanter Weise** zu beeinflussen.

115 Da der Verkehr einem Unternehmen entsprechend seiner Firmierung ein unterschiedliches **Vertrauen entgegenbringt** und mit der Firma eines Unternehmens oder seiner im Verkehr eingesetzten Bezeichnung unterschiedliche Vorstellungen verbindet, ist eine Werbung mit einer Betriebsbezeichnung zu untersagen, sofern der tatsächliche Bedeutungsinhalt der Bezeichnung nicht den Geschäftsverhältnissen entspricht und die Unternehmensbezeichnung bei einem erheblichen Teil des angesprochenen Verkehrs zu einer Fehlvorstellung führt (noch zu § 3 UWG a. F.: BGH **„Unternehmenskennzeichnung“**).

116 Führt ein Unternehmen den Bestandteil „Bundes-“ in seiner Firma, erwartet der angesprochene Verkehr ein Unternehmen, bei dem zumindest ein Teil der Geschäftsanteile noch in Bundeshand liegt. Wörtlich heißt es in dem entsprechenden BGH-Urteil:

> Wie eine Angabe verstanden wird, hängt von der Auffassung des Personenkreises ab, an den sie sich richtet. Gehören die Adressaten der Werbeaussage verschiedenen Kreisen an, so reicht die Irreführung in einem dieser Kreise aus. … Das Berufungsgericht hat mit Recht auf den Verkehrskreis der nicht spezialisierten Personen abgestellt, die möglicherweise ohne Kenntnis über die tatsächlichen Verhältnisse mit den Beklagten in geschäftlichem Kontakt stehen oder treten können (BGH in WRP 2010, Seite 759 ff. [S. 760, Rdnr. 11], **„Firmenbestandteil „Bundes-“ “**).

Da im Rahmen eines Meinungsforschungsgutachtens eine **Irreführungsquote von 66 %** festgestellt worden war, lag eine relevante wettbewerbsrechtliche Irreführung vor. Denn es ist für den potentiellen Kunden von erheblicher Bedeutung, ob er ein Unternehmen mit verlässlicher Bonität beauftragt und deshalb ein Bundesunternehmen wählt. Dieser Verbraucher wird getäuscht, wenn anstelle ausreichender **Bonität und Insolvenzfestigkeit** eine GmbH tritt, bei der die Bundesverwaltung noch nicht einmal Gesellschafterin ist (BGH **„Bundesdruckerei"**). Entsprechendes gilt bei Verwendung der Bezeichnung „Stadtwerke". Auch hier erwartet der durchschnittlich informierte Verbraucher, dass das Unternehmen **zumindest mehrheitlich** in kommunaler Hand ist (BGH **„Stadtwerke Wolfsburg"**).

117 Der **durchschnittlich informierte und verständige Verbraucher,** auf dessen Sicht es maßgeblich ankommt (BGH **„Marktführer Sport"**), wird der Betriebsbezeichnung „Euromint" einen Hinweis auf ein europaweites Geschäft entnehmen. So stellt der Bundesgerichtshof in Bezug auf die Bezeichnung **„Euromint"** (noch zu § 3 UWG a.F.) fest:

> Das Berufungsgericht ist in rechtlicher Hinsicht mit Recht davon ausgegangen, dass der „Euro"-Zusatz in der Firma eines Unternehmens eine Gedankenverbindung zum europäischen Markt hervorruft und in aller Regel die Vorstellung vermittelt, es handele sich um ein schon nach Größe und Marktstellung den Anforderungen des europäischen Marktes entsprechendes Unternehmen. Diese Vorstellung knüpft an die Erfahrung an, dass die Tätigkeit auf einem größeren Markt als dem Inländischen auch eine entsprechend größere Kapitalausstattung sowie einen darauf eingerichteten Vertriebsapparat voraussetzt und einen entsprechend höheren Umsatz zur Folge hat. … Welche Vorstellung der Verkehr durch die Verwendung eines auf Europa hinweisenden Kennzeichenbestandteils „Euro" über Bedeutung und Umfang der Tätigkeit des betreffenden Unternehmens gewinnt, hängt freilich von den Besonderheiten des Einzelfalls ab. Maßgeblich ist insbesondere, ob die Bezeichnung mit dem Bestandteil „Euro" zur Kennzeichnung des Unternehmens oder zur Kennzeichnung des einzelnen Angebots verwandt wird und ob sich das Angebot im letzteren Fall auf Waren oder auf Dienstleistungen bezieht (BGH in WRP 1997, Seite 731 ff. [Seite 732]).

Die Bezeichnung „Euromint" wurde von dem erkennenden Senat nicht als irreführende Firmenbezeichnung angesehen, da das unter diesem Firmenbestandteil firmierende Unternehmen tatsächlich in größerem Umfang Münzen **in das europäische Ausland** lieferte. Da es sich um ein Versandgeschäft handelte, fehlte es zwar an einer größeren Anzahl von Niederlassungen im Ausland. Ein Irrtum der angesprochenen Verkehrskreise über die Verbreitung der Niederlassungen des werbenden Unternehmens war **unbeachtlich, da diese Erwartung im Verkehr für die Kaufentscheidung unerheblich** war.

118 In gleicher Weise zulässig ist die Verwendung der Bezeichnung „Kfz-Sachverständiger" selbst ohne abgeschlossene Ausbildung, sofern der Betroffene entsprechende Sachkunde nachweisen kann (noch zu § 3 UWG a.F.: BGH **„Selbsternannter Sachverständiger"**). Sofern ein Hersteller seine Produkte nur an Fachhändler liefert, ist die Werbeaussage „K. liefert ausschließlich über den kompetenten Fachhändler" nicht zu beanstanden, da die Verwendung des Adjektivs „kompetent" vom Verkehr nicht als eigenständige, zusätzliche Aussage im Sinne einer Qualifikationssteigerung verstanden wird (zu § 3 UWG a.F.: BGH **„Kompetenter Fachhändler"**). Auch die Verwendung des Begriffs „Vorsorge- und Versicherungsberater" ist nicht als irreführende Bezeichnung zu beanstanden, da es sich aus Verbrauchersicht eher um eine **umgangssprachliche** Bezeichnung handelt (BGH **„Versicherungsberater"**). Wenn eine Zahnärztin den Titel „Master of Science Kieferorthopädie" führt, der ihr durch einen Studiengang an der österreichischen Donau-Universität Krems verliehen wurde, liegt selbst dann **keine Irreführung** über die Befähigung der Zahnärztin vor, wenn der Verkehr angesichts dieses Titels eine durch gewisse seriöse Standards gesicherte wissenschaftliche Vertiefung des Sachgebiets der Kieferorthopädie vermutet. In diesem

Zusammenhang stellt der BGH im Hinblick auf die **Täuschung durch eine objektiv richtige Angabe** folgendes fest:

> Nach der ständigen Rechtsprechung des Senats kann auch eine objektiv richtige Angabe irreführend sein, wenn sie beim Verkehr, an den sie sich richtet, gleichwohl zu einer Fehlvorstellung führt, die geeignet ist, das Kaufverhalten oder die Entscheidung über die Inanspruchnahme einer Dienstleistung durch die angesprochenen Verkehrskreise zu beeinflussen. In einem solchen Fall, in dem die Täuschung des Verkehrs lediglich auf dem Verständnis einer an sich zutreffenden Angabe beruht, ist für die Anwendung des § 5 UWG grundsätzlich eine höhere Irreführungsquote als im Fall einer Täuschung mit objektiv unrichtigen Angaben erforderlich; außerdem ist eine Interessenabwägung vorzunehmen. … An diesen Grundsätzen hat sich durch die Richtlinie 2005/29/EG über unlautere Geschäftspraktiken nichts geändert. … Denn nach Art. 6 Abs. 1 der Richtlinie 2005/29/EG gilt eine Geschäftspraktik auch mit sachlich richtigen Angaben als irreführend, wenn sie zur Täuschung des Durchschnittsverbrauchers geeignet ist; gemäß Art. 13 S. 2 der Richtlinie 2005/29/EG müssen die vorgesehenen Sanktionen verhältnismäßig sein (BGH in WRP 2010, Seite 1390 ff. [S. 1392, Rdnr. 25], **„Master of Science Kieferorthopädie“**).

Stellt der Verkehr im Zusammenhang mit dem Titel „Master of Science Kieferorthopädie" nur Vermutungen an und ist den interessierten Patienten die **Einholung von Informationen zumutbar,** haben aus Sicht des BGH die durch die Führung der beanstandeten Bezeichnung berührten Verbraucherinteressen kein besonderes Gewicht und das Interesse der Zahnärztin an der Führung ihres Titels überwiegt. Demgegenüber erwarten die angesprochenen Verkehrskreise von einem „Neurologisch/ Vaskuläres Zentrum“ nicht nur einen Behandlungsschwerpunkt, sondern eine **überdurchschnittliche** Ausstattung oder Erfahrung auf dem Gebiet der Behandlung neurologischer Erkrankungen (BGH **„Neurologisch/Vaskuläres Zentrum“**). Liegt die besondere Qualifikation eines **neurologischen Zentrums** nicht vor, ist die Angabe irreführend und geeignet, das Marktverhalten der angesprochenen Verkehrskreise zu beeinflussen.

119 Sofern ein Unternehmen im Internet auftritt und eine **missverständliche Angabe** als Domain-Namen wählt, kann eine Irreführung über den Betrieb entstehen, sofern der **registrierte Domain-Name** tatsächlich auf das registrierte Unternehmen nicht zutrifft. Wer mit der Domain „www.bmw-ersatzteile.com“ im Internet auftritt, ohne von der Firma BMW AG selbst beliefert zu werden, führt über seinen Geschäftsbetrieb irre. Denn der angesprochene verständige Durchschnittsverbraucher geht bei diesem Domain-Namen nicht nur davon aus, dass es sich bei dem Inhaber der Registrierung um einen **Vertragspartner** der Firma BMW AG handelt, sondern dass der **registrierte Ersatzteilhändler auch bundesweit** tätig ist. Handelt es sich hingegen nur um eine in einer Stadt tätige und auf BMW-Fahrzeuge spezialisierte Werkstatt, die keine vertraglichen Beziehungen zur Firma BMW AG hat, liegt eine irreführende geschäftliche Handlung vor.

f) Sonstige geschäftliche Verhältnisse des Unternehmers

120 Eine geschäftliche Handlung kann auch dann irreführend sein, wenn sie eine zur Täuschung geeignete Angabe über das **Vermögen** einschließlich der Rechte des Geistigen Eigentums, den Umfang von Verpflichtungen, **die Befähigung, den Status,** die Zulassung oder Mitgliedschaften bzw. Beziehungen **des Unternehmers** enthält. Bei Prüfung der Befähigung eines Unternehmers im Rahmen der wettbewerbsrechtlichen Zulässigkeit einer Werbung ist die Berufsausübungsfreiheit gemäß Art. 12 Abs. 1 GG zu berücksichtigen. Ob eine Irreführung gemäß § 5 Abs. 1 S. 2 Nr. 3 UWG gegeben ist, bestimmt sich nach den Umständen des Einzelfalls. Wörtlich führt der BGH aus:

> Nach der ständigen Rechtsprechung des Senats, an der sich durch die Richtlinie 2005/29/EG über unlautere Geschäftspraktiken nichts geändert hat, kann auch eine objektiv richtige Angabe irreführend sein, wenn sie beim Verkehr, an den sie sich richtet, gleichwohl zu einer Fehlvorstellung führt, die geeignet ist, das Kaufverhalten oder die Entscheidung für die Inanspruchnahme einer Dienstleistung durch die angesprochenen Verkehrskreise zu beeinflussen. In einem solchen Fall, in dem die Täuschung des Verkehrs lediglich auf dem Verständnis einer an sich zutreffenden Angabe beruht, ist für die Anwendung des § 5 UWG grundsätzlich eine höhere Irreführungsquote als im Fall einer Täuschung mit objektiv unrichtigen Angaben erforderlich; außerdem ist eine Interessenabwägung vorzunehmen. ... Bei der Abwägung der maßgebenden Umstände, insbesondere der von einer Werbung mit objektiv richtigen Angaben ausgehenden Auswirkungen, der Bedeutung der Irreführung sowie dem Gewicht etwaiger Interessen der Verbraucher und der Allgemeinheit oder des Werbenden selbst sind auch Wertungen des Gesetzgebers ... sowie das verfassungsrechtliche und auch in Erwägungsgrund 6 der Richtlinie 2005/29/EG zum Ausdruck kommende Verhältnismäßigkeitsgebot zu beachten. ... Mit Blick auf die Berufsfreiheit nach Art. 12 Abs. 1 GG kann deshalb ein uneingeschränktes Verbot unverhältnismäßig sein, das auf die Untersagung eines Hinweises auf eine rechtlich erlaubte berufliche Tätigkeit gerichtet ist (BGH in WRP 2013, S. 1582ff. [S. 1584, Rdnr. 17], **„Medizinische Fußpflege“**).

Der BGH stellt fest, dass die in § 1 PodG geregelte **Erlaubnispflicht** nur im Hinblick auf die Führung der Bezeichnung „Medizinische Fußpflegerin/Medizinischer Fußpfleger“ gilt. Diese gesetzlich geregelte Erlaubnispflicht verbietet jedoch nicht die Werbung für die erlaubnisfreie Tätigkeit der medizinischen Fußpflege. Da das Podologengesetz allein die Berufsbezeichnung „Podologin/Podologe“ bzw. „Medizinische Fußpflegerin/Medizinischer Fußpfleger“ schützt, steht es einer Fußpflegerin frei, im örtlichen Telefonbuch ihren Namen mit dem Zusatz „Medizinische Fußpflege“ zu bewerben. Auch die Verwendung der Bezeichnung „Diplomierte Legasthenie- und Dyskalkulie-Trainerin“ ist **wettbewerbsrechtlich nicht unzulässig.** Denn der angesprochene allgemeine Verkehr verbindet mit der Verwendung des Begriffs „Diplom“ oder – abgekürzt – „Dipl.“ nicht eine akademische Hochschulausbildung, sondern geht im Gegenteil davon aus, dass es sich bei dieser Bezeichnung lediglich um einen Hinweis darauf handelt, dass die werbende Trainerin den staatlich anerkannten Ausbildungsberuf erlernt und die vorgeschriebene Abschlussprüfung bestanden hat. Das gilt jedenfalls für solche Berufe, bei denen der Verkehr grundsätzlich keine entsprechende akademische Ausbildung erwartet (BGH **„Diplomierte Trainerin“**).

120a Dagegen erwartet der Verkehr von einem Rechtsanwalt, der auf seinem Briefkopf die Angabe „Zertifizierter Testamentsvollstrecker“ verwendet, dass dieser nicht nur über besondere theoretische Kenntnisse, sondern auch über besondere praktische Erfahrungen auf dem Gebiet der Testamentsvollstreckung verfügt. Als Zertifizierung wird ein Verfahren bezeichnet, mit dessen Hilfe die Einhaltung bestimmter Anforderungen an Produkte oder Dienstleistungen einschließlich der Herstellungsverfahren nachgewiesen werden kann, so dass der Gebrauch der Bezeichnung „Zertifizierter Testamentsvollstrecker“ bei dem angesprochenen Verkehr die Vorstellung über eine **besondere Qualifikation** des werbenden Rechtsanwalts auf dem Gebiet der Testamentsvollstreckung geweckt wird (BGH **„Zertifizierter Testamentsvollstrecker“**). Hat der werbende Rechtsanwalt hingegen den Titel allein aufgrund von theoretischen Kenntnissen erworben, fehlt ihm jedoch nahezu vollständig die entsprechende **praktische Erfahrung,** führt die Verwendung der Bezeichnung „Zertifizierter Testamentsvollstrecker" bei einem nicht unerheblichen Teil der Verbraucher zu der Fehlvorstellung, der werbende Rechtsanwalt verfüge über eine besondere Qualifikation auf dem Gebiet der Testamentsvollstreckung (ähnlich einem „Fachanwalt"). Auch die Verwendung der Angabe „Wirtschaftsprüfer" auf dem Briefbogen eines Rechtsanwalts begründet den Vorwurf einer Irreführung gemäß § 5 Abs. 1 S. 2 Nr. 3 UWG, wenn die werbende Kanzlei selbst keinen Berufsträger dieser Qualifikation beschäftigt, sondern es sich lediglich um eine Kooperation von Rechtsanwälten mit einem Wirtschaftsprüfer und einem Steuerberater handelt (BGH **„Kooperation mit Wirtschaftsprüfer"**). Denn eine Bürogemeinschaft oder Kooperation unternehmerisch eigenständiger Berufsträger wird der angesprochene Verkehr unter einer einheitlichen Kurzbezeichnung nur bei **hinreichend deutlichen Hinweisen** erkennen, wenn also auf dem Briefbogen zugleich blickfangmäßig herausgestellt wird, dass es sich lediglich um eine Kooperation handelt. Wenn allerdings ein Rechtsanwaltsbüro in einem Umfang Hilfeleistung in Steuersachen erbringt, der die zusätzliche Bezeichnung „Steuerbüro" neben der Angabe „Rechtsanwaltskanzlei" rechtfertigt, ist die werbliche Herausstellung „Rechtsanwaltskanzlei und Steuerbüro" auf dem Briefpapier eines Rechtsanwalts selbst dann wettbewerbsrechtlich zulässig, wenn ein Teil der angesprochenen Verbraucher die genannte Bezeichnung dahin versteht, dass in der beworbenen Kanzlei entweder ein Rechtsanwalt und ein Steuerberater oder ein Fachanwalt für Steuerrecht tätig sind oder dort ein Berufsträger arbeitet, der über beide Qualifikationen verfügt (BGH **„Steuerbüro"**). Allerdings ist es dem Rechtsanwalt in diesem Fall nicht gestattet, seine Kanzlei im Telefonbuch in der Rubrik „Steuerberater" zu bewerben. Denn der Rechtsanwalt erweckt mit dem Eintrag in der Rubrik „Steuerberater" in Verbindung mit der Bezeichnung „Steuerbüro" in der Kanzleiangabe den unzutreffenden Eindruck, er sei auch Steuerberater oder in seiner Kanzlei sei auch ein Steuerberater tätig. Der BGH hebt allerdings hervor, dass es dem Rechtsanwalt nicht generell verboten ist, sich im Telefonbuch mit seiner Kanzleibezeichnung „Rechtsanwaltskanzlei und Steuerbüro" auch in der Rubrik „Steuerberater" eintragen zu lassen. Er muss in diesem Fall jedoch durch **geeignete Hinweise** klarstellen, dass in seiner Kanzlei kein Steuerberater tätig ist. Seine Bezeichnung „als Rechtsanwalt" genügt zur Klarstellung nicht.

Praxishinweis

Zu den geschäftlichen Verhältnissen eines Unternehmens gehören auch die gewerblichen Schutzrechte. Wer mit einem gewerblichen Schutzrecht wirbt, muss Inhaber eines eingetragenen Schutzrechts sein. Außerdem muss das Schutzrecht tatsächlich für die beworbene Ware bestehen. Bei Prüfung einer entsprechenden Werbeaktivität sollte daher unbedingt zunächst festgestellt werden, ob das gewerbliche Schutzrecht tatsächlich für die beworbene Ware bereits eingetragen ist, ein Schutz verlängert wurde oder sich noch im Anmeldeverfahren befindet.

5. Täuschung über Sponsoring (§ 5 Abs. 1 Satz 2 Nr. 4 UWG)

121 Eine geschäftliche Handlung kann auch dann irreführend sein, wenn sie eine unwahre Angabe über Aussagen oder Symbole enthält, die im Zusammenhang mit **direktem oder indirektem Sponsoring** stehen oder sich auf eine Zulassung des Unternehmers (siehe hierzu V Rdnr. 114ff.) oder der Waren oder Dienstleistungen (siehe hierzu V Rdnr. 108ff.) beziehen. Dieser Irreführungstatbestand geht zurück auf Art. 6 Abs. 1c der Richtlinie über unlautere Geschäftspraktiken, wonach die **Aussagen oder**

Symbole jeder Art, die im Zusammenhang mit direktem oder indirektem Sponsoring stehen oder sich auf eine Zulassung des Gewerbetreibenden oder des Produktes beziehen, irreführend sein können, wenn sie unwahr sind.

122 Unter Sponsoring ist jede mittelbare oder unmittelbare Förderung von z.B. kulturellen oder sportlichen Veranstaltungen durch Wirtschaftsunternehmen zu verstehen. Sponsoring liegt also immer dann vor, wenn der Unternehmer den Produktabsatz mit der **Förderung sozialer, sportlicher, kultureller oder ökologischer Belange** verknüpft (BGH **„Regenwaldprojekt I“**). In diesem Zusammenhang geht der BGH davon aus, dass es **keine** allgemeine Verpflichtung des Unternehmens gibt, über die Art und Weise der Unterstützung oder die Höhe bzw. den Wert der Zuwendung aufzuklären. Wörtlich heißt es in der Entscheidung **„Regenwaldprojekt I“:**

> Verspricht ein Unternehmen in der Werbung, ein bestimmtes Projekt zu unterstützen, besteht der zusätzliche Kaufanreiz darin, dass sich der Verbraucher durch den Warenbezug für das entsprechende Ziel engagieren kann, ohne eigene weitere Aufwendungen über den Kaufpreis hinaus tätigen zu müssen. Hat der Werbende keine nach Art und Umfang näher bestimmte Leistung versprochen, wird der Verbraucher nur erwarten, dass das werbende Unternehmen zeitnah überhaupt eine Unterstützungsleistung erbringt, und diese nicht so geringfügig ist, dass sie die werbliche Herausstellung nicht rechtfertigt. Davon abgesehen ist die Werbung mit einem nicht näher spezifizierten Sponsoring allein nicht geeignet, aufgrund mangelnder Transparenz die angesprochenen Verkehrskreise unangemessen unsachlich i.S. von § 4 Nr. 1 UWG zu beeinflussen oder sie über die Art und Weise der Unterstützungsleistung oder deren Umfang zu täuschen (BGH in WRP 2007, Seite 303ff. [Seite 307, Rdnr. 25]).

Unabhängig von der Frage, ob in der Sponsoringleistung des Unternehmers eine unangemessen unsachliche geschäftliche Handlung im Sinne von § 4 Nr. 1 UWG liegt, ist die Sponsoringwerbung des Unternehmers jedenfalls dann nicht irreführend, wenn der Unternehmer die Sponsoringleistung, hier die Förderung einer Regenwaldprojekts, **tatsächlich erbringt.** Denn in diesem Fall wird die berechtigte Erwartung der Verbraucher nicht in relevanter Weise enttäuscht und eine irreführende geschäftliche Handlung liegt nicht vor.

123 Im Rahmen der Sponsoringwerbung von Unternehmern ist danach zu fragen, wie der Verkehr die Werbung im Hinblick auf die **Art und Weise und den Umfang der Förderleistung** auffasst und ob diese Vorstellung sich mit den tatsächlich erbrachten Unterstützungsleistungen des werbenden Unternehmers deckt. Wer als Unternehmer darauf hinweist, dass er die Aktionsgemeinschaft Artenschutz e.V. unterstützt, handelt nicht irreführend, wenn er tatsächlich eine Unterstützungsleistung erbringt (BGH **„Artenschutz“**).

6. Täuschung über die Notwendigkeit einer Ware oder Dienstleistung (§ 5 Abs. 1 Satz 2 Nr. 5 UWG)

124 Eine zur Täuschung geeignete Angabe liegt auch dann vor, wenn es in einer geschäftlichen Handlung gegenüber Mitbewerbern, Verbrauchern oder sonstigen Marktteilnehmern heißt, dass eine Leistung, ein Ersatzteil, ein Austausch oder eine Reparatur notwendig ist, obwohl die **Notwendigkeit nicht besteht.** Kommt es bei einem **nicht unerheblichen Teil** des angesprochenen Verkehrs zu einer Fehlvorstellung über die Notwendigkeit einer Reparatur, liegt ein Verstoß gegen § 5 Abs. 1 Satz 2 Nr. 5 UWG vor.

125 Auch dieses Irreführungsverbot geht auf die Richtlinie über unlautere Geschäftspraktiken zurück, in der es unter Art. 6 Abs. 1 heißt, dass eine Geschäftspraxis als irreführend gilt, wenn sie falsche Angaben über die Notwendigkeit einer Leistung, eines Ersatzteils, eines Austauschs oder einer Reparatur enthält. Mit diesem Irreführungsverbot will der Gesetzgeber den **Schutz vor unnötigen oder überteuerten Anschaffungen** erreichen (s. Begründung Änderungsgesetz, zu § 5 Abs. 1 Satz 2 Nr. 5).

7. Einhaltung eines Verhaltenskodex (§ 5 Abs. 1 Satz 2 Nr. 6 UWG)

126 Unlauter handelt auch derjenige, der eine zur Täuschung geeignete Angaben über die Einhaltung eines Verhaltenskodex macht. Wie sich aus § 2 Abs. 1 Nr. 5 UWG ergibt, handelt es sich bei einem „Verhaltenskodex" um Vereinbarungen oder Vorschriften über das Verhalten von Unternehmern, zu welchem diese sich in Bezug auf **Wirtschaftszweige oder einzelne geschäftliche Handlungen** verpflichtet haben, ohne dass sich solche Verpflichtungen aus Gesetzes- oder Verwaltungsvorschriften ergeben.

127 Irreführend ist das Verhalten des Unternehmers dann, wenn er sich im Rahmen der geschäftlichen Handlung auf einen derartigen Verhaltenskodex beruft und den **Verkehr täuscht.** Diese Bestimmung geht zurück auf die Richtlinie über unlautere Geschäftspraktiken, in der es unter Art. 6 Abs. 2b) heißt, dass eine Geschäftspraxis dann als irreführend gilt, wenn sie im konkreten Fall unter Berücksichtigung aller tatsächlichen Umstände einen Durchschnittsverbraucher zu einer geschäftlichen Entscheidung veranlasst oder zu veranlassen geeignet ist, **die er ansonsten nicht getroffen hätte** und die die Nichteinhaltung von Verpflichtungen, die der Gewerbetreibende im Rahmen von Verhaltenskodices, auf die er sich verpflichtet hat, eingegangen ist, sofern der Gewerbetreibende darauf hinweist, dass er durch den Kodex gebunden ist. Denn in diesem Fall kann die Bezugnahme auf den Verhaltenskodex bewirken, dass der verständige Durchschnittsverbraucher eine geschäftliche Handlung des Unternehmers akzeptiert, weil er fehlerhaft davon ausgeht, dass der Unternehmer aufgrund eines Verhaltenskodex zu einer solchen geschäftlichen Handlung verpflichtet ist (siehe auch II. 1.).

127a Ein Verstoß gegen § 5 Abs. 1 S. 2 Nr. 6 UWG liegt allerdings nur vor, wenn sich das Unternehmen dem **Verhaltenskodex unterworfen hat** und auf diese Bindung an den Kodex ausdrücklich hinweist. Sofern ein Unternehmen gegen einen Verhaltenskodex verstößt, dem er sich nicht unterworfen hat, liegt grundsätzlich kein wettbewerbswidriges Verhalten vor. So weist der BGH ausdrücklich auf Folgendes hin:

> Für die Frage, ob ein bestimmtes Verhalten als unlauter im Sinne von § 3 UWG 2004 bzw. § 3 Abs. 1 UWG 2008 zu beurteilen ist, haben Regeln, die sich ein Verband oder ein sonstiger Zusammenschluss von Verkehrsbeteiligten gegeben hat, nur eine begrenzte Bedeutung. Ihnen kann zwar unter Umständen entnommen werden, ob innerhalb der in Rede stehenden Verkehrskreise eine bestimmte tatsächliche Übung herrscht. Aus dem Bestehen einer tatsächlichen Übung folgt aber noch nicht, dass ein von dieser Übung abweichendes Verhalten ohne weiteres als unlauter anzusehen ist. Der Wettbewerb würde in bedenklicher Weise beschränkt, wenn das Übliche zur Norm erhoben würde. Regelwerken von (Wettbewerbs-)Verbänden kann daher allenfalls eine indizielle Bedeutung für die Frage der Unlauterkeit zukommen, die aber eine abschließende Beurteilung anhand der sich aus den Bestimmungen des Gesetzes gegen den unlauteren Wettbewerb ergebenden Wertungen nicht ersetzen kann (BGH in WRP 2011, Seite 444ff. [S. 445, Rdnr. 13], **„FSA-Kodex"**).

Der BGH verneint daher ein wettbewerbswidriges Verhalten eines Herstellers von Generika, der entgegen dem **Kodex der freiwilligen Selbstkontrolle für die Arz-**

neimittelindustrie kostenlose „Arzt-Seminare“ anbot. Auch ein Verstoß gegen Anhang zu § 3 Abs. 3 Nr. 1 und 3 UWG 2008 (s. II. 24) verneinte der BGH.

8. Täuschende Angaben über Rechte bei Leistungsstörungen (§ 5 Abs. 1 Satz 2 Nr. 7 UWG)

128 Eine zur Täuschung geeignete Angabe liegt auch dann vor, wenn der Unternehmer eine unwahre Angabe über die Rechte des Verbrauchers, insbesondere solche aufgrund von **Garantieversprechen** oder **Gewährleistungsrechten** bei Leistungsstörungen verbreitet. Bereits in der Richtlinie über unlautere Geschäftspraktiken heißt es in Art. 6 Abs. 1g), dass eine unrichtige Angabe über die Rechte des Verbrauchers einschließlich des Rechts auf Ersatzlieferung oder Erstattung gemäß der Richtlinie zu bestimmten Aspekten des Verbrauchsgüterkaufs (199/44/EG) unlauter ist. Auch eine täuschende Angabe über Garantien für Verbrauchsgüter oder die Risiken, denen sich der Käufer möglicherweise aussetzt, und die den **Durchschnittsverbraucher tatsächlich oder voraussichtlich** zu einer geschäftlichen Entscheidung veranlasst, ist unlauter.

9. Irreführende Verwechslungsgefahr (§ 5 Abs. 2 UWG)

129 § 5 Abs. 2 UWG sieht vor, dass eine geschäftliche Handlung auch dann irreführend ist, wenn sie im Zusammenhang mit der Vermarktung von Waren oder Dienstleistungen einschließlich vergleichender Werbung eine **Verwechslungsgefahr** mit einer anderen Ware oder Dienstleistung oder mit der Marke oder einem anderen Kennzeichen eines Mitbewerbers hervorruft. Die Bestimmung ist mit Inkrafttreten des Ersten Gesetzes zur Änderung des Gesetzes gegen den unlauteren Wettbewerb in das UWG 2008 eingefügt worden. Bis zum Inkrafttreten des Änderungsgesetzes hatte die höchstrichterliche Rechtsprechung das **Konkurrenzverhältnis** zwischen Wettbewerbsrecht und Markenrecht zugunsten des Markenrechts entschieden. Das lauterkeitsrechtliche Irreführungsverbot wurde danach im Regelfall durch den im Markengesetz vorgesehenen kennzeichenrechtlichen Schutz verdrängt (BGH **„shell.de“**).

130 Gemäß Art. 6 Abs. 2a) der Richtlinie 2005/29/EG über unlautere Geschäftspraktiken ist jegliche Art der Vermarktung eines Produkts, einschließlich vergleichender Werbung, die eine Verwechslungsgefahr mit einem anderen Produkt, Warenzeichen, Warennamen oder anderen Kennzeichen eines Mitbewerbers begründet, unzulässig, wenn sie einen Durchschnittsverbraucher zu einer Geschäftsentscheidung veranlasst oder zu veranlassen geeignet ist, die er ansonsten nicht getroffen hätte. Danach besteht kein Vorrang des Markenrechts im Verhältnis zum Lauterkeitsrecht. Wie sich aus der Begründung zum Änderungsgesetz ergibt, bleibt es der Rechtsprechung überlassen, das **Verhältnis zwischen kennzeichenrechtlichen und lauterkeitsrechtlichen Ansprüchen** im Lichte der Neufassung des Gesetzes weiter zu konkretisieren (Begründung Änderungsgesetz A, IV. 6. b (1)). Das Konkurrenzverhältnis besteht einerseits im Hinblick auf die Regelung in § 4 Nr. 9 UWG und in § 5 Abs. 1 Satz 2 Nr. 1 UWG, andererseits im Hinblick auf §§ 14, 15 MarkenG. Dem markenrechtlichen Schutz kommt gegenüber dem harmonisierten Recht der vergleichenden Werbung grds. **kein Vorrang** zu (BGH **„Oracle“**). Es steht jedem Unternehmen grundsätzlich frei, im Rahmen von § 6 UWG vergleichend zu werben. In diesem Zusammenhang ist hervorzuheben, dass die vergleichende Werbung gerade auch eine **vergleichende Werbung mit Kennzeichen** betrifft (s. § 6 Abs. 2 Nr. 3 UWG). Aus Sicht des

EuGH liegt bei vergleichender Werbung mit den Marken des Wettbewerbers regelmäßig keine kennzeichnende Handlung im Sinne des Markengesetzes vor. Denn im Rahmen der vergleichenden Werbung mit Marken wird die Hauptfunktion einer Marke, d.h. die Gewährleistung der Herkunft der Waren oder Dienstleistungen gegenüber den Verbrauchern, weder beeinträchtigt noch verletzt (EuGH **„O2 und O2 (UK)/H3G"**). Solange im Rahmen vergleichender Werbung die Marke des Wettbewerbers verwendet wird, **ohne** dass die Benutzung **Verwechslungsgefahr** hervorruft, ist die vergleichende Verwendung zulässig. Insbesondere fließt in die Prüfung von § 5 Abs. 2 UWG auch die **Wertung aus § 23 Nr. 2 MarkenG** ein. Sofern es sich bei dem vom Wettbewerber übernommenen Zeichenbestandteil um eine **beschreibende Beschaffenheitsangabe** gehandelt hat, kann keine – wettbewerbsrechtliche – Verwechslungsgefahr begründet sein (BGH **„AMARULA/Marulablu"**).

131 Unzulässig wird gemäß § 5 Abs. 2 UWG die Verwendung der fremden Marke dann, wenn das werbende Unternehmen auf eine Marke (oder auf eine fremde Ware oder Dienstleistung) Bezug nimmt und die Bezugnahme geeignet ist, im angesprochenen Verkehr Verwechslungsgefahr mit dem fremden Produkt oder der Marke hervorzurufen. Das auf den Irreführungstatbestand gestützte Verbot setzt voraus, daß die **Fehlvorstellung** geeignet ist, das Marktverhalten der Gegenseite zu beeinflussen (BGH **„OSTSEE-POST"**). Darunter sind etwa diejenigen Fälle einzuordnen, die sich aus der Verwendung von sogenannten **Duftvergleichslisten im Parfümhandel** ergeben. Bei diesen Duftvergleichslisten wird der eigene Duft des Werbenden einem Markenprodukt gegenüber gestellt, der damit wirbt, dass der eigene Duft die gleichen Eigenschaften aufweist wie das Markenparfüm. Während eine derartige Werbung gegenüber „Beratern" vom BGH noch zu §§ 1, 2 UWG a.F. als zulässig erachtet wurde (BGH **„Genealogie der Düfte"**), liegt eine unlautere, weil irreführende, geschäftliche Handlung gegenüber Verbrauchern jedenfalls dann vor, wenn **Verwechslungsgefahr** gegeben ist (BGH **„Oracle"**), etwa wegen Verwendung verwechselbar ähnlicher Kennzeichen. Denn das Vorliegen der Verwechslungsgefahr ist wesentliches Tatbestandsmerkmal einer Irreführung gemäß § 5 Abs. 2 UWG. Verwechselungsgefahr liegt nicht vor, wenn bei Eingabe des dem **Schlüsselwort entsprechenden Suchworts** in eine Suchmaschine die Anzeige des Wettbewerbers erscheint, auch wenn es sich bei dem Schlüsselwort um eine Marke eines Dritten handelt (BGH **„Bananabay II"**).

10. Werbevergleich (§ 5 Abs. 3 UWG)

132 Gemäß § 5 Abs. 3 UWG sind sämtliche Angaben im Sinne von Abs. 1 auch Angaben im Rahmen vergleichender Werbung sowie bildliche Darstellungen und sonstige Veranstaltungen, die darauf abzielen und geeignet sind, solche Angaben zu ersetzen. Mit diesem Absatz wird klargestellt, dass auch Angaben im Rahmen vergleichender Werbung irreführend und unzulässig sind, wenn sie unwahr sind, oder wenn die geschäftliche Handlung **zur Täuschung geeignete Angaben** über die Umstände gemäß § 5 Abs. 1 Nr. 1–7 UWG enthält. Unabhängig davon, ob der Werbevergleich aufgrund des Vorliegens eines Unlauterkeitstatbestandes gemäß § 6 Abs. 2 UWG unzulässig ist, ist eine vergleichende Werbung jedenfalls dann schon als irreführende Werbung angreifbar, wenn die verwendeten **Angaben selbst zur Täuschung geeignet** sind. Der Unternehmer, der es darauf anlegt, im Rahmen vergleichender Werbung mit unwahren oder zur Täuschung geeigneten Angaben oder Darstellungen einen wirtschaftlichen Vorteil zu erlangen, handelt unlauter. Eine derartige Werbung ist allein wegen Verletzung von § 5 Absatz 1 Satz 2 i.V.m. § 5 Abs. 3 UWG unzulässig.

133 **Vergleichende Werbung ist irreführend,** wenn sie entweder **über den Werbenden selbst** irreführt, also über seine **geschäftlichen Verhältnisse,** oder über ein **Merkmal der beworbenen Ware oder Dienstleistung.** Jede Irreführung im Rahmen des Werbevergleichs wirkt sich zu Lasten des Werbenden aus. Ein Leuchtenhersteller, der für Halogen-Speziallampen eines Wettbewerbers Leuchten produziert und seine Bestellnummern in einer Katalogauflistung den Bestellnummern des Originalherstellers gegenüberstellt, wirbt irreführend, wenn der verständige Durchschnittsverbraucher den Eindruck gewinnen kann, es würden **zwei Produkte desselben Herstellers** angeboten (zu § 3 Satz 2 UWG a.F.: BGH **„OP-Lampen"**). Irreführend ist auch der Energiekosten-Preisvergleich eines Brennstoffhandelsverbandes, der aufgrund **einer unvollständigen Preisgegenüberstellung** den unrichtigen Eindruck erweckt, die Heizkosten seien bei Einsatz von Heizöl immer preisgünstiger als bei der Verwendung von Erdgas. Nur ein Vollkostenvergleich oder ein Vergleich unter ausdrücklichem Hinweis darauf, dass es sich um einen reinen Heizkostenvergleich ohne sonstige Betriebskosten handelt, hätte in diesem Fall eine Irreführung in den angesprochenen Verkehrskreisen verhindern können (zu § 3 Satz 2 UWG a.F.: BGH **„Energiekosten-Preisvergleich"**). Eine entsprechend irreführende vergleichende Werbung liegt im **Einzelhandel** dann vor, wenn der werbende Händler das Ergebnis eines Preistests veröffentlicht, sofern der angesprochene Verkehrskreis die **Vollständigkeit und Richtigkeit des Preisvergleichs** nicht nachprüfen kann und dem Preisvergleich daher nur eine scheinbare Objektivität und Marktübersicht innewohnt (zu § 3 Satz 2 UWG a.F.: BGH **„Preisvergleich II"**). Ein **Vergleich, der eine repräsentative Marktübersicht vorspiegelt,** die er dem angesprochenen Verbraucher in Wirklichkeit aber nicht verschafft, ist regelmäßig irreführend (EuGH **„Lidl . /. Vierzon"**). Unlauter ist eine Werbung mit **Preisvergleichen,** die für den Leser nicht nachvollziehbar ist, die die Gefahr des Missbrauchs in sich trägt oder die die Auswahlkriterien offen lässt. Hinsichtlich Form und Inhalt des Vergleichs ist der **gemeinschaftsrechtliche Irreführungsmaßstab** anzuwenden. Liegen dem Vergleich extreme Bedingungen zugrunde, kann die Gefahr bestehen, dass der Verkehr über die getesteten Eigenschaften der verglichenen Produkte **im Normalbetrieb** getäuscht wird (BGH **„Stresstest"**). Auch ein **sachlich zutreffender** Vergleich kann irreführend sein, wenn z.B. auf Grund einseitiger Auswahl der verglichenen Eigenschaften im Verkehr ein irreführender Eindruck entsteht (BGH **„Kostenvergleich bei Honorarfactoring"**). Abzustellen ist dabei auf das maßgebliche Verkehrsverständnis derjenigen Verkehrskreise, an die sich der Werbevergleich richtet.

133a Im Zusammenhang mit einem **Preisvergleich eines Paketdienstes,** bei dem nur die dem Werbenden günstigen Lieferpreise mit denjenigen des Hauptwettbewerbers verglichen wurden, heißt es in Bezug auf die damit verbundene Irreführung:

> Die Grenze zur Irreführung ist jedoch überschritten, wenn ein Werbevergleich den falschen Eindruck vermittelt, es seien im Wesentlichen alle relevanten Eigenschaften in den Vergleich einbezogen worden. … Dementsprechend ist ein im Rahmen vergleichender Werbung vorgenommener Preisvergleich als irreführend zu beurteilen, wenn sich die für den Preis maßgeblichen Konditionen der Wettbewerber nicht unwesentlich unterscheiden und der Werbende auf diese Unterschiede nicht deutlich und unmissverständlich hinweist (BGH in WRP 2010, Seite 757ff. [S. 758, 759, Rdnr. 16], **„Paketpreisvergleich"**).

Der Durchschnittsverbraucher erkennt in jedem Werbevergleich die subjektive Bewertung durch den werbenden Unternehmer. Dennoch ist ein derartiger Werbevergleich dann zur Irreführung geeignet, wenn das werbende Unternehmen die für die **Entgeltbemessung maßgeblichen Umstände** nicht offenbart.

Praxishinweis
Ein irreführender Preisvergleich liegt noch nicht vor, wenn sich der Werbevergleich nur auf bestimmte Gesichtspunkte bezieht, ohne andere Eigenschaften der miteinander verglichenen Produkte anzusprechen, solange kein schiefes Bild entsteht. Ein schiefes Bild kann etwa dadurch entstehen, dass bei Dienstleistungen die für den Preis maßgeblichen Konditionen der Wettbewerber deutliche Unterschiede aufweisen. In diesem Fall kann eine irreführende vergleichende Werbung nur dadurch verhindert werden, dass auf die bestehenden Unterschiede deutlich und unmissverständlich hingewiesen wird.

11. Irreführende Preissenkungswerbung (§ 5 Abs. 4 UWG)

134 § 5 Abs. 4 UWG enthält die gesetzliche Vermutung, dass eine geschäftliche Handlung jedenfalls irreführend ist, wenn sie die Bewerbung einer Preisherabsetzung zum Inhalt hat, sofern der Preis nur für eine **unangemessen kurze Zeit** gefordert worden ist. Die **Beweislast** für die Angemessenheit des Zeitraums der Preisherabsetzung trifft denjenigen, der mit der Preisherabsetzung geworben hat **(Beweislastumkehr).**

135 Die Vermutung aus § 5 Abs. 4 UWG gilt auch für Fälle der Preisschaukelei. **Preisschaukelei** liegt vor, wenn das werbende Unternehmen seine Preise willkürlich herauf- und herabsetzt, sodass der verständige Durchschnittsverbraucher über den tatsächlich geforderten Preis verunsichert wird.

136 Nach **Aufhebung der Verbotstatbestände zum Sonderveranstaltungs- und Räumungsverkaufsrecht** in §§ 7, 8 UWG a. F., sah sich der Gesetzgeber genötigt, in § 5 Abs. 4 UWG den **besonderen Gefährdungstatbestand der irreführenden Preisherabsetzungswerbung** in das UWG aufzunehmen. Der Gesetzgeber weist in der Gesetzesbegründung ausdrücklich auf Folgendes hin:

> Der Entwurf hat die Erörterungen in der Arbeitsgruppe in der Weise aufgenommen, dass Werbeaktionen, die nach geltendem Recht als Sonderveranstaltungen unzulässig waren, ohne Beschränkungen zulässig werden. Die Preissenkung des gesamten Warenangebots unabhängig von der Zugehörigkeit zu einem bestimmten Sortiment wird damit zulässig.
> ...
> Als Ausgleich für diese weitgehende Freigabe der Preiswerbung wird in § 5 Abs. 4 ein Korrektiv geschaffen, das zu einer Erhöhung der Preistransparenz führt. Im Bereich der Jubiläumsverkäufe und der Räumungsverkäufe erfolgt keine spezielle Regelung.
> ...
> Im Übrigen bietet das allgemeine Verbot irreführender Werbung insoweit einen ausreichenden Schutz vor Mißbräuchen, als eine Werbung für Räumungsverkäufe wegen Geschäftsaufgabe, der in Wahrheit keine Geschäftsaufgabe zugrunde liegt, gegen das Irreführungsverbot des § 5 verstößt (Gesetzesbegründung zu A. IV. 5. a)).

Während also unter Geltung von § 7 UWG a. F. die Preisherabsetzung **ganzer Warensortimente** unzulässig war, ist unter Geltung von § 5 UWG eine derartige Preissenkungswerbung nur dann unzulässig, wenn entweder die herausgestellten höheren Preise tatsächlich nicht oder nur eine unangemessen kurze Zeit verlangt werden. **Räumungs- und Jubiläumsverkäufe sind uneingeschränkt zulässig,** soweit nicht der Werbende über den Anlass oder die Zeitdauer des Verkaufs irreführende Angaben macht.

137 Untersagen will § 5 Abs. 4 UWG nur eine solche Preissenkungswerbung, bei der durch ein **künstliches Heraufsetzen der Verkaufspreise** erst die Grundlage für die

spätere Preissenkung geschaffen wird, ohne dass der Anbieter den höheren Verkaufspreis überhaupt eine gewisse Zeit ernsthaft verlangt hätte. In diesem Fall liegt ein besonderes Irreführungspotential vor, vor dem der verständige Durchschnittsverbraucher geschützt werden soll. Die in § 5 Abs. 4 UWG enthaltene Beweislastumkehr soll es dem klagenden Mitbewerber oder Verband erleichtern, derartige Preissenkungswerbung zu verfolgen, selbst wenn zum Zeitpunkt der Abmahnung erst ein begründeter Verdacht gegeben ist.

138 Im Rahmen der irreführenden Preissenkungswerbung kann nur eingeschränkt auf die Rechtsprechung des Bundesgerichtshofs zur **Werbung mit irreführenden Preisgegenüberstellungen** zurückgegriffen werden (siehe etwa BGH **„Preisknaller"**).

139 Im Zusammenhang mit der Bewerbung eines Bau- und Heimwerkermarktes mit dem Slogan „20% auf alles* (* ausgenommen Tiernahrung)" prüfte der BGH eine mögliche Irreführung des Verkehrs. In diesem Zusammenhang stellte der BGH fest, dass das werbende Unternehmen die geforderten Preise zum **Beginn der Rabattaktion erhöht** und dann den angekündigten Rabatt von 20% auf die heraufgesetzten Preise gewährt hatte. In diesem Zusammenhang führt der erkennende Senat zur Frage der Irreführung Folgendes aus:

> Nach der Gesetzesbegründung ist ursprünglicher Preis im Sinne des § 5 Abs. 4 S. 1 UWG der Preis, der unmittelbar vor der Ankündigung der Preissenkung verlangt wurde (vgl. die Begründung zum Regierungsentwurf eines Gesetzes gegen den unlauteren Wettbewerb, BT-Drucks. 15/1487, S. 20). Dieser Preis muss für eine angemessene Zeitdauer gefordert worden sein, damit die Vermutung des § 5 Abs. 4 UWG nicht eingreift. ... Auf einen anderen Preis kommt es nach dem Wortlaut der Vorschrift nicht an.
> ...
> Es kommt in diesem Zusammenhang nicht darauf an, dass ein gleich hoher Preis in der Vergangenheit über einen längeren Zeitraum gefordert wurde, weil Ursprungspreis im Sinne der Vorschrift des § 5 Abs. 4 S. 1 UWG nur der unmittelbar vor Ankündigung der Preissenkung verlangte Preis ist und es allein darauf ankommt, ob dieser Preis für eine hinreichende Dauer gegolten hat. ... Besondere Umstände, die dazu führen, dass im Einzelfall nicht von einer Irreführung des Verkehrs auszugehen ist, können vom Werbenden im Rahmen der ihm möglichen Widerlegung der Irreführung nachgewiesen werden (BGH in WRP 2009, Seite 951 ff. [S. 952, Rdnr. 15, 17], **„20% auf alles"**).

Der Gesetzgeber wollte mit Schaffung von § 5 Abs. 4 S. 1 UWG **Missbräuchen bei der Preissenkungswerbung** begegnen. Daher liegt eine irreführende Preiswerbung nicht nur dann vor, wenn es sich bei dem früheren Preis um einen Fantasiepreis („Mondpreise") handelt, sondern auch bei Preisen, die tatsächlich, aber eben nicht in der Zeit unmittelbar vor der angekündigten Preissenkung, verlangt wurden. Umso mehr ist eine Preiswerbung unlauter im Sinne von § 5 Abs. 4 UWG, wenn der Preis unmittelbar vor der Rabattaktion **künstlich heraufgesetzt** wird (BGH **„Mondpreis"**).

140 Zu der Frage, wann ein als herabgesetzt bezeichneter Preis nicht mehr als Vergleichswert herangezogen werden darf, stellt die höchstrichterliche Rechtsprechung auf die **Umstände des Einzelfalls,** beispielsweise die Art der Ware oder Dienstleistung und die Marktsituation, ab (BGH **„20% auf alles"**). Daher gilt für **langlebige Wirtschaftsgüter** wie Möbel oder Teppiche etwas anderes als für Waren des täglichen Bedarfs, wie zum Beispiel **verderbliche Lebensmittel.** Eine starre Fristbemessung scheidet jedenfalls aus. Jede Werbung ist gemäß § 5 Abs. 4 UWG dahin zu überprüfen, ob bei dem beworbenen Angebot der frühere, höhere Preis nur eine unangemessen kurze Zeit gefordert wurde. Wirbt ein Discount-Markt mit „45000 Dauertiefpreisen" erwartet der Endverbraucher, dass der Händler zumindest lagerfähige Produkte mindestens einen Monat lang zu dem beworbenen „Dauertiefpreis" verkauft (noch zu

§ 3 UWG a.F.: BGH **„Dauertiefpreis"**). Andernfalls liegt eine irreführende Preiswerbung vor.

141 Selbst im Rahmen einer **Geschäftsneueröffnung** kann mit Preisgegenüberstellungen geworben werden, solange der durchschnittlich informierte und verständige Verbraucher nicht irregeführt wird. Wirbt der Geschäftsinhaber bei einer Geschäftsneueröffnung mit durchgestrichenen Preisen, so wird der verständige Durchschnittsverbraucher annehmen, dass es sich bei dem durchgestrichenen Preis um denjenigen Preis handelt, den der Werbende vor oder nach der besonderen Verkaufsveranstaltung aus Anlass der Neueröffnung verlangt (noch zu § 3 UWG a.F.: BGH in **„Neu in Bielefeld II"**).

142 Bei der Frage, ob eine Preisgegenüberstellung nicht gegen § 5 Abs. 4 UWG verstößt, sind folgende Voraussetzungen zu überprüfen:

- Der neue Verkaufspreis wird dem vorhergehenden eigenen gegenübergestellt,
- der frühere Verkaufspreis wurde tatsächlich eine gewisse Zeit lang gefordert und die Preissenkung liegt nicht bereits eine längere Zeit zurück,
- der frühere Preis wurde ernsthaft gefordert, was sich u.a. an dem Zeitraum, in dem der frühere Preis verlangt wurde, manifestiert hat,
- der frühere Preis wurde nicht überhöht („Mondpreis") angesetzt, um eine Preissenkung vortäuschen zu können,
- es wird auch nicht sonst über das Ausmaß der Preissenkung irregeführt.

143 Sofern der Werbende den Eindruck erweckt, bei dem früheren Preis handelt es sich um einen **eigenen Preis,** tatsächlich liegt jedoch die **unverbindliche Preisempfehlung** des Herstellers vor, ist jedenfalls eine Irreführung gemäß § 5 Abs. 1, Abs. 2 Nr. 2 UWG gegeben. Zulässig ist es jedoch, wenn der Händler auf eine Preisempfehlung des Herstellers – etwa „empfohlener Verkaufspreis", „empfohlener Verkaufspreis des Herstellers" oder „UVP" (BGH **„UVP"**) – Bezug nimmt. Wurde zwischenzeitlich die unverbindliche Preisempfehlung des Markenherstellers **aufgehoben** oder liegt keine rechtswirksame Preisempfehlung des Herstellers vor, ist auch eine auf die Preisempfehlung bezugnehmende Werbung des Händlers unzulässig (zu § 3 UWG a.F.: BGH **„Einrichtungs-Pass"** und **„Fortfall einer Herstellerpreisempfehlung"**). Zulässig ist es in diesem Fall jedoch, wenn das werbende Unternehmen im Rahmen der Preisgegenüberstellung kenntlich macht, dass es sich bei dem durchgestrichenen Preis um die **„ehemalige unverbindliche Preisempfehlung"** des Herstellers handelt. So stellte der Bundesgerichtshof in seiner noch zu § 3 UWG a.F. ergangenen Entscheidung **„Ehemalige Herstellerpreisempfehlung"** klar:

> Das Berufungsgericht hätte vielmehr beachten müssen, dass die Bezugnahme auf eine kartellrechtlich zulässige … unverbindliche Preisempfehlung des Herstellers nach ständiger Rechtsprechung des Bundesgerichtshofes auch wettbewerbsrechtlich grundsätzlich zulässig ist. Sie ist nur dann als irreführend anzusehen, wenn nicht klargestellt wird, dass es sich bei der Herstellerempfehlung um eine unverbindliche Preisempfehlung handelt, wenn die Empfehlung nicht auf der Grundlage einer ernsthaften Kalkulation als angemessener Verbraucherpreis ermittelt worden ist oder wenn der vom Hersteller empfohlene Preis im Zeitpunkt der Bezugnahme nicht als Verbraucherpreis in Betracht kommt (BGH in WRP 2000, Seite 383ff. [Seite 385]).

144 Denn entscheidend für die Zulässigkeit einer derartigen Preisgegenüberstellung ist allein, ob der durchgestrichene Preis noch als sachgerechte Orientierungshilfe für die Preisüberlegungen des angesprochenen Verbrauchers dienen kann (noch zu § 3 UWG

a. F.: BGH **„Mondpreise"**). Irreführend wird die Bezugnahme auf eine „ehemalige unverbindliche Preisempfehlung" des Herstellers erst dann, wenn diese Preisempfehlung nicht die zum Zeitpunkt der Werbung **zuletzt gültige Empfehlung** des Markenherstellers war. Bestand zum Zeitpunkt der Werbung bereits eine niedrigere Preisempfehlung, kann die frühere unverbindliche Preisempfehlung des Herstellers dem Verbraucher nicht mehr als **brauchbare Orientierungshilfe** dienen, sondern die durchgestrichene Preisangabe führt eher zu der Fehlvorstellung, dass der durchgestrichene Preis noch unmittelbar vor der Werbung tatsächlich bestand. Irreführend ist die Bezugnahme auf eine Herstellerpreisempfehlung auch dann, wenn in der Werbung die tatsächlich bestehende Herstellerpreisempfehlung unrichtig wiedergegeben wird (zu § 3 UWG a. F.: BGH **„Falsche Herstellerpreisempfehlung"**). Schließlich besteht hohes Irreführungspotential auch dann, wenn zwar mit einer bestehenden, richtigen unverbindlichen Preisempfehlung des Herstellers geworben wird, der Werbende jedoch der **Alleinvertriebshändler** für das beworbene Markenprodukt ist. In diesem Fall stellt die Preisgegenüberstellung keine sinnvolle Orientierungshilfe für den verständigen Durchschnittsverbraucher dar, sondern sie suggeriert vielmehr eine Preisgünstigkeit im Marktvergleich, die nicht besteht (zu § 3 UWG a. F.: BGH **„Preisempfehlung bei Alleinvertrieb"**). Das trifft auch für die unverbindliche Preisempfehlung bei Sondermodellen von Haushaltsgeräten zu, die nur einem beschränkten Kreis von Großabnehmern angeboten wurden (zu § 3 UWG a. F.: BGH **„Preisempfehlung für Sondermodelle"**). Bei der vergleichenden Bezugnahme auf den Angebotspreis eines Wettbewerbers müssen die Preisangaben gem. § 5 Abs. 3 UWG wahrheitsgemäß sein (noch zu §§ 1, 2 UWG a. F.: BGH **„Preisgegenüberstellung im Schaufenster"**).

145 Zulässig ist es hingegen, wenn ein Händler mit einem sogenannten **„Set-Preis"** mehrere Artikel zu einem Gesamtpreis zusammenfasst. Stellt der Händler in diesem Fall den Gesamtpreis den früheren Einzelpreisen der Artikel gegenüber und übersteigt der **Preis eines Einzelartikels** bereits den gebildeten Gesamtpreis, so ist selbst diese Art der Preisgegenüberstellung nicht zu beanstanden. Nur wenn die früheren Einzelpreise **nicht, nicht ernsthaft, nicht längere Zeit oder nicht in letzter Zeit** verlangt bzw. wenn **überhöhte Einzelpreise** angesetzt wurden, um eine Preissenkung vortäuschen zu können, kann eine Irreführung über das Ausmaß der Preissenkung vorliegen (noch zu § 3 UWG a. F.: BGH **„Set-Preis"**).

146 Irreführend ist die Werbung mit Preisgegenüberstellungen, wenn der herabgesetzte Preis **keine Neuware** betrifft und der verständige Durchschnittsverbraucher über diesen Umstand nicht aufgeklärt wird. So ist es unzulässig, wenn der werbende Möbelhändler damit wirbt, seine Sofa-Garnituren seien um „bis zu 40%" preisreduziert, wenn es sich bei den beworbenen Artikeln tatsächlich um **Ausstellungsstücke,** nicht jedoch um Neuware handelt. In diesem Fall hat der Werbende durch entsprechenden Zusatz kenntlich zu machen, dass es sich bei den beworbenen Artikeln um **preisherabgesetzte Ausstellungsstücke** handelt.

Praxishinweis

Die gesetzliche Beweislastumkehr hat zur Folge, dass das werbende Unternehmen beweisfähige Unterlagen vorhalten muss, die belegen, dass tatsächlich der höhere Preis zunächst ernsthaft gefordert wurde. Dabei muss sichergestellt werden, dass die Dokumentation des werbenden Unternehmens nicht nur den höheren Preis selbst abbildet, sondern dass dieser höhere Preis auch tatsächlich unmittelbar vor der angekündigten Preissenkung verlangt wurde.

Praxishinweis

Eine irreführende Werbung kann selbst dann vorliegen, wenn mit objektiv richtigen Angaben geworben wird. Das ist immer dann der Fall, wenn eine Eigenschaft werblich herausgestellt wird, die zum Wesen der angebotenen Ware oder Leistung gehört. Bei der Prüfung einer konkreten Werbemaßnahme ist daher zunächst zu ermitteln, ob die Werbung eine Eigenschaft betrifft, die weder gesetzlich vorgeschrieben noch zum Wesen der Ware oder Dienstleistung gehört.

VI. Irreführung durch Unterlassen (§ 5a UWG)

1 Das erste Gesetz zur Änderung des Gesetzes gegen den unlauteren Wettbewerb (UWG 2008) hat den Tatbestand der Irreführung durch Unterlassen als eigenständige Anspruchsgrundlage gem. § 5a UWG in das UWG eingeführt. Danach handelt derjenige unlauter, der die Entscheidungsfähigkeit von Verbrauchern im Sinne des § 3 Abs. 2 UWG dadurch beeinflusst, dass **er eine Information vorenthält,** die im konkreten Fall unter Berücksichtigung aller Umstände einschließlich der Beschränkungen des Kommunikationsmittels wesentlich ist. Zur Präzisierung des Wesentlichkeitserfordernisses zählt § 5a Abs. 3 UWG die Informationen auf, die jedenfalls als **wesentlich** im Sinne des Abs. 2 gelten. Danach ist das Verschweigen einer Information über wesentlichen Merkmale der Ware oder Dienstleistung, die Identität und Anschrift des Unternehmers (oder des Unternehmers, für den er handelt), den Endpreis oder ggf. die Art der Preisberechnung, die Zahlungs-, Liefer- und Leistungsbedingungen sowie das Verfahren zum Umgang mit Beschwerden und über das Bestehen eines Rechts zum Rücktritt oder Widerruf stets unlauter.

2 Dieser Irreführungstatbestand durch Unterlassen gilt für alle Marktteilnehmer. Dabei stellt § 5a Abs. 1 UWG nicht auf den Vertragsabschluss ab, sondern es werden z. B. auch **nachvertragliche geschäftliche Handlungen** erfasst. Bei Anwendung von § 5a Abs. 1 UWG kommt es nur darauf an, dass die verschwiegene Tatsache für die geschäftliche Entscheidung wesentlich ist. Wird dem Verbraucher eine wesentliche Information vorenthalten, kommt es auf eine entsprechende **Fehlvorstellung** auf seiten des Verbrauchers **nicht** mehr an (BGH **„Call-by-Call"**).

3 Während § 5a Abs. 1 UWG für sämtliche Marktteilnehmer gilt, sind die nachfolgenden Absätze § 5a Abs. 2 bis Abs. 4 UWG auf die geschäftlichen Handlungen gegenüber Verbrauchern beschränkt. Die Beschränkung der Regelung auf das Verschweigen von Tatsachen bei Waren- und Dienstleistungsangeboten **gegenüber Verbrauchern** ist geboten, um den kaufmännischen Verkehr nicht mit Informationsanforderungen zu belasten, die in erster Linie dem Verbraucherschutz dienen (Begründung Änderungsgesetz B, zu § 5a Abs. 2). Außerdem stellt § 5a Abs. 2 UWG ausdrücklich auf das verwendete Kommunikationsmittel ab. Je nach Art des **Kommunikationsmittels,** über das die Information vorenthalten wird, sind die Anforderungen an die Tatsachenübermittlung unterschiedlich. Entsprechend der Vorgabe aus der Richtlinie über unlautere Geschäftspraktiken erfasst § 5a Abs. 2 UWG Fälle des Verheimlichens wesentlicher Informationen. Ein Verschweigen durch Unterlassen liegt selbst dann vor, wenn die Information auf **unklare, unverständliche, zweideutige Weise** oder nicht rechtzeitig erfolgt ist, oder wenn der kommerzielle Zweck einer geschäftlichen Handlung nicht kenntlich gemacht wird (s. Begründung Änderungsgesetz B, zu § 5a Abs. 2).

4 Die vorenthaltenen Informationen müssen geeignet sein, den Verbraucher zu einer **geschäftlichen Entscheidung zu veranlassen,** die er sonst nicht getroffen hätte. Aus Verbrauchersicht wesentlich ist etwa die Endpreisangabe (BGH **„Preiswerbung ohne Umsatzsteuer"**). Wird der Verbraucher nicht über den Endpreis (= Gesamtpreis) informiert, verletzt das werbende Unternehmen § 5a Abs. 2 UWG, sofern das beworbene Angebot derart konkretisiert ist, dass es vom Durchschnittsverbraucher angenommen werden kann. Das gilt jedoch dann nicht, wenn für das beworbene Produkt kein Gesamtpreis genannt werden kann (BGH **„Treppenlift"**). Aus Sicht des BGH müssen folgende Voraussetzungen vorliegen, damit ein **Angebot** im Sinne von § 5a Abs. 3 UWG vorliegt:

> Hierfür ist es erforderlich, aber auch ausreichend, dass der Verbraucher hinreichend über das beworbene Produkt und dessen Preis informiert ist, um eine informationsgeleitete geschäftliche Entscheidung treffen zu können. ... Das ist – unabhängig davon, ob das der Absatzförderung dienende Verhalten bereits ein Angebot im Sinne von § 145 BGB oder eine sogenannte invitatio ad offerendum beinhaltet – dann anzunehmen, wenn dem Verbraucher die wesentlichen Vertragsbestandteile bekannt sind. ...
> Gemäß Art. 7 Abs. 1 und Erwägungsgrund 14 S. 3 der Richtlinie 2005/29/EG über unlautere Geschäftspraktiken, die für die unionsrechtkonforme Auslegung des § 5a UWG maßgebend sind, geht es bei dieser Bestimmung darum, sicherzustellen, dass der Verbraucher diejenigen Basisinformationen erhält, die er benötigt, um eine informationsgeleitete geschäftliche Entscheidung zu treffen. Die in § 5a Abs. 3 UWG in Umsetzung von Art. 7 Abs. 4 der Richtlinie 2005/29/EG gesondert aufgeführten Informationen betreffen die Verbraucherentscheidung für das Geschäft, dessen Abschluss ihm unter den qualifizierten Voraussetzungen des § 5a Abs. 3 Halbsatz 1 UWG und Art. 7 Abs. 4 Halbsatz 1 der Richtlinie 2005/29/EG in annahmefähiger Form angeboten wird. Gemäß § 5a Abs. 3 Nr. 2 UWG sind deshalb Identität und Anschrift des Vertragspartners des Verbrauchers im Hinblick auf das insoweit qualifiziert angebotene Geschäft anzugeben. ...
> Soweit § 5a Abs. 3 Nr. 2 UWG die Informationspflicht auf die Identität und Anschrift desjenigen Unternehmers erweitert, für den der anbietende Unternehmer handelt, stellt das Gesetz sicher, dass dem Verbraucher auch dann die Identität und die Anschrift seines Vertragspartners offenbart werden, wenn dieser beim Abschluss des Geschäfts nicht selbst in Erscheinung tritt, sondern ein Dritter dem Verbraucher das Geschäft anbietet. Auch in dieser Konstellation geht es nach dem systematischen Zusammenhang der Regelung jedoch allein um die Offenbarung von Informationen über den Vertragspartner des im Sinne von § 5a Abs. 3 Halbsatz 1 UWG qualifiziert angebotenen Geschäfts und nicht auch um Informationen über Unternehmer, die – möglicherweise – erst bei der späteren Durchführung dieses qualifiziert angebotenen Geschäfts eingebunden sind (BGH in WRP 2014, S. 545ff. [S. 546, 547 Rdnr. 12, 19, 20], **„Alpenpanorama im Heißluftballon"**).

Wer Gutscheine für „Erlebnisse" (hier: Ballonfahrt in den Alpen) über das Internet anbietet, muss zwar seine eigene Firma und seine Anschrift angeben, nicht aber die Identität und Anschrift des die Ballonfahrt durchführenden Unternehmens. Denn der werbende Unternehmer bietet im Internet nur den Gutschein an und muss deshalb dem Verbraucher sämtliche für den Erwerb des Gutscheins erforderlichen wesentlichen Angaben offenbaren. Das **Transparenzgebot** gemäß § 5a Abs. 3 UWG trifft insoweit nur den Anbieter des Gutscheins, nicht jedoch den des die Ballonfahrt durchführenden Unternehmens.

5 Die Liste der Informationen in § 5a Abs. 3 UWG, die jedenfalls als wesentlich im Sinne des Abs. 2 gelten, ist nicht abschließend. Es handelt sich vielmehr um **Beispielsfälle,** die immer eine Irreführung durch Unterlassen begründen, sofern sich die betreffenden Tatsachen nicht bereits unmittelbar aus den Umständen ergeben. Ferner stellt § 5a Abs. 3 UWG klar, dass der Irreführungstatbestand durch Unterlassen sowohl für Waren als auch für Dienstleistungen gilt. Es kommt nicht darauf an, ob es bereits zu einem Geschäftsabschluss gekommen ist oder nicht. Zur Anwendung von § 5a Abs. 2 UWG ist es ausreichend, wenn der Durchschnittsverbraucher in einer dem verwendeten Mittel der kommerziellen Kommunikation **angemessenen Weise** über die angebotenen Waren oder Dienstleistungen so informiert wird, dass er in der Lage ist, einen Geschäftsabschluss zu tätigen. Bei richtlinienkonformer Auslegung kommt es für die Frage, ob ein wettbewerbskonformes Waren- oder Dienstleistungsangebot vorliegt, nur darauf an, ob der Verbraucher aufgrund der mitgeteilten Angaben über den **Preis** sowie die **Waren- oder Dienstleistungsmerkmale** die Möglichkeit hat, eine auf den Erwerb der Waren oder die Inanspruchnahme der Dienstleistung gerichtete Willenserklärung abzugeben (Begründung Änderungsgesetz, zu § 5a Abs. 3). Nur bei bloßer Aufmerksamkeitswerbung kommt § 5a UWG nicht zum Tragen.

6 Mit dem Katalog der wesentlichen Informationen in § 5a Abs. 3 Nr. 1 bis Nr. 5 UWG schafft der Gesetzgeber einen Maßstab für die Prüfung, welche sonstigen Informationen wesentlich i. S. v. § 5a Abs. 2 UWG sind. Diese Kriterien entsprechen den besonderen Informationsanforderungen, die auch nach § 4 Nr. 4 und Nr. 5 UWG bei Verkaufsförderungsmaßnahmen und bei Gewinnspielen sowie Preisausschreiben erforderlich sind. Ob der Unternehmer seiner Informationsverpflichtung nachgekommen ist, entscheidet sich danach, welche Information im konkreten Einzelfall so **wesentlich** ist, dass der Durchschnittsverbraucher hierüber aufzuklären ist (BGH **„Typenbezeichnung"**). Da der Katalog der Informationsanforderungen in § 5a Abs. 3 Nr. 1–Nr. 5 UWG nicht abschließend ist, kann es im Einzelfall für das werbende Unternehmen erforderlich sein, noch andere Umstände mitzuteilen, die für eine Beurteilung der Ware oder Dienstleistung wesentlich erscheinen (Begründung Änderungsgesetz B, zu § 5a Abs. 3).

7 Wenn gemäß § 5a Abs. 3 Nr. 1 UWG die wesentlichen Merkmale der Ware oder Dienstleistung in angemessenem Umfang aufzuführen sind, wobei etwa bei geringwertigen Gegenständen des täglichen Bedarfs die Informationspflichten **geringer** sind als bei höherwertigen Gebrauchsgütern, erfordert § 5a Abs. 3 Nr. 2 UWG die Angabe der Firma des anbietenden Unternehmens sowie dessen Anschrift bzw. **Identität und Anschrift des Unternehmers,** für den der Anbieter handelt. Zu den Angaben gemäß § 5a Abs. 3 Nr. 2 UWG führt der BGH wörtlich aus:

> Entgegen der Ansicht des BerGer erfordert die Pflicht zur Information über die Identität des Unternehmers i. S. von § 5a III Nr. 2 UWG auch die Angabe der Rechtsform des werbenden Unternehmens. …
> Dies ergibt sich aus der Bestimmung des Art. 7 IV lit. b Richtlinie 2005/29/EG über unlautere Geschäftspraktiken, die mit § 5a III Nr. 2 UWG ins deutsche Recht umgesetzt worden ist. Danach gilt als wesentliche Information die „Anschrift und Identität des Gewerbetreibenden, sowie sein Handelsname". Daraus folgt die Pflicht zur Identifizierung des Vertragspartners. Denn der Handelsname dient wie ein Firmenzeichen dazu, ein Geschäft und nicht Waren oder Dienstleistungen zu bezeichnen. … Der Rechtsformzusatz ist Bestandteil der Firma und des Namens eines Einzelkaufmanns (§ 19 I Nr. 1 HGB), einer Personengesellschaft (§ 19 I Nrn. 2 und 3 HGB) und einer Partnerschaftsgesellschaft (§ 2 I PartGG). Entsprechendes gilt für Kapitalgesellschaften (§§ 4, 279 AktG; § 4 GmbHG) und Genossenschaften (§ 3 GenG).
> Die grundsätzliche Pflicht zur Angabe der Rechtsform folgt ferner aus dem Sinn und Zweck der Vorschrift. Mit dem in Art. 7 IV RL 2005/29/EG geregelten Transparenzgebot geht es darum sicherzustellen, dass dem Verbraucher diejenigen Basisinformationen mitgeteilt werden, die er benötigt, um eine informationsgeleitete geschäftliche Entscheidung treffen zu können (vgl. Erwägungsgrund 14 der Richtlinie 2005/29/EG). Für eine solche informationsgeleitete Entscheidung muss der Verbraucher wissen, wer sein Vertragspartner wird …, und zwar auf klare und unmissverständliche Weise. … Diese Information ist zum einen erforderlich, damit der Verbraucher ohne Schwierigkeiten Kontakt mit dem anbietenden Unternehmen aufnehmen kann …; das ist aber nicht gewährleistet, wenn er im Falle der Auseinandersetzung mit dem Unternehmer erst dessen exakte Identität ermitteln muss. … Darüber hinaus ist die Mitteilung der Identität des Vertragspartners aber auch für die geschäftliche Entscheidung des Verbrauchers wesentlich, weil dieser dadurch in die Lage versetzt wird, den Ruf des Unternehmers im Hinblick auf Qualität und Zuverlässigkeit der von ihm angebotenen Waren oder Dienstleistungen,

aber auch dessen wirtschaftliche Potenz, Bonität und Haftung einzuschätzen. Insbesondere die letztgenannten Umstände können auch von der Rechtsform des Unternehmens abhängen. Dem entspricht es, dass nach § 19 I HGB die Handelsfirma Angaben zur Rechtsform eines Einzelkaufmanns und einer Personengesellschaft enthalten muss. Auch dies dient dem Schutz des Geschäftsverkehrs und dem Interesse der Marktteilnehmer an der Ersichtlichkeit der Kaufmannseigenschaft und der Gesellschafts- und Haftungsverhältnisse bei Personengesellschaften. … Nichts anderes gilt – wie dargelegt – für Kapitalgesellschaften und Genossenschaften (BGH in GRUR 2013, 1169f. [S. 1169, 1170 Rdnrn. 11, 12, 13], **„Brandneu von der IFA"**).

Das Transparenzgebot aus § 5a Abs. 3 Nr. 2 UWG verlangt eine **klare und unmissverständliche** Unterrichtung des Verbrauchers über die Identität seines Vertragspartners. Es will verhindern, dass der Verbraucher Schwierigkeiten bei der Einholung von Informationen über den Vertragspartner und bei der Kontaktaufnahme mit ihm hat. Die Bestimmung des § 5a Abs. 2 UWG begründet also **Informationspflichten,** die über das hinausreichen, was notwendig ist, um Fehlvorstellungen zu vermeiden, die sich andernfalls einstellen würden. Diese Verpflichtung zwingt allerdings nur zur Offenlegung von Informationen, die für die geschäftliche Entscheidung des Verbrauchers erhebliches Gewicht haben und deren Angabe unter Berücksichtigung der beiderseitigen Interessen vom Unternehmer erwartet werden kann (BGH **„Zweigstellenbriefbogen"**). Danach ist ein Rechtsanwalt weder nach § 10 Abs. 1 BORA noch nach § 5a Abs. 2 UWG verpflichtet, auf den für seine anwaltliche Tätigkeit verwendeten Briefbögen sämtliche Standorte seiner Niederlassungen zu nennen, oder durch Verwendung der Begriffe „Kanzlei" und „Zweigstelle" kenntlich zu machen, wo er seine Kanzlei und wo er seine Zweigstellen unterhält. Verstöße gegen diese Informationspflichten können ggf. über § 4 Nr. 11 UWG als **wettbewerbswidriger Rechtsbruchstatbestand** erfasst werden. In § 5a Abs. 3 Nr. 3 UWG werden Informationspflichten im Hinblick auf die Preisangabe festgeschrieben, die die entsprechenden Pflichten aus der Preisangabenverordnung ergänzen. Eine Verletzung der Preisangabenverordnung kann ggf. über § 4 Nr. 11 UWG zusätzlich lauterkeitsrechtlich geahndet werden (BGH **„2 Flaschen GRATIS"**). Schließlich enthält § 5a Abs. 3 Nr. 4 UWG Informationspflichten über Zahlungs-, Liefer- und Leistungsbedingungen (dazu zählen nicht o.w. Garantiebedingungen, BGH **„Werbung mit Garantie"**) sowie über Bedingungen von Beschwerdeverfahren, und Nr. 5 schreibt Informationspflichten zum Bestehen eines Rechts zum Rücktritt oder Widerruf fest. Letztlich dienen die Informationspflichten aus § 5a Abs. 3 Nr. 4 und Nr. 5 UWG der Klarstellung, da bei einem bestehenden Widerrufsrecht bereits gemäß § 355 BGB aufgeklärt werden muss. Eine Verletzung von § 355 BGB führt jedoch erneut zum Vorliegen eines Rechtsbruchstatbestandes, so dass dieses wettbewerbswidrige Verhalten auch über § 4 Nr. 11 UWG verfolgt werden kann.

8 Darüber hinaus verweist § 5a Abs. 4 UWG auf weitere Informationspflichten, die sich aus gemeinschaftsrechtlichen Rechtsakten und Richtlinien ergeben können. Gemeint sind insbesondere die Richtlinien über Verbraucherschutz bei Fernabschlüssen im Fernabsatz (Richtlinie 97/7/EG), über Pauschalreisen (Richtlinie 90/314/EWG), über den elektronischen Geschäftsverkehr (Richtlinie 2000/31/EG) sowie über Verbraucherkredit und Fernabsatz von Finanzdienstleistungen an den Verbraucher (Richtlinien 98/7/EG, 87/102/EWG und 2002/65/EG). In Umsetzung der Richtlinien hat der deutsche Gesetzgeber nationale Gesetze geschaffen, deren Verletzung als **Verletzung von Marktverhaltensregelungen** jedenfalls auch unter dem Gesichtspunkt des Rechtsbruchs gemäß § 4 Nr. 11 UWG zu verfolgen sind, etwa Art. 246 EGBGB, TMG und PAngV.

9 Bei der Frage, ob das Verschweigen einer Tatsache irreführend ist, ist einerseits die **Bedeutung der verschwiegenen Tatsache für den Kaufentschluss** (bzw. nach Vertragsschluss), andererseits die **Eignung des Verschweigens zur Beeinflussung der Entscheidung** zu berücksichtigen. War die verschwiegene Tatsache nicht geeignet, die Entscheidung des Verbrauchers zu beeinflussen, scheidet eine wettbewerbsrechtlich relevante Irreführung in gleicher Weise aus wie in dem Fall, dass die verschwiegene Tatsache für den Vertragsschluss nicht wesentlich war.

10 **Relevant** ist eine verschwiegene Tatsache immer dann, wenn gerade diese **Tatsache für den Kaufentschluss** eines durchschnittlich informierten und verständigen Verbrauchers **ausschlaggebend** ist. Wenn etwa ein Händler von gebrauchten Kfz verschweigt, dass es sich bei dem angebotenen Fahrzeug um einen Unfallwagen handelt, ist diese verschwiegene Tatsache für den Kaufentschluss des Verbrauchers von grundlegender Bedeutung. Denn hätte der Verbraucher Kenntnis von dem Unfallschaden gehabt, hätte er im Zweifel das Fahrzeug nicht oder zumindest nicht zu dem beworbenen Verkaufspreis erworben. Selbst die gemäß §§ 1 Abs. 1, 5 Abs. 1 PKW-EnVKV anzugebenden Informationen über den **Kraftstoffverbrauch** und die offiziellen spezifischen **CO^2-Emissionen** sind als wesentliche Angaben im Sinne des § 5a Abs. 2 UWG anzusehen (BGH **„Gallardo Spyder"**).

11 Der Verbraucher erwartet im Lebensmitteleinzelhandel Informationen darüber, ob etwa in den beworbenen Lebensmitteln **gentechnisch veränderte Zutaten** verwendet wurden, oder ob es sich bei den beworbenen Hühnereiern um Eier handelt, die aus Freilandhaltung oder Käfighaltung stammen.

11a Wird in einer an die Allgemeinheit gerichteten Werbung für auf einem Kabelanschluss basierende Telefondienstleistungen damit geworben, dass „kein Telekom-Anschluss nötig" oder „kein Telekom-Telefonanschluss mehr nötig!" sei, muss ausdrücklich darauf hingewiesen werden, wenn bei einer Nutzung der beworbenen Telefondienstleistung keine Möglichkeit besteht, „Call-by-Call"-Telefonate zu führen. Denn der durchschnittlich informierte und verständige Abnehmer von Telefondienstleistungen erwartet, dass ein derart beworbener Kabelanschluss auch die „Call-by-Call"-Möglichkeit bietet. Andernfalls liegt ein Verstoß gegen § 5a Abs. 3 UWG vor, sofern das werbende Telekommunikationsunternehmen nicht auf die fehlende „Call-by-Call"-Möglichkeit hinweist (BGH **„Kein Telekom-Anschluss nötig"**). Entsprechendes gilt bei einem Telekommunikationsanbieter, der für Festnetzanschlüsse mit einem Flatrate-Tarif wirbt, ohne auf die fehlende Möglichkeit zur Nutzung der „Call-by-Call" – Option hinzuweisen (BGH **„Call-by-Call"**). Wenn ein Anbieter Netzkartenverträge für Mobilfunktelefone vertreibt, muss er den allgemeinen Verkehr deutlich über wichtige Preisbestandteile, wie zum Beispiel Anschlusspreis, monatlicher Mindestgesprächsumsatz oder die Mindestvertragslaufzeit, informieren (BGH **„0,00 Grundgebühr"**). Bietet ein Telekommunikationsunternehmen Mobiltelefone mit einer Prepaid-Card an, kann das Unternehmen verpflichtet sein, den Verbraucher über die für das Startguthaben maßgeblichen Tarife sowie über die Kosten des Aufladens der Karte zu informieren (BGH **„XtraPack"**).

12 Unabhängig von einer möglichen Irreführung gemäß § 5a UWG kann die Werbung gemäß Nr. 5 des Anhangs zu § 3 Abs. 3 UWG unzulässig sein. Danach stellt es eine **stets irreführende geschäftliche Handlung** dar, wenn ein Unternehmer zum Kauf von Waren auffordert, ohne darüber aufzuklären, dass er hinreichende Gründe hat anzunehmen, er werde nicht in der Lage sein, diese oder gleichwertige Waren oder Dienstleistungen für einen angemessenen Zeitraum in angemessener Menge zu dem genannten Preis bereit zu stellen oder bereit stellen zu lassen (BGH **„Irische But-**

ter“). Danach verstößt die **unzureichende Aufklärung über eine mangelhafte Bevorratung** immer gegen Nr. 5 des Anhangs zu § 3 Abs. 3 UWG.

Praxishinweis

Die Liste der wesentlichen Informationen in § 5a Abs. 3 UWG ist nicht abschließend. Je nach Art der kommerziellen Kommunikation umfasst das Wesentlichkeitsmerkmal unterschiedliche verbraucherrelevante Informationen. Der Durchschnittsverbraucher muss in die Lage versetzt werden, anhand der mitgeteilten Informationen einen Vergleich zum Wettbewerb vorzunehmen. Sobald die reine Aufmerksamkeitswerbung überschritten wird und eine Aufforderung zum Kauf vorliegt, sind alle Informationen zu offenbaren, die zur Identifizierbarkeit des beworbenen Produkts erforderlich sind.

VII. Unzumutbare Belästigungen (§ 7 UWG)

1. Belästigende geschäftliche Handlung (§ 7 Abs. 1 UWG)

1 Als besonderen Verbotstatbestand hat der Gesetzgeber in § 7 Abs. 1 UWG den Fall der unzumutbaren Belästigung geregelt. Danach ist eine geschäftliche Handlung, durch die ein Marktteilnehmer in unzumutbarer Weise belästigt wird, stets unzulässig. Klarstellend heißt es in § 7 Abs. 1 Satz 2 UWG, dass eine unzumutbare Belästigung insbesondere bei einer Werbung vorliegt, obgleich erkennbar ist, dass der angesprochene Marktteilnehmer diese Werbung nicht wünscht. Ausnahmsweise erlaubt sind **Vertreterbesuche im häuslichen Bereich** des Umworbenen. Hier verneinte der BGH noch zu § 1 UWG a.F. das besondere Schutzbedürfnis des Verbrauchers. Eine unzumutbare Belästigung nimmt der BGH auch dann nicht an, wenn der Vertreter zuvor seinen Besuch schriftlich angemeldet hat (BGH **„Schriftliche Voranmeldung"**). Als unzumutbare Belästigung unlauter ist es allerdings, wenn der Vertreter vorher seinen Besuchstermin telefonisch bei dem Verbraucher ankündigt oder mit ihm vereinbaren will (BGH **„Telefonwerbung VI"**). Auch in dieser **telefonischen Voranmeldung** des Besuchstermins liegt stets eine unzumutbare Belästigung im Sinne von § 7 Abs. 2 Nr. 2 UWG, sofern sie gegenüber einem Verbraucher ohne dessen vorherige ausdrückliche Einwilligung erfolgt.

2 In der Gesetzesbegründung heißt es ausdrücklich, dass die Unzumutbarkeit in § 7 Abs. 1 Satz 1 UWG eine spezielle Bagatellschwelle darstellt, die bereits eine umfassende Wertung ermöglicht und erfordert, so dass auf die Erheblichkeitsschelle des § 3 Abs. 1 UWG nicht zurückgegriffen werden kann (Begründung Änderungsgesetz B, zu § 7 Abs. 1). Wird im Wege wertender Betrachtung festgestellt, dass eine geschäftliche Handlung einen Marktteilnehmer unzumutbar belästigt, ist diese **ohne weitere Wertungsmöglichkeiten** unzulässig und damit verboten (Begründung Änderungsgesetz B, zu § 7 Abs. 1). Diese besondere Bagatellschwelle der Unzumutbarkeit aus § 7 Abs. 1 UWG gilt nicht für die Fallgruppen in § 7 Abs. 2 UWG. Bei den Fallbeispielen in § 7 Abs. 2 UWG handelt es sich um **Belästigungstatbestände ohne Wertungsmöglichkeit.**

3 Was im Einzelfall eine **unlautere Belästigung** im Sinne von § 7 Abs. 1 UWG darstellt, beschreibt der BGH wie folgt:

> Belästigend in diesem Sinne ist eine geschäftliche Handlung, die dem Empfänger aufgedrängt wird und die bereits wegen ihrer Art und Weise unabhängig von ihrem Inhalt als störend empfunden wird. … Unzumutbar ist die Belästigung, wenn sie eine solche Intensität erreicht, dass sie von einem großen Teil der Verbraucher als unerträglich empfunden wird, wobei der Maßstab des durchschnittlich empfindlichen Adressaten zugrunde zu legen ist. … Dabei kommt es nicht einseitig auf die Perspektive des Adressaten der geschäftlichen Handlung an. Die Unzumutbarkeit ist vielmehr zu ermitteln durch eine Abwägung der auch verfassungsrechtlich geschützten Interessen des Adressaten, von der Werbung verschont zu bleiben (Art. 2 Abs. 1 GG), und des werbenden Unternehmers, der seine gewerblichen Leistungen durch Werbung zur Geltung bringen will (Art. 5 Abs. 1, Art. 12 GG) (BGH in WRP 2011, S. 1054ff. [S. 1055, Rdnr. 17], **„Kreditkartenübersendung"**).

Hinnehmen muss der Verbraucher die Übersendung einer personalisierten Kreditkarte, auch wenn er diese vor der Entsorgung zerstören muss. Das gilt jedenfalls dann, wenn das Werbeschreiben der Bank als solches vom Durchschnittsverbraucher sofort und unmissverständlich erkannt wird.

4 Das **personale Selbstbestimmungsrecht** des Adressaten wird verletzt, sofern sich der Werbetreibende mit seinen Handzetteln über das am Hausbriefkasten angebrachte Einwurfverbot gegen den Willen des Eigentümers bzw. Besitzers hinwegsetzte. Dieses Individualinteresse des Verbrauchers geht dem Werberecht eines jeden Unternehmens vor, da es jedem Werbetreibenden zuzumuten ist, dafür Sorge zu tragen, dass die Handzettel nicht in die **Privatsphäre** von Verbrauchern eindringt, die durch entsprechenden Hinweis deutlich gemacht haben, dass sie an der Werbung kein Interesse haben. Nach § 7 Abs. 1 UWG liegt eine unzumutbar belästigende Werbung vor. Das **Zusenden unbestellter Ware** stellt regelmäßig ebenso wie die **entsprechende Ankündigung** eine unzumutbare Belästigung dar (BGH **„Auftragsbestätigung"**). Die einmalige unaufgeforderte Übersendung einer bereits auf den Namen des Empfängers ausgestellten Kreditkarte durch eine Bank begründet noch keinen Verstoß gegen § 7 Abs. 1 UWG (BGH **„Kreditkartenübersendung"**).

5 **Postwurfsendungen** durften von der ehem. Bundespost selbst in diejenigen privaten Hausbriefkästen eingeworfen werden, die durch entsprechende Aufkleber grundsätzlich den Einwurf von Werbematerial untersagten. Ein Unterlassungsanspruch gem. §§ 862, 903, 1004 BGB entfiel, da es an der notwendigen Rechtswidrigkeit fehlte. Die Deutsche Post AG muß sog. **„Negativ-Aufkleber"** bei anschriftlosen Postwurfsendungen berücksichtigen und diese Briefkästen von der Zustellung ausnehmen (BGH **„Postwurfsendung"**). Es kommt in diesem Zusammenhang nicht darauf an, welchen konkreten Inhalt der „Negativ-Aufkleber" hat („keine Postwurfsendung", „keine Werbung" oder „Werbung unerwünscht"). Der Einwurf einer Postwurfsendung in einen derart gekennzeichneten Briefkasten löst regelmäßig einen Abwehranspruch des Betroffenen aus § 1004 BGB aus. Allerdings erfaßt ein derartiger „Negativ-Aufkleber" nicht **kostenlose Anzeigenblätter,** die einen redaktionellen Teil enthalten (BGH **„Aufkleber „Keine Werbung""**). Um den Einwurf des Anzeigenblatts sicher auszuschließen, muß der Empfänger den Aufkleber entsprechend erweitern: **„und keine Anzeigenblätter einwerfen".** Über § 7 Abs. 1 UWG oder § 7 Abs. 2 Nr. 1 UWG (siehe nachfolgend) können derartige „Postwurfsendungen" darüber hinaus von den Anspruchsberechtigten gemäß § 8 Abs. 3 UWG als unzumutbare Belästigung verfolgt werden.

6 Das Ansprechen in der Öffentlichkeit kann ebenso als unzumutbare Belästigung unlauter sein, wie die sogenannte **„Scheibenwischerwerbung"**, d.h. das **massenhafte Verbreiten** von Werbezetteln auf Parkplätzen und deren Befestigung unter den Scheibenwischern der abgestellten Fahrzeuge (siehe nachfolgend Rdnr. 7). Die Fallgruppe des **Ansprechens in der Öffentlichkeit** umfasst Fallgestaltungen, bei denen Passanten an öffentlichen Orten zu Werbezwecken gezielt angesprochen werden. Diese gezielte **Direktansprache** in der Öffentlichkeit kann in gleicher Weise belästigend wirken wie ein überraschender Telefonanruf zu Werbezwecken. Die Ansprache in der Öffentlichkeit ist um so eher als unzumutbar zu beurteilen, je mehr sie nicht eine ungewollte oder nur gelegentliche Wirkung einer Werbemaßnahme darstellt, sondern mit der beanstandete Werbemethode notwendig und regelmäßig verbunden ist (BGH **„Ansprechen in der Öffentlichkeit II"**). Unzulässig ist daher das Ansprechen in der Öffentlichkeit zu Werbezwecken insbesondere in denjenigen Fällen, in denen der Verbraucher überraschend und unvorhergesehen angesprochen wird, oder wenn er

sich der Werbeansprache wegen der örtlichen Gegebenheiten nicht entziehen kann (z.B. Ansprechen in einer Sackgasse, einer engen Straße, auf einem abgeschlossenen kleinen Platz). Eine unzumutbare Belästigung liegt insbesondere dann vor, wenn der Werbende den entgegenstehenden Willen des Passanten bewusst missachtet, indem er ihn am Weitergehen hindert oder ihm folgt. Die Unlauterkeit der Werbemaßnahme wird nicht dadurch beseitigt, dass der angesprochene Verbraucher von seiner in § 312 Abs. 1 Nr. 3 BGB vorgesehenen Widerrufsmöglichkeit Gebrauch machen kann. Denn der nachträgliche Widerruf der Vertragserklärung beseitigt lediglich die zivilrechtlichen Folgen der **Überrumpelung** und nicht auch die wettbewerbsrechtliche Unlauterkeit wegen unzumutbarer Belästigung (BGH **„Ansprechen in der Öffentlichkeit I"**).

7 Um eine unzumutbare Belästigung handelt es sich auch dann, wenn **Fahrgäste in öffentlichen Verkehrsmitteln** werblich angesprochen werden. Denn ein werbliches Ansprechen von Fahrgästen in öffentlichen Verkehrsmitteln ist weitaus belästigender als ein Ansprechen von Passanten im öffentlichen Straßenraum, da der Fahrgast sich nicht entfernen kann (BGH **„Ansprechen in der Öffentlichkeit II"**). Unzumutbar belästigend kann jedoch auch eine Werbemethode sein, bei der der Werbende massenhaft **Werbezettel an Scheibenwischern** von Kraftfahrzeugen befestigt. Denn ebenso wie es eine Vielzahl von Anwohnern vorzieht, im Briefkasten keine Werbung vorzufinden, ist der Autobesitzer regelmäßig nicht damit einverstanden, dass die Windschutzscheibe seines Kraftfahrzeugs als Werbefläche missbraucht wird. Das gilt entsprechend für Werbung auf Fahrradgepäckträgern.

Praxishinweis

Sowohl das Zusenden unbestellter Ware als auch deren Ankündigung stellen eine unzumutbare Belästigung im Sinne des § 7 Abs. 1 Satz 1 UWG dar. Es bedarf dann nicht mehr des Rückgriffs auf § 7 Abs. 1 Satz 1 UWG, wenn die Voraussetzungen von Nr. 29 des Anhangs zu § 3 Abs. 3 UWG vorliegen.

2. Belästigung durch kommerzielle Kommunikation (§ 7 Abs. 2 Nr. 1 UWG)

8 Gemäß § 7 Abs. 2 Nr. 1 UWG ist eine unzumutbare Belästigung stets anzunehmen, wenn ein Verbraucher durch ein für den Fernabsatz geeignetes Mittel der kommerziellen Kommunikation – außerhalb eines Telefonanrufs, einer automatischen Anrufmaschine, eines Faxgerätes oder der elektronischen Post – angesprochen wird, obwohl er dies erkennbar nicht wünscht. Durch die Verwendung des Wortes **„stets"** wird klargestellt, dass es sich bei diesem Verbotstatbestand immer um eine unzumutbare Belästigung handelt, ohne dass die Bagatellschwelle der Unzumutbarkeit in § 7 Abs. 1 Satz 1 UWG auf diese Fallgestaltung anwendbar wäre (BGH **„Verbotsantrag bei Telefonwerbung"**). Es handelt sich bei dem Verbot in § 7 Abs. 2 Nr. 1 UWG um einen **Unlauterkeitstatbestand ohne Wertungsmöglichkeit.** § 7 Abs. 2 UWG ist in seiner Gesamtheit Ausfluss von Anhang I der Richtlinie über unlautere Geschäftspraktiken. Während die meisten Geschäftspraktiken, die unter allen Umständen als unlauter gelten im Anhang zu § 3 Abs. 3 UWG enthalten sind (sogenannte **„Black List"**), hat der deutsche Gesetzgeber aus gesetzessystematischen Gründen Nr. 26 der Liste (Anhang I der Richtlinie über unlautere Geschäftspraktiken) in § 7 Abs. 2 UWG umgesetzt. Daher sind sämtliche Beispielsfälle der unzumutbaren Belästigung in § 7 Abs. 2

UWG **Verbotstatbestände ohne Wertungsmöglichkeit.** Liegen die Voraussetzungen der umschriebenen unzumutbaren Belästigung vor, ist das Verhalten als unzumutbare Belästigung unlauter und gemäß § 8 UWG zu untersagen. Als unzumutbare Belästigung ohne Wertungsmöglichkeit verbietet Anhang I zur Richtlinie über unlautere Geschäftspraktiken das **hartnäckige und unerwünschte** Ansprechen über Telefon, Fax, E-Mail oder sonstige für den Fernabsatz geeignete Medien, außer in den Fällen und in den Grenzen, in denen ein solches Verhalten nach den nationalen Rechtsvorschriften gerechtfertigt ist, um eine vertragliche Verpflichtung durchzusetzen. Sämtliche der genannten Maßnahmen sind stets unlauter.

9 Da in § 7 Abs. 2 Nr. 1 UWG Telefonwerbung, Telefax und E-Mailwerbung ausdrücklich vom Tatbestand ausnimmt, unterfällt diesem Belästigungstatbestand insbesondere die **hartnäckige** Werbung mit **Briefen, Prospekten** oder mit **Katalogen,** obgleich der Verbraucher dies **erkennbar nicht wünscht.** Sofern daher die Handzettelwerbung oder die Wurfsendung nicht bereits gemäß § 7 Abs. 1 UWG (s. o.) als unzumutbare Belästigung unzulässig sind, unterfallen bei Vorliegen der besonderen Voraussetzungen derartige Werbemaßnahmen § 7 Abs. 2 Nr. 1 UWG.

3. Belästigung durch Werbeanrufe (§ 7 Abs. 2 Nr. 2 UWG)

10 Eine unzumutbare Belästigung ohne Wertungsmöglichkeit ist jeder Werbeanruf gegenüber einem Verbraucher ohne dessen **vorherige ausdrückliche Einwilligung,** oder gegenüber einem sonstigen Marktteilnehmer, ohne dessen zumindest mutmaßliche Einwilligung gemäß § 7 Abs. 2 Nr. 2, 2. Alt. UWG. Während also Werbeanrufe gegenüber einem Verbraucher **immer einer besonderen Einwilligung** des Verbrauchers bedürfen mit der Folge, dass ein stillschweigendes Einverständnis, auf das wegen des sonstigen Verhaltens des Verbrauchers geschlossen werden könnte, nicht ausreicht, genügt für Werbeanrufe gegenüber sonstigen Marktteilnehmern eine zumindest **mutmaßliche Einwilligung.** Gegenüber Verbrauchern ist bereits der **erste** unerwünschte, d. h. ohne vorherige ausdrückliche Zustimmung vorgenommene Werbeanruf unzulässig, ohne dass es auf ein hartnäckiges unerwünschtes Ansprechen über Telefon ankommt, wie dies § 7 Abs. 2 Nr. 1 UWG in Umsetzung von Nr. 26 des Anhangs I der Richtlinie über unlautere Geschäftspraktiken vorsieht (s. hierzu Begründung Änderungsgesetz B, zu § 7 Abs. 2). Die **Beweislast** für die Einwilligungserklärung des Verbrauchers liegt bei dem werbenden Unternehmen (BGH **„Werbeanruf"**). Diese strengere Regelung des deutschen UWG ist zulässig und geht auf die Datenschutzrichtlinie für elektronische Kommunikation (2002/58/EG) sowie auf das Gesetz zur Bekämpfung unerlaubter Telefonwerbung und zur Verbesserung des Verbraucherschutzes bei besonderen Vertriebsformen (vom 29.7.2009) zurück. Danach ist jeder Telefonanruf gegenüber einem Verbraucher zu Werbezwecken ohne vorherige ausdrückliche Einwilligung des Verbrauchers als unzumutbare Belästigung unlauter (und mit einem Bußgeld von bis zu € 300 000,– bewehrt, § 20 UWG).

10a Unter Geltung von § 1 UWG a. F. war es bereits unzulässig, wenn Gewerbetreibende Privatanschlüsse von Telefongeräten dazu nutzten, Werbegespräche anzubahnen. Der besondere **Schutz der Privatsphäre** erfordert es, dass private Telefonteilnehmer vor dieser Art der Werbemethode geschützt werden. Die Privatperson lässt sich den Telefonanschluss nicht legen, um Werbeanrufe zu empfangen, sondern der Anschluss dient dazu, von denjenigen Personen erreicht zu werden, zu denen der Anschlussinhaber in irgendeiner Beziehung steht und deren Anrufe er daher erwartet. Nacht § 7 Abs. 2 Nr. 2 UWG ist grundsätzlich jegliche Telefonwerbung gegenüber privaten Anschlussinhabern unlauter, sofern der Verbraucher nicht zuvor ausdrücklich seine Einwilligung erklärt hatte, zu Werbezwecken angerufen zu werden **(sog. Opt-In-Lösung).** Ob eine **Einwilligung des Verbrauchers** vorliegt, ist richtlinienkonform zu bestimmen. Einwilligung ist jede Willensbekundung, die ohne Zwang für den konkreten Fall und in Kenntnis der Sachlage erfolgt. Wörtlich führt der BGH aus:

> Eine Einwilligung wird „in Kenntnis der Sachlage" erteilt, wenn der Verbraucher weiß, dass seine Erklärung ein Einverständnis darstellt und worauf sie sich bezieht. ... Die Einwilligung erfolgt für den konkreten Fall, wenn klar wird, welche Produkte und Dienstleistungen welcher Unternehmen sie konkret erfasst. ... Eine wirksame Einwilligung kann danach auch durch Ankreuzen einer entsprechend konkret vorformulierten Erklärung erteilt werden, wenn sie in einem gesonderten Text oder Textabschnitt ohne anderen Inhalt enthalten ist. Liegt eine wirksame Einwilligung vor, ist unerheblich, ob das Unternehmen selbst oder von ihm eingeschaltete, Beauftragte den Werbeanruf ausführen (BGH in GRUR 2013, S. 531 ff. [S. 533, Rdnr. 24], **„Einwilligung in Werbeanrufe II"**).

Nach den Ausführungen des BGH genügt es nicht, wenn eine **Teilnahmekarte für ein Gewinnspiel** unter der Rubrik „Telefonnummer" die Angabe enthält: „Zur Gewinnbenachrichtigung und für weitere interessante telefonische Angebote der ... GmbH aus dem Abonnementbereich, freiwillige Angabe, das Einverständnis kann jederzeit widerrufen werden". Selbst wenn der Verbraucher an dem Gewinnspiel teilnimmt, liegt in der zitierten Angabe kein Einverständnis mit werblichen Telefonanrufen. Denn diese Art der Darstellung verstößt gegen das **Transparenzgebot** und Werbeanrufe, die auf der Grundlage von intransparenten Teilnahmebedingungen eines Gewinnspiels erfolgen, stellen stets eine unzumutbar Beeinträchtigung dar (BGH **„Einwilligungserklärung für Werbeanrufe I"**). Für den **Nachweis** des Einverständnisses des Verbrauchers ist es erforderlich, dass der Werbende die konkrete Einverständniserklärung jedes einzelnen Verbrauchers vollständig dokumentiert, was im Fall einer elektronisch übermittelten Einverständniserklärung deren Speicherung und die jederzeitige Möglichkeit eines Ausdrucks voraussetzt (BGH **„Double-Opt-In-Verfahren"**). Der BGH weist ausdrücklich darauf hin, dass durch eine Bestätigungsmail im elektronischen Double-Opt-In-Verfahren weder ein Einverständnis des Verbrauchers mit Werbeanrufen belegt wird, noch für sich allein zu einer Beweiserleichterung zugunsten des Werbenden führt. Gegen das Transparenzgebot verstößt auch eine allgemeine Geschäftsbedingung in Stromlieferungsverträgen, in der sich der Verbraucher damit einverstanden erklärt, auch telefonisch zu den Produkten und Dienstleistungen sowie weiteren Angeboten im Zusammenhang mit Energie vom werbenden Energieversorgungsunternehmen informiert zu werden. Wegen der **Unbestimmtheit,** auf welche Art der Werbeanrufe – nur von dem werbenden Energieversorgungsunternehmen selbst oder auch durch Dritte – sich die Einverständniserklärung bezieht, genügt die Erklärung nicht dem Transparenzgebot und stellt keine wirksame Einwilligung des Verbrauchers dar (BGH **„AGB in Stromlieferungsverträgen"**). Der Gesetzgeber weist in der Gesetzesbegründung darauf hin, dass die Einschränkung der Telefonwerbung gegenüber Privatpersonen gerechtfertigt ist, weil mit einem Anruf ein erheblicher Eingriff in die Individualsphäre des Anschlussinhabers verbunden ist, und greift mit diesen Ausführungen den Gedanken der höchstrichterlichen Rechtsprechung auf. In diesem Zusammenhang ist es ohne Belang, ob es sich bei dem werblichen Anruf um eine reine Werbemaßnahme handelt (also z.B. das Angebot eines Versicherungsvertrages oder einer Auto-Testfahrt), oder ob es sich um eine Aufforderung handelt, seine Meinung zu einem bestimmten Sachverhalt (z.B. zu einer neuen Versicherungsleistung) zu äußern. Sofern die **telefonische Meinungsumfrage** nicht als Werbung eingeordnet wird, liegt in dem unaufgeforderten Anruf des Verbrauchers jedenfalls eine unzumutbare Belästigung im Sinne von § 7 Abs. 1 Satz 1 UWG.

11 Wenn die individuelle Telefonwerbung im **gewerblichen Bereich** erfolgt oder bei der Ausübung eines selbständigen Berufs kommt es darauf an, ob gemäß § 7 Abs. 2 Nr. 2 UWG zumindest die **mutmaßliche Einwilligung des Angerufenen** angenommen werden kann. Sofern der Telefonanruf im konkreten Interessenbereich des angerufenen Mitbewerbers oder Selbständigen liegt, also sachlich begründet ist, ist der Vorwurf einer unzumutbaren Belästigung nicht berechtigt (noch zu § 1 UWG a. F.: BGH **„Telefonwerbung für Zusatzeintrag"**). Ob das Einverständnis des Angerufenen vermutet werden kann, entscheiden die Umstände des Einzelfalls (verneint bei Angebot von Kugelschreibern an Rechtsanwälte: noch zu § 1 UWG a. F. BGH **„Telex-Werbung"**). Zur Frage der mutmaßlichen Einwilligung des anzurufenden Unternehmens führt der BGH aus:

> Die Vorschrift des § 7 Abs. 2 Nr. 2 UWG stellt bei der Frage, ob der Werbeanruf für den Anzurufenden eine unzumutbare Belästigung darstellt, auf dessen tatsächliche oder mutmaßliche Einwilligung ab. Entscheidend ist insoweit das Empfinden des Durchschnittsmarktteilnehmers. … Macht eine Vielzahl von werbenden Unternehmen in einer bestimmten Branche von wettbewerbswidriger Telefonwerbung Gebrauch, so besagt dieser Umstand nichts darüber, ob der Durchschnittsmarktteilnehmer mit dieser Werbemethode einverstanden ist. Das Gegenteil dürfte vielmehr anzunehmen sein. Zudem wird das Verbot gerade damit begründet, dass eine Nachahmung durch Wettbewerber verhindert werden soll BGH in WRP 2010, Seite 1249ff. [S. 1252, Rdnr. 24], **„Telefonwerbung nach Unternehmenswechsel"**).

Insbesondere reicht es nicht aus, dass nur ein **allgemeiner Sachbezug** zu den vom angerufenen Unternehmen angebotenen Waren oder Dienstleistungen vorliegt. Ein hinreichend großes Interesse an dem Telefonanruf kann hingegen angenommen werden, wenn die telefonische Werbemaßnahme einen sachlichen Zusammenhang zu einer bereits bestehenden Geschäftsverbindung aufweist (s. nachfolgend Rdnr. 13).

12 Eine **allgemeine Sachbezogenheit** reicht nach ständiger Rechtsprechung des BGH (BGH **„Telefonwerbung III"**) nicht aus. Diese Grundsätze gelten auch bei Prüfung des Vorliegens der mutmaßlichen Einwilligung im Sinne von § 7 Abs. 2 Nr. 2 UWG. Denn der Gesetzgeber weist in der Gesetzesbegründung ausdrücklich darauf hin, dass insoweit die Formulierung in § 7 Abs. 2 Nr. 2 UWG an die bisherige Rechtsprechung anknüpft.

13 An dieser Rechtsprechung hält der BGH auch bei Anwendung des § 7 Abs. 2 Nr. 2 UWG fest. Eine unzumutbare Belästigung liegt demnach vor, wenn ein Unternehmen anderen Marktteilnehmern gegen Entgelt anbietet, **den Unternehmensnamen in ihre Internetsuchmaschine** aufzunehmen. Auch in diesem Werbeanruf liegt eine unzumutbare Belästigung, weil eine mutmaßliche Einwilligung des Angerufenen vom Werbenden nicht vorausgesetzt werden kann. Der BGH führt wörtlich aus:

> Bei Beurteilung der Frage, ob bei einer Telefonwerbung im gewerbliche Bereich von einer mutmaßlichen Einwilligung des Anzurufenden ausgegangen werden kann, ist auf die Umstände vor dem Anruf sowie auf die Art und den Inhalt der Werbung abzustellen. … Maßgebend ist, ob der Werbende bei verständiger Würdigung der Umstände davon ausgehen kann, der Anzurufende erwarte einen solchen Anruf oder werde ihm jedenfalls positiv gegenüberstehen. … Dabei muss sich die mutmaßliche Einwilligung des anzurufenden Gewerbetreibenden nicht nur auf den Inhalt, sondern auch auf die Art der Werbung erstrecken. Der anzurufende Gewerbetreibende muss dementsprechend mutmaß-

lich (gerade) auch mit einer telefonischen Werbung einverstanden sein (BGH in WRP 2008, Seite 224ff. [Seite 225, Rdnr. 15], **„Suchmaschineneintrag"**).

Nach den Ausführungen des BGH kann eine mutmaßliche Einwilligung etwa dann anzunehmen sein, wenn die Werbung durch Telefonanruf gegenüber einer schriftlichen Werbung keinen Vorzug aufweist oder weniger vorteilhaft ist, den Interessen des Anzurufenden aber gleichwohl noch in einem Maß entspricht, dass die mit dem Anruf verbundenen Belästigungen hinnehmbar erscheinen. Diese Voraussetzungen lagen im entschiedenen Fall nicht vor. Ein **objektiv ungünstiges Angebot** kann ein Indiz für das Fehlen der mutmaßlichen Einwilligung sein. Schließlich bleibt das Verhalten, sofern die Voraussetzungen der unzumutbaren Belästigung vorliegen, wettbewerbswidrig, auch wenn der Angerufene Interesse an dem Angebot zeigt, und es in der Folge möglicherweise sogar zu einem Abschluss kommt (BGH **„Telefonwerbung für „Individualverträge"**). Fehlt die mutmaßliche Einwilligung des Angerufenen, ist der Anruf stets unlauter, ohne dass noch geprüft werden muss, ob eine unzumutbare Beeinträchtigung vorliegt.

Praxishinweis

Ein wettbewerbswidriger Werbeanruf liegt nicht nur vor, wenn es sich um eine offensichtliche Werbemaßnahme handelt, sondern auch dann, wenn die Kundenzufriedenheit abgefragt oder eine Umfrage zu Marktforschungszwecken durchgeführt wird. Ohne vorherige ausdrückliche Einwilligung des angerufenen Verbrauchers liegt ein Verstoß gegen § 7 Abs. 2 Nr. 2 UWG vor.

4. Telefax-, Handy- und E-Mail-Werbung (§ 7 Abs. 2 Nr. 3 i.V.m. Abs. 3 UWG)

14 Eine unzumutbare Belästigung ist stets auch dann anzunehmen, wenn die Werbung unter Verwendung einer automatischen Anrufmaschine (zugleich **Ordnungswidrigkeit** mit einem Bußgeld von bis zu € 300000,–, § 20 Abs. 1 Nr. 2 UWG), eines Faxgerätes oder elektronischer Post erfolgt, ohne dass eine vorherige **gesonderte** Einwilligung des Adressaten vorliegt. Auch bei diesem Verstoß handelt es sich um einen Verbotstatbestand ohne Wertungsmöglichkeit. Liegt eine derartige Werbung vor, ohne dass eine vorherige ausdrückliche Einwilligung des privaten oder gewerblichen Adressaten eingeholt wurde, ist sie stets unlauter (BGH **„Payback"**). Wie sich aus der Gesetzesbegründung ergibt, zählt auch die bei Mobiltelefonen bestehende Möglichkeit, durch SMS- und MMS-Dienste Texte und Bilder übertragen zu lassen (zu § 7 Abs. 2 Nr. 3 UWG, Begründung Änderungsgesetz B, zu § 7 Abs. 2 Nr. 2, 3 und 4), zur elektronischen Post. Ohne vorherige ausdrückliche Einwilligung des Betroffenen liegt immer Unlauterkeit vor. Welche Voraussetzungen vorliegen müssen, damit von einem **Einverständnis** des Verbrauchers mit der Zusendung von Werbe-E-Mails ausgegangen werden kann, führt der BGH im Zusammenhang mit dem Teilnahmeantrag an einem Gewinnspiel Folgendes wörtlich aus:

> Geht ein Teilnahmeantrag elektronisch ein, so kann dessen Absender durch eine E-Mail um Bestätigung seines Teilnahmewunsches gebeten werden. Nach Eingang der erbetenen Bestätigung kann angenommen werden, dass der Antrag tatsächlich von der angegebenen E-Mail-Adresse stammt. Hat der Verbraucher durch Setzen eines Häkchens in dem Teilnahmeformular bestätigt, dass er mit der Übersendung von Werbung einverstanden ist, ist grundsätzlich hinreichend dokumentiert, dass er in E-Mail-Werbung an diese E-Mail-

> Adresse ausdrücklich eingewilligt hat. … Nach der Rechtsprechung des Senats hat der Werbende mit einem solchen Verfahren ausreichend sichergestellt, dass es nicht aufgrund von Falscheingaben zu einer Versendung von E-Mail-Werbung kommt. … Das schließt aber nicht aus, dass sich der Verbraucher auch nach Bestätigung seiner E-Mail-Adresse im Double-Opt-In-Verfahren noch darauf berufen kann, dass er die unter dieser Adresse abgesandte Einwilligung in E-Mail-Werbung nicht abgegeben hat – etwa mit der Begründung, bei der E-Mail-Adresse, unter der die Bestätigung versandt worden sei, handele es sich nicht um die seine; er habe auch keinen Zugang zu dieser Adresse. Dafür trägt er allerdings die Darlegungslast. Kann der Verbraucher darlegen, dass die Bestätigung nicht von ihm stammt, war die Werbezusendung auch dann wettbewerbswidrig, wenn die E-Mail-Adresse im Double-Opt-In-Verfahren gewonnen wurde (BGH in WRP 2011, S. 1153ff. [S. 1156, Rdnrn. 37, 38], **„Double-Opt-In-Verfahren"**).

Aus diesen Ausführungen des BGH folgt, dass durch eine **Bestätigungsmail** im elektronischen Double-Opt-In-Verfahren nur dann ein Einverständnis mit der Zusendung von Werbe-E-Mails nachgewiesen ist, wenn der Verbraucher nicht darlegen kann, dass diese Bestätigung nicht von ihm stammt. Hinsichtlich der Werbung mittels Faxgeräten oder elektronischer Post kann im Übrigen auf die höchstrichterliche Rechtsprechung zu § 1 UWG a.F. zurückgegriffen werden (s. etwa BGH **„Telefax-Werbung"** und **„E-Mail-Werbung"**). Beide Werbeformen sind gerade auch wegen der damit verbundenen **Nachahmungsgefahr** stets unzulässig. Durch die Möglichkeit, über das Computerfax auch massenhaft Telefaxsendungen abzuschicken, wird die belästigende Wirkung einer per Telefax unaufgefordert übermittelten Werbung augenscheinlich (BGH **„Telefax-Werbung II"**).

15 **Ausnahmsweise** ist Werbung unter Verwendung von automatischen Anrufmaschinen, Faxgeräten oder elektronischer Post (e-mail) auch ohne ausdrückliches Einverständnis des Adressaten zulässig, wenn der Werbende die elektronische Adresse des **gewerblichen** Kunden im Zusammenhang mit dem Verkauf einer Ware oder der Erbringung einer Dienstleistung gemäß § 7 Abs. 3 Nr. 1 UWG erhalten hat (**konkludente Einwilligung,** siehe BGH **„Faxanfrage im Autohandel"**). In diesem Fall darf der Werbende zulässiger Weise auf die elektronische Adresse des Adressaten zurückgreifen, sofern er im Rahmen der Direktwerbung für eigene ähnliche Waren oder Dienstleistungen wirbt, und der Kunde dieser Nutzung seiner elektronischen Adresse zuvor **nicht ausdrücklich widersprochen hat** (§ 7 Abs. 3 Nr. 2, 3 UWG). Diese Ausnahmeregelung kommt gemäß § 7 Abs. 3 Nr. 4 UWG nicht zur Anwendung, wenn der Werbetreibende dem Kunden nicht bei Erhebung der Adresse (und bei jeder weiteren Nutzung) klar und deutlich darauf hingewiesen hatte, dass er dieser werbliche Nutzung jederzeit widersprechen kann, ohne dass hierfür andere als die Übermittlungskosten nach den Basistarifen entrichtet werden müssen. Diese Bestimmung geht zurück auf Art. 13 Abs. 2 der Datenschutzrichtlinie für elektronische Kommunikation (Richtlinie 2002/58/EG). Grundsätzlich gilt jedoch gemäß § 7 Abs. 2 Nr. 3 UWG, dass **ohne Einwilligung des Adressaten** jegliche Werbung unter Verwendung von automatischen Anrufmaschinen, Faxgeräten oder elektronischer Post als unzumutbare Belästigung unlauter ist (noch zu § 1 UWG a.F.: BGH **„E-Mail-Werbung"**). Dieses grundsätzliche Verbot gilt sowohl gegenüber Verbrauchern als auch gegenüber Mitbewerbern und sonstigen Marktteilnehmern, da der Gesetzgeber bewusst darauf verzichtet hat, von der nach der Datenschutzrichtlinie für elektronische Kommunikation (Richtlinie 2002/58/EG) gegebenen Möglichkeit der Differenzierung zwischen dem privaten und geschäftlichen Bereich Gebrauch zu machen (BGH **„FC Troschenreuth"**). Das Verbot aus § 7 Abs. 2 Nr. 3 UWG will generell das **„Spamming"** unterbinden. Die Angabe der Telefaxnummer oder E-Mail-Adresse auf den eigenen Unterlagen des Umworbenen reicht grundsätzlich nicht aus, um ein konkludentes Einverständnis anzunehmen. Wörtlich führt der BGH aus:

> In der Angabe einer E-Mail-Adresse zur Kontaktaufnahme auf der Website des Vereins ist keine konkludente Einwilligung in die Übermittlung von Anfragen kommerziellen Inhalts zu sehen. Die Angabe einer E-Mail-Adresse auf der Internetseite eines Unternehmens bringt zwar dessen konkludentes Einverständnis damit zum Ausdruck, Anfragen potentieller Kunden zu dem üblichen Waren- und Dienstleistungsangebot des Unternehmens unter dieser Adresse zu empfangen. ... Die schlichte Einrichtung einer E-Mail-Adresse und deren Bekanntgabe auf der Website eines Sportvereins erfüllt die Anforderungen aber nicht, die an eine derartige konkludente Einwilligung zu stellen sind (BGH in WRP 2008, Seite 1330ff. [S. 1332, Rdnr. 21, 22], **„FC Troschenreuth"**).

Anders als im Falle der Telefaxnummer oder E-Mail-Adresse eines Einzelhandelsunternehmens kann bei der Angabe der E-Mail-Adresse durch einen Sportverein nicht davon ausgegangen werden, dass dieser mit kommerziellen Anfragen auch außerhalb des eigentlichen Vereinszwecks per E-Mail oder Telefax einverstanden ist. In diesem Zusammenhang macht der BGH deutlich, dass das **Schutzbedürfnis** des Inhabers eines E-Mail-Kontos vor unerbetenen E-Mails unabhängig davon besteht, ob es sich bei der E-Mail-Anfrage um ein **kommerzielles Angebot** oder um eine **Nachfragehandlung** handelt. Auch die unverlangte Zusendung einer Werbe-E-Mail ohne vorherige Einwilligung des Adressaten stellt eine unzumutbare Belästigung dar (BGH **„E-Mail-Werbung II"**). Fehlt es zwischen dem werbenden Unternehmen und der angeschriebenen Rechtsanwaltskanzlei an einem Wettbewerbsverhältnis gemäß § 2 Abs. 1 Nr. 3 UWG, ist jedenfalls ein Unterlassungsanspruch wegen eines **Eingriffs in einen eingerichteten und ausgeübten Gewerbebetrieb** gemäß § 823 Abs. 1, § 1004 Abs. 1 S. 2 BGB gegeben. Diese Ausführungen gelten selbst dann, wenn der Rechtsanwalt eine sogenannte „Empfehlungs-E-Mail" erhalten hat, ohne dass eine Einwilligung vorliegt. Da § 7 Abs. 2 Nr. 3 UWG generalklauselartig **jegliche Werbung** unter Verwendung elektronischer Post ohne vorherige ausdrückliche Einwilligung des Empfängers verbietet, gilt dieses Verbot selbst dann, wenn ein Dritter auf Veranlassung des Werbenden eine Empfehlungs-E-Mail versendet. Denn schafft ein Unternehmen auf seiner Website die Möglichkeit für Nutzer, Dritten unverlangt eine sogenannte Empfehlungs-E-Mail zu schicken, die auf den Internet-Auftritt des werbenden Unternehmens hinweist, liegt zugleich eine unverlangt versandte Werbe-E-Mail des Unternehmens selbst vor (BGH **„Empfehlungs-E-Mail"**). Denn diese Empfehlungs-E-Mail weist wie eine normale Werbe-E-Mail einen unzumutbar belästigenden Charakter auf.

Praxishinweis

Da jede Werbe-E-Mail ohne vorherige ausdrückliche Einwilligung des Verbrauchers gemäß § 7 Abs. 2 Nr. 3 UWG wettbewerbswidrig ist, kann bereits eine E-Mail, mit der zur Bestätigung einer Bestellung im Double-Opt-In-Verfahren aufgefordert wird, unter dieses Werbeverbot fallen.

5. Verschleierung (§ 7 Abs. 2 Nr. 4 UWG)

16 Eine unzumutbare Belästigung stellt auch die Werbung mit einer Nachricht dar, bei der die Identität des Absenders, in dessen Auftrag die Nachricht übermittelt wird, **verschleiert oder verheimlicht wird,** oder bei der keine gültige Adresse vorhanden ist, an die der Empfänger eine Aufforderung zur Einstellung solcher Nachrichten richten kann, ohne dass hierfür andere als Übermittlungskosten nach den Basistarifen entstehen. Auch bei dieser Fallgruppe liegt ein unlauteres Verhalten ohne Wertungsmöglichkeit vor. Der Tatbestand des § 7 Abs. 2 Nr. 4a) UWG ist erfüllt, wenn eine Nachricht versandt wird, bei der die Identität des Absenders verschleiert oder verheimlicht wird.

17 Danach ist jede Nachricht, die gemäß § 2 Abs. 1 Nr. 4 UWG über einen öffentlich zugänglichen elektronischen Kommunikationsdienst ausgetauscht oder weitergeleitet wird, unzulässig, wenn die Identität des Absenders verschleiert oder verheimlicht wird bzw. wenn keine gültige **Absenderadresse** vorhanden ist. Dieses **Transparenzgebot** geht auf Art. 13 Abs. 4 der Datenschutzrichtlinie für elektronische Kommunikation (Richtlinie 2002/58/EG) zurück und soll nach den Ausführungen in der Gesetzesbegründung die Durchsetzung der Ansprüche gegen den Werbenden erleichtern. Der Adressat soll jederzeit die Möglichkeit haben, die Einstellung von Rundschreiben zu verlangen. Das gilt im Übrigen auch dann, wenn der Adressat einmal seine Einwilligung gemäß § 7 Abs. 2 Nr. 2 und Nr. 3 UWG erklärt hatte, diese aber widerrufen will. Unzulässig ist die Verbreitung derartiger werblicher Nachrichten auch dann, wenn zwar eine Absenderadresse angegeben ist, dem Adressaten jedoch auf Grund der angegebenen Mehrwertdienste-Rufnummer **höhere Kosten** entstehen, als die üblichen Übermittlungskosten nach den Basistarifen (§ 7 Abs. 2 Nr. 4c)).

18 Durch das am 9.10.2013 in Kraft getretene **Gesetz gegen unseriöse Geschäftspraktiken** (BGBl. 2013, 3714) wurde § 7 Abs. 2 Nr. 4b) UWG dahingehend neu gefasst, dass über die dort bisher genannten Fälle hinaus die Werbung mit einer Nachricht auch dann stets eine unzumutbare Belästigung darstellt, wenn dabei gegen die in § 6 Abs. 1 TMG genannten besonderen Informationspflichten verstoßen wird, oder der Empfänger aufgefordert wird, Websites aufzurufen, die gegen § 6 Abs. 1 TMG verstoßen. Diese Anpassung geht auf eine Änderung des Art. 13 Abs. 4 der Richtlinie über die Verarbeitung personenbezogener Daten und den Schutz der Privatsphäre in der elektronischen Kommunikation (2002/58/EG) zurück. Gemäß § 7 Abs. 2 Nr. 4b) UWG ist eine unzumutbare Belästigung **stets** bei einer Werbung mit einer Nachricht anzunehmen, bei der gegen § 6 Abs. 1 TMG verstoßen wird oder in der der Empfänger aufgefordert wird, eine Website aufzurufen, die gegen diese Vorschrift verstößt. Nach § 6 TMG haben Diensteanbieter bei kommerzieller Kommunikation, die Telemedien oder Bestandteile von Telemedien sind, dafür Sorge zu tragen, dass die **kommerzielle Kommunikation** als solche **klar zu erkennen** ist, dass die natürliche oder juristische Person, in deren Auftrag kommerzielle Kommunikation erfolgt, klar identifizierbar ist, dass Angebote zur Verkaufsförderung wie Preisnachlässe, Zugaben und Geschenke als solche klar erkennbar und die Bedingungen für ihre Inanspruchnahme leicht zugänglich sowie klar und unzweideutig angegeben sind, und dass Preisausschreiben oder Gewinnspiele mit Werbecharakter klar als solche erkennbar sowie deren Teilnahmebedingungen leicht zugänglich und unzweideutig angegeben sind.

19 Die Begriffe der „Dienste der Informationsgesellschaft“ und der „kommerziellen Kommunikation“ gehen auf Art. 2 Buchst. a und f der Richtlinie 2000/31/EG (Richtlinie über den elektronischen Rechtsverkehr) zurück. Danach sind **„kommerzielle Kommunikation“** alle Formen der Kommunikation, die der unmittelbaren oder mittelbaren Förderung des Absatzes von Waren und Dienstleistungen oder des Erscheinungsbildes eines Unternehmens, einer Organisation oder einer natürlichen Person dienen, die eine Tätigkeit in Handel, Gewerbe oder Handwerk oder einen reglementierten Beruf ausübt. Der Begriff der „Websites“ wurde wörtlich aus der Richt-

linie über die Verarbeitung personenbezogener Daten und den Schutz der Privatsphäre in der elektronischen Kommunikation (RL 2002/58/EG) übernommen. Unter **„Website"** ist dabei die gesamte Internetpräsenz eines Anbieters zu verstehen, die aus einer **Vielzahl einzelner Internetseiten** bestehen kann. Nach der Gesetzesbegründung werden nicht nur „klassische" Internetpräsenzen, sondern auch Angebote im „mobilen" Internet oder Angebote in Verkaufsportalen, in denen z. B. **Apps für Smartphones** vertrieben werden, erfasst (Gesetzesbegründung zu Nr. 1 § 7 UWG, S. 40 der Begründung).

VIII. Progressive Kundenwerbung, „Schneeballsystem", § 16 UWG

1 Das UWG enthält überwiegend deliktsrechtliche Ansprüche. Nur ausnahmsweise sollen Wettbewerbsverstöße auch **strafrechtlich** sanktioniert sein. So sind in Kapitel 4 des Gesetzes gegen den unlauteren Wettbewerb als Strafvorschriften die §§ 16, 17, 18 und 19 UWG ausgestaltet. In der Gesetzesbegründung heißt es zu der Notwendigkeit strafrechtlicher Bestimmungen im UWG wörtlich wie folgt:

> Es gibt indes besonders gefährliche Verhaltensweisen, die nicht zuletzt aus Gründen der Spezial- und Generalprävention eine strafrechtliche Sanktion erfordern. …
> § 16 regelt besonders gefährliche Formen der Werbung. Die Gefährlichkeit ergibt sich insbesondere daraus, dass eine Vielzahl von Abnehmern betroffen ist (Gesetzesbegründung zu § 16).

Der Gesetzgeber weist darüber hinaus darauf hin, dass einzelne Wettbewerbsverstöße sowohl zivilrechtlich als auch strafrechtlich verfolgt werden können. Das gilt insbesondere bei Wettbewerbsverstößen gemäß § 4 Nr. 11 UWG. Die strafrechtliche Verfolgung von unlauterem Wettbewerbshandeln ist aus Sicht des Gesetzgebers immer dann angezeigt, wenn sich die **Gefährlichkeit des Wettbewerbsverstoßes in seiner Auswirkung gegenüber einer Vielzahl von Abnehmern** manifestiert. Daher macht sich gemäß § 16 Abs. 1 UWG derjenige strafbar, der in der Absicht, den **Anschein eines besonders günstigen Angebots** hervorzurufen, in öffentlichen Bekanntmachungen oder in Mitteilungen, die für einen größeren Kreis von Personen bestimmt sind, durch unwahre Angaben irreführend wirbt. Diese Bestimmung umfasst sämtliche Fälle der irreführenden Werbung gemäß § 5 UWG. Allerdings ist Voraussetzung, dass **eine wissentlich unwahre Werbeangabe vorliegt, die sich an einen großen Kreis von Personen** richtet.

2 Darüber hinaus macht sich gemäß § 16 Abs. 2 UWG derjenige strafbar, der Verbraucher zur Abnahme von Waren, Dienstleistungen oder Rechten durch das Versprechen veranlasst, sie würden entweder vom Veranstalter selbst oder von einem Dritten besondere Vorteile erlangen, wenn sie andere zum **Abschluss gleichartiger Geschäfte** veranlassen, die ihrerseits nach der Art dieser Werbung derartige Vorteile für eine entsprechende Werbung weiterer Abnehmer erlangen sollen **(„Schneeballsystem")**. Der Tatbestand des § 16 Abs. 2 UWG ist auf die Fälle beschränkt, in denen **Verbraucher** in dieser Form angesprochen werden, weil nur insofern ein erhebliches **Gefährdungspotential** besteht (BGH **„Verbraucherbegriff bei progressiver Kundenwerbung"**).

3 Die Strafvorschrift des § 16 Abs. 1 UWG setzt im subjektiven Tatbestand **neben dem Vorsatz die Absicht voraus, den Anschein eines besonders günstigen Angebots hervorzurufen.** Die Werbung muss sich an einen größeren Kreis von Personen richten (z.B. Zeitungswerbung, TV- und Rundfunkwerbung). Wann eine strafbare Werbung im Sinne von § 16 Abs. 1 UWG vorliegt, ist nach den Umständen des Einzelfalls zu prüfen. Der BGH hatte sich im Zusammenhang mit § 4 Abs. 1 UWG a.F. mit der Werbung für eine sogenannte Kaffeefahrt zu befassen und begründete die Strafbarkeit der Werbemaßnahme wie folgt:

> Das Landgericht hat in der Werbeangabe, die Reisegäste erhielten ein „leckeres, reichhaltiges Mittagsmenü", bzw. ein „leckeres, schmackhaftes Mittagessen", obgleich sie lediglich eine verschlossene Konservendose mit einer Suppe oder mit Brechbohnen zum Mitnehmen ausgehändigt bekommen sollten, mit Recht eine wissentlich unwahre, zur Irreführung geeignete Angabe gesehen, die auch die übrigen tatbestandlichen Voraussetzungen des § 4 Abs. 1 UWG *(a. F.)* erfüllt (BGH in WRP 2002, Seite 1432 f. [Seite 1433], **„Strafbare Werbung für Kaffeefahrten"**).

Der Bundesgerichtshof nimmt wissentlich unwahre und zur Irreführung geeignete Angaben immer dann an, wenn sie einen nicht ganz unbeachtlichen Teil der durch die Werbung angesprochenen Verkehrskreise veranlassen kann, sie für wahr zu halten und dadurch getäuscht zu werden. Die Gefahr der Irreführung reicht aus, um den Straftatbestand des § 16 Abs. 1 UWG zu erfüllen. Der Tatbestand erfordert nicht, dass ein Vermögensschaden eintritt.

4 Gemäß § 16 Abs. 2 UWG wird die Veranstaltung von „Schneeballsystemen" gegenüber Letztverbrauchern unter **Strafe** gestellt (Freiheitsstrafe bis zu zwei Jahren oder Geldstrafe). Kerntatbestand des „Schneeballsystems" ist die kontinuierliche Erweiterung des Mitspielerkreises durch bereits vorhandene Teilnehmer eines Gewinnspiels. Dabei ist ein solches Spielsystem darauf angelegt, dass die ersten Mitspieler einen meist sicheren Gewinn erzielen, während die große Masse der späteren Teilnehmer ihren Einsatz verlieren muss, weil angesichts des Vervielfältigungsfaktors in absehbarer Zeit keine neuen Mitspieler mehr geworben werden können (noch zu § 6c UWG a. F.: BGH **„Schneeballprinzip"**).

5 Die für typische **Kettenverträge** geworbenen Mitarbeiter sind als Verbraucher im Sinne von § 16 Abs. 2 UWG anzusehen. **Verbraucher** ist gemäß § 2 Abs. 2 UWG in Verbindung mit § 13 BGB jede natürliche Person, die ein Rechtsgeschäft zu einem Zweck abschließt, der weder ihrer gewerblichen noch ihrer selbständigen beruflichen Tätigkeit zugerechnet werden kann. Wörtlich führt der BGH aus:

> Für die Abgrenzung ist nicht der innere Wille des Handelnden entscheidend, sondern es gilt ein objektivierter Maßstab. Ob eine Tätigkeit als selbständige zu qualifizieren ist, bestimmt sich nach dem durch Auslegung zu ermittelnden Inhalt des Rechtsgeschäfts, in die erforderlichenfalls die Begleitumstände einzubeziehen sind. ... Ausgeschlossen vom Verbraucherbegriff ist nur jedwedes selbständiges berufliches oder gewerbliches Handeln. Auch ein Arbeitnehmer wird bei Rechtsgeschäften in Beziehung auf sein Arbeitsverhältnis als Verbraucher angesehen. ... Unternehmer- und nicht Verbraucherhandeln liegt allerdings vor, wenn das maßgebliche Geschäft im Zuge der Aufnahme einer gewerblichen oder selbständigen beruflichen Tätigkeit (sog. Existenzgründung) geschlossen wird. ... Dies gilt indes nicht, solange die getroffene Maßnahme noch nicht Bestandteil der Existenzgründung selbst ist, sondern sich im Vorfeld einer solchen bewegt und die Entscheidung, ob es überhaupt zu einer Existenzgründung kommen soll, erst vorbereitet. ... Bewegt sich das rechtsgeschäftliche Handeln im Vorfeld einer Existenzgründung, über die noch nicht definitiv entschieden ist, ist es noch nicht dem unternehmerischen Bereich zuzuordnen. Solche Aktivitäten in der Sondierungsphase betreffen daher Verbraucherhandeln (BGH in WRP 2011, Seite 572 ff. [S. 574, Rdnr. 24], **„Verbraucherbegriff bei progressiver Kundenwerbung"**).

Entscheidend für die Verbrauchereigenschaft ist nicht der Zeitpunkt des Vertragsabschlusses, sondern der Zeitpunkt, in welchem der Geworbene erstmals durch das Absatzkonzept des Veranstalters angesprochen wird.

6 Bei § 16 Abs. 2 UWG handelt es sich um ein **abstraktes Gefährdungsdelikt** mit dem Ziel, geschäftlich unerfahrene Personen vor unlauteren Vertriebsmethoden zu bewahren. Der Abnehmer soll vor Täuschung, glücksspielartiger Willensbeeinflussung und Vermögensgefährdung geschützt werden (s. Gesetzesbegründung). Aus seinem

Charakter als abstraktes Gefährdungsdelikt folgt, dass die Tat bereits vollendet ist, sobald der Täter einen Verbraucher auf das unlautere Absatzkonzept angesprochen hat.

7 Selbst wenn es jedoch nicht zu einer strafrechtlichen Verurteilung des Veranstalters kommt, wird ein Gewinnspielvertrag, der eine Gewinnchance im Sinne des „Schneeballsystems“ zum Gegenstand hat, regelmäßig gemäß **§§ 138, 812 Absatz 1 Satz 1 BGB sittenwidrig** sein. Denn statt das hohe Risiko eines derartigen „Schneeballsystems“ zu verdeutlichen, stellt der Veranstalter des Gewinnspiels üblicher Weise groß heraus, welche enorme Gewinnsumme den Gewinner erwartet. Diese Art der Werbung, die auf die **Leichtgläubigkeit, Spielleidenschaft und Unerfahrenheit** der Teilnehmer abzielt, um diese zur Zahlung des Spieleinsatzes zu bewegen, macht ein derartiges Gewinnspiel regelmäßig sittenwidrig (BGH **„Schneeballprinzip“**).

8 In einem vom BGH entschiedenen Verfahren hatte der Angeklagte eine Werbesendung an mehr als 60 000 Empfänger gerichtet, in der er in bewusst undurchsichtig gehaltenen Formulierungen den Empfängern einen Gewinn versprach und sie zugleich aufforderte, den Absender *„in diesem Zusammenhang auch wieder einmal mit einer kleinen Bestellung“* zu beauftragen. Der BGH hob in seiner Entscheidung hervor:

> Aus der Unwahrheit der für die Werbeaussage zentralen Angaben ergab sich hier, dass diese aufgrund ihres – insoweit maßgeblichen … – Gesamteindrucks zur Irreführung geeignet waren. Darauf, ob die Empfänger tatsächlich einem Irrtum unterlegen waren, kommt es hingegen nicht an. … Hinzu kommt, dass der Kundenstamm, an den sich die Werbesendungen richtete, vorwiegend aus älteren Personen mit geringem Bildungsniveau bestand, die für die bezeichneten, Großzügigkeit und Kundenfreundlichkeit vortäuschenden Werbeaussagen besonders empfänglich waren. … Die Werbesendungen waren darauf angelegt, diesen Personen den Eindruck zu vermitteln, der jeweilige Empfänger sei gegenüber anderen Warenbestellern privilegiert (BGH WRP 2008, Seite 1071 ff. [Seite 1075, Rdnr. 48], **„Strafbare Werbung mit Gewinnmitteilungen“**).

Als **ungeschriebenes Tatbestandsmerkmal** erfordert § 16 Abs. 1 UWG, dass ein **Zusammenhang** zwischen der Werbung und der beworbenen Ware oder Leistung besteht. Ein solcher Zusammenhang liegt aus Sicht des BGH immer dann vor, wenn der in der Werbeaussage versprochene Vorteil vom beabsichtigten Erwerbsgeschäft abhängig gemacht wird, so dass eine **Kopplung** der – vermeintlichen – Vorteilserlangung an die Bestellung der beworbenen Ware bzw. an die Inanspruchnahme der beworbenen Leistung vorliegt. Allerdings ist ein **rechtlicher** Zusammenhang zur Bejahung der tatbestandlichen Voraussetzungen aus § 16 Abs. 1 UWG **nicht erforderlich.** Ausgehend von dem Schutzzweck von § 16 Abs. 1 UWG, dem Verbraucherschutz zu dienen, kommt es zur Annahme eines **wirtschaftlichen Zusammenhangs** entscheidend darauf an, dass nach den **Vorstellungen des Täters („Absicht“)** die Entscheidung des Adressaten für das Erwerbsgeschäft unter wirtschaftlichen Gesichtspunkten von dem angepriesenen geldwerten Vorteil beeinflusst wird, weil der Interessent einen Gewinnvorteil oder ein Geschenkversprechen zusammen mit dem Warenangebot sieht und deshalb insgesamt von einem günstigen Angebot ausgeht (BGH **„Strafbare Werbung mit Gewinnmitteilungen“**).

IX. Verrat von Geschäfts- oder Betriebsgeheimnissen, Verwertung von Vorlagen, Verleiten und Erbieten zum Verrat, Bußgeldvorschriften §§ 17, 18, 19, 20 UWG

1 Der **Straftatbestand** des § 17 UWG betrifft den **wettbewerbsrechtlichen Geheimnisschutz,** demgegenüber erfasst § 18 UWG die sogenannte **„Vorlagenfreibeuterei"** und § 19 UWG enthält ergänzend den **Anstiftungstatbestand** zu §§ 17, 18 UWG. Nicht nur der vollendete **Verrat von Geschäfts- und Betriebsgeheimnissen** ist strafbar, sondern in § 18 Abs. 2 UWG wird auch der **Versuch unter Strafe** gestellt.

2 Wesentliche Voraussetzung des Tatbestandes der strafbaren Verwertung von Vorlagen im Sinne von § 18 Abs. 1 UWG ist der Umstand, dass die Vorlagen oder Vorschriften technischer Art dem Täter **anvertraut** sein müssen. Anvertraut kann eine Vorlage dem Täter nur dann sein, wenn sie nicht offenkundig ist. Noch zu § 18 UWG a. F. führte der Bundesgerichtshof zum **Vertrauenstatbestand der Vorlagenfreibeuterei** wörtlich was folgt aus:

> Die Rechtsfrage, ob die Bejahung des Tatbestandsmerkmals des Anvertrauens über den erklärten Willen des Erteilers der Information, der Empfänger solle das mitgeteilte Wissen nicht frei verwenden dürfen, hinaus weiter voraussetzt, dass es sich um geheimes oder jedenfalls nicht offenkundiges Wissen handelt, ist in der Rechtsprechung des BGH bisher nicht entschieden worden ... § 18 UWG *(a. F.)* verbietet das Streben nach Wettbewerbsvorsprung durch Vertrauensbruch. Sind auch andere Mitbewerber im Besitz der Information, dann unterscheidet sich die wettbewerbliche Ausgangslage des Informationsempfängers nicht von der seiner Mitbewerber; durch die Ausnutzung der Information kann er keinen Vorsprung erlangen, den nicht auch die Mitbewerber zu erzielen in der Lage sind. Es würde damit an einer Ursächlichkeit für den Vertrauensbruch für den Wettbewerbsvorsprung fehlen. Jedenfalls in denjenigen Fällen, in denen die Information mit dem Willen des Informanten auch anderen Personen zugänglich gemacht wird, denen jedoch keine Verwendungsbindung auferlegt wird, kann dem Empfänger der Mitteilung deren freie Verwendung nicht untersagt werden, wenn sie anderen Mitbewerbern offensteht. Dem Mitteilungsempfänger würden damit Beschränkungen im Wettbewerb auferlegt, denen seine Mitbewerber nicht unterworfen sind (BGH in GRUR 1982, Seite 225 ff. [Seite 226], **„Straßendecke II"**).

Aus diesen Ausführungen des Bundesgerichtshofs folgt, dass zumindest bei denjenigen Informationen, die ersichtlich auch **Dritten zugänglich** sind, **ohne** dass diese einer **Vertraulichkeitsbindung** unterliegen, ein Anvertrauen im Sinne von § 18 UWG nicht (mehr) vorliegt. Vertrauliche Unterlagen können nur dann gegeben sein, wenn der Mitteilende tatsächlich Wert darauf legt, dass die mitgeteilte Information vertraulich behandelt wird. Anderenfalls scheitert die Anwendung von § 18 UWG allein schon an dem **Tatbestandsmerkmal des Anvertrauens.**

3 Täter eines **Geheimnisverrats** nach § 17 Abs. 1 UWG kann nur eine Person sein, die bei dem Unternehmen beschäftigt ist, dem das Geschäfts- oder Betriebsgeheimnis zusteht (BGH **„Versicherungsuntervertreter"**). Auch wenn der Begriff des bei einem Unternehmen Beschäftigten gemäß § 17 Abs. 1 UWG weit auszulegen ist, fallen selbständige Gewerbetreibende nicht darunter. Auch der Handelsvertreter, der als Un-

tervertreter für einen anderen Handelsvertreter als Unternehmer Geschäfte vermittelt oder in dessen Namen abschließt, übt eine selbständige Tätigkeit aus, so dass als Täter eines Geheimnisverrats nach § 17 Abs. 1 UWG nur der nicht selbständig tätige Handelsvertreter in Betracht kommt (BGH **„Versicherungsuntervertreter"**). Allerdings kann der Handelsvertreter nach § 17 Abs. 2 UWG bestraft werden, wenn er ihm bekannt gewordene Kundendaten verwertet. Wörtlich führt der BGH aus:

> Der Umstand, dass der Beklagte – unstreitig – schon während der Zeit seiner Tätigkeit für die Agentur seines Vaters Kenntnis von den in Rede stehenden Kundendaten erlangt hat, schließt nicht aus, dass er sich das in diesen Daten verkörperte Geschäftsgeheimnis der Klägerin unbefugt verschafft hat. Ein ausgeschiedener Mitarbeiter darf zwar die während der Beschäftigungszeit erworbenen Kenntnisse auch später unbeschränkt verwenden, wenn er keinem Wettbewerbsverbot unterliegt. ... Dies gilt allerdings nur für Informationen, die er in seinem Gedächtnis bewahrt. ... oder auf die er aufgrund anderer Quellen zugreifen kann, zu denen er befugtermaßen Zugang hat. Die Berechtigung, erworbene Kenntnisse nach Beendigung des Dienstverhältnisses auch zum Nachteil des früheren Dienstherrn einzusetzen, bezieht sich dagegen nicht auf Informationen, die dem ausgeschiedenen Mitarbeiter nur deswegen noch bekannt sind, weil er auf schriftliche Unterlagen zurückgreifen kann, die er während der Beschäftigungszeit angefertigt hat. ... Liegen dem ausgeschiedenen Mitarbeiter derartige schriftliche Unterlagen – beispielsweise in Form privater Aufzeichnungen oder in Form einer auf dem privaten Notebook abgespeicherten Datei – vor und entnimmt er ihnen ein Geschäftsgeheimnis seines früheren Arbeitgebers, verschafft er sich damit dieses Geschäftsgeheimnis unbefugt i. S. von § 17 Abs. 2 Nr. 2 UWG (BGH in WRP 2009, Seite 613 ff. [S. 615, Rdnr. 15], **„Versicherungsuntervertreter"**).

Dem Verwertungsverbot aus § 17 Abs. 2 Nr. 2 UWG unterliegt also nicht nur der angestellte Handelsvertreter, sondern in gleicher Weise auch ein Handelsvertreter, der eine selbständige Tätigkeit ausübt. Grundsätzlich ist der Handelsvertreter verpflichtet, nach Beendigung des Vertragsverhältnisses **alle Kundenanschriften** an den Unternehmer herauszugeben (§ 667 BGB).

4 Nur wenn es sich tatsächlich um ein **Geschäfts- oder Betriebsgeheimnis** handelt, kann der Straftatbestand des § 17 UWG verwirklicht sein (noch zu § 17 Abs. 2 UWG a. F.: BGH **„Präzisionsmessgeräte"**). Geschäftsgeheimnis sind auch **Kundennamen und Kundenanschriften,** die einem Handelsvertreter während seiner Tätigkeit bekannt werden (BGH **„Verwertung von Kundenlisten"**). Der Handelsvertreter verstößt also gegen § 17 UWG, wenn er diese Kundennamen und -anschriften außerhalb des Unternehmens verwertet, für das er bei Erlangung dieser Informationen tätig war. Strafbar macht sich jedoch auch der neue Arbeitgeber, der diese „mitgebrachten Kunden" verwertet (§ 17 Abs. 2 UWG). Streitig kann im Einzelfall sein, ob die verwendeten Unterlagen als Betriebsgeheimnis Schutz gemäß § 17 UWG genießen. Hierzu hat der BGH festgestellt:

> Ein Geschäfts- oder Betriebsgeheimnis ist jede im Zusammenhang mit einem Betrieb stehende Tatsache, die nicht offenkundig, sondern nur einem eng begrenzten Personenkreis bekannt ist und nach dem bekundeten, auf wirtschaftlichen Interessen beruhenden Willen des Betriebsinhabers geheim gehalten werden soll (BGH in WRP 2006, Seite 1511 ff. [Seite 1513, Rdnr. 19], **„Kundendatenprogramm"**).

Entwendet daher ein Geschäftsführer von dem Unternehmen, bei dem er vorher tätig war, Kundenlisten, sind diese Kundenlisten ein Betriebsgeheimnis, da sie ein wichtiger Bestandteil des **„Goodwill"** des Betriebs sind, auf dessen Geheimhaltung der Betriebsinhaber großen Wert legt. Zur Qualifizierung als Geschäftsgeheimnis kommt es nicht darauf an, dass die Kundenlisten **keinen bestimmten Vermögenswert** besitzen. Entscheidend ist, dass sich ihre Wegnahme für den Betriebsinhaber nachteilig auswirken kann. Anders als bei Kundenlisten, handelt es sich bei bloßen **Adressenlisten,** die jederzeit ohne großen Aufwand aus allgemein zugänglichen Quellen erstellt werden können, nicht um ein Betriebsgeheimnis. Ein **Sichern** eines Geschäfts- oder Betriebsgeheimnisses i. S. v. § 17 Abs. 2 Nr. 1 UWG liegt noch nicht vor, wenn ein Mitarbeiter beim Ausscheiden aus einem Dienstverhältnis die **Kopie** eines ein Betriebsgeheimnis des bisherigen Dienstherrn enthaltenden Dokuments mitnimmt, die er im Rahmen des Dienstverhältnisses **befugt** angefertigt oder erhalten hat (BGH **„MOVICOL-Zulassungsantrag"**).

5 Um einen Unterlassungsanspruch aus § 17 i. V. m. §§ 4 Nr. 11, 8 Abs. 1 UWG geltend machen zu können, bedarf es allerdings der Darlegung, dass tatsächlich ein **Betriebsgeheimnis verletzt** wurde. Ist Gegenstand der Auseinandersetzung eine technische Einrichtung, reicht es aus, dass ein **bestimmter Teil** der Schaltpläne, die der technischen Einrichtung zugrunde liegen, Betriebsgeheimnisse des Verletzten enthalten. Nicht erforderlich ist, dass sämtliche Schaltpläne und Layouts, deren Verletzung behauptet werden, als Betriebsgeheimnis bewertet werden können (BGH **„Schweißmodulgenerator"**). Solange der Verletzer denjenigen Teil des Schaltplans verletzt, der Betriebsgeheimnis des Geschäftsinhabers ist, liegt eine wettbewerbswidrige Handlung im Sinne von § 17 UWG vor. In diesem Zusammenhang macht der BGH auch deutlich, dass nicht jede **im Patentrecht neuheitsschädliche Tatsache** den Geheimnisschutz nach § 17 UWG ausschließt. Vielmehr kommt es für den Schutz als Betriebsgeheimnis darauf an, ob die fragliche Information allgemein, d. h. ohne großen Zeit- und Kostenaufwand, zugänglich ist (BGH **„Schweißmodulgenerator"**). Bei Verletzung von Betriebsgeheimnissen ist grundsätzlich der gesamte unter Einsatz des geheimen Know-hows erzielte Gewinn herauszugeben (BGH **„Entwendete Datensätze mit Konstruktionszeichnungen"**). Der **Anstifter** zum Verrat von Geschäfts- und Betriebsgeheimnissen gemäß § 17 UWG oder zur Verwertung von Vorlagen gemäß § 18 UWG macht sich ebenfalls strafbar. So ist das Verleiten oder Erbieten zum Verrat gemäß § 19 Abs. 1 UWG mit einer Freiheitsstrafe bis zu 2 Jahren oder mit Geldstrafe strafbewehrt. Das Verleiten und Erbieten zum Verrat wird in der Regel nur auf Antrag verfolgt (§ 19 Abs. 4 UWG).

6 Das am 9.10.2013 in Kraft getretene **Gesetz gegen unseriöse Geschäftspraktiken** (BGBl 2013, 3714) hat zur Verschärfung der **Bußgeldvorschriften** für die Fälle der unzumutbaren Belästigungen gemäß § 7 Abs. 2 Nr. 2 und Nr. 3 UWG geführt. Während die Bußgeldbestimmung in § 20 Abs. 1 UWG zunächst für unerlaubte Telefonanrufe gegenüber Verbrauchern ohne deren vorherige ausdrückliche Einwilligung oder gegenüber sonstigen Marktteilnehmern ohne deren zumindest mutmaßliche Einwilligung gemäß § 7 Abs. 2 Nr. 2 UWG Anwendung fand, gilt die Neufassung des § 20 Abs. 1 UWG auch für unerlaubte Werbeanrufe durch automatische Anrufmaschinen gemäß § 7 Abs. 2 Nr. 3 UWG. Wie es in der Gesetzesbegründung heißt, sind auch diejenigen unerlaubten Werbeanrufe, die unter Einsatz **automatischer Anrufmaschinen** erfolgen (§ 7 Abs. 2 Nr. 3 UWG) in der Praxis **zahlreich** und werden von den Verbraucherinnen und Verbrauchern ebenfalls als sehr belästigend empfunden (S. 18 der Begründung). Diese Regelungslücke schließt § 20 Abs. 1 Nr. 2 UWG. Darüber hinaus wurde das **Bußgeld** in § 20 Abs. 2 UWG von 50 000,– EUR auf **bis zu 300 000,– EUR** angehoben. Die Änderungen in § 20 Abs. 1 und 2 UWG zielen nach der Gesetzesbegründung darauf ab, unseriöse Gewerbetreibende von Verstößen gegen das Verbot unerlaubter Telefonwerbung durch die Drohung mit angemessenen Geldbußen abzuhalten und so den Schutz der Verbraucherinnen und Verbraucher vor unerlaubter Telefonwerbung zu stärken (S. 19 der Begründung). Die bußgeldrechtliche Verfolgung der Fälle der Verstöße gegen § 7 Abs. 2 Nr. 2 und Nr. 3 UWG ist der **Bundesnetzagentur** zugewiesen (§ 20 Abs. 3 UWG).

X. Anspruchsberechtigung, Anspruchsdurchsetzung, Beseitigung, Unterlassung, Schadensersatz und Gewinnabschöpfung, §§ 8, 9, 10, 12 UWG

1 In Kapitel 2 des UWG sind die Rechtsfolgen eines Verstoßes gegen § 3 und § 7 UWG einzeln aufgeführt und zusammenfassend dargestellt. Während § 8 UWG die verschuldensunabhängigen Ansprüche auf Beseitigung und Unterlassung regelt, schafft § 9 UWG für den Verletzten die Möglichkeit, bei vorsätzlichem oder fahrlässigem Handeln des Verletzers Schadensersatz zu verlangen. Eine besondere Anspruchsgrundlage stellt der Gewinnabschöpfungsanspruch in § 10 UWG dar. In Ergänzung zu den Rechtsfolgen eines Wettbewerbsverstoßes sehen die Verfahrensvorschriften in § 12 UWG vor, dass der Berechtigte zunächst den Mitbewerber abmahnen soll, bevor er gerichtliche Schritte einleitet. Die **Abmahnung** als außergerichtliches Instrument, gegen wettbewerbswidrige Verhaltensweisen vorzugehen, wurde in der Praxis entwickelt und hat sich als wesentliches Instrument herausgebildet, um mit hoher Effizienz bei geringen Kosten wettbewerbswidriges Verhalten erfolgreich zu unterbinden. In § 13 UWG werden die **Landgerichte als sachlich ausschließlich zuständige Gerichte** bestimmt. Rechtsstreitigkeiten auf Grund des UWG sind immer **Handelssachen,** sodass bei dem Landgericht die Kammer für Handelssachen zuständig ist (§ 13 Abs. 1 Satz 2 UWG i.V.m. § 95 Abs. 1 Nr. 5 GVG). Über die **örtliche Zuständigkeit** regelt § 14 UWG, dass das Gericht zuständig sein soll, in dessen Bezirk der Beklagte seine gewerbliche oder selbständige berufliche Niederlassung bzw. seinen Wohnsitz hat. Im Übrigen gilt der sogenannte **„fliegende Gerichtsstand"** des Begehungsortes gemäß § 14 Abs. 2 UWG. Örtlich zuständig ist das Gericht, in dessen Bezirk die Handlung begangen wurde (bei einer deutschlandweit geschalteten Werbung ist also jedes Landgericht örtlich zuständig). Schließlich sind gem. § 15 UWG bei den Industrie- und Handelskammern **Einigungsstellen** einzurichten, in denen ein Anspruch aus dem UWG geltend gemacht werden kann. Kommt keine Einigung zustande, steht dem Anspruchsteller weiterhin der Weg zu den ordentlichen Gerichten offen. Als besonders kostengünstiges Verfahren zur gütlichen Beilegung einer wettbewerbsrechtlichen Auseinandersetzung haben sich die Einigungsstellenverfahren in der Praxis bewährt.

2 Nach Inkrafttreten des **Gesetzes gegen unseriöse Geschäftspraktiken** (BGBl 2013, 3714) am 9.10.2013 begründet § 8 Abs. 4 UWG einen eigenständigen Gegenanspruch des Abgemahnten auf Ersatz der Aufwendungen zur Rechtsverteidigung, wenn die Abmahnung **missbräuchlich** erfolgt ist. Mit dieser Bestimmung soll mehr **Waffengleichheit** zwischen Abmahnenden und Abgemahnten hergestellt werden. Nach der Gesetzesbegründung ist Auslöser dieses besonderen Aufwendungsersatzanspruchs des Abgemahnten der Umstand, dass in der Praxis häufig die Initiative für missbräuchliche Abmahnungen von Rechtsanwälten ausgeht, die ihrerseits von ihrem Mandanten kein Honorar verlangen, wenn dieses nicht als Aufwendungsersatz von dem Abgemahnten erstattet wird. In diesem Fall trifft den Abmahnenden kein Kostenrisiko, solange er es nicht auf einen Prozess ankommen lässt. Mit der Einführung des **Gegenanspruchs auf Aufwendungsersatz** entsteht bei missbräuchlichen Abmahnungen für den Abmahnenden ein Kostenrisiko, dass das wirtschaftliche Interesse an

missbräuchlichen Abmahnungen senken soll (S. 41 der Gesetzesbegründung). Als Vorbild der Bestimmung in § 8 Abs. 4 UWG diente der zivilprozessuale Schadensersatzanspruch aus § 945 ZPO im einstweiligen Verfügungsverfahren.

1. Beseitigungs- und Unterlassungsanspruch

3 Als zentrale Anspruchsnorm bestimmt § 8 UWG, dass derjenige, der gegen § 3 oder § 7 UWG verstößt, auf **Beseitigung und bei Bestehen von Wiederholungsgefahr auf Unterlassung** in Anspruch genommen werden kann. Der Unterlassungsanspruch besteht bereits dann, wenn eine Zuwiderhandlung **droht.** Neben dem **Täter** haftet ggf. der **Mittäter** oder **Teilnehmer.** Mittäterschaft setzt eine gemeinschaftliche Begehung der Rechtsverletzung voraus. Als Teilnehmer haftet nur derjenige, der die rechtswidrige Verhaltensweise zumindest mit bedingtem Vorsatz gefördert oder dazu angestiftet hat. Wer nicht Täter oder Teilnehmer ist kann ggf. als **Störer** in Anspruch genommen werden. Die Haftung als Störer setzt die Verletzung von **Prüfungspflichten** voraus. Deren Umfang bestimmt sich danach, ob und inwieweit dem als Störer Inanspruchgenommenen nach den Umständen eine Prüfung zuzumuten ist (BGH **„ambiente.de"**). Diese Prüfungspflicht beschränkt sich auf grobe und eindeutige, unschwer erkennbare Wettbewerbsverstöße (BGH **„Schlank-Kapseln"**). Es gibt **keine generelle** Prüfungspflicht (BGH **„Ausschreibung von Ingenieurleistungen"**). In Zusammenhang mit dem markenverletzenden Angebot eines Halsbandes in **„Cartier Art"** bei Ebay prüfte der BGH die Frage, ob es sich bei dem Anbieter um einen Täter bzw. Mittäter oder um einen sonstigen Teilnehmer gehandelt hat. Der beklagte registrierte Händler bei der Internet-Auktionsplattform Ebay behauptete, seine Ehefrau habe sein Mitgliedskonto bei Ebay ohne sein Wissen benutzt. In diesem Zusammenhang betont der BGH:

> Das Berufungsgericht ist allerdings mit Recht davon ausgegangen, dass der Beklagte für die von seiner Ehefrau möglicherweise begangenen Rechtsverletzungen nicht als Mittäter oder Teilnehmer haftet. Mittäterschaft setzt eine gemeinschaftliche Begehung, also ein bewusstes und gewolltes Zusammenwirken voraus. … Als Teilnehmer an einer rechtswidrigen Verhaltensweise eines anderen haftet nur derjenige, der diese Verhaltensweise zumindest mit bedingtem Vorsatz gefördert oder dazu angestiftet hat. Zum Teilnehmervorsatz gehört dabei neben der Kenntnis der objektiven Tatumstände auch das Bewusstsein der Rechtswidrigkeit der Haupttat. … Diese Voraussetzungen sind im Streitfall nicht erfüllt.
>
> …
>
> Es kommt jedoch eine Haftung des Beklagten als Täter einer Urheberrechts- und/oder Markenverletzung sowie eines Wettbewerbsverstoßes in Betracht, weil dieser, auch wenn er die Verwendung der Zugangsdaten zu seinem Mitgliedskonto bei Ebay durch seine Ehefrau weder veranlasst noch geduldet hat, nicht hinreichend dafür gesorgt hat, dass seine Ehefrau keinen Zugriff auf die Kontrolldaten und das Kennwort dieses Mitgliedskontos erlangte (BGH in WRP 2009, Seite 730ff. [S. 731, 732, Rdnr. 14, 16], **„Halzband"**).

Wer sein Mitgliedskonto bei Ebay nicht hinreichend sichert, begeht aus Sicht des BGH eine Pflichtverletzung und haftet deshalb **selbst als Täter,** ohne dass es eines Rückgriffs auf die Grundsätze der Störerhaftung (BGH **„Internet-Versteigerung III"**) oder des Zurechnungsgrundes der Verletzung allgemeiner Verkehrspflichten (BGH **„Jugendgefährdende Medien bei Ebay"**) bedarf.

4 § 8 UWG ist die Grundnorm für sämtliche Unterlassungs- und Beseitigungsansprüche, die aus einem Wettbewerbsverstoß gem. § 3 UWG oder § 7 UWG resultie-

ren. Zum Umfang des **Beseitigungsanspruchs** heißt es in der Gesetzesbegründung wörtlich:

> Die nunmehr ausdrückliche Regelung erfolgt lediglich zur Klarstellung. Eine Änderung der Voraussetzungen sowie des Inhalts und des Umfangs des Beseitigungsanspruchs ist nicht bezweckt. Voraussetzung ist demnach die Herbeiführung eines fortdauernden Störungszustandes, wobei die von dem Zustand ausgehenden Störungen rechtswidrig sein müssen. Inhaltlich ist der Anspruch entsprechend der Regelung in § 1004 BGB durch den Grundsatz der Verhältnismäßigkeit begrenzt. Es sind nur solche Maßnahmen geschuldet, die geeignet und erforderlich sind, die noch vorhandene Störung zu beseitigen, und die dem Schuldner zumutbar sind (Gesetzesbegründung zu § 8 Abs. 1).

Ausdrücklich ist in § 8 Abs. 1 UWG die Bestimmung enthalten, dass der **Unterlassungsanspruch** selbst dann besteht, wenn erst eine **Zuwiderhandlung** droht. Durch diese gesetzliche Bestimmung wird sichergestellt, dass auch **bei Vorliegen einer Erstbegehungsgefahr** Unterlassungsansprüche gegeben sein können.

5 Unterlassungsansprüche sind immer dann gegeben, wenn eine unlautere Handlung im Sinne von § 4 UWG bereits erfolgt ist **(Wiederholungsgefahr).** Darüberhinaus besteht ein **vorbeugender Unterlassungsanspruch,** wenn **Erstbegehungsgefahr** droht. Aus Sicht des Bundesgerichtshofs bedarf das Vorliegen einer Erstbegehungsgefahr einer sorgfältigen Überprüfung im Einzelfall. Wörtlich führt der Bundesgerichtshof aus:

> Ein auf Erstbegehungsgefahr gestützter vorbeugender Unterlassungsanspruch besteht nur, soweit ernsthafte und greifbare tatsächliche Anhaltspunkte dafür vorhanden sind, der Anspruchsgegner werde sich in naher Zukunft in der näher bezeichneten Weise rechtswidrig verhalten. Eine Erstbegehungsgefahr kann auch begründen, wer sich des Rechts berühmt, bestimmte Handlungen vornehmen zu dürfen. Die Tatsache allein, dass sich ein Beklagter gegen die Klage verteidigt und dabei die Auffassung äußert, zu dem beanstandeten Verhalten berechtigt zu sein, ist jedoch nicht als eine Berühmung zu werten, die eine Erstbegehungsgefahr begründet (BGH in WRP 2001, Seite 1076ff. [Seite 1078, 1079], **„Berühmungsaufgabe"**).

Das Vorliegen der Erstbegehungsgefahr ist daher zu verneinen, wenn es an einer derartigen vorprozessualen **Berühmung** fehlt. Wenn in einem einstweiligen Verfügungsverfahren der Betroffene nur aus **Gründen der Rechtsverteidigung** sein beanstandetes Verhalten verteidigt, begründet diese prozesstaktische Maßnahme nicht die Erstbegehungsgefahr (BGH **„Schlank-Kapseln"**). Das gilt erst recht, wenn der Beklagte in dem Prozess eindeutig klarstellt, dass es ihm nur um seine Rechtsverteidigung geht.

6 Darüber hinaus ist höchstrichterlich anerkannt, dass an die **Beseitigung der Erstbegehungsgefahr** grundsätzlich weniger strenge Anforderungen zu stellen sind als an die bei einem Wettbewerbsverstoß vermutete Wiederholungsgefahr (BGH **„Wiederholungsgefahr bei Unternehmensverschmelzung"**). Insbesondere kann bei Prüfung der Erstbegehungsgefahr **ihr Fortbestehen nicht vermutet werden.** Höchstrichterlich anerkannt ist das Entfallen der Erstbegehungsgefahr, sobald der Betroffene die beanstandete Berühmung aufgibt. Die **Aufgabe der Berühmung** liegt jedenfalls in der uneingeschränkten und eindeutigen Erklärung, dass die beanstandete Handlung in der Zukunft nicht vorgenommen wird.

7 Während sich der Unterlassungsanspruch im endgültigen Verbot erschöpft, dass der Beklagte das wettbewerbswidrige Tun zukünftig unterlässt, verlangt der gegen den Beklagten durchgesetzte **Beseitigungsanspruch ein Handeln vom Beklagten.** Die Beseitigung des wettbewerbswidrigen Zustandes kann etwa beinhalten, dass ein Verlag Zeitschriften vom Groß- und Einzelhandel zurückruft, die eine wettbewerbswidrige Anzeige enthalten, deren Veröffentlichung dem Verlag zuvor untersagt worden war.

Voraussetzung eines Beseitigungsanspruches ist also das **Fortbestehen des wettbewerbswidrigen Zustands.** Nur wenn der Störungszustand fortbesteht, kann unter Wahrung des **Grundsatzes der Verhältnismäßigkeit** im Einzelfall die erstrebte Beseitigungsmaßnahme noch geboten sein.

Während der Unterlassungsanspruch der Regelanspruch im Wettbewerbsrecht ist, kommt ein Beseitigungsanspruch nur ausnahmsweise in Betracht, nämlich dann, wenn ein rechtswidriger Störungszustand **weiter besteht.** Ein wettbewerbsrechtlicher Anspruch auf Beseitigung von Fehlvorstellungen, die durch eine irreführende Werbung hervorgerufen worden sind, besteht grds. nicht, weil die Fehlvorstellungen als solche nur **Folge** des wettbewerbswidrigen Handelns, nicht selbst ein rechtswidriger Störungszustand sind (BGH **„Wirtschaftsregister"**). **8**

Die Regelung in § 8 Abs. 2 UWG stellt klar, dass bei Zuwiderhandlungen in einem Unternehmen die Ansprüche gemäß § 8 Abs. 1 UWG nicht nur gegenüber dem betroffenen Mitarbeiter oder Beauftragten gegeben sind, sondern dass sie auch gegenüber dem **Inhaber des Unternehmens** begründet sind. Diese Zurechnung des Verhaltens eines Mitarbeiters oder Beauftragten kommt dann nicht in Betracht, wenn der Mitarbeiter **rein privat** handelt, selbst wenn er den Namen des Betriebsinhabers missbraucht. In diesem Fall ist der Betriebsinhaber für einen etwaigen Wettbewerbsverstoß nicht verantwortlich, da der Unternehmensinhaber für private Handlungen seiner Mitarbeiter wettbewerbsrechtlich nicht einzustehen hat (BGH **„Gefälligkeit"**). Denn dem Betriebsinhaber werden gemäß § 8 Abs. 2 UWG Zuwiderhandlungen seiner Angestellten oder Beauftragten wie eigene Handlungen nur deshalb zugerechnet, weil die arbeitsteilige Organisation des Unternehmens die Verantwortung für das Verhalten im Wettbewerb nicht beseitigen soll. Dieser Rechtsgedanke kann jedoch für Handlungen von Mitarbeitern in ihrem privaten Bereich nicht gelten. Die Zurechnungsregelung in § 8 Abs. 2 UWG findet auch dann keine Anwendung, wenn Wettbewerbsverstöße in Frage stehen, die Mitarbeiter im Unternehmen unter der **Verantwortung des früheren Rechtsinhabers** begangen haben. Diese Wettbewerbsverstöße können nicht dem neuen Rechtsinhaber zugerechnet werden, da der Rechtsnachfolger grundsätzlich nicht auf Unterlassung für Wettbewerbsverstöße haftet, die der frühere Betriebsinhaber selbst oder durch seine Mitarbeiter verwirklicht hat (BGH **„Schuldnachfolge"**). Die Wiederholungsgefahr entfällt auch dann, wenn ein neues Unternehmen die **Rechtsnachfolge** von dem wettbewerbswidrig handelnden Unternehmen angetreten hat. Der neue Unternehmensinhaber tritt nicht im Wege der (Gesamt-)Rechtsnachfolge in die gesetzliche Unterlassungspflicht ein (BGH **„Wiederholungsgefahr bei Unternehmensverschmelzung"**). **9**

Praxishinweis

Die Formulierung eines Unterlassungstenors bei gerichtlicher Geltendmachung von wettbewerbsrechtlichen Unterlassungsansprüchen kann dann auf Schwierigkeiten stoßen, wenn die Unterlassung im Umfang einer charakteristischen, die Verletzungshandlung beschreibenden Verallgemeinerung beantragt wird. Bei einer derartigen, abstrakten Fassung des Unterlassungstitels besteht die Gefahr, dass unter den Tenor auch Werbehandlungen fallen, die wettbewerbsrechtlich nicht angreifbar sind. Zur Vermeidung einer Teilabweisung eines derartigen Unterlassungsantrages ist es daher zu empfehlen, den Unterlassungsantrag auf die konkrete Werbemaßnahme zu beschränken und die konkrete Werbung selbst zum Gegenstand des Unterlassungsanspruchs zu machen.

2. Anspruchsberechtigung der Mitbewerber

10 Die Ansprüche auf Beseitigung und Unterlassung gemäß § 8 Abs. 1 UWG stehen zunächst gemäß § 8 Abs. 3 Nr. 1 UWG **jedem Mitbewerber** zu. Es sind jedoch nur die **unmittelbar verletzten** Mitbewerber anspruchsberechtigt. Die nur **abstrakt** betroffenen Mitbewerber sind nicht anspruchsberechtigt. Aus Sicht des Gesetzgebers haben diese nur abstrakt betroffenen Mitbewerber kein schutzwürdiges Eigeninteresse an der Geltendmachung von Abwehransprüchen, da ihnen die Möglichkeit offensteht, einen anspruchsberechtigten **Wirtschafts- und Verbraucherverband** zur Bekämpfung des Wettbewerbsverstoßes einzuschalten (Gesetzesbegründung zu § 8 Abs. 3 Nr. 1). Soweit Auskunftsansprüche über den **Namen** und die zustellfähige **Anschrift** eines Beteiligten im Streit stehen, ist der **unmittelbar verletzte Mitbewerber** neben dem entsprechenden Anspruch eines Verbandes anspruchsberechtigt. Der Auskunftsanspruch gemäß § 13a UKlaG besteht also neben dem entsprechenden Auskunftsanspruch der anspruchsberechtigten Stellen aus § 13 UKlaG (BGH **„SMS-Werbung“**).

11 Mitbewerber im Sinne von § 8 Abs. 3 Nr. 1 UWG ist danach jedes Unternehmen, das durch den Wettbewerbsverstoß **unmittelbar verletzt** wird. Sofern ein Lebensmittelhändler gegen § 3 UWG verstößt, weil er die beworbene Ware nicht für zwei Tage bevorratet hat, kann er von sämtlichen Mitbewerbern im örtlichen Lebensmitteleinzelhandel auf Unterlassung in Anspruch genommen werden. Die Anspruchsberechtigung des Mitbewerbers entfällt jedoch, wenn der abmahnende Einzelhändler nicht mit Lebensmitteln, sondern etwa mit Skiern handelt. Das gilt nur dann nicht, wenn es sich bei dem besonders beworbenen Angebot des Lebensmittelhändlers um Skier handelt. In diesem Fall besteht ein konkretes Wettbewerbsverhältnis auch zwischen dem Lebensmitteleinzelhändler und dem Skieinzelhändler. Wird **fremder Wettbewerb** gefördert, kommt es auf das Wettbewerbsverhältnis zwischen dem geförderten und dem benachteiligten Unternehmen an (BGH **„Flughaften Berlin-Schönefeld“**).

12 Zu der Frage, wann ein **konkretes Wettbewerbsverhältnis** vorliegt, mit der Folge, dass der abmahnende Mitbewerber gemäß § 8 Abs. 3 Nr. 1 UWG aktivlegitimiert ist, führt der Bundesgerichtshof aus:

> Ein konkretes Wettbewerbsverhältnis besteht entgegen der Ansicht der Revision nicht erst dann, wenn der Mitbewerber durch die angegriffene Wettbewerbshandlung unmittelbar verletzt worden ist, sondern schon dann, wenn er durch das beanstandete Wettbewerbsverhalten beeinträchtigt, das heißt im Absatz behindert oder gestört werden kann. Davon ist hier auszugehen, da die Klägerin und die Beklagte zu 1) die gleichen Waren in derselben Stadt angeboten haben und damit eine hinreichende Wahrscheinlichkeit besteht, dass sie sich mit ihrem Leistungsangebot im Markt unmittelbar begegnen (BGH in WRP 2001, Seite 1291 ff. [Seite 1292, 1293], **„SOOOO ... BILLIG!“?**).

Eine unmittelbare Verletzung des Mitbewerbers liegt also immer dann vor, wenn der Mitbewerber durch das wettbewerbswidrige Handeln in seinem Absatz behindert oder gestört wird. Es genügt die **hinreichende Wahrscheinlichkeit,** dass sich beide Wettbewerber mit ihrem Leistungs- oder Warenangebot im Markt unmittelbar begegnen. Insoweit ist der Kreis der konkret betroffenen Mitbewerber eher **weit** zu ziehen. Nur wenn die unmittelbare Betroffenheit des Mitbewerbers unter keinem Gesichtspunkt in Betracht kommt (z.B. Wettbewerbsverstoß in Freiburg, der abmahnenden Wettbewerber übt sein Geschäft jedoch in Frankfurt aus), fehlt es an dem Vorliegen der Aktivlegitimation aus § 8 Abs. 3 Nr. 1 UWG. Für die Eigenschaft als Mitbewerber kommt es allein auf das tatsächliche Bestehen eines Wettbewerbsverhältnisses an, selbst wenn die eigene Tätigkeit des Anspruchstellers, die das Wettbewerbsverhältnis begründet, **gesetzwidrig oder wettbewerbswidrig** ist (BGH **„Vitamin-Zell-Komplex"**). Auch ein Mitbewerber, der sich im geschäftlichen Verkehr unlauter verhält, verliert daher grundsätzlich nicht den Schutz gegen wettbewerbswidriges Verhalten Dritter, da das Recht des unlauteren Wettbewerbs auch das Interesse der Allgemeinheit an einem unverfälschten Wettbewerb schützt (§ 1 UWG).

3. Anspruchsberechtigung von Wirtschafts- und Verbraucherverbänden, Industrie- und Handelskammern sowie Handwerkskammern

13 Der Beseitigungs- und Unterlassungsanspruch aus § 8 Abs. 1 UWG steht gemäß § 8 Abs. 3 Nr. 2 UWG **rechtsfähigen Verbänden** zur Förderung gewerblicher oder selbständiger beruflicher Interessen zu, soweit ihnen eine erhebliche Zahl von Unternehmen angehört, die Waren oder Dienstleistungen in gleicher oder verwandter Art auf demselben Markt vertreiben, soweit sie insbesondere nach ihrer personellen, sachlichen und finanziellen Ausstattung imstande sind, ihren satzungsmäßigen Aufgaben zur Verfolgung gewerblicher oder selbständiger beruflicher Interessen tatsächlich nachzukommen, und soweit die Zuwiderhandlung die Interessen ihrer Mitglieder berührt. Das gilt ausnahmsweise nicht für Ansprüche aus § 4 Nr. 10 UWG. Bei dem Vorwurf einer **gezielten Mitbewerberbehinderung** ist ein Verband **nicht anspruchsberechtigt** (BGH **„Änderung der Voreinstellung III"**). Selbst Verstöße gegen § 7 Abs. 2 Nrn. 2–4 UWG können von Verbänden verfolgt werden (BGH **„Werbeanruf"**). Darüber hinaus sind gemäß § 8 Abs. 3 Nr. 3 UWG **qualifizierte Einrichtungen** i. S. v. § 4 UKlaG (i. V. m. der Unterlassungsklageverordnung) und gemäß § 8 Abs. 3 Nr. 4 UWG **Industrie- und Handelskammern sowie Handwerkskammern** aktivlegitimiert. Über die **qualifizierten Einrichtungen** gemäß § 4 UKlaG wird bei dem Bundesamt für Justiz eine **Liste** geführt. Diese Liste wird mit dem Stand zum 1. Januar eines jeden Jahres im Bundesanzeiger bekannt gemacht und kann unter der Domain www.bundesjustizamt.de (Link: Liste qualifizierter Einrichtungen gemäß § 4 des UKlaG) im Internet abgerufen werden. Ergeben sich in einem Rechtsstreit **begründete Zweifel** an dem Vorliegen der Voraussetzungen einer qualifizierten Einrichtung, kann gemäß § 4 Abs. 4 UKlaG das Gericht das **Bundesamt für Justiz** zur Überprüfung der Eintragung auffordern und die Verhandlung bis zu dessen Entscheidung aussetzen. An das Vorliegen begründeter Zweifel im Sinne des § 4 Abs. 4 UKlaG sind allerdings **strenge Anforderungen** zu stellen (BGH **„Gallardo Spyder"**). Die Anspruchsberechtigung der **Verbraucherverbände** ergibt sich aus § 8 Abs. 3 Nr. 3 UWG. Sonstige **öffentlich-rechtliche Berufskammern** können ihre Aktivlegitimation aus § 8 Abs. 3 Nr. 2 UWG ableiten. Im Übrigen gilt § 8 Abs. 3 Nr. 2 UWG für sämtliche **Wirtschaftsverbände,** ohne dass sie, wie die Verbraucherverbände im Sinne von § 8 Abs. 3 Nr. 3 UWG, gelistet sein müssen.

14 Zur Frage, wann ein **Wirtschaftsverband** im Sinne von § 8 Abs. 3 Nr. 2 UWG aktivlegitimiert ist, führt der Gesetzgeber in der Gesetzesbegründung aus:

> Bei Verbänden zum Schutz gewerblicher oder selbständiger beruflicher Interessen hängt die Klagebefugnis aber vor allem davon ab, dass ihnen eine erhebliche Zahl von Unternehmern angehören, die Waren oder Dienstleistungen gleicher oder verwandter Art auf demselben Markt vertreiben. Der Begriff der erheblichen Zahl ist nach allgemeiner Ansicht nicht wörtlich zu verstehen. Es kommt vielmehr darauf an, dass dem Verband Unternehmer angehören, die auf dem in Rede stehenden sachlichen und räumlichen Markt nach Anzahl und Gewicht ein gemeinsames Interesse der Angehörigen der betreffenden Branche repräsentieren (Gesetzesbegründung zu § 8 Abs. 3 Nr. 2).

Ob eine in diesem Sinne verstandene erhebliche Zahl von Unternehmern dem Wirtschaftsverband angehören, ist regelmäßig nach einer **Gesamtbeurteilung sämtlicher Umstände des Einzelfalls** zu bestimmen. Rechtsfähige Verbände i.S.v. § 8 Abs. 3 Nr. 2 UWG sind auch Verbände zur Förderung **selbständiger** beruflicher Interessen (BVerfG **„Werbung von Steuerberatungsgesellschaften“**).

15 Zu der Frage, ob ein Verband aktivlegitimiert ist im Sinne von § 8 Abs. 3 Nr. 2 UWG, und ob dem Verband eine erhebliche Anzahl von Mitgliedern desselben Marktes angehören, führt der BGH in seiner Entscheidung **„Krankenhauswerbung“** wörtlich aus:

> Die Klagebefugnis eines Verbands nach § 8 Abs. 3 Nr. 2 UWG (§ 13 Abs. 2 Nr. 2 UWG a.F.) setzt voraus, dass dieser die Interessen einer erheblichen Zahl von Unternehmern wahrnimmt, die auf demselben Markt tätig sind wie der Wettbewerber, gegen den sich der Anspruch richtet. …
> Erheblich in diesem Sinn ist die Zahl der Mitglieder des Verbands auf dem einschlägigen Markt dann, wenn diese Mitglieder als Unternehmer, bezogen auf den maßgeblichen Markt, in der Weise repräsentativ sind, dass ein missbräuchliches Vorgehen des Verbands ausgeschlossen werden kann. Dies kann auch schon bei einer geringen Zahl auf dem betreffenden Markt tätiger Mitglieder anzunehmen sein. … Darauf, ob diese Verbandsmitglieder nach ihrer Zahl und ihrem wirtschaftlichen Gewicht im Verhältnis zu allen anderen auf dem Markt tätigen Unternehmern repräsentativ sind, kommt es nicht an (BGH in WRP 2007, Seite 1088ff. [Seite 1089, 1090, Rdnr. 13, 15]).

Nach diesen Ausführungen des BGH ist also zum Nachweis der Aktivlegitimation gemäß § 8 Abs. 3 Nr. 2 UWG erforderlich aber auch ausreichend, dass die nachgewiesenen Mitglieder für den **einschlägigen Markt repräsentativ sind.** Weder kommt es auf die absolute Zahl der Mitglieder an, noch auf deren wirtschaftliche Bedeutung für den Markt.

16 Berufsständische Vertretungen unterfallen § 8 Abs. 3 Nr. 2 UWG, so dass die berufsständischen Kammern freier Berufe klagebefugt sind. Die Möglichkeit, auf dem **Zivilrechtsweg** gegen berufswidrige Werbung von Kammerangehörigen vorzugehen, besteht grundsätzlich neben den Befugnissen, die der berufsständischen Vertretung gegenüber ihren Kammerangehörigen zustehen, soweit die berufsständische Kammer nicht unverhältnismäßig in die Berufsausübungsfreiheit des betroffenen Kammerangehörigen eingreift (BGH **„Zahnarztbriefbogen“**).

17 Neben dem Interesse, Wettbewerbsverstöße zu verfolgen, muss der Verband gem. § 8 Abs. 3 Nr. 2 UWG in einer Weise **finanziell ausgestattet** sein, dass tatsächlich die Satzungsziele auch verfolgt werden können. Dem Verband ist die Klagebefugnis abzuerkennen, wenn die **sachlichen, personellen und finanziellen** Mittel zur Erfüllung seiner Verbandszwecke fehlen (noch zu § 13 Abs. 2 Ziff. 2 UWG a.F.: BGH **„Fachverband“**). Es reicht nicht aus, dass der Verband nur auf Grund der durch die **Abmahntätigkeit** erzielten pauschalen Kostenerstattungen finanzielle Mittel zur Verfolgung seiner Ziele erlangt. Vielmehr müssen Mitgliedsbeiträge und -spenden in einer Höhe geleistet werden, die es dem Verband ermöglichen, den satzungsmäßigen Aufgaben nachzugehen. Finanziert sich der Verband hingegen überwiegend aus **Vertragsstrafen und Abmahnpauschalen,** war dem Verband bereits unter Geltung von § 13 Absatz 2 UWG a.F. die Aktivlegitimation abzusprechen. Das gilt entsprechend bei Anwendung von § 8 Abs. 3 Nr. 2 UWG.

18 Weitere Voraussetzung für die Aktivlegitimation von Fachverbänden und Wettbewerbsvereinen ist ferner, dass ihnen eine **erhebliche Anzahl** von Unternehmern angehört, die auf **demselben Markt** Waren oder Dienstleistungen **gleicher oder verwandter Art** vertreiben. Mit diesen weiteren Voraussetzungen will der Gesetzgeber dem in der Vergangenheit zu Tage getretenen Missbrauch der Klagebefugnis begegnen. Bei einem **ordnungsgemäß gegründeten** und **aktiv tätigen Verband** spricht eine tatsächliche Vermutung für die tatsächliche Zweckverfolgung, die **der Gegner** zu widerlegen hat (noch zu § 13 Abs. 2 UWG a. F.: BGH **„Fachverband"**).

19 Lange Zeit umstritten war die Frage, ob bei den Mitgliedern von Wirtschaftsverbänden im Sinne von § 8 Abs. 3 Nr. 2 UWG auch solche Unternehmen zu berücksichtigen sind, die Mitglied in einem Verband sind, der seinerseits Mitglied des klagenden Verbands ist (BGH **„Brillenwerbung"**). Als Unternehmer, deren Interessen von dem Verband wahrgenommen werden, kommen auch solche Unternehmen in Betracht, die Mitglied in einem Verband sind, der seinerseits Mitglied des klagenden Verbandes ist; es reicht aus, **wenn der vermittelnde Verband** von seinen Mitgliedern mit der Wahrnehmung ihrer gewerblichen Interessen beauftragt ist (BGH **„Sammelmitgliedschaft II"**, **„Sammelmitgliedschaft III"** und **„Sammelmitgliedschaft IV"**). Für die Klagebefugnis eines Verbandes kommt es daher grundsätzlich nicht darauf an, über welche mitgliedschaftlichen Rechte dessen mittelbaren oder unmittelbaren Mitglieder verfügen, solange der Verband, der dem klagenden Verband Wettbewerber des Beklagten als (mittelbare) Mitglieder vermittelt, von diesen mit der Wahrnehmung ihrer gewerblichen Interessen beauftragt worden ist und seinerseits den klagenden Verband durch seinen Beitritt mit der Wahrnehmung der gewerblichen Interessen seiner Mitglieder beauftragen durfte (BGH **„Sammelmitgliedschaft V"**).

20 Bei der Prüfung, ob ein Verband zur Förderung gewerblicher Interessen gem. § 8 Absatz 3 Nr. 2 UWG aktivlegitimiert ist, sind daher folgende Voraussetzungen zu prüfen:

- Dem Verband muss eine erhebliche Anzahl von Unternehmern – mittelbar oder unmittelbar – angehören, die Waren oder Dienstleistungen gleicher oder verwandter Art auf demselben örtlichen Markt vertreiben,
- er muss nach seiner personellen, sachlichen und finanziellen Ausstattung in der Lage sein, satzungsmäßige Aufgaben zu verfolgen,
- der Verstoß ist geeignet, die Mitgliederinteressen zu berühren,
- der Geltendmachung des Unterlassungsanspruchs steht nicht der Einwand der missbräuchlichen Rechtsverfolgung entgegen.

21 Der Gesetzgeber verzichtete in der Gesetzesbegründung darauf, die **„Erheblichkeit"** der Mitgliederanzahl näher zu definieren. Dennoch liegt dem Begriff der „Erheblichkeit" die Vorstellung zugrunde, dass eine für das Wettbewerbsgeschehen auf dem Markt **repräsentative Anzahl** von Mitbewerbern aus der betroffenen Branche dem Verband angehören muss (noch zu § 13 Abs. 2 UWG a. F.: BGH **„Hamburger Auktionatoren"**). Daher wurde auch eine **bestimmte Mindestzahl nicht festgeschrieben,** da es manche Branchen oder Tätigkeitsbereiche gibt, auf denen es überhaupt nur eine geringe Anzahl von Wettbewerbern gibt, sodass bereits wenige Unternehmer den Markt repräsentieren können (Gesetzesbegründung zu § 8 Abs. 3 Nr. 2 unter Bezugnahme auf BGH **„Gesetzeswiederholende Unterlassungsanträge"**).

22 Zur Frage der **Erheblichkeit der Mitgliederzahl** eines Verbandes gemäß § 8 Abs. 3 Nr. 2 UWG führt der BGH aus:

> Erheblich i. S. des § 8 Abs. 3 Nr. 2 UWG ... ist die Zahl der Mitglieder des Verbands auf dem einschlägigen Markt dann, wenn diese Mitglieder als Unternehmen – bezogen auf den maßgeblichen Markt – in der Weise repräsentativ sind, dass ein missbräuchliches Vorgehen des Verbands ausgeschlossen werden kann. Wie der Senat nach Erlass des zweiten Berufungsurteils klargestellt hat, kann dies auch schon bei einer geringen Zahl auf

dem betreffenden Markt tätiger Mitglieder anzunehmen sein. ... Darauf, ob diese Verbandsmitglieder nach ihrer Zahl und ihrem wirtschaftlichen Gewicht im Verhältnis zu allen anderen auf dem Markt tätigen Unternehmen repräsentativ sind, kommt es nicht entscheidend an. ... Dies ergibt sich schon daraus, dass andernfalls die Klagebefugnis von Verbänden auf oligopolistischen Märkten unangemessen eingeschränkt würde. Anders als das Berufungsgericht meint, ist die Gesamtzahl der in der Branche tätigen Unternehmen und deren Marktbedeutung daher nicht von entscheidender Bedeutung. Ebenso wenig brauchte der Kläger zu Bedeutung und Umsatz seiner (mittelbaren oder unmittelbaren) Mitglieder vorzutragen. Dem Zweck des Gesetzes, die Klagebefugnis der Verbände auf Fälle zu beschränken, die die Interessen einer erheblichen Zahl von verbandsangehörigen Wettbewerbern berühren, wird schon dann hinreichend Rechnung getragen, wenn im Wege des Freibeweises festgestellt werden kann, dass es dem Verband bei der betreffenden Rechtsverfolgung nach der Struktur seiner Mitglieder um die ernsthafte kollektive Wahrnehmung der Mitgliederinteressen geht (BGH in WRP 2009, Seite 811 ff. [S. 812, 813, Rdnr. 12], **„Sammelmitgliedschaft VI“**).

Danach liegt die für die Klagebefugnis ausreichende Zahl von Mitgliedern vor, wenn dem klagenden Verband **acht oder neun** auf dem sachlich und räumlich relevanten Markt tätige Mitglieder angehören. Die Verbandsklagebefugnis muss sowohl im Zeitpunkt der beanstandeten Wettbewerbshandlung als auch noch bei der **letzten mündlichen Verhandlung** gegeben sein. Der **Nachweis** einer für die Klagebefugnis ausreichenden Zahl von Mitgliedern obliegt dem klagenden Verband. Die Vorlage einer anonymisierten Mitgliederliste reicht zum Nachweis der Mitgliedschaften allerdings nicht aus (noch zu § 13 Abs. 2 Nr. 2 UWG a. F.: BGH **„Anonymisierte Mitgliederliste“**). Ein Verband muss danach **die Unternehmen benennen,** deren Interessen er wahrzunehmen beansprucht, wenn streitig ist, ob er die Interessen einer erheblichen Zahl auf dem fraglichen Markt tätiger Unternehmen wahrnimmt (BGH **„Sammelmitgliedschaft II“**).

23 Die Prozessführungsbefugnis eines Verbandes i. S. v. § 8 Abs. 3 Nr. 2 UWG ist selbst dann gegeben, wenn ihm zwar nicht Unternehmer derselben Branche, aber stattdessen Industrie- und Handelskammern oder Handwerkskammern angehören, die selbst zur Verfolgung von Wettbewerbsverstößen der gegebenen Art prozessführungsbefugt wären.

Daher wurden die Voraussetzungen des § 13 Absatz 2 Ziff. 2 UWG a. F. bezogen auf den **Zentrale zur Bekämpfung unlauteren Wettbewerbs e. V.** (Wettbewerbszentrale) bejaht, da dieser alle Industrie- und Handelskammern, der Deutsche Handwerkskammertag und zahlreiche Handwerkskammern angehören. Insoweit ist von einer uneingeschränkten Prozessführungsbefugnis der Wettbewerbszentrale auszugehen (noch zu § 13 Abs. 2 Nr. 2 UWG a. F.: BGH **„Laienwerbung für Augenoptiker“**).

24 Ferner ist zu berücksichtigen, dass nach den gesetzlichen Vorgaben die Mitgliedsunternehmen **gleiche oder verwandte** Waren oder Dienstleistungen auf **demselben Markt** vertreiben müssen. Dabei ist der Begriff der gleichen oder verwandten Art **weit** auszulegen, solange überhaupt ein Bezug gegeben ist (noch zu § 13 Abs. 2 Nr. 2 UWG a. F.: BGH **„Haustürgeschäft II“**). Mit dem Tatbestandsmerkmal „derselbe Markt“ will der Gesetzgeber erreichen, dass Wettbewerbsverbände nur die am Sitz des Verbandes organisierten Gewerbetreibenden gegen Verstöße ortsansässiger Mitbewerber schützen, und nicht, wie in der Vergangenheit geschehen, z. B. auch wettbewerbswidrige Werbeanzeigen in ortsfremden Zeitungen massenhaft verfolgen. Der Begriff des „Marktes“ ist also als **örtlicher Markt** zu verstehen. Es soll vermieden werden, dass z. B. ein in Berlin ansässiger Verband zur Förderung gewerblicher Interessen auf Grund einer wettbewerbswidrigen Immobilienanzeige eines Maklers im „Hamburger Abendblatt“, das in geringer Stückzahl auch in Berlin am Bahnhof ausgeliefert wird, Unterlassungsansprüche gegen den in Hamburg ansässigen Makler geltend machen kann (zu § 13 Abs. 2 UWG a.F.: BGH **„… 50% Sonder-AfA …“**). Ausnahmsweise steht der **Verbraucherzentrale Nordrhein-Westfalen** auch eine überregionale Klagebefugnis zu, weil sich aus ihrer Satzung keine regionale Beschränkung ergibt (BGH **„Überregionale Klagebefugnis“**).

25 Wird ein Wettbewerbsverstoß durch verschiedene Verbände **mehrfach abgemahnt,** kommt es auf den Einzelfall an, ob jeder Verband den Anspruch gegen den Verletzer auf Abgabe einer strafbewehrten Unterlassungserklärung durchsetzen kann. In diesem Fall kann es insbesondere an der erforderlichen **Wiederholungsgefahr** fehlen. Der BGH stellte im Zusammenhang mit **Mehrfachabmahnungen** noch zu § 13 UWG a.F. fest:

> Es ist vielmehr stets eine Frage des Einzelfalls, ob durch eine allein im Verhältnis zu dem Vertragspartner wirksame Strafverpflichtung die Wiederholungsgefahr entfällt. … Wie bei jedem Vertragsstrafeversprechen kommt es auch hier entscheidend darauf an, dass die versprochene Verpflichtung geeignet erscheint, den Versprechenden wirklich und ernsthaft von Wiederholungen der Verletzungshandlung abzuhalten. Ob dies der Fall ist, muss in umfassender Würdigung aller hierfür in Betracht kommenden Umstände des Einzelfalls sorgfältig und unter Anlegung der gebotenen strengen Maßstäbe geprüft werden. Der Unterschied zum Fall einer gegenüber dem verletzten Angreifer selbst abgegebenen Verpflichtungserklärung besteht allein darin, dass in Fällen der vorliegenden Art im Rahmen der Gesamtwürdigung zusätzlich und im besonderen Maße auch auf die Person und die Eigenschaften des mit dem Angreifer nicht identischen Vertragsstrafegläubigers und auf die Art der Beziehung des Schuldners zu diesem abzustellen ist. Denn das Fehlen eigener Sanktions- und Durchsetzungsmöglichkeiten Dritter begründet zwar … für sich genommen keine Wiederholungsgefahr. Es nötigt jedoch zu der Prüfung, ob der in Frage stehende Vertragsstrafegläubiger bereit und geeignet erscheint, seinerseits die nur ihm zustehenden Sanktionsmöglichkeiten auszuschöpfen, und ob dies insbesondere vom Schuldner als so wahrscheinlich befürchtet werden muss, dass deswegen keine Zweifel an der Ernsthaftigkeit seiner Unterlassungsverpflichtung aufkommen können (BGH in WRP 1983, Seite 264f. [Seite 265]).

26 Sofern daher der Vertragsstrafeschuldner ernsthaft das Unterlassungsversprechen abgegeben hat und die Höhe der vereinbarten Vertragsstrafe für den konkreten Vorgang angemessen erscheint, ferner der Vertragsstrafegläubiger, insbesondere wenn es sich bei dem Vertragsstrafegläubiger um einen **Verband zur Förderung gewerblicher Interessen** handelt, bekanntermaßen gewillt und in der Lage ist, die Vertragsstrafe auch durchzusetzen, fehlt es an der **Wiederholungsgefahr** und der Anspruch des Zweitabmahners auf Abgabe einer strafbewehrten Unterlassungserklärung ist nicht (mehr) durchsetzbar. Ausgenommen sind demnach diejenigen Fälle, in denen der Vertragsstrafeschuldner im Einvernehmen mit dem Gläubiger und aus **Gefälligkeit** das Vertragsstrafeversprechen gegenüber dem Vertragsstrafegläubiger abgibt und von vornherein feststeht, dass der Vertragsstrafegläubiger zu keinem Zeitpunkt gewillt ist, die Vertragsstrafe tatsächlich gegenüber dem Vertragsstrafeschuldner durchzusetzen.

Praxishinweis

Ist ein Verband in die Liste qualifizierter Einrichtungen nach § 4 UKlaG eingetragen, ist grundsätzlich von dem Bestehen der Aktivlegitimation auszugehen. Nur wenn begründete Zweifel an den Eintragungsvoraussetzungen bestehen, kann es im Einzelfall an der Aktivlegitimation des Verbandes fehlen. Da jedoch an das Vorliegen begründeter Zweifel strenge Anforderungen zu stellen sind, kommt ein Verneinen der Klagebefugnis eines Verbandes nur höchst ausnahmsweise in Betracht.

4. Missbrauch der Anspruchsberechtigung

27 Ansprüche auf Beseitigung und Unterlassung aus § 8 Abs. 1 UWG können Mitbewerber oder ein aktivlegitimierter Verband sowie qualifizierte Einrichtungen nach dem Unterlassungsklagengesetz, Industrie- und Handelskammern und Handwerkskammern nur dann geltend machen, wenn die Geltendmachung **nicht rechtsmissbräuchlich** im Sinne von § 8 Abs. 4 UWG ist. Unzulässig ist die Geltendmachung der in § 8 Abs. 1 UWG bezeichneten Ansprüche dann, wenn sie gemäß § 8 Abs. 4 S. 1 UWG unter Berücksichtigung der gesamten Umstände missbräuchlich ist, insbesondere **wenn sie dazu dient, gegen den Zuwiderhandelnden einen Anspruch auf Ersatz von Aufwendungen oder Kosten der Rechtsverfolgung entstehen zu lassen** (BGH **„Bauheizgerät"**). Geht ein Verband, der die Frage eines wettbewerbswidrigen Verhaltens höchstrichterlich klären lassen will, gegen einen Dritten und nicht gegen ein eigenes Mitglied vor, kann dies ggf. noch zulässig sein (BGH **„Glücksspielverband"**). Bei der **Missbrauchskontrolle** handelt es sich um eine die Zulässigkeit des Anspruchs betreffende Überprüfung und nicht um die Frage der Anspruchsbegründung. Die Missbrauchskontrolle erfolgt sowohl bei gerichtlicher wie bei außergerichtlicher Geltendmachung von Ansprüchen aus § 8 Abs. 1 UWG. Insbesondere will der Gesetzgeber mit der Missbrauchsklausel die mehrfache Abmahnung ein- und desselben Wettbewerbsverstoßes durch wirtschaftlich oder gesellschaftsrechtlich miteinander verbundenen Abmahnern untersagen. Wesentliche Funktion des § 8 Abs. 4 S. 1 UWG ist es, **als Korrektiv** der weit gefassten Anspruchsberechtigung nach § 8 Abs. 3 UWG zu wirken (BGH **„Missbräuchliche Vertragsstrafe"**). In der Entscheidung **„Mißbräuchliche Mehrfachabmahnung"**, in der es um die Abmahnung eines Wettbewerbsverstoßes durch mehrer Unternehmen eines einheitlichen Konzerns ging, nahm der erkennende Senat noch zu § 13 Abs. 5 UWG a.F. eine rechtsmißbräuchliche Mehrfachverfolgung durch mehrere **Konzernunternehmen** an (BGH **„Mißbräuchliche Mehrfachabmahnung"**). In den nachfolgenden Entscheidungen hat der BGH die **Voraussetzungen einer missbräuchlichen Mehrfachabmahnung** weiter konkretisiert. Wörtlich heißt es:

> Von einem Missbrauch i.S. des § 8 Abs. 4 UWG ist auszugehen, wenn sich der Gläubiger bei der Geltendmachung des Unterlassungsanspruchs von sachfremden Motiven leiten lässt. Diese müssen allerdings nicht das alleinige Motiv des Gläubigers sein. Ausreichend ist, dass die sachfremden Ziele überwiegen. Anhaltspunkte für ein missbräuchliches Verhalten können sich unter anderem daraus ergeben, dass ein Gläubiger bei einem einheitlichen Wettbewerbsverstoß getrennte Verfahren anstrengt und dadurch die Kostenlast erheblich erhöht, obwohl eine Inanspruchnahme in einem Verfahren für ihn mit keinerlei Nachteilen verbunden ist. ... Ob diese Maßstäbe auf die Beurteilung der Mehrfachverfolgung gleichartiger oder ähnlich gelagerter Wettbewerbsverstöße zu übertragen sind, hat der Senat bislang offen gelassen. ... Die Übertragung dieser Maßstäbe auf gleichartige oder ähnlich gelagerte Wettbewerbsverstöße jedenfalls zwischen denselben Parteien entspricht dem Normzweck des § 8 Abs. 4 UWG, Missbräuchen bei der Geltendmachung von Abwehransprüchen aus sachfremden, nicht schutzwürdigen Gründen entgegenzuwirken (BGH in WRP 2009, Seite 1510ff. [S. 1512, Rdnr. 20], **„0,00 Grundgebühr"**).

Auch wenn die Maßstäbe für die missbräuchliche Geltendmachung von Abwehransprüchen danach auf die Verfolgung **gleichartiger oder ähnlich gelagerter Wettbewerbsverstöße** zwischen denselben Parteien übertragbar sind, nahm der BGH in dem zitierten Verfahren **berechtigte Gründe** für die Mehrfachabmahnung an. Zwar erfolgten auch im entschiedenen Verfahren die Abmahnungen zwischen denselben

Parteien. Diese Mehrfachabmahnungen waren allerdings berechtigt, da das abmahnende Unternehmen bei den Abmahnungen von **unterschiedlichen Beweissituationen** ausgehen konnte (unterschiedliche Werbemittel, abweichende Lesbarkeit notwendiger Tarifhinweise). Die mehrfache Abmahnung ist auch dann gerechtfertigt, wenn die angegriffene Werbeaussage **in unterschiedlichen Medien** verwendet wird, etwa in einem Spielplan bzw. Internetauftritt einerseits und im Rahmen von Telefon- und Postmarketingmaßnahmen andererseits (BGH **„Klassenlotterie"**). Fehlt es hingegen an einem berechtigten Grund für die mehrfache Abmahnung, liegt regelmäßig ein missbräuchliches Verhalten vor. Denn die Vervielfachung des mit der Rechtsverteidigung verbundenen Kostenrisikos sowie die Bindung personeller und finanzieller Kräfte hat eine unangemessene Belastung des angegriffenen Wettbewerbers zur Folge, die die Annahme eines Rechtsmissbrauchs rechtfertigt (zu § 13 Abs. 5 UWG a. F.: BGH **„Neu in Bielefeld I"** und **„Neu in Bielefeld II"**). Für die Annahme eines Verstoßes gegen § 8 Abs. 4 UWG spricht das systematische Verlangen **überhöhter** Abmahngebühren oder Vertragsstrafen durch den Abmahnenden (BGH **„Falsche Suchrubrik"**). Ein missbräuchliches Verhalten liegt allerdings nicht allein deswegen vor, weil der Abmahner eine **Vielzahl gleichgelagerter Wettbewerbsverstöße** unterschiedlicher Unternehmen parallel abmahnt (zu § 13 Abs. 5 UWG a. F.: BGH **„Verbandsklage gegen Vielfachabmahner"**). Auf **Vertragsstrafenansprüche** ist § 8 Abs. 4 UWG weder direkt noch analog anwendbar (BGH **„Missbräuchliche Vertragsstrafe"**).

28 Auch die Abmahnung **mehrerer Filialen desselben Unternehmens** durch mehrere Konzernunternehmen eines Mitbewerbers an mehreren Orten ist dann nicht rechtsmissbräuchlich im Sinne von § 8 Abs. 4 S. 1 UWG, wenn Gegenstand der Abmahnungen der unzureichende Warenvorrat (§ 5 Abs. 1 Satz 2 Nr. 1 UWG) in der jeweiligen Filiale ist (noch zu § 13 Abs. 5 UWG a. F.: BGH **„Preisbrecher"**). Wörtlich stellt der Bundesgerichtshof in dieser Entscheidung heraus:

> Das Berufungsgericht hat jedoch nicht berücksichtigt, dass der Streitfall Besonderheiten aufweist, die ein getrenntes Vorgehen mehrerer Konzernunternehmen an verschiedenen Orten als gerechtfertigt erscheinen lassen. Denn immer dann, wenn die Klagepartei und ihre Konzernschwestern eine Werbung wegen mangelnder Verfügbarkeit der beworbenen Waren als irreführend beanstanden und einen unzureichenden Warenvorrat in verschiedenen Filialen der Beklagten behaupten, geht es – anders als bei den Sachverhalten, die den Entscheidungen „Mißbräuchliche Mehrfachverfolgung" und „Zeitlich versetzte Mehrfachverfolgung" sowie den weiteren insoweit zu § 13 V UWG *(a. F.)* ergangenen Senatsentscheidungen zugrunde lagen ... – nicht um die Verfolgung desselben (identischen) Wettbewerbsverstoßes, sondern lediglich um gleichartige, ähnliche Verstöße. Jedenfalls bei Fällen wie dem hier in Rede stehenden, die sich durch einen zweigliedrigen Sachverhalt (Anzeigenwerbung, tatsächliche Vorratsmenge in der jeweiligen Filiale) auszeichnen, kann grundsätzlich nicht von einem missbräuchlichen Vorgehen ausgegangen werden, wenn verschiedene Konzernunternehmen das werbende Unternehmen an verschiedenen Standorten in Anspruch nehmen, ohne ihr prozessuales Vorgehen zu bündeln. Denn bei dieser Fallkonstellation hat grundsätzlich jedes Konzernunternehmen ein berechtigtes Interesse daran, den Wettbewerber jeweils an dem Ort, an dem dieser eine Filiale mit unzureichendem Warenvorrat betreibt, in Anspruch zu nehmen (BGH in GRUR 2004, Seite 70 ff. [Seite 71], **„Preisbrecher"**).

Bei einer Irreführung über die Verfügbarkeit der Ware besteht die Besonderheit, dass eine **überregional geschaltete Werbeanzeige regional unterschiedliche Auswirkungen** haben kann. Denn bei Überprüfung des Warenvorrats kann durchaus eine Filiale verkaufsfähig sein, wohingegen eine andere Filiale den Mindestvorrat von zwei Tagen nicht auf Lager hat. Daher kann die überregional verbreitete Werbeaussage hinsichtlich bestimmter Filialen des werbenden Unternehmens zutreffen und hinsichtlich anderer Filialen irreführend sein. Diese Besonderheit der Irreführung über den Warenvorrat bedingt, dass der angreifende Mitbewerber oder Wirtschaftsverband mehrere Filialen desselben Unternehmens nebeneinander in Anspruch nehmen kann, ohne dass ein missbräuchliches Verhalten im Sinne von § 8 Abs. 4 S. 1 UWG gegeben ist.

29 Allerdings kann das systematische Durchforsten von gewerblichen Anzeigen in Tageszeitungen oder Zeitschriften und die daraufhin erfolgte **massenhafte Abmahnung von Inserenten** im Einzelfall den Missbrauchsvorwurf begründen (zu § 13 Abs. 5 UWG a. F.: BGH **„Vielfachabmahner"**). Von einem Missbrauch ist immer dann auszugehen, wenn das beherrschende Motiv des Gläubigers bei der Geltendmachung des Unterlassungsanspruchs sachfremde Ziele sind. In diesem Zusammenhang ist es ständige Rechtsprechung des BGH, dass die **sachfremden Ziele** nicht das alleinige Motiv des Gläubigers sein müssen. Es genügt vielmehr, dass die sachfremden Ziele bei der Vorgehensweise des Gläubigers überwiegen (BGH **„MEGA SALE"**). Wenn ein Gläubiger in drei getrennten Verfügungsverfahren gegen drei Gesellschaften desselben Konzerns vorgeht, der für sämtliche Gesellschaften eine Gemeinschaftswerbung vorgegeben hat, liegt jedenfalls dann ein missbräuchliches Verhalten vor, wenn die drei Gesellschaften bei demselben Landgericht in Anspruch genommen werden (BGH **„Unbedenkliche Mehrfachabmahnung"**). Mit dem am 9.10.2013 in Kraft getretenen Gesetz gegen unseriöse Geschäftspraktiken (BGBl. 2013, 3714) hat der Gesetzgeber in § 8 Abs. 4 S. 2 UWG einen eigenen Aufwendungsersatzanspruch für den missbräuchlich Abgemahnten geschaffen. Gemäß § 8 Abs. 4 S. 2 UWG kann in den Fällen der missbräuchlichen Abmahnung der Anspruchsgegner Ersatz der für seine Rechtsverteidigung erforderlichen **Aufwendungen vom Antragsteller** verlangen. Mit Schaffung von § 8 Abs. 4 S. 1 UWG (a. F.) sollte Missbräuchen bei der Geltendmachung von Unterlassungsansprüchen durch Verbände und Mitbewerber begegnet werden. Diese Bestimmung hat jedoch tatsächlich in der Praxis keine ausreichende Wirkung entfaltet, da viele der missbräuchlich Abgemahnten die geforderte Unterlassungserklärung dennoch abgaben und die geforderten Rechtsanwaltskosten zahlten, weil sie die noch höheren Kosten einer anwaltlichen Beratung oder eines Prozesses fürchteten. Der Anspruch in Satz 2 entspricht dem Umfang nach dem Aufwendungsersatzanspruch des berechtigt Abmahnenden nach § 12 Abs. 1 S. 2 UWG (Gesetzesbegründung zu Nr. 2, zu S. 2, S. 41). Nach den Ausführungen des Gesetzgebers sollen Abgemahnte mit dieser Bestimmung ermuntert werden, bei dem Verdacht einer missbräuchlichen Abmahnung anwaltliche Hilfe in Anspruch zu nehmen und so für mehr **Waffengleichheit** zwischen dem Abmahnenden und dem Abgemahnten sorgen. Mit Einführung dieses **Gegenanspruchs auf Aufwendungsersatz** entsteht bei missbräuchlichen Abmahnungen für den Abmahnenden ein Kostenrisiko, das das wirtschaftliche Interesse an missbräuchlichen Abmahnungen senken soll. Darüber hinaus bestimmt § 8 Abs. 4 S. 3 UWG, dass weitergehende Ansprüche, insbesondere aus **unerlaubter Handlung,** durch die Regelung in § 8 Abs. 4 Satz 2 UWG unberührt bleiben.

Praxishinweis

Es ist grundsätzlich nicht missbräuchlich, wenn wegen eigenständiger Rechtsverletzungen mehrere Abmahnungen ausgesprochen werden. Auch der Umstand, dass der Abmahnende mit der Abmahnung mehr Verletzungshandlungen rügt, als er später zum Gegenstand der Klage macht, begründet die Missbräuchlichkeit der ursprünglichen Abmahnung nicht.

5. Schadensersatzanspruch

Die schuldhafte Verletzung von § 3 UWG oder § 7 UWG kann einen **Schadensersatzanspruch von Mitbewerbern** im Sinne von § 2 Abs. 1 Nr. 3 UWG begründen. Danach kann jeder Mitbewerber Schadensersatzansprüche gegenüber demjenigen geltend machen, der **vorsätzlich oder fahrlässig** (BGH **„Saugeinlagen"**) eine unzulässige geschäftliche Handlung vornimmt. Gegen die verantwortlichen Personen von periodischen Druckschriften ist der Schadensersatzanspruch gemäß § 9 S. 2 UWG auf vorsätzliches Handeln beschränkt (das betrifft also alle Presseunternehmen). Der Verletzte kann auf **jeder Handelsstufe** seinen Schadensersatzanspruch geltend machen. **30**

Der Gesetzgeber weist in der Gesetzesbegründung ausdrücklich darauf hin, dass die Schaffung von § 9 UWG keine Änderung der früheren Rechtslage nach sich ziehen soll. Zur **Frage des Verschuldens** führt der Gesetzgeber wörtlich aus: **31**

> Ein vorsätzliches Handeln liegt nicht schon dann vor, wenn der Zuwiderhandelnde sämtliche Tatsachen, aus denen sich die Unlauterkeit seines Verhaltens ergibt, kennt. Vielmehr setzt Vorsatz auch das Bewusstsein der Unlauterkeit voraus. Die Haftung für Dritte folgt den allgemeinen Vorschriften, insbesondere den §§ 31, 831 BGB. Der Umfang des Schadensersatzanspruchs richtet sich nach den §§ 249 ff. BGB (Gesetzesbegründung zu § 9).

Bei schuldhaftem Verhalten des Verletzers kann im Einzelfall der Mitbewerber (also keine Verbände oder Kammern im Sinne von § 8 Abs. 3 Nr. 2, 3 und 4 UWG) Schadensersatzansprüche geltend machen.

Die höchstrichterliche Rechtsprechung hat dem Verletzer insbesondere in den Nachahmungsfällen (§ 4 Nr. 9 UWG) die Möglichkeit eröffnet, den **Schaden auf dreifache Weise** zu berechnen. So führte der erkennende Senat in seiner noch zu § 1 UWG a. F. ergangenen Entscheidung **„Kollektion Holiday"**, in der es um die Nachahmung von Herrenoberbekleidungsstücken ging, aus: **32**

> Dem Schadensersatzgläubiger steht es vielmehr frei, zur Berechnung seines Schadensersatzanspruchs auf die verschiedenen Liquidationsformen des Ersatzes des entgangenen Gewinns, der Herausgabe des Verletzergewinns oder der Zahlung einer angemessenen Lizenzgebühr im Verlauf des Verfahrens nach seiner Wahl zurückzugreifen und diese eventualiter als Berechnungsgrundlage heranzuziehen. … Dem Schadensersatzkläger ist es lediglich verwehrt, die Elemente verschiedener Berechnungsarten miteinander zu verquicken, weil dies zu einer unzulässigen Berechnung des Schadensbetrags führen würde (BGH in GRUR 1993, S. 757 ff. [S. 758]).

Sofern der Nachschaffende also schuldhaft gehandelt hat, kann der Verletzte von diesem alternativ

- den entgangenen Gewinn ersetzt verlangen,
- den Verletzergewinn herausverlangen oder
- eine angemessene Lizenzgebühr fordern.

In der Praxis wird im Regelfall Schadensersatz im Wege der **Analoglizenz** geleistet, die sich danach bestimmt, was ein vertraglicher Lizenznehmer vernünftigerweise für die Einräumung der verletzten Rechte gezahlt hätte. Im Rahmen dieser Schätzung ist von einer Lizenzhöhe von bis zu 10% des Einkaufspreises auszugehen. Bei Vorliegen besonderer Umstände, also bei der Übernahme bekannter Produkte, die ein besonders hohes Ansehen am Markt haben, kann die Lizenzhöhe auch 12,5% bis 20% des Einkaufspreises betragen (entschieden für sklavisch nachgeahmte Rolex-Armbanduhren). Bei Berechnung des **Verletzergewinns** sind von den erzielten Erlösen nur die variablen (d.h. vom Beschäftigungsgrad abhängigen) Kosten für die Herstellung und den Vertrieb der schutzrechtsverletzenden Gegenstände abzuziehen, nicht auch die Fixkosten (z.B. Mieten, Abschreibungen für Anlagevermögen etc.) (zu § 1 UWG a.F.: BGH **„Gemeinkostenanteil"**). Was im Einzelfall als **Verletzergewinn** herausverlangt werden kann, ist streitig. Wörtlich führt der BGH aus:

> Der von der Rechtsprechung für die Immaterialgüterrechte entwickelte Anspruch auf den sogenannten Verletzergewinn ist kein Anspruch auf Ersatz des konkret entstandenen Schadens; er zielt vielmehr in anderer Weise auf einen billigen Ausgleich des Vermögensnachteils, den der Verletzte erlitten hat. Wegen der besonderen Schutzbedürftigkeit soll der Verletzte auch schon bei fahrlässigem Verhalten wie der Geschäftsherr bei der angemaßten Geschäftsführung nach § 687 II BGB gestellt werden. ... Um dem Ausgleichsgedanken Rechnung zu tragen, wird dabei fingiert, dass der Verletzte ohne die Rechtsverletzung unter Ausnutzung der ihm ausschließlich zugewiesenen Rechtsposition in gleicher Weise Gewinn erzielt hätte wie der Verletzer. ...
> Ausgangspunkt für die Unterscheidung der anzurechnenden und der nicht anzurechnenden Kosten ist der Rechtsgedanke, dass für die Ermittlung des Schadensersatzes nach dem Verletzergewinn zu unterstellen ist, dass der Verletzte einen entsprechenden Betrieb unterhält, der dieselben Produktions- und Vertriebsleistungen wie der Betrieb des Verletzers hätte erbringen können. ... Daher sind bei der Ermittlung des Verletzergewinns die Kosten des Materials sowie der Energie für die Produktion und die Kosten der Sachmittel für Verpacklung und Vertrieb abzuziehen. Zu den Fertigungskosten, die vollständig abgezogen werden können, gehören aber auch die auf die fragliche Produktion entfallenden Lohnkosten. ... Im Bereich des Anlagevermögens können die Kosten für Maschinen und Räumlichkeiten (anteilig bezogen auf ihre Lebensdauer) abgesetzt werden, die nur für die Produktion und den Vertrieb der Nachahmungsprodukte verwendet worden sind. Nicht anrechenbar sind jedoch die Kosten, die unabhängig vom Umfang der Produktion und des Vertriebs durch die Unterhaltung des Betriebs entstanden sind, weil diese Kosten beim Verletzten, der einen entsprechenden Betrieb unterhält, ebenfalls angefallen wären. Hierzu zählen beispielsweise allgemeine Marketingkosten, die Geschäftsführergehälter, die Verwaltungskosten sowie die Kosten für Anlagevermögen, das nicht konkret der rechtsverletzenden Fertigung zugerechnet werden kann. Nicht anrechenbar sind ferner Anlauf- und Ermittlungskosten sowie Kosten für die – etwa in Folge der Unterlassungsverpflichtung – nicht mehr veräußerbaren Produkte (BGH in GRUR 2007, Seiten 431ff. [Seite 433, 434, Rdnr. 21, 31, 32], **„Steckverbindergehäuse"**).

Nach diesen Ausführungen des BGH ist gerade in den Fällen des ergänzenden wettbewerbsrechtlichen Leistungsschutzes der Verletzergewinn nur insoweit herauszugeben, als er auf der Rechtsverletzung beruht. Maßgeblich ist dabei, inwieweit beim Vertrieb der nachgeahmten Produkte die **Gestaltung als Imitat** für den Kaufentschluss ursächlich gewesen ist, oder ob andere Umstände eine wesentliche Rolle gespielt haben (BGH **„Steckverbindergehäuse"**).

33 Auch wenn § 9 UWG Auskunftsansprüche nicht ausdrücklich erwähnt, ist nach allgemeiner Auffassung der verletzte Mitbewerber zur Vorbereitung seiner Schadensersatzansprüche berechtigt, **Ansprüche auf Auskunft und Rechnungslegung aus § 242 BGB** geltend zu machen. Danach kann der in seinen Rechten verletzte Mitbewerber Ansprüche auf Auskunftserteilung und Rechnungslegung für den Zeitraum gegen den Verletzer durchsetzen, für den eine Verletzungshandlung erstmalig schlüssig vorgetragen ist (siehe noch zu § 1 UWG a.F.: BGH **„Pharao"** und **„Alt Luxemburg"**). Dem Anspruchsberechtigten ist dann ein Auskunftsspruch zuzubilligen, wenn es die zwischen den Parteien bestehenden Rechtsbeziehungen mit sich bringen, dass der Anspruchsberechtigte in entschuldbarer Weise über das Bestehen oder den Umfang seines Rechts **im Ungewissen ist,** und wenn der Verpflichtete in der Lage ist, unschwer die zur Beseitigung dieser Ungewissheit erforderliche Auskunft zu erteilen. Zu der Frage, wann die Auskunft vom Auskunftsschuldner unschwer zu erteilen ist, führt der BGH wörtlich aus:

> Der Auskunftsanspruch wird nicht dadurch ausgeschlossen, dass die Erteilung der Auskunft dem Schuldner Mühe bereitet und ihn Zeit und Geld kostet. „Unschwer" kann die Auskunft vielmehr immer dann erteilt werden, wenn die mit der Vorbereitung und Erteilung der Auskunft verbundenen Belastungen entweder nicht ins Gewicht fallen oder aber, obwohl sie beträchtlich sind, dem Schuldner in Anbetracht der Darlegungs- und Beweisnot des Gläubigers und der Bedeutung zumutbar sind, die die verlangte Auskunft für die Darlegung derjenigen Umstände hat, die für die Beurteilung des Grundes oder der Höhe des in Frage stehenden Hauptanspruchs wesentlich sind. In der höchstrichterlichen Rechtsprechung wird „unschwer" dementsprechend auch im Sinne von „ohne unbillig belastet zu sein" erläutert (BGH in WRP 2007, Seite 550ff. [Seite 552, Rdnr. 18], **„Meistbegünstigungsvereinbarung"**).

Was im Einzelfall als unbillig anzusehen ist, ist danach aufgrund einer Abwägung aller Umstände des Einzelfalles zu ermitteln. Im Rahmen der **Interessenabwägung** ist ggf. auch ein Geheimhaltungsinteresse des Auskunftsschuldners zu berücksichtigen.

Praxishinweis

Im Gegensatz zu dem Schadensersatzanspruch aus § 9 UWG verjährt der Anspruch auf Herausgabe des aufgrund einer unerlaubten Handlung auf Kosten des Verletzten Erlangten gemäß § 852 BGB erst in 10 Jahren. Demgegenüber verjährt der Schadensersatzanspruch aus § 9 UWG bereits nach 6 Monaten, sobald der Anspruch entstanden ist und der Gläubiger von dem Schuldner und den die Verletzung begründenden Umständen Kenntnis hat bzw. ohne grobe Fahrlässigkeit Kenntnis erlangen musste.

6. Gewinnabschöpfung

34 Als an sich systemfremde Vorschrift bestimmt § 10 UWG, dass Verbände und Einrichtungen im Sinne von § 8 Abs. 3 Nr. 2–4 UWG bei vorsätzlichem Verstoß gegen § 3 oder § 7 UWG vom Verletzer den **Gewinn an den Bundeshaushalt** herausverlangen können. Voraussetzung des Gewinnabschöpfungsanspruchs ist einerseits ein vorsätzliches Handeln des Wettbewerbers, andererseits ein auf Grund dieses Wettbewerbsverstoßes erzielter Gewinn auf Kosten einer Vielzahl von Abnehmern.

35 Dieser gesetzliche Gewinnabschöpfungsanspruch von Verbänden soll sicherstellen, dass sich eine unzulässige geschäftliche Handlung, die den Verbraucher übervorteilt, nicht lohnt. Der Gesetzgeber weist in seiner Gesetzesbegründung auf Folgendes hin:

> Im Gegensatz zum Schadensersatzanspruch dient der Gewinnabschöpfungsanspruch nicht dem individuellen Schadensausgleich. Der Abnehmer, der durch das wettbewerbswidrige Verhalten Nachteile erlitten hat, erhält den Anspruch gerade nicht. Vielmehr sollen die Fälle erfasst werden, in denen die Geschädigten den Anspruch nicht geltend machen. Der Anspruch dient demnach weniger dem Interessenausgleich, sondern vielmehr einer wirksamen Abschreckung. ... Durch die wettbewerbswidrige Handlung muss der Zuwiderhandelnde zudem einen Gewinn auf Kosten einer Vielzahl von Abnehmern erzielt haben, wobei unter den Begriff des Abnehmers nicht nur die Verbraucher, sondern alle Marktteilnehmer fallen. Dadurch wird deutlich, dass sich die Sanktionswirkung des Gewinnabschöpfungsanspruchs nur gegen besonders gefährliche unlautere Handlungen

richtet, nämlich solche mit Breitenwirkung, die tendenziell eine größere Anzahl von Abnehmern betreffen können. Zugleich werden individuelle Wettbewerbsverstöße von dem Abschöpfungsanspruch ausgenommen, etwa die Irreführung anlässlich eines einzelnen Verkaufsgesprächs (Gesetzesbegründung zu § 10 Abs. 1).

Der Gesetzgeber begründet den Gewinnabschöpfungsanspruch also im Hinblick darauf, dass der Zuwiderhandelnde nicht in den Genuss eines Gewinns kommen soll, der ihm auf Grund **einer vorsätzlich wettbewerbswidrigen Handlung** zugewachsen ist. Die Bestimmung in § 10 UWG geht zurück auf wettbewerbswidrige Werbemethoden, bei denen eine **Vielzahl von Abnehmern** geringfügig geschädigt werden, diese **„Streuschäden"** jedoch in ihrer Summe so erheblich sind, dass der Gesetzgeber ein brauchbares Sanktionsmittel in das UWG einführen wollte. Während der einzelne, betroffene Verbraucher bei der Einziehung geringer Beträge ohne Rechtsgrund, bei Vertragsschlüssen auf Grund irreführender Werbung, die nicht zu einer erheblichen Schädigung des Verbrauchers geführt haben, bei einzelnen gefälschten Produkten oder bei sogenannten Mogelpackungen eher selten eine qualifizierte Einrichtung nach dem Unterlassungsklagengesetz (§ 8 Abs. 3 Nr. 3 UWG) einschaltet, und auch der Mitbewerber allenfalls Unterlassungsansprüche geltend macht, sollen jedenfalls Wirtschaftsverbände, qualifizierte Einrichtungen nach dem Unterlassungsklagengesetz sowie Industrie- und Handelskammern und Handwerkskammern die Möglichkeit haben, von dem vorsätzlich Zuwiderhandelnden den Gewinn herauszuverlangen. Eine der Besonderheiten von § 10 UWG liegt in dem Umstand, dass die Einrichtungen im Sinne von § 8 Abs. 3 Nr. 2–4 UWG den Gewinn nicht an sich selbst herausverlangen können, sondern dieser gemäß § 10 Abs. 1 UWG an den Bundeshaushalt herauszugeben ist. Allerdings stellt § 10 Abs. 2 UWG klar, dass auf den Gewinn alle diejenigen **Leistungen anzurechnen sind, die der Schuldner bereits an Dritte oder den Staat erbracht hat.** Vorrangig ist daher das Individualinteresse des Verletzten. Erst nach Abgeltung der individuellen Schadensersatzansprüche kommt ein Gewinnabschöpfungsanspruch gemäß § 10 UWG in Betracht. Schadensersatzleistungen gemäß § 9 UWG und Ansprüche der Abnehmer, die auf Grund der Zuwiderhandlung entstanden sind, sind bei der Berechnung des Gewinns abzuziehen. Das gilt jedoch **nicht** für die Kosten der Rechtsverfolgung, also **Rechtsanwaltskosten und Gerichtskosten** im Falle eines Rechtsstreits.

36 Welches der Gewinn ist, der gemäß § 10 UWG abgeschöpft wird, lässt die gesetzliche Formulierung offen. In der Gesetzesbegründung heißt es hierzu wörtlich:

> Der Gewinn errechnet sich aus den Umsatzerlösen abzüglich der Herstellungskosten der erbrachten Leistungen sowie abzüglich eventuell angefallener Betriebskosten. Gemeinkosten und sonstige betriebliche Aufwendungen, die auch ohne das wettbewerbswidrige Verhalten angefallen wären, sind nicht abzugsfähig. Ist die Höhe des Gewinns streitig, so gilt die Vorschrift des § 287 ZPO (Gesetzesbegründung zu § 10 Abs. 1).

Der Anspruch auf Abschöpfung dieses Gewinns besteht dann nicht, wenn es an einem **Vermögensnachteil auf Seiten der Abnehmer (Verbraucher und sonstige Marktteilnehmer) fehlt.** War also der vom Zuwiderhandelnden erzielte Preis völlig angemessen und hat der Abnehmer auch keine sonstigen Nachteile erlitten, kann ein Anspruch aus § 10 UWG nicht begründet werden.

37 Schließlich ist zu berücksichtigen, dass der Gewinnabschöpfungsanspruch ausschließlich bei **vorsätzlichem Verhalten** des Zuwiderhandelnden besteht (siehe etwa **irreführende Werbung** eines Internet-Anbieters mit dem Hinweis **„heute gratis!"**, OLG Frankfurt a.M.). Liegt hingegen eine fahrlässige Zuwiderhandlung vor, greift

§ 10 UWG nicht. Anderenfalls wäre es dem risikofreudigen und kreativen Unternehmer untersagt, den innerhalb der EU wünschenswerten Leistungswettbewerb auszuschöpfen. Das ist jedoch nicht Ziel von § 10 UWG.

Machen **mehrere Berechtigte** einen Gewinnabschöpfungsanspruch geltend, finden die allgemeinen Vorschriften des BGB zur Gesamtgläubigerschaft Anwendung (§ 10 Abs. 3 UWG). Neben dem Gewinnabschöpfungsanspruch selbst, kann dem klagenden Verband auch ein **Recht auf Auskunft und Rechnungslegung** zustehen. Zu der Frage, wann der Gewinnabschöpfungsanspruch begründet ist, weist das OLG Stuttgart im Zusammenhang mit einer irreführenden Werbung mit einem Testbericht der Stiftung Warentest wörtlich auf Folgendes hin: **38**

> Die Beklagte hat den Wettbewerbsverstoß aber auch vorsätzlich begangen. Bedingt vorsätzlich handelt, wer sein wettbewerbsrelevantes Verhalten fortsetzt, obgleich er sich aufgrund der ihm bekannten Tatsachen nicht der Einsicht verschließen kann, dass dieses unlauter ist. …
> Eines Schadens der Kunden im Sinne des § 249 BGB bedarf es im Rahmen des § 10 UWG nicht. Im Gesetzgebungsverfahren wurden die Wörter „auf Kosten" durch die Wörter „zu Lasten" ersetzt, um sicherzustellen, dass es für den Gewinnabführungsanspruch keines dem Unternehmergewinn kongruenten Schadens der Abnehmer bedarf. … Erforderlich aber auch ausreichend ist, dass durch die Zuwiderhandlung bei einer Vielzahl von Abnehmern eine wirtschaftliche Schlechterstellung eingetreten ist, welche schon im Abschluss des Vertrages zu sehen ist (OLG Stuttgart in WRP 2007, Seite 350ff. [Seite 352, 353], **„Gewinnabschöpfung"**).

Nach den Ausführungen des OLG Stuttgart lag ein bedingter Vorsatz vor, weil das werbende Unternehmen spätestens nach der ersten Abmahnung durch den anspruchstellenden Verband von der Unlauterkeit ihrer Werbung wusste. Dennoch hat sie die Werbung fortgesetzt. Da der Verband keine Kenntnis über den von dem Schuldner erlangten Gewinn haben konnte, sprach das OLG Stuttgart dem Verband einen Auskunftsanspruch über die zur Berechnung des abzuführenden Gewinns maßgeblichen Tatsachen zu.

7. Abmahnung, einstweilige Verfügung und Klage

Unterlassungsgläubiger sollen vor Einleitung gerichtlicher Schritte zunächst den Unterlassungsschuldner abmahnen und ihn auffordern, durch Abgabe einer mit einer angemessenen Vertragsstrafe bewehrten Unterlassungsverpflichtung den Konflikt beizulegen (§ 12 Abs. 1 UWG). **Gegenstand einer Abmahnung** ist regelmäßig die Aufforderung des Verletzten an den Zuwiderhandelnden, ein als wettbewerbswidrig erkanntes Handeln zukünftig zu unterlassen. Lässt sich der Unterlassungsgläubiger durch einen Rechtsanwalt vertreten, ist die **Vorlage einer Vertretungsvollmacht** durch den Rechtsanwalt zur Wirksamkeit der Abmahnung nicht erforderlich. Die Abmahnung dient dazu, dem Schuldner die Möglichkeit einzuräumen, den Gläubiger ohne Inanspruchnahme der Gerichte klaglos zu stellen (BGH **„Vollmachtsnachweis"**). **39**

Kommt der Abgemahnte innerhalb der vom Abmahnenden gesetzten angemessenen Frist dieser Aufforderung auf Unterlassung des wettbewerbswidrigen Verhaltens nicht nach, ist die Inanspruchnahme gerichtlicher Hilfe geboten. Die Abmahnung ist **keine zwingende Voraussetzung,** um einen Unterlassungsanspruch durchzusetzen. Jedoch hat der Abmahnende ggf. die **Prozesskosten** gemäß § 93 ZPO zu tragen, sofern der Zuwiderhandelnde im gerichtlichen Verfahren den geltend gemachten Anspruch **so-** **40**

fort anerkennt. Zur Vermeidung dieses **Kostenrisikos** ist daher eine Abmahnung vor Einleitung gerichtlicher Schritte immer empfehlenswert. Der **Streitwert** der Abmahnung und des gerichtlichen Verfahrens bestimmt sich nach dem **wirtschaftlichen Interesse der Verletzten.** Der **durchschnittliche** Streitwert in Wettbewerbssachen beträgt 50 000,– €, bei Verbandsklagen eher bis zu 30 000,– € (siehe aber § 51 GKG). Darüber hinaus verschafft § 12 Abs. 1 UWG dem Gläubiger die Möglichkeit, bei einer berechtigten Abmahnung die erforderlichen Aufwendungen vom Zuwiderhandelnden ersetzt zu verlangen. Zum **Aufwendungsersatzanspruch** heißt es in der Gesetzesbegründung wörtlich:

> Durch die Normierung der Kostentragungspflicht des Zuwiderhandelnden wird die Rechtsprechung nachvollzogen, die über die Regeln der Geschäftsführung ohne Auftrag einen Aufwendungsersatzanspruch des Abmahnenden hergeleitet hat. Der Aufwendungsersatzanspruch besteht indes nur bei berechtigten Abmahnungen. Er umfasst nur die erforderlichen Aufwendungen, wozu nicht in jedem Fall die Kosten der Einschaltung eines Rechtsanwalts gehören. Gerade bei den gemäß § 8 Abs. 3 Nr. 2 bis 4 zur Geltendmachung eines Unterlassungsanspruchs Berechtigten ist regelmäßig von einer Personal- und Sachausstattung auszugehen, die es ermöglicht, bei Fällen mittleren Schwierigkeitsgrades ohne einen Rechtsanwalt die Ansprüche außergerichtlich geltend zu machen (Gesetzesbegründung zu § 12 Abs. 1).

Mit dieser Begründung wird klargestellt, dass insbesondere Wirtschaftsverbände im Sinne von § 8 Abs. 3 Nr. 2 UWG ohne Einschaltung eines Rechtsanwalts abmahnen sollen. Beauftragt der Verband dessen ungeachtet einen Rechtsanwalt mit der Abmahnung, hat er selbst die Kosten des von ihm eingeschalteten Rechtsanwalts zu tragen. Das **Kriterium der „Angemessenheit"** macht deutlich, dass der Abmahnende auch Sorge dafür zu tragen hat, dass möglichst geringe Kosten entstehen.

41 Gibt der Abgemahnte die geforderte Unterlassungserklärung nicht oder nicht strafbewehrt ab, kann der Verletzte zur Sicherung seiner Ansprüche **Antrag auf Erlass einer einstweiligen Verfügung** gemäß § 12 Abs. 2 UWG i. V. m. §§ 935, 940 ZPO stellen. Die einstweilige Verfügung ergeht, sofern der auf ihren Erlaß gerichtete Antrag begründet ist, i. d. R. **ohne mündliche Verhandlung** als sog. Beschlußverfügung. Die Unterlassungsverfügung wird erst durch **Zustellung im Parteibetrieb** wirksam vollzogen. Gegen den Erlaß der einstweiligen Verfügung kann der Antragsgegner **Widerspruch** einlegen (§ 924 ZPO). Der Widerspruch hat **keine aufschiebende Wirkung.** Der Widerspruch ist an keine Frist gebunden. Verstößt der Antragsgegner gegen eine vom Antragsteller erwirkte und wirksam vollzogene einstweilige Verfügung, kann der Antragsteller im **Ordnungsmittelverfahren (§ 890 ZPO)** ein **Ordnungsgeld** gerichtlich festsetzen lassen. Die Höhe des Ordnungsgeldes ist bei Wahrung des **Grundsatzes der Verhältnismäßigkeit** insbesondere nach Art, Umfang und Dauer des Verstoßes, des Verschuldensgrades, nach dem Vorteil des Verletzers und der Gefährlichkeit der Verletzungshandlung für den Verletzten zu bemessen (BGH **„Euro-Einführungsrabatt"**). Die **Eilbedürftigkeit** zum Erlaß einer einstweiligen Verfügung wird gem. § 12 Abs. 2 UWG in Wettbewerbssachen regelmäßig **vermutet,** sodass es der Darlegung und Glaubhaftmachung des Verfügungsgrundes nicht bedarf.

42 Bei Vorliegen eines berechtigten Interesses räumt § 12 Abs. 3 UWG dem Unterlassungsgläubiger das Recht ein, das erstrittene **Urteil** auf Kosten der unterliegenden Partei **veröffentlichen** zu lassen.

43 Den **Zugang** eines Abmahnschreibens hat regelmäßig der Verletzer zu beweisen. Denn nach den allgemeinen Beweislastregeln muss diejenige Partei, die sich auf einen Ausnahmetatbestand zu ihren Gunsten beruft – hier: § 93 ZPO – dessen Tatbestandsvoraussetzungen darlegen und ggf. beweisen (BGH **„Zugang des Abmahnschreibens“**). Da es sich bei dem Zugang der Abmahnung um eine negative Tatsache handelt, trifft den Abmahnenden jedoch eine **sekundäre Darlegungslast.** Denn nach dem Grundsatz von Treu und Glauben (§ 242 BGB), der auch im Prozessrecht gilt, kann sich der Verletzer zunächst auf die Behauptung beschränken, ihm sei die Abmahnung nicht zugegangen. In diesem Fall muss der Abmahnende die genauen Umstände der Absendung der Abmahnung darlegen und sie ggf. unter Beweis stellen. Sofern der Abmahnende das Abmahnschreiben sowohl mit einfacher Post als auch parallel per Telefax oder Email übermittelt, ist das Bestreiten des Zugangs durch den Verletzer von vornherein wenig glaubhaft (§ 286 ZPO).

44 Befürchtet der mögliche Verletzer eine Abmahnung durch das möglicherweise verletzte Unternehmen, kann er bei den zuständigen Gerichten eine sogenannte **Schutzschrift** hinterlegen. Die Schutzschrift bezweckt, dass die Kammer des angerufenen Landgerichts bereits bei Eingang eines Antrags auf Erlass einer einstweiligen Verfügung die Argumente des Abgemahnten kennenlernt. Wegen des „fliegenden Gerichtsstandes“ (siehe oben) kann der Antrag auf Erlass einer einstweiligen Verfügung bei jedem zuständigen Landgericht eingereicht werden. Um nicht in ganz Deutschland eine Schutzschrift hinterlegen zu müssen, haben sich viele Landgerichte dem **zentralen Schutzschriftenregister** angeschlossen, über das zentral eine Schutzschrift hinterlegt werden kann. Das zentrale Schutzschriftenregister ist eine gemeinnützige GmbH und über **„www.schutzschriftenregister.de“** zu erreichen.

45 Die Kosten einer Schutzschrift zur Verteidigung gegen einen Antrag auf Erlass einer einstweiligen Verfügung sind grundsätzlich erstattungsfähig, wenn ein entsprechender Antrag gestellt wird; dies gilt auch dann, wenn der Antrag nach Einreichung der Schutzschrift abgelehnt oder zurückgenommen wird (BGH **„Kosten der Schutzschrift II“**). Auch in diesem Fall sind also die Kosten der Schutzschrift vom Antragsteller zu übernehmen.

46 Die Kosten einer berechtigten Abmahnung hat grundsätzlich der Abgemahnte gemäß § 12 Abs. 1 Satz 2 UWG zu tragen. Der Anspruch auf Erstattung der Abmahnkosten bleibt dem Gläubiger selbst dann erhalten, wenn der prozessuale Kostenerstattungsanspruch des einstweiligen Verfügungsverfahrens wegen eines nur teilweise Obsiegens im Prozess dahinter zurückbleibt (BGH **„Geltendmachung der Abmahnkosten“** und **„Sondernewsletter“**). Wird jedoch der Abgemahnte zu unrecht in Anspruch genommen, steht diesem grundsätzlich die Möglichkeit offen, im Wege der **negativen Feststellungsklage** klären zu lassen, dass der geltend gemachte Anspruch nicht besteht. Eine Obliegenheit des zu unrecht Abgemahnten, seinerseits vor der Erhebung einer negativen Feststellungsklage eine Gegenabmahnung auszusprechen, besteht grundsätzlich nicht (BGH **„Unberechtigte Abmahnung“**). Verteidigt sich der Abgemahnte hingegen außergerichtlich gegen die Abmahnung und verzichtet der Abmahnende daraufhin, den geltend gemachten Anspruch durchzusetzen, besteht kein Erstattungsanspruch hinsichtlich der vorgerichtlichen Kosten. Denn die Kosten, die zur Abwendung eines drohenden Rechtsstreit aufgewendet werden, stellen keine Kosten der Prozessvorbereitung dar und sind daher nicht erstattungsfähig (BGH **„Kosten eines Abwehrschreibens“**). Wird der Unterlassungsschuldner **mehrfach in Anspruch** genommen, kommt ein Kostenerstattungsanspruch im Allgemeinen nur hinsichtlich der **ersten Abmahnung** in Betracht, weil nur die erste Abmahnung dem Interesse und mutmaßlichen Willen des Schuldners entspricht (BGH **„Kräutertee“**). Der Aufwendungsersatzanspruch nach § 12 Abs. 1 S. 2 UWG entsteht nur für eine Abmahnung, die **vor Einleitung** eines gerichtlichen Verfahrens ausgesprochen wird.

Für eine Abmahnung, die erst nach Erlass einer Verbotsverfügung ausgesprochen wird, ergibt sich ein Aufwendungsersatzanspruch weder aus § 12 Abs. 1 S. 2 UWG noch aus dem Gesichtspunkt der Geschäftsführung ohne Auftrag gemäß § 683 S. 1, §§ 677, 667 BGB (BGH **„Schubladenverfügung"**).

47 Zur Vermeidung der Hauptsacheklage ist es empfehlenswert, dass der Antragsgegner nach Abschluss des Verfahrens der einstweiligen Verfügung eine sogenannte **Abschlusserklärung** abgibt (BGH **„Mescher weis"**). Mit Abgabe der Abschlußerklärung wird das **Rechtsschutzinteresse** für die Hauptsacheklage beseitigt (BGH **„Folienrollos"**). Da die einstweilige Verfügung der Sicherung eines Individualanspruchs sowie der einstweiligen Regelung eines streitigen Rechtsverhältnisses dient (§§ 935, 940 ZPO), stellt sie nur eine **vorläufige Regelung** dar. Will der Antragsgegner keine Abschlußerklärung abgeben, kann er dem Antragsteller eine **Frist zur Klageerhebung** setzen lassen, sofern die Hauptsache noch nicht anhängig ist (§ 926 ZPO). Führt der Hauptprozess zur rechtskräftigen Abweisung der Klage, ist die einstweilige Verfügung auf Antrag des Antragsgegners wegen veränderter Umstände aufzuheben.

47a Sofern der Antragsgegner nicht innerhalb einer angemessenen Frist nach Zustellung der einstweiligen Verfügung **(Wartefrist)** selbst die Abschlusserklärung abgibt, kann er im Rahmen eines **kostenpflichtigen Abschlussschreibens** vom Antragsteller zur Abgabe der Abschlusserklärung aufgefordert werden. Die für das Abschlussschreiben aufgewendeten Kosten hat der Antragsgegner dem Antragsteller zu erstatten, sofern er die **Abschlußerklärung** innerhalb der vom Antragsteller gesetzten angemessenen Frist **(Antwortfrist)** tatsächlich abgibt (BGH **„Abschlussschreiben eines Rechtsanwalts"** und **„Geschäftsgebühr für Abschlussschreiben"**).

48 Wird die einstweilige Verfügung nach mündlicher Verhandlung oder in der Berufungsinstanz aufgehoben, ist der Antragsteller ggf. für den aus der **Vollziehung** der einstweiligen Verfügung entstandenen **Schaden** gemäß § 945 ZPO ersatzpflichtig. Ein nach § 945 ZPO ersatzfähiger Vollziehungsschaden kann bereits eintreten, wenn der Verfügungskläger mit der Vollziehung lediglich begonnen hat, also wenn der Unterlassungsgläubiger den **Titel** mit den gemäß § 890 Abs. 1 ZPO vorgesehenen Ordnungsmitteln dem Schuldner **zustellen lässt.** Der durch die Anordnung von Ordnungsmitteln durch den Verfügungskläger aufgebaute **Vollstreckungsdruck** stellt die innere Rechtsfertigung für dessen scharfe, verschuldensunabhängige Haftung dar, wenn sich die einstweilige Verfügung als von Anfang an ungerechtfertigt erweist (BGH **„Rechtsberatungs-Hotline"**).

49 Sofern der Unterlassungsschuldner einer strafbewehrten Unterlassungserklärung gegen die Unterlassungsverpflichtung verstößt, kann der Unterlassungsgläubiger die versprochene **Vertragsstrafe** geltend machen. Ist streitig, ob der Unterlassungsschuldner eine einzige Zuwiderhandlung begangen hat oder ob von einem Mehrfachverstoß auszugehen ist, ist der Parteiwille nach den allgemeinen Bestimmungen der §§ 133, 157 BGB durch **Auslegung** der Unterlassungserklärung zu ermitteln. Entscheidend für die Frage, ob mehrere Verstöße als eine einzige Zuwiderhandlung zu behandeln sind oder ob jeder einzelne Verstoß die Vertragsstrafe auslöst und deshalb eine Aufsummierung der Vertragsstrafen vorzunehmen ist, ist die **Ermittlung des wirklichen Willens** der Vertragsparteien (BGH **„Kinderwärmekissen"**). Auch bei Annahme mehrfacher Verstöße muss die verwirkte Vertragsstrafe noch **verhältnismäßig** sein (§ 343 BGB bzw. § 348 HGB i.V.m. § 242 BGB, BGH **„Kinderwärmekissen"**). Zu einer **natürlichen Handlungseinheit** können im Zivilrecht und in der Zwangsvollstreckung mehrere – auch fahrlässige – Verhaltensweisen zusammengefasst werden, die aufgrund ihres räumlich-zeitlichen Zusammenhangs so eng miteinander verbunden sind, dass sie bei natürlicher Betrachtungsweise als ein einheitliches, zusammengehörendes Tun erscheinen (BGH **„Mehrfachverstoß gegen Unterlassungstitel"**).

50 Eine nach **mündlicher Verhandlung** durch **Urteil erlassene Verbotsverfügung** (im Verfahren der einstweiligen Verfügung) ist mit der Verkündung des Urteils wirksam und kann Grundlage einer Ordnungsmittelfestsetzung sein, wenn eine Ordnungsmittelandrohung im Urteil enthalten ist (BGH **„Urteilsverfügung"**). Die **erneute Vollziehung** der Urteilsverfügung im Parteibetrieb ist nur erforderlich, wenn die zuvor ergangene einstweilige Verfügung **inhaltlich erweitert** oder **wesentlich verändert** wurde. Betreibt der Vollstreckungsgläubiger aus einem noch nicht endgültigen Titel die Vollstreckung, trägt er das Risiko, dass sich sein Vorgehen nachträglich als unberechtigt erweist. Erwirkt der Unterlassungsgläubiger **vor Zugang und Annahme** der vom Schuldner zur Vermeidung eines Rechtsstreits abgegebenen strafbewehrten Unterlassungserklärung eine einstweilige Verfügung und stellt sie zu, kann er im Falle der Verletzung des Titels sowohl aus der einstweiligen Verfügung als auch aus dem Unterlassungsvertrag gegen den Unterlassungsschuldner vorgehen (BGH **„Testfundstelle"**).

51 Bedient sich eine Partei im Rahmen einer gerichtlichen Auseinandersetzung eines nicht am angerufenen Gericht selbst tätigen **auswärtigen Rechtsanwalts,** sind dessen Kosten von der unterliegenden Partei nur dann zu tragen, wenn diese **Kosten notwendig** sind. Die Notwendigkeit der Beiziehung eines auswärtigen Anwalts ist dann zu bejahen, wenn zum Zeitpunkt der Beauftragung des Anwalts eine **persönliche Kontaktaufnahme** unverzichtbar erschien (BGH **„Auswärtiger Rechtsanwalt VII"**). Die Beiziehung eines auswärtigen Rechtsanwalts ist dann nicht notwendig, wenn eine am Sitz des Prozessgerichts oder in dessen Nähe ansässige Partei einen auswärtigen Rechtsanwalt nur deshalb wählt, weil sie mit ihm durch eine langjährige vertrauensvolle Zusammenarbeit verbunden ist (BGH **„Auswärtiger Rechtsanwalt VIII"**).

52 Das Gesetz gegen unseriöse Geschäftspraktiken (BGBl. 2013, 3714) führte zu einer Modifizierung von § 12 Abs. 4 UWG. Danach kann diejenige Partei, die glaubhaft macht, dass die Belastung mit den Prozesskosten nach dem vollen Streitwert ihre **wirtschaftliche Lage erheblich gefährden** würde, beantragen, dass sich die Verpflichtung dieser Partei zur Zahlung von Gerichtskosten nach einem ihrer Wirtschaftslage angepassten Teil des Streitwerts bemisst. Ordnet das Gericht daraufhin eine Herabsetzung des Streitwerts für diese Partei an, bemessen sich auch die Gebühren des Rechtsanwalts der begünstigten Partei nach dem herabgesetzten Streitwert. Unterliegt die begünstigte Partei, hat sie die Gerichtskosten und die Kosten des gegnerischen Rechtsanwalts auch nur nach dem **niedrigeren Streitwert** zu erstatten. In der Gesetzesbegründung heißt es insoweit, dass durch diese Regelung zur Streitwertbegünstigung nicht der Streitwert gemindert wird, sondern dass die Gerichtskosten von einer Partei nur aus einem geringeren Streitwert zu erheben sind, wenn bei der Berechnung der Prozesskosten nach dem vollen Streitwert die wirtschaftliche Lage dieser Partei erheblich gefährdet würde (Begründung zu Nr. 3, S. 42). Allerdings kann im Falle des Obsiegens der begünstigten Partei deren Anwalt von der Gegenseite die Erstattung der ungekürzten Gebühren verlangen. § 12 Abs. 4 UWG wird nur dann zur Anwendung kommen, wenn trotz der **Wertvorschrift des § 51 GKG** (§ 51 Abs. 2 GKG: „In Verfahren über Ansprüche nach dem Gesetz gegen den unlauteren Wettbewerb ist, soweit nichts anderes bestimmt ist, der Streitwert nach der sich aus dem Antrag des Klägers für ihn ergebenden Bedeutung der Sache nach Ermessen zu bestimmen.") im Einzelfall ein sehr hoher Streitwert festgesetzt wird. Treffen in einem solchen Fall wirtschaftlich unterschiedlich starke Parteien, wie etwa ein Großunternehmen auf der

einen und ein kleiner Einzelhändler auf der anderen Seite, aufeinander, kann sich daraus ein Ungleichgewicht in dem Sinne ergeben, dass die Belastung der schwächeren Partei mit Kosten nach dem vollen Streit- oder Gegenstandswert deren wirtschaftliche Lage erheblich gefährden würde (Gesetzesbegründung zu Nr. 3, zu Abs. 4). Diese besondere Situation erfordert daher eine Härteregelung, die zugunsten der schwächeren Partei auf Antrag (§ 12 Abs. 5 UWG) eingreift. Schließlich bestimmt § 51 Abs. 3 GKG, dass ggf. der nach § 51 Abs. 2 GKG ermittelten Streitwert angemessen zu mindern ist, wenn die **Bedeutung der Sache** für den Beklagten erheblich geringer zu bewerten ist als der nach Abs. 2 ermittelte Streitwert. Bietet der Sach- und Streitstand für die Bestimmung des Streitwerts eines Beseitigungs- oder Unterlassungsanspruchs keine genügenden Anhaltspunkte, ist insoweit ein Streitwert von 1000,– € anzunehmen, auch wenn diese Ansprüche nebeneinander geltend gemacht werden (§ 51 Abs. 3 S. 2 GKG).

Praxishinweis

Nach der Instanzrechtsprechung entspricht ein Abschlussschreiben nur dann dem mutmaßlichen Willen des Schuldners und begründet damit einen Kostenerstattungsanspruch des Gläubigers, wenn der Schuldner vor Versendung des kostenträchtigen Abschlussschreibens ausreichend Zeit hatte, um die Abschlusserklärung von sich aus abgeben zu können. Diese Wartefrist beträgt i. d. R. zwei Wochen. Außerdem muss der Gläubiger dem Schuldner eine angemessen lange Antwortfrist einräumen.

XI. Verjährung, § 11 UWG

Die Ansprüche auf Beseitigung und Unterlassung (§ 8 UWG), Schadensersatz (§ 9 UWG) und Ersatz der erforderlichen Aufwendungen für eine Abmahnung (§ 12 Abs. 1 S. 2 UWG) verjähren gemäß § 11 Abs. 1 UWG in **sechs Monaten.** Diese kurze Verjährungsfrist beginnt gemäß § 11 Abs. 2 UWG, sobald der **Anspruch entstanden** ist, der Gläubiger von dem Schuldner und den die Verletzung begründenden Umständen **Kenntnis hat** bzw. ohne grobe Fahrlässigkeit hätte Kenntnis erlangen müssen (BGH **„dentalästhetika II"**). **Schadensersatzansprüche** gemäß § 9 UWG verjähren ohne Rücksicht auf die Kenntnis oder die grob fahrlässige Unkenntnis gemäß § 11 Abs. 3 UWG in **zehn Jahren ab ihrer Entstehung, spätestens in dreißig Jahren** nach Vorliegen der Verletzungshandlung. **Grob fahrlässige Unkenntnis** liegt vor, wenn dem Gläubiger die Kenntnis fehlt, weil er **naheliegende** Überlegungen nicht angestellt oder naheliegende Erkenntnis- oder Informationsquellen nicht genutzt hat (BGH **„DAS GROSSE RÄTSELHEFT"**). Für alle anderen Ansprüche bestimmt § 11 Abs. 4 UWG, dass diese ohne Rücksicht auf die Kenntnis oder die grob fahrlässige Unkenntnis **in drei Jahren** ab Anspruchsentstehung verjähren. Die Regelungen in § 11 UWG lehnen sich an die Verjährungsbestimmungen in § 199 BGB an. Die Frage, wann der Anspruchsteller die **erforderliche Kenntnis** im Sinne von § 199 Abs. 2 BGB hat, beantwortet der BGH wie folgt: 1

> Die Vorschrift des § 11 Abs. 2 UWG ist an die allgemeine Verjährungsregelung des § 199 Abs. 2 BGB angepasst worden. … Da zur Frage, wann der Gläubiger die nach § 199 Abs. 2 Nr. 2 BGB erforderliche Kenntnis von den anspruchsbegründenden Umständen besitzt, weitgehend auf die Rechtsprechung zu § 852 Abs. 1 BGB a. F. zurückgegriffen werden kann. … ist diese auch zur Auslegung des § 11 Abs. 2 Nr. 2 UWG heranzuziehen. Allgemein ist die für den Verjährungsbeginn erforderliche Kenntnis danach dann gegeben, wenn dem Gläubiger die Erhebung einer erfolgversprechenden, wenn auch nicht risikolosen, (gegebenenfalls zumindest auf Feststellung gerichteten) Klage zuzumuten ist. … Als anspruchsbegründende Tatsachen werden allerdings grundsätzlich solche Umstände nicht angesehen, die unter die Behauptungs- und Beweislast des Beklagten fallen; insbesondere schließt die unbekannte Möglichkeit von Einwendungen gegen den Klageanspruch die für den Verjährungsbeginn notwendige Kenntnis nicht aus. … Eine andere Beurteilung ist dagegen geboten, wenn konkrete Anhaltspunkte für den Anspruch ausschließende Einwendungen des Beklagten bestehen und es daher naheliegt, dass der Beklagte sich darauf berufen wird. … Hat der Gläubiger trotz Vorliegens solcher konkreter Anhaltspunkte für eine mögliche Einwendung des Schuldners keine hinreichende Kenntnis über die diese Einwendung begründenden Umstände und bleiben deswegen konkrete Zweifel am Bestehen seines Anspruchs, wird der Beginn der Verjährungsfrist hinausgeschoben (BGH in WRP 2009, Seite 1505 ff. [S. 1507, Rdnr. 22], **„Mecklenburger Obstbrände"**).

Wer über Waren eines Mitbewerbers Tatsachen behauptet oder verbreitet, die geeignet sind, den Betrieb des Unternehmens des Mitbewerbers zu schädigen, handelt gemäß §§ 3, 4 Nr. 8 UWG unlauter, sofern die Tatsachen nicht erweislich wahr sind. Obgleich in diesem Zusammenhang nicht der Verletzte die Unwahrheit, sondern der Verletzer die Wahrheit seiner Tatsachenbehauptung zu beweisen hat, gehört die Wahrheit oder Unwahrheit der behaupteten Tatsache zu den **anspruchsbegründenden**

Umständen im Sinne des § 11 Abs. 2 Nr. 2 UWG. Mit deren Kenntnis läuft die **sechsmonatige** Verjährungsfrist.

1a Während die Verjährungsfrist für **markenrechtliche** Ansprüche, auch auf Schadensersatz, gemäß § 20 S. 1 MarkenG i.V.m. §§ 195, 199 Abs. 1 BGB drei Jahre beträgt und am Schluss des Jahres beginnt, in dem der Anspruch entstanden ist und der Gläubiger von den den Anspruch begründenden Umständen und der Person des Schuldners Kenntnis erlangt hat oder ohne grobe Fahrlässigkeit Kenntnis erlangen musste, ist die regelmäßige Verjährung von **Schadensersatzansprüchen im UWG** deutlich kürzer. Denn die wettbewerbsrechtlichen Schadensersatzansprüche verjähren regelmäßig nach § 11 Abs. 1 und 2 UWG innerhalb von **sechs Monaten** (BGH **„POST/RegioPost"**). Soweit der Gläubiger ersatzweise **Bereicherungsansprüche** gemäß § 812 BGB geltend macht, gilt die **dreijährige** Verjährungsfrist gemäß § 195 BGB. Diese Verjährungsfrist beginnt mit dem Schluss des Jahres, in dem der Anspruch entstanden ist und der Gläubiger von den den Anspruch begründenden Umständen und der Person des Schuldners Kenntnis erlangt hat oder ohne grobe Fahrlässigkeit hätte erlangen müssen. Ausnahmsweise kann etwas anderes gelten, wenn es sich um eine **unübersichtliche oder zweifelhafte Rechtslage** handelt, sodass sie selbst ein rechtskundiger Dritter nicht zuverlässig einzuschätzen vermag (BGH **„Verjährungsbeginn bei Schenkkreis-Zahlung"**).

2 Ausgenommen von der kurzen sechsmonatigen Verjährung ist der **Anspruch auf Gewinnabschöpfung** gemäß § 10 UWG. Diese Ausnahme erfolgte auf Intervention des Bundesrats, der in seiner Stellungnahme ausdrücklich auf Folgendes hinwies:

> Für den Anspruch auf Gewinnabschöpfung besteht bei einer derart kurzen Verjährungsfrist vielmehr die Gefahr, dass die Effektivität dieses Instituts leidet, da es für die Gläubiger zum Teil außerordentlich schwierig wäre, die für die Geltendmachung des Anspruchs notwendigen Tatsachen innerhalb der kurzen Fristen zu ermitteln. Eine Gewinnabschöpfung ist aber nur dann sinnvoll, wenn der gesamte Verletzungstatbestand bekannt und abgeschlossen ist (Stellungnahme des Bundesrates Nr. 24 zu § 11 UWG).

Neben dem Anspruch auf Gewinnabschöpfung, für den danach die **dreijährige** Verjährungsfrist gilt, ist zu berücksichtigen, dass **konkurrierende Ansprüche** aus den §§ 823, 824, 826 BGB oder aus **Vertragsstrafeversprechen** nicht unter die kurze Verjährung des § 11 Abs. 1 UWG fallen (BGH **„Flughafen Frankfurt-Hahn"**). Während die Ansprüche aus §§ 824, 826 BGB der dreijährigen Verjährungsfrist aus § 195 BGB unterfallen, findet auf Ansprüche aus Vertragsstrafeversprechen § 11 Abs. 4 UWG i.V.m. §§ 195, 199 BGB Anwendung (drei Jahre ab Entstehung des Anspruchs).

3 Ausdrücklich von der dreijährigen Verjährungsfrist ausgenommen hat der Gesetzgeber allerdings **Ansprüche auf Erstattung der Abmahnkosten,** die der kurzen sechsmonatigen Verjährungsfrist des § 11 Abs. 1 UWG unterliegen. Mit dieser Bestimmung hat der Gesetzgeber erstmals die Abmahnkostenverjährung in die Verjährungsbestimmungen des UWG aufgenommen, deren Frist in der Vergangenheit von der Instanzrechtsprechung unterschiedlich bemessen wurde. Die Bestimmung in § 11 Abs. 1 UWG bestätigt die vom Bundesgerichtshof bereits zu § 21 UWG a.F. vertretene Auffassung, dass Ansprüche auf Erstattung der Abmahnkostenpauschale innerhalb der kurzen **Frist von sechs Monaten** verjähren (BGH **„Abmahnkostenverjährung"**).

4 Die Verjährung wird **gehemmt,** wenn der Antrag auf Erlass einer einstweiligen Verfügung zugestellt oder, wenn der Antrag nicht zugestellt wird, eingereicht wird,

sofern die einstweilige Verfügung innerhalb eines Monats ab Zustellung an den Gläubiger und Schuldner zugestellt wird. Diese **Verjährungshemmung endet 6 Monate** nach der rechtskräftigen Entscheidung oder anderweitigen Beendigung des eingeleiteten Verfahrens (§ 204 Abs. 1 Nr. 9 i.V.m. § 204 Abs. 2 BGB). Die Hemmung der Verjährung endet bei der Erwirkung und Vollziehung einer einstweiligen Verfügung also regelmäßig innerhalb von 6 Monaten nach Rechtskraft der einstweiligen Verfügung. Nur wenn der Unterlassungsschuldner auf die **Einrede der Verjährung verzichtet,** die einstweilige Verfügung **als endgültige Regelung anerkennt** oder wenn der Unterlassungsgläubiger **während des Laufs der Verjährungsfrist Klage erhebt,** tritt die Verjährungsfolge nicht ein (BGH **„Gewährungsleistungsausschluss im Internet“**).

5 Für die **Vollstreckung aus gerichtlichen Unterlassungstiteln,** etwa die Festsetzung von Ordnungsgeld, gilt eine **Zweijahresfrist.** Für die Hemmung, Ablaufhemmung und den Neubeginn der Verjährung gelten die allgemeinen Regeln gemäß §§ 203ff. BGB. Die **Hemmung der Verjährung** tritt gemäß § 203 S. 1 BGB auch dann ein, wenn **Verhandlungen** zwischen Gläubiger und Schuldner über den Anspruch oder die ihn begründenden Umstände geführt werden. An Verhandlungen im Sinne von § 203 S. 1 BGB sind geringe Anforderungen zu stellen. Wörtlich führt der BGH aus:

> Es genügt jeder Meinungsaustausch zwischen dem Berechtigten und dem Verpflichteten über den Anspruch und seine tatsächlichen Grundlagen, sofern nicht sofort und eindeutig jede Verpflichtung abgelehnt wird. ... Verhandlungen schweben schon dann, wenn der Schuldner Erklärungen abgibt, die den Gläubiger zu der Annahme berechtigen, der Schuldner lasse sich jedenfalls auf Erörterungen über die Berechtigung von Ansprüchen ein. Es ist nicht erforderlich, dass der Verpflichtete dabei eine Bereitschaft zum Vergleich oder zu einem sonstigen Entgegenkommen erkennen lässt (BGH in WRP 2009, Seite 1505ff. [S. 1508, Rdnr. 27], **„Mecklenburger Obstbrände“**).

In dem vom BGH entschiedenen Verfahren wurde eine Hemmung der Verjährungsfrist angenommen, weil die Parteien schriftlich mögliche Unterlassungs- und Schadensersatzansprüche von einer **Aufklärung des Sachverhalts** abhängig gemacht haben. Die Hemmung endet allerdings, sobald der eine oder andere Teil die Fortsetzung der Verhandlungen verweigert. Nach den Ausführungen des BGH muss ein solcher **Abbruch der Verhandlungen** wegen seiner Bedeutung für die Durchsetzbarkeit der geltend gemachten Ansprüche durch ein **klares und eindeutiges Verhalten** zum Ausdruck gebracht werden.

6 Die Berechnung der Verjährungsfrist, insbesondere der kurzen Verjährung von 6 Monaten, hängt u.a. davon ab, ob der Verstoß eine **Einzelhandlung** oder eine **Dauerhandlung** ist. Bei einer Dauerhandlung geht von dem Verletzer eine fortwährende, pflichtwidrig aufrecht erhaltende Störung aus, so dass der Lauf der kurzen Verjährungsfrist erst mit vollständiger Beendigung des Eingriffs beginnt. Demgegenüber beginnt die Verjährung einer Einzelhandlung mit deren Abschluss (OLG Köln **„Verjährungsfrist bei Unterlassungsansprüchen“**). Während die Zusendung eines Rundschreibens als Einzelhandlung gewertet wird, sind etwa die Führung einer irreführenden Firmenbezeichnung, die unlautere Werbung auf einem Ladenschild oder auch die **Internetwerbung** Dauerhandlungen.

7 Schließlich ist zu berücksichtigen, dass die Verjährungsregelung in § 11 UWG auf die Kenntnis des jeweiligen Angreifers abstellt. Selbst wenn daher gegenüber einem Gläubiger Verjährung bereits eingetreten ist, kann die **Aktivlegitimation eines Verbandes** aus § 8 Abs. 3 Nr. 2 bis Nr. 4 UWG noch fortbestehen. Denn eine Wissens-

zurechnung zwischen Beschwerdeführer und Verband findet grundsätzlich nicht statt. Entsprechendes gilt für die Zurechnung der Kenntnis einer Behörde (BGH **„BIO TABAK“**). Der klagende Bundesverband der Verbraucherzentralen und Verbraucherverbände muß sich die Kenntnis vom Werbeverstoß durch das Bezirksamt nicht entsprechend § 166 Abs. 2 BGB zurechnen lassen.

Praxishinweis

Die für den wettbewerbsrechtlichen Anspruch geltende kurze Verjährung des § 11 UWG findet auf den deliktsrechtlichen Beseitigungsanspruch aus §§ 1004, 823 BGB keine Anwendung. Verstößt daher eine Wettbewerbshandlung gegen das UWG und liegen darüber hinaus die Voraussetzungen der §§ 823, 824 oder 826 BGB vor, unterliegt grundsätzlich jeder der sich daraus ergebenden Ansprüche der für ihn geltenden besonderen Verjährung.

XII. Europarechtlicher Einfluss

1 Die Entscheidungen des **Gerichtshofs der EU** in Luxemburg setzen auch für die Entscheidungspraxis des BGH Maßstäbe. Gerade bei wettbewerbsrechtlichen Streitigkeiten fällte der Gerichtshof der EU Grundsatzentscheidungen, die etwa ausschlaggebend für die „Kleine UWG-Novelle" waren. In der Gesetzesbegründung zum UWG 2004 verweist der Gesetzgeber auf die von der EU-Kommission vorgelegten Vorschläge für eine Verordnung über Verkaufsförderung im Binnenmarkt sowie für eine Rahmenrichtlinie zum Verbraucherschutz. Schließlich führte die **Richtlinie über unlautere Geschäftspraktiken** zum Ersten Gesetz zur Änderung des Gesetzes gegen den unlauteren Wettbewerb. Mit Umsetzung der Richtlinie 2005/29/EG über unlautere Geschäftspraktiken, der Richtlinie 2006/114/EG über irreführende und vergleichende Werbung sowie der Verbraucherrechterichtlinie und der Datenschutzrichtlinie ist die europarechtliche Ausprägung des UWG unübersehbar geworden. Wie im **Markenrecht** sind auch die **Bestimmungen des UWG** regelmäßig **richtlinienkonform** auszulegen. Die richtlinienkonforme Auslegung der Bestimmungen des UWG führt dazu, dass der EuGH im Rahmen von Vorabentscheidungsersuchen des BGH Auslegungsfragen etwa der Bestimmungen der Richtlinie über unlautere Geschäftspraktiken beantworten muss (s. etwa EuGH **„ ‚Total' und ‚Sanoma' "**).

2 Durch den Vertrag von Lissabon sind 2009 die primärrechtlichen Grundlagen des Europäischen Rechts geändert worden. Der EG-Vertrag wurde abgelöst durch den **Vertrag über die Arbeitsweise der Europäischen Union** (AEUV). An die Stelle der Art. 28 und 30 EG-Vertrag traten die Bestimmungen der Art. 34 und 36 AEUV, ohne dass damit eine inhaltliche Änderung verbunden war. Nach **Art. 34 AEUV** ist grundsätzlich jede **mengenmäßige Einfuhrbeschränkung** sowie jede Maßnahme gleicher Wirkung zwischen den Mitgliedstaaten der Europäischen Union unzulässig. Ausnahmsweise ist eine mengenmäßige Einfuhrbeschränkung oder jede vergleichbare Maßnahme gem. **Art. 36 AEUV** erlaubt, sofern sie aus **Gründen der öffentlichen Sittlichkeit, Ordnung und Sicherheit, zum Schutz der Gesundheit und des Lebens von Menschen, Tieren oder Pflanzen, des nationalen Kulturguts von künstlerischem, geschichtlichem oder archäologischem Wert oder des gewerblichen und kommerziellen Eigentums** gerechtfertigt ist. Ausdrücklich bestimmt Art. 36 Satz 2 AEUV, dass die danach zulässigen Verbote oder Beschränkungen weder willkürlich diskriminieren noch geeignet sein dürfen, eine Beschränkung des Handels zwischen den Mitgliedstaaten zu verschleiern.

3 Zunächst vertrat der EuGH die Ansicht, dass nahezu jede Werbebeschränkung eines Mitgliedstaats mittelbar geeignet ist, zwischenstaatlichen Handelsverkehr zu beschränken. Jede Werbebeschränkung wurde grundsätzlich als vertragsverletzend angesehen, sofern die Beschränkung nicht aus Gründen des Verbraucherschutzes gerechtfertigt war. So hatte sich der EuGH etwa in der **„Yves Rocher"-Entscheidung** 1993 mit einer Werbung der in Deutschland ansässigen Firma Yves Rocher GmbH, einer Tochtergesellschaft der französischen Gesellschaft Laboratoires de biologie végétale Yves Rocher, zu befassen, die dadurch gekennzeichnet war, dass in einem Katalog blickfangmäßig die Aussage „Sparen Sie bis zu 50% und mehr bei 99 Yves Rocher Favoriten" herausgestellt war. Unter dieser Headline wurde neben dem durchgestrichenen

alten Preis der neue niedrigere Preis in dicker roter Schrift angegeben. Diese Art der Werbung verstieß gegen § 6e UWG a. F., war jedoch in Frankreich zulässig. Auf Vorlage des BGH entschied der EuGH, dass **zutreffende Preisgegenüberstellungen** nicht zur Verfälschung der Wettbewerbsbedingungen geeignet sind und daher in der Europäischen Union erlaubt sein müssen. Der deutsche Gesetzgeber nahm unter anderem diese EuGH-Entscheidung zum Anlass, § 6e UWG a. F. in der sog. „Kleinen UWG-Novelle" von 1994 ersatzlos zu streichen.

4 In der EuGH-Entscheidung **„Keck und Mithouard"** ging es um zwei elsässische Verbrauchermärkte, die Waren zum Verlustpreis weiterveräußert hatten. Mit diesem Verhalten verstießen sie gegen ein innerstaatliches, **französisches Verbot des Weiterverkaufs zum Verlustpreis.** Da das französische Verbot des Weiterverkaufs zum Verlustpreis sämtliche inländische Handelskreise betraf, fand das Verbot von mengenmäßigen Beschränkungen zwischen den Mitgliedstaaten (Art. 34 AEUV) keine Anwendung (s. auch EuGH **„Karner"**). Zu der Frage, wann **Maßnahmen gleicher Wirkung** wie das Verbot von mengenmäßigen Einfuhrbeschränkungen zwischen den Mitgliedstaaten vorliegen, die ebenfalls den Zugang zum Markt eines Mitgliedstaats für Erzeugnisse aus anderen Mitgliedstaaten behindern, führt der EuGH wörtlich aus:

> Aus diesem Grund ist die Anwendung nationaler Bestimmungen, die bestimmte Verkaufsmodalitäten beschränken oder verbieten, auf Erzeugnisse aus anderen Mitgliedstaaten geeignet, den Handel zwischen den Mitgliedstaaten im Sinne der aus dem Urteil „Dassonville" hervorgegangenen Rechtsprechung unmittelbar oder mittelbar, tatsächlich oder potenziell zu behindern, es sei denn, diese Bestimmungen gelten für alle betroffenen Wirtschaftsteilnehmer, die ihre Tätigkeit im Inland ausüben, und berühren den Absatz der inländischen Erzeugnisse und der Erzeugnisse aus anderen Mitgliedstaaten rechtlich wie tatsächlich in der gleichen Weise. Die Anwendung derartiger Regelungen auf den Verkauf von Erzeugnissen aus einem anderen Mitgliedstaat, die den von diesem Staat aufgestellten Bestimmungen entsprechen, ist nämlich geeignet, den Marktzugang für diese Erzeugnisse zu versperren oder stärker zu behindern, als sie dies für inländische Erzeugnisse tut (EuGH in GRUR 2011, S. 243 ff. [S. 245, Rdnr. 51], **„Internetvertrieb von Kontaktlinsen"**).

Eine nationale Regelung, nach der der Vertrieb von Kontaktlinsen über das Internet unzulässig ist, verstößt gegen Art. 34 i. V. m. Art. 36 AEUV.

5 Der EuGH weist darauf hin, dass der **Schutz der Gesundheit** der Kontaktlinsenträger auch durch Maßnahmen erreicht werden kann, die **weniger beschränkend** sind als das generelle Verbot des Vertriebs von Kontaktlinsen über das Internet. In diesem Fall war die Verletzung von Art. 34 und Art. 36 AEUV besonders augenscheinlich, da das Verbot des Vertriebs von Kontaktlinsen im Wege des Versandhandels den Wirtschaftsteilnehmern aus anderen Mitgliedstaaten eine besonders effiziente Modalität für den Vertrieb dieser Waren vorenthält und so deren **Zugang zum Markt** des betreffenden Mitgliedstaates erheblich behindert. Da das Ziel, nämlich den Schutz der Gesundheit der Bevölkerung, auch über eine weniger beschränkende Maßnahme erreicht werden konnte (nämlich nur die erste Lieferung von Kontaktlinsen den Augenoptikern vorzubehalten), konnte das generelle Verbot des Vertriebs von Kontaktlinsen über das Internet keinen Bestand haben.

6 In der Folgezeit wurden nationale Vorschriften als zulässig angesehen, die „übertriebene Werbung" außerhalb der Apotheke für apothekenübliche Waren untersagten. Da diese Regelungen nicht geeignet waren, den Marktzugang für diese Erzeugnisse zu versperren oder stärker zu behindern, als für inländische Erzeugnisse, lag kein Fall des Art. 34 AEUV vor. Liegt allerdings eine Einfuhrbeschränkung vor, kommt die An-

wendung der Ausnahmebestimmung des Art. 36 AEUV dann nicht in Betracht, wenn die **Gesundheit** oder das **Leben** von Menschen genauso wirksam durch Maßnahmen geschützt werden können, die den innergemeinschaftlichen Handel weniger beschränken (EuGH **„Deutscher Apothekerverband/DocMorris“**). Die deutschen Vorschriften über den einheitlichen **Apothekenabgabepreis** sind als Ausprägung einer Verkaufsmodalität europarechtskonform (BGH **„Medikamentenkauf im Versandhandel“**).

7 Die nationale Regelung eines **Sonntagsverkaufsverbots** wurde in gleicher Weise für zulässig erachtet wie eine Ladenschlussregelung, die in- und ausländischen Verkehrsteilnehmern untersagt, außerhalb gesetzlicher Öffnungszeiten an Tankstellen Waren zu verkaufen, die kein Reisebedarf sind. Zulässig ist auch das nationale Verbot eines Mitgliedstaats der EU, das den Vertrieb von Silberschmuck und das Sammeln von Bestellungen auf Silberschmuck im Wege von Haustürgeschäften verbietet (EuGH **„Schmuckparty“**).

8 Sofern allerdings **unmittelbar warenbezogene Vorschriften** den Vertrieb einer Ware in einem Mitgliedstaat behindern, der in einem anderen Mitgliedstaat zulässig ist, liegt regelmäßig eine Maßnahme gleicher Wirkung wie eine mengenmäßige Beschränkung im Sinne des Art. 34 AEUV vor. So wurde etwa die Beanstandung einer Eiskremriegelverpackung als **irreführend,** die in einem anderen Mitgliedstaat frei angeboten werden durfte, als Vertriebsbehinderung gewertet (EuGH **„Mars“**). Ebenso wurde das **Vertriebsverbot** eines Kosmetikerzeugnisses, das in Frankreich beanstandungsfrei vertrieben werden durfte (EuGH **„Clinique“**), in Deutschland als Verstoß gegen Art. 34 AEUV gewertet. Nur wenn die Gefahr einer Irreführung **schwer** wiegt, kann sie ausnahmsweise ein Handelshemmnis rechtfertigen. Nach den Ausführungen des EuGH ist ein Vertriebsverbot in einem Mitgliedstaat der EU nur dann europarechtskonform, wenn es **zur Gewährleistung des Verbraucherschutzes erforderlich ist** und in einem **angemessenen Verhältnis** zu diesem Zweck steht, und sofern dieser Zweck nicht durch Maßnahmen erreicht werden kann, die den innergemeinschaftlichen Handelsverkehr weniger beschränken. Das vorlegende Gericht hat dann insbesondere zu prüfen, ob die Gefahr einer Irreführung der Verbraucher so schwer wiegt, dass sie den Erfordernissen des freien Warenverkehrs vorgehen kann (EuGH **„Cotonelle“**). Diese Voraussetzungen lagen weder bei **„Mars“** noch bei **„Clinique“** vor. Bei der erforderlichen Risikobewertung sind der Wahrscheinlichkeitsgrad einer etwaigen schädlichen Auswirkung auf die **Gesundheit** ebenso zu berücksichtigen wie die Schwere einer solchen Auswirkung (BGH **„Sportlernahrung II“**). Enthalten Kennzeichnungsvorschriften des Mitgliedstaates Bestimmungen, die sich unmittelbar warenbezogen auswirken, können auch diese **Bezeichnungsvorschriften** gegen Art. 34 AEUV verstoßen. Schreibt etwa eine nationale Regelung vor, dass die Etikettierung von Lebensmitteln in einer bestimmten Sprache zu erfolgen hat, so hat der Mitgliedstaat die Möglichkeit vorzusehen, dass aus anderen Gemeinschaftsstaaten stammende Waren in einer anderen für den Käufer leicht verständlichen Sprache gekennzeichnet oder die Unterrichtung des Käufers durch andere Maßnahmen gewährleistet werden dürfen (EuGH **„Geffroy/Casino France“**).

9 Der EuGH hat das europäische **Verbraucherleitbild** entwickelt, das der BGH seiner Rechtsprechung zugrunde legt und das in das UWG eingeflossen ist. Im Zusammenhang mit der Kennzeichnung von Lebensmitteln wurde dem EuGH die Frage vorgelegt, ob die Angabe „naturrein“ für Konfitüre mit dem künstlichen Geliermittel Pektin in einem Mitgliedstaat der Europäischen Gemeinschaft als **irreführend,** in einem anderen Mitgliedstaat der Gemeinschaft jedoch als zulässig angesehen werden

darf. Auf eine entsprechende Vorlage entschied die Erste Kammer des Europäischen Gerichtshofs wie folgt:

> Zu Pektin genügt die Feststellung, dass sein Vorhandensein im Einklang mit ... der Richtlinie auf dem Etikett der Verpackung der Konfitüre d'arbo angegeben ist. Wie der Gerichtshof bereits entschieden hat, ... ist davon auszugehen, dass Verbraucher, die sich in ihrer Kaufentscheidung nach der Zusammensetzung der Erzeugnisse richten, zunächst das Zutatenverzeichnis lesen, dessen Angabe Art. 6 der Richtlinie vorschreibt. Unter diesen Umständen kann die Angabe „naturrein" auf dem Etikett einem durchschnittlich informierten, aufmerksamen und verständigen Durchschnittsverbraucher nicht wegen des bloßen Umstandes irreführen, dass das Lebensmittel das Geliermittel Pektin enthält, auf dessen Präsenz das Zutatenverzeichnis des Lebensmittels ordnungsgemäß hinweist (EuGH in WRP 2000, Seite 489 ff. [Seite 491], **„d'arbo naturrein"**).

Dieses europäische Verbraucherleitbild, das auf die **mutmaßliche Erwartung eines durchschnittlich informierten, aufmerksamen und verständigen Durchschnittsverbrauchers** abstellt, ist der Maßstab, an dem das nationale Gericht eine Werbemaßnahme zu prüfen hat. Auf der anderen Seite ist es Aufgabe des nationalen Gerichts, ein **Sachverständigengutachten** einzuholen oder eine **Verbraucherbefragung** in Auftrag zu geben, falls es dies für erforderlich hält, um beurteilen zu können, ob eine Werbeaussage irreführen kann (EuGH **„Lifting-Creme"**). Der EuGH lässt ausdrücklich offen, welcher Prozentsatz der Verbraucher mindestens durch eine Aussage irregeführt werden muss, damit ein Verbot dieser Aussage gerechtfertigt ist.

10 Im Übrigen ist der europarechtliche Einfluss auf das UWG immer dann spürbar, wenn z. B. eine auf die Richtlinie über unlautere oder irreführende und vergleichende Werbung zurückgehende Bestimmung in Frage steht, oder eine Regelung über unlautere Geschäftspraktiken auslegungsbedürftig ist. Da die Richtlinie über unlautere Geschäftspraktiken **auf Gemeinschaftsebene vollständig harmonisiert** wurde, bedarf es gegebenenfalls einer richtlinienkonformen Auslegung, wenn eine nationale Bestimmung des UWG nicht den Anforderungen der Richtlinie entspricht (s. hierzu EuGH **„ ‚Total' und ‚Sanoma' "**).

11 So hat der EuGH entschieden, dass die Richtlinie über unlautere Geschäftspraktiken dahin auszulegen ist, dass sie es einem nationalen Gericht verwehrt, eine nicht unter Anhang I dieser Richtlinie fallende Verkaufsaktion nur deshalb zu verbieten, weil dieser Abverkauf nicht vorab von der zuständigen Verwaltungsbehörde bewilligt wurde (EuGH **„Georg Köck/Schutzverband gegen unlauteren Wettbewerb"**). Der EuGH hat daher eine nationale Regelung für unanwendbar erklärt, nach der ein „Totalabverkauf" ohne die erforderliche **vorherige behördliche Bewilligung** immer wettbewerbswidrig ist. Denn eine Praxis, die nicht unter Anhang I der Richtlinie fällt, kann nur dann für unlauter erklärt werden, wenn sie nach den Kriterien der Art. 5–Art. 9 der Richtlinie im Hinblick auf ihre Unlauterkeit überprüft wurde (EuGH **„Plus Warenhandelsgesellschaft"**). Eine **Aufforderung zum Kauf** im Sinne der Richtlinie über unlautere Geschäftspraktiken liegt dann vor, wenn der Verbraucher hinreichend über das beworbene Produkt und dessen Preis informiert wurde, um eine geschäftliche Entscheidung treffen zu können, ohne dass die kommerzielle Kommunikation auch eine tatsächliche Möglichkeit bieten muss, das Produkt zu kaufen, oder dass sie im Zusammenhang mit einer solchen Möglichkeit steht (EuGH **„Konsument-Ombudsmannen/Ving"**). In diesem Zusammenhang kann es ausreichen, wenn dem Verbraucher die wesentlichen Informationen über die maßgeblichen Merkmale des Produkts, dessen Preis – ggf. auch als „ab"-Preis – und die sonstigen Angaben gemäß Art. 7 der Richtlinie über unlautere Geschäftspraktiken mitgeteilt werden. In diesem

Zusammenhang weist der EuGH darauf hin, dass der Umfang der notwendigen Informationen von dem **Kommunikationsmedium** abhängt, über das das fragliche Produkt angeboten wird. Im Zusammenhang mit der Verwendung von Metatags im Internet hat der EuGH festgestellt, dass der Begriff **„Werbung"** der Richtlinie über irreführende und vergleichende Werbung auch die Nutzung von Metatags in den Metadaten einer Website erfasst. Der Begriff der „Werbung" erfasst hingegen nicht die Eintragung eines Domainnamens als solchen (EuGH **„BEST/Visys"**).

12 Im Rahmen der Auslegung der Richtlinie über irreführende und vergleichende Werbung hat der EuGH festgestellt, dass der Ruf eines in Fachkreisen bekannten Unterscheidungszeichens im Rahmen **vergleichender Werbung** nicht dadurch in unlauterer Weise ausgenutzt wird, dass ein konkurrierender Anbieter in seinen Katalogen den Kernbestandteil dieses Unterscheidungszeichens verwendet (EuGH **„Siemens/VIPA"**). Nicht anwendbar ist nach den Ausführungen des EuGH eine nationale Regelung, die ein allgemeines **Zugabenverbot** vorsieht und nicht nur auf den Schutz der Verbraucher abzielt, sondern auch andere Ziele verfolgt (EuGH **„Mediaprint Zeitungs- und Zeitschriftenverlag"**). Deshalb ist die mit dem Kauf einer Zeitung verbundene Möglichkeit der Teilnahme an einem Gewinnspiel nicht allein deshalb wettbewerbswidrig, weil diese Teilnahmemöglichkeit zumindest für einen Teil der angesprochenen Verbraucher das ausschlaggebende Motiv für den Kauf dieser Zeitung war. Der EuGH hat darüber hinaus § 4 Nr. 6 UWG für unanwendbar erklärt, weil diese Bestimmung der Richtlinie über unlautere Geschäftspraktiken widerspricht. Die Richtlinie über unlautere Geschäftspraktiken steht dem absoluten **Verbot einer Gewinnspielwerbung** entgegen, das eingreift, wenn die Teilnahme an diesem Preisausschreiben in irgendeiner Form mit dem Warenabsatz oder der Inanspruchnahme einer Dienstleistung verkoppelt wird (EuGH **„Plus Warenhandelsgesellschaft"**).

Anhang I

Fundstellenverzeichnis

(alphabetisch geordnet)

Bezeichnung	Datum	Aktenzeichen (sonstige Bezeichnung, falls nicht BGH)	WRP	GRUR	NJW	NJW-RR/ GRUR-RR	Der Betrieb	Betriebs-Berater
Abmahnaktion	23.11.2006	I ZR 276/03	07/783	–	–	–	–	–
Abmahnkostenersatz	8.5.2008	I ZR 83/06	08/1188	08/928	–	–	–	–
Abmahnkostenverjährung	26.9.1991	I ZR 149/89	92/93	92/176	92/429	–	–	92/728
Abnehmerverwarnung	23.2.1995	I ZR 15/93	–	95/424	–	–	–	–
Abschleppkosten-Inkasso	26.1.2006	I ZR 83/03	06/741	–	06/1804	–	–	–
Abschlussschreiben	5.12.1980	I ZR 179/78	81/319	81/447	81/1955	–	–	–
„Abschlussschreiben eines Rechtsanwalts“	4.3. 2008	VI ZR 176/07	08/805	–	–	–	–	–
Abschlussstück	5.12.2002	I ZR 91/00	03/521	03/332	–	03/620	–	–
adidas-Sportartikel	15.3.1984	I ZR 74/82	84/394	84/593	–	–	84/1520	–
Änderung der Voreinstellung	29.3.2007	I ZR 164/04	07/1341	07/987	–	–	–	–
Änderung der Voreinstellung II	5.2.2009	I ZR 119/06	09/1086	09/876	–	09/1493	–	–
Änderung der Voreinstellung III	28.10.2010	I ZR 174/08	11/749	11/543	–	–	–	–
AGB in Stromlieferungsverträgen	18.7.2012	VIII ZR 337/11	12/1545	–	–	–	–	–
ahd.de	19.2.2009	I ZR 135/06	09/803	09/685	–	–	–	–
AKADEMIKS	10.1.2008	I ZR 38/05	08/785	08/621	–	–	–	–
Aktivierungskosten II	2.6.2005	I ZR 252/02	06/84	06/164	–	06/257	–	–
Alpenpanorama im Heißluftballon	9.10.2013	I ZR 24/12	14/545	14/580	–	14/817	–	–
Altautoverwertung	26.9.2002	I ZR 293/99	03/262	03/164	–	–	–	–
ALTER CHANNEL	9.6.2011	EuGH C-52/10	11/1052	–	–	–	–	–
Altkleider-Wertgutscheine	28.1.1999	I ZR 192/96	99/828	99/755	–	00/117	–	–
Alt-Luxemburg	15.5.2003	I ZR 214/00	03/1220	03/892	–	03/1482	–	–

Bezeichnung	Datum	Aktenzeichen (sonstige Bezeichnung, falls nicht BGH)	WRP	GRUR	NJW	NJW-RR/ GRUR-RR	Der Betrieb	Betriebs-Berater
Aluminiumräder	15.7.2004	I ZR 37/01	05/219	05/163	–	–	–	–
AMARULA/Marulablu	27.3.2013	I ZR 100/11	13/778	13/631	–	–	–	–
ambiente.de	17.5.2001	I ZR 251/99	01/1305	01/1038	01/3265	–	–	–
Anbieterkennzeichnung im Internet	20.7.2006	I ZR 228/03	06/1507	07/159	06/3633	–	–	–
Anonymisierte Mitgliederliste	18.10.1995	I ZR 126/93	96/197	96/217	96/391	–	96/978	–
Ansprechen in der Öffentlichkeit I	1.4.2004	I ZR 227/01	04/1160	04/699	04/2593	–	–	–
Ansprechen in der Öffentlichkeit II	9.9.2004	I ZR 93/02	05/485	–	05/1050	–	–	–
Anzeigen-Einführungspreis	20.1.1994	I ZR 250/91	94/310	94/390	94/1224	–	–	–
Arbeitsplätze bei uns	9.2.1995	I ZR 44/93	95/487	95/742	95/1964	–	95/1124	–
Artenschutz	22.9.2005	I ZR 55/02	06/67	06/75	06/149	–	–	–
ARTROSTAR	15.3.2012	I ZR 44/11	12/1386	12/1164	–	–	–	–
Arzneimitteldatenbank	17.8.2011	I ZR 13/10	11/1590	11/1163	–	11/1606	–	–
Arzneimittelwerbung im Internet	30.3.2006	I ZR 24/03	06/736	06/513	06/2631	–	–	–
Atemtest II	24.9.2013	I ZR 73/12	14/429	14/405	–	–	–	–
Auch zugelassen am OLG Frankfurt	20.2.2013	I ZR 146/12	13/1332	13/950	13/2671	–	–	–
Aufkleber „Keine Werbung“	16.5.2012	I ZR 158/11	12/938	–	–	–	–	–
Auftragsbestätigung	17.8.2011	I ZR 134/10	12/198	12/82	–	–	11/2913	–
Ausbeinmesser	2.4.2009	I ZR 199/06	09/1372	09/1073	–	10/53	–	–
Auskunft der IHK	22.4.2009	I ZR 176/06	09/1369	09/1080	–	–	09/2150	–
Auslaufmodelle I	3.12.1998	I ZR 63/96	99/839	99/757	99/2190	–	99/1493	–
Auslaufmodelle II	3.12.1998	I ZR 74/96	99/842	99/760	99/2193	–	99/1495	–
Auslaufmodelle III	6.10.1999	I ZR 92/97	00/514	00/616	–	–	–	–
Ausschreibung in Bulgarien	11. 2.2010	I ZR 85/08	10/1146	10/847	–	–	–	–
Ausschreibung von Ingenieurleistungen	11.11.2004	I ZR 156/02	05/205	05/171	–	–	–	–
Ausschreibung von Vermessungsleistungen	15.5.2003	I ZR 292/00	03/1350	–	–	–	–	–

Bezeichnung	Datum	Aktenzeichen (sonstige Bezeichnung, falls nicht BGH)	WRP	GRUR	NJW	NJW-RR/ GRUR-RR	Der Betrieb	Betriebs-Berater
Aussehen mit Brille	7.11.1996	I ZR 183/94	97/182	97/227	–	97/423	–	97/283
Außendienstmitarbeiter	11.1.2007	I ZR 96/04	07/951	07/800	–	–	–	–
Außenseiteranspruch I	15.7.1999	I ZR 130/96	99/1022	99/1113	–	NJWE-WettbR 99/217	99/2625	–
Außenseiteranspruch II	1.12.1999	I ZR 130/96	00/734	00/724	00/2504	–	–	00/1259
Auswärtiger Rechtsanwalt VII	2.10.2008	I ZB 96/07	09/67	09/191	–	–	–	–
Auswärtiger Rechtsanwalt VIII	12.11.2009	I ZB 101/08	10/657	10/367	10/1882	–	–	–
Auto '94	23.10.1997	I ZR 123/95	98/169	–	–	–	–	98/236
Bananabay II	13.1.2011	I ZR 123/07	11/1160	11/828	11/3032	–	–	–
Basisinsulin mit Gewichtsvorteil	6.2.2013	I ZR 62/11	13/772	13/649	–	–	–	–
Baugruppe	10.1.2008	I ZR 67/05	08/1234	08/790	–	–	–	
Bauheizgerät	15.12.2011	I ZR 174/10	12/930	12/730	–	–	–	–
Bekleidungswerk	6.3.1986	I ZR 14/84	86/467	86/676	–	86/972	–	86/1393
Benetton	12.12.2000	BVerfG 1 BvR 1762/95	01/129	01/170	01/591	–	01/37	–
Benetton-Werbung II	11.3.2003	BVerfG 1 BvR 426/02	03/633	03/442	–	–	–	–
Berühmungsaufgabe	31.5.2001	I ZR 106/99	01/1076	–	–	–	–	–
Beschädigte Verpackung I	20.2.1992	I ZR 32/90	92/469	92/406	–	92/804	–	–
Bestellnummernübernahme	2.12.2004	I ZR 273/01	05/336	05/348	–	–	05/773	–
BEST/Visys	11.7.2013	EuGH C-657/11	13/1161	13/1049	–	–	–	–
Bester Preis der Stadt	19.4.2012	I ZR 173/11	12/1233	–	–	–	–	–
Beta Layout	22.1.2009	I ZR 30/07	09/435	09/500	09/2382	–	–	–
Beteiligungsverbot für Schilderpräger	28.9.1999	K ZR 18/98	00/89	00/344	–	–	–	–
Betonstahl	20.10.2005	I ZR 10/03	06/79	06/82	–	–	–	–
Betriebsbeobachtung	16.7.2009	I ZR 56/07	09/1377	09/1075	–	09/1633	09/1075	–

Bezeichnung	Datum	Aktenzeichen (sonstige Bezeichnung, falls nicht BGH)	WRP	GRUR	NJW	NJW-RR/ GRUR-RR	Der Betrieb	Betriebs-Berater
Betriebskrankenkasse	18.1.2012	I ZR 170/10	12/309	12/288	–	–	–	–
Biomineralwasser	13.9.2012	I ZR 230/11	13/472	13/401	–	–	–	–
Biowerbung mit Fahrpreiserstattung	18.10.1990	I ZR 113/89	91/219	91/542	91/701	–	–	91/88
BKK/Wettbewerbszentrale	3.10.2013	EuGH C-59/12	–	13/1159	14/244	–	–	–
Blendsegel	21.22.2002	I ZR 265/99	02/1058	02/629	–	02/1261	–	–
Blutdruckmessungen	23.2.2006	I ZR 164/03	06/747	06/517	–	06/1046	–	–
Bonuspunkte	9.9.2010	I ZR 98/08	10/1471	10/1133	–	–	–	–
Bonusring	26.10.1989	I ZR 13/88	90/286	93/63	–	90/424	–	–
Branchenbuch Berg	30.6.2011	I ZR 157/10	12/194	12/184	12/1449	–	–	–
Brandneu von der IFA	18.4.2013	I ZR 180/12	13/1459	13/1169	–	–	–	–
Bremszangen	7.2.2002	I ZR 289/99	02/1054	02/820	–	02/1332	–	–
Brillenwerbung	18.5.2006	I ZR116/03	06/1118	06/873	–	–	–	–
Brillenversorgung	24.6.2010	I ZR 182/08	10/1139	10/850	–	11/260	–	–
Brockhaus-Enzyklopädie	10.3.1971	I ZR 73/69	71/264	71/516	–	–	–	–
Brombeermuster	27.1.1983	I ZR 177/80	83/484	83/377	–	–	–	–
BSW I	2.12.1966	I b ZR 147/64	67/96	67/371	67/391	–	–	67/92
Buchclub-Kopplungsangebot	10.4.2003	I ZR 291/00	03/1217	03/890	03/3197	–	–	–
Buchgeschenke vom Standesamt	26.2.2009	I ZR 106/06	09/611	09/606	–	–	09/1067	09/691
Buchungssystem	18.9.2013	I ZR 29/12	13/1593	13/1247	–	–	–	–
Bundesdruckerei	29.3.2007	I ZR 122/4	07/1346	07/1079	–	–	–	–
bundesligakarten.de	11.9.2008	I ZR 74/06	09/177	09/173	09/1504	–	–	–
Busengrapscher	18.5.1995	I ZR 91/93	95/688	95/592	95/2486	–	95/2064	–
Call-by-Call	9.2.2012	I ZR 178/10	12/1083	12/943	–	12/1246	–	–
Cartier-Uhren	13.1.1994	EuGH C-376/92	–	94/300	94/643	–	–	–
Cartierschmuck	27.7.2004	OLG Frankfurt 6 W 54/04	–	04/1042	–	–	–	–
CE-Kennzeichnung	9.7.2009	I ZR 193/06	10/247	10/169	–	–	–	–

Bezeichnung	Datum	Aktenzeichen (sonstige Bezeichnung, falls nicht BGH)	WRP	GRUR	NJW	NJW-RR/ GRUR-RR	Der Betrieb	Betriebs-Berater
Champagnebier	19.4.2007	EuGH C-381/05	–	07/511	–	–	–	
Chargennummer	21.4.1994	I ZR 271/91	94/527	94/642	–	94/1067	–	–
CHS/Team 4 Travel	19.9.2013	EuGH C-435/11	14/38	13/1157	–	–	–	–
Clinique	2.2.1994	EuGH C-315/92	94/380	94/303	94/1207	–	94/424	–
Coaching-Newsletter	19.5.2011	I ZR 147/09	12/77	12/74	–	–	–	–
Cola-Test	22.5.1986	I ZR 11/85	87/166	87/49	87/437	–	87/330	–
Computer-Bild	9.6.2011	I ZR 17/10	12/975	12/188	–	–	–	–
Computerwerbung I	17.2.2000	I ZR 254/97	00/1248	00/911	00/3001	–	00/2062	00/1429
Computerwerbung II	24.10.2002	I ZR 50/00	03/273	03/163	03/894	–	–	–
Costa del Sol	29.4.2010	I ZR 23/08	10/872	10/652	10/2521	–	–	–
Cotonelle	26.11.1996	EuGH C-313/94	97/546	–	–	–	–	–
Creation Lamis	5.5.2011	I ZR 157/09	11/1593	11/1153	–	–	–	–
„Dankes-Prämien-Abruf“	23.6.2005	III ZR 4/04	05/1167	–	–	–	–	–
d'arbo naturrein	4.4.2000	EuGH C-465/98	00/489	–	–	–	–	–
„Darstellung als Imitation“	11.3.2010	I ZR 203/08	10/761	–	–	–	–	–
DAS GROSSE RÄTSELHEFT	25.4.2012	I ZR 105/10	12/1517	12/1279	–	–	–	–
Dauertiefpreise	11.12.2003	I ZR 50/01	04/735	04/605	04/2235	–	–	–
Das Beste jeden Morgen	3.5.2001	I ZR 318/98	02/74	–	–	02/329	–	–
DAX	30.4.2009	I ZR 42/07	09/1526	09/1162	–	10/960	09/2316	09/2612
De Agostini	9.7.1997	EuGH C-34/95 C-35/95 C-36/95	98/145	GRUR Int. 97/913	–	–	–	–
dentalästhetika II	13.7.2006	I ZR 222/03	07/66	07/161	–	07/337	–	–
Dentallaborleistungen	23.2.2012	I ZR 231/10	12/1226	12/1050	–	–	–	–
DER NEUE	12.9.2013	I ZR 123/12	14/435	14/403	–	–	–	14/1039
Designerbrille	5.12.2002	OLG Hamburg 5 U 26/02	–	–	–	–	–	–
„deutlich gestaltete Widerrufsbelehrung“	1.12.2010	VIII ZR 82/10	11/236	–	–	–	11/295	–

Bezeichnung	Datum	Aktenzeichen (sonstige Bezeichnung, falls nicht BGH)	WRP	GRUR	NJW	NJW-RR/ GRUR-RR	Der Betrieb	Betriebs-Berater
Deutscher Apotheker-verband/DocMorris	11.12.2003	EuGH C-322/01	04/205	04/174	–	–	–	–
Die Besten I	30.4.1997	I ZR 196/94	97/1048	97/912	97/2679	–	–	97/1867
Die Besten II	30.4.1997	I ZR 154/95	97/1051	97/914	97/2681	–	–	–
Die clevere Alternative	14.5.2009	I ZR 179/07	09/1513	09/886	09/3368	–	–	–
Die große deutsche Tages- und Wirtschaftszeitung	12.2.1998	I ZR 110/96	98/861	98/951	98/3349	–	–	–
Die „Steinzeit“ ist vorbei	25.4.2002	I ZR 272/99	02/1138	02/982	02/3399		–	–
Diplomierte Trainerin	18.9.2013	I ZR 65/12	14/559	14/494	–	–	–	–
Direktansprache am Arbeitsplatz	4.3.2004	I ZR 221/01	04/1017	–	04/2080	–	–	04/1464
Direktansprache am Arbeitsplatz II	29.22.2006	I ZR 73/02	06/577	06/426	06/1665	–	06/1895	–
Direktansprache am Arbeitsplatz III	22.11.2007	I ZR 183/04	08/219	08/262	08/855	–	08/180	–
Direkt ab Werk	20.1.2005	I ZR 96/02	05/474	–	–	–	–	05/797
Discount-Geschäft	13.11.1970	I ZR 49/69	–	71/164	71/378	–	–	71/144
Double-Opt-In-Verfahren	10.2.2011	I ZR 164/09	11/1153	11/936	11/2657	–	11/1857	–
Dr. Clauder's Hufpflege	26.2.2009	I ZR 163/06	09/1247	09/982	09/3095	–	–	–
Duftvergleich mit Markenparfüm	6.12.2007	I ZR 184/05	08/936	08/726	–	–	–	–
30% Ermäßigung	30.3.1995	I ZR 23/93	95/810	95/763	95/2925	–	95/2160	95/1764
150% Zinsbonus	19.4.2007	I ZR 57/05	07/1337	07/981	08/231	–	–	–
Echt versilbert	18.9.1986	I ZR 82/84	87/168	87/124	–	87/226	–	–
„Edelmetallankauf“	23.10.2008	I ZR 121/07	09/435	–	–	–	–	–
EDV-Geräte	9.5.1996	I ZR 107/94	96/899	96/800	96/2729	–	–	–
EG-Neuwagen I	15.7.1999	I ZR 44/97	99/1151	99/1122	99/3267	–	–	99/2044
EG-Neuwagen II	19.8.1999	I ZR 225/97	99/1155	99/1125	99/3491	–	–	99/2047
Ehemalige Herstellerpreisempfeh-lung	15.9.1999	I ZR 131/97	00/383	00/436	00/1417	–	–	–
Eigenpreisvergleich	21.3.2007	I ZR 184/03	07/1181	07/896	–	–	–	–
Einkauf Aktuell	15.12.2011	I ZR 129/10	12/935	12/728	–	–	–	–

Bezeichnung	Datum	Aktenzeichen (sonstige Bezeichnung, falls nicht BGH)	WRP	GRUR	NJW	NJW-RR/ GRUR-RR	Der Betrieb	Betriebs-Berater
Einkaufsgutschein I	22.5.2003	I ZR 8/01	03/1428	–	03/3632	–	–	–
Einkaufsgutschein II	18.12.2003	I ZR 84/01	04/496	04/349	04/1665	–	–	04/574
Einkaufswagen III	17.7.2013	I ZR 21/12	13/1339	13/1052	–	13/1377	–	–
Einrichtungs-Pass	15.1.1987	I ZR 112/84	87/455	87/367	87/1084	–	–	–
Einwilligung in Werbeanrufe II	25.10.2012	I ZR 160/10	13/767	13/531	13/2683	–	13/1171	–
Einwilligungserklärung für Werbeanrufe	14.4.2011	I ZR 50/09	11/863	11/629	–	–	–	–
EKW-Steuerberater	29.7.2009	I ZR 77/07	10/518	10/349	–	–	–	–
Elektroarbeiten	25.4.2002	I ZR 250/00	02/943	02/825	–	–	–	–
E-Mail-Werbung	11.3.2004	I ZR 81/01	04/731	04/517	04/1655	–	04/980	04/964
E-Mail-Werbung II	20.5.2009	I ZR 218/07	09/1246	09/980	09/2958	–	09/1984	–
Emilio Adani II	27.5.1993	I ZR 115/91	93/752	93/920	–	93/1263	–	–
Empfehlung-E-Mail	12.9.2013	I ZR 208/12	13/1579	13/1259	–	–	–	13/3028
Energiekosten-Preisvergleich I	21.22.1996	I ZR 50/94	96/721	96/502	–	96/1190	–	–
Energiekosten-Preisvergleich II	19.9.1996	I ZR 72/94	97/179	97/304	–	97/424	97/1076	–
Englischsprachige Pressemitteilung	12.12.2013	I ZR 131/12	14/548	14/601	–	–	–	–
Entfernung der Herstellungsnummer I	15.7.1999	I ZR 14/97	99/1026	99/1109	99/3043	–	99/2628	99/2155
Entfernung der Herstellungsnummer II	17.5.2001	I ZR 291/98	01/918	01/841	–	–	–	–
Entfernung der Herstellungsnummer III	21.2.2002	I ZR 140/99	02/947	02/709	–	02/1119	–	–
„entwendete Datensätze mit Konstruktionszeichnungen“	19.3.2008	I ZR 225/06	08/938	–	–	–	–	–
Epson-Tinte	16.12.2004	I ZR 222/02	05/480	–	–	–	–	–
Erinnerungswerbung im Internet	29.4.2010	I ZR 202/07	10/1030	10/749	–	10/1343	10/1641	–
Eröffnungswerbung	14.12.2000	I ZR 147/98	01/688	01/752	–	–	01/2345	–
„Ersetzt“	2.10.2002	I ZR 90/00	03/637	03/444	03/2680	–	–	–
Espressomaschine	11.3.2010	I ZR 123/08	10/1246	10/936	–	–	10/2104	–
Euminz	18.1.2012	I ZR 83/11	12/1091	12/1058	–	–	–	–

Bezeichnung	Datum	Aktenzeichen (sonstige Bezeichnung, falls nicht BGH)	WRP	GRUR	NJW	NJW-RR/ GRUR-RR	Der Betrieb	Betriebs-Berater
Euro-Apotheke Budapest	12.1.2012	I ZR 211/10	12/1101	12/954	–	–	–	–
Euro-Einführungsrabatt	23.10.2003	I ZB 45/02	04/235	–	–	–	–	–
EURO und Schwarzgeld	8.11.2007	I ZR 172/05	08/249	08/360	08/1001	–	–	–
Euromint	16.1.1997	I ZR 225/94	97/731	97/669	97/2817	–	–	–
Euroscheck-Differenzzahlung	28.10.1993	I ZR 246/91	94/108	94/230	94/388	–	–	94/676
Fachanwälte	29.3.2007	I ZR 152/04	07/955	–	–	–	07/1584	–
Fachliche Empfehlung	16.5.1991	I ZR 207/89	93/465	91/701	–	–	–	–
Fachverband	27.4.2000	I ZR 287/97	00/1275	00/1093	–	–	–	–
Fahrtkostenerstattung II	27.24.1995	I ZR 77/93	95/699	95/616	95/2561	–	95/1461	–
Falsche Herstellerreis-empfehlung	24.5.2000	I ZR 222/97	00/1402	01/78	01/73	–	–	–
Falsche Suchrubrik	6.10.2011	I ZR 42/10	12/464	12/286	–	12/499	–	–
Family-Karte	22.11.1990	I ZR 50/89	91/225	91/329	–	91/560	–	91/376
Faxanfrage im Autohandel	17.7.2008	I ZR 75/06	08/1328	08/923	08/2997	–	08/1967	–
FC Troschenreuth	17.7.2008	I ZR 197/05	08/1330	08/925	08/2999	–	08/2134	–
Fehlende Planmäßigkeit	7.10.1993	I ZR 284/91	94/31	94/638	94/53	–	–	–
Fehlerhafte Preisauszeichnung	4.10.2007	I ZR 182/05	08/659	08/442	08/1388	–	08/756	–
Femur-Teil	15.4.2010	I ZR 145/08	10/1465	10/1125	–	11/45	–	–
Ferienluxuswohnung	31.5.2012	I ZR 106/10	13/336	–	13/787	–	–	–
Fernflugpreise	5.7.2001	I ZR 104/99	01/1301	01/1166	–	–	–	–
Fernsehinterview	9.10.1963	I b ZR 28/62	64/237	64/208	64/818	–	63/1533	63/1274
Fertigbrei	15.1.1965	I b ZR 46/63	–	65/363	–	–	–	65/560
FIFA-WM-Gewinnspiel	9.7.2009	I ZR 64/07	10/238	10/158	10/616	–	–	–
Filialleiterfehler	29.6.2000	I ZR 29/98	00/1258	00/907	–	–	00/2061	–
Fischdosendeckel	10.12.2009	I ZR 46/07	10/241	10/253	–	–	–	–
Flappe	1.7.2010	I ZR 161/09	11/210	11/163	–	–	–	–
Flaschenpfand	14.10.1993	I ZR 218/91	94/101	94/222	–	94/301	94/213	–
Flaschenpfand II	30.4.1998	I ZR 40/96	98/867	98/955	–	98/1574	–	98/1813

Bezeichnung	Datum	Aktenzeichen (sonstige Bezeichnung, falls nicht BGH)	WRP	GRUR	NJW	NJW-RR/ GRUR-RR	Der Betrieb	Betriebs-Berater
Flughafen Berlin-Schönefeld	21.7.2011	I ZR 209/09	–	–	–	GRUR-RR 12/157	–	–
Flughafen Frankfurt-Hahn	10.2.2011	I ZR 136/09	11/596	11/444	–	–	–	–
Folienrollos	19.5.2010	I ZR 177/07	10/1035	10/855	–	–	–	–
Ford-Vertragspartner	17.3.2011	I ZR 170/08	11/1444	11/1050	–	11/1408	–	–
Fortfall einer Herstellerpreisempfehlung	29.1.2004	I ZR 132/01	04/606	04/437	–	04/980	–	–
Foto-Aktion	22.5.2003	I ZR 185/00	03/1101	03/804	03/2988	–	–	–
Fotovergrößerungen	5.3.1998	I ZR 229/95	98/973	98/1039	98/3203	–	–	–
Fräsautomat	15.1.2009	I ZR 123/06	09/1082	09/878	–	09/1496	–	–
Freier Architekt	25.3.2010	I ZR 68/09	10/1489	10/1115	–	11/43	–	–
Freundschaftswerbung im Internet	29.5.2008	I ZR 189/05	08/1560	08/1121	08/3711	–	–	–
Fruchtextrakt	22.11.2007	I ZR 77/05	08/924	08/625	–	–	–	–
FrühlingsgeFlüge	15.1.2004	I ZR 180/01	04/490	04/435	–	–	–	–
Frühlings-Special	7.7.2011	I ZR 181/10	12/316	12/213	–	–	–	–
FSA-Kodex	9.9.2010	I ZR 157/08	11/444	11/431	–	–	–	–
500 DM-Gutschein für Autokauf	9.6.2004	I ZR 187/02	04/1359	04/960	–	04/1557	–	–
… 50% Sonder-AfA	30.4.1997	I ZR 30/95	97/1179	97/934	–	–	–	–
Fundstellenangabe	21.23.1991	I ZR 151/89	91/573	91/679	–	91/1135	–	91/1210
Fußpilz	11.9.2008	I ZR 58/06	09/304	09/418	–	09/470	–	–
Gallardo Spyder	4.2.2010	I ZR 66/09	10/1143	10/852	–	10/1560	–	–
Gartenliege	24.5.2007	I ZR 104/04	07/1455	07/984	–	–	–	–
Gas-Heizkessel	9.9.2010	I ZR 26/08	10/1491	10/1122	–	–	–	–
Gebäckpresse	9.10.2008	I ZR 126/06	09/76	09/79	–	–	–	–
Geballtes Bunt	13.6.1973	I ZR 65/72	74/23	74/345	74/46	–	73/2391	74/10
Geburtstagswerbung II	14.11.1996	I ZR 164/94	97/439	97/476	–	97/800	–	–
Geburtstagswerbung III	25.6.1998	I ZR 75/96	98/982	98/1046	–	98/1573	–	98/1762
Gefälligkeit	19.4.2007	I ZR 92/04	07/1356	07/994	–	–	–	–

Bezeichnung	Datum	Aktenzeichen (sonstige Bezeichnung, falls nicht BGH)	WRP	GRUR	NJW	NJW-RR/ GRUR-RR	Der Betrieb	Betriebs-Berater
Geld-Zurück-Garantie	14.7.1993	I ZR 189/91	93/749	94/54	–	–	93/1973	–
Geld-Zurück-Garantie II	11.3.2009	I ZR 194/06	09/1229	09/1064	10/612	–	09/2146	–
Gelenk-Nahrung	4.12.1997	I ZR 125/95	98/505	98/493	–	98/691	–	–
Gelenknahrung II	15.7.2010	I ZR 99/09	11/220	11/355	–	–	–	–
Gemeinkostenanteil	2.11.2000	I ZR 246/98	01/276	–	–	–	–	–
Genealogie der Düfte	5.2.2004	I ZR 171/01	04/739	04/607	04/1951	–	04/1827	–
Generika-Werbung	25.3.1999	I ZR 77/97	99/1141	99/1100	–	00/631	–	–
Gesamtpreisangebot	27.2.2003	I ZR 253/00	03/743	03/538	03/1671	–	–	–
Gesamtzufriedenheit	9.11.2006	I ZB 28/06	07/641	–	–	–	–	–
Geschäftsfortführung nach Ausverkauf I	2.3.1989	I ZR 234/86	89/500	89/447	–	89/943	–	–
Geschäftsfortführung nach Ausverkauf II	7.10.1993	I ZR 317/91	94/34	–	94/194	–	–	94/100
„Geschäftsgebühr für Abschluss-schreiben“	4.2.2010	I ZR 30/08	10/1169	10/1038	–	–	–	–
Gesetzeswiederholende Unterlas-sungsanträge	24.11.1999	I ZR 189/97	00/389	–	–	–	–	–
Gesunder Genuss	22.2.1967	I b ZR 32/65	67/271	67/592	67/1509	–	–	67/557
Getarnte Werbung	10.7.1981	I ZR 96/79	81/642	81/835	81/2573	–	–	82/68
Gewährleistungsausschluss im In-ternet	31.3.2010	I ZR 34/08	10/1475	10/1117	11/76	–	–	10/2777
Gewinnabschöpfung	2.11.2006	OLG Stuttgart 2 U 58/06	07/350	–	–	–	–	–
Gewinn-Mitteilung	19.2.2004	III ZR 226/03	04/617	–	–	–	–	–
Gewinnspiel	21.22.1975	I ZR 46/74	76/100	–	–	–	–	–
Gewinnspiel im Radio	11.4.2002	I ZR 225/99	02/1136	02/1003	–	02/1466	–	–
Gewinnzertifikat	26.4.2001	I ZR 314/98	01/1073	01/1178	–	–	01/2243	–
Gib mal Zeitung	1.10.2009	I ZR 134/07	10/252	10/161	–	–	10/387	–
Giftnotruf-Box	6.10.1999	I ZR 46/97	00/170	00/237	–	–	–	–
Glockenpackung	22.12.1961	I ZR 58/60	62/200	62/415	–	–	62/403	62/315

Bezeichnung	Datum	Aktenzeichen (sonstige Bezeichnung, falls nicht BGH)	WRP	GRUR	NJW	NJW-RR/ GRUR-RR	Der Betrieb	Betriebs-Berater
Glücksbon-Tage	21.7.2005	I ZR 172/04	05/1251	05/886	–	–	–	–
Glückspäckchen im Osternest	24.1.2013	I ZR 51/11	–	13/956	–	13/1197	–	–
Glücksspielverband	17.8.2011	I ZR 148/10	12/453	12/411	12/1514	–	–	–
Goldbärenbarren	12.12.2013	I ZR 192/12	14/831	14/686	–	–	14/1371	–
GOOD NEWS	19.7.2012	I ZR 2/11	12/1219	12/1056	–	–	–	–
GOOD NEWS	17.10.2013	EuGH C-391/12	13/1575	13/1245	–	–	13/2445	–
Golly Telly	10.12.2009	I ZR 189/07	10/869	10/754	–	–	–	–
Google und Google France	23.3.2010	C–236/08 – C–238/08	–	10/445	10/2029	–	–	–
Grabmalwerbung	22.4.2010	I ZR 29/09	10/1502	10/1113	11/79	–	–	–
Grand Marnier	3.2.1994	I ZR 282/91	94/533	94/519	94/2030	–	–	–
grau/magenta	20.3.1997	I ZR 246/94	97/748	97/754	97/2379	–	–	–
Grippewelle	17.1.1984	5 U 56 75/82 (KG Berlin)	84/686	–	–	–	–	–
Größter Online-Dienst	17.6.2004	I ZR 284/01	04/1165	04/786	–	04/1487	–	–
Grundeintrag Online	8.7.2004	I ZR 142/02	04/1479	04/961	05/67	–	–	–
Grundpreisangabe im Supermarkt	7.3.2013	I ZR 30/12	13/1022	13/850	–	–	13/1663	–
Gründerbildnis	22.12.1961	I ZR 152/59	62/331	62/310	62/1103	–	62/403	62/316
Güllepumpen	14.1.1999	I ZR 203/96	99/816	99/751	–	99/984	–	–
Gummistrümpfe	26.10.1961	KZR 1/61	62/60	62/263	62/196	–	–	–
Gurktaler Kräuterlikör	13.1.2011	I ZR 22/09	–	11/246	–	–	–	–
Gutscheinübersendung	9.4.1992	I ZR 173/90	92/692	92/855	92/3040	–	–	92/2248
„Hagelschaden“	8.11.2007	I ZR 192/06	08/780	–	–	–	–	–
Halzband	11.3.2009	I ZR 114/06	09/730	09/597	–	–	–	–
Hamburger Auktionatoren	13.11.2003	I ZR 141/02	04/348	04/251	04/854	–	–	–
Handtaschen	11.1.2007	I ZR 198/04	07/1076	07/795	–	08/124	07/2366	–
Handtuchklemmen	24.3.2005	I ZR 131/02	05/878	05/600	–	05/1126	–	–

Bezeichnung	Datum	Aktenzeichen (sonstige Bezeichnung, falls nicht BGH)	WRP	GRUR	NJW	NJW-RR/ GRUR-RR	Der Betrieb	Betriebs-Berater
Handy „fast geschenkt“ für 0,49 DM	26.10.1999	I ZR 242/97	–	–	–	NJWE-WettbR 00/232	–	–
Hardrock Café	15.8.2013	I ZR 188/11	–	13/1161	–	14/479	–	–
Hartplatzhelden.de	28.10.2010	I ZR 60/09	11/561	11/436	11/1811	–	–	–
Haustürgeschäft II	27.2.1997	I ZR 217/94	97/441	97/478	–	97/801	97/1710	–
HBV-Familien- und Wohnungsrechtsschutz	25.1.1990	I ZR 19/87	90/672	90/522	–	–	–	–
Hemdblusenkleid	10.11.1983	I ZR 158/81	84/259	84/453	–	–	84/1295	–
Herstellgarantie II	5.12.2012	I ZR 146/11	13/1029	13/851	–	–	–	–
Herz-Kreislauf-Studie	9.11.2000	I ZR 167/98	01/531	01/529	–	–	–	–
„heute gratis!“	20.5.2010	OLG Frankfurt a. M. 6 U 33/09	–	–	–	GRUR-RR 10/482	–	–
Hier spiegelt sich Erfahrung	22.10.2009	I ZR 73/07	10/636	10/352	–	10/921	10/1289	–
H. I. V. POSITIVE	6.7.1995	I ZR 180/94	95/686	95/600	95/2492	–	95/2064	95/1972
H. I. V. POSITIVE II	6.12.2001	I ZR 284/00	02/434	02/360	02/1200	–	–	–
Holzhocker	29.4.2010	I ZR 66/08	10/1517	10/1142	–	–	–	–
Holland-Preise	26.2.2014	I ZR 77/09	14/566	–	–	–	–	–
Hörgeräteversorgung II	13.1.2011	I ZR 111/08	11/451	11/345	–	–	–	–
Hormonpräparate	3.12.1998	I ZR 119/96	99/643	99/1128	99/2737	–	–	–
ICON	26.6.2008	I ZR 170/05	08/1510	08/1115	–	–	08/2529	–
Imitationswerbung	6.12.2007	I ZR 169/04	08/930	08/628	–	–	–	–
Immobilienpreisangaben	5.10.2000	I ZR 210/98	01/146	01/258	–	–	–	–
Importwerbung	28.10.1993	I ZR 247/91	94/106	94/228	–	94/362	–	–
incl. MwSt. II	22.2.1990	I ZR 201/88	90/819	90/1028	–	90/1255	–	–
„inhaltsgleiches Unterlassungsbegehren“	15.4.2008	X ZB 12/06	08/952	–	–	–	–	–
Innerhalb 24 Stunden	12.5.2011	I ZR 119/10	12/962	–	–	–	–	–
Internet-Reservierungssystem	3.4.2003	I ZR 222/00	03/1222	03/889	03/3055	–	–	–

Bezeichnung	Datum	Aktenzeichen (sonstige Bezeichnung, falls nicht BGH)	WRP	GRUR	NJW	NJW-RR/ GRUR-RR	Der Betrieb	Betriebs-Berater
Internet-Versandhandel	7.4.2005	I ZR 314/02	05/886	05/690	05/2229	–	–	05/1353
Internetvertrieb von Kontaktlinsen	2.12.2010	EuGH C–108/09	–	11/243	–	–	–	–
Irische Butter	10.2.2011	I ZR 183/09	11/459	11/340	–	11/398	11/470	–
Irreführender Kontoauszug	11.1.2007	I ZR 87/04	07/1085	07/805	07/3002	–	–	–
Irrtum vorbehalten	7.11.1996	I ZR 138/94	97/429	97/472	97/1780	–	–	–
Jeans	15.9.2005	I ZR 151/02	06/75	06/79	–	06/45	–	–
Jeans II	19.21.2006	I ZR 151/02	06/467	06/346	06/1978	–	–	–
Jeder 100. Einkauf gratis	22.1.2009	I ZR 31/06	09/950	09/875	09/2749	–	–	–
Jubiläumsschnäppchen	7.6.2001	I ZR 115/99	01/1182	02/177	01/3710	–	–	–
Jugendgefährdende Medien bei eBay	12.7.2007	I ZR 18/04	07/1173	07/890	08/758	–	–	–
Kaffeekauf	11.4.1991	I ZR 175/89	91/579	91/682	–	–	–	91/2255
Kaffeepreise	20.4.1989	I ZR 26/88	89/519	89/848	–	89/1124	–	89/1777
Kamerakauf im Internet	16.7.2009	I ZR 50/07	10/370	10/248	–	10/915	10/443	–
Karenzzeit (= Sonderangebot in der Karenzzeit)	4.12.1981	I ZR 9/80	82/218	82/241	82/1393	–	82/894	–
Karner	25.3.2004	EuGH C-71/02	04/599	–	–	–	–	–
Keck und Mithouard	24.11.1993	C-267/91 u. -268/91 (EuGH)	–	94/296	94/121	–	–	–
Kettenbriefaktion	21.3.1996	BayObLG 4. Strafsenat RReg. 4 St 226/89	–	91/245	–	–	–	–
Kfz-Waschanlagen	5.12.1996	I ZR 203/94	97/709	97/539	–	97/1130	97/1712	–
Kinderarbeit	6.7.1995	I ZR 110/93	95/682	95/595	95/2490	–	95/2063	95/1974
Kindergarten-Malwettbewerb	3.11.1978	I ZR 90/77	79/117	79/157	–	–	79/492	–
Kinderhochstühle im Internet	22.7.2010	I ZR 139/08	11/223	–	–	–	–	–
Kindersekt	17.7.2013	I ZR 211/12	–	–	–	14/129	–	–
Klage aus einer Gewinnzusage	1.12.2005	III ZR 191/03	06/257	–	–	–	–	–
Klassenlotterie	22.10.2009	I ZR 58/07	–	10/454	–	–	–	–
Kleidersack	30.21.2003	I ZR 142/00	03/886	03/624	–	–	–	–

Bezeichnung	Datum	Aktenzeichen (sonstige Bezeichnung, falls nicht BGH)	WRP	GRUR	NJW	NJW-RR/ GRUR-RR	Der Betrieb	Betriebs-Berater
Kleidung wie nach Maß	26.10.1966	I b ZR 126/64	67/184	67/360	–	–	67/421	67/261
Klemmbausteine III	2.12.2004	I ZR 30/02	05/476	05/349	–	–	–	–
Klosterbrauerei	7.11.2002	I ZR 276/99	03/747	03/628	–	–	–	–
Knoblauchwürste	2.4.2009	I ZR 144/06	09/1374	09/1069	–	09/1703	09/2431	–
Köck/Schutzverband gegen unlauteren Wettbewerb	17.1.2013	EuGH C-206/11	13/460	GRUR-Int 13/267	–	–	–	–
Königl.-Bayerische Weiße	21.2.1991	I ZR 106/89	91/473	92/66	–	91/1061	–	–
Kollektion Holiday	22.4.1993	I ZR 52/91	93/625	93/757	–	–	93/1466	–
Kommanditistenbrief	13.11.2013	I ZR 15/12	14/55	14/86	14/554	–	13/2855	–
Kompetenter Fachhändler	19.9.1996	I ZR 76/95	97/83	97/141	97/588	–	97/373	–
Komplettpreis	24.11.1988	I ZR 200/87	89/304	93/60	–	89/425	–	89/648
Konkursvermerk	11.5.1989	I ZR 141/87	89/2065	–	–	–	–	89/206
Konsumentombudsmannen/Ving	12.5.2011	EuGH C-122/10	–	11/930	–	–	–	–
Kontaktanzeigen	13.7.2006	I ZR 241/03	06/1502	06/1042	06/3490	–	–	–
Kontinentmöbel	6.4.1979	I ZR 35/77	79/639	79/716	–	–	–	79/1212
Kontrollnummernbeseitigung II	5.10.2000	I ZR 1/98	01/539	01/448	–	–	01/977	–
Kooperation mit Wirtschaftsprüfer	6.11.2013	I ZR 147/12	14/557	14/496	–	14/611	14/890	14/1106
Klassenlotterie	22.10.2009	I ZR 58/07	–	10/454	–	–	–	–
Kopplungsangebot I	13.6.2002	I ZR 173/01	02/1256	02/976	02/3403	–	–	–
Kopplungsangebot II	13.6.2002	I ZR 71/01	02/1259	02/979	02/3405	–	–	–
Kosmetikset	17.11.1994	I ZR 193/92	95/192	95/165	–	95/428	–	–
Kosten der Schutzschrift III	13.3.2008	I ZB 20/07	08/951	08/640	–	08/1093	–	–
Kosten eines Abwehrschreibens	6.12.2007	I ZB 16/07	08/947	08/639	08/2040	–	–	–
Kostenlose Kleinanzeigen – Annoncen-Avis	12.10.1989	I ZR 155/87	90/266	90/44	90/296	–	–	–
Kostenlose Schätzung	28.11.2013	I ZR 34/13	14/556	14/498	–	–	–	–
Kräutertee	21.1.2010	I ZR47/09	10/525	10/354	–	–	10/501	–
Kraftfahrzeuganhänger mit Werbeschildern	11.5.2006	I ZR 250/03	06/1117	06/872	–	–	–	–

Bezeichnung	Datum	Aktenzeichen (sonstige Bezeichnung, falls nicht BGH)	WRP	GRUR	NJW	NJW-RR/ GRUR-RR	Der Betrieb	Betriebs-Berater
Krankenhauswerbung	1.3.2007	I ZR 51/04	07/1088	07/809	07/1338	–	–	–
Krankenkassenzulassung	2.10.2003	I ZR 117/01	04/337	04/247	–	–	–	–
Krankenzusatzversicherungen	18.9.2013	I ZR 183/12	13/1585	13/1250	–	–	–	–
Kreditkartenübersendung	3.3.2011	I ZR 167/09	11/1054	11/747	11/3159	–	11/2432	–
Kreditkontrolle	6.10.2011	I ZR 54/10	12/461	12/405	–	–	12/458	–
Kristallfiguren	14.4.1988	I ZR 99/86	–	88/690	89/383	–	–	–
„Kritische Äußerungen über ein Unternehmen“	22.9.2009	VI ZR 19/08	09/1540	–	–	–	–	–
Küchentiefstpreis-Garantie	2.10.2008	I ZR 48/06	09/432	09/416	–	–	–	–
Kündigungshilfe	7.4.2005	I ZR 140/02	05/874	05/603	–	–	–	–
Kundendatenprogramm	27.4.2006	I ZR 126/03	06/1511	06/1044	06/3424	–	06/2459	–
Kunden werben Kunden	6.7.2006	I ZR 145/03	06/1370	06/949	06/3203	–	–	–
Kupferberg	10.11.1965	I b ZR 101/63	66/30	66/623	66/343	–	65/1904	66/7
Kurze Verjährungsfrist	12.7.1995	I ZR 176/93	95/820	95/678	95/2788	–	–	95/2284
Laienwerbung für Augenoptiker	29.9.1994	I ZR 138/92	95/104	95/122	95/724	–	–	–
Laienwerbung für Kreditkarten	27.9.1990	I ZR 213/89	91/154	91/150	–	91/426	–	90/2430
Last-Minute-Reise	17.6.1999	I ZR 149/97	00/92	00/239	00/588	–	–	–
Lavamat II	5.2.1965	I b ZR 30/63	65/146	65/365	65/967	–	–	65/301
Leistungspakete im Preisvergleich	7.4.2011	I ZR 34/09	11/873	11/742	11/2787	–	–	–
Lernspiele	1.6.2011	I ZR 140/09	11/1070	–	–	–	–	–
Lesezirkel II	11.10.2006	KZR 45/05	07/81	07/172	07/83	–	–	–
Lidl Belgium GmbH & Co. KG	19.9.2006	EuGH C–356/04	06/1348	07/69	–	–	–	–
Lidl . /. Vierzon Distribution	18.11.2010	EuGH C-159/09	11/195	11/159	–	–	–	–
Lieferstörung	16.3.2000	I ZR 229/97	00/1131	02/187	–	–	–	–
Lifting-Creme	13.1.2000	EuGH Rs. C-220/98	00/289	–	00/1173	–	–	–
LIKEaBIKE	28.5.2009	I ZR 124/06	10/94	10/80	–	10/339	10/667	–
Lohnsteuerhilfeverein Preußen	14.10.2010	I ZR 5/09	11/747	11/535	–	–	–	–
Lorch Premium II	30.4.2009	I ZR 45/07	09/1235	09/972	–	–	–	–
L’Oréal	18.6.2009	EuGH C-487/07	09/930	09/757	–	–	–	–

Bezeichnung	Datum	Aktenzeichen (sonstige Bezeichnung, falls nicht BGH)	WRP	GRUR	NJW	NJW-RR/ GRUR-RR	Der Betrieb	Betriebs-Berater
Lotterien und Kasinospiele	18.11.2010	I ZR 168/07	11/213	11/169	–	–	–	–
Lübecker Marzipan	26.26.1980	I ZR 97/78	81/18	81/71	–	–	–	–
MacDent	26.2.2009	I ZR 222/06	09/1092	09/883	–	09/1553	–	–
Makler (= Laienwerbung für Makleraufträge)	27.2.1981	I ZR 75/79	81/456	81/655	–	–	81/1818	–
Markenbenzin	7.4.1965	I b ZR 32/63	65/367	66/45	65/1963	–	–	65/966
Markenheftchen	19.5.2010	I ZR 158/08	11/51	11/79	–	–	–	–
Marktführerschaft	2.10.2003	I ZR 150/01	04/339	04/244	04/1163	–	–	–
Marktführer Sport	8.3.2012	I ZR 202/10	12/1216	12/1053	–	–	–	–
Mars	6.7.1995	EuGH C-470/93	95/677	–	95/3243	–	95/1705	–
Massenbriefsendungen aus dem Ausland	12.11.2002	K ZR 16/00	–	03/250	–	–	–	–
Master of Science Kieferorthopädie	18.3.2010	I ZR 172/08	10/1390	10/1024	–	10/1628	–	–
Matratzen	15.3.2012	I ZR 128/10	–	–	–	GRUR-RR 12/475	–	–
Matratzen Factory Outlet	24.9.2013	I ZR 89/12	13/1596	13/1254	–	14/153	–	–
McHappy-Tag	12.3.1987	I ZR 40/85	87/553	87/534	–	87/991	–	87/1840
McLaren	9.6.1994	I ZR 272/91	94/599	94/732	–	94/1323	–	–
Mecklenburger Obstbrände	14.5.2009	I ZR 82/07	09/1505	09/1186	–	–	–	–
Mediaprint Zeitungs- und Zeitschriftenverlag	9.11.2010	EuGH C-540/08	11/45	11/76	–	–	–	–
Medikamentenkauf im Versandhandel	22.8.2012	GmS-OGB 1/10	13/621	13/417	–	–	–	–
Medizinische Fußpflege	24.9.2013	I ZR 219/12	13/1582	13/1252	–	–	–	–
MEGA SALE	17.11.2005	I ZR 300/02	06/354	06/243	–	06/474	–	–
Mehrfachabmahnung (= Wiederholte Unterwerfung)	2.12.1982	I ZR 121/80	83/264	83/186	83/1060	–	83/1420	–

Bezeichnung	Datum	Aktenzeichen (sonstige Bezeichnung, falls nicht BGH)	WRP	GRUR	NJW	NJW-RR/ GRUR-RR	Der Betrieb	Betriebs-Berater
Mehrfachverstoß gegen Unterlassungstitel	18.12.2008	I ZB 32/06	09/637	09/427	–	–	–	–
Meistbegünstigungsvereinbarung	6.2.2007	X ZR 117/04	07/550	07/532	–	–	–	–
Meister-Aktuell	8.11.1989	I ZR 255/88	90/327	90/378	90/1179	–	–	–
Meisterpräsenz	17.7.2013	I ZR 222/11	13/1336	13/1056	–	14/108	–	–
Mescher weis	2.7.2009	I ZR 146/07	09/1388	09/1096	09/3303	–	–	–
Messerkennzeichnung	15.4.2000	I ZR 90/98	01/153	–	–	–	–	–
Messgerät II	18.4.2013	I ZR 53/09	13/1592	13/1261	–	14/46	–	–
Metro	4.6.1998	BVerfG 1 BvR 2652/95	–	99/247	–	–	–	–
Metro III	30.11.1989	I ZR 55/87	90/488	90/617	90/1294	–	–	–
Metro V	14.12.2000	I ZR 181/99	01/926	01/846	01/3707	–	–	–
Mietwagenkostenersatz	8.11.2001	I ZR 124/99	02/524	02/548	–	–	–	–
Mietwagenwerbung	24.11.2011	I ZR 154/10	12/817	12/645	12/1963	–	–	–
Millionen-Chance	25.26.2008	I ZR 4/06	08/1175	08/807	–	–	08/1741	–
Millionen-Chance II	5.10.2010	I ZR 4/06	11/557	11/532	–	–	–	11/1107
Mindestverzinsung	2.10.2003	I ZR 252/01	04/225	04/162	04/439	–	–	–
mini-Preis	7.7.1978	I ZR 38/77	78/656	78/652	–	–	78/1730	79/854
Mißbräuchliche Mehrfach-abmahnung	17.1.2002	I ZR 241/99	02/320	02/357	–	–	–	–
Mißbräuchliche Mehrfachverfol-gung	6.4.2000	I ZR 76/98	00/1269	00/1089	00/3566	–	01/977	–
Missbräuchliche Vertragsstrafe	31.5.2012	I ZR 45/11	12/1086	12/949	12/3577	–	–	–
Mitsubishi	7.11.2002	I ZR 202/00	03/534	03/340	–	–	–	–
Mitwohnzentrale.de	17.5.2001	I ZR 216/99	01/1286	01/1061	01/3262	–	–	–
Mobiltelefon	4.2.2009	VIII ZR 32/08	–	09/506	–	–	–	–
Modulgerüst	8.12.1999	I ZR 101/97	00/493	00/521	–	–	–	–
Modulgerüst II	18.3.2010	I ZR 158/07	10/750	10/536	–	10/1053	10/953	–
Möbelauszeichnung	18.5.1973	I ZR 31/72	73/467	73/655	73/1371	–	–	–
Möbelkatalog	19.5.1983	I ZR 77/81	83/665	83/777	84/52	–	–	–

Bezeichnung	Datum	Aktenzeichen (sonstige Bezeichnung, falls nicht BGH)	WRP	GRUR	NJW	NJW-RR/ GRUR-RR	Der Betrieb	Betriebs-Berater
Mondpreise?	27.11.2003	I ZR 94/01	04/343	04/246	–	04/616	–	–
Monsterbacke	5.12.2012	I ZR 36/11	13/180	–	–	–	–	–
Movicol-Zulassungsantrag	23.2.2012	I ZR 136/10	12/1230	12/1048	–	–	–	–
Münzangebot	14.11.1996	I ZR 162/94	97/431	97/479	97/1782	–	–	97/1016
Nachlass bei der Selbstbeteiligung	8.11.2007	I ZR 60/05	08/777	08/531	–	–	–	–
Naturkind	17.10.1996	I ZR 159/94	97/302	97/306	–	–	97/976	–
Nebenkosten	6.6.1991	I ZR 291/89	91/652	91/845	91/2706	–	–	91/2029
Neue Kraftfahrzeuge	16.1.1992	EuGH C-129/91	–	GRUR Int. 93/951	–	–	–	–
Neue Personenkraftwagen	21.12.2011	I ZR 190/10	12/1096	12/842	–	–	–	–
Neu in Bielefeld I	6.4.2000	I ZR 67/98	00/1263	01/82	–	–	–	–
Neu in Bielefeld II	6.4.2000	I ZR 114/98	00/1266	–	–	–	–	–
Neurologisch/Vaskuläres Zentrum	18.1.2012	I ZR 104/10	12/1094	12/942	–	12/1066	–	–
Noppenbahnen	8.11.2001	I ZR 199/99	02/207	02/275	–	–	–	–
Nordjob-Messe	22.1.2014	I ZR 218/12	14/835	14/682	–	–	–	–
Nur bei Lotto	28.10.2004	I ZR 59/02	05/94	05/176	05/150	–	–	–
0,00 Grundgebühr	22.4.2009	I ZR 14/07	09/1510	09/1180	–	–	09/2543	–
O_2 und O_2 (UK)/H3G	12.6.2008	EuGH C–533/06	–	08/698	–	–	–	–
ODDSET	14.2.2008	I ZR 207/05	–	08/438	08/2044	–	–	–
ohne 19 % Mehrwertsteuer	31.3.2010	I ZR 75/08	10/1388	10/1022	10/3306	–	10/2102	–
Ohrclips	4.12.2008	I ZR 3/06	09/967	09/871	–	–	–	–
Ölbrennermodelle	24.3.1994	I ZR 62/92	94/531	94/523	–	94/941	–	–
Ölverschmutzte Ente	6.7.1995	I ZR 239/93	95/679	95/598	95/2488	–	95/2061	95/1972
Objektive Schadensberechnung	2.2.1995	I ZR 16/93	95/393	95/349	95/1420	–	–	–
One Touch Ultra	12.5.2010	I ZR 185/07	10/1020	10/756	–	10/1478	–	–
Online-Versicherungsvermittlung	28.11.2013	I ZR 7/13	14/431	14/398	–	–	14/1253	–
OP-Lampen	23.11.2000	I ZR 195/98	–	01/350	–	–	–	–
Optikerleistung durch Augenarzt	9.7.2009	I ZR 13/07	09/1076	09/977	09/3582	–	–	–
Oracle	1.10.2009	I ZR 94/07	10/527	10/343	10/2213	–	–	–

Bezeichnung	Datum	Aktenzeichen (sonstige Bezeichnung, falls nicht BGH)	WRP	GRUR	NJW	NJW-RR/ GRUR-RR	Der Betrieb	Betriebs-Berater
Orient-Teppichmuster	20.10.1999	I ZR 167/97	00/517	00/619	–	–	–	–
Original Kanchipur	17.3.2011	I ZR 81/09	11/1587	11/1151	–	–	–	–
OSTSEE-POST	2.4.2009	I ZR 78/06	09/824	09/672	–	09/1130	–	–
Paketpreisvergleich	19.11.2009	I ZR 141/07	10/757	10/658	–	10/1191	–	–
Paketpunktsystem	29.6.1995	I ZR 161/93	95/813	95/761	–	–	95/2159	95/2551
Paperboy	17.7.2003	I ZR 259/00	03/1341	–	03/3406	–	–	–
Payback	16.7.2008	VIII ZR 348/06	–	08/1010	–	–	08/2188	08/2426
Peek & Cloppenburg IV	29.9.2013	I ZR 64/11	–	–	–	GRUR-RR 14/201	–	–
Pflegebett	12.12.2002	I ZR 221/00	03/496	03/359	–	–	–	–
Pflichtangaben im Internet	6.6.2013	I ZR 2/12	14/65	14/94	14/1012	–	–	–
Pharao	24.3.1994	I ZR 42/93	94/519	94/630	94/1958	–	–	–
Pharmazeutische Beratung über Call-Center	19.7.2012	I ZR 40/11	13/479	13/421	–	–	–	–
Pippig Augenoptik	8.4.2003	EuGH C-44/01	03/615	03/533	–	–	–	–
PKW-Schleichbezug	14.7.1988	I ZR 184/86	88/734	88/916	–	88/1441	–	–
Playstation	11.12.2003	I ZR 83/01	04/483	04/343	–	04/615	–	–
Plus Warenhandelsgesellschaft	14.1.2010	EuGH C-304/08	10/232	10/244	10/1867	–	–	–
Poker im Internet	28.9.2011	I ZR 93/10	12/966	12/201	–	–	–	–
Portakabin/Primakabin	8.7.2010	EuGH C-558/08	10/1350	10/841	–	–	–	–
POST/RegioPost	2.4.2009	I ZR 209/06	09/839	–	–	–	–	–
Postwurfsendung	5.12.1991	I ZR 53/90	92/309	92/316	–	–	–	–
POWER BALL	4.2.2010	I ZR 51/08	10/1165	10/835	–	–	–	–
Praebiotik	26.2.2014	I ZR 178/12	14/562	14/500	–	–	–	–
Präzisionsmessgeräte	7.11.2002	I ZR 64/00	03/500	–	–	03/618	–	–
Praxis Aktuell	10.6.2010	I ZR 42/08	11/63	11/85	–	11/401	–	–
Preisauszeichnung	26.1.1989	I ZR 18/88	89/486	89/446	89/2063	–	89/977	89/722
Preisbrecher	2.10.2003	I ZR 76/01	–	04/70	04/290	–	–	–
Preisempfehlung bei Alleinvertrieb	28.6.2001	I ZR 121/99	–	02/95	–	02/249	–	–

Bezeichnung	Datum	Aktenzeichen (sonstige Bezeichnung, falls nicht BGH)	WRP	GRUR	NJW	NJW-RR/ GRUR-RR	Der Betrieb	Betriebs-Berater
Preisempfehlung für Sondermodelle	14.11.2002	I ZR 137/00	03/509	03/446	–	–	–	–
Preisgegenüberstellung	28.6.1974	I ZR 62/72	74/552	75/78	74/1822	–	74/1762	75/577
Preisgegenüberstellung im Schaufenster	12.7.2001	I ZR 89/99	01/1441	–	–	–	–	–
Preisknaller	15.12.1999	I ZR 159/97	00/386	00/337	–	00/704	–	–
Preisnachlass für Vorratsware	10.12.2009	I ZR 195/07	10/1017	10/649	–	–	10/1993	–
Preis ohne Monitor	28.11.2002	I ZR 110/00	03/379	03/249	–	03/404	–	–
Poker im Internet	28.9.2011	I ZR 93/10	12/966	12/201	–	–	–	–
Preisrätselgewinnauslobung I	7.7.1994	I ZR 104/93	94/814	94/821	94/2953	–	–	94/1886
Preisrätselgewinnauslobung II	7.7.1994	I ZR 162/92	94/816	94/823	94/2954	–	–	94/1886
Preisrätselgewinnauslobung III	11.7.1996	I ZR 79/94	96/1034	96/804	96/3276	–	–	–
Preisrätselgewinnauslobung IV	11.7.1996	I ZR 183/93	96/1153	97/145	96/3278	–	–	–
Preisrätselgewinnauslobung V	31.10.2012	I ZR 205/11	13/764	13/644	–	13/817	–	13/1299
Preissturz ohne Ende	15.4.1999	I ZR 83/97	99/1133	99/1097	–	99/1563	–	–
Preisvergleich I	20.3.1981	I ZR 10/79	81/457	81/658	81/2304	–	81/1609	–
Preisvergleich II	2.5.1996	I ZR 108/94	97/549	96/983	96/3153	–	–	–
Preisvergleichsliste II	23.4.1998	I ZR 2/96	98/1065	99/69	98/3561	–	–	98/2228
Preisverzeichnis bei Mietwagen-angebot	22.3.2012	I ZR 111/11	12/1384	12/1159	–	13/288	12/2453	–
Preiswerbung ohne Umsatz-steuer	29.4.2010	I ZR 99/08	11/55	11/82	–	–	–	–
Probeabonnement	7.2.2006	KZR 33/04	06/1113	06/773	06/2627	–	–	–
Produktinformation III	18.10.1995	I ZR 227/93	96/98	96/71	–	96/162	–	–
Pulloverbeschriftung	24.3.1994	I ZR 152/92	94/516	94/635	–	94/944	94/1561	–
Pullovermuster	30.1.1992	I ZR 113/90	92/466	92/448	92/2700	–	–	–
Puppenausstattungen	28.10.2004	I ZR 326/01	05/88	05/166	–	–	–	–
Purely creative u. a./OFT	18.10.2012	EuGH C-428/11	12/1509	12/1269	–	–	–	–
PVC-frei	23.25.1996	I ZR 76/94	96/1156	96/985	96/3419	–	–	–

Bezeichnung	Datum	Aktenzeichen (sonstige Bezeichnung, falls nicht BGH)	WRP	GRUR	NJW	NJW-RR/ GRUR-RR	Der Betrieb	Betriebs-Berater
quattro	26.9.1985	OLG Hamburg 3 U 250/84	86/221	–	–	–	–	–
Quersubventionierung von Laborgemeinschaften	21.4.2005	I ZR 201/02	05/1508	–	–	–	–	–
Quizalofob	19.11.2009	I ZR 186/07	10/250	10/160	–	10/767	–	–
Rabattkarte	1.10.1986	I ZR 80/84	87/239	87/185	–	87/352	–	–
Räucherkate	16.12.2004	I ZR 177/02	05/605	–	–	–	–	–
Räumungsfinale	11.9.2008	I ZR 120/6	08/1508	08/1114	–	–	08/2648	–
Räumungsverkauf an Sonntagen	30.3.1995	I ZR 84/93	95/693	95/603	95/2558	–	95/1508	95/2339
Räumungsverkauf wegen Umbau	30.4.2009	I ZR 66/07	09/1501	09/1183	–	–	–	09/2618
Rechtsanwalts-Ranglisten	9.2.2006	I ZR 124/03	06/1109	06/875	–	–	–	–
Rechtsberatung durch Einzelhandelsverband	1.6.2011	I ZR 58/10	12/964	12/79	–	–	–	–
Rechtsberatung durch Haftpflichtversicherer	3.5.2007	I ZR 19/05	07/1334	07/978	07/3570	–	–	–
Rechtsberatung durch Lebensmittelchemiker	4.11.2010	I ZR 118/09	11/742	11/539	–	–	–	–
Regalsystem	24.1.2013	I ZR 136/11	13/1188	13/951	–	–	–	–
Regenwaldprojekt I	26.10.2006	I ZR 33/04	07/303	07/247	07/919	–	–	–
Regenwaldprojekt II	26.10.2006	I ZR 97/04	07/308	07/251	–	–	–	–
Re-importierter PKW	20.2.1986	I ZR 149/83	86/324	86/615	86/2836	–	86/1381	86/961
Rent-o-mat	20.2.1992	I ZR 68/90	92/472	92/465	92/1689	–	–	92/941
Reprint	30.10.1968	I ZR 52/66	69/108	69/186	69/46	–	–	68/1450
Restaurantführer	12.6.1997	I ZR 36/95	98/48	98/167	–	98/250	–	–
Rezept-Bonus	8.5.2013	I ZR 98/12	13/1587	13/1264	–	–	–	–
Rezept-Prämie	8.5.2013	I ZR 90/12	13/1590	13/1262	–	14/303	–	–
Rhenodur II	2.11.1973	I ZR 13/72	74/38	74/158	–	–	–	–
Rillenkoffer	30.4.2008	I ZR 123/05	08/1196	–	–	–	–	–
Rolex (= Tchibo/Rolex)	8.11.1984	I ZR 128/82	85/397	85/876	86/381	–	–	86/1039

Bezeichnung	Datum	Aktenzeichen (sonstige Bezeichnung, falls nicht BGH)	WRP	GRUR	NJW	NJW-RR/ GRUR-RR	Der Betrieb	Betriebs-Berater
Rolls-Royce	29.12.1982	I ZR 133/80	83/268	83/247	83/1431	–	83/871	83/854
Rote Briefkästen	12.5.2010	I ZR 214/07	11/59	11/166	–	–	–	–
Rollstuhlnachbau	17.6.1999	I ZR 213/96	99/1031	99/1106	–	00/338	–	–
Rückfahrkarte	23.5.1991	I ZR 294/89	91/649	91/862	–	91/1191	–	91/1513
Rufumleitung	7.10.2009	I ZR 150/07	10/633	10/346	–	–	–	–
RUMMS!	20.5.1999	I ZR 31/97	99/1159	99/1119	–	00/634	–	–
Runes of Magic	17.7.2013	I ZR 34/12	14/164	14/298	14/1014	–	–	–
Russisches Schaumgebäck	3.2.2005	I ZR 45/03	05/610	05/414	–	–	–	–
Salomon	29.11.1990	I ZR 13/89	91/228	91/465	91/3212	–	–	91/646
Sammelaktion für Schoko-Riegel	17.7.2008	I ZR 160/05	09/45	09/71	–	–	09/393	–
Sammelmitgliedschaft	16.1.2003	I ZR 51/02	03/514	03/454	–	03/831	–	–
Sammelmitgliedschaft II	11.11.2004	I ZR 72/02	05/742	05/522	–	05/839	–	–
Sammelmitgliedschaft III	27.1.2005	I ZR 146/02	05/1007	05/689	–	05/1128	–	–
Sammelmitgliedschaft IV	16.3.2006	I ZR 103/03	06/1023	06/778	–	–	–	–
Sammelmitgliedschaft V	16.11.2006	I ZR 218/03	07/778	07/610	–	–	–	–
Sammelmitgliedschaft VI	23.10.2008	I ZR 197/06	09/811	09/692	09/1886	–	–	–
Sandmalkasten	22.3.2012	I ZR 21/11	12/1379	12/1155	–	–	–	–
Saugeinlagen	20.9.2007	I ZR 171/04	08/666	08/443	–	08/851	08/866	–
Saustarke Angebote	30.11.1995	I ZR 233/93	96/286	96/363	–	96/616	96/772	96/760
SB-Beschriftung	13.10.2004	I ZR 277/01	04/1486	–	–	–	–	–
Scanner-Werbung	20.12.2001	I ZR 215/98	02/977	02/715	–	02/1122	–	–
Schatzjagd	16.3.1973	I ZR 20/72	73/333	73/591	73/1972	–	73/1231	73/1041
Scheiß des Monats	23.5.1995	OLG München U 5936/95	96/925	–	–	–	–	–
Schilderwald	7.7.1988	I ZR 230/87	88/609	88/834	88/3156	–	88/2295	88/1909
Schlank-Kapseln	26.1.2006	I ZR 121/03	06/584	–	–	06/1044	–	–
Schlauchbeutel	19.2.2004	I ZR 76/02	04/904	04/613	04/2521	–	–	–
„Schmuckparty“	23.2.2006	EuGH C–441/04	–	06/2540	–	–	–	–

Bezeichnung	Datum	Aktenzeichen (sonstige Bezeichnung, falls nicht BGH)	WRP	GRUR	NJW	NJW-RR/ GRUR-RR	Der Betrieb	Betriebs-Berater
Schmuck-Set	26.3.1998	I ZR 231/95	98/727	98/1420	–	–	–	–
Schönheits-Chirurgie	12.10.1989	I ZR 29/88	90/270	90/373	90/1529	–	–	–
Schneeballprinzip	22.4.1997	XI ZR 191/96	97/783	–	97/2314	–	–	97/2393
Schriftliche Voranmeldung	5.5.1994	I ZR 168/92	94/597	94/818	94/2028	–	–	94/1373
Schubladenverfügung	7.10.2009	I ZR 216/07	10/258	10/257	–	10/1130	10/500	–
Schulden Hulp	5.10.2006	I ZR 7/04	07/174	07/245	–	–	–	–
Schuldnachfolge	26.4.2007	I ZR 34/05	07/1354	07/995	–	–	–	–
Schulfotoaktion	20.10.2005	I ZR 112/03	06/72	06/77	–	–	–	–
Schwarze Liste	23.2.1995	I ZR 75/93	95/493	–	–	–	–	–
Schweißmodulgenerator	13.12.2007	I ZR 71/05	08/1085	08/727	–	–	–	–
Schweizer Außenseiter	22.6.1989	I ZR 126/87	90/321	–	–	89/1383	–	–
Selbsternannter Sachverständiger	6.2.1997	I ZR 234/94	97/946	97/758	–	97/1193	–	97/1760
Setpreis	29.2.1996	I ZR 6/94	96/734	96/796	96/3341	96/1194	–	–
Shop in the shop	22.9.1983	I ZR 166/81	84/134	84/129	–	–	84/237	–
Siemens/VIPA	23.2.2006	EuGH C–59/05	–	06/345	–	–	–	–
Simply the Best!	22.4.2010	I ZR 17/09	–	–	–	10/1478	–	–
Sitzender Krankentransport	27.4.1999	K ZR 54/97	99/941	99/1031	–	–	–	–
Ski-Auslaufmodelle	6.11.1981	I ZR 164/79	82/266	82/374	–	–	82/1261	–
SMS-Werbung	19.7.2007	I ZR 191/04	08/355	–	08/1236	–	–	–
Solange der Vorrat reicht	18.6.2009	I ZR 224/06	10/237	10/247	10/618	–	10/222	–
Solarinitiative	12.7.2012	I ZR 54/11	13/491	–	–	–	–	–
Sonderangebote außerhalb der Karenzzeit	17.3.1983	I ZR 198/80	83/487	83/448	84/175	–	–	83/1172
Sondernewsletter	10.12.2009	I ZR 149/07	10/1023	10/744	–	–	–	–
SOOOO … BILLIG!?	21.6.2001	I ZR 69/99	01/1291	–	–	–	–	–
Space Fidelity Peep-Show	17.2.2000	I ZR 239/97	00/724	00/820	–	–	–	–
Sparen Sie beim Medikamentenkauf!	9.9.2010	I ZR 72/08	10/1485	10/1130	10/3724	–	–	–
Sparvorwahl	24.10.2002	I ZR 100/00	03/1224	03/361	–	03/1039	–	–
Spiel mit	16.12.2010	I ZR 149/08	11/565	11/440	–	–	–	–

Bezeichnung	Datum	Aktenzeichen (sonstige Bezeichnung, falls nicht BGH)	WRP	GRUR	NJW	NJW-RR/ GRUR-RR	Der Betrieb	Betriebs-Berater
Spielzeug-Autorennbahn	11.7.1991	I ZR 5/90	91/717	91/850	–	92/38	–	–
Spielzeugautos	12.10.1995	I ZR 191/93	96/13	96/57	96/260	–	–	–
Sportlernahrung II	6.5.2004	I ZR 275/01	–	04/793	–	–	–	–
Sportwetten im Internet II	28.9.2011	I ZR 92/09	12/201	12/193	–	–	–	–
Spritzgussengel	17.12.1969	I ZR 23/68	70/117	70/244	–	–	70/341	–
Sonderveranstaltung II	23.6.1961	I ZR 1/60	61/275	62/42	61/1768	–	61/1159	61/914
Stadtwerke Wolfsburg	13.6.2012	I ZR 228/10	12/1523	12/1273	–	–	13/1722	–
Standardisierte Mandatsbearbeitung	10.1.2013	I ZR 190/11	13/1183	13/945	–	–	13/1722	–
Statt Blumen ONKO-Kaffee	12.1.1972	I ZR 60/70	–	72/553	–	–	–	–
„statt"-Preis	4.5.2005	I ZR 127/02	05/1009	05/692	05/2550	–	–	–
Steckverbindergehäuse	21.9.2006	I ZR 6/04	07/533	07/431	07/1524	–	–	–
Steuerberater-Hotline	30.9.2004	I ZR 89/02	05/602	–	–	–	–	–
Steuerbüro	18.10.2012	I ZR 137/11	13/496	13/409	–	–	13/575	–
Stich den Buben	10.8.2000	I ZR 126/98	00/1284	01/73	–	–	–	–
Stofftragetasche	10.3.1994	I ZR 166/92	94/540	94/656	–	94/942	–	–
Strafbare Werbung für Kaffeefahrten	15.8.2002	3 StR 11/02	02/1432	–	–	–	–	–
Strafbare Werbung mit Gewinnmitteilungen	30.5.2008	I StR 166/07	08/1071	08/818	–	–	–	–
Straßendecke II	17.12.1981	X ZR 71/80	–	82/225	–	–	–	–
Stresstest	30.9.2004	I ZR 14/02	05/207	05/172	–	05/342	–	–
Strumpf-Zentrale	22.6.1962	I ZR 27/61	62/372	62/647	–	–	62/1107	62/882
Stufenleitern	21.9.2006	I ZR 270/03	07/313	07/339	–	–	–	–
Stumme Verkäufer	15.2.1996	I ZR 1/94	96/889	96/778	–	96/1188	–	–
Stumme Verkäufer II	29.10.2009	I ZR 180/07	10/746	10/455	–	10/917	–	–
Synthetik-Wildleder	3.6.1977	I ZR 152/75	77/575	77/729	–	–	–	–
Suchmaschineneintrag	20.9.2007	I ZR 88/05	08/224	08/189	–	–	08/57	–
Super-Spar-Fahrkarten	29.22.1995	I ZR 35/93	95/485	95/353	95/1755	–	95/1323	95/1156
SWEEPSTAKE	2.11.1973	I ZR 111/72	75/200	74/729	–	–	–	–

Bezeichnung	Datum	Aktenzeichen (sonstige Bezeichnung, falls nicht BGH)	WRP	GRUR	NJW	NJW-RR/ GRUR-RR	Der Betrieb	Betriebs-Berater
Tag der offenen Tür II	7.11.1980	I ZR 160/78	81/207	81/424	81/1514	–	–	81/628
Tageseinnahme für Mitarbeiter	29.11.1990	I ZR 241/88	91/227	91/545	–	–	–	91/569
Tageszulassung II	13.1.2000	I ZR 253/97	00/1129	00/914	00/2821	–	–	00/1491
Taschenrechnerpackung	4.11.1977	I ZR 11/76	78/197	78/185	78/542	–	78/153	78/1181
Teddybär	28.9.2011	I ZR 48/10	12/318	11/1158	–	12/39	–	–
Teilzahlungskauf II	8.6.1989	I ZR 233/87	90/235	89/855	–	89/1382	–	89/1928
Telefax-Werbung	25.10.1995	I ZR 255/93	96/100	96/208	96/660	–	96/573	96/131
Telefax-Werbung II	1.6.2006	I ZR 167/03	07/67	07/164	06/3781	–	–	06/2604
Telefonaktion	28.6.2007	I ZR 153/04	08/220	08/186	–	–	07/2833	–
Telefonieren für 0 Cent!	17.7.2008	I ZR 139/05	09/48	09/73	–	–	–	–
Telefonische Gewinnauskunft	9.6.2005	I ZR 279/02	05/1511	05/1061	05/3716	–	–	–
Telefonischer Auskunftsdienst	3.7.2003	I ZR 211/01	03/1347	03/971	03/3343	–	–	–
Telefonwerbung I	19.6.1970	I ZR 115/68	70/305	70/523	70/1738	–	70/1583	70/979
Telefonwerbung III	8.11.1989	I ZR 55/88	90/288	90/280	–	90/359	–	90/301
Telefonwerbung IV	24.1.1991	I ZR 133/89	91/470	91/764	–	–	–	–
Telefonwerbung VI	27.1.2000	I ZR 241/97	00/722	00/818	00/2677	–	–	00/1540
Telefonwerbung für Blindenwaren	25.21.2001	I ZR 53/99	01/1068	01/1181	–	02/326	–	–
Telefonwerbung für DSL-Produkte	20.3.2013	I ZR 209/11	–	13/1170	–	14/554	13/2267	–
Telefonwerbung für „Individualverträge“	16.11.2006	I ZR 191/03	07/775	07/607	–	–	07/1190	–
Telefonwerbung für Zusatzeintrag	5.2.2004	I ZR 87/02	04/603	04/520	–	–	–	–
Telefonwerbung nach Unternehmenswechsel	11.3.2010	I ZR 27/08	10/1249	10/939	–	–	10/1936	–
Tele-Info-CD	6.5.1999	I ZR 199/96	99/831	99/923	99/2898	–	–	–
Telekanzlei	30.9.2004	I ZR 261/02	05/598	–	–	–	–	05/794
Telexwerbung	6.10.1972	I ZR 54/71	73/29	73/210	73/42	–	72/2390	72/1472
Teppichpreiswerbung	29.10.1998	I ZR 163/96	99/657	99/507	–	99/982	–	–
Testamentsvollstreckung durch Banken	11.11.2004	I ZR 213/01	05/333	05/353	–	–	–	–

Bezeichnung	Datum	Aktenzeichen (sonstige Bezeichnung, falls nicht BGH)	WRP	GRUR	NJW	NJW-RR/ GRUR-RR	Der Betrieb	Betriebs-Berater
Testamentsvollstreckung durch Steuerberater	11.11.2004	I ZR 182/02	05/330	05/355	–	–	–	05/510
Testbestellung	6.6.2002	I ZR 45/00	–	02/1000	–	–	–	–
Testergebnis-Werbung für Kaffee-Pads	15.8.2013	I ZR 197/12	14/67	–	–	–	–	–
Testfotos II	23.5.1996	I ZR 122/94	96/1099	–	–	97/104	96/2613	–
Testfotos III	25.1.2007	I ZR 133/04	07/1082	07/802	–	07/1335	–	–
Testfundstelle	17.9.2009	I ZR 217/07	10/649	10/355	–	10/1126	–	–
Test Gut	11.3.1982	I ZR 71/80	82/413	82/437	82/1596	–	82/1261	83/80
Testpreis-Angebot	5.2.1998	I ZR 211/95	98/718	98/824	98/2208	–	–	98/2225
Testpreiswerbung	12.12.1980	I ZR 158/78	81/454	81/654	81/2413	–	81/1768	81/1291
The Colour of Elégance	20.1.2005	I ZR 29/02	05/881	–	–	–	–	–
Thermal Bad	26.9.2002	I ZR 89/00	03/275	03/247	–	03/260	–	–
Thermoroll	26.2.2009	I ZR 219/06	09/1080	09/888	09/2747	–	–	–
Tierfreundliche Mode	6.2.2002	1 BvR 952/90; 1 BvR 2151/96	02/430	–	–	–	02/683	–
Tony Taler	12.7.2007	I ZR 82/05	08/214	08/183	–	–	–	–
Toshiba Europe	25.10.2001	EuGH C-112/99	01/1432	GRUR Int. 02/50	02/425	–	–	–
Totalausverkauf	30.4.2009	I ZR 68/07	09/1503	09/1185	–	10/923	–	–
„Total“ und „Sanoma“	23.4.2009	EuGH C-261/07 und C-299/07	09/722	09/599	09/3224	–	–	–
Trachtenjanker	6.11.1997	I ZR 102/95	98/377	98/477	–	98/1048	–	–
Traum-Kombi	8.6.2012	I ZR 110/11	13/182	13/186	–	13/287	–	–
Traumreise beim Kauf einer Küche	31.10.2001	OLG Frankfurt/ Main 6 W 181/01	02/109	–	–	–	–	–
Trennung von redaktionellen Beiträgen und Werbung in Zeitungen	21.7.2005	BVerfG 1 BvR 217/99	–	–	05/3201	–	–	–
Trento Sviloppo/EGCM	19.12.2013	EuGH C-281/12	14/161	14/196	–	–	–	–

Bezeichnung	Datum	Aktenzeichen (sonstige Bezeichnung, falls nicht BGH)	WRP	GRUR	NJW	NJW-RR/ GRUR-RR	Der Betrieb	Betriebs-Berater
Treppenlift	21.7.2011	I ZR 192/09	12/450	12/402	12/1008	–	–	–
Treue-Punkte	11.12.2003	I ZR 74/01	04/481	04/344	–	04/687	–	–
Treuepunkte-Aktion	16.5.2013	I ZR 175/12	14/61	14/91	–	14/476	–	–
Tupperwareparty	10.4.2003	I ZR 276/00	03/1338	03/973	–	03/1551	–	–
TÜV-Prüfzeichen	11.10.1990	I ZR 10/89	91/163	91/552	–	91/428	–	91/292
Typenbezeichnung	19.2.2014	I ZR 17/13	14/686	14/584	–	–	14/1255	–
ueber18.de	18.10.2007	I ZR 102/05	08/771	08/534	08/1882	–	–	–
Über 400 Jahre Brautradition	16.8.2012	I ZR 200/11	12/1526	–	–	–	–	–
Überregionale Klagebefugnis	22.9.2011	I ZR 229/10	12/467	12/415	12/1812	–	–	–
Überregionaler Krankentransport	15.1.2009	I ZR 141/06	09/1089	09/881	–	–	–	–
Überschrift zur Widerrufsbelehrung	9.11.2011	I ZR 123/10	12/710	12/643	12/1814	–	–	–
Uhren-Applikation	28.3.1996	I ZR 11/94	96/710	96/508	–	96/805	96/1568	–
Umgekehrte Versteigerung	13.3.2003	I ZR 212/00	03/742	03/626	03/2096	–	–	03/1198
Umgekehrte Versteigerung im Internet	13.11.2003	I ZR 40/01	04/345	04/249	04/852	–	04/872	–
Umgelenkte Auktionskunden	7.5.1998	I ZR 214/95	98/1168	99/178	99/137	–	–	98/2602
Umsatzsteuererstattungs-Modell	23.2.2006	I ZR 245/02	06/582	06/511	–	–	–	–
Umsatzsteuerhinweis	4.10.2007	I ZR 22/05	08/782	08/532	–	–	–	–
Umsatzzuwachs	27.12.2006	I ZR 166/03	07/772	07/605	–	07/1522	07/1302	–
Umweltengel	20.10.1988	I ZR 219/87	89/160	91/548	89/711	–	–	89/236
Umweltengel für Tragetasche	19.2.2014	I ZR 230/12	14/697	14/578	–	–	–	–
Unbedenkliche Mehrfachabmahnung	19.7.2012	I ZR 199/10	13/329	–	–	13/369	–	–
Unbegründete Abnehmerverwarnung	19.1.2006	I ZR 217/03	06/579	06/433	06/1432	–	–	–
„Unbegründete Verwarnung aus einem Kennzeichenrecht“	15.7.2005	GSZ 1/4	05/1408	05/882	05/3141	–	–	05/2260
Unfallersatzgeschäft	8.3.2012	I ZR 85/10	12/1390	12/1153	–	–	–	–

Bezeichnung	Datum	Aktenzeichen (sonstige Bezeichnung, falls nicht BGH)	WRP	GRUR	NJW	NJW-RR/ GRUR-RR	Der Betrieb	Betriebs-Berater
Uniporziegel	9.6.1994	I ZR 116/92	94/615	94/828	–	94/1126	–	94/1517
Unlautere Preisauszeichnungen	18.5.1973	I ZR 31/72	73/467	73/655	73/1371	–	–	–
Unternehmenskennzeichnung	13.7.2000	I ZR 203/97	00/1253	00/1084	–	–	–	–
Unschlagbar	25.10.1974	I ZR 94/73	75/39	75/141	75/215	–	74/2464	–
UNSER DANKESCHÖN FÜR SIE	9.9.2010	I ZR 193/07	10/1482	10/1136	10/3721	–	–	–
Unterschiedliche Endverkaufspreise (= Unterschiedliche Preisankündigung)	14.11.1985	I ZR 168/83	86/202	86/322	–	86/526	86/739	–
Urlaubsgewinnspiel	10.1.2008	I ZR 196/05	08/1069	08/724	08/2509	–	08/1564	–
„Urteilsverfügung“	22.1.2009	I ZB 115/07	09/999	09/890	–	–	–	–
UVP	7.12.2006	I ZR 271/03	07/769	07/7603	–	–	07/1354	–
40 Jahre Garantie	26.6.2008	I ZR 221/05	08/1326	08/915	08/2995	–	08/1912	–
Vakuumpumpen	14.12.1995	I ZR 240/93	96/279	96/210	–	96/613	96/880	–
Vanity-Nummer	21.2.2002	I ZR 281/99	02/1050	–	–	–	–	–
Verabschiedungsschreiben	22.4.2004	I ZR 303/01	04/1021	04/704	04/2385	–	–	–
Veralteter Test	2.5.1985	I ZR 200/83	85/486	85/932	85/2332	–	–	–
Verbandsklage gegen Vielfachabmahner	5.10.2000	I ZR 224/98	01/255	01/354	–	–	–	–
Verbotsantrag bei Telefonwerbung	5.10.2010	I ZR 46/09	11/576	11/433	–	–	–	–
Verbraucherservice	29.6.1995	I ZR 137/93	95/1026	95/832	95/3187	–	95/2416	–
Verbraucherbegriff bei progressiver Kundenwerbung	24.2.2011	5 StR 514/09	11/572	–	11/1236	–	–	–
Verdeckte Laienwerbung	14.5.1992	I ZR 204/90	92/646	92/622	92/2419	–	–	92/1444
Vergleichen Sie	15.10.1998	I ZR 69/96	99/414	99/501	99/948	–	–	–
„Verjährungsbeginn bei Schenkkreis-Zahlung“	18.12.2008	III ZR 132/08	09/322	–	–	–	–	–
Vermittlung von Netto-Policen	6.11.2013	I ZR 104/12	14/57	14/88	–	–	–	–

Bezeichnung	Datum	Aktenzeichen (sonstige Bezeichnung, falls nicht BGH)	WRP	GRUR	NJW	NJW-RR/ GRUR-RR	Der Betrieb	Betriebs-Berater
Veröffentlichung von Anwaltsranglisten	7.11.2002	BVerfG 1 BvR 580/02	03/69	–	03/277	–	–	03/11
Versandhandelskatalog	9.6.1988	6 U 6050/87 (OLG München)	88/691	–	–	–	–	–
Versandhandelspreis I	17.12.1992	I ZR 61/91	93/243	–	–	93/423	93/732	93/609
Versandhandelspreis II	20.1.1994	I ZR 10/92	94/311	94/389	–	94/501	–	–
Versandhandelspreisausschreiben	19.12.1975	I ZR 120/74	76/172	–	76/520	–	–	76/435
Versandhandel mit Arzneimitteln	20.12.2007	I ZR 205/04	08/356	–	–	–	–	–
Versandkosten	4.10.2007	I ZR 143/04	08/98	–	08/1384	–	07/2705	08/74
Versandkosten bei Froogle	16.7.2009	I ZR 140/07	10/245	10/251	–	10/1051	10/165	–
Versandkosten bei Froogle II	18.3.2010	I ZR 16/08	10/1498	10/1110	–	–	–	–
Versicherungsuntervertreter	26.2.2009	I ZR 28/06	09/613	09/603	09/1420	–	–	–
Vertragsstrafenklausel	13.11.2013	I ZR 77/12	14/587	–	–	–	14/1012	14/1169
Verwarnung aus Kennzeichenrecht	12.8.2004	I ZR 98/02	04/1366	04/958	–	–	–	–
Verwarnung aus Kennzeichenrecht II	19.1.2006	I ZR 98/02	06/468	06/432	–	06/832	–	–
Verwertung von Kundenlisten	19.12.2002	I ZR 119/00	03/642	03/453	–	–	–	–
Video-Rent	12.6.1986	I ZR 70/84	86/671	88/319	87/438	–	–	–
Vielfachabmahner	5.10.2000	I ZR 237/98	01/148	01/260	01/371	–	–	–
Viennetta	19.10.2000	I ZR 225/98	01/534	01/443	–	–	01/921	–
Vitalpilze	17.1.2013	I ZR 5/12	13/1179	13/958	–	13/1262	–	–
Vitamin-Zell-Komplex	24.2.2005	I ZR 101/02	05/735	05/519	05/1788	–	–	–
Vollmachtsnachweis	19.5.2010	I ZR 140/08	10/1495	10/1120	–	11/335	–	–
Vorbeugende Unterwerfungsklärung	28.2.2013	I ZR 237/11	13/1196	–	–	–	–	–
Vorbeugen mit Coffein!	21.1.2010	I ZR 23/07	10/522	10/359	–	10/610	–	–
Vorratslücken	10.12.1998	I ZR 141/96	99/421	99/509	99/1332	–	–	99/440
Vorspannangebot	4.7.1975	I ZR 27/74	75/672	76/248	76/51	–	75/2176	75/1498

Bezeichnung	Datum	Aktenzeichen (sonstige Bezeichnung, falls nicht BGH)	WRP	GRUR	NJW	NJW-RR/ GRUR-RR	Der Betrieb	Betriebs-Berater
Wärme fürs Leben	17.10.1996	I ZR 153/94	97/306	97/308	–	97/741	–	–
Wagenwaschplatz	13.3.1964	I b ZR 117/62	–	64/509	64/1274	–	64/653	64/490
Warnhinweis II	13.7.2006	I ZR 234/03	06/1505	06/953	–	07/36	–	–
Warsteiner III	19.9.2001	I ZR 54/96	01/1450	02/160	02/600	–	–	–
Wassersuche	11.7.1989	VI ZR 255/88	–	89/781	–	–	–	–
Weltreiterspiele	26.4.2007	I ZR 120/04	07/1351	07/991	07/3573	–	–	–
Werbeanruf	6.11.2013	I ZR 3/13	–	–	–	GRUR-RR 14/117	–	–
Werbebeilage	4.2.1999	I ZR 71/97	99/924	99/1011	–	00/340	99/1950	–
Werbegeschenke	3.7.1974	I ZR 91/73	74/623	75/320	74/1906	–	74/1856	75/713
Werbelocker	24.6.2004	I ZR 26/02	04/1272	–	–	–	–	–
Werbung für Fremdprodukte	17.10.2013	I ZR 173/12	14/552	14/573	–	–	–	14/713
Werbung für Klingeltöne	6.4.2006	I ZR 125/05	06/885	06/776	06/2479	–	–	–
Werbung für Telefondienstleistungen	20.12.2007	I ZR 51/05	08/928	08/729	–	–	–	–
Werbung mit Garantie	14.4.2011	I ZR 133/09	11/866	11/638	–	–	11/1271	–
Werbung mit Herstellergarantie bei eBay	5.12.2012	I ZR 88/11	13/1027	–	–	–	–	–
Werbung mit Preisvergleichen anonym aufgeführter Konkurrenten	18.12.2002	BVerfG 1 BvR 2118/96 u. 2119/96	–	–	03/2229	–	–	–
Werbung mit Testergebnis	7.7.2005	I ZR 253/02	05/1242	05/877	05/3287	–	–	–
Werbung von Steuerberatungsgesellschaften	26.10.2004	BVerfG 1 BvR 981/00	05/83	–	–	–	–	–
Wettbewerbsverein IV	5.10.1989	I ZR 56/89	90/255	90/282	–	90/102	–	–
Wetteronline.de	22.1.2014	I ZR 164/12	14/424	14/393	–	–	–	–
Winteraktion	2.7.2009	I ZR 147/06	09/1227	09/969	09/3097	–	09/1982	–
Wir dürfen nicht feiern	20.5.1999	I ZR 66/97	99/1163	99/1116	00/73	–	–	–
Wirtschaftsmagazin	23.2.1989	I ZR 138/86	90/28	89/366	–	89/744	–	–
Wirtschaftsregister	26.11.1997	I ZR 109/95	–	98/415	–	–	–	–

Bezeichnung	Datum	Aktenzeichen (sonstige Bezeichnung, falls nicht BGH)	WRP	GRUR	NJW	NJW-RR/ GRUR-RR	Der Betrieb	Betriebs-Berater
XtraPac	5.11.2008	I ZR 55/06	09/809	09/690	–	09/1135	09/1927	–
Yves Rocher	18.5.1993	C-126/91 (EuGH)	93/615	93/747	–	–	93/1359	–
Zahnärztehaus	14.7.2011	BVerfG 1 BvR 407/11	–	12/72	–	–	–	–
Zahnarztbriefbogen	6.4.2006	I ZR 272/03	06/891	06/598	06/2481	–	–	–
Zaunlasur	4.10.1990	I ZR 39/89	91/159	91/550	–	–	91/273	–
10% billiger	30.3.2006	I ZR 144/03	06/888	06/596	06/2120	–	–	–
10% Geburtstags-Rabatt	7.7.2011	I ZR 173/09	12/311	12/208	–	–	–	–
10-DM-Schein	12.7.1974	I ZR 92/73	75/34	75/262	75/120	–	74/2392	75/577
10-Jahre-Jubiläum II	4.7.1980	I ZR 120/78	80/621	80/1000	–	–	80/2282	80/1602
Zeitschrift mit Sonnenbrille	22.9.2005	I ZR 28/03	06/69	06/161	–	–	–	–
Zeitung zum Sonntag	20.11.2003	I ZR 120/00	04/746	–	–	–	–	–
Zentis/Säntis	26.9.1985	I ZR 181/83	86/82	86/253	–	86/196	86/796	–
Zertifizierter Testamentsvollstrecker	9.6.2011	I ZR 113/10	12/75	12/215	–	–	11/2911	–
Zielfernrohr	9.6.1994	I ZR 91/92	94/732	94/830	–	94/1327	94/2079	–
Zugang des Abmahnschreibens	21.12.2006	I ZR 17/06	07/781	–	–	–	–	–
Zweckbetrieb	2.12.2009	I ZR 152/07	10/876	10/654	–	–	–	–
Zweigstellenbriefbogen	16.5.2012	I ZR 74/11	13/57	12/1275	13/314	–	–	–
Zweite Zahnarztmeinung	1.12.2010	I ZR 55/08	11/449	11/343	–	–	–	–
2 Flaschen GRATIS	31.10.2013	I ZR 139/12	14/689	14/576	–	14/725	–	–
2 für 1-Vorteil	23.3.1995	I ZR 221/92	95/605	95/515	–	95/871	95/1602	95/1765
20 Minuten Köln	20.11.2003	I ZR 151/01	04/896	04/602	04/2083	–	–	–
20 % auf alles	20.11.2008	I ZR 122/06	09/951	09/788	09/2541	–	09/1527	–

Anhang II

Gesetzestexte

1. Gesetz gegen den unlauteren Wettbewerb (UWG)[1, 2]

Kapitel 1. Allgemeine Bestimmungen

§ 1. Zweck des Gesetzes. Dieses Gesetz dient dem Schutz der Mitbewerber, der Verbraucherinnen und der Verbraucher sowie der sonstigen Marktteilnehmer vor unlauteren geschäftlichen Handlungen. Es schützt zugleich das Interesse der Allgemeinheit an einem unverfälschten Wettbewerb.

§ 2. Definitionen. (1) Im Sinne dieses Gesetzes bedeutet

1. „geschäftliche Handlung" jedes Verhalten einer Person zugunsten des eigenen oder eines fremden Unternehmens vor, bei oder nach einem Geschäftsabschluss, das mit der Förderung des Absatzes oder des Bezugs von Waren oder Dienstleistungen oder mit dem Abschluss oder der Durchführung eines Vertrags über Waren oder Dienstleistungen objektiv zusammenhängt; als Waren gelten auch Grundstücke, als Dienstleistungen auch Rechte und Verpflichtungen;
2. „Marktteilnehmer" neben Mitbewerbern und Verbrauchern alle Personen, die als Anbieter oder Nachfrager von Waren oder Dienstleistungen tätig sind;
3. „Mitbewerber" jeder Unternehmer, der mit einem oder mehreren Unternehmern als Anbieter oder Nachfrager von Waren oder Dienstleistungen in einem konkreten Wettbewerbsverhältnis steht;

---

[1] In der Fassung der Bekanntmachung vom 3. März 2010 (BGBl. I S. 254), zuletzt geändert durch Artikel 6 des Gesetzes gegen unseriöse Geschäftspraktiken vom 1. Oktober 2013 (BGBl. I S. 3714).

[2] Dieses Gesetz dient der Umsetzung der Richtlinie 2005/29 EG des Europäischen Parlaments und des Rates vom 11. Mai 2005 über unlautere Geschäftspraktiken von Unternehmen gegenüber Verbrauchern im Binnenmarkt und zur Änderung der Richtlinie 84/450/EWG des Rates, der Richtlinie 97/7/EG, 98/27/EG und 2002/65/EG des Europäischen Parlaments und des Rates sowie der Verordnung (EG) Nr. 2006/2004 des Europäischen Parlaments und des Rates (ABl. L 149 vom 11.6.2005, S. 22; berichtigt im ABl. L 253 vom 25.9.2009, S. 18) sowie der Richtlinie 2006/114/EG des Europäischen Parlaments und des Rates vom 12. Dezember 2006 über irreführende und vergleichende Werbung (kodifizierte Fassung) (ABl. L 376 vom 27.12.2006, S. 21). Es dient ferner der Umsetzung von Artikel 13 der Richtlinie 2002/58/EG des Europäischen Parlaments und des Rates vom 12. Juli 2002 über die Verarbeitung personenbezogener Daten und den Schutz der Privatsphäre in der elektronischen Kommunikation (ABl. L 201 vom 31.7.2002, S. 37), der zuletzt durch Artikel 2 Nummer 7 der Richtlinie 2009/136/EG (ABl. L 337 vom 18.12.2009, S. 11) geändert worden ist.

Die Verpflichtungen aus der Richtlinie 98/34/EG des Europäischen Parlaments und des Rates vom 22. Juni 1998 über ein Informationsverfahren auf dem Gebiet der Normen und technischen Vorschriften und der Vorschriften für die Dienste der Informationsgesellschaft (ABl. L 204 vom 21.7.1998, S. 37), die zuletzt durch die Richtlinie 2006/96/EG (ABl. L 363 vom 20.12.2006, S. 81) geändert worden ist, sind beachtet worden.

4. „Nachricht“ jede Information, die zwischen einer endlichen Zahl von Beteiligten über einen öffentlich zugänglichen elektronischen Kommunikationsdienst ausgetauscht oder weitergeleitet wird; dies schließt nicht Informationen ein, die als Teil eines Rundfunkdienstes über ein elektronisches Kommunikationsnetz an die Öffentlichkeit weitergeleitet werden, soweit die Informationen nicht mit dem identifizierbaren Teilnehmer oder Nutzer, der sie erhält, in Verbindung gebracht werden können;
5. „Verhaltenskodex“ Vereinbarungen oder Vorschriften über das Verhalten von Unternehmern, zu welchem diese sich in Bezug auf Wirtschaftszweige oder einzelne geschäftliche Handlungen verpflichtet haben, ohne dass sich solche Verpflichtungen aus Gesetzes- oder Verwaltungsvorschriften ergeben;
6. „Unternehmer“ jede natürliche oder juristische Person, die geschäftliche Handlungen im Rahmen ihrer gewerblichen, handwerklichen oder beruflichen Tätigkeit vornimmt, und jede Person, die im Namen oder Auftrag einer solchen Person handelt;
7. „fachliche Sorgfalt“ der Standard an Fachkenntnissen und Sorgfalt, von dem billigerweise angenommen werden kann, dass ein Unternehmer ihn in seinem Tätigkeitsbereich gegenüber Verbrauchern nach Treu und Glauben unter Berücksichtigung der Marktgepflogenheiten einhält.

(2) Für den Verbraucherbegriff gilt § 13 des Bürgerlichen Gesetzbuchs entsprechend.

§ 3. Verbot unlauterer geschäftlicher Handlungen. (1) Unlautere geschäftliche Handlungen sind unzulässig, wenn sie geeignet sind, die Interessen von Mitbewerbern, Verbrauchern oder sonstigen Marktteilnehmern spürbar zu beeinträchtigen.

(2) Geschäftliche Handlungen gegenüber Verbrauchern sind jedenfalls dann unzulässig, wenn sie nicht der für den Unternehmer geltenden fachlichen Sorgfalt entsprechen und dazu geeignet sind, die Fähigkeit des Verbrauchers, sich auf Grund von Informationen zu entscheiden, spürbar zu beeinträchtigen und ihn damit zu einer geschäftlichen Entscheidung zu veranlassen, die er andernfalls nicht getroffen hätte. Dabei ist auf den durchschnittlichen Verbraucher oder, wenn sich die geschäftliche Handlung an eine bestimmte Gruppe von Verbrauchern wendet, auf ein durchschnittliches Mitglied dieser Gruppe abzustellen. Auf die Sicht eines durchschnittlichen Mitglieds einer auf Grund von geistigen oder körperlichen Gebrechen, Alter oder Leichtgläubigkeit besonders schutzbedürftigen und eindeutig identifizierbaren Gruppe von Verbrauchern ist abzustellen, wenn für den Unternehmer vorhersehbar ist, dass seine geschäftliche Handlung nur diese Gruppe betrifft.

(3) Die im Anhang dieses Gesetzes aufgeführten geschäftlichen Handlungen gegenüber Verbrauchern sind stets unzulässig.

§ 4. Beispiele unlauterer geschäftlicher Handlungen. Unlauter handelt insbesondere, wer

1. geschäftliche Handlungen vornimmt, die geeignet sind, die Entscheidungsfreiheit der Verbraucher oder sonstiger Marktteilnehmer durch Ausübung von Druck, in menschenverachtender Weise oder durch sonstigen unangemessenen unsachlichen Einfluss zu beeinträchtigen;
2. geschäftliche Handlungen vornimmt, die geeignet sind, geistige oder körperliche Gebrechen, das Alter, die geschäftliche Unerfahrenheit, die Leichtgläubigkeit, die Angst oder die Zwangslage von Verbrauchern auszunutzen;
3. den Werbecharakter von geschäftlichen Handlungen verschleiert;
4. bei Verkaufsförderungsmaßnahmen wie Preisnachlässen, Zugaben oder Geschenken die Bedingungen für ihre Inanspruchnahme nicht klar und eindeutig angibt;
5. bei Preisausschreiben oder Gewinnspielen mit Werbecharakter die Teilnahmebedingungen nicht klar und eindeutig angibt;
6. die Teilnahme von Verbrauchern an einem Preisausschreiben oder Gewinnspiel von dem Erwerb einer Ware oder der Inanspruchnahme einer Dienstleistung abhängig macht, es sei denn, das Preisausschreiben oder Gewinnspiel ist naturgemäß mit der Ware oder der Dienstleistung verbunden;
7. die Kennzeichen, Waren, Dienstleistungen, Tätigkeiten oder persönlichen oder geschäftlichen Verhältnisse eines Mitbewerbers herabsetzt oder verunglimpft;
8. über die Waren, Dienstleistungen oder das Unternehmen eines Mitbewerbers oder über den Unternehmer oder ein Mitglied der Unternehmensleitung Tatsachen behauptet oder ver-

breitet, die geeignet sind, den Betrieb des Unternehmens oder den Kredit des Unternehmers zu schädigen, sofern die Tatsachen nicht erweislich wahr sind; handelt es sich um vertrauliche Mitteilungen und hat der Mitteilende oder der Empfänger der Mitteilung an ihr ein berechtigtes Interesse, so ist die Handlung nur dann unlauter, wenn die Tatsachen der Wahrheit zuwider behauptet oder verbreitet wurden;

9. Waren oder Dienstleistungen anbietet, die eine Nachahmung der Waren oder Dienstleistungen eines Mitbewerbers sind, wenn er
   a) eine vermeidbare Täuschung der Abnehmer über die betriebliche Herkunft herbeiführt,
   b) die Wertschätzung der nachgeahmten Ware oder Dienstleistung unangemessen ausnutzt oder beeinträchtigt oder
   c) die für die Nachahmung erforderlichen Kenntnisse oder Unterlagen unredlich erlangt hat;
10. Mitbewerber gezielt behindert;
11. einer gesetzlichen Vorschrift zuwiderhandelt, die auch dazu bestimmt ist, im Interesse der Marktteilnehmer das Marktverhalten zu regeln.

§ 5. Irreführende geschäftliche Handlungen. (1) Unlauter handelt, wer eine irreführende geschäftliche Handlung vornimmt. Eine geschäftliche Handlung ist irreführend, wenn sie unwahre Angaben enthält oder sonstige zur Täuschung geeignete Angaben über folgende Umstände enthält:

1. die wesentlichen Merkmale der Ware oder Dienstleistung wie Verfügbarkeit, Art, Ausführung, Vorteile, Risiken, Zusammensetzung, Zubehör, Verfahren oder Zeitpunkt der Herstellung, Lieferung oder Erbringung, Zwecktauglichkeit, Verwendungsmöglichkeit, Menge, Beschaffenheit, Kundendienst und Beschwerdeverfahren, geographische oder betriebliche Herkunft, von der Verwendung zu erwartende Ergebnisse oder die Ergebnisse oder wesentlichen Bestandteile von Tests der Waren oder Dienstleistungen;
2. den Anlass des Verkaufs wie das Vorhandensein eines besonderen Preisvorteils, den Preis oder die Art und Weise, in der er berechnet wird, oder die Bedingungen, unter denen die Ware geliefert oder die Dienstleistung erbracht wird;
3. die Person, Eigenschaften oder Rechte des Unternehmers wie Identität, Vermögen einschließlich der Rechte des geistigen Eigentums, den Umfang von Verpflichtungen, Befähigung, Status, Zulassung, Mitgliedschaften oder Beziehungen, Auszeichnungen oder Ehrungen, Beweggründe für die geschäftliche Handlung oder die Art des Vertriebs;
4. Aussagen oder Symbole, die im Zusammenhang mit direktem oder indirektem Sponsoring stehen oder sich auf eine Zulassung des Unternehmers oder der Waren oder Dienstleistungen beziehen;
5. die Notwendigkeit einer Leistung, eines Ersatzteils, eines Austauschs oder einer Reparatur;
6. die Einhaltung eines Verhaltenskodexes, auf den sich der Unternehmer verbindlich verpflichtet hat, wenn er auf diese Bindung hinweist, oder
7. Rechte des Verbrauchers, insbesondere solche auf Grund von Garantieversprechen oder Gewährleistungsrechte bei Leistungsstörungen.

(2) Eine geschäftliche Handlung ist auch irreführend, wenn sie im Zusammenhang mit der Vermarktung von Waren oder Dienstleistungen einschließlich vergleichender Werbung eine Verwechslungsgefahr mit einer anderen Ware oder Dienstleistung oder mit der Marke oder einem anderen Kennzeichen eines Mitbewerbers hervorruft.

(3) Angaben im Sinne von Absatz 1 Satz 2 sind auch Angaben im Rahmen vergleichender Werbung sowie bildliche Darstellungen und sonstige Veranstaltungen, die darauf zielen und geeignet sind, solche Angaben zu ersetzen.

(4) Es wird vermutet, dass es irreführend ist, mit der Herabsetzung eines Preises zu werben, sofern der Preis nur für eine unangemessen kurze Zeit gefordert worden ist. Ist streitig, ob und in welchem Zeitraum der Preis gefordert worden ist, so trifft die Beweislast denjenigen, der mit der Preisherabsetzung geworben hat.

§ 5a. Irreführung durch Unterlassen. (1) Bei der Beurteilung, ob das Verschweigen einer Tatsache irreführend ist, sind insbesondere deren Bedeutung für die geschäftliche Entscheidung nach der Verkehrsauffassung sowie die Eignung des Verschweigens zur Beeinflussung der Entscheidung zu berücksichtigen.

(2) Unlauter handelt, wer die Entscheidungsfähigkeit von Verbrauchern im Sinne des § 3 Abs. 2 dadurch beeinflusst, dass er eine Information vorenthält, die im konkreten Fall unter Berücksichtigung aller Umstände einschließlich der Beschränkungen des Kommunikationsmittels wesentlich ist.

(3) Werden Waren oder Dienstleistungen unter Hinweis auf deren Merkmale und Preis in einer dem verwendeten Kommunikationsmittel angemessenen Weise so angeboten, dass ein durchschnittlicher Verbraucher das Geschäft abschließen kann, gelten folgende Informationen als wesentlich im Sinne des Absatzes 2, sofern sie sich nicht unmittelbar aus den Umständen ergeben:

1. alle wesentlichen Merkmale der Ware oder Dienstleistung in dem dieser und dem verwendeten Kommunikationsmittel angemessenen Umfang;
2. die Identität und Anschrift des Unternehmers, gegebenenfalls die Identität und Anschrift des Unternehmers, für den er handelt;
3. der Gesamtpreis oder in Fällen, in denen ein solcher Preis auf Grund der Beschaffenheit der Ware oder Dienstleistung nicht im Voraus berechnet werden kann, die Art der Preisberechnung sowie gegebenenfalls alle zusätzlichen Fracht-, Liefer- und Zustellkosten oder in Fällen, in denen diese Kosten nicht im Voraus berechnet werden können, die Tatsache, dass solche zusätzlichen Kosten anfallen können;
4. Zahlungs-, Liefer- und Leistungsbedingungen sowie Verfahren zum Umgang mit Beschwerden, soweit sie von Erfordernissen der fachlichen Sorgfalt abweichen und
5. das Bestehen eines Rechts zum Rücktritt oder Widerruf.

(4) Als wesentlich im Sinne des Absatzes 2 gelten auch Informationen, die dem Verbraucher auf Grund gemeinschaftsrechtlicher Verordnungen oder nach Rechtsvorschriften zur Umsetzung gemeinschaftsrechtlicher Richtlinien für kommerzielle Kommunikation einschließlich Werbung und Marketing nicht vorenthalten werden dürfen.

§ 6. Vergleichende Werbung. (1) Vergleichende Werbung ist jede Werbung, die unmittelbar oder mittelbar einen Mitbewerber oder die von einem Mitbewerber angebotenen Waren oder Dienstleistungen erkennbar macht.

(2) Unlauter handelt, wer vergleichend wirbt, wenn der Vergleich

1. sich nicht auf Waren oder Dienstleistungen für den gleichen Bedarf oder dieselbe Zweckbestimmung bezieht,
2. nicht objektiv auf eine oder mehrere wesentliche, relevante, nachprüfbare und typische Eigenschaften oder den Preis dieser Waren oder Dienstleistungen bezogen ist,
3. im geschäftlichen Verkehr zu einer Gefahr von Verwechslungen zwischen dem Werbenden und einem Mitbewerber oder zwischen den von diesen angebotenen Waren oder Dienstleistungen oder den von ihnen verwendeten Kennzeichen führt,
4. den Ruf des von einem Mitbewerber verwendeten Kennzeichens in unlauterer Weise ausnutzt oder beeinträchtigt,
5. die Waren, Dienstleistungen, Tätigkeiten oder persönlichen oder geschäftlichen Verhältnisse eines Mitbewerbers herabsetzt oder verunglimpft oder
6. eine Ware oder Dienstleistung als Imitation oder Nachahmung einer unter einem geschützten Kennzeichen vertriebenen Ware oder Dienstleistung darstellt.

§ 7. Unzumutbare Belästigungen. (1) Eine geschäftliche Handlung, durch die ein Marktteilnehmer in unzumutbarer Weise belästigt wird, ist unzulässig. Dies gilt insbesondere für Werbung, obwohl erkennbar ist, dass der angesprochene Marktteilnehmer diese Werbung nicht wünscht.

(2) Eine unzumutbare Belästigung ist stets anzunehmen

1. bei Werbung unter Verwendung eines in den Nummern 2 und 3 nicht aufgeführten, für den Fernabsatz geeigneten Mittels der kommerziellen Kommunikation, durch die ein Verbraucher hartnäckig angesprochen wird, obwohl er dies erkennbar nicht wünscht;
2. bei Werbung mit einem Telefonanruf gegenüber einem Verbraucher ohne dessen vorherige ausdrückliche Einwilligung oder gegenüber einem sonstigen Marktteilnehmer ohne dessen zumindest mutmaßliche Einwilligung;

3. bei Werbung unter Verwendung einer automatischen Anrufmaschine, eines Faxgerätes oder elektronischer Post, ohne dass eine vorherige ausdrückliche Einwilligung des Adressaten vorliegt oder
4. bei Werbung mit einer Nachricht,
   a) bei der die Identität des Absenders, in dessen Auftrag die Nachricht übermittelt wird, verschleiert oder verheimlicht wird oder
   b) bei der gegen § 6 Absatz 1 des Telemediengesetzes verstoßen wird oder in der der Empfänger aufgefordert wird, eine Website aufzurufen, die gegen diese Vorschrift verstößt, oder
   c) bei der keine gültige Adresse vorhanden ist, an die der Empfänger eine Aufforderung zur Einstellung solcher Nachrichten richten kann, ohne dass hierfür andere als die Übermittlungskosten nach den Basistarifen entstehen.

(3) Abweichend von Absatz 2 Nr. 3 ist eine unzumutbare Belästigung bei einer Werbung unter Verwendung elektronischer Post nicht anzunehmen, wenn

1. ein Unternehmer im Zusammenhang mit dem Verkauf einer Ware oder Dienstleistung von dem Kunden dessen elektronische Postadresse erhalten hat,
2. der Unternehmer die Adresse zur Direktwerbung für eigene ähnliche Waren oder Dienstleistungen verwendet,
3. der Kunde der Verwendung nicht widersprochen hat und
4. der Kunde bei Erhebung der Adresse und bei jeder Verwendung klar und deutlich darauf hingewiesen wird, dass er der Verwendung jederzeit widersprechen kann, ohne dass hierfür andere als die Übermittlungskosten nach den Basistarifen entstehen.

Kapitel 2. Rechtsfolgen

§ 8. Beseitigung und Unterlassung. (1) Wer eine nach § 3 oder § 7 unzulässige geschäftliche Handlung vornimmt, kann auf Beseitigung und bei Wiederholungsgefahr auf Unterlassung in Anspruch genommen werden. Der Anspruch auf Unterlassung besteht bereits dann, wenn eine derartige Zuwiderhandlung gegen § 3 oder § 7 droht.

(2) Werden die Zuwiderhandlungen in einem Unternehmen von einem Mitarbeiter oder Beauftragten begangen, so sind der Unterlassungsanspruch und der Beseitigungsanspruch auch gegen den Inhaber des Unternehmens begründet.

(3) Die Ansprüche aus Absatz 1 stehen zu:

1. jedem Mitbewerber;
2. rechtsfähigen Verbänden zur Förderung gewerblicher oder selbständiger beruflicher Interessen, soweit ihnen eine erhebliche Zahl von Unternehmern angehört, die Waren oder Dienstleistungen gleicher oder verwandter Art auf demselben Markt vertreiben, soweit sie insbesondere nach ihrer personellen, sachlichen und finanziellen Ausstattung imstande sind, ihre satzungsmäßigen Aufgaben der Verfolgung gewerblicher oder selbständiger beruflicher Interessen tatsächlich wahrzunehmen und soweit die Zuwiderhandlung die Interessen ihrer Mitglieder berührt;
3. qualifizierten Einrichtungen, die nachweisen, dass sie in die Liste qualifizierter Einrichtungen nach § 4 des Unterlassungsklagengesetzes oder in dem Verzeichnis der Kommission der Europäischen Gemeinschaften nach Artikel 4 der Richtlinie 98/27/EG des Europäischen Parlaments und des Rates vom 19. Mai 1998 über Unterlassungsklagen zum Schutz der Verbraucherinteressen (ABl. EG Nr. L 166 S. 51) eingetragen sind;
4. den Industrie- und Handelskammern oder den Handwerkskammern.

(4) Die Geltendmachung der in Absatz 1 bezeichneten Ansprüche ist unzulässig, wenn sie unter Berücksichtigung der gesamten Umstände missbräuchlich ist, insbesondere wenn sie vorwiegend dazu dient, gegen den Zuwiderhandelnden einen Anspruch auf Ersatz von Aufwendungen oder Kosten der Rechtsverfolgung entstehen zu lassen. In diesen Fällen kann der Anspruchsgegner Ersatz der für seine Rechtsverteidigung erforderlichen Aufwendungen verlangen. Weiter gehende Ersatzansprüche bleiben unberührt.

(5) § 13 des Unterlassungsklagengesetzes ist entsprechend anzuwenden; in § 13 Abs. 1 und 3 Satz 2 des Unterlassungsklagengesetzes treten an die Stelle des Anspruchs gemäß § 1 oder § 2 des Unterlassungsklagengesetzes die Unterlassungsansprüche nach dieser Vorschrift. Im Übrigen findet das Unterlassungsklagengesetz keine Anwendung, es sei denn, es liegt ein Fall des § 4a des Unterlassungsklagengesetzes vor.

§ 9. Schadensersatz. Wer vorsätzlich oder fahrlässig eine nach § 3 oder § 7 unzulässige geschäftliche Handlung vornimmt, ist den Mitbewerbern zum Ersatz des daraus entstehenden Schadens verpflichtet. Gegen verantwortliche Personen von periodischen Druckschriften kann der Anspruch auf Schadensersatz nur bei einer vorsätzlichen Zuwiderhandlung geltend gemacht werden.

§ 10. Gewinnabschöpfung. (1) Wer vorsätzlich eine nach § 3 oder § 7 unzulässige geschäftliche Handlung vornimmt und hierdurch zu Lasten einer Vielzahl von Abnehmern einen Gewinn erzielt, kann von den gemäß § 8 Abs. 3 Nr. 2 bis 4 zur Geltendmachung eines Unterlassungsanspruchs Berechtigten auf Herausgabe dieses Gewinns an den Bundeshaushalt in Anspruch genommen werden.

(2) Auf den Gewinn sind die Leistungen anzurechnen, die der Schuldner auf Grund der Zuwiderhandlung an Dritte oder an den Staat erbracht hat. Soweit der Schuldner solche Leistungen erst nach Erfüllung des Anspruchs nach Absatz 1 erbracht hat, erstattet die zuständige Stelle des Bundes dem Schuldner den abgeführten Gewinn in Höhe der nachgewiesenen Zahlungen zurück.

(3) Beanspruchen mehrere Gläubiger den Gewinn, so gelten die §§ 428 bis 430 des Bürgerlichen Gesetzbuchs entsprechend.

(4) Die Gläubiger haben der zuständigen Stelle des Bundes über die Geltendmachung von Ansprüchen nach Absatz 1 Auskunft zu erteilen. Sie können von der zuständigen Stelle des Bundes Erstattung der für die Geltendmachung des Anspruchs erforderlichen Aufwendungen verlangen, soweit sie vom Schuldner keinen Ausgleich erlangen können. Der Erstattungsanspruch ist auf die Höhe des an den Bundeshaushalt abgeführten Gewinns beschränkt.

(5) Zuständige Stelle im Sinn der Absätze 2 und 4 ist das Bundesamt für Justiz.

§ 11. Verjährung. (1) Die Ansprüche aus §§ 8, 9 und 12 Abs. 1 Satz 2 verjähren in sechs Monaten.

(2) Die Verjährungsfrist beginnt, wenn

1. der Anspruch entstanden ist und
2. der Gläubiger von den den Anspruch begründenden Umständen und der Person des Schuldners Kenntnis erlangt oder ohne grobe Fahrlässigkeit erlangen müsste.

(3) Schadensersatzansprüche verjähren ohne Rücksicht auf die Kenntnis oder grob fahrlässige Unkenntnis in zehn Jahren von ihrer Entstehung, spätestens in 30 Jahren von der den Schaden auslösenden Handlung an.

(4) Andere Ansprüche verjähren ohne Rücksicht auf die Kenntnis oder grob fahrlässige Unkenntnis in drei Jahren von der Entstehung an.

Kapitel 3. Verfahrensvorschriften

§ 12. Anspruchsdurchsetzung, Veröffentlichungsbefugnis, Streitwertminderung.

(1) Die zur Geltendmachung eines Unterlassungsanspruchs Berechtigten sollen den Schuldner vor der Einleitung eines gerichtlichen Verfahrens abmahnen und ihm Gelegenheit geben, den Streit durch Abgabe einer mit einer angemessenen Vertragsstrafe bewehrten Unterlassungsverpflichtung beizulegen. Soweit die Abmahnung berechtigt ist, kann der Ersatz der erforderlichen Aufwendungen verlangt werden.

(2) Zur Sicherung der in diesem Gesetz bezeichneten Ansprüche auf Unterlassung können einstweilige Verfügungen auch ohne die Darlegung und Glaubhaftmachung der in den §§ 935 und 940 der Zivilprozessordnung bezeichneten Voraussetzungen erlassen werden.

(3) Ist auf Grund dieses Gesetzes Klage auf Unterlassung erhoben worden, so kann das Gericht der obsiegenden Partei die Befugnis zusprechen, das Urteil auf Kosten der unterliegenden Partei öffentlich bekannt zu machen, wenn sie ein berechtigtes Interesse dartut. Art und Umfang der Bekanntmachung werden im Urteil bestimmt. Die Befugnis erlischt, wenn von ihr nicht innerhalb von drei Monaten nach Eintritt der Rechtskraft Gebrauch gemacht worden ist. Der Ausspruch nach Satz 1 ist nicht vorläufig vollstreckbar.

(4) Macht eine Partei in Rechtsstreitigkeiten, in denen durch Klage ein Anspruch aus einem der in diesem Gesetz geregelten Rechtsverhältnisse geltend gemacht wird, glaubhaft, dass die Belastung mit den Prozesskosten nach dem vollen Streitwert ihre wirtschaftliche Lage erheblich

gefährden würde, so kann das Gericht auf ihren Antrag anordnen, dass die Verpflichtung dieser Partei zur Zahlung von Gerichtskosten sich nach einem ihrer Wirtschaftslage angepassten Teil des Streitwerts bemisst. Die Anordnung hat zur Folge, dass

1. die begünstigte Partei die Gebühren ihres Rechtsanwalts ebenfalls nur nach diesem Teil des Streitwerts zu entrichten hat,
2. die begünstigte Partei, soweit ihr Kosten des Rechtsstreits auferlegt werden oder soweit sie diese übernimmt, die von dem Gegner entrichteten Gerichtsgebühren und die Gebühren seines Rechtsanwalts nur nach dem Teil des Streitwerts zu erstatten hat und
3. der Rechtsanwalt der begünstigten Partei, soweit die außergerichtlichen Kosten dem Gegner auferlegt oder von ihm übernommen werden, seine Gebühren von dem Gegner nach dem für diesen geltenden Streitwert beitreiben kann.

(5) Der Antrag nach Absatz 4 kann vor der Geschäftsstelle des Gerichts zur Niederschrift erklärt werden. Er ist vor der Verhandlung zur Hauptsache anzubringen. Danach ist er nur zulässig, wenn der angenommene oder festgesetzte Streitwert später durch das Gericht heraufgesetzt wird. Vor der Entscheidung über den Antrag ist der Gegner zu hören.

§ 13. Sachliche Zuständigkeit. (1) Für alle bürgerlichen Rechtsstreitigkeiten, mit denen ein Anspruch auf Grund dieses Gesetzes geltend gemacht wird, sind die Landgerichte ausschließlich zuständig. Es gilt § 95 Abs. 1 Nr. 5 des Gerichtsverfassungsgesetzes.

(2) Die Landesregierungen werden ermächtigt, durch Rechtsverordnung für die Bezirke mehrerer Landgerichte eines von ihnen als Gericht für Wettbewerbsstreitsachen zu bestimmen, wenn dies der Rechtspflege in Wettbewerbsstreitsachen, insbesondere der Sicherung einer einheitlichen Rechtsprechung, dienlich ist. Die Landesregierungen können die Ermächtigung auf die Landesjustizverwaltungen übertragen.

§ 14. Örtliche Zuständigkeit. (1) Für Klagen auf Grund dieses Gesetzes ist das Gericht zuständig, in dessen Bezirk der Beklagte seine gewerbliche oder selbständige berufliche Niederlassung oder in Ermangelung einer solchen seinen Wohnsitz hat. Hat der Beklagte auch keinen Wohnsitz, so ist sein inländischer Aufenthaltsort maßgeblich.

(2) Für Klagen auf Grund dieses Gesetzes ist außerdem nur das Gericht zuständig, in dessen Bezirk die Handlung begangen ist. Satz 1 gilt für Klagen, die von den nach § 8 Abs. 3 Nr. 2 bis 4 zur Geltendmachung eines Unterlassungsanspruches Berechtigten erhoben werden, nur dann, wenn der Beklagte im Inland weder eine gewerbliche oder selbständige berufliche Niederlassung noch einen Wohnsitz hat.

§ 15. Einigungsstellen. (1) Die Landesregierungen errichten bei Industrie- und Handelskammern Einigungsstellen zur Beilegung von bürgerlichen Rechtsstreitigkeiten, in denen ein Anspruch auf Grund dieses Gesetzes geltend gemacht wird (Einigungsstellen).

(2) Die Einigungsstellen sind mit einer vorsitzenden Person, die die Befähigung zum Richteramt nach dem Deutschen Richtergesetz hat, und beisitzenden Personen zu besetzen. Als beisitzende Personen werden im Falle einer Anrufung durch eine nach § 8 Abs. 3 Nr. 3 zur Geltendmachung eines Unterlassungsanspruchs berechtigte qualifizierte Einrichtung Unternehmer und Verbraucher in gleicher Anzahl tätig, sonst mindestens zwei sachverständige Unternehmer. Die vorsitzende Person soll auf dem Gebiet des Wettbewerbsrechts erfahren sein. Die beisitzenden Personen werden von der vorsitzenden Person für den jeweiligen Streitfall aus einer alljährlich für das Kalenderjahr aufzustellenden Liste berufen. Die Berufung soll im Einvernehmen mit den Parteien erfolgen. Für die Ausschließung und Ablehnung von Mitgliedern der Einigungsstelle sind die §§ 31 bis 43 und § 44 Abs. 2 bis 4 der Zivilprozessordnung entsprechend anzuwenden. Über das Ablehnungsgesuch entscheidet das für den Sitz der Einigungsstelle zuständige Landgericht (Kammer für Handelssachen oder, falls es an einer solchen fehlt, Zivilkammer).

(3) Die Einigungsstellen können bei bürgerlichen Rechtsstreitigkeiten, in denen ein Anspruch auf Grund dieses Gesetzes geltend gemacht wird, angerufen werden, wenn der Gegner zustimmt. Soweit die Wettbewerbshandlungen Verbraucher betreffen, können die Einigungsstellen von jeder Partei zu einer Aussprache mit dem Gegner über den Streitfall angerufen werden; einer Zustimmung des Gegners bedarf es nicht.

(4) Für die Zuständigkeit der Einigungsstellen ist § 14 entsprechend anzuwenden.

(5) Die der Einigungsstelle vorsitzende Person kann das persönliche Erscheinen der Parteien anordnen. Gegen eine unentschuldigt ausbleibende Partei kann die Einigungsstelle ein Ordnungsgeld festsetzen. Gegen die Anordnung des persönlichen Erscheinens und gegen die Festsetzung des Ordnungsgeldes findet die sofortige Beschwerde nach den Vorschriften der Zivilprozessordnung an das für den Sitz der Einigungsstelle zuständige Landgericht (Kammer für Handelssachen oder, falls es an einer solchen fehlt, Zivilkammer) statt.

(6) Die Einigungsstelle hat einen gütlichen Ausgleich anzustreben. Sie kann den Parteien einen schriftlichen, mit Gründen versehenen Einigungsvorschlag machen. Der Einigungsvorschlag und seine Begründung dürfen nur mit Zustimmung der Parteien veröffentlicht werden.

(7) Kommt ein Vergleich zustande, so muss er in einem besonderen Schriftstück niedergelegt und unter Angabe des Tages seines Zustandeskommens von den Mitgliedern der Einigungsstelle, welche in der Verhandlung mitgewirkt haben, sowie von den Parteien unterschrieben werden. Aus einem vor der Einigungsstelle geschlossenen Vergleich findet die Zwangsvollstreckung statt; § 797a der Zivilprozessordnung ist entsprechend anzuwenden.

(8) Die Einigungsstelle kann, wenn sie den geltend gemachten Anspruch von vornherein für unbegründet oder sich selbst für unzuständig erachtet, die Einleitung von Einigungsverhandlungen ablehnen.

(9) Durch die Anrufung der Einigungsstelle wird die Verjährung in gleicher Weise wie durch Klageerhebung gehemmt. Kommt ein Vergleich nicht zustande, so ist der Zeitpunkt, zu dem das Verfahren beendet ist, von der Einigungsstelle festzustellen. Die vorsitzende Person hat dies den Parteien mitzuteilen.

(10) Ist ein Rechtsstreit der in Absatz 3 Satz 2 bezeichneten Art ohne vorherige Anrufung der Einigungsstelle anhängig gemacht worden, so kann das Gericht auf Antrag den Parteien unter Anberaumung eines neuen Termins aufgeben, vor diesem Termin die Einigungsstelle zur Herbeiführung eines gütlichen Ausgleichs anzurufen. In dem Verfahren über den Antrag auf Erlass einer einstweiligen Verfügung ist diese Anordnung nur zulässig, wenn der Gegner zustimmt. Absatz 8 ist nicht anzuwenden. Ist ein Verfahren vor der Einigungsstelle anhängig, so ist eine erst nach Anrufung der Einigungsstelle erhobene Klage des Antragsgegners auf Feststellung, dass der geltend gemachte Anspruch nicht bestehe, nicht zulässig.

(11) Die Landesregierungen werden ermächtigt, durch Rechtsverordnung die zur Durchführung der vorstehenden Bestimmungen und zur Regelung des Verfahrens vor den Einigungsstellen erforderlichen Vorschriften zu erlassen, insbesondere über die Aufsicht über die Einigungsstellen, über ihre Besetzung unter angemessener Beteiligung der nicht den Industrie- und Handelskammern angehörenden Unternehmern (§ 2 Abs. 2 bis 6 des Gesetzes zur vorläufigen Regelung des Rechts der Industrie- und Handelskammern in der im Bundesgesetzblatt Teil III, Gliederungsnummer 701-1, veröffentlichten bereinigten Fassung) und über die Vollstreckung von Ordnungsgeldern sowie Bestimmungen über die Erhebung von Auslagen durch die Einigungsstelle zu treffen. Bei der Besetzung der Einigungsstellen sind die Vorschläge der für ein Bundesland errichteten, mit öffentlichen Mitteln geförderten Verbraucherzentralen zur Bestimmung der in Absatz 2 Satz 2 genannten Verbraucher zu berücksichtigen.

(12) Abweichend von Absatz 2 Satz 1 kann in den Ländern Brandenburg, Mecklenburg-Vorpommern, Sachsen, Sachsen-Anhalt und Thüringen die Einigungsstelle auch mit einem Rechtskundigen als Vorsitzendem besetzt werden, der die Befähigung zum Berufsrichter nach dem Recht der Deutschen Demokratischen Republik erworben hat.

Kapitel 4. Straf- und Bußgeldvorschriften

§ 16. Strafbare Werbung. (1) Wer in der Absicht, den Anschein eines besonders günstigen Angebots hervorzurufen, in öffentlichen Bekanntmachungen oder in Mitteilungen, die für einen größeren Kreis von Personen bestimmt sind, durch unwahre Angaben irreführend wirbt, wird mit Freiheitsstrafe bis zu zwei Jahren oder mit Geldstrafe bestraft.

(2) Wer es im geschäftlichen Verkehr unternimmt, Verbraucher zur Abnahme von Waren, Dienstleistungen oder Rechten durch das Versprechen zu veranlassen, sie würden entweder vom Veranstalter selbst oder von einem Dritten besondere Vorteile erlangen, wenn sie andere zum Abschluss gleichartiger Geschäfte veranlassen, die ihrerseits nach der Art dieser Werbung derarti-

ge Vorteile für eine entsprechende Werbung weiterer Abnehmer erlangen sollen, wird mit Freiheitsstrafe bis zu zwei Jahren oder mit Geldstrafe bestraft.

§ 17. Verrat von Geschäfts- und Betriebsgeheimnissen. (1) Wer als eine bei einem Unternehmen beschäftigte Person ein Geschäfts- oder Betriebsgeheimnis, das ihr im Rahmen des Dienstverhältnisses anvertraut worden oder zugänglich geworden ist, während der Geltungsdauer des Dienstverhältnisses unbefugt an jemand zu Zwecken des Wettbewerbs, aus Eigennutz, zugunsten eines Dritten oder in der Absicht, dem Inhaber des Unternehmens Schaden zuzufügen, mitteilt, wird mit Freiheitsstrafe bis zu drei Jahren oder mit Geldstrafe bestraft.

(2) Ebenso wird bestraft, wer zu Zwecken des Wettbewerbs, aus Eigennutz, zugunsten eines Dritten oder in der Absicht, dem Inhaber des Unternehmens Schaden zuzufügen,

1. sich ein Geschäfts- oder Betriebsgeheimnis durch
   a) Anwendung technischer Mittel,
   b) Herstellung einer verkörperten Wiedergabe des Geheimnisses oder
   c) Wegnahme einer Sache, in der das Geheimnis verkörpert ist,
   unbefugt verschafft oder sichert oder
2. ein Geschäfts- oder Betriebsgeheimnis, das er durch eine der in Absatz 1 bezeichneten Mitteilungen oder durch eine eigene oder fremde Handlung nach Nummer 1 erlangt oder sich sonst unbefugt verschafft oder gesichert hat, unbefugt verwertet oder jemandem mitteilt.

(3) Der Versuch ist strafbar.

(4) In besonders schweren Fällen ist die Strafe Freiheitsstrafe bis zu fünf Jahren oder Geldstrafe. Ein besonders schwerer Fall liegt in der Regel vor, wenn der Täter

1. gewerbsmäßig handelt,
2. bei der Mitteilung weiß, dass das Geheimnis im Ausland verwertet werden soll, oder
3. eine Verwertung nach Absatz 2 Nr. 2 im Ausland selbst vornimmt.

(5) Die Tat wird nur auf Antrag verfolgt, es sei denn, dass die Strafverfolgungsbehörde wegen des besonderen öffentlichen Interesses an der Strafverfolgung ein Einschreiten von Amts wegen für geboten hält.

(6) § 5 Nr. 7 des Strafgesetzbuches gilt entsprechend.

§ 18. Verwertung von Vorlagen. (1) Wer die ihm im geschäftlichen Verkehr anvertrauten Vorlagen oder Vorschriften technischer Art, insbesondere Zeichnungen, Modelle, Schablonen, Schnitte, Rezepte, zu Zwecken des Wettbewerbs oder aus Eigennutz unbefugt verwertet oder jemandem mitteilt, wird mit Freiheitsstrafe bis zu zwei Jahren oder mit Geldstrafe bestraft.

(2) Der Versuch ist strafbar.

(3) Die Tat wird nur auf Antrag verfolgt, es sei denn, dass die Strafverfolgungsbehörde wegen des besonderen öffentlichen Interesses an der Strafverfolgung ein Einschreiten von Amts wegen für geboten hält.

(4) § 5 Nr. 7 des Strafgesetzbuches gilt entsprechend.

§ 19. Verleiten und Erbieten zum Verrat. (1) Wer zu Zwecken des Wettbewerbs oder aus Eigennutz jemanden zu bestimmen versucht, eine Straftat nach § 17 oder § 18 zu begehen oder zu einer solchen Straftat anzustiften, wird mit Freiheitsstrafe bis zu zwei Jahren oder mit Geldstrafe bestraft.

(2) Ebenso wird bestraft, wer zu Zwecken des Wettbewerbs oder aus Eigennutz sich bereit erklärt oder das Erbieten eines anderen annimmt oder mit einem anderen verabredet, eine Straftat nach den § 17 oder § 18 zu begehen oder zu ihr anzustiften.

(3) § 31 des Strafgesetzbuches gilt entsprechend.

(4) Die Tat wird nur auf Antrag verfolgt, es sei denn, dass die Strafverfolgungsbehörde wegen des besonderen öffentlichen Interesses an der Strafverfolgung ein Einschreiten von Amts wegen für geboten hält.

(5) § 5 Nr. 7 des Strafgesetzbuches gilt entsprechend.

§ 20. Bußgeldvorschriften. (1) Ordnungswidrig handelt, wer vorsätzlich oder fahrlässig entgegen § 7 Absatz 1

1. in Verbindung mit § 7 Absatz 2 Nummer 2 mit einem Telefonanruf oder
2. in Verbindung mit § 7 Absatz 2 Nummer 3 unter Verwendung einer automatischen Anrufmaschine

gegenüber einem Verbraucher ohne dessen vorherige ausdrückliche Einwilligung wirbt.

(2) Die Ordnungswidrigkeit kann mit einer Geldbuße bis zu dreihunderttausend Euro geahndet werden.

(3) Verwaltungsbehörde im Sinne des § 36 Absatz 1 Nummer 1 des Gesetzes über Ordnungswidrigkeiten ist die Bundesnetzagentur für Elektrizität, Gas, Telekommunikation, Post und Eisenbahnen.

Anhang

(zu § 3 Abs. 3)

Unzulässige geschäftliche Handlungen im Sinne des § 3 Abs. 3 sind

1. die unwahre Angabe eines Unternehmers, zu den Unterzeichnern eines Verhaltenskodexes zu gehören;
2. die Verwendung von Gütezeichen, Qualitätskennzeichen oder Ähnlichem ohne die erforderliche Genehmigung;
3. die unwahre Angabe, ein Verhaltenskodex sei von einer öffentlichen oder anderen Stelle gebilligt;
4. die unwahre Angabe, ein Unternehmer, eine von ihm vorgenommene geschäftliche Handlung oder eine Ware oder Dienstleistung sei von einer öffentlichen oder privaten Stelle bestätigt, gebilligt oder genehmigt worden, oder die unwahre Angabe, den Bedingungen für die Bestätigung, Billigung oder Genehmigung werde entsprochen;
5. Waren- oder Dienstleistungsangebote im Sinne des § 5a Abs. 3 zu einem bestimmten Preis, wenn der Unternehmer nicht darüber aufklärt, dass er hinreichende Gründe für die Annahme hat, er werde nicht in der Lage sein, diese oder gleichartige Waren oder Dienstleistungen für einen angemessenen Zeitraum in angemessener Menge zum genannten Preis bereitzustellen oder bereitstellen zu lassen (Lockangebote). Ist die Bevorratung kürzer als zwei Tage, obliegt es dem Unternehmer, die Angemessenheit nachzuweisen;
6. Waren- oder Dienstleistungsangebote im Sinne des § 5a Abs. 3 zu einem bestimmten Preis, wenn der Unternehmer sodann in der Absicht, stattdessen eine andere Ware oder Dienstleistung abzusetzen, eine fehlerhafte Ausführung der Ware oder Dienstleistung vorführt oder sich weigert zu zeigen, was er beworben hat, oder sich weigert, Bestellungen dafür anzunehmen oder die beworbene Leistung innerhalb einer vertretbaren Zeit zu erbringen;
7. die unwahre Angabe, bestimmte Waren oder Dienstleistungen seien allgemein oder zu bestimmten Bedingungen nur für einen sehr begrenzten Zeitraum verfügbar, um den Verbraucher zu einer sofortigen geschäftlichen Entscheidung zu veranlassen, ohne dass dieser Zeit und Gelegenheit hat, sich auf Grund von Informationen zu entscheiden;
8. Kundendienstleistungen in einer anderen Sprache als derjenigen, in der die Verhandlungen vor dem Abschluss des Geschäfts geführt worden sind, wenn die ursprünglich verwendete Sprache nicht Amtssprache des Mitgliedstaats ist, in dem der Unternehmer niedergelassen ist; dies gilt nicht, soweit Verbraucher vor dem Abschluss des Geschäfts darüber aufgeklärt werden, dass diese Leistungen in einer anderen als der ursprünglich verwendeten Sprache erbracht werden;
9. die unwahre Angabe oder das Erwecken des unzutreffenden Eindrucks, eine Ware oder Dienstleistung sei verkehrsfähig;
10. die unwahre Angabe oder das Erwecken des unzutreffenden Eindrucks, gesetzlich bestehende Rechte stellten eine Besonderheit des Angebots dar;
11. der vom Unternehmer finanzierte Einsatz redaktioneller Inhalte zu Zwecken der Verkaufsförderung, ohne dass sich dieser Zusammenhang aus dem Inhalt oder aus der Art der optischen oder akustischen Darstellung eindeutig ergibt (als Information getarnte Werbung);

12. unwahre Angaben über Art und Ausmaß einer Gefahr für die persönliche Sicherheit des Verbrauchers oder seiner Familie für den Fall, dass er die angebotene Ware nicht erwirbt oder die angebotene Dienstleistung nicht in Anspruch nimmt;
13. Werbung für eine Ware oder Dienstleistung, die der Ware oder Dienstleistung eines Mitbewerbers ähnlich ist, wenn dies in der Absicht geschieht, über die betriebliche Herkunft der beworbenen Ware oder Dienstleistung zu täuschen;
14. die Einführung, der Betrieb oder die Förderung eines Systems zur Verkaufsförderung, das den Eindruck vermittelt, allein oder hauptsächlich durch die Einführung weiterer Teilnehmer in das System könne eine Vergütung erlangt werden (Schneeball- oder Pyramidensystem);
15. die unwahre Angabe, der Unternehmer werde demnächst sein Geschäft aufgeben oder seine Geschäftsräume verlegen;
16. die Angabe, durch eine bestimmte Ware oder Dienstleistung ließen sich die Gewinnchancen bei einem Glücksspiel erhöhen;
17. die unwahre Angabe oder das Erwecken des unzutreffenden Eindrucks, der Verbraucher habe bereits einen Preis gewonnen oder werde ihn gewinnen oder werde durch eine bestimmte Handlung einen Preis gewinnen oder einen sonstigen Vorteil erlangen, wenn es einen solchen Preis oder Vorteil tatsächlich nicht gibt, oder wenn jedenfalls die Möglichkeit, einen Preis oder sonstigen Vorteil zu erlangen, von der Zahlung eines Geldbetrags oder der Übernahme von Kosten abhängig gemacht wird;
18. die unwahre Angabe, eine Ware oder Dienstleistung könne Krankheiten, Funktionsstörungen oder Missbildungen heilen;
19. eine unwahre Angabe über die Marktbedingungen oder Bezugsquellen, um den Verbraucher dazu zu bewegen, eine Ware oder Dienstleistung zu weniger günstigen Bedingungen als den allgemeinen Marktbedingungen abzunehmen oder in Anspruch zu nehmen;
20. das Angebot eines Wettbewerbs oder Preisausschreibens, wenn weder die in Aussicht gestellten Preise noch ein angemessenes Äquivalent vergeben werden;
21. das Angebot einer Ware oder Dienstleistung als „gratis", „umsonst", „kostenfrei" oder dergleichen, wenn hierfür gleichwohl Kosten zu tragen sind; dies gilt nicht für Kosten, die im Zusammenhang mit dem Eingehen auf das Waren- oder Dienstleitungsangebot oder für die Abholung oder Lieferung der Ware oder die Inanspruchnahme der Dienstleistung unvermeidbar sind;
22. die Übermittlung von Werbematerial unter Beifügung einer Zahlungsaufforderung, wenn damit der unzutreffende Eindruck vermittelt wird, die beworbene Ware oder Dienstleistung sei bereits bestellt;
23. die unwahre Angabe oder das Erwecken des unzutreffenden Eindrucks, der Unternehmer sei Verbraucher oder nicht für Zwecke seines Geschäfts, Handels, Gewerbes oder Berufs tätig;
24. die unwahre Angabe oder das Erwecken des unzutreffenden Eindrucks, es sei im Zusammenhang mit Waren oder Dienstleistungen in einem anderen Mitgliedstaat der Europäischen Union als dem des Warenverkaufs oder der Dienstleistung ein Kundendienst verfügbar;
25. das Erwecken des Eindrucks, der Verbraucher könne bestimmte Räumlichkeiten nicht ohne vorherigen Vertragsabschluss verlassen;
26. bei persönlichem Aufsuchen in der Wohnung die Nichtbeachtung einer Aufforderung des Besuchten, diese zu verlassen oder nicht zu ihr zurückzukehren, es sein denn, der Besuch ist zur rechtmäßigen Durchsetzung einer vertraglichen Verpflichtung gerechtfertigt;
27. Maßnahmen, durch die der Verbraucher von der Durchsetzung seiner vertraglichen Rechte aus einem Versicherungsverhältnis dadurch abgehalten werden soll, dass von ihm bei der Geltendmachung seines Anspruchs die Vorlage von Unterlagen verlangt wird, die zum Nachweis dieses Anspruchs nicht erforderlich sind, oder dass Schreiben zur Geltendmachung eines solchen Anspruchs systematisch nicht beantwortet werden;
28. die in eine Werbung einbezogene unmittelbare Aufforderung an Kinder, selbst die beworbene Ware zu erwerben oder die beworbene Dienstleistung in Anspruch zu nehmen oder ihre Eltern oder andere Erwachsene dazu zu veranlassen;
29. die Aufforderung zur Bezahlung nicht bestellter Waren oder Dienstleistungen oder eine Aufforderung zur Rücksendung oder Aufbewahrung nicht bestellter Sachen und
30. die ausdrückliche Angabe, dass der Arbeitsplatz oder Lebensunterhalt des Unternehmers gefährdet sei, wenn der Verbraucher die Ware oder Dienstleistung nicht abnehme.

2. Richtlinie 2005/29/EG des europäischen Parlaments und des Rates vom 11. Mai 2005 über unlautere Geschäftspraktiken im binnenmarktinternen Geschäftsverkehr zwischen Unternehmen und Verbrauchern und zur Änderung der Richtlinie 84/450/EWG des Rates, der Richtlinien 97/7/EG, 98/27/EG und 2002/65/EG des Europäischen Parlaments und des Rates sowie der Verordnung (EG) Nr. 2006/2004 des Europäischen Parlaments und des Rates (Richtlinie über unlautere Geschäftspraktiken)

Vom 11. Mai 2005 (ABl EG 2005 vom 11.6.2005 Nr. L 149 S. 22)

(Text von Bedeutung für den EWR)

DAS EUROPÄISCHE PARLAMENT UND DER RAT DER EUROPÄISCHEN UNION –
gestützt auf den Vertrag zur Gründung der Europäischen Gemeinschaft, insbesondere auf Artikel 95,
auf Vorschlag der Kommission,
nach Stellungnahme des Europäischen Wirtschafts- und Sozialausschusses[1],
gemäß dem Verfahren des Artikels 251 des Vertrags[2],
in Erwägung nachstehender Gründe:

(1) Nach Artikel 153 Absatz 1 und Absatz 3 Buchstabe a des Vertrags hat die Gemeinschaft durch Maßnahmen, die sie nach Artikel 95 erlässt, einen Beitrag zur Gewährleistung eines hohen Verbraucherschutzniveaus zu leisten.

(2) Gemäß Artikel 14 Absatz 2 des Vertrags umfasst der Binnenmarkt einen Raum ohne Binnengrenzen, in dem der freie Verkehr von Waren und Dienstleistungen sowie die Niederlassungsfreiheit gewährleistet sind. Die Entwicklung der Lauterkeit des Geschäftsverkehrs innerhalb dieses Raums ohne Binnengrenzen ist für die Förderung grenzüberschreitender Geschäftstätigkeiten wesentlich.

(3) Die Rechtsvorschriften der Mitgliedstaaten in Bezug auf unlautere Geschäftspraktiken unterscheiden sich deutlich voneinander, wodurch erhebliche Verzerrungen des Wettbewerbs und Hemmnisse für das ordnungsgemäße Funktionieren des Binnenmarktes entstehen können. Im Bereich der Werbung legt die Richtlinie 84/450/EWG des Rates vom 10. September 1984 über irreführende und vergleichende Werbung[3] Mindestkriterien für die Angleichung der Rechtsvorschriften im Bereich der irreführenden Werbung fest, hindert die Mitgliedstaaten jedoch nicht daran, Vorschriften aufrechtzuerhalten oder zu erlassen, die einen weiterreichenden Schutz der Verbraucher vorsehen. Deshalb unterscheiden sich die Rechtsvorschriften der Mitgliedstaaten im Bereich der irreführenden Werbung erheblich.

(4) Diese Unterschiede führen zu Unsicherheit darüber, welche nationalen Regeln für unlautere Geschäftspraktiken gelten, die die wirtschaftlichen Interessen der Verbraucher schädigen, und schaffen viele Hemmnisse für Unternehmen wie Verbraucher. Diese Hemmnisse verteuern für die Unternehmen die Ausübung der Freiheiten des Binnenmarkts, insbesondere, wenn Unternehmen grenzüberschreitend Marketing-, Werbe- oder Verkaufskampagnen betreiben wol-

---

[1] ABl. C 108 vom 30.4.2004, S. 81.

[2] Stellungnahme des Europäischen Parlaments vom 20. April 2004 (ABl. C 104 E vom 30.4.2004, S. 260), Gemeinsamer Standpunkt des Rates vom 15. November 2004 (ABl. C 38 E vom 15.2.2005, S. 1) und Standpunkt des Europäischen Parlaments vom 24. Februar 2005 (noch nicht im Amtsblatt veröffentlicht). Beschluss des Rates vom 12. April 2005.

[3] ABl. L 250 vom 19.9.1984, S. 17. Richtlinie geändert durch die Richtlinie 97/55/EG des Europäischen Parlaments und des Rates (ABl. L 290 vom 23.10.1997, S. 18).

len. Auch für Verbraucher schaffen solche Hemmnisse Unsicherheit hinsichtlich ihrer Rechte und untergraben ihr Vertrauen in den Binnenmarkt.

(5) In Ermangelung einheitlicher Regeln auf Gemeinschaftsebene könnten Hemmnisse für den grenzüberschreitenden Dienstleistungs- und Warenverkehr oder die Niederlassungsfreiheit im Lichte der Rechtsprechung des Gerichtshofs der Europäischen Gemeinschaften gerechtfertigt sein, sofern sie dem Schutz anerkannter Ziele des öffentlichen Interesses dienen und diesen Zielen angemessen sind. Angesichts der Ziele der Gemeinschaft, wie sie in den Bestimmungen des Vertrags und im sekundären Gemeinschaftsrecht über die Freizügigkeit niedergelegt sind, und in Übereinstimmung mit der in der Mitteilung der Kommission „Folgedokument zum Grünbuch über kommerzielle Kommunikationen im Binnenmarkt" genannten Politik der Kommission auf dem Gebiet der kommerziellen Kommunikation sollten solche Hemmnisse beseitigt werden. Diese Hemmnisse können nur beseitigt werden, indem in dem Maße, wie es für das ordnungsgemäße Funktionieren des Binnenmarktes und im Hinblick auf das Erfordernis der Rechtssicherheit notwendig ist, auf Gemeinschaftsebene einheitliche Regeln, die ein hohes Verbraucherschutzniveau gewährleisten, festgelegt und bestimmte Rechtskonzepte geklärt werden.

(6) Die vorliegende Richtlinie gleicht deshalb die Rechtsvorschriften der Mitgliedstaaten über unlautere Geschäftspraktiken einschließlich der unlauteren Werbung an, die die wirtschaftlichen Interessen der Verbraucher unmittelbar und dadurch die wirtschaftlichen Interessen rechtmäßig handelnder Mitbewerber mittelbar schädigen. Im Einklang mit dem Verhältnismäßigkeitsprinzip schützt diese Richtlinie die Verbraucher vor den Auswirkungen solcher unlauteren Geschäftspraktiken, soweit sie als wesentlich anzusehen sind, berücksichtigt jedoch, dass die Auswirkungen für den Verbraucher in manchen Fällen unerheblich sein können. Sie erfasst und berührt nicht die nationalen Rechtsvorschriften in Bezug auf unlautere Geschäftspraktiken, die lediglich die wirtschaftlichen Interessen von Mitbewerbern schädigen oder sich auf ein Rechtsgeschäft zwischen Gewerbetreibenden beziehen; die Mitgliedstaaten können solche Praktiken, falls sie es wünschen, unter uneingeschränkter Wahrung des Subsidiari-tätsprinzips im Einklang mit dem Gemeinschaftsrecht weiterhin regeln. Diese Richtlinie erfasst und berührt auch nicht die Bestimmungen der Richtlinie 84/450/EWG über Werbung, die für Unternehmen, nicht aber für Verbraucher irreführend ist, noch die Bestimmungen über vergleichende Werbung. Darüber hinaus berührt diese Richtlinie auch nicht die anerkannten Werbe- und Marketingmethoden wie rechtmäßige Produktplatzierung, Markendifferenzierung oder Anreize, die auf rechtmäßige Weise die Wahrnehmung von Produkten durch den Verbraucher und sein Verhalten beeinflussen können, die jedoch seine Fähigkeit, eine informierte Entscheidung zu treffen, nicht beeinträchtigen.

(7) Diese Richtlinie bezieht sich auf Geschäftspraktiken, die in unmittelbarem Zusammenhang mit der Beeinflussung der geschäftlichen Entscheidungen des Verbrauchers in Bezug auf Produkte stehen. Sie bezieht sich nicht auf Geschäftspraktiken, die vorrangig anderen Zielen dienen, wie etwa bei kommerziellen, für Investoren gedachten Mitteilungen, wie Jahresberichten und Unternehmensprospekten. Sie bezieht sich nicht auf die gesetzlichen Anforderungen in Fragen der guten Sitten und des Anstands, die in den Mitgliedstaaten sehr unterschiedlich sind. Geschäftspraktiken wie beispielsweise das Ansprechen von Personen auf der Straße zu Verkaufszwecken können in manchen Mitgliedstaaten aus kulturellen Gründen unerwünscht sein. Die Mitgliedstaaten sollten daher im Einklang mit dem Gemeinschaftsrecht in ihrem Hoheitsgebiet weiterhin Geschäftspraktiken aus Gründen der guten Sitten und des Anstands verbieten können, auch wenn diese Praktiken die Wahlfreiheit des Verbrauchers nicht beeinträchtigen. Bei der Anwendung dieser Richtlinie, insbesondere der Generalklauseln, sollten die Umstände des Einzelfalles umfassend gewürdigt werden.

(8) Diese Richtlinie schützt unmittelbar die wirtschaftlichen Interessen der Verbraucher vor unlauteren Geschäftspraktiken im Geschäftsverkehr zwischen Unternehmen und Verbrauchern. Sie schützt somit auch mittelbar rechtmäßig handelnde Unternehmen vor Mitbewerbern, die sich nicht an die Regeln dieser Richtlinie halten, und gewährleistet damit einen lauteren Wettbewerb in dem durch sie koordinierten Bereich. Selbstverständlich gibt es andere Geschäftspraktiken, die zwar nicht den Verbraucher schädigen, sich jedoch nachteilig für die Mitbewerber und gewerblichen Kunden auswirken können. Die Kommission sollte sorgfältig prüfen, ob auf dem Gebiet des unlauteren Wettbewerbs über den Regelungsbereich dieser Richtlinie hinausgehende gemeinschaftliche Maßnahmen erforderlich sind, und sollte gegebenenfalls einen Gesetzgebungsvorschlag zur Erfassung dieser anderen Aspekte des unlauteren Wettbewerbs vorlegen.

(9) Diese Richtlinie berührt nicht individuelle Klagen von Personen, die durch eine unlautere Geschäftspraxis geschädigt wurden. Sie berührt ferner nicht die gemeinschaftlichen und nationalen Vorschriften in den Bereichen Vertragsrecht, Schutz des geistigen Eigentums, Sicherheit und Gesundheitsschutz im Zusammenhang mit Produkten, Niederlassungsbedingungen und Genehmigungsregelungen, einschließlich solcher Vorschriften, die sich im Einklang mit dem Gemeinschaftsrecht auf Glücksspiele beziehen, sowie die Wettbewerbsregeln der Gemeinschaft und die nationalen Rechtsvorschriften zur Umsetzung derselben. Die Mitgliedstaaten können somit unabhängig davon, wo der Gewerbetreibende niedergelassen ist, unter Berufung auf den Schutz der Gesundheit und der Sicherheit der Verbraucher in ihrem Hoheitsgebiet für Geschäftspraktiken Beschränkungen aufrechterhalten oder einführen oder diese Praktiken verbieten, beispielsweise im Zusammenhang mit Spirituosen, Tabakwaren und Arzneimitteln. Für Finanzdienstleistungen und Immobilien sind aufgrund ihrer Komplexität und der ihnen inhärenten ernsten Risiken detaillierte Anforderungen erforderlich, einschließlich positiver Verpflichtungen für die betreffenden Gewerbetreibenden. Deshalb lässt diese Richtlinie im Bereich der Finanzdienstleistungen und Immobilien das Recht der Mitgliedstaaten unberührt, zum Schutz der wirtschaftlichen Interessen der Verbraucher über ihre Bestimmungen hinauszugehen. Es ist nicht angezeigt, in dieser Richtlinie die Zertifizierung und Angabe des Feingehalts von Artikeln aus Edelmetall zu regeln.

(10) Es muss sichergestellt werden, dass diese Richtlinie insbesondere in Fällen, in denen Einzelvorschriften über unlautere Geschäftspraktiken in speziellen Sektoren anwendbar sind auf das geltende Gemeinschaftsrecht abgestimmt ist. Diese Richtlinie ändert daher die Richtlinie 84/450/EWG, die Richtlinie 97/7/EG des Europäischen Parlaments und des Rates vom 20. Mai 1997 über den Verbraucherschutz bei Vertragsabschlüssen im Fernabsatz[1], die Richtlinie 98/27/EG des Europäischen Parlaments und des Rates vom 19. Mai 1998 über Unterlassungsklagen zum Schutz der Verbraucherinteressen[2] und die Richtlinie 2002/65/EG des Europäischen Parlaments und des Rates vom 23. September 2002 über den Fernabsatz von Finanzdienstleistungen an Verbraucher[3]. Diese Richtlinie gilt dementsprechend nur insoweit, als keine spezifischen Vorschriften des Gemeinschaftsrechts vorliegen, die spezielle Aspekte unlauterer Geschäftspraktiken regeln, wie etwa Informationsanforderungen oder Regeln darüber, wie dem Verbraucher Informationen zu vermitteln sind. Sie bietet den Verbrauchern in den Fällen Schutz, in denen es keine spezifischen sektoralen Vorschriften auf Gemeinschaftsebene gibt, und untersagt es Gewerbetreibenden, eine Fehlvorstellung von der Art ihrer Produkte zu wecken. Dies ist besonders wichtig bei komplexen Produkten mit einem hohen Risikograd für die Verbraucher, wie etwa bestimmten Finanzdienstleistungen. Diese Richtlinie ergänzt somit den gemeinschaftlichen Besitzstand in Bezug auf Geschäftspraktiken, die den wirtschaftlichen Interessen der Verbraucher schaden.

(11) Das hohe Maß an Konvergenz, das die Angleichung der nationalen Rechtsvorschriften durch diese Richtlinie hervorbringt, schafft ein hohes allgemeines Verbraucherschutzniveau. Diese Richtlinie stellt ein einziges generelles Verbot jener unlauteren Geschäftspraktiken auf, die das wirtschaftliche Verhalten des Verbrauchers beeinträchtigen. Sie stellt außerdem Regeln über aggressive Geschäftspraktiken auf, die gegenwärtig auf Gemeinschaftsebene nicht geregelt sind.

(12) Durch die Angleichung wird die Rechtssicherheit sowohl für Verbraucher als auch für Unternehmen beträchtlich erhöht. Sowohl die Verbraucher als auch die Unternehmen werden in die Lage versetzt, sich an einem einzigen Rechtsrahmen zu orientieren, der auf einem klar definierten Rechtskonzept beruht, das alle Aspekte unlauterer Geschäftspraktiken in der EU regelt. Dies wird zur Folge haben, dass die durch die Fragmentierung der Vorschriften über unlautere, die wirtschaftlichen Interessen der Verbraucher schädigende Geschäftspraktiken verursachten Handelshemmnisse beseitigt werden und die Verwirklichung des Binnenmarktes in diesem Bereich ermöglicht wird.

(13) Zur Erreichung der Ziele der Gemeinschaft durch die Beseitigung von Hemmnissen für den Binnenmarkt ist es notwendig, die in den Mitgliedstaaten existierenden unterschiedlichen

---

[1] ABl. L 144 vom 4.6.1997, S. 19. Richtlinie geändert durch die Richtlinie 2002/65/EG (ABl. L 271 vom 9.10.2002, S. 16).

[2] ABl. L 166 vom 11.6.1998, S. 51. Richtlinie zuletzt geändert durch die Richtlinie 2002/65/EG.

[3] ABl. L 271 vom 9.10.2002, S. 16.

Generalklauseln und Rechtsgrundsätze zu ersetzen. Das durch diese Richtlinie eingeführte einzige, gemeinsame generelle Verbot umfasst daher unlautere Geschäftspraktiken, die das wirtschaftliche Verhalten der Verbraucher beeinträchtigen. Zur Förderung des Verbrauchervertrauens sollte das generelle Verbot für unlautere Geschäftspraktiken sowohl außerhalb einer vertraglichen Beziehung zwischen Gewerbetreibenden und Verbrauchern als auch nach Abschluss eines Vertrags und während dessen Ausführung gelten. Das generelle Verbot wird durch Regeln über die beiden bei weitem am meisten verbreiteten Arten von Geschäftspraktiken konkretisiert, nämlich die irreführenden und die aggressiven Geschäftspraktiken.

(14) Es ist wünschenswert, dass der Begriff der irreführenden Praktiken auch Praktiken, einschließlich irreführender Werbung, umfasst, die den Verbraucher durch Täuschung davon abhalten, eine informierte und deshalb effektive Wahl zu treffen. In Übereinstimmung mit dem Recht und den Praktiken der Mitgliedstaaten zur irreführenden Werbung unterteilt diese Richtlinie irreführende Praktiken in irreführende Handlungen und irreführende Unterlassungen. Im Hinblick auf Unterlassungen legt diese Richtlinie eine bestimmte Anzahl von Basisinformationen fest, die der Verbraucher benötigt, um eine informierte geschäftliche Entscheidung treffen zu können. Solche Informationen müssen nicht notwendigerweise in jeder Werbung enthalten sein, sondern nur dann, wenn der Gewerbetreibende zum Kauf auffordert; dieses Konzept wird in dieser Richtlinie klar definiert. Die in dieser Richtlinie vorgesehene vollständige Angleichung hindert die Mitgliedstaaten nicht daran, in ihren nationalen Rechtsvorschriften für bestimmte Produkte, zum Beispiel Sammlungsstücke oder elektrische Geräte, die wesentlichen Kennzeichen festzulegen, deren Weglassen bei einer Aufforderung zum Kauf rechtserheblich wäre. Mit dieser Richtlinie wird nicht beabsichtigt, die Wahl für die Verbraucher einzuschränken, indem die Werbung für Produkte, die anderen Produkten ähneln, untersagt wird, es sei denn, dass diese Ähnlichkeit eine Verwechslungsgefahr für die Verbraucher hinsichtlich der kommerziellen Herkunft des Produkts begründet und daher irreführend ist. Diese Richtlinie sollte das bestehende Gemeinschaftsrecht unberührt lassen, das den Mitgliedstaaten ausdrücklich die Wahl zwischen mehreren Regelungsoptionen für den Verbraucherschutz auf dem Gebiet der Geschäftspraktiken lässt. Die vorliegende Richtlinie sollte insbesondere Artikel 13 Absatz 3 der Richtlinie 2002/58/EG des Europäischen Parlaments und des Rates vom 12. Juli 2002 über die Verarbeitung personenbezogener Daten und den Schutz der Privatsphäre in der elektronischen Kommunikation[1] unberührt lassen.

(15) Legt das Gemeinschaftsrecht Informationsanforderungen in Bezug auf Werbung, kommerzielle Kommunikation oder Marketing fest, so werden die betreffenden Informationen im Rahmen dieser Richtlinie als wesentlich angesehen. Die Mitgliedstaaten können die Informationsanforderungen in Bezug auf das Vertragsrecht oder mit vertragsrechtlichen Auswirkungen aufrechterhalten oder erweitern, wenn dies aufgrund der Mindestklauseln in den bestehenden gemeinschaftlichen Rechtsakten zulässig ist. Eine nicht erschöpfende Auflistung solcher im Besitzstand vorgesehenen Informationsanforderungen ist in Anhang II enthalten. Aufgrund der durch diese Richtlinie eingeführten vollständigen Angleichung werden nur die nach dem Gemeinschaftsrecht vorgeschriebenen Informationen als wesentlich für die Zwecke des Artikels 7 Absatz 5 dieser Richtlinie betrachtet. Haben die Mitgliedstaaten auf der Grundlage von Mindestklauseln Informationsanforderungen eingeführt, die über das hinausgehen, was im Gemeinschaftsrecht geregelt ist, so kommt das Vorenthalten dieser Informationen einem irreführenden Unterlassen nach dieser Richtlinie nicht gleich. Die Mitgliedstaaten können demgegenüber, sofern dies nach den gemeinschaftsrechtlichen Mindestklauseln zulässig ist, im Einklang mit dem Gemeinschaftsrecht strengere Bestimmungen aufrechterhalten oder einführen, um ein höheres Schutzniveau für die individuellen vertraglichen Rechte der Verbraucher zu gewährleisten.

(16) Die Bestimmungen über aggressive Handelspraktiken sollten solche Praktiken einschließen, die die Wahlfreiheit des Verbrauchers wesentlich beeinträchtigen. Dabei handelt es sich um Praktiken, die sich der Belästigung, der Nötigung, einschließlich der Anwendung von Gewalt, und der unzulässigen Beeinflussung bedienen.

(17) Es ist wünschenswert, dass diejenigen Geschäftspraktiken, die unter allen Umständen unlauter sind, identifiziert werden, um größere Rechtssicherheit zu schaffen. Anhang I enthält daher eine umfassende Liste solcher Praktiken. Hierbei handelt es sich um die einzigen Ge-

---

[1] ABl. L 201 vom 31.7.2002, S. 37.

schäftspraktiken, die ohne eine Beurteilung des Einzelfalls anhand der Bestimmungen der Artikel 5 bis 9 als unlauter gelten können. Die Liste kann nur durch eine Änderung dieser Richtlinie abgeändert werden.

(18) Es ist angezeigt, alle Verbraucher vor unlauteren Geschäftspraktiken zu schützen; der Gerichtshof hat es allerdings bei seiner Rechtsprechung im Zusammenhang mit Werbung seit dem Erlass der Richtlinie 84/450/EWG für erforderlich gehalten, die Auswirkungen auf einen fiktiven typischen Verbraucher zu prüfen. Dem Verhältnismäßigkeitsprinzip entsprechend und um die wirksame Anwendung der vorgesehenen Schutzmaßnahmen zu ermöglichen, nimmt diese Richtlinie den Durchschnittsverbraucher, der angemessen gut unterrichtet und angemessen aufmerksam und kritisch ist, unter Berücksichtigung sozialer, kultureller und sprachlicher Faktoren in der Auslegung des Gerichtshofs als Maßstab, enthält aber auch Bestimmungen zur Vermeidung der Ausnutzung von Verbrauchern, deren Eigenschaften sie für unlautere Geschäftspraktiken besonders anfällig machen. Richtet sich eine Geschäftspraxis speziell an eine besondere Verbrauchergruppe wie z.B. Kinder, so sollte die Auswirkung der Geschäftspraxis aus der Sicht eines Durchschnittsmitglieds dieser Gruppe beurteilt werden. Es ist deshalb angezeigt, in die Liste der Geschäftspraktiken, die unter allen Umständen unlauter sind, eine Bestimmung aufzunehmen, mit der an Kinder gerichtete Werbung zwar nicht völlig untersagt wird, mit der Kinder aber vor unmittelbaren Kaufaufforderungen geschützt werden. Der Begriff des Durchschnittsverbrauchers beruht dabei nicht auf einer statistischen Grundlage. Die nationalen Gerichte und Verwaltungsbehörden müssen sich bei der Beurteilung der Frage, wie der Durchschnittsverbraucher in einem gegebenen Fall typischerweise reagieren würde, auf ihre eigene Urteilsfähigkeit unter Berücksichtigung der Rechtsprechung des Gerichtshofs verlassen.

(19) Sind Verbraucher aufgrund bestimmter Eigenschaften wie Alter, geistige oder körperliche Gebrechen oder Leichtgläubigkeit besonders für eine Geschäftspraxis oder das ihr zugrunde liegende Produkt anfällig und wird durch diese Praxis voraussichtlich das wirtschaftliche Verhalten nur dieser Verbraucher in einer für den Gewerbetreibenden vernünftigerweise vorhersehbaren Art und Weise wesentlich beeinflusst, muss sichergestellt werden, dass diese entsprechend geschützt werden, indem die Praxis aus der Sicht eines Durchschnittsmitglieds dieser Gruppe beurteilt wird.

(20) Es ist zweckmäßig, die Möglichkeit von Verhaltenskodizes vorzusehen, die es Gewerbetreibenden ermöglichen, die Grundsätze dieser Richtlinie in spezifischen Wirtschaftsbranchen wirksam anzuwenden. In Branchen, in denen es spezifische zwingende Vorschriften gibt, die das Verhalten von Gewerbetreibenden regeln, ist es zweckmäßig, dass aus diesen auch die Anforderungen an die berufliche Sorgfalt in dieser Branche ersichtlich sind. Die von den Urhebern der Kodizes auf nationaler oder auf Gemeinschaftsebene ausgeübte Kontrolle hinsichtlich der Beseitigung unlauterer Geschäftspraktiken könnte die Inanspruchnahme der Verwaltungsbehörden oder Gerichte unnötig machen und sollte daher gefördert werden. Mit dem Ziel, ein hohes Verbraucherschutzniveau zu erreichen, könnten Verbraucherverbände informiert und an der Ausarbeitung von Verhaltenskodizes beteiligt werden.

(21) Personen oder Organisationen, die nach dem nationalen Recht ein berechtigtes Interesse geltend machen können, müssen über Rechtsbehelfe verfügen, die es ihnen erlauben, vor Gericht oder bei einer Verwaltungsbehörde, die über Beschwerden entscheiden oder geeignete gerichtliche Schritte einleiten kann, gegen unlautere Geschäftspraktiken vorzugehen. Zwar wird die Beweislast vom nationalen Recht bestimmt, die Gerichte und Verwaltungsbehörden sollten aber in die Lage versetzt werden, von Gewerbetreibenden zu verlangen, dass sie den Beweis für die Richtigkeit der von ihnen behaupteten Tatsachen erbringen.

(22) Es ist notwendig, dass die Mitgliedstaaten Sanktionen für Verstöße gegen diese Richtlinie festlegen und für deren Durchsetzung sorgen. Die Sanktionen müssen wirksam, verhältnismäßig und abschreckend sein.

(23) Da die Ziele dieser Richtlinie, nämlich durch Angleichung der Rechts- und Verwaltungsvorschriften der Mitgliedstaaten über unlautere Geschäftspraktiken die durch derartige Vorschriften verursachten Handelshemmnisse zu beseitigen und ein hohes gemeinsames Verbraucherschutzniveau zu gewährleisten, auf Ebene der Mitgliedstaaten nicht ausreichend erreicht werden können und daher besser auf Gemeinschaftsebene zu erreichen sind, kann die Gemeinschaft im Einklang mit dem in Artikel 5 des Vertrags niedergelegten Subsidiaritätsprinzip tätig werden. Entsprechend dem in demselben Artikel genannten Verhältnismäßigkeitsprinzip geht

diese Richtlinie nicht über das für die Beseitigung der Handelshemmnisse und die Gewährleistung eines hohen gemeinsamen Verbraucherschutzniveaus erforderliche Maß hinaus.

(24) Diese Richtlinie sollte überprüft werden um sicherzustellen, dass Handelshemmnisse für den Binnenmarkt beseitigt und ein hohes Verbraucherschutzniveau erreicht wurden. Diese Überprüfung könnte zu einem Vorschlag der Kommission zur Änderung dieser Richtlinie führen, der eine begrenzte Verlängerung der Geltungsdauer der Ausnahmeregelung des Artikels 3 Absatz 5 vorsehen und/oder Änderungsvorschläge zu anderen Rechtsvorschriften über den Verbraucherschutz beinhalten könnte, in denen die von der Kommission im Rahmen der verbraucherpolitischen Strategie der Gemeinschaft eingegangene Verpflichtung zur Überprüfung des Besitzstands zur Erreichung eines hohen gemeinsamen Verbraucherschutzniveaus zum Ausdruck kommt.

(25) Diese Richtlinie achtet die insbesondere in der Charta der Grundrechte der Europäischen Union anerkannten Grundrechte und Grundsätze –

HABEN FOLGENDE RICHTLINIE ERLASSEN:

KAPITEL 1
ALLGEMEINE BESTIMMUNGEN

Art. 1. Zweck der Richtlinie. Zweck dieser Richtlinie ist es, durch Angleichung der Rechts- und Verwaltungsvorschriften der Mitgliedstaaten über unlautere Geschäftspraktiken, die die wirtschaftlichen Interessen der Verbraucher beeinträchtigen, zu einem reibungslosen Funktionieren des Binnenmarkts und zum Erreichen eines hohen Verbraucherschutzniveaus beizutragen.

Art. 2. Definitionen. Im Sinne dieser Richtlinie bezeichnet der Ausdruck

a) „Verbraucher" jede natürliche Person, die im Geschäftsverkehr im Sinne dieser Richtlinie zu Zwecken handelt, die nicht ihrer gewerblichen, handwerklichen oder beruflichen Tätigkeit zugerechnet werden können;
b) „Gewerbetreibender" jede natürliche oder juristische Person, die im Geschäftsverkehr im Sinne dieser Richtlinie im Rahmen ihrer gewerblichen, handwerklichen oder beruflichen Tätigkeit handelt, und jede Person, die im Namen oder Auftrag des Gewerbetreibenden handelt;
c) „Produkt" jede Ware oder Dienstleistung, einschließlich Immobilien, Rechte und Verpflichtungen;
d) „Geschäftspraktiken im Geschäftsverkehr zwischen Unternehmen und Verbrauchern" (nachstehend auch „Geschäftspraktiken" genannt) jede Handlung, Unterlassung, Verhaltensweise oder Erklärung, kommerzielle Mitteilung einschließlich Werbung und Marketing eines Gewerbetreibenden, die unmittelbar mit der Absatzförderung, dem Verkauf oder der Lieferung eines Produkts an Verbraucher zusammenhängt;
e) „wesentliche Beeinflussung des wirtschaftlichen Verhaltens des Verbrauchers" die Anwendung einer Geschäftspraxis, um die Fähigkeit des Verbrauchers, eine informierte Entscheidung zu treffen, spürbar zu beeinträchtigen und damit den Verbraucher zu einer geschäftlichen Entscheidung zu veranlassen, die er andernfalls nicht getroffen hätte;
f) „Verhaltenskodex" eine Vereinbarung oder ein Vorschriftenkatalog, die bzw. der nicht durch die Rechts- und Verwaltungsvorschriften eines Mitgliedstaates vorgeschrieben ist und das Verhalten der Gewerbetreibenden definiert, die sich in Bezug auf eine oder mehrere spezielle Geschäftspraktiken oder Wirtschaftszweige auf diesen Kodex verpflichten;
g) „Urheber eines Kodex" jede Rechtspersönlichkeit, einschließlich einzelner Gewerbetreibender oder Gruppen von Gewerbetreibenden, die für die Formulierung und Überarbeitung eines Verhaltenskodex und/oder für die Überwachung der Einhaltung dieses Kodex durch alle diejenigen, die sich darauf verpflichtet haben, zuständig ist;
h) „berufliche Sorgfalt" der Standard an Fachkenntnissen und Sorgfalt, bei denen billigerweise davon ausgegangen werden kann, dass der Gewerbetreibende sie gegenüber dem Verbraucher gemäß den anständigen Marktgepflogenheiten und/oder dem allgemeinen Grundsatz von Treu und Glauben in seinem Tätigkeitsbereich anwendet;
i) „Aufforderung zum Kauf" jede kommerzielle Kommunikation, die die Merkmale des Produkts und den Preis in einer Weise angibt, die den Mitteln der verwendeten kommerziellen

Kommunikation angemessen ist und den Verbraucher dadurch in die Lage versetzt, einen Kauf zu tätigen;

j) „unzulässige Beeinflussung" die Ausnutzung einer Machtposition gegenüber dem Verbraucher zur Ausübung von Druck, auch ohne die Anwendung oder Androhung von körperlicher Gewalt, in einer Weise, die die Fähigkeit des Verbrauchers zu einer informierten Entscheidung wesentlich einschränkt;

k) „geschäftliche Entscheidung" jede Entscheidung eines Verbraucher darüber, ob, wie und unter welchen Bedingungen er einen Kauf tätigen, eine Zahlung insgesamt oder teilweise leisten, ein Produkt behalten oder abgeben oder ein vertragliches Recht im Zusammenhang mit dem Produkt ausüben will, unabhängig davon, ob der Verbraucher beschließt, tätig zu werden oder ein Tätigwerden zu unterlassen;

l) „reglementierter Beruf" eine berufliche Tätigkeit oder eine Reihe beruflicher Tätigkeiten, bei der die Aufnahme oder Ausübung oder eine der Arten der Ausübung direkt oder indirekt durch Rechts- oder Verwaltungsvorschriften an das Vorhandensein bestimmter Berufsqualifikationen gebunden ist.

Art. 3. Anwendungsbereich. (1) Diese Richtlinie gilt für unlautere Geschäftspraktiken im Sinne des Artikels 5 zwischen Unternehmen und Verbrauchern vor, während und nach Abschluss eines auf ein Produkt bezogenen Handelsgeschäfts.

(2) Diese Richtlinie lässt das Vertragsrecht und insbesondere die Bestimmungen über die Wirksamkeit, das Zustandekommen oder die Wirkungen eines Vertrags unberührt.

(3) Diese Richtlinie lässt die Rechtsvorschriften der Gemeinschaft oder der Mitgliedstaaten in Bezug auf die Gesundheits- und Sicherheitsaspekte von Produkten unberührt.

(4) Kollidieren die Bestimmungen dieser Richtlinie mit anderen Rechtsvorschriften der Gemeinschaft, die besondere Aspekte unlauterer Geschäftspraktiken regeln, so gehen die Letzteren vor und sind für diese besonderen Aspekte maßgebend.

(5) Die Mitgliedstaaten können für einen Zeitraum von sechs Jahren ab dem 12. Juni 2007 in dem durch diese Richtlinie angeglichenen Bereich nationale Vorschriften beibehalten, die restriktiver oder strenger sind als diese Richtlinie und zur Umsetzung von Richtlinien erlassen wurden und die Klauseln über eine Mindestangleichung enthalten. Diese Maßnahmen müssen unbedingt erforderlich sein, um sicherzustellen, dass die Verbraucher auf geeignete Weise vor unlauteren Geschäftspraktiken geschützt werden und müssen zur Erreichung dieses Ziels verhältnismäßig sein. Im Rahmen der nach Artikel 18 vorgesehenen Überprüfung kann gegebenenfalls vorgeschlagen werden, die Geltungsdauer dieser Ausnahmeregelung um einen weiteren begrenzten Zeitraum zu verlängern.

(6) Die Mitgliedstaaten teilen der Kommission unverzüglich die auf der Grundlage von Absatz 5 angewandten nationalen Vorschriften mit.

(7) Diese Richtlinie lässt die Bestimmungen über die Zuständigkeit der Gerichte unberührt.

(8) Diese Richtlinie lässt alle Niederlassungs- oder Genehmigungsbedingungen, berufsständischen Verhaltenskodizes oder andere spezifische Regeln für reglementierte Berufe unberührt, damit die strengen Integritätsstandards, die die Mitgliedstaaten den in dem Beruf tätigen Personen nach Maßgabe des Gemeinschaftsrechts auferlegen können, gewährleistet bleiben.

(9) Im Zusammenhang mit „Finanzdienstleistungen" im Sinne der Richtlinie 2002/65/EG und Immobilien können die Mitglied staaten Anforderungen stellen, die im Vergleich zu dem durch diese Richtlinie angeglichenen Bereich restriktiver und strenger sind.

(10) Diese Richtlinie gilt nicht für die Anwendung der Rechts- und Verwaltungsvorschriften der Mitgliedstaaten in Bezug auf die Zertifizierung und Angabe des Feingehalts von Artikeln aus Edelmetall.

Art. 4. Binnenmarkt. Die Mitgliedstaaten dürfen den freien Dienstleistungsverkehr und den freien Warenverkehr nicht aus Gründen, die mit dem durch diese Richtlinie angeglichenen Bereich zusammenhängen, einschränken.

KAPITEL 2
UNLAUTERE GESCHÄFTSPRAKTIKEN

Art. 5. Verbot unlauterer Geschäftspraktiken. (1) Unlautere Geschäftspraktiken sind verboten.

(2) Eine Geschäftspraxis ist unlauter, wenn

a) sie den Erfordernissen der beruflichen Sorgfaltspflicht widerspricht
und
b) sie in Bezug auf das jeweilige Produkt das wirtschaftliche Verhalten des Durchschnittsverbrauchers, den sie erreicht oder an den sie sich richtet oder des durchschnittlichen Mitglieds einer Gruppe von Verbrauchern, wenn sich eine Geschäftspraxis an eine bestimmte Gruppe von Verbrauchern wendet, wesentlich beeinflusst oder dazu geeignet ist, es wesentlich zu beeinflussen.

(3) Geschäftspraktiken, die voraussichtlich in einer für den Gewerbetreibenden vernünftigerweise vorhersehbaren Art und Weise das wirtschaftliche Verhalten nur einer eindeutig identifizierbaren Gruppe von Verbrauchern wesentlich beeinflussen, die aufgrund von geistigen oder körperlichen Gebrechen, Alter oder Leichtgläubigkeit im Hinblick auf diese Praktiken oder die ihnen zugrunde liegenden Produkte besonders schutzbedürftig sind, werden aus der Perspektive eines durchschnittlichen Mitglieds dieser Gruppe beurteilt. Die übliche und rechtmäßige Werbepraxis, übertriebene Behauptungen oder nicht wörtlich zu nehmende Behauptungen aufzustellen, bleibt davon unberührt.

(4) Unlautere Geschäftspraktiken sind insbesondere solche, die

a) irreführend im Sinne der Artikel 6 und 7
oder
b) aggressiv im Sinne der Artikel 8 und 9 sind.

(5) Anhang I enthält eine Liste jener Geschäftspraktiken, die unter allen Umständen als unlauter anzusehen sind. Diese Liste gilt einheitlich in allen Mitgliedstaaten und kann nur durch eine Änderung dieser Richtlinie abgeändert werden.

Abschnitt 1
Irreführende Geschäftspraktiken

Art. 6. Irreführende Handlungen. (1) Eine Geschäftspraxis gilt als irreführend, wenn sie falsche Angaben enthält und somit unwahr ist oder wenn sie in irgendeiner Weise, einschließlich sämtlicher Umstände ihrer Präsentation, selbst mit sachlich richtigen Angaben den Durchschnittsverbraucher in Bezug auf einen oder mehrere der nachstehend aufgeführten Punkte täuscht oder ihn zu täuschen geeignet ist und ihn in jedem Fall tatsächlich oder voraussichtlich zu einer geschäftlichen Entscheidung veranlasst, die er ansonsten nicht getroffen hätte:

a) das Vorhandensein oder die Art des Produkts;
b) die wesentlichen Merkmale des Produkts wie Verfügbarkeit, Vorteile, Risiken, Ausführung, Zusammensetzung, Zubehör, Kundendienst und Beschwerdeverfahren, Verfahren und Zeitpunkt der Herstellung oder Erbringung, Lieferung, Zwecktauglichkeit, Verwendung, Menge, Beschaffenheit, geografische oder kommerzielle Herkunft oder die von der Verwendung zu erwartenden Ergebnisse oder die Ergebnisse und wesentlichen Merkmale von Tests oder Untersuchungen, denen das Produkt unterzogen wurde;
c) den Umfang der Verpflichtungen des Gewerbetreibenden, die Beweggründe für die Geschäftspraxis und die Art des Vertriebsverfahrens, die Aussagen oder Symbole jeder Art, die im Zusammenhang mit direktem oder indirektem Sponsoring stehen oder sich auf eine Zulassung des Gewerbetreibenden oder des Produkts beziehen;
d) der Preis, die Art der Preisberechnung oder das Vorhandensein eines besonderer Preisvorteils;
e) die Notwendigkeit einer Leistung, eines Ersatzteils, eines Austauschs oder einer Reparatur;
f) die Person, die Eigenschaften oder die Rechte des Gewerbetreibenden oder seines Vertreters, wie Identität und Vermögen, seine Befähigungen, seinen Status, seine Zulassung, Mitgliedschaften oder Beziehungen sowie gewerbliche oder kommerzielle Eigentumsrechte oder Rechte an geistigem Eigentum oder seine Auszeichnungen und Ehrungen;

g) die Rechte des Verbrauchers einschließlich des Rechts auf Ersatzlieferung oder Erstattung gemäß der Richtlinie 1999/44/EG des Europäischen Parlaments und des Rates vom 25. Mai 1999 zu bestimmten Aspekten des Verbrauchsgüterkaufs und der Garantien für Verbrauchsgüter[1] oder die Risiken, denen er sich möglicherweise aussetzt.

(2) Eine Geschäftspraxis gilt ferner als irreführend, wenn sie im konkreten Fall unter Berücksichtigung aller tatsächlichen Umstände einen Durchschnittsverbraucher zu einer geschäftlichen Entscheidung veranlasst oder zu veranlassen geeignet ist, die er ansonsten nicht getroffen hätte, und Folgendes beinhaltet:

a) jegliche Art der Vermarktung eines Produkts, einschließlich vergleichender Werbung, die eine Verwechslungsgefahr mit einem anderen Produkt, Warenzeichen, Warennamen oder anderen Kennzeichen eines Mitbewerbers begründet;
b) die Nichteinhaltung von Verpflichtungen, die der Gewerbetreibende im Rahmen von Verhaltenskodizes, auf die er sich verpflichtet hat, eingegangen ist, sofern
   i) es sich nicht um eine Absichtserklärung, sondern um eine eindeutige Verpflichtung handelt, deren Einhaltung nachprüfbar ist,
   und
   ii) der Gewerbetreibende im Rahmen einer Geschäftspraxis darauf hinweist, dass er durch den Kodex gebunden ist.

Art. 7. Irreführende Unterlassungen. (1) Eine Geschäftspraxis gilt als irreführend, wenn sie im konkreten Fall unter Berücksichtigung aller tatsächlichen Umstände und der Beschränkungen des Kommunikationsmediums wesentliche Informationen vorenthält, die der durchschnittliche Verbraucher je nach den Umständen benötigt, um eine informierte geschäftliche Entscheidung zu treffen, und die somit einen Durchschnittsverbraucher zu einer geschäftlichen Entscheidung veranlasst oder zu veranlassen geeignet ist, die er sonst nicht getroffen hätte.

(2) Als irreführende Unterlassung gilt es auch, wenn ein Gewerbetreibender wesentliche Informationen gemäß Absatz 1 unter Berücksichtigung der darin beschriebenen Einzelheiten verheimlicht oder auf unklare, unverständliche, zweideutige Weise oder nicht rechtzeitig bereitstellt oder wenn er den kommerziellen Zweck der Geschäftspraxis nicht kenntlich macht, sofern er sich nicht unmittelbar aus den Umständen ergibt, und dies jeweils einen Durchschnittsverbraucher zu einer geschäftlichen Entscheidung veranlasst oder zu veranlassen geeignet ist, die er ansonsten nicht getroffen hätte.

(3) Werden durch das für die Geschäftspraxis verwendete Kommunikationsmedium räumliche oder zeitliche Beschränkungen auferlegt, so werden diese Beschränkungen und alle Maßnahmen, die der Gewerbetreibende getroffen hat, um den Verbrauchern die Informationen anderweitig zur Verfügung zu stellen, bei der Entscheidung darüber, ob Informationen vorenthalten wurden, berücksichtigt.

(4) Im Falle der Aufforderung zum Kauf gelten folgende Informationen als wesentlich, sofern sie sich nicht unmittelbar aus den Umständen ergeben:

a) die wesentlichen Merkmale des Produkts in dem für das Medium und das Produkt angemessenen Umfang;
b) Anschrift und Identität des Gewerbetreibenden, wie sein Handelsname und gegebenenfalls Anschrift und Identität des Gewerbetreibenden, für den er handelt;
c) der Preis einschließlich aller Steuern und Abgaben oder in den Fällen, in denen der Preis aufgrund der Beschaffenheit des Produkts vernünftigerweise nicht im Voraus berechnet werden kann, die Art der Preisberechnung sowie gegebenenfalls alle zusätzlichen Fracht-, Liefer- oder Zustellkosten oder in den Fällen, in denen diese Kosten vernünftigerweise nicht im Voraus berechnet werden können, die Tatsache, dass solche zusätzliche Kosten anfallen können;
d) die Zahlungs-, Liefer- und Leistungsbedingungen sowie das Verfahren zum Umgang mit Beschwerden, falls sie von den Erfordernissen der beruflichen Sorgfalt abweichen;
e) für Produkte und Rechtsgeschäfte, die ein Rücktritts- oder Widerrufsrecht beinhalten, das Bestehen eines solchen Rechts.

---

[1] ABl. L 171 vom 7.7.1999, S. 12.

(5) Die im Gemeinschaftsrecht festgelegten Informationsanforderungen in Bezug auf kommerzielle Kommunikation einschließlich Werbung oder Marketing, auf die in der nicht erschöpfenden Liste des Anhangs II verwiesen wird, gelten als wesentlich.

Abschnitt 2
Aggressive Geschäftspraktiken

Art. 8. Aggressive Geschäftspraktiken. Eine Geschäftspraxis gilt als aggressiv, wenn sie im konkreten Fall unter Berücksichtigung aller tatsächlichen Umstände die Entscheidungs- oder Verhaltensfreiheit des Durchschnittsverbrauchers in Bezug auf das Produkt durch Belästigung, Nötigung, einschließlich der Anwendung körperlicher Gewalt, oder durch unzulässige Beeinflussung tatsächlich oder voraussichtlich erheblich beeinträchtigt und dieser dadurch tatsächlich oder voraussichtlich dazu veranlasst wird, eine geschäftliche Entscheidung zu treffen, die er andernfalls nicht getroffen hätte.

Art. 9. Belästigung, Nötigung und unzulässige Beeinflussung. Bei der Feststellung, ob im Rahmen einer Geschäftspraxis die Mittel der Belästigung, der Nötigung, einschließlich der Anwendung körperlicher Gewalt, oder der unzulässigen Beeinflussung eingesetzt werden, ist abzustellen auf:

a) Zeitpunkt, Ort, Art oder Dauer des Einsatzes;
b) die Verwendung drohender oder beleidigender Formulierungen oder Verhaltensweisen;
c) die Ausnutzung durch den Gewerbetreibenden von konkreten Unglückssituationen oder Umständen von solcher Schwere, dass sie das Urteilsvermögen des Verbrauchers beeinträchtigen, worüber sich der Gewerbetreibende bewusst ist, um die Entscheidung des Verbrauchers in Bezug auf das Produkt zu beeinflussen;
d) belastende oder unverhältnismäßige Hindernisse nichtvertraglicher Art, mit denen der Gewerbetreibende den Verbraucher an der Ausübung seiner vertraglichen Rechte zu hindern versucht, wozu auch das Recht gehört, den Vertrag zu kündigen oder zu einem anderen Produkt oder einem anderen Gewerbetreibenden zu wechseln;
e) Drohungen mit rechtlich unzulässigen Handlungen.

KAPITEL 3
VERHALTENSKODIZES

Art. 10. Verhaltenskodizes. Diese Richtlinie schließt die Kontrolle – die von den Mitgliedstaaten gefördert werden kann – unlauterer Geschäftspraktiken durch die Urheber von Kodizes und die Inanspruchnahme solcher Einrichtungen durch die in Artikel 11 genannten Personen oder Organisationen nicht aus, wenn entsprechende Verfahren vor solchen Einrichtungen zusätzlich zu den Gerichts- oder Verwaltungsverfahren gemäß dem genannten Artikel zur Verfügung stehen.

Die Inanspruchnahme derartiger Kontrolleinrichtungen bedeutet keineswegs einen Verzicht auf einen Rechtsbehelf vor einem Gericht oder einer Verwaltungsbehörde gemäß Artikel 11.

KAPITEL 4
SCHLUSSBESTIMMUNGEN

Art. 11. Durchsetzung. (1) Die Mitgliedstaaten stellen im Interesse der Verbraucher sicher, dass geeignete und wirksame Mittel zur Bekämpfung unlauterer Geschäftspraktiken vorhanden sind, um die Einhaltung dieser Richtlinie durchzusetzen.

Diese Mittel umfassen Rechtsvorschriften, die es Personen oder Organisationen, die nach dem nationalen Recht ein berechtigtes Interesse an der Bekämpfung unlauterer Geschäftspraktiken haben, einschließlich Mitbewerbern, gestatten,

a) gerichtlich gegen solche unlauteren Geschäftspraktiken vorzugehen
und/oder
b) gegen solche unlauteren Geschäftspraktiken ein Verfahren bei einer Verwaltungsbehörde einzuleiten, die für die Entscheidung über Beschwerden oder für die Einleitung eines geeigneten gerichtlichen Verfahrens zuständig ist.

Jedem Mitgliedstaat bleibt es vorbehalten zu entscheiden, welcher dieser Rechtsbehelfe zur Verfügung stehen wird und ob das Gericht oder die Verwaltungsbehörde ermächtigt werden soll, vorab die Durchführung eines Verfahrens vor anderen bestehenden Einrichtungen zur Regelung von Beschwerden, einschließlich der in Artikel 10 genannten Einrichtungen, zu verlangen. Diese Rechtsbehelfe stehen unabhängig davon zur Verfügung, ob die Verbraucher sich im Hoheitsgebiet des Mitgliedstaats, in dem der Gewerbetreibende niedergelassen ist, oder in einem anderen Mitgliedstaat befinden.

Jedem Mitgliedstaat bleibt vorbehalten zu entscheiden,

a) ob sich diese Rechtsbehelfe getrennt oder gemeinsam gegen mehrere Gewerbetreibende desselben Wirtschaftssektors richten können
und
b) ob sich diese Rechtsbehelfe gegen den Urheber eines Verhaltenskodex richten können, wenn der betreffende Kodex der Nichteinhaltung rechtlicher Vorschriften Vorschub leistet.

(2) Im Rahmen der in Absatz 1 genannten Rechtsvorschriften übertragen die Mitgliedstaaten den Gerichten oder Verwaltungsbehörden Befugnisse, die sie ermächtigen, in Fällen, in denen sie diese Maßnahmen unter Berücksichtigung aller betroffenen Interessen und insbesondere des öffentlichen Interesses für erforderlich halten,

a) die Einstellung der unlauteren Geschäftspraktiken anzuordnen oder ein geeignetes gerichtliches Verfahren zur Anordnung der Einstellung der betreffenden unlauteren Geschäftspraxis einzuleiten,
oder
b) falls die unlautere Geschäftspraxis noch nicht angewandt wurde, ihre Anwendung jedoch bevorsteht, diese Praxis zu verbieten oder ein geeignetes gerichtliches Verfahren zur Anordnung des Verbots dieser Praxis einzuleiten,

auch wenn kein tatsächlicher Verlust oder Schaden bzw. Vorsatz oder Fahrlässigkeit seitens des Gewerbetreibenden nachweisbar ist.

Die Mitgliedstaaten sehen ferner vor, dass die in Unterabsatz 1 genannten Maßnahmen im Rahmen eines beschleunigten Verfahrens mit

– vorläufiger Wirkung
oder
– endgültiger Wirkung

getroffen werden können, wobei jedem Mitgliedstaat vorbehalten bleibt zuentscheiden, welche dieser beiden Möglichkeiten gewählt wird.

Außerdem können die Mitgliedstaaten den Gerichten oder Verwaltungsbehörden Befugnisse übertragen, die sie ermächtigen, zur Beseitigung der fortdauernden Wirkung unlauterer Geschäftspraktiken, deren Einstellung durch eine rechtskräftige Entscheidung angeordnet worden ist,

a) die Veröffentlichung dieser Entscheidung ganz oder auszugsweise und in der von ihnen für angemessen erachteten Form zu verlangen;
b) außerdem die Veröffentlichung einer berichtigenden Erklärung zu verlangen.

(3) Die in Absatz 1 genannten Verwaltungsbehörden müssen

a) so zusammengesetzt sein, dass ihre Unparteilichkeit nicht in Zweifel gezogen werden kann;
b) über ausreichende Befugnisse verfügen, um die Einhaltung ihrer Entscheidungen über Beschwerden wirksam überwachen und durchsetzen zu können;
c) in der Regel ihre Entscheidungen begründen.

Werden die in Absatz 2 genannten Befugnisse ausschließlich von einer Verwaltungsbehörde ausgeübt, so sind die Entscheidungen stets zu begründen. In diesem Fall sind ferner Verfahren vorzusehen, in denen eine fehlerhafte oder unsachgemäße Ausübung der Befugnisse durch die Verwaltungsbehörde oder eine fehlerhafte oder unsachgemäße Nichtausübung dieser Befugnisse von den Gerichten überprüft werden kann.

Art. 12. Gerichte und Verwaltungsbehörden: Begründung von Behauptungen. Die Mitgliedstaaten übertragen den Gerichten oder Verwaltungsbehörden Befugnisse, die sie ermächtigen, in den in Artikel 11 vorgesehenen Verfahren vor den Zivilgerichten oder Verwaltungsbehörden

a) vom Gewerbetreibenden den Beweis der Richtigkeit von Tatsachenbehauptungen im Zusammenhang mit einer Geschäftspraxis zu verlangen, wenn ein solches Verlangen unter Berücksichtigung der berechtigten Interessen des Gewerbetreibenden und anderer Verfahrensbeteiligter im Hinblick auf die Umstände des Einzelfalls angemessen erscheint,
und
b) Tatsachenbehauptungen als unrichtig anzusehen, wenn der gemäß Buchstabe a verlangte Beweis nicht angetreten wird oder wenn er von dem Gericht oder der Verwaltungsbehörde für unzureichend erachtet wird.

Art. 13. Sanktionen. Die Mitgliedstaaten legen die Sanktionen fest, die bei Verstößen gegen die nationalen Vorschriften zur Umsetzung dieser Richtlinie anzuwenden sind, und treffen alle geeigneten Maßnahmen, um ihre Durchsetzung sicherzustellen. Diese Sanktionen müssen wirksam, verhältnismäßig und abschreckend sein.

Art. 14. Änderung der Richtlinie 84/450/EWG. Die Richtlinie 84/450/EWG wird wie folgt geändert:

1. Artikel 1 erhält folgende Fassung:
„*Artikel 1*
Zweck dieser Richtlinie ist der Schutz von Gewerbetreibenden vor irreführender Werbung und deren unlautere Auswirkungen sowie die Festlegung der Bedingungen für zulässige vergleichende Werbung."
2. Artikel 2 wird wie folgt geändert:
– Die Nummer 3 erhält folgende Fassung:
„3. ‚Gewerbetreibender' jede natürliche oder juristische Person, die im Rahmen ihrer gewerblichen, handwerklichen oder beruflichen Tätigkeit handelt, und jede Person, die im Namen oder Auftrag des Gewerbetreibenden handelt;".
– Folgende Nummer wird angefügt:
„4. ‚Urheber eines Kodex' jede Rechtspersönlichkeit, einschließlich einzelner Gewerbetreibender oder Gruppen von Gewerbetreibenden, die für die Formulierung und Überarbeitung eines Verhaltenskodex und/oder für die Überwachung der Einhaltung dieses Kodex durch alle diejenigen, die sich darauf verpflichtet haben, zuständig ist."
3. Artikel 3a erhält folgende Fassung:
„*Artikel 3a*
(1) Vergleichende Werbung gilt, was den Vergleich anbelangt, als zulässig, sofern folgende Bedingungen erfüllt sind:
a) Sie ist nicht irreführend im Sinne der Artikel 2 Nummer 2, Artikel 3 und Artikel 7 Absatz 1 der vorliegenden Richtlinie oder im Sinne der Artikel 6 und 7 der Richtlinie 2005/29/EG des Europäischen Parlaments und des Rates vom 11. Mai 2005 über unlautere Geschäftspraktiken im binnenmarktinternen Geschäftsverkehr zwischen Unternehmen und Verbrauchern[1];
b) sie vergleicht Waren oder Dienstleistungen für den gleichen Bedarf oder dieselbe Zweckbestimmung;
c) sie vergleicht objektiv eine oder mehrere wesentliche, relevante, nachprüfbare und typische Eigenschaften dieser Waren und Dienstleistungen, zu denen auch der Preis gehören kann;
d) durch sie werden weder die Marken, die Handelsnamen oder andere Unterscheidungszeichen noch die Waren, die Dienstleistungen, die Tätigkeiten oder die Verhältnisse eines Mitbewerbers herabgesetzt oder verunglimpft;
e) bei Waren mit Ursprungsbezeichnung bezieht sie sich in jedem Fall auf Waren mit der gleichen Bezeichnung;
f) sie nutzt den Ruf einer Marke, eines Handelsnamens oder anderer Unterscheidungszeichen eines Mitbewerbers oder der Ursprungsbezeichnung von Konkurrenzerzeugnissen nicht in unlauterer Weise aus;
g) sie stellt nicht eine Ware oder eine Dienstleistung als Imitation oder Nachahmung einer Ware oder Dienstleistung mit geschützter Marke oder geschütztem Handelsnamen dar;

[1] ABl. L 149 vom 11.6.2005, S. 22.

h) sie begründet keine Verwechslungsgefahr bei den Gewerbetreibenden, zwischen dem Werbenden und einem Mitbewerber oder zwischen den Warenzeichen, Warennamen, sonstigen Kennzeichen, Waren oder Dienstleistungen des Werbenden und denen eines Mitbewerbers."

4. Artikel 4 Absatz 1 erhält folgende Fassung:
„(1) Die Mitgliedstaaten stellen im Interesse der Gewerbetreibenden und ihrer Mitbewerber sicher, dass geeignete und wirksame Mittel zur Bekämpfung der irreführenden Werbung und zur Gewährleistung der Einhaltung der Bestimmungen über vergleichende Werbung vorhanden sind. Diese Mittel umfassen Rechtsvorschriften, die es den Personen oder Organisationen, die nach dem nationalen Recht ein berechtigtes Interesse am Verbot irreführender Werbung oder an der Regelung vergleichender Werbung haben, gestatten,
a) gerichtlich gegen eine solche Werbung vorzugehen
oder
b) eine solche Werbung vor eine Verwaltungsbehörde zu bringen, die zuständig ist, über Beschwerden zu entscheiden oder geeignete gerichtliche Schritte einzuleiten.
Es obliegt jedem Mitgliedstaat zu entscheiden, welches dieser Mittel gegeben sein soll und ob das Gericht oder die Verwaltungsbehörden ermächtigt werden sollen, vorab die Durchführung eines Verfahrens vor anderen bestehenden Einrichtungen zur Regelung von Beschwerden, einschließlich der in Artikel 5 genannten Einrichtungen, zu verlangen.
Es obliegt jedem Mitgliedstaat zu entscheiden,
a) ob sich diese Rechtsbehelfe getrennt oder gemeinsam gegen mehrere Gewerbetreibende desselben Wirtschaftssektors richten können
und
b) ob sich diese Rechtsbehelfe gegen den Urheber eines Verhaltenskodex richten können, wenn der betreffende Kodex der Nichteinhaltung rechtlicher Vorschriften Vorschub leistet."

5. Artikel 7 Absatz 1 erhält folgende Fassung:
„(1) Diese Richtlinie hindert die Mitgliedstaaten nicht daran, Bestimmungen aufrechtzuerhalten oder zu erlassen, die bei irreführender Werbung einen weiterreichenden Schutz der Gewerbetreibenden und Mitbewerber vorsehen."

Art. 15. Änderung der Richtlinien 97/7/EG und 2002/65/EG

1. Artikel 9 der Richtlinie 97/7/EG erhält folgende Fassung:
„**Art. 9. Unbestellte Waren oder Dienstleistungen.** Angesichts des in der Richtlinie 2005/29/EG des Europäischen Parlaments und des Rates vom 11. Mai 2005 über unlautere Geschäftspraktiken im binnenmarktinternen Geschäftsverkehr zwischen Unternehmen und Verbrauchern[1] festgelegten Verbots von Praktiken bezüglich unbestellter Waren oder Dienstleistungen treffen die Mitgliedstaaten die erforderlichen Maßnahmen, um den Verbraucher von jedweder Gegenleistung für den Fall zu befreien, dass unbestellte Waren geliefert oder unbestellte Dienstleistungen erbracht wurden, wobei das Ausbleiben einer Reaktion nicht als Zustimmung gilt."

2. Artikel 9 der Richtlinie 2002/65/EG erhält folgende Fassung:
„**Art. 9.** Angesichts des in der Richtlinie 2005/29/EG des Europäischen Parlaments und des Rates vom 11. Mai 2005 über unlautere Geschäftspraktiken im binnenmarktinternen Geschäftsverkehr zwischen Unternehmen und Verbrauchern[2] festgelegten Verbots von Praktiken bezüglich unbestellter Waren oder Dienstleistungen und unbeschadet der Rechtsvorschriften der Mitgliedstaaten über die stillschweigende Verlängerung von Fernabsatzverträgen, soweit danach eine stillschweigende Verlängerung möglich ist, treffen die Mitgliedstaaten Maßnahmen, um die Verbraucher für den Fall, dass unbestellte Waren geliefert oder unbestellte Dienstleistungen erbracht wurden, von jeder Verpflichtung zu befreien, wobei das Ausbleiben einer Antwort nicht als Zustimmung gilt.

[1] ABl. L 149 vom 11.6.2005, S. 22.
[2] ABl. L 149 vom 11.6.2005, S. 22.

Art. 16. Änderung der Richtlinie 98/27/EG und der Verordnung (EG) Nr 2006/2004.

1. Der Anhang Nummer 1 der Richtlinie 98/27/EG erhält folgende Fassung:
„1. Richtlinie 2005/29/EG des Europäischen Parlaments und des Rates vom 11. Mai 2005 über unlautere Geschäftspraktiken im binnenmarktinternen Geschäftsverkehr zwischen Unternehmen und Verbrauchern (ABl. L 149 vom 11.6.2005, S. 22).“
2. Im Anhang der Verordnung (EG) Nr. 2006/2004des Europäischen Parlaments und des Rates vom 27. Oktober 2004 über die Zusammenarbeit zwischen den für die Durchsetzung der Verbraucherschutzgesetze zuständigen nationalen Behörden[1] wird folgende Nummer angefügt:
„16. Richtlinie 2005/29/EG des Europäischen Parlaments und des Rates vom 11. Mai 2005 über unlautere Geschäftspraktiken im binnenmarktinternen Geschäftsverkehr zwischen Unternehmen und Verbrauchern (ABl. L 149 vom 11.6.2005, S. 22).“

Art. 17. Information. Die Mitgliedstaaten treffen angemessene Maßnahmen, um die Verbraucher über die nationalen Bestimmungen zur Umsetzung dieser Richtlinie zu informieren, und regen gegebenenfalls Gewerbetreibende und Urheber von Kodizes dazu an, die Verbraucher über ihre Verhaltenskodizes zu informieren.

Art. 18. Änderung. (1) Die Kommission legt dem Europäischen Parlament und dem Rat spätestens am 12. Juni 2011 einen umfassenden Bericht über die Anwendung dieser Richtlinie, insbesondere von Artikel 3 Absatz 9, Artikel 4 und Anhang I, den Anwendungsbereich einer weiteren Angleichung und die Vereinfachung des Gemeinschaftsrechts zum Verbraucherschutz sowie, unter Berücksichtigung des Artikels 3 Absatz 5, über Maßnahmen vor, die auf Gemeinschaftsebene ergriffen werden müssen, um sicherzustellen, dass ein angemessenes Verbraucherschutzniveau beibehalten wird. Dem Bericht wird erforderlichenfalls ein Vorschlag zur Änderung dieser Richtlinie oder anderer einschlägiger Teile des Gemeinschaftsrechts beigefügt.

(2) Das Europäische Parlament und der Rat streben gemäß dem Vertrag danach, binnen zwei Jahren nach Vorlage eines Vorschlags der Kommission nach Absatz 1 geeignete Maßnahmen zu treffen.

Art. 19. Umsetzung. Die Mitgliedstaaten erlassen und veröffentlichen bis zum 12. Juni 2007 die Rechts- und Verwaltungsvorschriften, die erforderlich sind, um dieser Richtlinie nachzukommen. Sie setzen die Kommission davon und von allen späteren Änderungen unverzüglich in Kenntnis.

Sie wenden diese Vorschriften ab dem 12. Dezember 2007 an. Wenn die Mitgliedstaaten diese Vorschriften erlassen, nehmen sie in den Vorschriften selbst oder durch einen Hinweis bei der amtlichen Veröffentlichung auf diese Richtlinie Bezug. Die Mitgliedstaaten regeln die Einzelheiten der Bezugnahme.

Art. 20. Inkrafttreten. Diese Richtlinie tritt am Tag nach ihrer Veröffentlichung im *Amtsblatt der Europäischen Union* in Kraft.

Art. 21. Adressaten. Diese Richtlinie ist an die Mitgliedstaaten gerichtet.

Geschehen zu Straßburg am 11. Mai 2005.

In Namen des Europäischen Parlaments	*Im Namen des Rates*
Der Präsident	*Der Präsident*
J.P. BORRELL FONTELLES	N. SCHMIT

[1] ABl. L 364 vom 9.12.2004, S. 1.

ANHANG I

GESCHÄFTSPRAKTIKEN, DIE UNTER ALLEN UMSTÄNDEN ALS UNLAUTER GELTEN

Irreführende Geschäftspraktiken

1. Die Behauptung eines Gewerbetreibenden, zu den Unterzeichnern eines Verhaltenskodex zu gehören, obgleich dies nicht der Fall ist.
2. Die Verwendung von Gütezeichen, Qualitätskennzeichen oder Ähnlichem ohne die erforderliche Genehmigung.
3. Die Behauptung, ein Verhaltenskodex sei von einer öffentlichen oder anderen Stelle gebilligt, obgleich dies nicht der Fall ist.
4. Die Behauptung, dass ein Gewerbetreibender (einschließlich seiner Geschäftspraktiken) oder ein Produkt von einer öffentlichen oder privaten Stelle bestätigt, gebilligt oder genehmigt worden sei, obwohl dies nicht der Fall ist, oder die Aufstellung einer solchen Behauptung, ohne dass den Bedingungen für die Bestätigung, Billigung oder Genehmigung entsprochen wird.
5. Aufforderung zum Kauf von Produkten zu einem bestimmten Preis, ohne dass darüber aufgeklärt wird, dass der Gewerbetreibende hinreichende Gründe für die Annahme hat, dass er nicht in der Lage sein wird, dieses oder ein gleichwertiges Produkt zu dem genannten Preis für einen Zeitraum und in einer Menge zur Lieferung bereitzustellen oder durch einen anderen Gewerbetreibenden bereitstellen zu lassen, wie es in Bezug auf das Produkt, den Umfang der für das Produkt eingesetzten Werbung und den Angebotspreis angemessen wäre (Lockangebote).
6. Aufforderung zum Kauf von Produkten zu einem bestimmten Preis und dann
   a) Weigerung, dem Verbraucher den beworbenen Artikel zu zeigen,
      oder
   b) Weigerung, Bestellungen dafür anzunehmen oder innerhalb einer vertretbaren Zeit zu liefern,
      oder
   c) Vorführung eines fehlerhaften Exemplars

   in der Absicht, stattdessen ein anderes Produkt abzusetzen („bait-and-switch"-Technik).
7. Falsche Behauptung, dass das Produkt nur eine sehr begrenzte Zeit oder nur eine sehr begrenzte Zeit zu bestimmten Bedingungen verfügbar sein werde, um so den Verbraucher zu einer sofortigen Entscheidung zu verleiten, so dass er weder Zeit noch Gelegenheit hat, eine informierte Entscheidung zu treffen.
8. Verbrauchern, mit denen der Gewerbetreibende vor Abschluss des Geschäfts in einer Sprache kommuniziert hat, bei der es sich nicht um eine Amtssprache des Mitgliedstaats handelt, in dem der Gewerbetreibende niedergelassen ist, wird eine nach Abschluss des Geschäfts zu erbringende Leistung zugesichert, diese Leistung wird anschließend aber nur in einer anderen Sprache erbracht, ohne dass der Verbraucher eindeutig hierüber aufgeklärt wird, bevor er das Geschäft tätigt.
9. Behauptung oder anderweitige Herbeiführung des Eindrucks, ein Produkt könne rechtmäßig verkauft werden, obgleich dies nicht der Fall ist.
10. Den Verbrauchern gesetzlich zugestandene Rechte werden als Besonderheit des Angebots des Gewerbetreibenden präsentiert.
11. Es werden redaktionelle Inhalte in Medien zu Zwecken der Verkaufsförderung eingesetzt und der Gewerbetreibende hat diese Verkaufsförderung bezahlt, ohne dass dies aus dem Inhalt oder aus für den Verbraucher klar erkennbaren Bildern und Tönen eindeutig hervorgehen würde (als Information getarnte Werbung). Die Richtlinie 89/552/EWG[1] bleibt davon unberührt.

---

[1] Richtlinie 89/552/EWG des Rates vom 3. Oktober 1989 zur Koordinierung bestimmter Rechts- und Verwaltungsvorschriften der Mitgliedstaaten über die Ausübung der Fernsehtätigkeit (ABl. L 298 vom 17.10.1989, S. 23). Geändert durch die Richtlinie 97/36/EG des Europäischen Parlaments und des Rates (ABl. L 202 vom 30.7.1997, S. 60).

12. Aufstellen einer sachlich falschen Behauptung über die Art und das Ausmaß der Gefahr für die persönliche Sicherheit des Verbrauchers oder seiner Familie für den Fall, dass er das Produkt nicht kauft.
13. Werbung für ein Produkt, das einem Produkt eines bestimmten Herstellers ähnlich ist, in einer Weise, die den Verbraucher absichtlich dazu verleitet, zu glauben, das Produkt sei von jenem Hersteller hergestellt worden, obwohl dies nicht der Fall ist.
14. Einführung, Betrieb oder Förderung eines Schneeballsystems zur Verkaufsförderung, bei dem der Verbraucher die Möglichkeit vor Augen hat, eine Vergütung zu erzielen, die hauptsächlich durch die Einführung neuer Verbraucher in ein solches System und weniger durch den Verkauf oder Verbrauch von Produkten zu erzielen ist.
15. Behauptung, der Gewerbetreibende werde demnächst sein Geschäft aufgeben oder seine Geschäftsräume verlegen, obwohl er dies keineswegs beabsichtigt.
16. Behauptung, Produkte könnten die Gewinnchancen bei Glücksspielen erhöhen.
17. Falsche Behauptung, ein Produkt könne Krankheiten, Funktionsstörungen oder Missbildungen heilen.
18. Erteilung sachlich falscher Informationen über die Marktbedingungen oder die Möglichkeit, das Produkt zu finden, mit dem Ziel, den Verbraucher dazu zu bewegen, das Produkt zu weniger günstigen Bedingungen als den normalen Marktbedingungen zu kaufen.
19. Es werden Wettbewerbe und Preisausschreiben angeboten, ohne dass die beschriebenen Preise oder ein angemessenes Äquivalent vergeben werden.
20. Ein Produkt wird als „gratis“, „umsonst“, „kostenfrei“ oder Ähnliches beschrieben, obwohl der Verbraucher weitere Kosten als die Kosten zu tragen hat, die im Rahmen des Eingehens auf die Geschäftspraktik und für die Abholung oder Lieferung der Ware unvermeidbar sind.
21. Werbematerialien wird eine Rechnung oder ein ähnliches Dokument mit einer Zahlungsaufforderung beigefügt, die dem Verbraucher den Eindruck vermitteln, dass er das beworbene Produkt bereits bestellt hat, obwohl dies nicht der Fall ist.
22. Fälschliche Behauptung oder Erweckung des Eindrucks, dass der Händler nicht für die Zwecke seines Handels, Geschäfts, Gewerbes oder Berufs handelt, oder fälschliches Auftreten als Verbraucher.
23. Erwecken des fälschlichen Eindrucks, dass der Kundendienst im Zusammenhang mit einem Produkt in einem anderen Mitgliedstaat verfügbar sei als demjenigen, in dem das Produkt verkauft wird.

Aggressive Geschäftspraktiken

24. Erwecken des Eindrucks, der Verbraucher könne die Räumlichkeiten ohne Vertragsabschluss nicht verlassen.
25. Nichtbeachtung der Aufforderung des Verbrauchers bei persönlichen Besuchen in dessen Wohnung, diese zu verlassen bzw. nicht zurückzukehren, außer in Fällen und in den Grenzen, in denen dies nach dem nationalen Recht gerechtfertigt ist, um eine vertragliche Verpflichtung durchzusetzen.
26. Kunden werden durch hartnäckiges und unerwünschtes Ansprechen über Telefon, Fax, E-Mail oder sonstige für den Fernabsatz geeignete Medien geworben, außer in Fällen und in den Grenzen, in denen ein solches Verhalten nach den nationalen Rechtsvorschriften gerechtfertigt ist, um eine vertragliche Verpflichtung durchzusetzen. Dies gilt unbeschadet des Artikels 10 der Richtlinie 97/7/EG sowie der Richtlinien 95/46/EG[1] und 2002/58/EG.
27. Aufforderung eines Verbrauchers, der eine Versicherungspolice in Anspruch nehmen möchte, Dokumente vorzulegen, die vernünftigerweise nicht als relevant für die Gültigkeit des Anspruchs anzusehen sind, oder systematische Nichtbeantwortung einschlägiger Schreiben, um so den Verbraucher von der Ausübung seiner vertraglichen Rechte abzuhalten.
28. Einbeziehung einer direkten Aufforderung an Kinder in eine Werbung, die beworbenen Produkte zu kaufen oder ihre Eltern oder andere Erwachsene zu überreden, die beworbe-

[1] Richtlinie 95/46/EG des Europäischen Parlaments und des Rates vom 24. Oktober 1995 zum Schutz natürlicher Personen bei der Verarbeitung personenbezogener Daten und zum freien Datenverkehr (ABl. L 281 vom 23.11.1995, S. 31). Geändert durch die Verordnung (EG) Nr. 1882/2003 (ABl. L 284 vom 31.10.2003, S. 1).

nen Produkte für sie zu kaufen. Diese Bestimmung gilt unbeschadet des Artikels 16 der Richtlinie 89/552/EWG über die Ausübung der Fernsehtätigkeit.

29. Aufforderung des Verbrauchers zur sofortigen oder späteren Bezahlung oder zur Rücksendung oder Verwahrung von Produkten, die der Gewebetreibende geliefert, der Verbraucher aber nicht bestellt hat (unbestellte Waren oder Dienstleistungen); ausgenommen hiervon sind Produkte, bei denen es sich um Ersatzlieferungen gemäß Artikel 7 Absatz 3 der Richtlinie 97/7/EG handelt.
30. Ausdrücklicher Hinweis gegenüber dem Verbraucher, dass Arbeitsplatz oder Lebensunterhalt des Gewerbetreibenden gefährdet sind, falls der Verbraucher das Produkt oder die Dienstleistung nicht erwirbt.
31. Erwecken des fälschlichen Eindrucks, der Verbraucher habe bereits einen Preis gewonnen, werde einen Preis gewinnen oder werde durch eine bestimmte Handlung einen Preis oder einen sonstigen Vorteil gewinnen, obwohl:
    - es in Wirklichkeit keinen Preis oder sonstigen Vorteil gibt,
      oder
    - die Möglichkeit des Verbrauchers, Handlungen in Bezug auf die Inanspruchnahme des Preises oder eines sonstigen Vorteils vorzunehmen, in Wirklichkeit von der Zahlung eines Betrags oder der Übernahme von Kosten durch den Verbraucher abhängig gemacht wird.

ANHANG II

BESTIMMUNGEN DES GEMEINSCHAFTSRECHTS ZUR REGELUNG DER BEREICHE WERBUNG UND KOMMERZIELLE KOMMUNIKATION

Artikel 4 und 5 der Richtlinie 97/7/EG

Artikel 3 der Richtlinie 90/314/EWG des Rates vom 13. Juni 1990 über Pauschalreisen[1]

Artikel 3 Absatz 3 der Richtlinie 94/47/EG des Europäischen Parlaments und des Rates vom 26. Oktober 1994 zum Schutz der Erwerber im Hinblick auf bestimmte Aspekte von Verträgen über den Erwerb von Teilzeitnutzungsrechten an Immobilien[2]

Artikel 3 Absatz 4 der Richtlinie 98/6/EG des Europäischen Parlaments und des Rates vom 16. Februar 1998 über den Schutz der Verbraucher bei der Angabe der Preise der ihnen angebotenen Erzeugnisse[3]

Artikel 86 bis 100 der Richtlinie 2001/83/EG des Europäischen Parlaments und des Rates vom 6. November 2001 zur Schaffung eines Gemeinschaftskodexes für Humanarzneimittel[4]

Artikel 5 und 6 der Richtlinie 2000/31/EG des Europäischen Parlaments und des Rates vom 8. Juni 2000 über bestimmte rechtliche Aspekte der Dienste der Informationsgesellschaft, insbesondere des elektronischen Geschäftsverkehrs, im Binnenmarkt („Richtlinie über den elektronischen Geschäftsverkehr“)[5]

Artikel 1 Buchstabe d der Richtlinie 98/7/EG des Europäischen Parlaments und des Rates vom 16. Februar 1998 zur Änderung der Richtlinie 87/102/EWG des Rates zur Angleichung der Rechts- und Verwaltungsvorschriften der Mitgliedstaaten über den Verbraucherkredit[6]

Artikel 3 und 4 der Richtlinie 2002/65/EG

Artikel 1 Nummer 9 der Richtlinie 2001/107/EG des Europäischen Parlaments und des Rates vom 21. Januar 2002 zur Änderung der Richtlinie 85/611/EWG des Rates zur Koordinie-

---

[1] ABl. L 158 vom 23.6.1990, S. 59.

[2] ABl. L 280 vom 29.10.1994, S. 83.

[3] ABl. L 80 vom 18.3.1998, S. 27.

[4] ABl. L 311 vom 28.11.2001, S. 67. Richtlinie zuletzt geändert durch die Richtlinie 2004/27/EG (ABl. L 136 vom 30.4.2004, S. 34).

[5] ABl. L 178 vom 17.7.2000, S. 1.

[6] ABl. L 101 vom 1.4.1998, S. 17.

rung der Rechts- und Verwaltungsvorschriften betreffend bestimmte Organismen für gemeinsame Anlagen in Wertpapieren (OGAW) zwecks Festlegung von Bestimmungen für Verwaltungsgesellschaften und vereinfache Prospekte[1]

Artikel 12 und 13 der Richtlinie 2002/92/EG des Europäischen Parlaments und des Rates vom 9. Dezember 2002 über Versicherungsvermittlung[2]

Artikel 36 der Richtlinie 2002/83/EG des Europäischen Parlaments und des Rates vom 5. November 2002 über Lebensversicherungen[3]

Artikel 19 der Richtlinie 2004/39/EG des Europäischen Parlaments und des Rates vom 21. April 2004 über Märkte für Finanzinstrumente[4]

Artikel 31 und 43 der Richtlinie 92/49/EWG des Rates vom 18. Juni 1992 zur Koordinierung der Rechts- und Verwaltungsvorschriften für die Direktversicherung (mit Ausnahme der Lebensversicherung)[5] (Dritte Richtlinie Schadenversicherung)

Artikel 5, 7 und 8 der Richtlinie 2003/71/EG des Europäischen Parlaments und des Rates vom 4. November 2003 betreffend den Prospekt, der beim öffentlichen Angebot von Wertpapieren oder bei deren Zulassung zum Handel zu veröffentlichen[6]

---

[1] ABl. L 41 vom 13.2.2002, S. 20.

[2] ABl. L 9 vom 15.1.2003, S. 3.

[3] ABl. L 345 vom 19.12.2002, S. 1. Richtlinie geändert durch die Richtlinie 2004/66/EG des Rates (ABl. L 168 vom 1.5.2004, S. 35).

[4] ABl. L 145 vom 30.4.2004, S. 1.

[5] ABl. L 228 vom 11.8.1992, S. 1. Richtlinie zuletzt geändert durch die Richtlinie 2002/87/EG des Europäischen Parlaments und des Rates (ABl. L 35 vom 11.2.2003, S. 1).

[6] ABl. L 345 vom 31.12.2003, S. 64.

3. Richtlinie 2006/114/EG des europäischen Parlaments und des Rates vom 12. Dezember 2006 über irreführende und vergleichende Werbung (kodifizierte Fassung)

(ABl. EG 2006 Nr. L 376/21 vom 27.12.2006)

(Text von Bedeutung für den EWR)

DAS EUROPÄISCHE PARLAMENT UND DER RAT DER EUROPÄISCHEN UNION –
gestützt auf den Vertrag zur Gründung der Europäischen Gemeinschaft, insbesondere auf Artikel 95,
auf Vorschlag der Kommission,
nach Stellungnahme des Europäischen Wirtschafts- und Sozialausschusses[1],
gemäß dem Verfahren des Artikels 251 des Vertrags[2],
in Erwägung nachstehender Gründe:

(1) Die Richtlinie 84/450/EWG des Rates vom 10. September 1984 über irreführende und vergleichende Werbung[3] ist mehrfach und in wesentlichen Punkten geändert worden[4]. Aus Gründen der Übersichtlichkeit und Klarheit empfiehlt es sich, sie zu kodifizieren.

(2) Die in den Mitgliedstaaten geltenden Vorschriften gegen irreführende Werbung weichen stark voneinander ab. Da die Werbung über die Grenzen der einzelnen Mitgliedstaaten hinausreicht, wirkt sie sich unmittelbar auf das reibungslose Funktionieren des Binnenmarktes aus.

(3) Irreführende und unzulässige vergleichende Werbung ist geeignet, zur Verfälschung des Wettbewerbs im Binnenmarkt zu führen.

(4) Die Werbung berührt unabhängig davon, ob sie zum Abschluss eines Vertrags führt, die wirtschaftlichen Interessen der Verbraucher und der Gewerbetreibenden.

(5) Die Unterschiede zwischen den einzelstaatlichen Rechtsvorschriften über Werbung, die für Unternehmen irreführend ist, behindern die Durchführung von Werbekampagnen, die die Grenzen eines Staates überschreiten, und beeinflussen so den freien Verkehr von Waren und Dienstleistungen.

(6) Mit der Vollendung des Binnenmarktes ist das Angebot vielfältig. Da die Verbraucher und Gewerbetreibenden aus dem Binnenmarkt den größtmöglichen Vorteil ziehen können und sollen, und da die Werbung ein sehr wichtiges Instrument ist, mit dem überall in der Gemeinschaft wirksam Märkte für Erzeugnisse und Dienstleistungen erschlossen werden können, sollten die wesentlichen Vorschriften für Form und Inhalt der Werbung einheitlich sein und die Bedingungen für vergleichende Werbung in den Mitgliedstaaten harmonisiert werden. Unter diesen Umständen sollte dies dazu beitragen, die Vorteile der verschiedenen vergleichbaren Erzeugnisse objektiv herauszustellen. Vergleichende Werbung kann ferner den Wettbewerb zwischen den Anbietern von Waren und Dienstleistungen im Interesse der Verbraucher fördern.

(7) Es sollten objektive Mindestkriterien aufgestellt werden, nach denen beurteilt werden kann, ob eine Werbung irreführend ist.

(8) Vergleichende Werbung kann, wenn sie wesentliche, relevante, nachprüfbare und typische Eigenschaften vergleicht und nicht irreführend ist, ein zulässiges Mittel zur Unterrichtung der Verbraucher über ihre Vorteile darstellen. Der Begriff „vergleichende Werbung" sollte breit gefasst werden, so dass alle Arten der vergleichenden Werbung abgedeckt werden.

(9) Es sollten Bedingungen für zulässige vergleichende Werbung vorgesehen werden, soweit der vergleichende Aspekt betroffen ist, mit denen festgelegt wird, welche Praktiken der verglei-

---

[1] Stellungnahme vom 26. Oktober 2006 (noch nicht im Amtsblatt veröffentlicht).

[2] Stellungnahme des Europäischen Parlaments vom 12. Oktober 2006 (noch nicht im Amtsblatt veröffentlicht) und Beschluss des Rates vom 30. November 2006.

[3] ABl. L 250 vom 19.9.1984, S. 17. Zuletzt geändert durch die Richtlinie 2005/29/EG des Europäischen Parlaments und des Rates (ABl. L 149 vom 11.6.2005, S. 22).

[4] Siehe Anhang I Teil A.

chenden Werbung den Wettbewerb verzerren, die Mitbewerber schädigen und die Entscheidung der Verbraucher negativ beeinflussen können. Diese Bedingungen für zulässige vergleichende Werbung sollten Kriterien beinhalten, die einen objektiven Vergleich der Eigenschaften von Waren und Dienstleistungen ermöglichen.

(10) Werden in der vergleichenden Werbung die Ergebnisse der von Dritten durchgeführten vergleichenden Tests angeführt oder wiedergegeben, so sollten die internationalen Vereinbarungen zum Urheberrecht und die innerstaatlichen Bestimmungen über vertragliche und außervertragliche Haftung gelten.

(11) Die Bedingungen für vergleichende Werbung sollten kumulativ sein und uneingeschränkt eingehalten werden. Die Wahl der Form und der Mittel für die Umsetzung dieser Bedingungen sollte gemäß dem Vertrag den Mitgliedstaaten überlassen bleiben, sofern Form und Mittel noch nicht durch diese Richtlinie festgelegt sind.

(12) Zu diesen Bedingungen sollte insbesondere die Einhaltung der Vorschriften gehören, die sich aus der Verordnung (EG) Nr. 510/2006 des Rates vom 20. März 2006 zum Schutz von geographischen Angaben und Ursprungsbezeichnungen für Agrarerzeugnisse und Lebensmittel[1], insbesondere aus Artikel 13 dieser Verordnung, und den übrigen Gemeinschaftsvorschriften im Bereich der Landwirtschaft ergeben.

(13) Gemäß Artikel 5 der Ersten Richtlinie 89/104/EWG des Rates vom 21. Dezember 1988 zur Angleichung der Rechtsvorschriften der Mitgliedstaaten über die Marken[2] steht dem Inhaber einer eingetragenen Marke ein Ausschließlichkeitsrecht zu, das insbesondere das Recht einschließt, Dritten im geschäftlichen Verkehr die Benutzung eines identischen oder ähnlichen Zeichens für identische Produkte oder Dienstleistungen, gegebenenfalls sogar für andere Produkte, zu untersagen.

(14) Indessen kann es für eine wirksame vergleichende Werbung unerlässlich sein, Waren oder Dienstleistungen eines Mitbewerbers dadurch erkennbar zu machen, dass auf eine ihm gehörende Marke oder auf seinen Handelsnamen Bezug genommen wird.

(15) Eine solche Benutzung von Marken, Handelsnamen oder anderen Unterscheidungszeichen eines Mitbewerbers verletzt nicht das Ausschließlichkeitsrecht Dritter, wenn sie unter Beachtung der in dieser Richtlinie aufgestellten Bedingungen erfolgt und nur eine Unterscheidung bezweckt, durch die Unterschiede objektiv herausgestellt werden sollen.

(16) Personen oder Organisationen, die nach dem nationalen Recht ein berechtigtes Interesse an der Angelegenheit haben, sollten die Möglichkeit besitzen, vor Gericht oder bei einer Verwaltungsbehörde, die über Beschwerden entscheiden oder geeignete gerichtliche Schritte einleiten kann, gegen irreführende und unzulässige vergleichende Werbung vorzugehen.

(17) Die Gerichte oder Verwaltungsbehörden sollten die Befugnis haben, die Einstellung einer irreführenden oder einer unzulässigen vergleichenden Werbung anzuordnen oder zu erwirken. In bestimmten Fällen kann es zweckmäßig sein, irreführende und unzulässige vergleichende Werbung zu untersagen, noch ehe sie veröffentlicht worden ist. Das bedeutet jedoch nicht, dass die Mitgliedstaaten verpflichtet sind, eine Regelung einzuführen, die eine systematische Vorabkontrolle der Werbung vorsieht.

(18) Freiwillige Kontrollen, die durch Einrichtungen der Selbstverwaltung zur Unterbindung irreführender und unzulässiger vergleichender Werbung durchgeführt werden, können die Einleitung eines Verwaltungs- oder Gerichtsverfahrens entbehrlich machen und sollten deshalb gefördert werden.

(19) Zwar wird die Beweislast vom nationalen Recht bestimmt, die Gerichte und Verwaltungsbehörden sollten aber in die Lage versetzt werden, von Gewerbetreibenden zu verlangen, den Beweis für die Richtigkeit der von ihnen behaupteten Tatsachen zu erbringen.

(20) Die Regelung der vergleichenden Werbung ist für das reibungslose Funktionieren des Binnenmarktes erforderlich, und eine Aktion auf Gemeinschaftsebene ist daher notwendig. Eine Richtlinie ist das geeignete Instrument, da sie einheitliche allgemeine Prinzipien festlegt, es aber den Mitgliedstaaten überlässt, die Form und die geeignete Methode zu wählen, um diese Ziele zu erreichen. Sie entspricht dem Subsidiaritätsprinzip.

---

[1] ABl. L 93 vom 31.3.2006, S. 12.

[2] ABl. L 40 vom 11.2.1989, S. 1. Geändert durch den Beschluss 92/10/EWG (ABl. L 6 vom 11.1.1992, S. 35).

(21) Die vorliegende Richtlinie sollte die Verpflichtungen der Mitgliedstaaten hinsichtlich der in Anhang I Teil B genannten Fristen für die Umsetzung der dort genannten Richtlinien in innerstaatliches Recht und für die Anwendung dieser Richtlinien unberührt lassen –

HABEN FOLGENDE RICHTLINIE ERLASSEN:

Art. 1. Zweck dieser Richtlinie ist der Schutz von Gewerbetreibenden vor irreführender Werbung und deren unlauteren Auswirkungen sowie die Festlegung der Bedingungen für zulässige vergleichende Werbung.

Art. 2. Im Sinne dieser Richtlinie bedeutet

a) „Werbung" jede Äußerung bei der Ausübung eines Handels, Gewerbes, Handwerks oder freien Berufs mit dem Ziel, den Absatz von Waren oder die Erbringung von Dienstleistungen, einschließlich unbeweglicher Sachen, Rechte und Verpflichtungen, zu fördern;
b) „irreführende Werbung" jede Werbung, die in irgendeiner Weise – einschließlich ihrer Aufmachung – die Personen, an die sie sich richtet oder die von ihr erreicht werden, täuscht oder zu täuschen geeignet ist und die infolge der ihr innewohnenden Täuschung ihr wirtschaftliches Verhalten beeinflussen kann oder aus diesen Gründen einen Mitbewerber schädigt oder zu schädigen geeignet ist;
c) „vergleichende Werbung" jede Werbung, die unmittelbar oder mittelbar einen Mitbewerber oder die Erzeugnisse oder Dienstleistungen, die von einem Mitbewerber angeboten werden, erkennbar macht;
d) „Gewerbetreibender" jede natürliche oder juristische Person, die im Rahmen ihrer gewerblichen, handwerklichen oder beruflichen Tätigkeit handelt, und jede Person, die im Namen oder Auftrag des Gewerbetreibenden handelt;
e) „Urheber eines Kodex" jede Rechtspersönlichkeit, einschließlich einzelner Gewerbetreibender oder Gruppen von Gewerbetreibenden, die für die Formulierung und Überarbeitung eines Verhaltenskodex und/oder für die Überwachung der Einhaltung dieses Kodex durch alle diejenigen, die sich darauf verpflichtet haben, zuständig ist.

Art. 3. Bei der Beurteilung der Frage, ob eine Werbung irreführend ist, sind alle ihre Bestandteile zu berücksichtigen, insbesondere in ihr enthaltene Angaben über:

a) die Merkmale der Waren oder Dienstleistungen wie Verfügbarkeit, Art, Ausführung, Zusammensetzung, Verfahren und Zeitpunkt der Herstellung oder Erbringung, die Zwecktauglichkeit, Verwendungsmöglichkeit, Menge, Beschaffenheit, die geographische oder kommerzielle Herkunft oder die von der Verwendung zu erwartenden Ergebnisse oder die Ergebnisse und wesentlichen Bestandteile von Tests der Waren oder Dienstleistungen;
b) den Preis oder die Art und Weise, in der er berechnet wird, und die Bedingungen unter denen die Waren geliefert oder die Dienstleistungen erbracht werden;
c) die Art, die Eigenschaften und die Rechte des Werbenden, wie seine Identität und sein Vermögen, seine Befähigungen und seine gewerblichen, kommerziellen oder geistigen Eigentumsrechte oder seine Auszeichnungen oder Ehrungen.

Art. 4. Vergleichende Werbung gilt, was den Vergleich anbelangt, als zulässig, sofern folgende Bedingungen erfüllt sind:

a) Sie ist nicht irreführend im Sinne der Artikel 2 Buchstabe b, Artikel 3 und Artikel 8 Absatz 1 der vorliegenden Richtlinie oder im Sinne der Artikel 6 und 7 der Richtlinie 2005/29/EG des Europäischen Parlaments und des Rates vom 11. Mai 2005 über unlautere Geschäftspraktiken im binnenmarktinternen Geschäftsverkehr zwischen Unternehmen und Verbrauchern (Richtlinie über unlautere Geschäftspraktiken)[1];
b) sie vergleicht Waren oder Dienstleistungen für den gleichen Bedarf oder dieselbe Zweckbestimmung;
c) sie vergleicht objektiv eine oder mehrere wesentliche, relevante, nachprüfbare und typische Eigenschaften dieser Waren und Dienstleistungen, zu denen auch der Preis gehören kann;

---

[1] ABl. L 149 vom 11.6.2005, S. 22.

d) durch sie werden weder die Marken, die Handelsnamen oder andere Unterscheidungszeichen noch die Waren, die Dienstleistungen, die Tätigkeiten oder die Verhältnisse eines Mitbewerbers herabgesetzt oder verunglimpft;
e) bei Waren mit Ursprungsbezeichnung bezieht sie sich in jedem Fall auf Waren mit der gleichen Bezeichnung;
f) sie nutzt den Ruf einer Marke, eines Handelsnamens oder anderer Unterscheidungszeichen eines Mitbewerbers oder der Ursprungsbezeichnung von Konkurrenzerzeugnissen nicht in unlauterer Weise aus;
g) sie stellt nicht eine Ware oder eine Dienstleistung als Imitation oder Nachahmung einer Ware oder Dienstleistung mit geschützter Marke oder geschütztem Handelsnamen dar;
h) sie begründet keine Verwechslungsgefahr bei den Gewerbetreibenden, zwischen dem Werbenden und einem Mitbewerber oder zwischen den Warenzeichen, Warennamen, sonstigen Kennzeichen, Waren oder Dienstleistungen des Werbenden und denen eines Mitbewerbers.

Art. 5. (1) Die Mitgliedstaaten stellen im Interesse der Gewerbetreibenden und ihrer Mitbewerber sicher, dass geeignete und wirksame Mittel zur Bekämpfung der irreführenden Werbung vorhanden sind, und gewährleisten die Einhaltung der Bestimmungen über vergleichende Werbung. Diese Mittel umfassen Rechtsvorschriften, die es den Personen oder Organisationen, die nach dem nationalen Recht ein berechtigtes Interesse am Verbot irreführender Werbung oder an der Regelung vergleichender Werbung haben, gestatten,
a) gerichtlich gegen eine solche Werbung vorzugehen oder
b) eine solche Werbung vor eine Verwaltungsbehörde zu bringen, die zuständig ist, über Beschwerden zu entscheiden oder geeignete gerichtliche Schritte einzuleiten.

(2) Es obliegt jedem Mitgliedstaat zu entscheiden, welches der in Absatz 1 Unterabsatz 2 genannten Mittel gegeben sein soll und ob das Gericht oder die Verwaltungsbehörden ermächtigt werden sollen, vorab die Durchführung eines Verfahrens vor anderen bestehenden Einrichtungen zur Regelung von Beschwerden, einschließlich der in Artikel 6 genannten Einrichtungen, zu verlangen.

Es obliegt jedem Mitgliedstaat zu entscheiden,
a) ob sich diese Rechtsbehelfe getrennt oder gemeinsam gegen mehrere Gewerbetreibende desselben Wirtschaftssektors richten können und
b) ob sich diese Rechtsbehelfe gegen den Urheber eines Verhaltenskodex richten können, wenn der betreffende Kodex der Nichteinhaltung rechtlicher Vorschriften Vorschub leistet.

(3) Im Rahmen der in den Absätzen 1 und 2 genannten Vorschriften übertragen die Mitgliedstaaten den Gerichten oder Verwaltungsbehörden Befugnisse, die sie ermächtigen, in Fällen, in denen sie diese Maßnahmen unter Berücksichtigung aller betroffenen Interessen und insbesondere des Allgemeininteresses für erforderlich halten,
a) die Einstellung einer irreführenden oder unzulässigen vergleichenden Werbung anzuordnen oder geeignete gerichtliche Schritte zur Veranlassung der Einstellung dieser Werbung einzuleiten, oder
b) sofern eine irreführende oder unzulässige vergleichende Werbung noch nicht veröffentlicht ist, die Veröffentlichung aber bevorsteht, die Veröffentlichung zu verbieten oder geeignete gerichtliche Schritte einzuleiten, um das Verbot dieser Veröffentlichung anzuordnen. Unterabsatz 1 soll auch angewandt werden, wenn kein Beweis eines tatsächlichen Verlustes oder Schadens oder der Absicht oder Fahrlässigkeit seitens des Werbenden erbracht wird. Die Mitgliedstaaten sehen vor, dass die in Unterabsatz 1 bezeichneten Maßnahmen nach ihrem Ermessen im Rahmen eines beschleunigten Verfahrens entweder mit vorläufiger oder mit endgültiger Wirkung getroffen werden.

(4) Die Mitgliedstaaten können den Gerichten oder Verwaltungsbehörden Befugnisse übertragen, die es diesen gestatten, zur Ausräumung der fortdauernden Wirkung einer irreführenden oder unzulässigen vergleichenden Werbung, deren Einstellung durch eine rechtskräftige Entscheidung angeordnet worden ist,
a) die Veröffentlichung dieser Entscheidung ganz oder auszugsweise und in der von ihnen für angemessen erachteten Form zu verlangen;
b) außerdem die Veröffentlichung einer berichtigenden Erklärung zu verlangen.

(5) Die in Absatz 1 Unterabsatz 2 Buchstabe b genannten Verwaltungsbehörden müssen

a) so zusammengesetzt sein, dass ihre Unparteilichkeit nicht in Zweifel gezogen werden kann;
b) ausreichende Befugnisse haben, die Einhaltung ihrer Entscheidungen wirksam zu überwachen und durchzusetzen, sofern sie über die Beschwerden entscheiden;
c) in der Regel ihre Entscheidungen begründen.

(6) Werden die in den Absätzen 3 und 4 genannten Befugnisse ausschließlich von einer Verwaltungsbehörde ausgeübt, sind die Entscheidungen stets zu begründen. In diesem Fall sind Verfahren vorzusehen, in denen eine fehlerhafte oder unsachgemäße Ausübung der Befugnisse durch die Verwaltungsbehörde oder eine ungerechtfertigte oder unsachgemäße Unterlassung, diese Befugnisse auszuüben, von den Gerichten überprüft werden kann.

Art. 6. Diese Richtlinie schließt die freiwillige Kontrolle irreführender oder vergleichender Werbung durch Einrichtungen der Selbstverwaltung oder die Inanspruchnahme dieser Einrichtungen durch die in Artikel 5 Absatz 1 Unterabsatz 2 genannten Personen oder Organisationen nicht aus, unter der Bedingung, dass entsprechende Verfahren vor solchen Einrichtungen zusätzlich zu den in Artikel 5 Absatz 1 Unterabsatz 2 genannten Gerichts- oder Verwaltungsverfahren zur Verfügung stehen. Die Mitgliedstaaten können diese freiwillige Kontrolle fördern.

Art. 7. Die Mitgliedstaaten übertragen den Gerichten oder Verwaltungsbehörden Befugnisse, die sie ermächtigen, in den in Artikel 5 genannten Verfahren vor den Zivilgerichten oder Verwaltungsbehörden

a) vom Werbenden Beweise für die Richtigkeit von in der Werbung enthaltenen Tatsachenbehauptungen zu verlangen, wenn ein solches Verlangen unter Berücksichtigung der berechtigten Interessen des Werbenden und anderer Verfahrensbeteiligter im Hinblick auf die Umstände des Einzelfalls angemessen erscheint, und bei vergleichender Werbung vom Werbenden zu verlangen, die entsprechenden Beweise kurzfristig vorzulegen, sowie
b) Tatsachenbehauptungen als unrichtig anzusehen, wenn der gemäß Buchstabe a verlangte Beweis nicht angetreten wird oder wenn er von dem Gericht oder der Verwaltungsbehörde für unzureichend erachtet wird.

Art. 8. (1) Diese Richtlinie hindert die Mitgliedstaaten nicht daran, Bestimmungen aufrechtzuerhalten oder zu erlassen, die bei irreführender Werbung einen weiterreichenden Schutz der Gewerbetreibenden und Mitbewerber vorsehen.

Unterabsatz 1 gilt nicht für vergleichende Werbung, soweit es sich um den Vergleich handelt.

(2) Diese Richtlinie gilt unbeschadet der Rechtsvorschriften der Gemeinschaft, die auf die Werbung für bestimmte Waren und/oder Dienstleistungen anwendbar sind, sowie unbeschadet der Beschränkungen oder Verbote für die Werbung in bestimmten Medien.

(3) Aus den die vergleichende Werbung betreffenden Bestimmungen dieser Richtlinie ergibt sich keine Verpflichtung für diejenigen Mitgliedstaaten, die unter Einhaltung der Vorschriften des Vertrags ein Werbeverbot für bestimmte Waren oder Dienstleistungen aufrechterhalten oder einführen, vergleichende Werbung für diese Waren oder Dienstleistungen zuzulassen; dies gilt sowohl für unmittelbar ausgesprochene Verbote als auch für Verbote durch eine Einrichtung oder Organisation, die gemäß den Rechtsvorschriften des Mitgliedstaats für die Regelung eines Handels, Gewerbes, Handwerks oder freien Berufs zuständig ist. Sind diese Verbote auf bestimmte Medien beschränkt, so gilt diese Richtlinie für diejenigen Medien, die nicht unter diese Verbote fallen.

(4) Diese Richtlinie hindert die Mitgliedstaaten nicht daran, unter Einhaltung der Bestimmungen des Vertrags Verbote oder Beschränkungen für die Verwendung von Vergleichen in der Werbung für Dienstleistungen freier Berufe aufrechtzuerhalten oder einzuführen, und zwar unabhängig davon, ob diese Verbote oder Beschränkungen unmittelbar auferlegt oder von einer Einrichtung oder Organisation verfügt werden, die nach dem Recht der Mitgliedstaaten für die Regelung der Ausübung einer beruflichen Tätigkeit zuständig ist.

Art. 9. Die Mitgliedstaaten teilen der Kommission den Wortlaut der wichtigsten innerstaatlichen Rechtsvorschriften mit, die sie auf dem unter diese Richtlinie fallenden Gebiet erlassen.

Art. 10. Die Richtlinie 84/450/EWG wird unbeschadet der Verpflichtungen der Mitgliedstaaten hinsichtlich der in Anhang I Teil B genannten Fristen für die Umsetzung der dort genannten Richtlinien in innerstaatliches Recht und für die Anwendung dieser Richtlinien aufgehoben.

Verweisungen auf die aufgehobene Richtlinie gelten als Verweisungen auf die vorliegende Richtlinie und sind nach Maßgabe der Entsprechungstabelle in Anhang II zu lesen.

Art. 11. Diese Richtlinie tritt am 12. Dezember 2007 in Kraft.

Art. 12. Diese Richtlinie ist an alle Mitgliedstaaten gerichtet.

Sachregister

(die römischen Zahlen verweisen auf das Kapitel,
die arabischen Zahlen auf die Randziffern)

M

N

O

P

Q

R

S

T

U

V

W

X

Z